MISTÉRIOS DA
ARQUEOLOGIA
E DA HISTÓRIA

Um Guia para o
Lado Oculto da Ciência

Coordenação de:
PRESTON PEET
MISTÉRIOS DA ARQUEOLOGIA E DA HISTÓRIA

Um Guia para o Lado Oculto da Ciência

Colaboradores:
Graham Hancock · David Hatcher Childress ·
Michael Arbuthnot · Colin Wilson · Michael Cremo ·
Robert Schoch · John Anthony West ·
Erick von Daniken · e outros

Tradução:
Marcos Malvezzi

MADRAS®

Publicado originalmente em inglês sob o título *Disinformation Guide to Ancient Aliens, Lost Civilizations, Astonishing Archaeology & Hidden History*, Red Wheel Weiser, LLC.
© 2005, 2013, Red Wheel Weiser, LLC.
Direitos de edição e tradução para o Brasil.
Tradução autorizada do inglês.
Todos os direitos reservados.
© 2016, Madras Editora Ltda.

Editor:
Wagner Veneziani Costa

Produção e Capa:
Equipe Técnica Madras

Tradução:
Marcos Malvezzi

Revisão da Tradução:
Jefferson Rosado

Revisão:
Jerônimo Feitosa
Neuza Rosa

Dados Internacionais de Catalogação na Publicação (CIP)
(Câmara Brasileira do Livro, SP, Brasil)

Mistérios da arqueologia e da história : um guia
para o lado oculto da ciência / organizado por
Preston Peet ; tradução Marcos Malvezzi. --
1. ed. -- São Paulo : Madras, 2016.
Título original: Disinformation guide to
ancient aliens, lost civilizations, astonishing
archaeology & hidden history.
ISBN: 978-85-370-0942-0

1. Arqueologia 2. Arqueologia - História
I. Peet, Preston.
14-12309   CDD-930.109

Índices para catálogo sistemático:
1. Arqueologia : História 930.109

É proibida a reprodução total ou parcial desta obra, de qualquer forma ou por qualquer meio eletrônico, mecânico, inclusive por meio de processos xerográficos, incluindo ainda o uso da internet, sem a permissão expressa da Madras Editora, na pessoa de seu editor (Lei nº 9.610, de 19.2.98).

Todos os direitos desta edição, em língua portuguesa, reservados pela

MADRAS EDITORA LTDA.
Rua Paulo Gonçalves, 88 – Santana
CEP: 02403-020 – São Paulo/SP
Caixa Postal: 12183 – CEP: 02013-970
Tel.: (11) 2281-5555 – Fax: (11) 2959-3090
www.madras.com.br

ÍNDICE

Introdução – Preston Peet 8

1. Origens Míticas ou Históricas 30
Disvolução Humana – Michael A. Cremo 31
Considere a Kali Yuga – John Anthony West 48
Origens Oceânicas da Civilização Indiana – N. S. Rajaram 59
Deus Noster, Deus Solis: Nosso Deus, Deus do Sol – Acharya S ... 77
Origens Misteriosas: Os Humanos São Apenas Produtos de um
Acidente Feliz? – David Dentel 90

2. Cidades Antigas, Planos Antigos 103
Muralhas Antigas – Richard Nisbet 105
Ao Longo do Paralelo 33 – Um Círculo de Mistério Global – Gary
A. David 119
Os Incas Construíram Machu Picchu? – David Hatcher Childress ... 136
Um Sumário Acerca da Atlântida e das Civilizações Antigas: Uma
Investigação da Era da Civilização – Colin Wilson 160
O Significado das Pirâmides – Robert M. Schoch and Robert S. McNally ... 171
A Terra Secreta – Roy A. Decker 174
Ecos do Passado: Atenas, Jerusalém – Robert Merkin 188

3. Cataclismos e Migrações 196
Submundo: Confronto com Yonaguni – Graham Hancock 198
Geografia Sagrada: Cataclismos de Origem Cósmica e Reação
Megalítica – Martin Gray 237
Atlântida na América: Um Resumo – Aguardando o Novo
Paradigma – George Erikson com Ivar Zap 260
Nan Madol: A Civilização Perdida do Pacífico – Frank Joseph 272
Submundo: Confronto com Kerama – Graham Hancock 284

4. Tecnologias e Contatos 303
A Usina de Força de Gizé – Christopher Dunn 305
Aviação na Antiguidade? – Erich von Däniken 314
A Conspiração de Constantino – Crichton E. M. Miller 326
O Antigo dos Dias: Divindade ou Máquina de Maná? – George
T. Sassoon 340
As Tartarugas Voadoras Gigantes da Guatemala – Giorgio A. Tsoukalos 349
Instrumentos Científicos Antigos – William R. Corliss 360

5. Religiões e Sabedorias 374
Criação de um Povo Sábio: O Calendário Maia – Sharon Secor 375
Sabedoria Antiga e a Grande Esfinge de Gizé – Robert M. Schoch ... 386
Onde Está o Santo Graal? – Ron Sala 392
Jornada a Bubástis – Richard Cusick 408
Gnose: As Plantas da Verdade – Dan Russel 422

6 . Explorações Modernas, Anomalias e Acobertamentos 451
Uma Conversa com Greg Deyermenjian: Cidades Perdidas que Foram
Procuradas e Encontradas – Preston Peet 453
Fonte do Sangue: A Busca da Alemanha Nazista por suas
Raízes Arianas – Mickey Z. 471
Time Atlântida – Michael Arbuthnot 479
Shovel Bum: Uma Vida Arqueológica – Troy Lovata 488
Acobertamentos Arqueológicos: Uma Trama para Controlar a
História? – Will Hart 504

7. Fontes 518
Nota do Organizador – Preston Peet 519
Históricos dos Artigos 526
Biografias dos Autores 529
Agradecimentos – Preston Peet 542

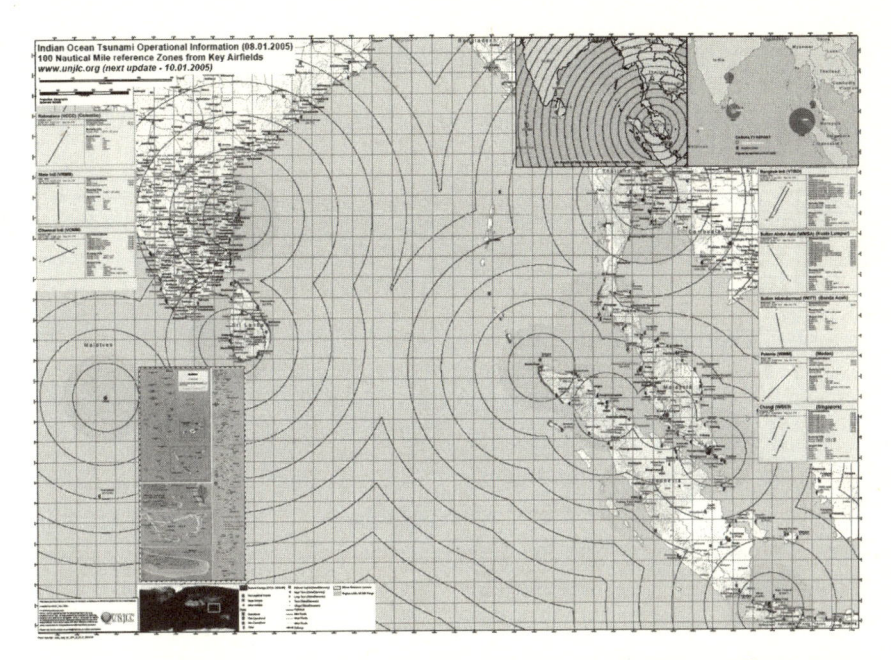

Mapa regional de áreas afetadas pelo *Tsunami* 2. Fonte: UNOSAT Satellite Imagery for All.

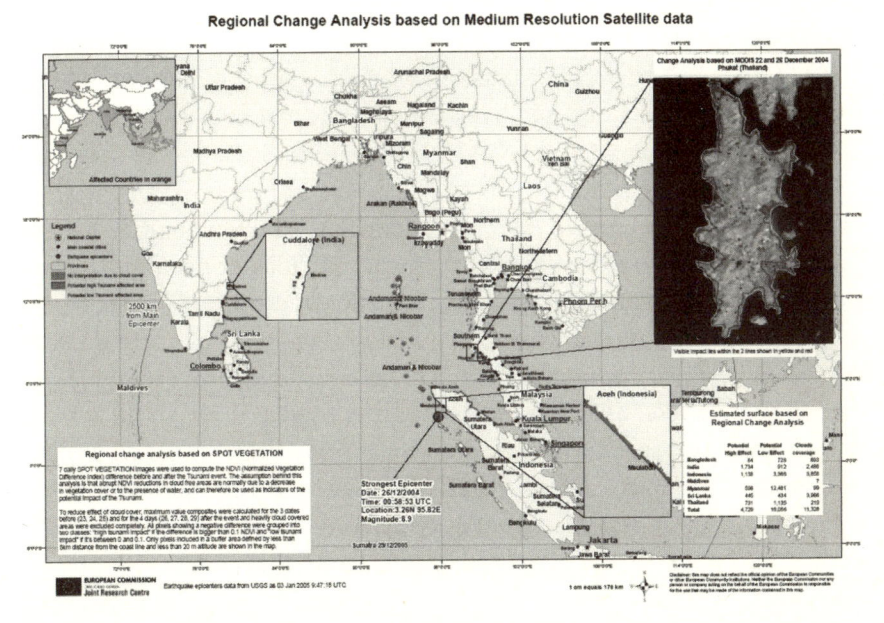

Pós-*tsunami* – Análise de Mudança Regional baseada em dados de satélite de resolução média. Fonte: UNOSAT Satellite Imagery for All.

Introdução
Preston Peet

Em 26 de dezembro de 2004, às 7h58 da manhã, horário local, um terremoto registrando nove graus da escala Richter rasgou o leito do Oceano Índico, a cerca de 160 quilômetros do noroeste de Sumatra, Indonésia. Segundo a Administração Nacional Oceânica e Atmosférica (NOAA, na sigla em inglês), o "sistema de alerta de *tsunami* da Bacia do Pacífico não detectou *tsunami* no Oceano Índico já que não havia boias no local". Enquanto a NOAA nada fazia para avisar as numerosas nações da Orla do Pacífico da força incrivelmente destruidora em seu caminho, "o *tsunami* atravessou o oceano à velocidade que chegava a 804,67 quilômetros por hora", desabando sobre as comunidades litorâneas e paraísos turísticos, deixando um número de mortos estimado em 212 mil, segundo a CNN e outras fontes de notícias. Os países mais atingidos pelo desastre, de acordo com o www.reliefweb.int, foram Índia, Indonésia, Quênia, Malásia, Maldivas, Myanmar, Ilhas Seychelles, Somália, Sri Lanka, Tailândia e a República Unida da Tanzânia, com uma onda que não fazia distinção entre ricos e pobres, velhos ou jovens. Ela levava tudo à sua frente, deixando uma cena de devastação e destruição nunca vista pela maioria das pessoas (com exceção, talvez, de vítimas de bombas atômicas e outras ondas de choque provocadas por bombardeios). De modo semelhante, enquanto escrevo isto, a Costa do Golfo dos Estados Unidos está sendo varrida por ondas provocadas pela força do furacão Katrina, fazendo com que boa parte de Nova Orleans, ou toda ela, desapareça debaixo da água.

Todos esses países e ilhas perderam quantidades substanciais não apenas de vidas humanas, mas também de porções grandes de terra, que desapareceram sob as ondas. Onde poucos minutos antes existiam hotéis modernos, vilarejos primitivos, cidades e comunidades cheias de gente ocupada com as celebrações de um lindo feriado de Natal, de repente só havia nada além de água, lama e detritos – o que os seres humanos haviam construído estava para sempre varrido da face da terra, pronto para ser lembrado apenas em histórias daquela manhã horrível que abalou o mundo inteiro.

Apenas dois grupos de seres vivos conseguiram evitar os piores efeitos do desastre. A CBS News sem lhes causar mal. Esses animais teriam captado alarmes, emanações da própria terra, um talento que os povos pré-históricos deviam ter, mas que nós desaprendemos ou esquecemos? Falaremos desta possibilidade nesta antologia; mas por ora, voltemos à onda.

Além de provar como a terra pode desaparecer rápida e completamente sob as ondas, há outros fatos importantes a respeito do *tsunami* do Natal de 2004 relacionados a *Mistérios da Arqueolo-*

Lá, espalhadas por mais de um quilômetro e um pouco rente à costa de sua cidade antiga e histórica, repleta de templos, encontravam-se as ruínas de uma cidade coberta de lama e incrustada de crustáceos, com "blocos do tamanho de geladeiras" esparramados por toda parte, expostos nos momentos que antecederam o retorno do mar.

informou em 10 de janeiro de 2005 que muitos animais diferentes pareciam sentir a chegada da devastação, desde elefantes que quebraram suas correntes e correram para as colinas, até bandos de pássaros que subitamente voavam para longe, sem falarmos no relato do barqueiro e mergulhador Chris Cruz, que afirmou ter seguido uma verdadeira erupção oceânica de golfinhos até águas mais profundas, onde o piro da onda passou por baixo deles, *gia e da História – Um Guia para o Lado Oculto da Ciência*. Por toda a zona do desastre, havia pequenos grupos de pessoas que viram o avanço das ondas e se lembraram de histórias antigas contadas por seus ancestrais, de como a água desaparecera no mar, mas voltaria com força igual ou maior, trazendo morte e ruína; e as pessoas fugiriam para as colinas, mal parando para avisar os vizinhos no caminho. Em Surin do Sul, nas Ilhas

Andamão, os Morgan, ciganos do mar, se lembraram desses antigos alertas e conseguiram salvar 181 pessoas da onda furiosa. Ninguém sabe há quanto tempo essas teorias são passadas de geração a geração, nem onde se originaram. O importante é que elas foram lembradas por esses povos ditos primitivos, que ouviram as histórias a vida toda e agiram de acordo. O povo Morgan não chamava tais contos de mitos ou alegorias, nem de interpretações de coisas que seus ancestrais viam, mas não compreendiam. Eles levaram as histórias a sério e, por isso mesmo, salvaram a própria vida e a de muitos outros sobre cujas casas as ondas vieram retomar grandes pedaços de terra e, se pudessem, os habitantes também.

Além da devastação causada à terra e às vidas humanas pelo *tsunami*, algo mágico aconteceu diretamente como resultado dessa onda.

Enquanto as águas se recolhiam, antes da onda gigante, os moradores de Mahabalipuram, Índia – onde o autor Graham Hancock (*Fingerprints of the Gods*) insistira com os arqueólogos, em 2001, que fossem feitas explorações perto da costa em busca de uma cidade submersa – mal podiam crer no que viam. Lá, espalhadas por mais de um quilômetro e um pouco rente à costa de sua cidade antiga e histórica, repleta de templos, encontravam-se as ruínas de uma cidade coberta de lama e incrustada de crustáceos, com "blocos do tamanho de geladeiras" esparramados por toda parte, expostos nos momentos que antecederam o retorno do mar.

"Dava para ver as muralhas destruídas, cobertas de coral, e o templo em ruínas no meio", disse Durai, um pescador citado pela *CBS News* em 17 de março de 2005. "Meus dois avôs diziam que havia um porto lá outrora, e também um templo, mas de repente percebemos que era verdade: víamos mesmo alguma coisa ali."

Embora os relatos convencionais afirmem que a submersão da cidade se deu 1.200-1.500 anos atrás, Hancock explica em seu *site* na Internet e em seu livro *Underworld* que não existem registros contemporâneos da época descrevendo tal calamidade. Podemos imaginar que uma grande parte de uma cidade habitada sendo engolida pelo mar despertaria alguma menção nas crônicas modernas, mas não há nenhuma. Entretanto, existem tais contos nos "mitos" indianos de 5 mil anos atrás, ou mais. Há também a evidência dos mapas de inundação feitos pelo dr. Glenn Milne, da Universidade de Durham, ilustrando quanto de terra foi coberto pela elevação

Introdução

dos mares em estágios finais da era glacial, que parecem provar que não havia subsidência de terra naquela área nos últimos 6 mil anos, o que significa que quem construiu a cidade submersa e brevemente exposta o fez muito tempo atrás, quando os seres humanos ainda se encontravam nos estágios iniciais da agricultura limitada e das comunidades pequenas. Se ela fosse construída antes da elevação do mar, no fim da era glacial, aquela civilização seria milhares de anos mais velha que qualquer civilização aceita pela visão arqueológica tradicional de hoje.

à luz do dia cidades e culturas até então tidas como mito. Heinrich Schliemann "descobriu" a Troia "mítica" em 1870, após ser ridicularizado pelos "sábios" da época, conquistando fama, fortuna e uma reputação vitalícia. *Sir* Arthur Evans conduziu escavações perto da capital moderna de Heraklion (ou Iráclio), no litoral norte da Ilha de Creta, após escutar e levar a sério contos locais dos habitantes, e com isso trouxe a "mítica" civilização minoana de volta à história "real", quando desenterrou o lendário palácio de Knossos no fim do século

---

Todas essas descobertas extraordinárias e muitas outras foram de cidades e reinos considerados por séculos a fio nada mais que mito, até que indivíduos imaginativos e de grande força de vontade provaram, sem sombra de dúvida, que existiam.

A mesma ação de onda que trouxe temporariamente o antigo reino submerso de volta à luz do dia, removendo camadas enormes de areia das praias, expôs numerosas esculturas, até então desconhecidas, de leões, cavalos alados e outras figuras ainda em estudo. Foram necessários muitos personagens e exploradores independentes ao longo destes anos para trazer

XIX. Em 1911, o explorador e aventureiro Hiram Bingham partiu para as montanhas cobertas pela selva do Peru, em busca de Vilcabamba, a última fortaleza do último governantes dos incas, Tupac Amaru. Um agricultor local falou com Bingham a respeito de uma fortaleza fabulosa no topo da montanha, em cujo sopé ele e seu grupo estavam acampados. Enquanto os outros membros da equipe, exaustos, aguardavam no acampamento, Bingham e um homem da força militar peruana fizeram a escalada, acompanhados pelo agricultor, e encontraram, bem no meio do pico daquela montanha, com muralhas íngremes de todos os lados e construída de pedras megalíticas e com a precisão de um trabalho de alvenaria dos tempos modernos – a belíssima e hoje famosa, além da imaginação, Machu Picchu. Todas essas descobertas extraordinárias e muitas outras foram de cidades e reinos considerados por séculos a fio nada mais que mito, até que indivíduos imaginativos e grande força de vontade provaram, sem sombra de dúvida, que existiam. Todas foram em terra. O que nos aguarda sob as ondas, onde mais mitos e histórias antigas falam de cidades e terras ocultas construídas antes do dilúvio, em alguma distante Era do Ouro?

Contos incrivelmente antigos e afirmações modernas da descoberta de cidades perdidas sob o mar proliferam no mundo todo. Das histórias clássicas, geralmente descritas como fantásticas acerca da Atlântida e da Lemúria, aos monumentos com aspecto de castelo, possivelmente feitos ou alterados pelo homem, descobertos nos últimos 20 anos a poucos metros sob as ondas de Yonaguni, Japão, até a cidade irmã submersa e ainda mais misteriosa que a já enigmática Nan Madol, no Pacífico Sul, a submersão dessas cidades costuma ser explicada nos mitos e no folclore como atos de vingança de deuses, cometidos contra o povo que se tornara arrogante, prepotente, belicoso ou simplesmente azarado.

Hancock, em sua bela e avassaladora obra *Underworld*, usou os mapas das inundações do dr. Milne para ilustrar de maneira gráfica o fato de que, no fim da última era glacial, as ondas se levantaram em estágios, devorando aos poucos a costa em todo o mundo, mudando a própria forma da Terra. A humanidade perdeu até 25 milhões de quilômetros quadrados, ou mais, de terreno árido, habitável (cerca de 10 milhões de milhas quadradas, ou seja, 5% da superfície da Terra), à medida que as águas avançavam enquanto as calotas polares derretiam e os níveis do mar mudavam drasticamente a paisagem de todo o globo. Como escreve Hancock em *Underworld*, "Isso equivale, em termos gerais, a uma área que compreenderia os Estados Unidos (9,6 milhões de quilômetros quadrados) e toda a América do sul (17 milhões de quilômetros quadrados). É uma área quase três vezes maior que o Canadá e muito maior que a China e a Europa juntas". A possibilidade de o mar esconder uma grande parcela da história humana deve ser considerada, exigindo explorações. Alguns exploradores e pensadores corajosos estão fazendo exatamente isso.

Novas descobertas vêm descartando os velhos paradigmas dogmáticos; e o que a ciência acha que realmente "sabe" do passado, e até do presente, desmorona quase diariamente, como mostra a descoberta citada anteriormente da cidade submersa ao longo da costa de Mahabalipuram. Mas esse não foi o único povoado submerso encontrado nos últimos anos.

A dra. Penny Spikins, da Universidade Newcastle, líder da equipe então que um arpão neolítico foi retirado do leito oceânico no século XX por um barco pesqueiro. Um dos povoados encontrados deve remontar ao fim do Período Mesolítico, entre 5 mil e 10 mil anos atrás, enquanto o outro seria do início do mesmo período, há 10 mil anos ou mais.

O respeitado explorador submarino, Robert Ballard, que descobriu e fotografou em 1985 o ponto onde o Titanic naufragou no Atlântico Norte, e localizou o navio de guerra alemão Bismarck, da Segunda Guerra Mundial, além de encontrar também o PT-109 de John F. Kennedy, postula que

"O que vemos em nossas imagens de sonar com alta resolução são planícies de areia ilimitadas, brancas, que se movem, e no meio dessa bela areia branca, encontram-se grandes desenhos arquitetônicos do tamanho de um homem. Parece que, quando sobrevoamos um desenvolvimento urbano, vemos rodovias, túneis e edifícios", Zelitsky informou à Reuters, falando de sua enigmática descoberta sob as águas.

multinacional de pesquisas por trás do Projeto Paisagens Pré-históricas Submersas, segundo *Scotsman.com*, descobriu dois vilarejos da Idade da Pedra, separados, sob as águas do Marte do Norte, no litoral da Escócia (ambos na mesma região, perto da foz do Rio Tyne) e suspeita desde o Mar Negro foi inundado em um dilúvio cataclísmico 7.600 anos atrás (levando muitos a acreditar que seria o catalisador para muitas histórias da Bíblia, embora alguns ridicularizem essa ideia). Em 2000, enquanto explorava as profundezas do Mar Negro em uma expedição financiada pela *National Geographic*, usando um radar de escaneamento lateral, um veículo para imagem visual e um dispositivo robótico remoto para coletar amostras, não só sua equipe descobriu os cinco dos navios de madeira mais bem preservados já descobertos, nas águas sem oxigênio a 200 metros abaixo da superfície, mas também, em outro local rente à Costa de Sinop, Turquia, ele viu o que pareciam ser cinco artefatos entalhados em madeira e os restos de uma habitação humana, uma estrutura retangular de 11,89 metros por 3,96 metros a mais de cem metros sob a superfície. Pesquisas estão sendo conduzidas neste momento, enquanto este livro entra em publicação.

No dia 14 de maio de 2001, a Reuters relatou a alegada descoberta, à profundidade quase inacreditável de 600-700 metros sob o nível do mar, de um local enorme, com mais de 20 quilômetros de extensão, extremamente parecido com uma cidade, cravejado de enormes blocos de pedra, como estradas e outros edifícios. Esse povoado submerso, que fica no extremo oeste de Cuba, fora da Península de Guanahacabibes, assim como as descobertas de Ballard, no Mar Negro, foi mais uma descoberta anômala e não planejada, feita por pesquisadores respeitados que não costumam fazer afirmações infundadas. Paulina Zelitsky e seu marido Paul Weinzweig são os proprietários e operam a empresa canadense Advanced Digital Communications (ADC), com escritórios em Cuba e no Canadá. Ela não procurava cidades submersas, mas fazia, isto sim, um levantamento submarino em busca de navios afundados que transportavam tesouros, em cooperação com o governo cubano (em novembro de 2000, eles descobriram e filmaram o navio de guerra americano USS Maine, atacado e afundado em 1898, instigando a guerra entre Estados Unidos e Cuba que deu fama militar a Theodore Roosevelt, levando-o por fim à presidência.). "O que vemos em nossas imagens de sonar com alta resolução são planícies de areia ilimitadas, brancas, que se movem, e no meio dessa bela areia branca, encontram-se grandes desenhos arquitetônicos do tamanho de um homem. Parece que quando sobrevoamos um desenvolvimento urbano vemos rodovias, túneis e edifícios", Zelitsky informou à Reuters, falando de sua enigmática descoberta sob as águas. Seu marido, Weinzweig, disse à mesma agência: "Estávamos olhando as imagens havia alguns meses e colando na parede uma foto das pirâmides de Iucatã. Digamos que elas nos lembravam constantemente dessas estruturas. Parecem realmente um desenvolvimento urbano".

Há também o explorador americano Robert Sarmast, que afirmou em novembro de 2004 que descobrira os restos da Atlântida, 80 quilômetros a sudeste do Chipre. deste editor) para vermos algo que lembra mesmo remotamente uma cidade submersa, a reação da imprensa foi informativa – a história pegou e ganhou as manchetes no

---

O estudo da arqueologia é repleto de erros de interpretação e de uma insistência dogmática em uma única visão da história: de que os seres humanos só são civilizados há um período breve de tempo e que só os afamados arqueólogos "profissionais" podem chegar a conclusões dignas de nota quanto ao nosso passado remoto – e mesmo assim, o rótulo profissional nem sempre ajuda.

Realizando escaneamento por sonar do leito oceânico 1,5 quilômetro sob a superfície entre Chipre e Síria, Sarmast afirma que localizou muralhas feitas por mãos humanas e de dimensões incríveis, incluindo uma que se estenderia por três quilômetros, além de fossos cavados pelo homem. "Encontramos mais de 60-70 pontos que correspondem perfeitamente à descrição detalhada de Platão da disposição geral da acrópole da Atlântida. A combinação entre as dimensões e as coordenadas fornecidas pelo sonar com as de Platão é tão exata que, se não for Atlântida, trata-se da maior coincidência do mundo", Sarmast disse à CNN. Embora suas imagens por sonar estejam embaçadas (e exigissem muita imaginação por parte mundo todo, tanto em jornais impressos quanto *on-line*, provando que os contos da Atlântida e outros mistérios de nosso passado distante ainda intrigam e chamam a atenção.

QUE DATA VOCÊ DISSE MESMO?

Nas últimas décadas, as estimativas acadêmicas convencionais afirmam que os seres humanos modernos entraram em cena entre 100 mil e 150 mil anos atrás, para depois passarem os próximos 140 mil a 90 mil anos se espalhando pelo globo por terra, caçando e coletando alimentos, grunhindo e habitando em cavernas o tempo todo, até cerca de 10 mil anos atrás, quando subitamente começaram a praticar agricultura e se agrupar em pequenas comunidades.

De repente, em fevereiro de 2005, foi anunciada no *ScienceDaily.com* a descoberta de fósseis de humanos "modernos" anatomicamente corretos – na verdade, em 1967, perto de Kibish, Etiópia – em princípio com uma idade calculada de 138 mil anos, mas agora estimados em 195 mil, "acrescentando ou subtraindo uns 5 mil anos". Em outras palavras, trata-se de humanos "modernos" com 200 mil anos, aproximadamente". De acordo com a pesquisa de Frank Brown, diretor do curso de Ciências da Terra e Minas da Universidade de Utah e que conduziu, ao lado do geólogo e geocronologista Ian McDougall, da Universidade Nacional Australiana, em Canberra e do antropólogo John Fleagle da Universidade Estadual de Nova York Stony Brook (firme defensor da teoria de "A Cultura Clóvis foi a primeira na América do Norte"), a idade dos humanos modernos pode ser atribuída a período muito mais antigo:

> ... [isso] é significativo porque os aspectos culturais da humanidade na maioria dos casos são registrados muito mais tarde – apenas há 50 mil anos – o que apontaria para 150 mil anos de *Homo sapiens* sem material cultural, tal como a prática de comer peixe, o uso de arpões, alguma coisa relacionada à música (flautas e outras coisas semelhantes), agulhas, até ferramentas. Esse material só aparece mais adiante, exceto pelas lâminas de pedra, que apareceram entre 50 mil e 200 mil anos antes, dependendo de em quem acreditarmos.

Fleagle enfatizou a importância da anomalia desses humanos tão antigos e aparentemente "modernos" e da chegada tardia de qualquer atividade que sequer lembre as atividades do homem moderno civilizado, apesar de seu surgimento "moderno" em data tão recente:

> "Há um debate acirrado na literatura arqueológica em torno do primeiro surgimento dos aspectos modernos de comportamento, tais como escultura em ossos por motivos religiosos, ou ferramentas (arpões e outras), ornamentação (joias feitas de contas, etc.), imagens desenhadas, cabeças de flechas. Tais coisas só surgem como um pacote coerente por volta de 50 mil anos atrás; e os primeiros humanos que saíram da África entre 50 mil e 40 mil anos atrás pareciam ter tudo isso. À medida que a anatomia humana é documentada em locais cada vez mais antigos, fica evidente que houve uma grande lacuna entre o surgimento do esqueleto moderno e o 'comportamento moderno'".

O estudo da arqueologia é repleto de erros de interpretação e de uma insistência dogmática em uma única visão da história: de que os seres humanos só são civilizados há um período breve de tempo e que só os afamados arqueólogos "profissionais" podem chegar a conclusões dignas de nota quanto ao nosso passado remoto – e mesmo assim, o rótulo profissional nem sempre ajuda. Veja, por exemplo, a entrada dos seres humanos nas Américas do Norte e do Sul, o "Novo Mundo". Quem chegou primeiro e como veio, de onde veio e onde chegou, em primeiro lugar? Se levarmos em conta que a "cidade" mais velha encontrada no Novo Mundo, um complexo enorme que se estendia por 90,65 quilômetros quadrados no Vale do Supe, Peru, prosperou quase 5 mil anos atrás, que "Caral, como é conhecido o complexo de 150 acres de pirâmides, praças e edifícios residenciais, era uma metrópole próspera, enquanto as Grandes Pirâmides do Egito ainda estavam sendo construídas", segundo um informe de 2002 da *National Geophraphic*, então alguma coisa não está correta na visão convencional de como e onde as populações e suas civilizações fincaram raízes e progrediram em todo o mundo.

"De acordo com a datação por radiocarbono, Topper é o sítio mais antigo na América do Norte", disse o arqueólogo Albert Goodyear do Instituto de Arqueologia e Antropologia da Universidade da Carolina do Sul,

Mas as evidências de que o povo da Cultura Clóvis não foi o primeiro a chegar se acumulam e se tornam cada vez mais difíceis de refutar.

citado pela CNN (17 de novembro de 2004). A data obtida por radiocarbono de 50 mil anos em um sítio de habitação humana na Carolina do Sul, além de algumas ferramentas feitas por mãos humanas, como afirmou Goodyear, indicaria que a chegada de humanos à América do Norte se deu mais de 25 mil anos antes da data normalmente aceita pelos acadêmicos e arqueólogos de 13.000-13.500 anos. Essa entrada teria se dado por meio do Estreito de Bering, quando um corredor estreito foi aberto pelo movimento das geleiras e os caçadores primitivos da Cultura Clóvis seguiram os rebanhos de animal de caça até a América do Norte, espalhando-se pelos dois continentes. Isso derruba o paradigma atual. Embora alguns cientistas aceitem datas mais antigas para a chegada de seres humanos às Américas, ainda há uma grande proporção deles que resiste ao novo paradigma: que as pessoas viajam e se assentam em todas as partes do globo, por terra e por mar, tanto na América do Sul quanto do Norte, há muito mais que meros 13.500 anos, segundo reza a teoria convencional desde os anos 1930, quando pontas de lança do povo de Clóvis foram encontradas no Novo México em 1936 e consideradas evidências irrefutáveis dos mais antigos habitantes das Américas. Mas as evidências de que o povo da cultura Clóvis não foi o primeiro a chegar se acumulam e se tornam cada vez mais difíceis de refutar.

Federico Solórzano, professor de antropologia e paleontologia em Guadalajara, México, desenvolveu o hábito de colecionar ossos velhos da região em volta do maior lago do México, o Chipala (ou Chapala). Um dia, ele notou algo extremamente incomum: "um pedaço de osso da testa escurecido por minerais e um pedacinho de um maxilar que não correspondiam aos crânios modernos", segundo a notícia dada em 3 de outubro de 2004 pela *CNEWS*.

> Mas Solórzano viu que o encaixe era perfeito quando ele colocou o osso da testa sobre um modelo do homem Tautavel do Velho Mundo – um membro de uma espécie, o *Homo erectus*, que muitos julgam ser o ancestral do moderno *Homo sapiens*. O elemento intrigante: acredita-se que o *Homo erectus* foi extinto 100 mil a 200 mil anos atrás – milhares de anos antes que os homens supostamente chegassem às Américas. E os arqueólogos nunca encontraram traços do *Homo erectus* nas Américas.

Será preciso um pouco mais do que umas lascas de "osso escurecido por minerais" para mudar as mentes dos que defendem a teoria da Chegada do Povo Clóvis em Primeiro Lugar, mas as evidências de que esses indivíduos não enxergam o quadro todo se acumulam rapidamente. Em Monte Verde, no extremo sul do Chile, há um sítio que mesmo os acadêmicos mais convencionais, antes céticos, declararam genuíno, com sinais irrefutáveis de habitação humana, fornos para cozinhar e ferramen-

Entretanto, geralmente quando são postuladas teorias novas ou radicais, chamadas de marginais, elas são caçoadas, denegridas por muitos que ganham a vida promovendo apenas o dogma já aceito da época – indivíduos que parecem esquecer que aquilo que se considera "pseudociência" ou ciência marginal hoje costuma ser a ciência "real" de amanhã.

tas, que remonta a pelo menos 10 mil anos, com uma ferramenta aparentemente "manchada de sangue há mais ou menos 34 mil anos", segundo o informe antes citado da *CNEWS*, levando algumas pessoas a se perguntar como os humanos migraram dos climas mais ao extremo norte para os mais ao extremo sul, em tão pouco tempo. Um segundo sítio em Monte Verde parece ser mais antigo ainda, remontando a 14 mil anos atrás, antes de qualquer ponte continental pelo estreito de Bering a 14 mil quilômetros ter-se aberto. Ferramentas de pedra foram encontradas cuja data foi calculada entre 40 mil e 50 mil anos, no Brasil. Com este e muitos outros exemplos, é claro que, por mais que julguemos saber de nosso passado, há muito mais para descobrirmos e não estamos sequer perto de uma resposta definitiva. Mas as perguntas ainda são inúmeras e não podem se calar. Entretanto, geralmente quando são postuladas teorias novas ou radicais, chamadas de marginais, elas são caçoadas, denegridas por muitos que ganham a vida promovendo apenas o dogma já aceito da época – indivíduos que parecem esquecer que aquilo que se considera "pseudociência" ou ciência marginal hoje costuma ser a ciência "real" de amanhã.

O PASSADO "REAL"

"Nos anos recentes, a arqueologia tem dado bastante atenção a elucubrações teóricas, ao exame de suas suposições mais básicas. Serão tais coisas 'fatos'?", pergunta Paul G. Bahn no prefácio de sua coletânea de 1995, *100 Great Archaelogical Discoveries*, que, segundo Bahn, traz em detalhes cem das mais excitantes descobertas feitas pela arqueologia nos últimos séculos. "Alguém pode dizer algo significativo e objetivo acerca do passado, estudando as evidências (altamente incompletas) no presente?" Porém, já na página seguinte, quando comenta que não podemos de fato "conhecer" a pré-história humana, Bahn cita o modo como a ciência convencional ignora e ridiculariza aqueles que Barbara Hand Clow, em seu livro *Catastrophobia* (2001), descreve como os "pesquisadores dos novos paradigmas", sendo ela própria um deles, escrevendo:

> Outra motivação para produzir um livro desse tipo é encontrada no recente ressurgimento da mensagem *à la* Däniken (*Eram os Deuses Astronautas?*) de que "Deus é um homem do espaço". Tínhamos a esperança de que esses livros que promovem a teoria de qualquer coisa impressionante ou bizarra nos registros arqueológicos deve ser atribuída

a visitantes extraterrestres fossem um fenômeno aberrante dos anos 1970 e que, após vender milhares de exemplares, fossem esquecidos. Mas agora, o sucesso do filme *Stargate* (uma fantasia de ficção científica sugerindo que a antiga civilização egípcia foi produzida por um extraterrestre) e o inesperado surgimento nas listas de *best-sellers* de 1995 do *Fingerprints of the Gods* (livro que afirma que os monumentos do mundo antigo foram erguidos 15 mil anos atrás por uma raça de superseres cuja civilização perdida se encontra hoje sob a Antártida) mostram que o monstro estava apenas adormecido; ele pode facilmente acordar e devorar um exército de leitores crédulos. Portanto, esperamos agora que um livro mostrando o passado "real", a surpreendente variedade das conquistas humanas, os produtos finais do suor e da engenhosidade de nossos ancestrais, não só ajude a explicar o que os arqueólogos fazem e por que o fazem (ainda que de uma maneira incompleta), mas também contribua para rechaçar essa obsessão ressuscitada sem atribuir nosso legado a fantasiosos super-humanos.

Além de dizer a seus leitores, primeiro, que não há como "conhecer o passado real", para depois decretar o que deve ser considerado "real" no estudo do passado, Bahn interpreta erroneamente as teorias de Hancock postuladas em *Fingerprints of the Gods*, livro que não cita coisa alguma sobre "super-humanos", mas simplesmente examina a possibilidade de que a humanidade progrediu para uma civilização marítima razoavelmente avançada ou até mesmo mais de uma civilização durante aqueles milhares e milhares de anos entre o surgimento dos humanos aparentemente "modernos" e as possíveis mudanças cataclísmicas na Terra no fim da última era glacial, cerca de 12 mil anos atrás. Também é ofensiva a afirmação de Bahn de que a ideia de Däniken (e claro que Erich von Däniken não é o único a defender tais ideias, pois se fosse não teria vendido milhares de exemplares dos livros que Bahn cita, com inveja) de extraterrestres interagindo com humanos na Terra em meio às névoas da pré-história não merece consideração. Com o vasto número de estrelas e possibilidades para diversas culturas se desenvolver por todo o cosmos, quem pode dizer que as teorias dele são loucas ou erradas, apenas porque são "controvertidas" ou "estranhas", ou inaceitáveis para o *status quo*?

Neste *Mistérios da Arqueologia e da História – Um Guia para o lado Oculdo da Ciência*, meu intuito é mostrar que o "monstro"

O objetivo desta antologia não é apresentar respostas definitivas para todos, ou sequer alguns dos inúmeros mistérios e perguntas intrigantes neles contidas. Na verdade, o objetivo aqui é inspirar você, leitor, a pensar e questionar a ortodoxia arqueológica e histórica em vários níveis, oferecendo alternativas àquelas que são hoje as teorias "aceitáveis".

que questiona paradigmas e propõe ideias e teorias novas e radicais não está adormecido nem morrendo. Está vivo e bem; e os guardiões convencionais do *status quo*, com suas afirmações prepotentes de autoridade e conhecimento, com seu hábito de debochar dos questionadores, não podem esconder o fato de que existem perguntas sem resposta e mistérios incessantes em torno de nossa pré-história; perguntas estas que não estão nem perto de serem respondidas pela arqueologia convencional. O objetivo desta antologia não é apresentar respostas definitivas para todos, ou sequer alguns dos inúmeros mistérios e perguntas intrigantes neles contidas. Na verdade, o objetivo aqui é inspirar você, leitor, a pensar e questionar a ortodoxia arqueológica e histórica em vários níveis, oferecendo alternativas àquelas que são hoje as teorias "aceitáveis". São inúmeras as interpretações das evidências "extremamente limitadas" disponíveis e muitos mistérios e anomalias (demais até mesmo para uma coletânea como esta incluir em um único volume), de modo que qualquer teoria ou postulação se torna válida, pois não podemos, como disse Bahn, "realmente conhecer" nossa pré-história, aquele período de 100 mil a 200 mil anos (e possivelmente muito mais) em que os humanos modernos andavam sobre a Terra esperando o momento mágico no qual os fundamentos para a civilização de repente fincavam raiz e se difundiam pelo globo, em locais espalhados e supostamente sem ligação entre os povos, sem a menor dependência de contato entre si em seus continentes separados. Mas podemos observar esses mistérios e fazer perguntas, postular, teorizar e sugerir conclusões a partir das evidências, sem precisarmos ser politicamente corretos para aqueles acadêmicos que insistem que a pré-história é um caso simples e estabelecido, do qual só faltam uns poucos detalhes de menos importância.

Autores que participam desta compilação, como Graham Hancock (*Underworld, Talisman: Sacred Cities,*

> **Apesar da velha teoria de que a queda de um objeto grande do espaço explicaria o súbito declínio de muitas das grandes civilizações do Mundo Antigo, não havia o menor "sinal de fumaça" disso até a descoberta por imagem de satélite de uma cratera gigantesca causada pelo impacto de um objeto extraplanetário, um cometa ou "chuvas de meteoros" ligadas a um, que caiu na região onde hoje é o Iraque.**

Secret Faith e *Sign and the Seal*), Colin Wilson (*The Occult, From Atlantis to the Sphinx* e *The Atlantis Blueprint*, com Rand Flem-Ath), Frank Joseph (*Survivors of Atlantis* e *The Destruction of Atlantis*), William R. Corliss (*The Sourcebook Project, Ancient Man – A Handbook of Puzzling Artifacts* and *Archeological Anomalies: Small Artifacts – Bone, Stone, Metal Artifacts, Footprints, High Technology*), George Erikson (*Atlantis in America*), Christopher Dunn (*The Giza Power Plant – Technologies of Ancient Egypt*) e muitos outros examinam um número incrível de visões alternativas àquelas defendidas pelos proponentes dos paradigmas convencionais, que insistem que só eles podem nos dizer o que aconteceu nos estágios de nossa pré-história "real". Os autores destas páginas podem não concordar totalmente entre si, mas provam repetidas vezes que nós, humanos, não evoluímos necessariamente do mais primitivo para o mais avançado, mas nos erguemos e caímos aos tropeços, alçando grandes alturas e sendo dizimados por algum desastre como uma colisão com um cometa, uma inundação gigantesca ou pela simples estupidez humana; ou ainda por numerosas catástrofes que se abateram tanto sobre os povos avançados quanto sobre os primitivos.

Catástrofe

"Histórias bíblicas, visões apocalípticas, dados artísticos e científicos antigos, todos parecem se intersectar por volta de 2350 a.C., quando um ou mais eventos catastróficos dizimaram várias sociedades avançadas na Europa, Ásia e África", afirma Robert Roy Britt em *Space.com* (13 de novembro de 2001). Apesar da velha teoria de que a queda de um objeto grande do espaço explicaria o súbito declínio de muitas das grandes civilizações do Mundo Antigo, não havia o menor "sinal de fumaça" disso até a descoberta por imagem de satélite de uma cratera gigantesca causada pelo impacto de um objeto extraplanetário, um cometa ou "chuvas de meteoros" ligadas a um, que caiu na região que hoje é o Iraque. "Os Acádios, que viveram no Iraque e são considerados o primeiro império do mundo, caíram em ruínas", escreve Britt. "Os povoados da antiga Israel desapareceram. A Mesopotâmia, berço original da Terra, retornou ao pó. Mais ou menos na mesma época – um período chamado de início da Idade do Bronze – apareceram escritos apocalípticos que inspiraram crenças religiosas existentes até hoje". O Épico de Gilgamesh, escrito nesse período, descreve "o fogo, o enxofre e a inundação de eventos possivelmente míticos", diz Britt. "Profecias do fim do Império Acádio diziam

teoria de impacto: o dilúvio de Noé foi desencadeado por duas 'estrelas' que caíram do céu. 'Quando Deus decidiu provocar o Dilúvio, Ele pegou duas estrelas de Khima, jogou-as sobre a terra e, assim, causou o Dilúvio'".

Se uma calamidade global ocorresse hoje, possivelmente deixando viva parte de uma população mais tecnologicamente avançada, capaz de reconstruir pequenas comunidades e artefatos para tentar prever outra catástrofe, como talvez tenham feito os sobreviventes de antigas civilizações avançadas ao construir os enigmáticos e misteriosos templos megalíticos e observatórios em todo o planeta, mas poupando principalmente aqueles

Os antigos navegadores teriam singrado e mapeado os oceanos do mundo enquanto realizavam comércio internacional, incluindo o de cocaína e nicotina, duas substâncias do Velho Mundo que foram encontradas em centenas de antigas múmias egípcias?

que 'muitas estrelas estavam caindo do céu'. A 'Maldição de Acádia', com data aproximada de 2200 a.C., fala de 'pedaços de cerâmica em chamas, caindo do céu'. Por volta de 2 mil anos depois, o astrônomo e rabino bar Nachmani criou aquela que seria considerada a primeira

povos mais primitivos que, como ainda acontece hoje, vivem em condições da Idade da Pedra nas partes mais remotas do mundo, deixando para eles a tarefa de contar o que ocorreu, descrever para seus filhos e netos as vastas cidades modernas que foram totalmente destruídas no cataclismo de fogo ou submersas sob as ondas, como os cientistas do futuro interpretariam essas histórias, que provavelmente se transformariam em seus mitos? Fariam um trabalho melhor que o nosso?

Um mergulho no passado misterioso

Mais mitos e histórias indianas antigas são exploradas em detalhe por N. S. Rajaram e John Anthony West (*Serpent in the Sky: The High Wisdom of Ancient Egypt*), que ilustram como poderíamos nos beneficiar se prestássemos mais atenção a esses contos antigos e venerados da Índia, que descrevem povos em eras há muito esquecidas e possivelmente previam nossas eras atuais. Registros detalhados nesses "mitos" indicam um período mais longo de história, no qual as civilizações alcançaram alturas nem sequer imaginadas pela arqueologia convencional e compreendiam as estrelas e outras ciências a um ponto além daquele que lhes dão crédito. A ideia de que houve uma "invasão" ariana da Índia é questionada veementemente por Rajaram.

Michael A. Cremo (*Forbidden Archaeology and Hidden History of the Human Race*) não questiona *quando* os humanos se tornaram humanos modernos, mas o que exatamente faz dos humanos modernos *humanos* – somos meras criaturas de matéria e reações químicas, ou temos uma alma, conforme descrevem tantos textos antigos? Dave Denton indaga se a versão da evolução de Darwin está correta e se os seres humanos são quem e o que somos apenas por "um feliz acaso" – ou se existe algum desígnio para isso. Dan Russell discute a respeito das plantas que teriam trazido a *gnose* aos antigos.

O professor Robert M. Shoch, autor de *Voice of the Rocks* e *Voyages of the Pyramid Builders*, não só explica por que crê que a Grande Esfinge em Gizé (e, portanto, a própria civilização egípcia) seja muito mais antiga do que afirma o atual paradigma arqueológico, mas também descreve, com seu coautor Robert S. McNally, por que acha que a prática de construção de pirâmides no mundo todo deriva de uma fonte que se encontra nas profundezas das brumas da pré-história.

Michael Arbuthnot, fundador do Team Atlantis, um grupo dedicado à pesquisa de descobertas e relatos arqueológicos anômalos e misteriosos, explica por que a teoria da travessia de Bering não está totalmente correta e por que é plausível a ideia de que houve difusão entre o Velho e o Novo Mundo de culturas pré-colombianas orientais e ocidentais, enquanto Roy

A. Decker dá numerosos exemplos de descobertas anômalas que indicam explorações e até povoados no Novo Mundo de culturas antigas, como os cartagineses, romanos, fenícios e muitos outros povos.

Richard Nisbet nos leva em uma magnífica expedição fotográfica da arquitetura megalítica do Peru, que ao mesmo tempo inspira e desafia qualquer explicação, enquanto David Hatcher Childress, autor da série *Lost Cities* e fundador do Clube dos Exploradores Mundiais, indaga se alguém acredita realmente que os incas construíram Machu Picchu. Entrevisto também o intrépido explorador Greg Deyermenjian a respeito de suas expedições nas selvas hostis e ameaçadoras do Peru em busca da fabulosa cidade perdida de Paititi e dos enigmáticos "pontos" que poderiam ou não ser pirâmides enormes ainda não descobertas. William R. Corliss examina alguns objetos anômalos e equipamentos científicos que não deveriam existir, segundo o paradigma convencional; enquanto Erich von Däniken nos pergunta se os humanos antigos possuíam artefatos que lhes permitiam voar.

Robert Merkin examina os resultados de duas culturas antigas que se encontram e se mesclam – a Grécia antiga, cosmopolita e liberal, e a antiga Israel, teocrática e religiosamente intolerante – bem como os resultados às vezes drásticos e dramáticos desse encontro. George T. Sasson postula que os israelitas errantes talvez recebessem seu "maná" de uma máquina chamada o Antigo de Dias.

Será que os antigos captavam e utilizavam as vibrações e energias da terra, colocando seus menires e construindo seus círculos de pedras em "locais sagrados" não apenas para marcação, mas sim canalizar as energias desses lugares? Os antigos navegadores teriam singrado e mapeado os oceanos do mundo enquanto realizavam comércio internacional, incluindo o de cocaína e nicotina, duas substâncias do Velho Mundo que foram encontradas em centenas de antigas múmias egípcias? Os povos da Antiguidade refletiam as estrelas aqui na Terra e, se o faziam, qual era o propósito? A Terra foi de fato visitada por extraterrestres e, se foi, eles teriam influenciado nosso desenvolvimento para o estado de civilização? Existiram a Atlântida e Lemúria e, se existiram, para onde rumaram os sobreviventes quando suas casas foram destruídas? Teriam uma ou mais civilizações avançadas da Antiguidade sido destruídas pela queda de cometas e haveria mais de um evento catastrófico na memória humana, incluindo um cataclismo que se converteu nos vários mitos de dilúvios, do qual o de Noé é o mais famoso? O que os nazistas procuravam em suas extensas aventuras arqueológicas antes da Segunda Guerra Mundial? O que era o Santo Graal e por que tanta gente procura por ele? Os acadêmicos e arqueólogos se empenham em suprimir novas descobertas arqueológicas e arruinar aqueles que insistem em relatar seus resultados anômalos?

É impossível incluir neste livro todas as descobertas arqueológicas surpreendentes, todas as civilizações antigas misteriosas e todas as teorias acerca de uma história oculta. Ele precisaria de milhares de páginas. Mas espero que a leitura de muitas das teorias aqui contidas deixe você curioso a ponto de examinar muitas alternativas àquilo que seus professores e sábios dizem a respeito de nosso passado distante, e queira descobrir mais sobre os incríveis feitos de nossos assim-chamados ancestrais primitivos, chegando à conclusão de que eles eram muito mais grandiosos e profundos que imaginávamos. Enfatizo que há neste livro pontos de vistas divergentes; e são poucos os autores participantes que conhecem os outros. E, como você perceberá, nem todos concordam entre si, o que reflete o mundo da arqueologia de um modo geral.

Mudanças de paradigmas são constantes

Seguem agora dois exemplos gritantes de quão pouco sabem os cientistas e arqueólogos e de como seus pontos de vista, paradigmas e "fatos" acerca do passado remoto e do conhecimento científico podem mudar rapidamente.

O primeiro vem da edição de 25 de março de 2005 do *Los Angeles Times*:

> Cientistas anunciaram nesta quinta-feira que, pela primeira vez, caçadores de fósseis encontraram, em um osso retirado de arenito em Montana, o tecido mole microscópico de um *Tyrannosaurus rex*, preservado quando inteiramente dentro de um osso, desde a morte do dinossauro, 70 milhões de anos atrás.
> Cientistas da Universidade Estadual da Carolina do Norte e do Museu da Universidade Estadual de Montana, em Bozeman, encontraram células oblongas de coloração marrom, fios elásticos de veias e vestígios de tutano vermelho no núcleo de uma perna traseira, conforme relataram os pesquisadores no periódico *Science*.
> Os tecidos eram tão elásticos que, ao serem esticados e soltos novamente, ricocheteavam como um elástico comum.
> "Que eu saiba, a preservação a esse ponto nunca foi observada em dinossauros até hoje", disse

Mary H. Schweitzer, paleontóloga na Universidade Estadual da Carolina do Norte, em Raleigh. "Os tecidos ainda estão moles", disse Schweitzer, líder da equipe de pesquisadores. "As microestruturas que se parecem com células estão perfeitamente preservadas".

Sob escaneamento com microscópio eletrônico, esses tecidos de dinossauro – vestígios diminutos dos carnívoros antigos mais poderosos da Terra – eram 'praticamente idênticos' aos da moderna avestruz".

Mesmo essa estupenda descoberta foi o resultado do acaso. As amostras de tecido só foram notadas porque os trabalhadores tiveram de quebrar uma preciosa perna de dinossauro para colocá-la em um helicóptero e levá-la do local remoto da escavação. Esses vestígios orgânicos de 70 milhões de anos contradizem todo o conhecimento vigente de como os fósseis se formam, a saber, o material orgânico não poderia durar mais de 100 mil anos – mas como a ciência insistia que era impossível, quantos outros traços se perderam com o passar dos anos, simplesmente porque os cientistas não enxergavam o óbvio pois estavam presos em seu modo convencional de pensar? Portanto, mais uma vez, o paradigma científico moderno dominante se mostra não só errado, mais dramaticamente errado.

A segunda história incrível, que mudou paradigmas, vem da edição de abril de 2005 da revista *National Geographic.*

Na grande caverna Liang Bua ("que significa 'caverna fria' na língua local Manggarai"), com suas 220 milhas e aspecto de catedral, na Ilha de Flores, Indonésia, entre a Ásia continental e a Austrália, os cientistas encontraram os restos mortais de seres humanos minúsculos, denominados *Homo floresiensis*, que tinha não mais de 91,4 centímetros de altura na idade adulta, recebendo assim o apelido carinhoso de "*hobbits*". Chegar à ilha era uma empreitada que exigia uma travessia de no mínimo 15 milhas (24,14 quilômetros) de mar, até há pouco tempo considerada impossível para os humanos primitivos. Nos anos 1950 e 1960, um arqueólogo amador e sacerdote em meio período chamado Theodor Verhoeven encontrou na Bacia Marítima de Flores vestígios de implementos primitivos de pedra perto de fósseis de um estegodonte (uma espécie de elefante pigmeu, hoje extinto), considerados como tendo no mínimo 750 mil anos. Como ele sabia que o *Homo erectus* habitara a ilha vizinha, Java, 1,5 milhão de anos atrás, Verhoeven "concluiu que o *erectus* devia ter cruzado o mar" entre as duas ilhas, chamado de "Linha Wallace", muito tempo antes. Sendo apenas um amador sem conhecimento acadêmico de Arqueologia, Verhoeven foi ridicularizado pelos arqueólogos convencionais. Em 1990, porém, os cientistas determinaram que as ferramentas eram ainda mais velhas, com quase 840 mil anos. Isso significava que Verhoeven estava correto quanto ao *Homo erectus* ter feito a travessia. Mais fascinante para os cientistas, no entanto, foram os *floresiensis*. Coexistindo com os seres humanos modernos e habitando Flores entre 95 mil anos a 13 mil anos atrás, esse povo até então desconhecido descendia do *erectus*, que surgiu quase 2 milhões de anos atrás. Embora os cérebros dos *floresiensis* fossem minúsculos, "pequenos até em comparação com um chimpanzé", eles já faziam ferramentas, caçavam e viviam em cooperação, dentro de grupos organizados; e apesar de muito menores em estatura e tamanho cerebral que seus ancestrais *erectus*, parece que eram muito mais espertos. Como explica a *National Geographic*, essa descoberta de uma espécie de ser humano diferente compartilhando o planeta com o moderno *Homo sapiens* é estonteante, mas não é o único mistério. Como esse povo primitivo chegou a Flores, tantos milhares de anos atrás?

"Será que o *Homo erectus* era um marujo melhor do que suspeitamos, capaz de construir jangadas e planejar viagens marítimas?", pergunta a *National Geographic*, ao que muitos dos escritores deste livro responderiam sem hesitar: "Sim!". Mas a questão da navegação não é única, nessa história. "Uma nova e assombrosa questão vem à tona. Os humanos modernos colonizaram a Austrália a partir da Ásia continental, cerca de 50 mil anos atrás, povoando a Indonésia no caminho. Será que eles e os *hobbits* se encontraram?" Não há nenhum sinal de humanos modernos em Flores até 11 mil anos atrás, mas é possível que alguns *floresiensis* tenham sobrevivido em áreas remotas da ilha. "Podemos encontrar uma pista no folclore local, que fala de pessoas de metade do tamanho humano, cabeludas e com testa chata, das quais se contam histórias até hoje. É impressionante que os humanos modernos ainda retenham na memória o convívio neste planeta com outra espécie de humanos, como nós, mas incompreensivelmente diferentes". Mais uma vez, portanto, os arqueólogos convencionais levaram mais de 20 anos para acompanhar a hipótese do amador, que se mostrou certa apesar de os detratores insistirem que era impossível, que nenhum tipo humano chegara a Flores tantos milhares de anos antes do que afirmava o dogma arqueológico. Para a vergonha deles, esses detratores atrasaram a pesquisa séria porque se apegaram a seus pontos de vista cristalizados, até que, por fim, o paradigma mudou e os cientistas se abriram para outra ideia nova, até então ridicularizada.

Talvez você, caro leitor, faça a próxima descoberta surpreendente, ou desvende o código secreto que decifrará alguma língua antiga e nos dará mais informações de nossa longa história perdida. Talvez você encontre aquele templo escondido na selva, aquela cidade submersa ou aquela raça esquecida que nos devolverá parte de nossas lembranças antigas perdidas, nossos elos com nossos ancestrais que nos deixaram pistas enigmáticas de sua existência por todo o globo. Seja você um explorador na poltrona ou um viajante das selvas e desbravador de trilhas, um idealista ou pragmático, as páginas seguintes prometem levá-lo em uma aventura selvagem através de paisagens alternativas, com o objetivo de visitar e examinar os vestígios de nossos antigos ancestrais. Portanto, coloque o chapéu de explorador e pegue a bússola, porque vamos entrar em terreno desconhecido, onde os mapas só dizem *dados insuficientes*, e onde habitam monstros e se escondem cidades perdidas cobertas de mato e areia; e onde grandes mistérios aguardam ser descobertos.

1
ORIGENS MÍTICAS OU HISTÓRICAS

Disvolução Humana
Michael A. Cremo

Meu livro *Forbidden Archeology*, em coautoria com Richard L. Thompson, documenta evidências arqueológicas da extrema antiguidade humana, condizentes com *Puranas*, os escritos históricos da antiga Índia. Tais evidências mostram que a presença humana na Terra é tão antiga que chega a questionar a versão darwiniana da origem da humanidade.

Kenneth Feder, em seu comentário de *Forbidden Archeology*,[1] diz:

> Quando tentamos desconstruir um paradigma estabelecido, convém que outro seja sugerido em seu lugar. Os autores de *Forbidden Archeology* não fazem isso, e eu gostaria de sugerir o motivo para tal negligência. Desejosos de parecer inteiramente científicos, os autores esperavam evitar uma discussão detalhada de suas crenças.

Não é verdade que meu coautor e eu tentamos evitar uma discussão detalhada de nossas alternativas. Queríamos, isto sim, iniciar tal discussão. Mas algumas considerações práticas nos impeliram a proceder por estágios. Em minha introdução de *Forbidden Archeology*, escrevi: "Nosso programa de pesquisa levou a resultados que não prevíamos e, portanto, a um livro muito maior do que o planejado originalmente". Fiquei, de fato, surpreso, com a quantidade enorme de casos de evidências arqueológicas da antiguidade extrema da raça humana que foram aparecendo em meus oito anos de pesquisa histórica. *Forbidden Archeology* foi para o prelo com mais de 900 páginas. "Por causa disso," escrevo na introdução, "não pudemos desenvolver neste volume nossas ideias a respeito de uma alternativa para as teorias atuais das origens da humanidade. Estamos,

---
1. *Geoarchaeology*, v. 9, 1994, p. 337-340.

> **A mensagem básica é simples. Não evoluímos a partir da matéria, mas sim, sofremos uma disvolução, isto é, degeneramos de um nível de pura consciência, ou espírito, se preferir esta palavra.**

portanto, planejando um segundo volume relacionando os resultados de nossas extensas pesquisas nessa área com a fonte védica de material". *Disvolução Humana: uma Alternativa Védica à Teoria de Darwin* é o segundo volume. A mensagem básica é simples. Não evoluímos a partir da matéria, mas, sim, sofremos uma disvolução, isto é, degeneramos de um nível de pura consciência, ou espírito, se preferir esta palavra.

Embora eu ofereça uma alternativa védica ao darwinismo, reconheço que é parte de uma família maior de alternativas espirituais ao darwinismo enraizadas em várias religiões mundiais, que também valorizo e respeito. Interessantemente, vários estudiosos estão dispostos, hoje em dia, a considerar tais alternativas à visão científica ocidental do mundo como candidatas à verdade. Para eles, a crença nessas visões alternativas não é mais tabu. Em *American Antropologist*, Katherine P. Ewing disse:

Descartar a possibilidade de crença na realidade do outro é encapsular tal realidade e, assim, impor implicitamente a hegemonia de sua visão.[2]

No *Journal of Consciousness Studies*, William Barnard, citando as tradições de sabedoria do mundo, defende:

...o tirocínio que esteja disposto a afirmar que os modelos metafísicos... dessas diversas tradições espirituais são sérios proponentes da verdade; um tirocínio que perceba que esses mundos religiosos não são cadáveres que podemos dissecar e analisar a uma distância segura, mas, sim, corpos vitais e vivos de conhecimento e prática que têm o potencial de mudar nossas noções enraizadas.[3]

O que peço é que os cientistas e estudiosos olhem sob esse prisma védico as origens humanas esboçadas em *Disvolução humana*.

---

2. *American Anthropologist*, v. 96, nº 3, 1994, p. 572.

3. *Journal of Consciousness Studies*, v. 1, nº 2, 1994, p. 257-258.

Um processo de filtragem de conhecimento

Antes de apresentar uma alternativa ao conceito darwiniano da origem humana, é apropriado explicar a necessidade dessa alternativa. Uma coisa que demonstra claramente essa necessidade é a evidência arqueológica da antiguidade extrema da raça humana. Essa evidência existe, mas tem sido sistematicamente eliminada das discussões científicas por meio de um processo de filtragem de conhecimento. As evidências arqueológicas que contradizem a teoria darwiniana da evolução humana costumam ser rejeitadas apenas por esse motivo.

Por exemplo, no século XIX, foi descoberto ouro na Califórnia. Para obtê-lo, os mineiros escavavam túneis nas laterais das montanhas, como na Montanha Table, em Tuolumne County. Bem no fundo dos túneis, em depósitos existentes desde a época eocena (cerca de 50 milhões de anos atrás), eles encontraram ossos e artefatos humanos. As descobertas foram minuciosamente documentadas pelo dr. J. D. Whitney, chefe de geologia do governo da Califórnia, em seu livro *The Auriferous Gravels of the Sierra Nevada of California*, publicado pela Universidade de Harvard em 1880. Mas não ouvimos muito a respeito dessas descobertas hoje em dia. No *Smithsonian Institution Annual Report for 1898-1899*, o antropólogo William Holmes disse:

> Talvez se o professor Whitney compreendesse plenamente a história da evolução como é compreendida hoje, não teria anunciado as conclusões formuladas, a despeito dos testemunhos impressionantes com que foi confrontado.[4]

Em outras palavras, se os fatos não se encaixam na teoria da evolução humana, eles devem ser deixados para trás; e foi exatamente isso que aconteceu.

Esse preconceito continuou no século XX. Nos anos 1970, arqueólogos americanos liderados por Cynthia Irwin Williams descobriram ferramentas de pedra em Hueyatlaco, perto de Puebla, México. Era de um tipo avançado, que só podia ter sido feito por humanos como nós. Uma equipe de geólogos do Levantamento Geológico dos Estados Unidos e de universidades americanas foi a Hueyatlaco para datar o sítio. Entre os geólogos estava Virginia Steen-McIntyre. Para datar o sítio, eles usaram quatro métodos: série de urânio em ossos de animais mortos encontrados com as ferramentas, rastreamento de fissão de zinco em camadas vulcânicas acima das

---

4. *Smithsonian Institution Annual Report for 1898-1899*, p. 424.

> **O problema, como o vejo, é muito maior que Hueyatlaco. Tem a ver com a manipulação do pensamento científico por meio da supressão de "dados enigmáticos"; dados estes que desafiam o modo prevalecente de pensar.**

ferramentas, tefra-hidratação de cristais vulcânicos e estratigrafia.

Os quatro métodos convergiram para uma época de cerca de 250 mil anos para o sítio. Os arqueólogos se recusaram a aceitar essa data. Não podiam acreditar que existiam humanos capazes de fazer os artefatos de Hueyatlaco 250 mil anos atrás. Em defesa das datas obtidas pelos geólogos, Virginia Steen-McIntyre escreveu em uma carta a Estella Leopold, editora associada da *Quaternary Research*, em 30 de março de 1981:

> O problema, como o vejo, é muito maior que Hueyatlaco. Tem a ver com a manipulação do pensamento científico por meio da supressão de "dados enigmáticos"; dados estes que desafiam o modo prevalecente de pensar. É isso que acontece em Hueyatlaco! Não sendo antropóloga, não percebi o significado pleno de nossas datações em 1973, nem até que ponto a teoria da evolução humana se imiscui em nosso pensamento. Nosso trabalho em Hueyatlaco foi rejeitado pela maioria dos arqueólogos simplesmente porque contradiz essa teoria.

Isso ainda acontece hoje, não só para as descobertas nas minas de ouro da Califórnia e os artefatos humanos em Hueyatlaco, mas também para centenas de outras descobertas documentadas na literatura científica dos últimos 150 anos.

REVENDO O CENÁRIO EVOLUTIVO DARWINIANO

Há ainda evidências fósseis de que o atual cenário darwiniano da evolução de espécies não humanas também precisa ser revisto. Já no começo dos anos 1940, geólogos e paleontólogos,

> **Evidências da bioquímica, genética e biologia desenvolvimental também contradizem a teoria darwiniana da evolução humana... A evolução em si nunca foi demonstrada de uma maneira verdadeiramente científica. Permanece até hoje um artigo de fé.**

trabalhando com um Levantamento Geológico da Índia, exploraram as montanhas de sal na região que é hoje o Paquistão. Encontraram, nas profundezas das minas de sal, evidências da existência de plantas em estado avançado de florescimento e insetos no início do Período Cambriano, cerca de 600 milhões de anos atrás. De acordo com as ideias evolucionárias convencionais, não havia plantas em terra nem insetos naquele período. Considera-se que florescências e insetos surgiram centenas de milhões de anos depois. Para explicar tais evidências, alguns geólogos propuseram que teria ocorrido um acavalamento, pelo qual camadas eocenas, com cerca de 50 milhões de anos, foram empurradas para baixo de camadas cambrianas, com mais de 550 milhões de anos. Segundo esses cientistas, as camadas com os fósseis das plantas avançadas e insetos foram encontradas em posição normal, sob estratos contendo trilobites, o fóssil característico do Período Cambriano. Um desses cientistas, E. R. Gee, propôs uma solução inédita para o problema. Nas atas da Academia Nacional de Ciências da Índia do ano de 1945, o paleobotânico Birbal Sahni comentou:

> Recentemente, uma explicação alternativa foi oferecida pelo *sr.* Gee. *A sugestão é de que os angiospermas, gimnospermas e insetos das Séries Salinas podem representar uma flora e uma fauna cambrianas ou pré-cambrianas altamente evoluídas!* Em outras palavras, sugere-se que essas plantas e animais surgiram na área de sal centenas de milhões de anos antes que em qualquer outra região. Dificilmente se acreditaria que tal ideia fosse levada a sério por um geólogo hoje em dia.[5]

A controvérsia permaneceu sem solução. Nos anos 1990, geólogos de petróleo, sem saber da polêmica antiga, reestudaram a área. Determinaram que os depósitos de sal sob os depósitos cambrianos contendo trilobites eram do início do Cambriano ou Pré-cambriano. Ou seja, não encontraram evidências de um acavalamento. Os depósitos de sal estavam em uma posição natural abaixo dos depósitos cambrianos. Tal fato corrobora a sugestão de Gee de que os restos de plantas e insetos nos depósitos de sal evidenciavam fauna e flora avançadas no início do Cambriano. Essa evidência contradiz não só o conceito darwiniano da evolução humana, mas também de outras espécies.

Evidências da bioquímica, genética e biologia desenvolvimental também contradizem a teoria da evolução humana de Darwin. Embora tecnicamente a origem da vida

---

5. *Proceedings of the National Academy of Sciences of India for the Year 1945*, Section B, v. 16, p. XLV-XLVI.

a partir de elementos químicos não faça parte da teoria da evolução, na prática as duas sempre foram inseparáveis. Os darwinistas afirmam que a vida surgiu a partir desses elementos. Mas, após décadas de teorização e experimentação, eles ainda não sabem dizer exatamente quais elementos se combinaram e como, para formar quais seres vivos. A evolução em si nunca foi demonstrada de uma maneira verdadeiramente científica. Permanece até hoje um artigo de fé.

A síntese evolucionária moderna se baseia na genética. Os evolucionistas propõem uma relação entre o genótipo (estrutura genética) de um organismo e seu fenótipo (estrutura física). Afirmam que as mudanças do genótipo resultam em mudanças no fenótipo; e por meio da seleção natural, as mudanças em fenótipo que conferem melhor adaptabilidade em determinado ambiente se acumulam nos organismos. Segundo os evolucionistas, esse processo pode explicar o surgimento de novos traços estruturais nos organismos. Mas, no nível da microbiologia, essas estruturas parecem ser irredutivelmente complexas. Os cientistas não são capazes de especificar como elas se desenvolveram passo a passo. Não sabem nos dizer exatamente quais mudanças genéticas resultaram em quais mudanças fenotípicas para produzir características complexas particulares dos organismos. Isso exigiria a especificação de estágios intermediários culminando nas estruturas complexas que observamos hoje. Em seu livro *Darwin's Black Box*, o bioquímico Michael Behe diz:

> Nos últimos dez anos, o *Journal of Molecular Evolution* publicou mais de mil escritos... Nenhum deles discutiu modelos detalhados para intermediários no desenvolvimento de estruturas biomoleculares complexas. E esta não é uma peculiaridade do JME. Não se encontra nenhum texto que trate de modelos detalhados para intermediários no desenvolvimento de estruturas biomoleculares complexas, seja no *Proceedings of the National Academy of Science, Nature, Science, Journal of Molecular Biology*, ou, ao menos que eu saiba, em nenhum periódico científico.[6]

As tentativas por parte dos cientistas de usar evidências genéticas para demonstrar a época e o lugar em que os humanos anatomicamente modernos surgiram resultaram sempre em erros embaraçosos e contradições. Os primeiros relatos, grandemente difundidos, de que evidências científicas permitiam aos cientistas afirmar que todos os seres

---

6. Michael J. Behe, *Darwin's Black Box*. New York: Simon & Schuster, 1998, p. 183.

humanos vieram de uma Eva africana que viveu 200 mil anos atrás se mostraram fatalmente errôneos. Os pesquisadores tentaram corrigir os erros, mas os resultados permaneceram confusos. Levando em conta as complexidades em torno dos dados genéticos, alguns cientistas sugeriram que os fósseis ainda são as provas mais confiáveis de questões acerca das origens e da antiguidade do ser humano. Em um artigo na *American Anthropologist*, David W. Frayer e seus coautores dizem:

> Diferentemente dos dados genéticos derivados de seres humanos, os fósseis podem ser usados para testar predições de teorias a respeito do passado sem contar com uma lista longa de pressuposições sobre a neutralidade dos marcadores genéticos, dos índices mutacionais ou outros requisitos necessários para retrodizer o passado a partir de variação genética atual... Na melhor das hipóteses, a informação genética oferece uma teoria de como as origens do ser humano moderno *poderiam ter ocorrido*, se as suposições usadas para interpretar dos dados genéticos estiverem corretas.[7]

Isso significa que as evidências arqueológicas da extrema antiguidade humana documentadas em *Forbidden Archeology* fornecem uma verificação bastante necessária quanto às especulações dos pesquisadores de genética. Elas contradizem as explicações darwinianas atuais da origem humana.

UMA REAL NECESSIDADE DE EXPLICAÇÕES ALTERNATIVAS – O PARANORMAL

Portanto, evidências da arqueologia, paleontologia, bioquímica, genética e biologia desenvolvimental demonstram a real necessidade de uma alternativa à atual explicação darwiniana da origem do ser humano. O trabalho de Alfred Russel Wallace, cofundador, com Darwin, da teoria da evolução por seleção natural, oferece uma introdução às explicações alternativas. Wallace e outros cientistas britânicos, como por exemplo, *sir* William Crookes, proeminente físico e presidente da Royal Society, conduziu extensos experimentos com a paranormalidade. Esses experimentos e suas observações levaram Wallace a rever a visão de mundo da ciência. Wallace concluiu que o universo é povoado de seres espirituais. Alguns desses seres espirituais menores, ele propôs, se mantêm em contato com a população humana da Terra, geralmente através dos médiuns. Segundo Wallace, os seres espirituais menores, agindo por meio dos médiuns, eram responsáveis pelos mais variados

---

7. *American Anthropologist*, v. 95, nº 11, 1993, p. 19.

fenômenos paranormais, incluindo clarividência, curas milagrosas, comunicação com os mortos, aparições, materializações de objetos físicos, levitações, etc. Os seres espirituais mais poderosos podem ter influenciado a origem das espécies.

Segundo Wallace, os seres espirituais menores, agindo por meio dos médiuns, eram responsáveis pelos mais variados fenômenos paranormais, incluindo clarividência, curas milagrosas, comunicação com os mortos, aparições, materializações de objetos físicos, levitações, etc. Os seres espirituais mais poderosos podem ter influenciado a origem das espécies.

Em sua autobiografia, Wallace escreveu:

> A maioria das pessoas hoje em dia é levada a crer que milagres, fantasmas e toda uma série de fenômenos estranhos aqui descritos não existem; que são contrários às leis da natureza; que são superstições de eras passadas; e que, portanto, são necessariamente imposturas ou ilusões. Não há lugar, no pensamento dessas pessoas, para encaixar a realidade desses fatos. Quando comecei essa investigação, também pensava assim. Tais fatos não se encaixavam em meu modo

existente de pensar. Todos os meus preconceitos, todo o meu conhecimento, toda a minha crença na supremacia da ciência e da lei natural eram contrários à possibilidade de tais fenômenos... [mas] um a um, os fatos me foram impostos sem possibilidade de eu fugir deles.[8]

Para Wallace, tudo isso tem certas implicações para a origem humana. Em seu livro *Contributions to a Theory of Natural Selection*, ele concluiu que:

> [...] uma inteligência superior guiou o desenvolvimento do homem em uma direção definida e com o propósito especial, assim como o homem guia o desenvolvimento de muitas formas animais e vegetais.[9]

Não onde, mas o quê?

Em *Human Devolution*, proponho que, antes de perguntarmos "De onde vieram os seres humanos?", deveríamos perguntar "O que é o ser humano?". Hoje em dia, a maioria dos cientistas crê que um ser humano é simplesmente uma combinação dos elementos químicos comuns. Essa premissa limita as explicações

---

8. Alfred Russel Wallace, *My Life: A Record of Events*. v. 2. London: Chapman & Hall, 1905, p. 349-350.

9. Alfred Russel Wallace, *Contributions to a Theory of Natural Selection*. London: Macmillan and Co., 1870, p. 359.

que poderiam ser oferecidas para a origem da humanidade. Proponho que o mais sensato, com base em evidências científicas disponíveis, seria começarmos da premissa de que um ser humano é composto de três substâncias existentes separadas: matéria, mente e consciência (ou espírito). A partir daí, o círculo de explicações possíveis aumenta.

Com base em evidências, podemos mostrar que existem a mente e a consciência, além da matéria comum, como elementos separados que compõem o ser humano.

Qualquer corrente científica de pensamento começa com algumas pressuposições iniciais que não são rigorosamente comprovadas. Do contrário, ficaríamos presos em uma regressão infinita de provas de suposições. As proposições iniciais devem ser razoáveis, com base em evidências existentes. E com base em evidências, podemos mostrar que existem a mente e a consciência, além da matéria comum, como elementos separados que compõem o ser humano.

Defino a mente como uma energia sutil, porém material, associada ao organismo humano e capaz de agir sobre a matéria comum de uma maneira que não podemos explicar por meio das leis conhecidas da física. A evidência desse elemento *mente* vem da pesquisa científica dos fenômenos chamados de "paranormais" ou "psíquicos". Entramos aqui na história oculta da física. Assim como na arqueologia, na física também houve uma tremenda filtragem de conhecimentos. Por exemplo, todo estudante de física aprende a respeito do trabalho de Pierre e Marie Curie, marido e mulher que ganharam prêmios Nobel por terem descoberto o elemento químico rádio. Praticamente todo livro de física introdutória menciona o evento. O que os livros-texto não dizem é que o casal Curie pesquisou também intensamente os fenômenos paranormais. Pertenciam a um grupo de proeminentes estudantes europeus, incluindo outros ganhadores do prêmio Nobel, que pesquisavam a paranormalidade em Paris no início do século XX. Por dois anos, o grupo estudou a médium italiana Eusapia Palladino (nome às vezes grafado como Paladino, ou Paladina). A historiadora Anna Hurwic comenta em sua biografia de Pierre Curie:

> Ele achava possível descobrir no espiritualismo a fonte de uma energia desconhecida que revelaria o segredo da radioatividade... Ele vias as sessões espíritas como experimentos científicos, tentava monitorar os diferentes parâmetros, fazia anotações detalhadas de

cada observação. Ficava realmente intrigado com Eusapia Paladino.[10]

A respeito de algumas sessões com Paladino, Pierre Curie escreveu o seguinte ao físico Georges Gouy em um carta datada de 24 de julho de 1905:

> Tivemos na Sociedade de Psicologia algumas sessões espíritas com a médium Eusapia Paladina. Foi muito interessante e os fenômenos que testemunhamos pareciam realmente provocados por truques de mágica: uma mesa levitou a 1,22 metro do chão; objetos se moviam, tínhamos a sensação de toques de mãos nos beliscando ou acariciando, além das aparições de luzes. Tudo isso aconteceu em uma sala montada por nós, com um pequeno número de espectadores bem conhecidos e sem a presença de um possível cúmplice. A única possível enganação seria uma habilidade extraordinária da médium para truques de mágica. Mas como explicar os diversos fenômenos quando seguramos as mãos e as pernas dela e a sala tem iluminação suficiente para vermos tudo o que acontece?

Em 14 de abril de 1906, Pierre escreveu a Gouy:

> Estamos trabalhando, M. Curie e eu, para dosar precisamente o rádio por suas próprias emanações... Tivemos mais algumas "sessões" com Eusapia Paladina (tivemos algumas no verão passado). O resultado é que esses fenômenos existem mesmo e não posso mais duvidar. É inacreditável, mas real, e fica impossível negá-lo após as sessões que tivemos em condições de perfeito monitoramento.

Penso que existe um campo completamente novo de fatos e estados físicos da matéria do qual não temos ideia.

Ele concluiu: "Penso que existe um campo completamente novo de fatos e estados físicos da matéria do qual não temos ideia".

A meu ver, esses resultados e muitos outros parecidos, oriundos da história oculta da física, sugerem que o organismo humano tem uma ligação com o elemento mente que pode agir sobre a matéria comum de uma maneira que as atuais leis da física não explicam. Essas pesquisas continuam até hoje, embora a maioria dos cientistas envolvidos nelas se concentre mais nos microefeitos que nos macroefeitos relatados por Pierre Curie. Por exemplo, Robert

---

10. Anna Hurwic, *Pierre Curie*. Paris: Flammarion, 1995, p. 247.

Jahn, chefe do departamento de engenharia da Universidade de Princeton, começou a pesquisar os efeitos da atenção mental em geradores de números aleatórios. Um gerador de números aleatórios normalmente gera uma sequência de 1s e 0s, com quantidades iguais de cada um. Mas Jahn e seus associados que continuam com a pesquisa encontraram pessoas que podiam influenciar mentalmente os geradores de números aleatórios para produzir um número estatisticamente maior de 1s que de 0s (ou vice-versa).

As evidências de um eu consciente, capaz de existir à parte da mente e da matéria, vem de relatos médicos das experiências fora do corpo (OBE – *out of body experiences*). O dr. Michael Sabom, cardiologista americano, conduziu pesquisas intensas dessas experiências. Entrevistou pacientes que haviam sofrido infartos e relataram tal fenômeno. Em seguida, ele comparou os relatos com os registros médicos e descobriu que uma quantidade estatisticamente significativa do grupo forneceu relatos corretos, coerentes com o acompanhamento de seus tratamentos. Isso é altamente incomum, pois de acordo com a opinião médica convencional, os pacientes deveriam estar inconscientes. Teriam os pacientes produzido seus relatos corretos a partir de um conhecimento prévio de tratamento para ataque cardíaco (por exemplo, ao ter assistido a tais tratamentos em séries de TV sobre hospitais e médicos?) A fim de verificar isso, Sabom montou um segundo grupo de pacientes em tratamento para infarto que não tinham relatado as OBE. Pediu-lhes que imaginassem o tratamento médico recebido enquanto estavam inconscientes. Nenhum ofereceu um relato correto e quase todos cometeram erros grandes. Para Sabom, os resultados do grupo de controle confirmaram a genuinidade dos relatos de OBE do primeiro grupo. Em seu livro *Recollections of Death: A Medical Investigation*, Sabom pergunta:

> Poderia a mente que se separa do cérebro físico ser, em essência, a "alma", que continua a existir após a morte física segundo algumas doutrinas religiosas?[11]

Os resultados de Sabom foram confirmados por outros estudos. Em fevereiro de 2001, por exemplo, uma equipe da Universidade de Southampton, Reino Unido, publicou no periódico *Resuscitation* um estudo favorável às experiências fora do corpo em pacientes que sofreram parada cardíaca.[12] O chefe da equipe foi

---

11. Michael B. Sabom, *Recollections of Death: A Medical Investigation*. London: Corgi, 1982, p. 183.

12. *Resuscitation*, v. 48, p. 149-156.

o dr. Sam Parnia, pesquisador sênior da universidade. Em 16 de fevereiro de 2001, um relatório publicado no *site* daquela universidade dizia que o trabalho do dr. Parnia "sugere que a consciência e a mente podem continuar existindo após o cérebro parar de funcionar e o corpo se tornar clinicamente morto".

Lembranças de vidas passadas também dão evidências de um eu consciente, capaz de existir sem o corpo. O dr. Ian Stevenson, psiquiatra na escola de medicina da Universidade Virginia, conduziu extensas pesquisas de lembranças de vidas passadas. Stevenson e seus associados se concentraram em lembranças de outras vidas relatadas de forma espontânea por crianças muito novas. Ele prefere trabalhar com crianças porque as pessoas mais velhas podem ter os motivos e os meios para construir relatos intrigantes de uma vida passada. A técnica de Stevenson consiste em fazer uma entrevista minuciosa com a criança e obter a quantidade máxima de detalhes acerca de uma possível vida anterior. Usando essas informações, ele e seus associados tentam identificar a pessoa que a criança afirma ter sido em outra vida. Em centenas de casos, a identificação foi bem-sucedida.

Tendo estabelecido que o organismo humano é composto dos elementos matéria, mente e consciência (ou espírito), é natural supormos que os cosmos é dividido em regiões, ou níveis, de matéria, mente e consciência, cada qual habitado por seres que se adaptam à vida ali. Primeiro, há uma região de consciência pura. A consciência, como a vivenciamos, é individual e pessoal. Isso sugere que a fonte original do eu consciente também é individual e pessoal. Assim, além das unidades individuais de consciência pura, há também um ser consciente original, que é a fonte delas. Quando os eus conscientes originais abandonam sua ligação com a fonte, são colocados em regiões mais baixas do cosmos predominadas pela energia material sutil (mente) ou pela energia material sólida (matéria). Existe, portanto, uma hierarquia cósmica de seres conscientes, um fato atestado nas cosmologias de povos de todas as partes do mundo. Essas cosmologias têm muitas características em comum. Geralmente incluem um Deus original habitando um reino de consciência pura, um deus criador subordinado que habita uma região material sutil do cosmos ao lado de muitas espécies de semideuses e semideusas, um reino terreno povoado por humanos como nós e um submundo habitado por fantasmas e demônios.

Há várias categorias de evidências observacionais da existência de seres conscientes em variados

> **Usando essas informações, Stevenson e seus associados tentam identificar a pessoa que a criança afirma ter sido em outra vida. Em centenas de casos, a identificação foi bem-sucedida.**

níveis de uma hierarquia cósmica. A primeira categoria atesta a sobrevivência do eu consciente que antes habitava o corpo de um humano terrestre. Essa evidência vem na forma de comunicações de eus humanos conscientes e sobreviventes, aparições de humanos falecidos e possessões de seres humanos por parte de espíritos desencarnados. Casos em humanos que são possuídos por seres com poderes extraordinários fornecem as evidências de que existem criaturas sobre-humanas em níveis extraterrenos da hierarquia cósmica. As aparições marianas e de anjos também nos fornecem as mesmas evidências. Relatos históricos de aparecimentos de avatares atestam a existência de um ser consciente supremo. (Avatar é um termo sânscrito que significa "aquele que desce de cima"). Uma categoria final de evidências vem dos relatos modernos de objetos voadores não identificados (*ovni* ou na sigla em inglês, *Ufo*) e dos "extraterrestres" a eles associados. Embora o tema seja muito polêmico e envolva um alto grau de estranheza, há uma quantidade substancial de relatos de fontes governamentais e militares de vários países. A teoria dos Ufos meramente mecânicos perde o sentido mediante uma investigação mais apurada; e os Ufos e os extraterrestres começam a se assemelhar com seres que habitam os níveis extraterrenos das cosmologias tradicionais do mundo.

INTELIGÊNCIAS SUPERIORES

O conceito de disvolução humana propõe a ação de inteligências superiores na origem da forma humana e nas formas de outros seres vivos. Isso depende da habilidade da consciência para influenciar de maneira menos ou mais direta a organização da matéria nos seres vivos. Há evidências de que tais modificações paranormais e a produção de formas biológicas realmente ocorrem. A primeira categoria de evidência

> **O conceito de disvolução humana propõe a ação de inteligências superiores na origem da forma humana e nas formas de outros seres vivos... Há evidências de que tais modificações paranormais e a produção de formas biológicas realmente ocorrem.**

vem de experimentos laboratoriais em que seres humanos são capazes de influenciar mentalmente o crescimento de micro-organismos. Por exemplo, Beverly Rubik conduziu uma pesquisa em laboratório sobre "efeitos da vontade do curador sobre um sistema bacteriano", quando era diretora do *Institute for Frontier Sciences*, na Universidade Temple, na Filadélfia, Pensilvânia. Ela publicou os resultados em um texto para seu livro *Life at the Edge of Science*. Os experimentos foram realizados usando a bactéria *Salmonella typhimurium*, um organismo muito bem estudado. O principal sujeito da experiência foi Olga Worrall, que demonstrara habilidades positivas em outros experimentos. Em uma bateria de experimentos, as culturas de bactéria foram tratadas com antibióticos que inibiam seu crescimento. Worrall tentou influenciar as bactérias em uma das culturas. Em outro receptáculo as bactérias foram mantidas como grupo de controle. Em comparação com o grupo de controle, as bactérias influenciadas mentalmente por Worrall mostraram aumento de crescimento. Em outra experiência, as bactérias foram colocadas sobre lâminas em uma solução de fenol suficiente para imobilizá-las, mas não matá-las. As lâminas de bactérias foram observadas sob o microscópio. Em seu livro, Rubik afirmou:

> A aplicação de... fenol paralisa completamente as bactérias em um a dois minutos. O tratamento de Worrall inibiu esse efeito... a tal ponto em que a média até 7% das bactérias continuaram nadando após 12 minutos de exposição ao fenol, em comparação com os grupos de controle, que foram completamente paralisados em todos os casos.[13]

Cura a distância por orações e outras curas milagrosas proporcionam outra categoria de evidências para a modificação paranormal da forma biológica. Em um estudo publicado nos *Annals of Internal Medicine*, John A. Astin e seus coautores descobriram que "um número cada vez maior de evidências sugere uma associação entre o envolvimento religioso e a espiritualidade e os resultados positivos de saúde".[14] Para corroborar sua conclusão, o grupo de Astin citou mais de 50 relatos positivos confiáveis de vários periódicos médicos e científicos. Exemplos ainda mais notáveis de modificação paranormal de forma biológica vêm do Departamento Médico de Lourdes. Desde o século XIX, os médicos do Departamento

---

13. Beverly Rubik, *Life at the Edge of Science*. Oakland: Institute for Frontier Science, 1996, p. 108.

14. *Annals of Internal Medicine*, v. 132, nº 11, 2000, p. 903-911.

têm documentado uma série de curas milagrosas, algumas envolvendo a regeneração inexplicável de tecidos e órgãos danificados.

O psiquiatra Ian Stevenson conduziu investigações extensas das marcas de nascença que parecem ter alguma relação com ferimentos que a pessoa teria sofrido em uma vida passada. Pessoas que morreram ao levar um tiro em uma vida anterior às vezes possuem no corpo atual marcas de nascença do tamanho exato na posição do ferimento. Isso sugere que quando a alma e a mente da pessoa entraram em seu novo corpo, trouxeram consigo as impressões que modificam a forma biológica do corpo. Alguns pesquisadores médicos documentam casos de "impressões maternas". Elas ocorrem quando uma mulher grávida é exposta a um evento marcante que causa fortes impressões emocionais. De certa forma, a impressão psicológica deixa sua marca no embrião ainda no ventre da mãe. Por exemplo, se uma mulher vê alguém com o pé machucado e se lembra disso constantemente, seu filho pode nascer com um pé malformado. Em 1890, W. C. Dabney analisou na *Cyclopaedia of the Disease of Children* 69 relatos publicados entre 1853 e 1886 documentando uma forte relação entre as impressões mentais da mãe e a deformação física do bebê.[15]

Outra categoria de evidências consiste em relatos por parte de respeitados cientistas que testemunharam médiuns produzir membros humanos ou até corpos humanos completos. Um caso particularmente notável foi narrado por Alfred Russel Wallace, que, acompanhado por outros, viu um clérigo médium chamado Monk produzir uma forma humana completa. Em sua autobiografia, Wallace descreveu o evento, que ocorreu em um apartamento no distrito de Bloomsbury, Londres:

> Era uma tarde de verão ensolarada e tudo aconteceu em plena luz do dia. Depois de um pouco de bate-papo, Monk, usando sua costumeira túnica sacerdotal preta, entrou em transe e, em seguida, ficou em pé, alguns centímetros à nossa frente. Dali a alguns instantes, apontou para o seu flanco,

---

O psiquiatra Ian Stevenson conduziu investigações extensas das marcas de nascença que parecem ter alguma relação com ferimentos que a pessoa teria sofrido em uma vida passada. Pessoas que morreram ao levar um tiro em uma vida anterior às vezes possuem no corpo atual marcas de nascença do tamanho exato na posição do ferimento.

---

15. John M. Keating, ed., *Cyclopaedia of the Diseases of Children*, v. 1. Philadelphia: J. B. Lippincott Co., 1890, p. 191-216

dizendo: "Vejam". Vimos um pequeno ponto branco em sua roupa, do lado esquerdo. O ponto cresceu e ficou mais claro; depois, pareceu oscilar, estendendo-se para cima e para baixo, até aos poucos formar uma coluna nevoada, que ia de seu ombro até os pés, bem rente ao seu corpo. Monk se virou um pouco para o lado, enquanto a figura enevoada permanecia ereta, mas parecendo ligada a ele por uma faixa nublada à altura de onde começara a se formar. Dali a alguns minutos, Monk repetiu: "Vejam" e passou mão através da faixa, cortando-a. Ele e a figura se afastaram até se posicionarem a mais ou menos 1,80 metro de distância. A figura assumira a aparência de uma forma feminina coberta por vários tecidos, com os braços e as pernas já visíveis. Monk olhou para ela e mais uma vez nos disse "Vejam". Em seguida, ele bateu palmas. A figura estendeu as mãos, bateu palmas como ele fizera e todos nós ouvimos o som, embora fosse mais baixo. A figura se moveu para trás de Monk, foi se esvaecendo e diminuindo, até aparentemente ser absorvida no corpo do clérigo, assim como viera dele.[16]

UM UNIVERSO POR DESÍGNIO?

Se as formas dos humanos e outros seres vivos são resultados de manipulação inteligente sobre a matéria, isso indica que o próprio Universo pode ter sido designado para a forma humana e outras formas de vida. A cosmologia moderna oferece evidências disso. Os cientistas descobriram que números representando constantes físicas fundamentais e proporções de forças naturais parecem estar sintonizados para a existência da vida em nosso Universo. O astrônomo *sir* Martin Rees considera seis desses números particularmente significativos. Em seu livro *Just Six Numbers*, ele diz:

> Destaquei estes seis porque cada um deles tem um papel crucial e distinto em nosso Universo e, juntos, determinam o modo como o Universo evolui e quais são suas potencialidades... Esses seis números constituem uma "receita" para um universo. Além disso, o resultado é sensível a seus valores: se qualquer um deles "saísse de sintonia", não existiriam as estrelas nem a vida.[17]

Há três explicações principais para a aparente sintonia fina das constantes físicas e leis da natureza: simples acaso, muitos mundos e algum criador providencial inteligente. Muitos cosmólogos admitem que as probabilidades contra essa sintonia fina são extremas demais para que

---

16. Alfred Russel Wallace, *My Life*, p. 330.

17. *Sir* Martin Rees, *Just Six Numbers*. New York: Basic, 1999, p. 3-4.

haja um único e simples "tiro no escuro" como explicação científica convincente. Para evitar a conclusão de um elaborador providencial, eles postulam a existência de um número praticamente ilimitado de universos, cada qual com os valores de constantes fundamentais e leis naturais ajustadas de um modo diferente. E por acaso vivemos em um universo com tudo ajustado de maneira correta para a existência da vida humana. Mas esses outros universos só possuem uma existência teórica; e mesmo que ela seja fisicamente demonstrada, seria necessário ainda mostrar que neles os valores das constantes fundamentais e leis naturais são de fato diferentes daqueles em nosso Universo. A cosmologia védica também menciona muitos universos, mas todos foram criados para a vida.

Não para cima, mas para baixo

O conceito da disvolução humana, atrelado a variadas linhas de evidências mencionadas acima, sugere que nós não evoluímos a partir da matéria, mas, sim, sofremos uma disvolução ou degeneração a partir do nível da consciência pura. Éramos originalmente unidades puras de consciência existindo em harmonia com o ser consciente supremo. Quando abandonamos nossa ligação com o ser consciente supremo, descemos para regiões do cosmos dominadas por energias materiais sutis e sólidas, mente e matéria. Esquecidos de nossa posição original, tentamos dominar e desfrutar as energias materiais sutis e sólidas. Para tal propósito, recebemos corpos feitos dessas energias. Esses corpos são veículos para o eu consciente e são feitos para a existência em reinos das energias materiais sutis e sólidas. Os eus conscientes, menos esquecidos de sua natureza original, recebem corpos compostos das duas espécies de energia material, a sólida sendo a dominante. O processo pelo qual um eu de pura consciência se cobre das energias de mente e matéria é o que chamo de disvolução. Trata-se, porém, de um processo que pode ser revertido. Existe o processo de reevolução espiritual, em que a consciência pode se libertar de seus revestimentos e retornar a seu estado puro original. Toda tradição religiosa genuína do mundo inclui algum processo de oração, ou meditação, ou ioga para nos ajudar a realizar isso. E esse é o propósito primário da vida humana.

Considere a Kali Yuga
John Anthony West

Os acadêmicos abominam o mistério assim como a Natureza abomina um vácuo. Entretanto, na Natureza não existem vácuos, enquanto na academia há muitos mistérios. Em nenhuma área da ciência, do conhecimento humano, há mais mistérios (gritantes) que na egiptologia. Ao mesmo tempo, porém, não há outro campo no qual os mistérios sejam mais sistematicamente negados.

Pegue qualquer livro escrito por um egiptólogo de renome e só encontrará concordâncias – a respeito de tudo, exceto dos detalhes mais insignificantes. Em sua obra com um título gloriosamente errôneo, *The Complete Pyramids*, o egiptólogo Mark Lehner não se dá ao trabalho de sequer mencionar as controvérsias que giram em torno dessas estruturas extraordinárias há dois séculos. Nada. Nem uma única palavra. Tudo foi resolvido pelos especialistas: as pirâmides foram construídas como tumbas por faraós poderosos, porém mal-orientados, em tentativas desesperadas de garantir sua própria imortalidade (cabeças assentem, dizendo amém). Não importa que não haja evidência alguma, o menor traço, seja em Gizé ou Dahshur, de que essas pirâmides fossem usadas como tumbas; tampouco importa que existam argumentos convincentes do contrário. As pedras enormes foram arrastadas sobre rampas por equipes de operários e simplesmente colocadas nos lugares certos com uma precisão lapidária. Não importa também que engenheiros e pedreiros – indivíduos acostumados a mover grandes blocos de pedra, insistam em afirmar que elas não podem ter sido feitas assim, enquanto os construtores de ferramentas e máquinas estudam a precisão dos encaixes e ficam perplexos com o modo como aquilo foi feito com ferramentas de mão. As reconhecidas propriedades matemáticas

> **Não importa que não haja evidência alguma, o menor traço, seja em Gizé ou Dahshur, de que essas pirâmides fossem usadas como tumbas; tampouco importa que existam argumentos convincentes do contrário.**

exibidas pela Grande Pirâmide são frutos do mero acaso, etc., etc.

Nenhuma dúvida perturba a superfície plácida do Lago do Consenso, aquele corpo de água sem fundo, ao qual os (in)fiéis da Igreja do Progresso vão em busca de consolo, batismo e promessa de seguir o Grande Deus *Status Quo* (esse ato de servidão intelectual ritualística se chama, na linda terminologia própria dessa Igreja, "pensamento crítico" e, às vezes, até "razão").

Entretanto, a despeito do controle quase total exercido pela Igreja do Progresso sobre os sistemas educacionais do mundo (principalmente no Ocidente), a heresia se espalha. Um público vasto simplesmente se recusa a acreditar na infalibilidade dos "especialistas" e, de fato, se regozija do mal-estar dos especialistas quando fatos inesperados e não bem-vindos surgem para furar as muralhas de suas fortalezas.

Os clérigos vociferam contra a "ignorância e superstição" e, em seguida, tentam promulgar leis que ilegalizam aquilo que eles não aprovam (e.g., astrologia, homeopatia), detratores organizados pressionando a mídia para divulgar ao público somente o que tiver o *imprimatur* da Igreja. De nada adianta. Enquanto a imprensa convencional continua obediente às diretrizes da Igreja do Progresso, a televisão e Hollywood são menos dóceis. Interessam-se por dinheiro e não por dogmas; e em sua amoralidade corporativa não hesitam em apresentar material herético. Não se importam em verificar se o material é bom e verdadeiro. Ou seja, desde que traga dinheiro e índices altos de audiências, a desaprovação acadêmica não é considerada. A inquisição meramente intelectual criada por essa Igreja não possui os poderes dissuasivos eficazes da Igreja que a precedeu, pois não é mais politicamente correto impor tortura física aos súditos hereges. Aliás, a tortura é ilegal hoje em dia – mais ou menos.

Moral da história: as pessoas são menos estúpidas que nossos acadêmicos arrogantes pensam. No entanto, elas também não discriminam. Trabalhos grandemente especulativos, até lunáticos, são aceitos com mais facilidade que qualquer coisa baseada em estudo rigoroso. Erich von Däniken é muito mais popular que R. A. Schwaller de Lubicz (fato inevitável, exceto em um mundo ideal vivendo sua Idade do Ouro) e, claro, considerando-se os objetivos de Hollywood e da televisão, são sempre as alternativas/heresias/mistérios produzindo dólares que ganham a maior fatia dos horários de TV. Quanto ao Egito, a maior parte da atenção herética se volta para as Pirâmides de Gizé de poucos séculos, o Egito (aparentemente) passou de seus primeiros passos neolíticos para um domínio complexo, garantido, de um grande espectro de disciplinas. Em pouco mais de um piscar de olhos da história, o Egito desenvolveu um sistema hieroglífico sofisticado, uma complexa teologia e cosmologia,

Mas, sem dúvida, o apogeu é quase no começo (mais ou menos como iniciar uma tecnologia automotiva a partir de uma charrete sem cavalo, passando dali a alguns anos para a Ferrari 2005 e trabalhar, aos poucos, de volta ao Model T Ford).

e a Esfinge – compreensível, uma vez que as respostas convencionais a quase todas as perguntas acerca desses estruturas são tão insatisfatórias que a fogueira da polêmica nunca fica sem lenha. Mas a planície de Gizé não possui o monopólio dos mistérios egípcios, e alguns desses mistérios, irreconhecíveis pelo que são, têm implicações sérias não só para a compreensão do mundo antigo, mas também para o conhecimento dos processos lentos, enormes, da história e de nossa atual posição nesses processos. A fundação, o estabelecimento e a ascensão estonteante do Egípcio dinástico (começando por volta de 3200 a.C.) é um desses mistérios. No espaço astronomia e matemática, medicina avançada e um domínio total da construção arquitetônica e da forma artística.

Às vezes, os egiptólogos acham tal fato um tanto notável, mas insistem que, apesar de todos indícios contrários (e do trabalho meticuloso de uma dezena de estudiosos também demonstrando o contrário), o Egito era "realmente" ainda uma sociedade "primitiva", destituída de uma "verdadeira" ciência e uma "verdadeira" filosofia (portanto, de uma "verdadeira" civilização). O mundo teria de esperar até que a Grécia iniciasse a "verdadeira" civilização. Portanto, embora notável, o avanço do Egito não apresenta, para eles, nenhum mistério e poucos problemas. Embora essa seja uma evasão de grande magnitude, não será meu foco aqui.

Se o Egito alcançou alturas tão inadmissíveis tão cedo, o que explicaria seu longo declínio? Para os egiptólogos, a resposta não é difícil e a explicação convencional, embora não ilógica, é insatisfatória quando a questionamos.

Se colocarmos o Egito em um gráfico, veremos que sua história não mostra um crescimento gradual, constante e longo (das glórias da Era das Pirâmides até a decadência ptolomaica moral e artística e, por fim, a dissolução do Egito como entidade coerente sob domínio romano). Pelo contrário, o gráfico mostra uma série

O declínio é atribuído a uma combinação de fatores: anos de fome e baixas cheias do Nilo podem ter provocado o fim do Antigo Império c. 2300 a.C. (uma teoria alternativa interessante foi a queda de um asteroide ou cometa, evento de grande magnitude, mas em uma localização específica, que destruiu não só o Egito, mas boa parte do Oriente Médio.). Depois, a superioridade militar egípcia foi desafiada e, por fim, derrotada pelas civilizações mais belicosas (leia-se "progressivas e avançadas") de Anatólia (hoje Turquia) e mais tarde Mesopotâmia, ao leste; e posteriormente a Grécia, ao norte. Ao mesmo tempo, a autoridade política, artística, moral e religiosa

> **Uma teoria complementar (e atraente) afirma que o uso e o abuso da magia negra tiveram um papel significativo. Não há dúvida de que a magia proliferava no Egito (e ainda prolifera).**

de ondas, com vales mais ou menos iguais; e cada pico geralmente é mais baixo que o anterior – como ondas em uma praia depois de uma tempestade. Mas, sem dúvida, o apogeu é quase no começo (mais ou menos como iniciar uma tecnologia automotiva a partir de uma charrete sem cavalo, passando dali a alguns anos para a Ferrari 2005 e trabalhar, aos poucos, de volta ao Model T Ford).

– interna e centralizada – começava se erodir por dentro. Uma teoria complementar (e atraente) afirma que o uso e o abuso da magia negra tiveram um papel significativo. Não há dúvida de que a magia proliferava no Egito (e *ainda* prolifera).

Civilizações surgem e morrem; sabemos que os romanos, os sacrorromanos (tão sagrado quanto o *Complete Pyramids* de Lehner é completo), mongóis, o império mogul, os holandeses, franceses, britânicos, todos se estabeleceram por meio da força, mantiveram-se no poder por pouco tempo (segundo os padrões egípcios), enfraqueceram e acabaram caindo. Então, onde está o suposto mistério?

Ele se encontra no reconhecimento da incapacidade da academia de avaliar o nível de sofisticação egípcia, que é um exercício deliberado de maus hábitos acadêmicos. Enquanto o Egito for visto com um predecessor magnífico (embora primitivo) da Grécia, que culminaria (por meio de estágios discretos, porém identificáveis) em nosso estado atual de conhecimento tecnológico, não há problema nem mistério. Mas quando se faz uma avaliação real, surgem os problemas e o mistério vem à tona.

Graças ao trabalho de Schwaller de Lubicz, Giorgio de Santillana e Herta von Dechend (*Hamlet's Mill*), além de vários outros estudiosos rigorosos, nos últimos 50 e poucos anos, sabemos hoje que não só o antigo Egito, mas outras civilizações antigas do mundo eram muito mais sofisticadas que as sociedades que as seguiram. Em outras palavras, pelo menos por alguns milhares de anos, o que se chama de progresso é, na verdade, regresso. Aliás, foram somente os grandes avanços em nossa atual compreensão cosmológica e científica que permitiram a esses pesquisadores reconhecer que os povos antigos também possuíam esse conhecimento; e que tal conhecimento está escrito em suas mitologias e simbolismo, seu domínio da matemática, sua astronomia/astrologia e sua religião.

Desde o Antigo Império egípcio até recentemente, a civilização tem decaído, não evoluído. Podemos acompanhar esse processo degenerativo fisicamente no Egito; está registrado nas pedras e é inegável. A mesma história é contada nas mitologias e lendas de quase todas as sociedades e civilizações do planeta.

Esta é a heresia suprema para a nossa Igreja do Progresso: o progresso não sobe em linha reta desde ancestrais primitivos até Nós, os Sábios, com nossos bonecos e armas de destruição em massa, nossos trânsitos congestionados e terra, mar e céu poluídos. Há uma maneira muito mais realista de olharmos a história. Platão falava de um ciclo das Idades: Ouro, Prata, Bronze e Ferro (ou Idade das Trevas). Um ciclo, uma forma ondulada – não uma linha reta. Quase todas as histórias antigas refletem essa noção.

O mais conhecido e sem dúvida mais bem desenvolvido desses sistemas é o hindu, com seu ciclo de Yugas, que corresponde à ideia platônica de quatro Idades definíveis (a Kali Yuga hindu – nossa era atual – corresponde a Idade do Ferro ou das Trevas de Platão). O problema da versão hindu, contudo, é o período de tempo tradicionalmente aplicado a cada era: centenas de milhares, ou até milhões, de anos.

Por mais errados que os arqueólogos estejam em suas cronologias ou interpretações do mundo antigo, é difícil imaginar que estejam *tão* errados! Entretanto, pouco tempo atrás, deparei com uma obra pouco conhecida sobre o Ciclo de Yuga que engloba o ciclo de quatro estágios dentro ciclo mais manejável de 20 e poucos milhares de anos da precessão dos equinócios. Não há dúvidas de que os antigos conheciam muito bem o fenômeno da precessão e o consideravam uma questão de vital importância; só não sabemos por quê. Creio, hoje, que a integração do ciclo Yuga com a precessão pode nos mostrar por que os antigos a consideravam tão importante e, possivelmente, nos permitir localizar com maior exatidão o ponto em que estamos no ciclo.

MITO E SIGNIFICADO

O Microsoft Word's in-PC Thesaurus dá dois significados ou sinônimos para "mito": Lenda e Falsidade. O interessante é que os sinônimos de "lenda" não incluem "falsidade", enquanto os sinônimos de "falsidade" não incluem "lenda". No uso corrente, porém, as duas definições são usadas indiscriminadamente e, em alguns casos, de fato se aplicam. As declarações de George W. Bush, por exemplo, logo conquistam um *status* de lenda; e na maioria dos casos, são falsidades. Mas quando lidamos com mitos e lendas dos antigos, devemos exercer cautela antes de comparar sumariamente uma lenda com falsidade, ainda que não corresponda com nossa maneira moderna de comunicar fatos. É óbvio que os antigos não consideravam suas lendas falsidades. Esse significado negativo é um julgamento contemporâneo, promulgado pelos protoantropólogos vitorianos do século XIX e convertido em dogma pelos devotos da Igreja do Progresso no século XX. (O exaustivo *O Ramo de Ouro,* de James Frazier, foi provavelmente a obra mais influente do gênero.)

Embora ainda dominante, em particular na academia, essa análise vitoriana sofre ataques quase desde seu surgimento. Torna-se cada vez mais claro que esses contos antigos estranhos e de aspecto irracional contêm uma história esquecida e uma profunda psicologia, mas também, por incrível que pareça, astronomia, cosmologia, física, genética e uma compreensão avançada e detalhada do funcionamento do Universo que só os recentes avanços em nossas ciências nos permitiram perceber quanto conhecimento existia no passado distante – em uma época em que, segundo nossos "especialistas", não havia civilização.

Em suma, está na hora de uma reavaliação total do conhecimento dos antigos. Eles não apenas sabiam mais do que lhes dávamos crédito, mas também é possível que tivessem conhecimento do qual ainda não dispomos e que nos seria extremamente útil e até crucial.

Poderíamos começar a procura em um mito egípcio.

Apresentando Sekhmet

Na mitologia do Egito antigo, Sekhmet, a deusa retratada como uma mulher com cabeça de leoa, é associada à vingança, à guerra e também curiosamente à cura; mas a cura por fogo, ou purgação. Em termos esotéricos, ela representa o aspecto feminino do princípio do fogo (iniciático). Ptah (arquiteto do céu e da terra) cria o universo com "mundos" dotados de Djehuti (sabedoria cósmica), mas é Sekhmet, a consorte de Ptah, que faz de fato o trabalho. Seu nome "Sekhem" significa "poder"; a adição do sufixo feminino "t" indica "poder feminino".

Em um mito bem conhecido, Rá, o Sol (princípio criativo) é velho

Torna-se cada vez mais claro que esses contos antigos estranhos e de aspecto irracional contêm uma história esquecida e uma profunda psicologia, mas também, por incrível que pareça, astronomia, cosmologia, física, genética e uma compreensão avançada e detalhada do funcionamento do Universo...

e cansado; a humanidade rebelde e desobediente não lhe presta mais homenagem. Sekhmet é enviada pelos deuses para punir a humanidade e colocá-la de volta nos trilhos. Ela cumpre sua tarefa com a fúria e o entusiasmo própria da natureza da leoa. Durante o dia, massacra; à noite, retorna para se refestelar nos campos cobertos de sangue, até que chega o momento em que fica claro que, se ela não for impedida, destruirá toda a humanidade, pois não consegue distinguir entre aqueles poucos ainda obedientes aos deuses e a maioria cética e zombeteira (essa atitude aparecerá periodicamente na história subsequente, talvez com maior destaque no Cerco de Bezier, durante as cruzadas albigenses, quando o general encarregado do cerco, e que está prestes a atacar as muralhas, perguntou ao legado papal, Arnal-Amalric, abade de Citeaux, como distinguiria entre os verdadeiros crentes na cidade,

> **Durante o dia, massacra; à noite, retorna para se refestelar nos campos cobertos de sangue, até que chega o momento em que fica claro que se ela não foi impedida, destruirá toda a humanidade, pois não consegue distinguir entre aqueles poucos ainda obedientes aos deuses e a maioria cética e zombeteira.**

de modo que fossem poupados, e os hereges que mereciam morrer. O abade teria dito: "Mate a todos. Deus reconhecerá os que são Seus".)

De qualquer forma, no mito egípcio os deuses são mais misericordiosos. Por motivos difíceis de explicar, eles concluem que a humanidade já foi punida o suficiente e algo deve ser feito para deter Sekhmet antes que ela aniquile toda a raça humana. Enganam Sekhment com um truque instigado pela sabedoria de Djehuti. Enquanto ela dorme, o sangue sobre os campos é substituído por vinho. Quando Sekhmet acorda e visita os campos para se banquetear, o vinho tem o efeito desejado. Ela cai em um estupor embriagado, dorme e acorda transformada na beneficente Hator, provedora de alimento cósmico e relacionada à sexualidade, canção, dança e ciclos do tempo. Aqui cessa o conto egípcio, mas, se extrapolarmos, vale supor que os criadores de mitos presumem que nesse ponto, com Sekhmet pacificada, a humanidade se reagrupa e prossegue em seu caminho não tão feliz.

Considere a Kali Yuga

Na primeira parte deste artigo, interrompi uma breve apresentação da doutrina védica/hindu das Yugas, a ideia de que a história segue um ciclo, correspondendo à doutrina platônica de éons ou idades (Ouro, Prata, Bronze e Ferro, ou "das Trevas"). A maioria das histórias hindus atribui períodos longos improváveis a cada uma dessas eras, mas um pensamento relativamente moderno, Sri Yukteswar, o guru do influente iogue do seculo XX, Paramahansa Yogananda, escreveu que antes se acreditava que o ciclo de Yugas correspondia a um ciclo de precessão (Yukteswar atribui mais ou menos 24 mil anos a esse ciclo; a astronomia moderna o aproxima de 26 mil anos, variável dentro de limites estreitos; Platão lhe dá um número canônico interessante: 25.920 – seis vezes seis vezes seis vezes 12). Além disso, na versão padrão, a Kali Yuga (ou Idade das Trevas) é seguida imediatamente por uma nova Idade do Ouro. Isso não faz sentido; o fim do inverno não é seguido imediatamente pelo verão.

Na mitologia hindu, Kali, a Destruidora, é equivalente à egípcia Sekhmet; e é possível que o mito de Sekhmet tenha um significado astronômico/astrológico legítimo.

Um deus moribundo ou velho é uma característica de muitos mitos e lendas antigas, consistindo no modo mítico de assinalar o fim de um ciclo astronômico (cf. *Hamlet's Mill*). Infelizmente, nossa visão comum da história não só está errada, mas também é muito curta. Temos uma boa ideia da Era de Peixes dos últimos 2 mil anos, um quadro muito menor da Era de Áries que a precedeu (c. 2000-0 a.C.), mas com a Era de Touro (4000-2000 a.C.), exceto pelo Egito, entramos em um reino de mito e lenda com pouquíssimo material factual em que basear nossas interpretações. Quanto mais retrocedemos no tempo, mais enevoado ele se torna.

O escritor inglês Samuel Butler comentou certa vez que "a analogia pode ser enganosa, mas é o instrumento menos enganoso que existe".

Portanto, para compreendermos nossa posição no grande ciclo de Yugas, a analogia pode ajudar.

Estamos acostumados com o ciclo de noite e dia. Mas imagine um ser que viva apenas um minuto. Se esse minuto cair à meia-noite, esse Homem Minuto não terá a menor ideia do que poderia ser esse minuto de vida ao meio-dia, principalmente se estiver chovendo.

Agora andemos um passo na hierarquia cíclica para as estações e imaginemos um ser que vive apenas um dia. Se esse dia cair em fevereiro e ainda estiver chovendo (tanto o Homem Minuto quanto o Homem Dia moram no País de Gales), então ele não terá ideia de como seria o dia no meio de junho – a menos, claro, que as lendas e os mitos tenham sobrevivido um ano, sendo tão incoerentes com a experiência de vida desses dois seres que eles os considerariam falsidades, i.e., mitos.

Talvez, apenas talvez, Sekhmet esteja rosnando e flexionando as garras e, apesar da aparência contrária, ainda haja espaço para agitação.

Agora passemos para nós, dentro do ciclo de precessão. Com uma expectativa ideal de vida de 100 anos, se os 100 anos correspondem a um minuto chuvoso à meia-noite ou um dia chuvoso de fevereiro no País de Gales, então não teremos uma possibilidade experimental de entender como seriam 100 anos ensolarados em junho na Califórnia Cósmica, muito menos de que a vida poderia ser muito longa sob tais circunstâncias – como afirmam tantos mitos e lendas. Sem dúvida, os antigos compreendiam a precessão e a consideravam de suma importância. Talvez porque ela lhes permitisse (pelo menos, em princípio) viver em harmonia com os ditames de sua era, ou pelo menos é o que dizem as lendas.

Portanto, se o conceito de ciclo de Yugas for válido, onde estaríamos? Não em junho na Califórnia Cósmica, com certeza! Veja a primeira página de qualquer jornal no mundo e parece o meio de janeiro: guerra, terrorismo, assassinato, estupro, roubo, corrupção, fome e doença – caos por toda parte. A maior potência militar e econômica na história tem como líder um idiota analfabeto, inarticulado*, controlado por uma tribo de canibais corporativos. O planeta inteiro é ameaçado por uma gama de desastres ambientais, ecológicos, médicos e militares, potencialmente terminais. As religiões institucionalizadas do Oriente e do Ocidente (nada mais que dissidentes pálidas de raízes religiosas antigas, mais robustas) estão degradadas e degeneradas. Por toda parte, a educação é controlada pelo sacerdócio da Igreja do Progresso, espalhando à força sua doutrina psicótica e espúria de desesperança, desespero e calamidade.

Quase podemos afirmar que estamos em meados da Kali Yuga e que Sekhmet foi chamada mais uma vez e está novamente deixando seu rastro de sangue. Mas pode ser um erro de percepção. Certamente, se forma uma borrasca cósmica e talvez estejamos no meio de março no ciclo – e embora não pareça, a primavera se aproxima. Sob a neve, as sementes da primavera germinam. A minoria substancial daqueles que não estão aprisionados nas desesperadoras condições de terceiro mundo sabe que pelo menos não voltamos à Idade das Trevas pós-romana, período muito escuro no mundo todo, pelo que podemos determinar.

OPOSIÇÃO À IGREJA DO PROGRESSO CRESCE: UM SINAL POSITIVO

Há um sinal importante e potencialmente positivo que passa quase despercebido. Os últimos três séculos viram um florescimento prodigioso de energia criativa, a maior parte da qual inegavelmente dedicada à destruição e à frivolidade (mesmo o mais nauseante comercial de televisão é resultado de um extraordinário dispêndio de talento criativo e técnico). Enquanto os imbecis insistem em chamar a isso de progresso, em sua manifestação padronizada, nada mais é que barbarismo flagrante.

---
* N.T.: Referência ao ex-presidente George W. Bush.

Mesmo assim, esse padrão não é necessariamente um *fait accompli*, uma condição inalterável. A torrente de energia criativa é um fato. Fato em si que é neutro, em princípio. Direcionadas de maneira consciente e construtiva, as coisas podem mudar em todo lugar, e logo. Quando as ideias mudam, tudo muda. Claro que fazer com que as ideias mudem é outra questão. Entretanto, *pode* acontecer. Mesmo antes que seja tarde demais. Se ao menos...

Talvez, apenas talvez, Sekhmet esteja rosnando e flexionando as garras e, apesar da aparência contrária, ainda haja espaço para agitação.

Uma ideia, apenas.

Origens Oceânicas da Civilização Indiana

N. S. Rajaram

Sumário

As contradições entre as teorias existentes da história da Índia (e do mundo) e os dados que elas alegam interpretar são tão variadas que exigem um reexame fundamental das suposições e dos métodos. O ponto principal deste ensaio é que todo o empreendimento da escrita histórica é falho, e nada menos que uma reapresentação radical se faz necessária. Deveria começar com uma formulação alternativa baseada em fontes primárias das ciências naturais, da arqueologia e da literatura antiga.

Além do exposto acima, o presente ensaio reconhece que o imaginário marítimo nunca está ausente de obras antigas como os *Vedas* e os *Puranas*. Observa também algumas descobertas recentes na história natural e na genética, que sugerem que qualquer estudo das origens da civilização védica precisa levar em conta o extenso e abrangente impacto ecológico do fim da última era glacial e seu breve retorno durante os tempos Dryas Recente. As diversas teorias linguísticas que tentam situar as origens védicas na Eurásia ou Europa caem em numerosas contradições e usam um horizonte de tempo muito curto para explicar as momentosas mudanças ecológicas

> As contradições entre as teorias existentes da história da Índia (e do mundo) e os dados que elas alegam interpretar são tão variadas que exigem um reexame fundamental das suposições e dos métodos.

registradas tanto no ambiente natural quanto no criado pelo homem.

Introdução: de volta à natureza

Retrocedendo por milênios a perder na memória, a Índia e o leste e o sudeste da Ásia sempre foram delimitados pelas amarras da geografia, do clima e da ecologia. Isso se reflete na história natural e na impressão humana na região. A primeira inclui ecologia, clima, flora e fauna; a segunda sc reflete na história, na cultura e nas crenças religiosas da região. Os chineses, malásios,

região. Culminou com a imposição de uma versão da história e da cultura separada de seu ambiente natural e suas atividades humanas próprias. No caso da Índia, resultou em uma reescrita de sua história e cultura, com os governantes coloniais postulando fontes e origens no oeste e noroeste, mais perto deles próprios. Como parte dessa reorientação colonial, iniciada no fim do século XVIII e se estendendo até hoje, as teorias históricas buscam uma fonte na Eurásia e até na Europa da origem e do crescimento da civilização antiga na Índia, particularmente na língua e literatura védicas.

O resultado principal disso foi o afastamento dos vínculos naturais e humanos que cercam o passado da região, e a criação de misto meio histórico e antropológico composto de teorias enraizadas na Eurásia e Europa.

tailandeses, indonésios e todos os outros povos, talvez com exceção das populações das Filipinas, cujas tradições nativas sofreram uma severa dissipação sob o longo jugo da Espanha católica, deixaram uma abundância de registros que atestam essa proximidade.

Esses vínculos milenares foram interrompidos no decorrer dos três séculos de colonialismo europeu na

O resultado principal disso foi o afastamento dos vínculos naturais e humanos que cercam o passado da região, e a criação de misto meio histórico e antropológico composto de teorias enraizadas na Eurásia e Europa. Inevitavelmente, daí surgiram contradições entre as conclusões baseadas em teoria e as evidências sólidas que só agora, mais de 50 anos após a Independência da Índia, começam a ganhar atenção. As contradições não se limitam a detalhes de interpretação, mas, como veremos em breve, permeiam todos os aspectos da literatura, arqueologia e até o ambiente natural.

As contradições entre teorias e dados sugerem que a metodologia usada pelos estudiosos na maior parte de dois séculos devia estar errada. Antes de examinar essas contradições e sugerir uma abordagem alternativa, devemos dar uma olhada na versão da história e historiografia – dissidências do passado colonial recente da Índia – que as geraram.

No pano de fundo:
UM PROBLEMA NÃO EXISTENTE

O espectro da famosa "Teoria da Invasão Ariana" (TIA) paira sobre todo debate em torno da história antiga da Ásia Meridional (e da Eurásia). É lamentável, embora inevitável, que qualquer reexame de história antiga deva começar com uma apuração crítica do pano de fundo da teoria, que não tem fatos endossantes. Aquilo que fora uma criação política, o resultado de acidente histórico, adquire vida própria. Sendo uma teoria que não se baseia em evidência, é impossível de ser refutada; seus proponentes não oferecem novas evidências, mas simplesmente reiteram suas afirmações. Em uma situação assim, o melhor é olhar os fatos.

Quem não conhece o tal "problema ariano", principalmente em relação à Índia antiga, pode ter certeza de que nada perde por sua ignorância. Aqui vão os pontos essenciais. Uma escola de linguistas e alguns historiadores, particularmente no século XIX, mas com seguidores até hoje, afirmaram, com base na literatura védica, da qual o *Rigveda* é a obra mais importante, que a civilização indiana deve sua existência a uma raça de invasores eurasianos conhecidos como os arianos. Esses nômades, cuja chegada do noroeste se deu em 1500 a.C. supostamente impuseram sua língua e cultura aos nativos que eles derrotaram e dominaram. Essa é, em essência, a Teoria da Invasão Ariana, apesar de haver tantas distorções e versões quantos são os acadêmicos que apostam nela.[18]

Já que muitos livros de história e enciclopédias que mencionam essa teoria como fato citam a literatura e a língua védicas como apoio, cabe-nos colocar as coisas sob a perspectiva correta, examinando os registros

---

18. Hoje é chamada de Teoria da Migração Ariana (TMA), mas as conclusões são as mesmas: os vedas e sua língua são importados. O motivo da troca de invasão para migração se deve ao fato de que os arqueólogos não encontraram evidência alguma de invasão; e a teoria, portanto, foi refutada. Já a teoria da migração não pode ser refutada porque não depende de evidências.

primários, desembaraçados das incrustações posteriores. O que vemos, então, é que o tal problema ariano é um artefato de um tirocínio pobre.

Em todo o *Rigveda*, constituído de dez livros com mais de mil hinos, a palavra "Arya" aparece menos de 40 vezes. Pode aparecer, porém, em igual número de vezes em uma única página de uma obra europeia, como por exemplo, *Mein Kampf*, de Hitler. Por conseguinte, qualquer livro moderno ou até um debate em torno do "problema ariano" será mais provavelmente um comentário a respeito da volumosa literatura dos séculos XIX e XX sobre os arianos, com muito pouca relevância (ou nenhuma) com a antiga Índia. É apenas uma questão de fontes: não só o *Rigveda*, mas também todo o corpo de literatura antiga que o seguiu tem muito pouco a dizer a respeito dos arianos e do arianismo. Era apenas um título honorífico, que o antigo léxico sânscrito conhecido como *Amarakosha* identifica como um dos sinônimos de conduta honorável ou decente. Não há referência a nenhum tipo "ariano".

Um aspecto notável dessa vasta "arianologia" é que, mesmo depois de 200 anos e uma quantidade quase igual de livros do tema, os estudiosos ainda não sabem claramente o que é a identidade ariana. A princípio, os arianos seriam uma raça distinta por determinados traços físicos, mas os textos antigos nada mencionam disso. Também os cientistas não sabem que uso fazer da "raça ariana". Já em 1939, Julian Huxley, um dos grandes biólogos do século XX, descartava o conceito, afirmando não passar de literatura "política e propagandista". Houve tentativas recentes de retomar os argumentos raciais em nome da pesquisa do genoma, mas geneticistas eminentes como L. Cavalli-Sforza e Stephen Oppenheimer rejeitam a ideia. O marcador genético M17, que deveria distinguir o tipo "caucasiano" (termo politicamente correto para ariano), ocorre com maior fre-

Tudo isso significa que o "problema ariano" não é um problema, sendo pouco mais que uma aberração da historiografia. Foi mantido vivo por uma escola de historiadores com carreiras e reputações em risco.

quência e diversidade na Índia, mostrando que, entre seus portadores, a população indiana é a mais velha (isso tem ramificação para o êxodo de humanos modernos da África e seu espalhamento pelo mundo, tema que abordaremos mais adiante).

A situação é semelhante com os arianos como grupo linguístico, proposta de alguns estudiosos que sabem o quanto as teorias raciais caíram em desagrado. O vasto corpo de literatura indiana sobre linguística, a mais rica do mundo desde Yaska e Panini, nada cita nenhuma língua ariana. O alemão Friedrich Max Müller fez a célebre mudança de raça ariana para língua ariana apenas para salvar sua carreira na Inglaterra depois da unificação alemã, quando os britânicos começaram a ver a Alemanha como uma forte ameaça. A "nação ariana" era o grito de batalha dos nacionalistas alemães. Os nacionalistas alemães, não os antigos indianos, eram os verdadeiros obcecados pela ancestralidade ariana.

Tudo isso significa que o "problema ariano" não é um problema, sendo pouco mais que uma aberração da historiografia. Foi mantido vivo por uma escola de historiadores com carreiras e reputações em risco. Segundo seus defensores, a língua e a literatura védicas são de origem não indiana. Nas palavras de Romila Thapar, notável defensor da teoria da origem não indiana:[19] "As evidências da importância da forma mais antiga da língua [védica] não podem ser negadas". Em outras palavras, os arianos são necessários porque, sem eles, não pode haver uma invasão (ou migração) ariana. A invasão é o rabo que abana o cão ariano.

---

19. Ver Romila Thapar, prefácio, *in* Thomas Trautmann, *Aryans and British India*. New Delhi: Vistaar Publications, 1997, p. XIV.

O que importa é o registro dos povos que viveram na Índia e criaram suas civilizações únicas, não os rótulos que lhes foram dados pelos estudiosos, milhares de anos depois.

O que tentamos aqui é olhar a história natural e a resposta humana na Índia e sua relação com as cercanias, sem apelarmos para rótulos e estereótipos. Isso nos permitirá escapar do pântano intelectual dos últimos dois séculos e recomeçar as fontes. O que importa é o registro dos povos que viveram na Índia e criaram suas civilizações únicas, não os rótulos que lhes foram dados pelos estudiosos, milhares de anos depois.

HISTORIOGRAFIA: CONFLITOS

Sob a luz dessa situação quase patológica, não é surpresa que o cenário histórico baseado nas Teorias da Invasão Ariana (TIA) sejam repletos de contradições. Eis algumas das mais gritantes:

1. Os livros de história falam de uma "invasão ariana" da Eurásia ou até da Europa, mas não há registros arqueológicos de nenhuma invasão e/ou migração em massa da Eurásia no período védico. Encontramos, no máximo, traços de movimentos na direção oposta –

para o Oeste da Ásia e mesmo Europa.
2. A geografia descrita no *Rigveda*, incluindo sistemas de rios, corresponde à Índia do Norte no Quarto Milênio a.C e antes, não à Europa ou Eurásia.
3. A flora e a fauna descritas na literatura védica, principalmente as encontradas nos símbolos sagrados, são variedades tropicais e subtropicais e não do clima temperado ou das estepes.
4. O clima descrito na literatura antiga e nas práticas religiosas deles oriundas (como *caturmasya*) correspondem ao que se encontra na Índia do Norte.

Esse tipo de conflito entre teoria e evidência não se limita ao ambiente natural. Também em termos quantitativos, há um abismo enorme – excedendo mil anos – entre as datas atribuídas às características significativas e o que encontramos de fato. São eles:

1. A escrita Indiana seria derivada da fenícia ou do aramaico, mas a escrita dos Indo (Harappa) é mais de mil anos mais velha que os exemplos fenícios mais conhecidos.
2. A arte naturalística com reproduções realistas teria evoluído na Índia sob influência grega, mas encontramos representações realistas magníficas em vestígios de Harappa no terceiro milênio a.C. Nas palavras de John Marshall: "O artista do Indo se adiantou ao artista grego mais de 2.000 anos". [20]
3. A astronomia indiana seria derivada da grega, mas o *Vedanga Jyotisha* não pode ser datado depois do século XIV a.C. O próprio título, *Vedanga*, indica que é posterior aos *Vedas*; portanto as referências astronômicas nos *Vedas* devem ser ainda mais velhas. Além disso, a arqueologia de Harappa do Terceiro Milênio a.C. pertence astronomicamente ao "período Krittika" (equinócio vernal em Krittika ou as Plêiades em Touro). Há menção na literatura védica posterior. Ela coloca a civilização de Harappa em período posterior ao *Rigveda* e não antes, como afirmam os historiadores.[21]
4. Migrações: A principal migração ou invasão – a famosa ou infame invasão ariana – teria ocorrido depois de 2000 a.C., mas as evidências genéticas

---

20. Ver *Mohenjo-Daro and the Indus Civilization*, v. 2. London: Probisthain, 1934, p. 653-654.

21. Não há referência astronômica no *Rigveda* que possa ser datada posteriormente a 4000 a.C. O *Aitereya Brahmana*, um comentário sobre o *Rigveda*, registra a transição de *Mrigashira* (Órion) para *Rohini* (Aldeberã em Touro) no equinócio vernal. Isso dá uma data aproximada de 3500 a.C. Os dados hidrológicos, principalmente o curso do rio védico Sarasvati, mencionado em destaque no *Rigveda*, cita datas semelhantes.

disponíveis mostram que o povo da Índia estava no mesmo lugar há mais de 50 mil anos. Esta última questão merece um comentário. Enquanto os historiadores tentam relacionar o povo indiano (e sua flora e fauna) a origens nas estepes eurasianas e até na Europa, estudos biológicos recentes mostram que têm um vínculo muito maior e mais antigo com as monções da Ásia. Isso não nos surpreende, uma vez que a Índia e o Sudeste Asiático constituem uma única zona ecológica e climática. Durante grande parte da última era glacial, 12 mil anos atrás e antes, o nível do mar era 120 metros mais baixo que hoje e a passagem pela região era muito mais fácil.

Uma das manifestações mais escandalosas dessas contradições é a afirmação, frequentemente repetida, de que os cavalos eram desconhecidos na Índia até serem trazidos pelos arianos invasores (as palavras mais usadas para expressar essa noção são estas: "Nada de cavalos em Harappa", significando que arqueologia de Harappa e do Vale do Indo do Terceiro Milênio a.C. nunca revelou

---

Pode-se demonstrar que isso é falso: os cavalos existem na Índia há mais de 1 milhão de anos.

---

restos mortais de cavalos). Pode-se demonstrar que isso é falso: os cavalos existem na Índia há mais de 1 milhão de anos. Também do ponto de vista biólogo, o cavalo indiano de 17 costelas (descrito no *Rigveda*) é mais próximo do *Equus Sivalensis* ("Cavalo de Siwalik") pré-histórico, encontrado nos sopés do Himalaia que a espécie da Ásia Central, de 18 costelas, biologicamente distinto. Além disso, arqueólogos como John Marshall e outros desde sua época já registraram vestígios de cavalos em sítios de Harappa (Marshall dá as medidas do que ele chama de "cavalo Mohenjo-Daro").

História humana como parte da História natural

É óbvio que a história antiga necessita de reexame sério, tanto de sua cronologia quanto da interpretação das fontes que definem a região. Três tarefas fundamentais se sugerem: estabelecer marcadores cronológicos independentes que associam relatos literários com traços físicos datáveis, determinar a identidade da população da Índia com bases científicas (independentemente de teorias históricas e/ou linguísticas); e explicar o impacto das mudanças ambientais e ecológicas nos últimos 10 mil anos ou mais, bem como a impressão humana deixada por essas mudanças.

O presente ensaio não se concentrará na questão cronológica nem na arqueologia, e sim em descobertas recentes relacionadas ao ambiente natural e a eventos humanos e, em especial, a transição para a era védica.

Ele enfatizará, de um modo particular, o papel importante do fim conturbado da última era glacial, bem como de sua sucessora conhecida como Dryas Recente.

e cultura – foi provavelmente uma dentre várias que evoluíram na região. Ela coexistiu e interagiu com outras culturas. Estas foram as mais afetadas pelas mudanças cataclísmicas que acompanharam o fim da era glacial e seu breve retorno (conhecido como Dryas Recente), seguida por sua última retirada. Levando tudo isso em conta, a história deve ser vista como o registro

Quando examinamos o *Rigveda*, ficamos atônitos ante seu poderoso imaginário oceânico. Não é a poesia de um povo oriundo das estepes confinadas em terra, mas de um povo intimamente familiar com o mar e as viagens marítimas.

Essa mudança cataclísmica de clima e ambiente resultou no aumento dos níveis do mar, provocando a submersão de povoados costeiros, o que por sua vez levou à expansão por terra, possibilitada pela liberação de rios alimentados pelas geleiras e que alimentam a Índia há mais de 10 mil anos.

O principal ponto deste ensaio é o seguinte: *As origens da civilização indiana não são encontradas nas estepes eurasianas 4-5 mil anos atrás, mas sim nos centros marítimos que salpicavam a costa há mais de 10 mil anos.* A civilização védica – sua língua, literatura

da resposta ou reação humana ao ambiente: em outras palavras, a história humana é uma extensão da história natural.

Rigveda aponta para fontes marítimas

A literatura indiana não deixa dúvidas de que seus poetas viam seu lar original no oceano e não nas estepes eurasianas. Quando examinamos o *Rigveda*, ficamos atônitos ante seu poderoso imaginário oceânico. Não é a poesia de um povo oriundo das estepes confinadas em terra, mas de um povo intimamente familiar com o mar e as viagens marítimas. Alguns exemplos, incluindo o famoso hino da criação do *Rigveda*, bastam para mostrar que os poetas védicos viam o mundo e a própria criação em termos oceânicos. Na tradução de David Frawley:

> No princípio, havia escuridão oculta na escuridão, e todo este universo era um mar não iluminado.
> Os deuses se reuniram no céu. E como dançarinos, geraram um turbilhão de pó.
> Quando, como ascetas, os deuses transbordaram o mundo, do oculto do oceano eles trouxeram o Sol.
> O criativo Sol sustentou a Terra com linhas de força.
> Ele fortaleceu o Firmamento onde antes não havia sustentação.
> Como um cavalo poderoso, ele desenhou a atmosfera.
> Atou o oceano ao reino sem fim.
> E daí surgiu o mundo e a região superior, daí se estenderam Céu e Terra.

Não são passagens isoladas, mas seleções de mais de cem referências encontradas no *Rigveda*. Aqui vai outro exemplo mostrando o conhecimento marítimo dos poetas do *Rigveda* (tradução do autor):

> Aquele que conhece o caminho dos pássaros voando no céu,
> Conhece o curso dos barcos que singram os oceanos.

Nas palavras de David Frawley:

> Do começo ao fim, os Vedas são imbuídos de simbolismo oceânico. O *Rigveda* é um produto de uma cultura marítima que fazia viagens, comércio e colonização por mar. O oceano era conhecido nos tempos mais antigos. Se os povos védicos migraram para a Índia, é provável que ao menos alguns deles chegaram por mar ou a partir de terra banhada pelo oceano.[22]

Como veremos mais adiante, os *Puranas*, outro corpo grande de literatura da antiga Índia, também é permeado de simbolismo oceânico, ainda que de um tipo diferente. *O mais notável nisso tudo é que, embora alguns estudiosos tenham tentado impor origens eurasianas à antiga civilização indiana, sua literatura principal – Vedas e Puranas – se volta para os oceanos.* Isso nos remonta à tese original: para entender as origens, é necessário reorientar nosso pensamento, reconhecendo o ambiente natural em que a civilização indiana evoluiu. Reexaminaremos, em seguida, alguns fatos da história natural que jogarão alguma luz sobre o sempre presente simbolismo marítimo na literatura védica (e também purânica).

---

22. David Frawley, *Gods, Sages and Kings*. Salt Lake City: Passage Press, 1991, p. 36. Traduções do *Rigveda* citadas anteriormente são da mesma fonte.

"Dryas recente" como transição do protovédico para védico[23]

Devemos observar, logo de início, que é fútil buscar a identidade do povo védico – mergulhado em pensamentos marítimos – nas regiões restritas à terra da Europa ou Eurásia. A ciência sugere que suas origens remontam a no mínimo 50 mil atrás, nas regiões costeiras da Índia. Significativamente, isso é que diz a literatura indiana também, atribuindo as fontes mais antigas às regiões devastadas por enchentes. Quando examinamos relatos em forma de mitos e lendas na literatura antiga, a ciência e a literatura primária concordam, embora talvez não concordem com algumas teorias atuais.

Dois eventos recentes e que não parecem relacionados prometem iluminar esse aspecto da literatura indiana antiga e conciliá-la com as evidências técnicas da história natural. O primeiro diz respeito a estudos recentes da difusão dos humanos modernos a partir de seu

---

Primeiro, inundou as regiões costeiras, submergindo grandes extensões das melhores terras habitáveis. Depois, o resultante derretimento das geleiras do Himalaia gerou os grandes rios que fizeram das planícies no norte da Índia algumas das melhores regiões habitáveis e mais populosas do mundo.

---

lar original na África; o segundo explica a difusão de populações a partir das regiões costeiras da Índia durante a era glacial para o interior, no fim da era glacial, há mais de 12 mil anos.

Trata-se de um assunto vasto, ainda não compreendido em sua totalidade, principalmente quanto a seu impacto na história e no advento da civilização (que os historiadores continuam atribuindo aos vales dos rios). Mas um exame rápido das mudanças cataclísmicas no fim da era glacial ajuda a esclarecer o imaginário oceânico onipresente e os mitos do dilúvio. Começamos por

---

23. A maior parte dos livros de história mal cita o fim da era glacial e o impacto da mudança climática sobre as populações humanas; o Dryas Recente quase nunca é mencionado. É preciso consultar livros de ecologia e geologia para se ter uma ideia das mudanças do clima. *The Long Summer,* de Brian Fagan (New York. Basic Books, 2004) é um bom sumário. *Climate Change: A Multidisciplinary Approach,* de William James Burroughs, Cambridge University Press, 2001, é mais técnico. *Underworld: Flooded Kingdoms of the Ice Age,* de Graham Hancok, Penguin, 2002, faz um levantamento amplo, não técnico, de evidências de civilizações marítimas da era glacial. O material é abordado em detalhes em uma série popular de televisão.

observar que o mundo se encontra hoje no que os geólogos chamam de período interglacial – ou um período quente entre duas eras glaciais. O fim da última era glacial se deveu ao aumento das temperaturas globais, principalmente dos oceanos.

Quando vemos o cenário ecológico, descobrimos que até o fim da era glacial, isto é, durante o período glaciário (12 mil anos atrás, ou antes), o interior indiano, talvez com exceção de alguns bolsões na península, era frio e árido. Os grandes rios do Himalaia que regavam as planícies ao norte nos períodos histórico e proto-histórico não existiam ou era apenas fluxos sazonais insignificantes. A água da chuva também era rara, exceto em alguns bolsões, e nas regiões costeiras. Isso significa que as regiões capazes de abrigar importantes centros populacionais ficavam na costa – particularmente no litoral leste e oeste da Índia peninsular.

As regiões tropicais próximas ao oceano, como Sri Lanka e Indonésia, abrigavam populações grandes, enquanto o interior árido não era capaz disso. Os níveis do mar era muito mais baixos do que são hoje (em cerca de 120 metros) e a comunicação entre esses centros populacionais era mais fácil do que seria posteriormente, após o derretimento das calotas polares. Portanto, não nos surpreende que ancestrais humanos da África Oriental, 50 mil a 100 mil anos atrás, se assentassem ao longo da costa, como descobriram os geneticistas. L. Cavalli-Sforza comenta: "... os descobridores do DNA mitocondrial primário e o cromossomo Y sugerem que esses colonos costeiros do Pleistoceno no Sudeste Asiático teria proporcionado o isolamento para a subsequente diferenciação das sopas genéticas primordiais eurasianas do leste e do oeste. Tal fato, abordado mais adiante, adquire um novo significado quando visto em contraste com o pano de fundo ecológico.

A situação mudou com o fim da era glacial. Ele trouxe duas mudanças importantes. Primeiro, inundou as regiões costeiras, submergindo grandes extensões das melhores terras habitáveis. Depois, o resultante derretimento das geleiras do Himalaia gerou os grandes rios que fizeram das planícies no norte da Índia algumas das melhores regiões habitáveis e mais populosas do mundo (parece que as águas das chuvas também contribuíram, embora não seja o nosso tema aqui).

Muitos estudiosos encontraram referências ao fim da era glacial na literatura védica, principalmente na lenda de Indra-Vritra, que fala do deus solar Indra matando o demônio Vritra (o que cobre). Segundo esta lenda, um dragão ou uma serpente represava as águas "cobrindo" as passagens do rio. É a lenda mais persistente no *Rigveda* e um de seus temas principais. Ela foi interpretada como o sol derretendo as calotas polares e pondo um fim na era glacial. Nossa visão é de que se trata de uma referência ao fim do Dryas Recente, que foi um breve retorno da era glacial. O Dryas Recente dominou o planeta até a Terra se esquentar novamente e, por fim, se assentar em seu período interglacial mais recente – este em que vivemos.

Para encontrar registros do fim da era glacial e da inundação das regiões costeiras, precisamos examinar outra grande coletânea de literatura indiana antiga conhecida como os *Puranas*, ou antigas crônicas. Elas representam a antiga tradição histórica da Índia e contêm

> **Elas representam a antiga tradição histórica da Índia e contêm nomes e eventos de muitos reinos antigos e seus governantes, mas trazem também muitas informações interessantes a respeito de inundações e da dispersão dos povos das regiões litorâneas. Parecem preservar a memória primordial dos eventos cataclísmicos do fim da era glacial, principalmente as inundações provindas dos oceanos.**

nomes e eventos de muitos reinos antigos e seus governantes, mas trazem também muitas informações interessantes a respeito de inundações e da dispersão dos povos das regiões litorâneas. Parecem preservar a memória primordial dos eventos cataclísmicos do fim da era glacial, principalmente as inundações provindas dos oceanos. Assim, enquanto o *Rigveda* registra o fim do Dryas Recente, os *Puranas* preservam o cataclismo anterior: o fim da era glacial e suas consequências.

Nesse cenário, quando a era glacial chegou ao fim, as terras costeiras foram inundadas. Os *Puranas* registram o evento na forma de mitos do dilúvio. Mas o frio intenso voltou na forma do Dryas Recente e mergulhou a Índia do Norte em uma miniera glacial que durou um pouco mais de mil anos. Esta também terminou com um aquecimento final; e a Índia finalmente se livrou do temível frio e gelo. É esse segundo (e último) término da era glacial que o *Rigveda* narra como o mito de Indra-Vritra – do deus solar Indra matando Vritra, aquele "que cobre" e represa as águas. Indra se tornou o deus supremo que possibilitou a repetida destruição de Vritra, o Que Cobre, que tentava de tempos em tempos congelar com seus dedos gélidos as águas fornecedoras de vida.

Mencionamos que os *Puranas* se referem às invasões oceânicas. Estas são descritas na forma de *dashavataras* ou dez *avataras* (encarnações) do deus Vishnu. Os primeiros *avataras* – *matsya* (peixe), *kurma* (tartaruga), *varaha* (javali) – trazem um simbolismo marítimo claro. Todos falam de salvar o mundo das águas que o inundam; e em particular de salvar algum valoroso conhecimento (*Veda*) ou um valor (*amrita* ou imortalidade). O próprio Vamama *avatara*, que descreve a deposição do grande governante marítimo (*Chakravarti*) Bali por parte de um jovem sábio, pode ser lido como representando uma transição da expansão marítima para a terra, guiada pelos *rishis*, possuidores de conhecimento especial.

Segundo os *Puranas*, essa civilização costeira da era glacial durou muito tempo, até cair vítima das inundações oceânicas. Tanto os *Puranas* como as lendas indianas posteriores a citam como a fonte de grande conhecimento (*Veda*) e literatura (algumas descobertas submarinas perto da costa da Índia, que parecem ser anteriores a 7000 a.C., podem ajudar a esclarecer a questão, mas por enquanto seus estudos ainda são preliminares.). Os avataras registram os esforços das vítimas das enchentes para salvar da destruição seu precioso legado. Foi isso que os sábios levaram consigo quando a população mudou para o interior. *E essa foi a semeadura da civilização védica que floresceu às margens dos rios Sarasvati, Indo e Ganges.*

Parece-nos que as partes primordiais dos *Puranas* sugerem que essa civilização protovédica da era glacial foi a fonte que semeou a civilização védica que prosperou no interior védico. Nesse cenário, *a lenda do Rigveda de Indra-Vritra se refere não ao fim da era glacial, mas ao fim do Dryas Recente, que foi um retorno breve da era glacial, enquanto os* Puranas *registram a inundação das terras costeiras e a difusão das populações pelo interior.*

Visto sob esse prisma, as seções primordiais dos *Puranas* registram o período anterior ao Dryas Recente, quando a Índia sofria os cataclismos provocados pelo fim da era glacial. O começo do *Rigveda*, sua compilação na área central do Rio Sarasvati, ao norte, seguiu o fim do Dryas Recente, que foi um período transiente da civilização costeira para a terrestre. Isso significa que o Dryas Recente foi o período de transição do que chamamos de protovédico para védico.

Parece-nos que as partes primordiais dos Puranas sugerem que essa civilização protovédica da era glacial foi a fonte que semeou a civilização védica que prosperou no interior védico.

17000 A.C.	Era glacial tardia.	Civilizações costeiras.
15000 A.C.	Começa o aquecimento; litoral instável.	Civilizações costeiras sob pressão.
13000 A.C.	Era glacial terminando; começam inundações das regiões costeiras.	Relatos purânicos de inundação e "salvação" dos Vedas.
11000 A.C.	Dryas Recente; retorna o congelamento.	Civilização protovédica sob ameaação do congelante "Vritra", o que cobre.
10000 A.C.	Lavoura se espalha pelo sudeste da Ásia e interior da Índia.	"Vritra", o Congelante, ainda ameaça o Norte.
9600 A.C.	Novo aquecimento. Placas de gelo finalmente retrocedem. Grandes rios da Índia do Norte (alimentados por geleiras) começam a correr. Monções mais fortes.	"Vritra", o Que Cobre, é morto pelo deus solar Indra. A civilização védica começa, de fato.

Essa evolução aparece resumida na tabela, relacionando eventos naturais a possibilidades históricas. Notemos que as escalas de tempo cientificamente determinadas são muito mais longas que aquelas postuladas pelos historiadores. Não podemos ignorar a história natural: nossas teorias históricas não devem contradizer a história contada pela Natureza.

IMPRESSÃO HUMANA: LÍNGUA E GENÉTICA

A impressão humana existe de duas formas: natural e artificial. A impressão natural é aquela relacionada os vestígios humanos e suas características biológicas. Estes podem ser analisados por métodos científicos como amostragem de DNA. As impressões artificiais são basicamente arqueológicas e literárias, feitas pelo homem. Como este artigo se ocupa principalmente com a história natural que gerou a história humana, não examinaremos a arqueologia. Também na literatura, nosso foco é na parte que beira a história natural – como o imaginário oceânico e o derretimento das calotas polares encontrados no *Rigveda*.

Em décadas recentes, tem ocorrido uma explosão de conhecimento de nosso passado graças às novas técnicas baseadas no mapeamento de nosso passado genético. Há muita controvérsia, mas isso parece certo. Nossos ancestrais viviam na África 150 mil anos atrás. Um pequeno grupo de *Homo sapiens* saiu da África cerca de 80 mil anos e se assentou na costa sul da Ásia, de onde se espalharam para fora e colonizaram diferentes partes do mundo. Todos os não africanos do mundo hoje em dia descendem de um pequeno grupo de sul-asiáticos que viviam no sul de uma linha desde o Iêmen até o Himalaia, particularmente ao longo da costa indiana. Esse "grupo fundador", do qual todos os não africanos são descendentes, sobreviveu a uma erupção vulcânica em Sumatra, conhecida como a "Explosão do vulcão Toba", há 74 mil anos. Essa é a história de nosso passado, surgindo a partir de mais de 50 anos de intenso mapeamento, por parte dos cientistas, dos genes humanos e das mudanças climáticas. Relacionando esses movimentos com distúrbios ecológicos, obtemos a história genética dos humanos modernos correlacionada com a história natural do planeta.

É importante interpretar tal fato corretamente. Não significa que não havia humanos não africanos antes da Explosão do Toba, mas, sim, que nenhum descendente dessa primeiras populações sobrevivem fora da África. Há 120 mil anos, um grupo fora da África chegou ao Egito, mas desapareceu 90 mil anos atrás, sem deixar traços genéticos. Todos os europeus de hoje descendem de sul-asiáticos, possivelmente desde 40 mil anos atrás. A Ásia Meridional, em especial a Índia, foi o ponto de partida para a colonização da Ásia Oriental, do Sudeste Asiático, da Austrália e, por fim, das Américas. Esse breve resumo basta para a história natural da região, relevante ao presente artigo.

Há uma relevância entre tais dados e os registros humanos na região, que os linguistas tentaram reconstruir usando línguas e literatura. Um ponto básico a ressaltar é que a linha do tempo usada pelos linguistas é muito pequena

Embora a escrita mais antiga remonte a mais de 5 mil anos, as línguas existem há pelo menos dez vezes esse tempo. Portanto, para compreender as origens humanas na Índia, precisamos procurar além dos textos escritos.

> **Tudo isso significa que as teorias acerca de uma origem nãoindiana recente não podem ser verdadeiras. O que não quer dizer que não tenha havido migrações ou invasões; mas a contribuição delas para o perfil genético da população indiana é ínfima.**

para explicar a difusão de línguas e cultura. Os registros linguísticos, ou seja, textos escritos, existem há apenas 5 mil anos. Coincidentemente ou não, ao associar o surgimento dos registros escritos com o advento da civilização, os historiadores o consideraram o início da civilização. Entretanto, a linguagem é muito mais antiga que a escrita. Embora a escrita mais antiga remonte a mais de 5 mil anos, as línguas existem há pelo menos dez vezes esse tempo. Portanto, para compreender as origens humanas na Índia, precisamos procurar além dos textos escritos. E é por isso que mais uma vez recorremos à história natural, em especial a genética das populações. Compreendendo a evolução da linguagem, a ciência pode ajudar. Estudos recentes do genoma humano sugerem que algumas mutações no gene FOXP2 podem ter desencadeado a capacidade exclusivamente humana da fala e, portanto, da linguagem. As datas são incertas, mas se considerarmos que todos os humanos do mundo hoje, descendentes de um êxodo da África talvez ocorrido há 90 mil anos, possuem essa capacidade, as mutações necessárias devem ter acontecido há pelo menos 100 mil anos.[24]

Estudos genéticos recentes também endossam a necessidade de uma linha de tempo muito mais longa que os poucos milhares de anos postulados pelos linguistas e historiadores. Vejamos o que o estudo mais importante do gênero, liderado por Luigi Luca Cavalli-Sforza, considerado o maior geneticista de populações humanas do mundo, determinou. Após coletar e analisar os mais detalhados dados sobre populações humanas já compilados, Cavalli-Sforza e seus colegas da Universidade Stanford afirmaram o seguinte acerca das populações humanas:

> Somados, esses resultados mostram que as populações indianas tribais e de castas derivam em grande parte da mesma herança genética dos asiáticos meridionais e ocidentais do Pleistoceno *e que receberam fluxo genético*

---

24. Ver "FOXP2 *in* Focus: What Can Genes Tell Us About Speech and Language?" *in* TRENDS *in Cognitive Sciences*, v. 7, nº 6. Junho de 2003.

limitado de regiões externas desde o Holoceno. A filogeografia [ramos próximos] dos descobridores do DNA mitocondrial primordial e do cromossomo Y sugere que esses colonizadores costeiros sul-asiáticos do Pleistoceno, oriundos da África, teriam fornecido o isolamento para a subsequente diferenciação genética eurasiana oriental e ocidental. (Itálicos deste autor.)[25]

Em termos não técnicos, a população indiana tem uma original principal indígena; e a contribuição de imigrantes (fluxo genético) desde o Holoceno é desprezível. Isso contradiz as diversas teorias de invasão/migração que até hoje dominam o discurso acadêmico em torno da Índia. Particularmente digno de nota é a parca contribuição de imigrantes (ou invasores) nos últimos 50-100.000 anos. Tudo isso significa que as teorias acerca de uma origem não indiana recente não podem ser verdadeiras. O que não quer dizer que não tenha havido migrações ou invasões; mas a contribuição delas para o perfil genético da população indiana é ínfima. Todos foram absorvidos na população indiana, assim como o povo mogul, os turcos e outros, em épocas históricas. Quando essa situação se estende por um longo período de tempo, é fútil tentar atribuir traços culturais como religião, língua e casta com base em características biológicas (na maioria, imaginária) e migrações recentes. Devemos, então, concluir que para compreendermos a origem e a evolução da civilização indiana, precisamos nos focar em povos que vivem na Índia todo esse tempo e como lidaram com as mudanças ecológicas que sobre eles se abateram.

Isso significa, de modo particular, que nada ganhamos ao usar rótulos e estereótipos como "arianos", "dravidianos" e outros que não possuem a menor base científica, literária ou histórica. Basta estudarmos os registros humanos dos povos em contraste com o pano de fundo da história natural e teremos um quadro vívido da história.

---

25. Kisilvid, S. Rootsi, M. Metspahi, S. Mastana, K. Kaldma, J. Parik, E. Metspalu, M. Adojan, H.-V. Tolk, V. Stepanov, M. Gölge, E. Usanga, S. S. Papiha, R. King, L. Cavalli-Sforza, P. A. Underhill e R. Villems. "The Genetic Heritage of the Earliest Settlers Persist Both *in* Indian Tribal and Caste Populations." In: *American Journal of Human Genetics*, nº 72, 2003, p. 313-332.
Algumas alegações de fontes genéticas para classificações artificiais como casta, religião e até língua têm erros crassos e confundem genótipos e fenótipos. Ver, por exemplo: M. Bamshad, T. Kivisild, W. S. Watkins, M. E. Dixon, C. E. Ricker, B. B. Rao, J. M. Naidu, B. V. R. Prasad, P. G. Reddy, A. Rasanagam, *et al.* "Genetic Evidence on the Origin of Indian Caste Populations." In: *Genome Research*, nº 11, 2001, p. 994-1.004. Para um exame cientificamente seguro das expansões humanas a partir do lar africano ancestral, com base em genética, *Out of Eden: The Peopling of the World* by Stephen Oppenheimer, London, Constable and Robinson, 2003, é uma obra magnífica.

Conclusão: da era glacial até o Dryas recente

Este é o ponto principal do presente artigo: Se quisermos compreender as origens da civilização védica e sua representação na literatura indiana antiga, precisamos estudar os *Vedas* e os *Puranas* em contraste com as condições ecológicas incomuns que levaram os povos da Índia a se expandir pelo interior. Aquela que se tornaria a civilização védica alimentada pelo Rio Sarasvati teve sua origem em uma cultura protovédica primordial que floresceu nas regiões costeiras da Índia peninsular. O fim da era glacial inundou muitos desses povoados, ao mesmo tempo em que liberou os rios do Himalaia, que tornariam a Índia do Norte fértil e habitável. Essas condições atraíram sábios do sul protovédico, que ao lado dos governantes do norte esparsamente povoado criaram a civilização ímpar, conhecida como védica.

Essa expansão sofreu sob a miniera glacial chamada Dryas Recente, que persistiu no norte por mais de mil anos. A "destruição" dessa temível entidade que cobria tudo de gelo – Vritra – por parte do deus solar Indra está registrada no *Rigveda* e em outras obras védicas.

Isso significa, de modo particular, que nada ganhamos ao usar rótulos e estereótipos como "arianos", "dravidianos" e outros que não possuem a menor base científica, literária ou histórica.

Faz-se necessária uma linha do tempo muito mais longa que aquela usada pelos historiadores até hoje. A ecologia e a genética humana nos forçam a estender nosso horizonte temporal. Ao mesmo tempo, queremos enfatizar que apresentamos aqui simplesmente uma posição que desvia a ênfase da Eurásia para a região costeira, exigindo também um enfoque metodológico com mais destaque para as ciências naturais que para as disciplinas artificiais como linguística e antropologia.

Reconhecimentos: O autor agradece a David Frawley por suas numerosas sugestões e, em particular, por chamar atenção para a importância do Dryas Recente. Entretanto, o autor é responsável pelas interpretações aqui apresentadas, principalmente do referido período como uma transição do protovédico para o védico.

Deus Noster, Deus Solis:
Nosso Deus, Deus do Sol
Acharya S

Mas para vós outros que temeis o meu nome nascerá o sol da justiça, trazendo salvação nas suas asas...

– *Malaquias 4:2*

O sol é louvado por Davi por sua beleza, sua grandiosidade, sua trajetória célere e seu poder, esplêndido como um noivo, majestoso como um gigante; enquanto da extensão de seu circuito emana tamanho poder que ilumina um extremo a outro do céu, e seu calor não diminui com a distância.

– *St. Cyril de Jerusalém (c. 315-386)*

As ruínas de monumentos e outros artefatos físicos de culturas antigas têm recebido nos últimos dois séculos a atenção e publicidade que lhes são merecidas. As ideologias religiosas, mitológicas e filosóficas que, sem dúvida, caminham de mãos dadas com essas ruínas ganham, no entanto, menos investigação, embora a religião seja um dos aspectos mais misteriosos e fascinantes da antiga cultura humana. Poucas coisas produzem tamanha paixão como o tema e a discussão da ideologia religiosa, que tem variado grandemente nos últimos milênios entre as numerosas culturas de todo o globo. Hoje, boa parte da ideologia religiosa antiga é considerada "mitologia", o que não significa que deva ser descartada como inútil e sem sentido. É importante frisar que o estudo das "mitologias" do mundo revela que, embora de fato variem em detalhes por causa das épocas, etnias e outros fatores, permanece um tema primário que une uma miríade de culturas, de maneira inesperada e bem-vinda.

Na realidade, as mitologias do mundo já foram suas religiões; e suas

> **Na realidade, as mitologias do mundo já foram suas religiões; e suas atuais religiões serão no futuro consideradas mitologia.**

atuais religiões serão no futuro consideradas mitologia. Sob uma inspeção mais apurada, vemos que a essência da religião moderna é praticamente a mesma que da mitologia antiga. Como ficou demonstrado em pedra e em história, essa religião/mitologia se converte no que chamamos de "astroteologia": a reverência ao Sol, à Lua, aos planetas, estrelas e céus em geral. Essa religião antiga da "adoração astral" também inclui outros aspectos da Natureza, tais como a terra e seus elementos e, de modo bastante significativo, a fertilidade e a fecundidade. Portanto, pode-se dizer que as grandes religiões revolvem em torno do culto aos astros e à Natureza.

Desde tempos imemoriais, quando o homem vivia da caça e da coleta e era nômade, diferentemente do agricultor sedentário, o céu noturno e particularmente a Lua eram os objetos de seu grande interesse e contemplação. Os nômades do deserto, por exemplo, eram forçados a viver sob o céu noturno por causa do calor do dia, enquanto navegantes de longas distâncias como os polinésios, já há 30 mil anos ou até antes, aprenderam a se guiar nos mares pelas estrelas. Em sociedades primitivas, cerca de 25 mil anos atrás, o ano era dividido de acordo com as fases da Lua, que correspondiam à menstruação da mulher; assim, Lua, mês e menstruação têm suas raízes na mesma palavra. A extraordinária estatueta "Vênus de Laussel", com no mínimo 21 mil anos de idade, exibe essa ligação lógica e, ao mesmo tempo, intrigante, representando uma mulher fecunda segurando uma Lua Crescente com 13 marcas, o número de meses lunares e menstruações por ano. Notadamente, tanto o mês lunar quanto a menstruação média duram 29,5 dias. Por razões variadas, portanto, a Lua era um aspecto altamente relevante da cultura humana, a reverência a ela e o estudo de suas fases intrincadamente interligados aos mitos e lendas de todo o mundo. As grandes religiões da atualidade derivam, em parte, do culto lunar, como uma forma de continuação desse tema tão antigo, embora tal informação permaneça oculta, esotérica, desconhecida do público em geral.

> **As grandes religiões da atualidade derivam, em parte, do culto lunar, como uma forma de continuação desse tema tão antigo, embora tal informação permaneça oculta, esotérica, desconhecida do público em geral.**

Outros aspectos salientes da religião antiga são, no entanto, ensinados na educação superior. Como exemplo, em seu artigo sobre "Astrologia", a *Catholic Encyclopedia* discorre sobre o antigo culto astral:

> A história da astrologia é parte importante da história do desenvolvimento da civilização e remonta aos primeiros tempos da raça humana... Astrologia foi... a irmã adotiva da astronomia, a ciência que investiga os céus... De acordo com a crenças das primeiras raças civilizadas do Oriente, os astros eram a fonte e, ao mesmo tempo, os arautos de tudo o que acontecia; e o direito de estudar a "ciência quase divina" da astrologia era privilégio dos sacerdotes. Foi o caso na Mesopotâmia e no Egito, os dois mais antigos centros de civilização que conhecemos no Oriente. Os primeiros habitantes do Eufrates, os acadianos/sumérios, acreditavam na astrologia judicial, intimamente associada com seu culto aos astros. O mesmo se aplica aos seus sucessores, os babilônios e assírios, que foram os principais expoentes da astrologia na Antiguidade... Os sacerdotes assírios e babilônicos (caldeus) eram os astrólogos profissionais da Antiguidade Clássica. Em sua origem caldeia, a astrologia remonta ao culto aos astros; isso é comprovado pelo simbolismo religioso dos textos cuneiformes mais antigos do zodíaco. O documento astrológico mais antigo ainda existente é a obra chamada "Namar-Beli" (Iluminação de Bel), composta para o Rei Sargon I (fim do terceiro milênio a.C.)... Mesmo nos tempos dos caldeus, que deveriam ser chamados de assírios, a astrologia, os cinco planetas, bem como o Sol e a Lua, eram divididos de acordo com sua posição nas 12 casas... E os egípcios e os hindus eram tão zelosos [de] seus astrólogos quanto [aqueles] das nações no Eufrates e Tigre. A dependência do antigo culto egípcio ao Sol (a base do culto a Osíris) de influências caldeias antigas faz parte da questão ainda não solucionada da origem da primeira civilização egípcia.[26]

Portanto, conforme mostra a ciência, a humanidade observava as estrelas, a Lua e o Sol, desenvolvendo uma teologia complexa baseada nesses seres celestes, ou deuses, como eram vistos.

Ruínas de Impérios

Com uma análise profunda da religião antiga surge um cenário mais completo das misteriosas "ruínas dos impérios" que atiçam e encantam a imaginação há séculos. Além da astroteologia, que por meio de um apurado trabalho de detetive pode ser reconstruída em grande parte, os vestígios culturais demonstram

---

26. www.newadvent.org/cathen/02018e.htm

> **Além da astroteologia, que por meio de um apurado trabalho de detetive pode ser reconstruída em grande parte, os vestígios culturais demonstram claramente que os antigos nada tinham a ver com "homens das cavernas" estúpidos reproduzidos em livros-texto e na ficção.**

claramente que os antigos nada tinham a ver com "homens das cavernas" estúpidos reproduzidos em livros-texto e na ficção. Ademais, fica evidente que nos lugares onde existem construções extraordinárias como Stonehenge, Baabek, Gizé e Tiahuanaco, deve ter havido uma cultura avançada, assim como se reflete na linguagem e na religião.

Em seu livro *In Search of Ancient Astronomies*, o astrônomo dr. Edwin Krupp aborda esses edificações majestosas, que possuem "importância astronômica":

> Em Stonehenge, Inglaterra, e Carnac, França; no Egito e em Iucatã, por toda a face da terra se encontram ruínas de monumentos antigos – monumentos com significados astronômicos. Essas relíquias de tempos passados tão acessíveis quanto o Meio-Oeste americano e tão remotas quanto as selvas da Guatemala. Alguns foram construídos de acordo com alinhamentos celestiais; outros eram, de fato, observatórios astronômicos de alta precisão... A observação minuciosa dos ritmos celestes era extremamente importante para os povos antigos; e o conhecimento deles em certas áreas não encontra paralelo na Europa senão dali a 3 mil anos.

Uma descoberta um tanto recente, desenterrada no deserto do Saara, revela a antiguidade da cultura astrológica:

> Um aglomerado de enormes lajes de pedra encontrado no deserto do Saara do Egito que remonta a 6.500... 6 mil anos atrás foi confirmado pelos cientistas como sendo o mais antigo alinhamento megalítico astronômico no mundo. Conhecido como Nabta, o sítio consiste em um círculo de pedras, uma série de estruturas de pedra chatas, com aspecto de tumba e cinco linhas de megálitos em pé ou tombados. Localizado a oeste do Rio Nilo, sul do Egito, Nabta é anterior a Stonehenge e outros sítios pré-históricos semelhantes, pelo menos mil anos, disse o professor de astronomia da Universidade do Colorado em Boulder, J. McKim Malville...
> "Trata-se do mais antigo alinhamento astronômico documentado de megálitos no mundo", disse Malville. "Foi preciso muito esforço para a construção de um sítio puramente simbólico e cerimonial". As

lajes de pedra, alguns com 2,74 metros de altura, foram arrastadas até o local por cerca de um quilômetro e meio ou mais, ele disse...

Cinco alinhamentos megalíticos em Nabta se projetam para fora a partir de uma coleção central de estruturas megalíticas. Sob uma dessas estruturas havia uma rocha esculpida que lembra uma vaca em pé, explicou Malville. A equipe também escavou vários restos mortais de gado em Nabta, incluindo um esqueleto articulado, enterrado em uma câmara forrada de argila e com telhado.

Os pastores neolíticos, que começaram a chegar a Nabta cerca de 10 mil anos atrás – provavelmente da África central – usavam gado em seus rituais, assim como os Massai africanos fazem hoje, ele acrescentou. Restos mortais humanos ainda não foram encontrados em Nabta. O círculo de pedras com 3,66 metros de diâmetro contém quatro grupos de lajes eretas. Dois grupos estavam alinhados na direção Norte-Sul, enquanto o segundo par de lajes oferece uma vista para o horizonte no solstício de verão.

Por causa da proximidade entre Nabta e o Trópico de Câncer, o Sol do meio-dia está no zênite mais ou menos três semanas antes e três semanas depois do solstício de verão, impedindo que objetos eretos projetem sombras. "Essas pedras verticais no círculo correspondem ao sol no zênite durante o solstício de verão", disse Malville, arqueoastrônomo. "Para muitas culturas nos trópicos, o Sol no zênite tem sido um evento de vital importância há milênios."

Um alinhamento leste-oeste também está presente entre uma estrutura megalítica e dois megálitos de pedra, a cerca de um quilômetro e meio de distância. Há também duas outras linhas geométricas envolvendo uma dúzia de outros monumentos de pedra que apontam para Nordeste e Sudeste a partir do mesmo megálito. "Ainda não compreendemos o significado dessas linhas", Malville disse. No verão e no outono, os monólitos individuais provavelmente ficavam parcialmente submersos no lago e talvez fossem marcadores ritualísticos para a chegada da estação das chuvas. "A organização desses objetos sugere uma geometria simbólica que integrava morte, água e o Sol", comentou Malville.[27]

A inclusão de gado em Nabta é intrigante, se considerarmos o fato de que o sítio data do início da Era equinocial de Touro, entre 6.450 e 4.300 anos atrás. Muitos povos daquela era, incluindo os egípcios, gregos e semitas, enfatizavam a vaca ou o touro em seus mitos e rituais. De qualquer forma, esse sítio muito antigo – segundo a ciência ortodoxa

---

27. *zebu.uoregon.edu/~imamura/121/ lecture-2/nabta.html*

o "mais antigo alinhamento megalítico astronômico" do mundo – incorpora um número de observações importantes do mais proeminente dos objetos celestes, o Sol.

Os filhos do Sol

A principal forma de culto nos milhares de anos passados, em vários lugares do mundo, é a do Sol. A adoração ao Sol tem milênios de antiguidade e foi refinada em áreas agrícolas depois da maior era glacial, cerca de 10 mil anos atrás no Hemisfério Norte. As evidências sugerem que o culto ao Sol propriamente dito começou antes disso, em comunidades agrícolas submersas pelo levante das águas quando as calotas polares derreteram. Um fato certo é que quando e onde surgiu a agricultura, o Sol se tornou o foco da veneração, representando Deus, ou os deuses, conforme o caso.

O culto ao Sol foi tão intenso e penetrante, chegando a se tornar *a única* expressão religiosa, que algumas famílias afirmavam que o orbe solar era seu ancestral. As lendas falam de grupos distintos chamados de "filhos do Sol". O termo "filhos do Sol" denota uma descrição geral de culturas baseadas no Sol, mas também se refere de maneira específica a um grupo ou a grupos liderados por um sacerdócio ou hierarquia solar que fazia longas jornadas. Havia também subgrupos especializados e misteriosos chamados de "os filhos homens do Sol", compostos de iniciados em sociedades secretas e irmandades. Foi em grande parte por causa dessas fraternidades que muito da vasta veneração ao Sol se preservou até hoje, seus elementos refletidos em canções e histórias, arte e arquitetura, pelo mundo afora.

Tradições e lendas, mitologia e religião, símbolos e outros artefatos culturais retratam uma forma ornamental de culto que girava em torno do Sol. Em *Sun-Worship in Ancient India*, o estudioso Srivastava descreve diversos símbolos solares pré-históricos:

> Há representações do Sol em seu pleno fulgor nas pinturas em rocha em Sitakhardi (vale Chambal). Em termos gerais, existem duas variedades de representações: o círculo emitindo raios e o círculo com raios cercado por um círculo maior. Figuras do Sol em pleno fulgor, geralmente isoladas, mas às vezes mostradas com

---

A principal forma de culto nos milhares de anos passados, em vários lugares do mundo, é a do Sol.

outras figuras, foram encontradas em pinturas de rocha neolíticas na Europa, como em Pala Pinta de Carlão, em Portugal. Desenhos semelhantes aparecem também em povoados neolíticos da península Ibérica. Um estudo comparativo desses símbolos revela que possuem uma semelhança notável.[28]

Essa herança rica perdura até hoje em vários locais do mundo todo, da Sibéria e os países eslavos até a China, Japão, Polinésia, Indonésia e Índia, bem como Europa, África e as Américas. Boa parte desse onipresente culto ao Sol continua de várias maneiras, incluindo não só em arte e arquitetura belíssimas, mas também no artesanato popular, belo e inspirado, bem como em orações e canções, e muito mais. Um levantamento impressionante e ricamente ilustrado das culturas solares do mundo, passadas e presentes, pode ser encontrado em *The Sun: Symbol of Power and Life*, organizado por Madanjeet Singh.

Uma nação na qual o Sol era visto primorosamente e apaixonadamente como "luz e vida" foi o Egito, que de certa forma se construiu sobre a astroteologia, com uma pletora de deuses Sol ou epítetos do único "Deus Sol". Uma história detalhada do culto ao Sol exigiria vários volumes; mas um bom resumo pode ser encontrado em meu livro *Suns of God: Krisha, Buddha and Christ Unveiled*. Em poucas palavras, o principal deus egípcio, Rá, se metamorfoseou no deus Osíris, e ambos representavam e simbolizavam o Sol. O culto a Rá e a Osíris foi longo e muito difundido; considera-se que sua origem se deu há 10 mil anos. Reunindo todas as evidências disponíveis, podemos afirmar com propriedade que o deus salvador Osíris, que morre e ressuscita e cuja "vida" e cujos "ensinamentos" eram tão parecidos com os de Jesus Cristo, foi o deus mais popular sobre a face da terra.

O culto a Osíris se estendeu tanto que seu mito também existe na Índia, como "Iswara" ou "Issa", que significa "Senhor", título também usado pelo deus indiano Shiva e por "Jesus". A Índia tem uma longa história de culto solar, começando na Idade da Pedra e reaparecendo mais tarde em símbolos na notável

---

Reunindo todas as evidências disponíveis, podemos afirmar com propriedade que o deus salvador Osíris, que morre e ressuscita e cuja "vida" e cujos "ensinamentos" eram tão parecidos com os de Jesus Cristo, foi o deus mais popular sobre a face da Terra.

---

28. V. C. Srivastava, *Sun-Worship in Ancient India*. Allahabad: Indological Publications, 1972, p. 22-23.

> **Conforme nos mostram as descobertas em Nabta, numerosos monumentos astronômicos e suas ruínas encontrados por todo o globo revelam que o Sol era considerado divino milhares de anos atrás e que culturas inteiras foram construídas em resposta à sua glória.**

cultura Harappa do Vale do Indo, que remonta a pelo menos 4 mil anos atrás e engloba uma vasta área de cidades sofisticadas, planejadas, com ruas pavimentadas e encanamento. Como um dos aspectos principais do "Hinduísmo" vagamente identificado, que na realidade consiste em centenas, se não milhares de seitas diferentes, o culto solar da Índia continua intacto até hoje, com extensos recintos solares, rituais e literatura, todos criados no transcorrer dos milênios. Templos magníficos do Sol, como aquele em Konarak, foram construídos por toda a Índia, embora muitos tenham sido tragicamente destruídos, como os templos em Martand pelos zelotes de religiões concorrentes. Entretanto, o culto solar indiano se mantém até hoje em abluções e rituais diários, cujo intento é purificar o corpo, a mente e a alma.

A reverência ao Sol também é farta em textos sagrados antigos, como os *Vedas* indianos e o Livro Egípcio dos Mortos. O versículo seguinte do Gayatri, "o texto mais sagrado dos Vedas", que as estimativas mais conservadoras dizem ter 3.500 anos, transmite de maneira soberba a veneração ao Sol:

> Adoremos a supremacia desse divino Sol, o Deus que ilumina tudo, que recria tudo, do qual tudo procede e para o qual tudo retornará, que invocamos para guiar nossa compreensão no rumo certo, em nosso caminho até seu trono sagrado.[29]

O culto arcaico do Sol também foi definido de maneira elegante pelo estudioso cristão conservador Max Müller, no século XIX:

> A posição que o Sol deve ter ocupado nos pensamentos dos primeiros habitantes da Terra é algo que nunca saberemos plenamente. Nem mesmo as descobertas científicas mais recentes, descritas na genuína eloquência de Tyndall, que nos ensinam como viver e nos mover e existir no Sol, como o queimamos e o respiramos, como nos alimentamos dele, nos dão uma ideia do que essa fonte de luz e fogo, esse viajante silencioso, esse governante majestoso, esse amigo que se vai ou herói que morre, em seu trajeto diário ou anual, era para a consciência da huma-

---

29. Edward Moor, *The Hindu Pantheon*. W. O. Simpson, ed. New Delhi: Indological Book House, 1968, p. 377.

Essa correspondência importante entre a cultura pagã e a cristã é totalmente apropriada, uma vez que, sob meu ponto de vista, "Jesus Cristo" é uma figura solar mítica, assim como inúmeros deuses solares de outras culturas.

nidade que começava a despertar. As pessoas se perguntam por que grande parte da mitologia antiga, da conversa diária... era solar. O que mais seria? Os nomes do Sol são infinitos, como o são suas histórias; mas quem ele era, de onde vinha e para onde ia, permaneceu um mistério do começo ao fim.[30]

Conforme nos mostram as descobertas em Nabta, numerosos monumentos astronômicos e suas ruínas encontrados por todo o globo revelam que o Sol era considerado divino milhares de anos atrás e que culturas inteiras foram construídas em resposta à sua glória. Em um artigo publicado em 2004, sob o título de *Ancient Tombs and Shrines Faced Sun and Stars*, baseado na obra do astrônomo britânico Michael Hoskin, Tarik Maliq relata:

> O Sol e as estrelas podem ter servido de referências críticas para uma gama de construtores antigos, de tendências incrivelmente diversas, que ergueram câmaras para abrigar os mortos e outros santuários religiosos.
>
> A orientação de milhares de tumbas neolíticas erguidas por toda a Europa e África por volta de 10000 a.C. parece voltada para o sol nascente, o que atesta a importância do Sol em várias culturas humanas em três países, dois continentes e ilhas mediterrâneas...
>
> A quantidade incrível de tumbas neolíticas construídas com entradas orientadas para o Sol sugere, no mínimo, que o Sol tinha uma função importante que coincidia com a morte de uma pessoa...
>
> Hoskin passou 12 anos catalogando pessoalmente as posições de 2 mil tumbas neolíticas e pesquisando descrições documentadas de outras mil na França, Portugal, Espanha e África do Norte. As entradas de quase todas, disse ele, parecem construídas de frente para o nascer do sol em algum ponto no decorrer do ano.
>
> Em Alentejo, região central de Portugal, por exemplo, cada uma das 177 tumbas medidas por Hoskin era voltada para o sol nascente, no outono e começo do

---

30. Max Müller, *Lectures on the Origin and Growth of Religion*. New York: Charles Scribner's Sons, 1879, p. 200.

inverno, com uma interrupção brusca no solstício de inverno.

Esse elemento astroteológico muito antigo de alinhar tumbas e santuários com o sol nascente, encontrado em profusão nas assim chamadas estruturas pagãs iniciadas milênios atrás, continuou no Cristianismo, apesar de sua afirmação de romper abruptamente com o passado.

Astroteologia cristã

Embora pegue de surpresa os não iniciados, uma das culturas baseadas no Sol é a cristã, com igrejas e catedrais em toda a Europa contendo simbolismo astroteológico, incluindo a orientação de seus altares para receber a luz do sol nascente no solstício de inverso, o tradicional "nascimento" de "Nosso Senhor e Salvador". Nas palavras do astrônomo Hoskin, a respeito dos construtores pagãos e cristãos:

> Todas as evidências mostram que eles alinhavam suas tumbas com o nascer do sol no dia em que a construção começava, o que acontecia exatamente, como sabemos, com as igrejas cristãs... As igrejas são voltadas para o sol nascente como um símbolo de Cristo ressuscitando dos mortos... sem dúvida os povos neolíticos viam o sol nascente como um símbolo de esperança e de vida após a morte.[31]

Essa correspondência importante entre a cultura pagã e a cristã é totalmente apropriada, uma vez que, sob meu ponto de vista, "Jesus Cristo" é uma figura solar mítica, assim como inúmeros deuses solares de outras culturas.

Evidenciando essa astroteologia cristã, edifícios e artefatos dentro da Cidade do Vaticano, como o obelisco egípcio pré-cristão e a Cadeira de São Pedro, estão repletos de simbolismo astrológico; e se diz que "o Vaticano ainda contém a maior biblioteca de manuscritos astrológicos do mundo".[32] Outro exemplo nos é dado pelo relógio astrológico na Catedral de Notre Dame em Saint-Omer, França. Além destes, milhares de igrejas armênias antigas, das quais as mais velhas, assim como as católicas, "foram construídas em cima de templos pagãos", possuem "resquícios do passado mais remoto da Armênia, em entalhes em pedra representando o zodíaco, relógios de sol e iconografia de suas tradições pagãs de cultos animistas e solares, que se imiscuem na ornamentação da igreja".[33]

---

31. www.space.com/scienceastronomy/ancient_tombs_040405.html

32. www.astrologyzine.com/astrology-bible.shtml

33. www.tacentral.com/architecture.asp?story_no=3

O LEGADO ZODIACAL

Muitas estruturas cristãs contêm símbolos zodiacais, bem como zodíacos inteiros, como, por exemplo, o magnífico vitral na Catedral de Chartres. Zodíacos também são encontrados nos pisos das sinagogas no norte de Israel, como em Sepphoris. A forma atual do zodíaco nos ajuda a datar o alto desenvolvimento arcaico do culto solar, pois graças a métodos científicos, a criação do zodíaco pode ser atribuída a no mínimo 5 mil anos atrás.[34] A respeito da origem do zodíaco, o astrônomo cristão Walter Maunder diz, em *The Astronomy of Bible*:

> A partir da [latitude e longitude do zodíaco] nós sabemos que as constelações foram inventadas por pessoas que não deviam viver muito longe do paralelo 40 da latitude Norte, não muito mais para o Sul que o 37 ou 36. Isso é importante, pois mostra que elas não se originaram no antigo Egito ou Índia, nem sequer na cidade de Babilônia, que está na latitude 32°.[35]

Muitas autoridades em astroteologia, como o Conde Volney e Gerald Massey, estenderam o término zodiacal para 17 mil anos atrás,

Em uma análise final, as tais religiões modernas, apesar de forçosa e artificialmente diferenciadas por seus diversos expoentes, são continuações da astroteologia passada, disfarçadas por um ar pretensioso de "historicidade" e "inspiração divina".

originando-se na África do Norte, entre os paralelos 37 e 36. O fato de o *conceito* do zodíaco ter mais de 5 mil anos é provado pelo "Zodíaco de Karanovo", encontrado na Bulgária e datado de 6 mil anos atrás.[36] Embora a Bíblia seja uma fonte tardia em comparação com os textos sumérios/babilônicos, a menção bíblica ao zodíaco – o "Mazzaroth" – no Livro de Jó 38:32, é digna de nota:

> Ou poderás produzir as constelações (o Mazzaroth) a seu tempo e guiar a Ursa com seus filhos?

Strong's Concordance, obra de autoridade no tema, define o termo hebraico "Mazzaroth" como "os 12 signos do zodíaco e as 36 constelações a eles associadas". A linguagem elogiosa ao Sol no Livro de Jó e muitos outros textos bíblicos e extrabíblicos, como o Credo de São Patrício, citado no título deste artigo, aproxima da astrologia a tradição judaico-cristã

---

34. Walter Maunder, *The Astronomy of the Bible*. London: T. Sealey Clark & Co., 1908, p. 160-161.
35. *Ibid.*, p. 157.

36. *www.flavinscorner.com/karanovo.htm*

tipicamente hostil a ela. Na realidade, o Judaísmo e o Cristianismo são saturados de astroteologia, como demonstrei em meus livros *The Christ Conspiracy: The Greatest Story Ever Told* e *Suns of God*. Em uma análise final, as tais religiões modernas, apesar de forçosa e artificialmente diferenciadas por seus diversos expoentes, são continuações da astroteologia passada, disfarçadas por um ar pretensioso de "historicidade" e "inspiração divina".

Conclusão

Há milhares de anos a humanidade olha para o céu, em deslumbramento e veneração, considerando os diversos objetos celestes "obras de Deus" ou os próprios deuses. Culturas inteiras foram criadas com o foco no Sol, um evento dentro do que se chama "astroteologia". As pesquisas modernas concluíram que muitas das observações feitas pelos antigos em relação ao Sol possuem base sólida na ciência. Levando-se em conta o estonteante poder liberado pelo Sol, bem como sua capacidade de nutrir e curar, a reverência a ele no passado e no presente é compreensível e justificável. O conhecimento desses fatos revela que, a despeito das dissidências e confusões causadas em nível global pelas diferenças percebidas nas crenças religiosas, por baixo das grandes ideologias religiosas aparece uma unidade provando que a raça humana em geral tem uma única árvore genealógica com diversos ramos.

Referências Bibliográficas:

Acharya S, *Suns of God: Krishna, Buddha and Christ Unveiled*, AUP, IL, 2004.

_____., *The Christ Conspiracy: The Greatest Story Ever Sold*, AUP, IL, 1999 *Catholic Encyclopedia*, www.newadvent.org.

Richard Flavin, "The Karanovo Zodiac", www.flavinscorner.com/karanovo.htm.

Tarik Maliq, "Ancient Tombs and Shrines Faced Sun and Stars", www.space.com.

Walter Maunder, *The Astronomy of the Bible*. London: T. Sealey Clark & Co., 1908.

Madanjeet Singh, *The Sun: Symbol of Power and Life*. Harry N. Abrams, NY, 1993.

Strong's Concordance, www.blueletterbible.org.

"Cathedral Saint-Omer", www.theotherside.co.uk.

"Early Christian Architecture and Design", *www.tacentral.com*.

"Early Church Fathers", *www.ccel.org*.

"Stonehenge in the Sahara?", *zebu.uoregon.edu*.

"St. Patrick's Creed", *gnisios.narod.ru/patrickcreed.html*.

Origens Misteriosas: Os Humanos São Apenas Produtos de um Acidente Feliz?

David Dentel

O homem é o único animal que não se sente à vontade na Natureza, que consegue se sentir despejado do paraíso; o único animal para o qual a própria existência é um problema que ele precisa resolver e do qual não consegue escapar.

– Erich Fromm, *The Anatomy of Human Destructiveness*

Em qualquer grupo unido por um sistema de crenças que os membros consideram a verdadeira realidade, alguns apostam a carreira e a alma em tal sistema e sentem, portanto, que este deve ser mantido.

– Jeff Walker, *The Ayn Rand Cult*

De todos os seres vivos, o homem é o único que se pergunta de onde veio, por que existe, ou até o motivo de sua racionalidade (geralmente infeliz) que o leva a fazer essas perguntas. Esse anseio profundo de descobrir um ponto de origem, uma explicação final de significado e propósito é tão presente em nossa espécie e tão fundamental para o sentido da vida humana, que poucos param para considerar o quão extraordinária é tal característica.

Na verdade, no que diz respeito à ciência convencional e seu estudo das origens humanas, esse nosso anseio indefinível não tem grande importância – se é que tem alguma. Quase como se esquecessem o que inspirou suas investigações científicas em primeiro lugar, os membros da comunidade científica de hoje elaboraram um mito de criação que

> **Mas o darwinismo também é um dogma; e desafiá-lo hoje em dia implica o risco de censura e do ridículo.**

descreve os humanos quase exclusivamente em termos físicos, deixando pouco espaço para o espírito ou o intelecto. Invocando Charles Darwin, eles declaram que os seres humanos são pouco mais que macacos sem pelos e com cérebros grandes, a culminação de mutações aleatórias guiadas pela lei cega.

Essa visão do ser humano – e da origem humana – nega as verdades óbvias e fomenta uma posição metafísica que é hostil às crenças que a maioria das pessoas têm de um criador divino, um fato da mente que nem a filosofia materialista nem a ciência do comportamento conseguem explicar de maneira satisfatória. Mas o darwinismo também é um dogma; e desafiá-lo hoje em dia implica o risco de censura e do ridículo.

Entretanto, um dogma não pode se sustentar para sempre no peso de sua autoridade inquestionável. Mesmo em nossa era atual, em que a ciência materialista cresce, os darwinistas precisam explicar os fatos por trás de sua teoria. E se os fatos não a corroboram – como acontece com frequência cada vez maior – os darwinistas abrem espaço para outras teorias que se adaptem melhor à realidade conforme a entendemos.

Visão fragmentada

Isso não significa que a visão darwinista das origens humanas seja totalmente insubstancial. Na verdade, o darwinismo é mais forte quando oferece uma teoria capaz de unir a geologia e paleontologia, principalmente na disciplina da paleontologia.

Sob essa disciplina, os darwinistas teorizam que restos fósseis, dos mais velhos aos mais jovens, deveriam mostrar uma progressão física mais ou menos estável a partir dos traços símios até os mais humanos. Essa teoria pressupõe ancestrais primitivos, dos quais os humanos se desenvolveram por meio de "descendência com modificação".

E à primeira vista, as evidências trazidas à tona e analisadas por cientistas parecem confirmar essa hipótese de uma maneira inquestionável. Comparados lado a lado, alguns fósseis parecem mostrar uma inegável progressão.

Mas as dificuldades surgem quando os cientistas usam esses mesmos fósseis para construir um modelo detalhado da evolução humana. Porque, assim como os fósseis nos quais se baseia o modelo, o quadro geral da evolução humana hoje em dia é fragmentado e enigmático.

As razões para essa visão fragmentada são várias. Para começar, a datação de fósseis – essencial para construir qualquer tipo de modelo

Isso não significa que a visão darwinista das origens humanas seja totalmente insubstancial.

evolucionário – é notoriamente problemática. A maioria dos fósseis não pode ser datada de maneira direta; por isso, os cientistas contam com inferências astutas, que se baseiam em datação radiológica de materiais encontrados perto dos fósseis em questão.

Entretanto, mesmo que aceitemos sem questionar as datas propostas para os fósseis, os problemas continuam. Em mais de um caso, fósseis hominídeos que parecem mais primitivos e simiescos foram datados como sendo jovens ou mais jovens que fósseis de aspecto humano.

Nas palavras de Michael Roberts, do Linfield College, "ossos chineses datados de 200 mil anos mostram 'traços modernos', sugerindo aos antropólogos chineses que houve uma evolução local do *Homo erectus* para *Homo sapiens*". Ele acrescenta: "Todavia, no crânio de Dali e outros da mesma idade na China, a testa é pronunciada e as depressões da cabeça são baixas". Roberts conclui que deve se esconder no registro fóssil, ainda não descoberta, outra "forma arcaica", intermediária de ser humano.[37] Do contrário, presumivelmente o modelo de progressão gradual não dá certo.

Outra anomalia de datação de fósseis hominídeos é citada pelo paleontólogo Donald Johanson – o famoso descobridor do esqueleto "Lucy". Em seu livro *Ancestors: In Search of Human Origins*, Johanson reconta a conversa com seu colega paleontólogo Alan Thorne a respeito da surpresa deste último diante de vestígios desenterrados em dois locais diferentes da Austrália.

"Embora tivessem aparência muito mais 'primitiva'", escreve Johanson, "os fósseis do pântano Kow tinham entre 9 mil e 15 mil anos, apenas metade da idade dos fósseis Mungo. Isso significa que os fósseis de aparência mais moderna, do povo Mungo, vieram *antes* dos povos mais robustos, de aspecto *erectus*, no pântano Kow" (itálicos dele).[38]

Como se pode imaginar, por causa dessas reviravoltas frustrantes na trilha de evidências, a tentativa de determinar uma linha direta de descendência de símio para humano se torna o aspecto mais contencioso nos estudos das origens humanas.

---

37. Michael Roberts, "The Origins of Modern Humans: Multiregional and Replacement Theories". *calvin.linfield.edu*.

38. Donald Johanson, Lenora Johanson and Blake Edgar, *Ancestors: In Search of Human Origins*. New York: Willard Books, 1994, p. 297.

> **Enquanto isso, a tal árvore da vida para os humanos é retratada mais como um arbusto, com ramos estranhos de subespécies intrigantes surgindo e morrendo, sem efeito aparente no sucesso do *Homo sapiens*.**

Em termos de registros fósseis, o primeiro passo no processo – o suposto ancestral comum entre símios e humanos – ainda é uma incógnita.[39] Há debates inclusive em torno de quais fósseis constituem o primeiro ancestral humano não símio. A partir daí, os cientistas concordam em talvez três ou quatro espécies intermediárias, não questionáveis, que conduziram ao surgimento do *Homo sapiens*.

Enquanto isso, a tal árvore da vida para os humanos é retratada mais como um arbusto, com ramos estranhos de subespécies intrigantes surgindo e morrendo, sem efeito aparente no sucesso do *Homo sapiens*. Talvez o melhor exemplo de um desses subgrupos enigmáticos seja o do neandertal, já declarado alternadamente como um ancestral primitivo e atarracado do humano moderno; como um não humano estúpido demais para competir com o *Homo sapiens*; como semi-humano capaz de cruzamento com *Homo sapiens*, mas tão culturalmente avançado; e inteiramente não humano, porém com cérebro maior.[40]

Não tão diferentes

Claro que os cientistas têm uma desculpa para sua perplexidade. Fósseis, embora interessantes, oferecem uma fonte limitada de evidências. Os paleoantropólogos admitem que seria de imensa valia, por exemplo, a possibilidade de examinar a informação genética em todos os fósseis, com o objetivo de determinar se as diversas espécies propostas realmente eram tão diferentes.

Afinal de contas, as análises de DNA mostram que os seres humanos modernos, dos pigmeus africanos aos samoanos e suecos variam pouco em sua constituição genética.

Tal fato apoia as afirmações de um proponente do modelo evolucionário multirregional, que diz que os humanos adquiriram sua forma atual enquanto evoluíam em muitos lugares por todo o planeta. Citado novamente por Johanson, Thorne defende o multirregionalismo, argumentando que os cientistas se apressam em pronunciar novas e

---

39. Ver "Human Origins Program", do Instituto Smithsonian: *www.mnh.si.edu/anthro/humanorigins/ha/primate.html*

40. Ver "Instituto Smithsonian *on-line*". PBS Origins of Humankind. *www.pbs.org/wgbh/evolution/humankind/n.html*

intrigantes descobertas de fósseis de novas espécies, sem considerar como algumas espécies podem ser variadas em forma, a exemplo do próprio humano.

Em seguida, Thorne faz uma declaração ousada que parece uma teoria bastante contrária ao darwinismo. Ele diz que há algo "inerente" no modo como os humanos são constituídos para apresentar tão notável diversidade.[41]

O "X" DA QUESTÃO

Chegamos, enfim, ao principal problema com o darwinismo. Mesmo ao falar de seus pontos mais fortes, seus adeptos fazem uma declaração que pode ser entendida como um ataque à diretriz fundamental da evolução segundo Darwin: de que todas as formas de vida resultam de um processo aleatório, puramente materialista. No darwinismo, não existe orientação divina; há somente o acaso e a lei natural.

Essa visão, porém, aliena as pessoas que, embora leigas, são sábias. Há algo no ser humano – elas se atrevem a dizer – que reconhece inerentemente a beleza e a ordem em si próprio e no cosmos. Sem dúvida, os cientistas reconhecem isso também, mas como explica a jornalista Denyse O'Leary, não es-

Mas conforme se desenvolve, por meio de explorações em microbiologia e da teoria da informação, por exemplo, a teoria do Desígnio Inteligente pretende se tornar tão minuciosa em escala quanto o darwinismo, que ainda se encontra preso às mesmas amarras do materialismo do século XIX que foi usado para fortificar o racismo e o sexismo.

tão dispostos a abandonar o darwinismo porque não veem uma teoria alternativa viável.[42]

Isso, no entanto, está mudando. O darwinismo está desafiado por uma teoria que explora de forma científica o aparente desígnio do cosmos. E até o mais veemente apologista do darwinismo, Richard Dawkins, admite que o cosmos ao menos exibe a aparência de um desígnio.[43]

A teoria do Desígnio Inteligente afirma que os seres vivos são complexos demais para se ter desenvolvido por acaso. Ela pode ser descrita como uma extrapolação do princípio antrópico na física, segundo o qual as forças básicas que mantém o universo coeso (e apropriado para a vida) são afinadas uma precisão matemática que desafia a crença. Mas conforme se desenvolve, por meio de explorações

---

41. Johanson, p. 218.

42. Denyse O'Leary, *By Design or by Chance*. Minneapolis: Augsburg Books, 2004, p. 100.

43. O'Leary, p. 127.

em microbiologia e da teoria da informação, por exemplo, a teoria do Desígnio Inteligente pretende se tornar tão minuciosa em escala quanto o darwinismo, que ainda se encontra preso às mesmas amarras do materialismo do século XIX que foi usado para fortificar o racismo e o sexismo.

Darwinismo *versus* Desígnio

Não há dúvida de que existe um desejo de uma alternativa ao darwinismo. Como aponta O'Leary, as pesquisas de opinião popular mostram que a maioria dos americanos não acredita no darwinismo.[44] Livros populares o atacam. E uma quantidade cada vez maior de evidências corroboram as fortes objeções filosóficas à teoria. Além de tudo isso, muitas dessas objeções sensatas dão força à teoria do Desígnio.

Para começarmos do começo – o que os darwinistas detestam fazer – consideremos a cosmologia, uma disciplina que emerge como um ponto forte a favor dos proponentes do desígnio. Os cosmólogos modernos aceitam, de um modo geral, o que afirma a teoria do *Big Bang*: que o universo explodiu em existência, *ex nihilo*, a partir do que só pode ser descrito como uma fonte imensurável de energia criativa. E muitos cientistas aceitam a teoria, apesar de sua repugnância pessoal pelas óbvias implicações metafísicas. Combine a teoria do *Big Bang* com o princípio antrópico, e as bases a postulação de um universo como lugar sem propósito de construção aleatória enfraquecem consideravelmente.

Passando da cosmologia para a biologia, a teoria de Darwin falha quase antes de começar. Isso ocorre porque o darwinismo ainda não apresentou uma explicação apropriada, completamente materialista, para aquilo que alguns consideram um dos mistérios mais divinos: a origem da vida.

Claro, os darwinistas apontam com entusiasmo para o famoso experimento em 1953 do estudante da Universidade de Chicago, Stanley Miller, que produziu aminoácidos ao disparar cargas de eletricidade sobre uma mistura de gases. Mas, em sua tentativa de produzir vida a partir da não vida, os cientistas não passaram disso.

Na verdade, para ilustrar a dificuldade insuperável de construir uma célula viva a partir de matéria não viva, Jonathan Wells, do Instituto Discovery, propõe uma experiência de pensamento, trabalhando em um problema de trás para diante.

---

44. *Ibid*, p. 83.

No livro de Lee Strobel, *The Case for a Creator*, Well sugere: "Coloque uma solução de sal equilibrada em um tubo de ensaio. Em seguida, coloque uma célula viva e faça um furo nela de modo que seu conteúdo vaze para a solução... Você já conseguiu mais do que o experimento de Miller faria: possui todos os componentes necessários para a vida".

Well conclui: "O problema é que você não consegue criar uma célula viva. Nem adianta tentar".[45]

Assim, os darwinistas tentam explicar o surgimento dos primeiros organismos vivos recorrendo a hipóteses fantasiosas, geralmente improváveis. Citam um vago "princípio auto-organizador" presente em alguns tipos de matéria. Confrontados pelo problema de ter de explicar a informação genética, que regula e reside em toda célula viva, alguns darwinistas inventaram um "mundo de RNA" fictício, supostamente composto de células que funcionam de acordo com um sistema genético primitivo (e totalmente imaginário).[46]

Por fim, alguns cientistas, como o paleontólogo Stephen Jay Gould, simplesmente se esquivam do problema, afirmando que já que

> Assim, os darwinistas tentam explicar o surgimento dos primeiros organismos vivos recorrendo a hipóteses fantasiosas, geralmente improváveis. Citam um vago "princípio auto-organizador" presente em alguns tipos de matéria.

a vida existe, ela deve ter sido inevitável.[47]

Como, então, o darwinismo lida com a questão para a qual o próprio darwinismo foi inventado com o intuído de explicar: a origem das espécies conforme delineada pelos registros fósseis?

Não muito bem. Como no caso da origem humana, a teoria de Darwin prevê que os registros fósseis, como um todo, deveriam revelar uma progressão estável para as formas de vida mais complexas. Seria vital para essa teoria a descoberta dos tais fósseis transicionais: aqueles misturados com traços físicos que ilustram claramente a evolução em progresso.

Em vez disso, contudo, os paleontólogos descobriram o que Gould teria chamado de um dos grandes segredos de ofício da ciência evolucionária.[48] Descobertas de fósseis dignos de serem chamados

---

45. Lee Strobel, *The Case for a Creator*. Grand Rapids: Zondervan, 2004, p. 39.

46. Phillip Johnson, *Darwin on Trial*. Downers Grove: Intervarsity Press, 1993, p. 108.

47. Stephen Jay Gould, "The Evolution of Life on the Earth". *Scientific American*, March 1, 2004.

48. O'Leary, p. 109.

de transicionais, entre eles o famoso *Archaeopteryx*, tipo de pássaro, mostraram que são a exceção, mais que a regra. Aliás, o que os cientistas encontram quando consultam os registros fósseis são novas espécies emergentes, plenamente formadas, sem predecessores aparentes. Esse fenômeno se aplica em particular à Era Cambriana, durante a qual os cientistas estimam que quase todos os filos animais teriam surgido.[49]

Os cientistas evolucionários também se intrigam com a maneira pela qual as espécies desaparecem abruptamente dos registros fósseis. A teoria de Darwin é construída em cima do gradualismo – a noção de que mudanças pequenas, acumuladas em algumas espécies lhes permitem eclipsar outras espécies, com o passar do tempo. Por conseguinte, as evidências de extinções catastróficas podem ser quase tão prejudiciais à teoria quanto a inferência do desígnio.

Na verdade, darwinistas como Gould lutam contra a realidade desconfortável de evidências que não

Veja, por exemplo, o debate em torno dos órgãos mais complexos, como o olho humano, terem ou não evoluído gradualmente, ou mesmo se um olho parcial pode oferecer alguma vantagem biológica a um organismo.

corroboram um modelo de uma evolução constante e gradual. Como observou o escritor de ciências populares, William K. Hartmann: "É difícil ignorar a súbita e chocante proliferação da vida".[50] Para lidar com essa disparidade, Gould trabalhou com o colega Niles Eldredge com a finalidade de elaborar uma teoria modificada a que chamaram de "equilíbrio pontuado". Gould descreveu a nova subteoria como um meio de explicar por que a evolução não ocorre de modo constante, gradual, mas, sim, em "episódios rápidos e peculiares".[51]

Como funciona?

Mas mesmo que os darwinistas consigam conciliar sua teoria com

---

49. *Ibid.*

50. William K. Hartmann, *The History of the Earth*. New York: Workman Publishing, 1994, p. 127.

51. Gould.

as evidências fósseis, ainda têm de explicar o mecanismo preciso por meio do qual a evolução biológica aleatória ocorreria. Essa tarefa não é fácil. Avanços em bioquímica e genética mostram que os seres vivos, incluindo seus mais ínfimos componentes, são mais intrincados e regulados com precisão do que os cientistas imaginavam.

Veja, por exemplo, o debate em torno dos órgãos mais complexos, como o olho humano, terem ou não evoluído gradualmente, ou mesmo se um olho parcial pode oferecer alguma vantagem biológica a um organismo.

Dawkins, claro, argumenta, eloquente: "Metade de um olho é apenas 1% melhor que 49% de um olho, que já é melhor que 48%; e a diferença é significativa".[52] Ele aponta, então, para "fotocélulas" sensíveis à luz e para olhos animais mais simples como possíveis formas intermediárias que culminam no olho humano.

Esses argumentos, no entanto, ignoram pontos importantes, como sempre, pois enfocam o isolamento de um único componente biológico e o descrevem em termos físicos gerais – lentes, nervos ópticos, vasos sanguíneos – ignorando o fato de que 49% de um olho não é o mesmo que 49% de visão.

Como ressalva o bioquímico Michael Behe em *Darwin's Black Box*: "Cada um dos passos e estruturas anatômicas que Darwin considerava tão simples envolve, na verdade, processos bioquímicos incrivelmente complicados que não podem ser tratados com retórica".[53]

Behe explicou como o próprio flagelo bacteriano, por exemplo, necessita a convergência de estrutura física, atividade química e instrução genética para funcionar devidamente. Sistemas como o flagelo ou o mecanismo de coagulação do sangue, declarou Behe, não poderiam ter evoluído porque são "irredutivelmente complexos". Foram designados para funcionar do jeito que funcionam.

Como podemos imaginar, a afirmação de Behe causou furor entre os darwinistas, embora ele tenha apenas acrescentado detalhes a uma hipótese desenvolvida muito antes.

In: Janus: A Summing Up, o jornalista Arthur Koestler contesta o darwinismo argumentando que a teoria tenta descrever formas de vida e, em particular, seres humanos, como nada mais que um amálgama de vários componentes físicos. Koestler afirma que os

---

52. Richard Dawkins, "Where D'you Get Those Peepers?". *New Statesman & Society*, June 16, 1995.

53. Michael Behe, *Darwin's Black Box*. New York: Touchstone, 1998, p. 22.

humanos são muito mais que a soma de suas partes. De fato, ele cunhou a expressão "hólons" para ilustrar que os seres humanos e todas as formas de vida são compostos de componentes independentes e totalmente interligados. Em suma, as formas de vida são holísticas; e a interferência em diversas partes desde os órgãos mais importantes até as células individuais é uma ameaça à própria essência da criatura inteira.[54]

Entretanto, como muitos acadêmicos, Koestler não abandonou de vez o conceito da evolução; mas também não descartou a teoria do desígnio. Em Janus, ele explora o modo o sistema genético afinado – palavras suas – poderia produzir novas formas de vida por meio de mudanças internas cuidadosamente reguladas. Ele compara esse sistema a uma máquina de escrever sofisticada que só pode formar palavras significativas, uma analogia que, segundo ele, "*reduz ao mínimo a importância do fator acaso*" (itálico dele). Koestler acrescenta: "Não responde à pergunta derradeira de quem ou o que programou essa máquina prodigiosa, mas coloca um ponto de interrogação onde é necessário".[55]

Seleção natural desmistificada

Em contraste com essa ideia poderosa de que os seres vivos são designados para funcionar de determinada maneira, a única coisa que os darwinistas podem oferecer como força diretiva para a evolução das diversas espécies é uma noção um tanto vaga de seleção natural.

Em *A Origem das Espécies**, o próprio Darwin propôs o conceito de seleção natural baseado no resultado muito real obtido quando os humanos manipulam plantas ou animais para desenvolver certos traços. Se a criação e manipulação dirigidas por humanos podem produzir mudanças drásticas na forma de algumas gerações, postulou Darwin, imagine o que a natureza faria no decorrer das eras. Claro que seu raciocínio começa com um processo obviamente guiado por inteligência, e ele insistia que outro processo, sem propósito, faria a mesma coisa – ou até melhor.

Portanto, a começar pela incoerência filosófica original de Darwin, o conceito de seleção natural não foi bem sucedido. Por um lado, sua dificuldade de definição é notória. O aforismo "sobrevivência

---

54. Arthur Koestler, *Janus: A Summing Up*. New York: Random House, 1978, p. 27

55. Koestler, p. 189.

* N.E.: Obra publicada pela Madras Editora sob o título *A Origem das Espécies e a Seleção Natural*.

do mais forte" nem sempre se aplica, pois em determinadas situações os membros mais rápidos, mais fortes e mais nobres de uma espécie em particular morrem tão rapidamente – quando não, até mais rápido – que os fracos e tímidos.

Ser forte não indica necessariamente superioridade biológica. Tem a ver, isto sim, com as chamadas estratégias reprodutivas; a ideia de que a evolução favorece as formas de vida que geram uma progênie maior. O absurdo desse conceito não passa despercebido pelo jornalista Richard Milton, que debocha da afirmação do paleontólogo George Simpson de que a evolução favorece os cabelos ruivos quando pai e mãe ruivos produzem mais filhos que pais loiros ou morenos.[56]

Afinal de contas, como o fato de alguém ter filhos ruivos explica um rato evoluir até um elefante?

Não explica, pelo menos no que diz respeito a Gould. Escrevendo para a revista *Scientific American*, Gould afirma que a seleção natural é superestimada e mal usada como explicação para a evolução. Ele diz que, na verdade, a evolução é tão aleatória que não há como prever o modo como as formas de vida se desenvolverão no futuro.[57]

Infelizmente, se um processo é imprevisível, também é infalsificável. Não há experimento controlado para testá-lo e ele não pode ser submetido ao método empírico de estudo. Está, portanto, fora do campo da ciência.

IGNORANDO O ÓBVIO

A falha no princípio científico, porém, não impediu os darwinistas de espalhar seu evangelho no campo da biologia; tampouco deteve seus colegas materialistas em disciplinas como psicologia e estudos do comportamento. Esses campos produziram muitos cientistas ansiosos por descrever o intelecto humano como nada além de um símio avançado, declarar que a consciência e o livre arbítrio são ilusões e que a cultura humana é um subproduto interessante do impulso evolucionário de gerar progênie.

Assim, os mitos criados a partir das análises sexuais de Freud e reforçados pelos estudos de B. F. Skinner sobre o comportamento de ratos em laboratório ainda proliferam de maneira absurda.

Richard Dawkins especula se toda a civilização humana existe apenas para suprir uma necessidade biológica de perpetuar "o gene

---

56. Richard Milton, "Neo-Darwinism: Time to Reconsider". www.alternativescience.com/darwinism.htm

57. Gould.

egoísta".⁵⁸ O especialista em inteligência artificial, Marvin Minsky, fez a declaração famosa de que a mente humana nada mais é que "um computador feito de carne".⁵⁹ O jornalista Malcolm Gladwell pondera o fato de que uma vasta parte de nosso poder mental é gasta em atividade inconsciente e afirma: "a tarefa de compreender a nós mesmos e nosso comportamento requer o reconhecimento de que um mero piscar de olhos tem tanto valor quanto meses e meses de pensamento racional".⁶⁰

Portanto, as tentativas de descrever o que significa ser humano em termos de evolução darwinista – ou alguma proposição semelhante baseada em uma racionalização materialistas – resulta inevitavelmente na negação do óbvio, porque o intelecto humano é real e não pode ser explicado como uma mera forma avançada de consciência animal. Conforme nos lembra o filósofo Mortimer J. Adler, o modo como os seres humanos pensam e sentem acerca das coisas os torna fundamentalmente diferentes de tudo o mais já descoberto na Natureza.⁶¹

---

58. Richard Dawkins, *The Selfish Gene*. New York: Oxford University Press, 1989.
59. Strobel, p. 250.
60. Marianne Szegedy-Maszak, "Mysteries of the Mind". *U.S. News & World Report*, 28 de fevereiro de 2005.
61. Mortimer J. Adler, *How to Think About the Great Ideas*. Chicago: Open Court, 2000, p. 84, 91.

A diferença não é de grau, mas de tipo. Não somos símios altamente desenvolvidos; e por mais que melhorasse em doses incrementais, um macaco nunca viraria humano. Os macacos atiram suas fezes nos outros; os humanos publicam jornais, formam partidos políticos e às vezes se enfurnam no porão da casa de seus pais, perguntando-se o que deu errado em suas vidas.

O fato de o ser humano dar tanta importância à realização pessoal nos remete de volta à realidade de nossa curiosidade inerente. Queremos saber por que fomos colocados aqui e como devemos nos comportar. E um movimento crescente na ciência nos diz que fazemos tantas perguntas porque houve um desígnio para que as fizéssemos.

MENTES INQUIRIDORAS

É o que afirma o filósofo Jay Wesley Richards e o astrônomo Guillermo Gonzáles, que juntos escreveram o livro *The Privileged Planet*. Analisando a estrutura da Terra, seu *habitat* para suporte de vida, sua posição de segurança tanto no sistema solar quanto na nossa galáxia, a Via Láctea, e como uma plataforma para observar o cosmos, Richards e Gonzalez concluem que os humanos e seu lar são, de fato, ímpares. As evidências atestam que os seres humanos não só foram designados para inquirir, mas também colocados em uma posição excepcionalmente boa para fazer isso.[62]

Entretanto, para os darwinistas, cujos mitos permeiam a educação custeada pelo estado, os museus públicos e a cultura popular, a ideia de que o humano é um produto de um desígnio permanece abominável, até perigosa. Nas palavras de Dawkins: "Se você conhecer uma pessoa que afirma não acreditar na evolução, ela é ignorante, estúpida ou insana (ou perversa, mas prefiro não pensar nisso)".[63]

Os materialistas zombam do que consideram a natureza irracional da hipótese de um desígnio, não compreendendo que, como disse o professor de direito, Phillip Johnson, "para os teístas... o conceito de uma Mente sobrenatural em cuja imagem fomos criados é a base metafísica essencial para a nossa certeza de que o cosmos é racional e até certo ponto compreensível".[64]

Os darwinistas só podem retrucar declarando que os humanos são o resultado de um acidente fortuito em um universo sem propósito, insistindo que nem mesmo nossos pensamentos e desejos podem ser considerados literalmente. E é com base nessa autoridade que eles peneiram ossos velhos e inventam histórias a respeito de onde viemos, mas não conseguem nos dizer por que estamos aqui.

---

62. Guillermo Gonzalez and Jay Wesley Richards, *The Privileged Planet*. Washington, D.C.: Regnery Publishing, 2004.

63. O'Leary, p. 103.

64. Johnson, p. 164.

2

CIDADES ANTIGAS, PLANOS ANTIGOS

Sacsayhuaman.

Sacsayhuaman.

Muralhas Antigas
Richard Nisbet

Não existem outras muralhas como essas. São diferentes de Stonehenge; diferentes das pirâmides dos egípcios e dos maias; distintas de qualquer outro monólito antigo de pedra.

As pedras se encaixam com tanta perfeição que nem mesmo uma folha de grama ou uma lâmina de aço consegue passar entre elas. Não há cimento. Elas se ligam em superfícies complexas e irregulares que seriam o pesadelo de qualquer construtor.

Em geral, não há adornos nem inscrições. Existe aqui uma expressão crua, primitiva e poderosa.

A maioria dessas muralhas é encontrada perto de Cuzco e do vale do Rio Urubamba, nos Andes Peruanos. Há alguns outros exemplos espalhados por outros locais nos Andes, mas praticamente em nenhum outro lugar na Terra.

Na maioria, as estruturas estão além de nosso entendimento. O como, o porquê, e o quê simplesmente nos deixam perplexos. O homem moderno não consegue explicar, nem reproduzir.

Mistérios como esse geram explicações que são eruditas, fantasiosas, inventivas e ridículas.

Por meio destas fotografias e fragmentos de tradições e opiniões, estas páginas têm o objetivo de entreter, provocar e, talvez, até inspirar.

Acredita-se que Sacsayhuaman foi terminada por volta de 1508. Alguns afirmam que foram necessários 20 mil a 30 mil homens trabalhando durante 60 anos.

Temos aqui um mistério: O cronista Garcilaso de La Vega nasceu por volta de 1530 e cresceu às sombras dessas muralhas. E, no entanto, parecia não ter a menor

---

Mistérios como esse geram explicações que são eruditas, fantasiosas, inventivas e ridículas.

---

ideia de como Sacsayhuaman foi construída. Ele escreveu:

> "... essa fortaleza supera as construções conhecidas como as sete maravilhas do mundo. Pois, no caso de uma muralha longa e larga como a da Babilônia, ou o Colosso de Rodes, ou as pirâmides do Egito, ou quaisquer outros monumentos, é possível ver com clareza como foram erigidos... como, reunindo uma enorme quantidade de trabalhadores e acumulando cada vez mais material dia após dia e ano após ano, eles superaram as dificuldades empregando o esforço humano por um longo período. Mas está além do poder da imaginação entender como esses nativos, que não conheciam equipamentos, motores e implementos, poderiam ter cortado, dado forma, erguido e abaixado grandes rochas, que mais parecem séries de montanhas que blocos de construção, e as colocado no lugar certo. Por essa razão, e porque os nativos acreditavam tanto em demônios, que a execução da muralha é atribuída a um encantamento..."

Com certeza, alguns desses 20 mil trabalhadores ainda estavam vivos quando Garcilaso era jovem. Será que todos sofreram de amnésia? Ou será que Sacsayhuaman é muito mais antiga do que fomos levados a acreditar?

Os arqueólogos nos dizem que as muralhas de Sacsayhuaman eram três metros mais altas que suas ruínas. Os três metros adicionais de pedras forneceram o material de construção para as catedrais e as casas dos conquistadores.

Em geral, acredita-se que essas pedras eram bem menores que os monstros líticos que permaneceram.

Talvez a parte superior das muralhas, feita com pedras pequenas e de formas regulares, tenha sido a única parte de Sacsayhuaman construída pelos Incas e "terminada em 1508". Isso explicaria por que

Cuzco, vista da montanha acima.

Uma huaca, foto de Kurt Bennett.

ninguém na época da conquista parecia saber como essas poderosas muralhas foram erigidas.

Manco Capac, o primeiro Inca, foi divinamente orientado a ir para Cuzco e se estabelecer lá. Ele fez isso, e, através de gerações sucessivas de governantes, essa pequena tribo se expandiu até se transformar em um império comparável ao de Roma. Cuzco, que eles chamavam de "Umbigo do Mundo", permaneceu como a capital.

Aqui vai uma curiosa crença popular: de acordo com uma lenda nativa, Cuzco era tão infértil que nenhuma plantação podia ser cultivada lá. No local que hoje é o centro da cidade havia um lago e um pântano. O segundo Inca, Sinchi Roca, mandou drenar o pântano e o encheu de pedras e toras de madeira até que estivesse firme o suficiente para suportar as construções feitas de pedra. Também ordenou que grandes quantidades de terra fossem trazidas e espalhadas sobre o local, tornando o vale fértil.

O que poderia tê-los atraído a esse lugar infértil e pantanoso? Suponhamos que as magníficas muralhas inferiores de Sacsayhuaman já estivessem lá antes da chegada de Manco Capac a Cuzco. Apenas isso já seria suficiente para tornar o local sagrado.

Os estranhos entalhes em pedra

O que são os entalhes em pedra que parecem não servir a nenhum propósito, os degraus que não vão a lugar algum, os assentos tão difíceis de ser alcançados?

Eles são encontrados em uma surpreendente abundância na área próxima a Cuzco. São entalhados com alta precisão, com os cantos externos e internos muito afiados e finos.

Como foram entalhados?

E ainda mais estranho, *por que* foram entalhados?

O modo como foram feitos ainda é um mistério. A arte se perdeu, talvez ainda antes da conquista.

O *porquê* é outra questão. A resposta provavelmente está na religião complexa e rígida dos Incas. A maioria desses estranhos entalhes são santuários chamados Huacas.

Em cada huaca eram realizados sacrifícios predeterminados e em dias específicos. A maioria dos sacrifícios não era humana, mas Cobo afirmou que 32 desses santuários requeriam sacrifícios humanos, em geral de crianças. Tal afirmação é questionada por muitos que veem em suas estatísticas uma maneira de racionalizar a conquista que foi, afinal de contas, uma missão para levar a religião verdadeira aos pagãos.

Uma huaca, foto de Kurt Bennett.

Aldo em uma huaca, foto de Kurt Bennett.

Ollantaytambo, foto de Kurt Bennett.

"Banco" misterioso na montanha conhecida como o "Templo da Lua", perto de Cuzco.

Uma grande quantidade de pedras gigantescas começa sua viagem para Ollantaytambo nas pedreiras de Kachita, acima.

Pedreiras de Kachita.

Acredita-se que existiam 333 huacas em Cuzco e nas proximidades da cidade. Elas eram localizadas ao longo de 40 linhas chamadas "ceque", que irradiavam como eixos de uma roda, a partir de Coricancha, o "Templo do Sol", em Cuzco.

A maioria das informações que temos a respeito das huacas veio do padre jesuíta Bernabe Cobo, que escreveu cem anos depois da conquista. Cada um dos santuários era cuidado por uma família. Em cada huaca eram realizados sacrifícios predeterminados e em dias específicos. A maioria dos sacrifícios não era humana, mas Cobo afirmou que 32 desses santuários requeriam sacrifícios humanos, em geral de crianças. Tal afirmação é questionada por muitos que veem em suas estatísticas uma maneira de racionalizar a conquista que foi, afinal de contas, uma missão para levar a religião verdadeira aos pagãos.

Próximo a Cuzco existe uma montanha que os nativos chamavam de "Templo da Lua". Ela tem várias cavernas e muitos entalhes em pedra. Alguns desses entalhes exibem a extrema ação do tempo.

Observe a barra horizontal perto do centro da fotografia. Por falta de uma palavra melhor, vamos chamá-la de "banco".

Duas fotos do "banco" tiradas bem de perto. Observe as beiradas arredondadas e a aparência geral de envelhecimento. Alguns acreditam que esse entalhe foi feito antes que a última geleira fizesse seus próprios sulcos milhares de anos atrás.

Ollantaytambo é uma cidade rara, talvez única no Peru. Os monólitos gigantes que vemos aqui são parte do que costumava ser um santuário ou templo.

Em um dado momento desconhecido, e por razões desconhecidas, o trabalho nesse grande projeto parou misteriosamente.

Uma grande quantidade de pedras gigantescas começa sua viagem para Ollantaytambo nas pedreiras de Kachiqhata (no canto superior esquerdo da foto).

Elas foram parcialmente moldadas na pedreira, depois deslizaram montanha abaixo e foram arrastadas através do rio e dos campos.

Após atravessar o campo, as pedras foram arrastadas para cima, em uma rampa com 365,76 metros, até o local do templo.

Monólitos que não sobreviveram

Por todo o caminho entre a pedreira e o local da construção há evidências claras de um abandono repentino. Pedras parcialmente cortadas são vistas nos campos, estradas e na rampa. Alguns desses monstros, como o que vemos no canto esquerdo, com os estranhos entalhes em forma de cálice, mede cerca de seis metros.

As pessoas da região as chamam de *"piedras cansadas"*, pedras exaustas – elas estavam muito cansadas para ir adiante. De modo significativo, parece não haver nenhuma história, nenhuma memória, nenhuma lenda, sobre quando ou por que o trabalho nesse enorme projeto parou.

O lado da montanha abaixo das pedreiras de Kachiqhata está repleto de pedras parecidas com pedaços de salmão. Algumas são grandes e outras são pedregulhos e dão a sensação de rolamentos sob os pés. Em geral, não existem trilhas. É difícil caminhar por lá.

A anomalia que não deveria existir

Em um ponto mais alto nas pedreiras existe uma anomalia. Há algo que não deveria estar lá.

Sabemos que os Incas não conheciam a roda. Sabemos também que os espanhóis não trabalharam com as pedras em Kachiqhata. Eles não precisaram. Simplesmente destruíram as estruturas existentes e reutilizaram as pedras para seus propósitos.

Então, por que esta pedra está aqui, muito bem posicionada a 609,60 metros acima do rio nas pedreiras? Parece ser uma roda de moinho, com 157,48 centímetros de diâmetro, e uma grande extensão da parte de trás quebrada (é possível ver uma rachadura ao redor da circunferência na

---

De modo significativo, parece não haver nenhuma história, nenhuma memória, nenhuma lenda, sobre quando ou por que o trabalho nesse enorme projeto parou.

Rampa com 365,76 metros até o local do templo em Ollantaytambo, na qual as pedras gigantes eram arrastadas para cima.

"Piedras cansadas" ou "pedras exaustas", abandonadas no lado da montanha como se estivessem "muito cansadas para seguir adiante".

Outra "pedra exausta" com as estranhas marcas em forma de cálice.

Dano em Sacsayhuaman.

Doug com uma roda incomum. Os Incas não tinham nem usavam rodas, então quem a construiu e por quê?

Sacsayhuaman.

parte remanescente). Quem quer que tenha tentado construir essa roda não tinha a habilidade daqueles construtores que moldaram as pedras para o templo. Um construtor experiente teria percebido essa rachadura e procurado por outra rocha para fazer o trabalho.

> "Como esses blocos enormes de pedra foram levados da pedreira até o topo da montanha a muitas milhas de distância? Como eles foram cortados e encaixados? Como foram erguidos e colocados no lugar? Ninguém sabe, ninguém pode sequer adivinhar. Existem arqueólogos, cientistas, que querem nos fazer acreditar que os densos e duros andesitos foram cortados e moldados com o uso de ferramentas de pedra ou bronze. Tal explicação é tão absurda que nem merece ser considerada com seriedade. Ninguém (jamais) descobriu, em nenhum lugar, nenhuma ferramenta ou implemento de pedra que cortasse ou lascasse andesitos, e nenhum instrumento de bronze existente deixa qualquer impressão sobre essas rochas." – A. Hyatt & Ruth Verrill, *America's Ancient Civilizations*.

Jean-Pierre Protzen provou que os Verrills estavam errados. Ele visitou Cuzco e demonstrou como as rochas do rio poderiam ser usadas como martelos para moldar as pedras na forma desejada.

> "Parece que a técnica inca de encaixar os blocos era baseada em grande parte em tentativa e erro. É um método trabalhoso, em particular se considerarmos o tamanho de algumas das pedras grandes em Sacsayhuaman ou Ollantayatambo. O que devemos ter em mente, contudo, é que tempo e mão de obra não eram grandes preocupações para os incas, que não tinham a noção europeia de tempo e contavam com uma vasta mão de obra oriunda dos povos conquistados." – Jean-Pierre Protzen, *Scientific American*, fevereiro de 1986.

Hiram Bingham foi informado a respeito de uma planta cujo sumo amaciava as rochas de modo que as superfícies se juntavam perfeitamente... Considerando o fato de que o líquen amacia a pedra para aderir suas raízes, e considerando também a extinção progressiva de espécies de plantas, talvez essa ideia não seja tão absurda.

A MISTERIOSA MACHU PICCHU

Machu Picchu é um dos poucos lugares deixados intactos pelos conquistadores espanhois. Em busca de mais ouro, Pizarro levou seus homens ao rio Urubamba e ao longo da curva da ferradura, na base da montanha.

Serenamente posicionada a 457,20 metros acima das águas turbulentas, Machu Picchu escapou do destino da maior parte do Império Inca.

Em um dado momento, por razões que desconhecemos, a vida na cidade chegou ao fim e a floresta a invadiu. Ela foi redescoberta em 1911 por um jovem americano chamado Hiram Bingham.

Acredita-se agora que na época da conquista os próprios incas já não tinham mais conhecimento da existência da cidade. Isso não impediu que os historiadores modernos atribuíssem sua construção a Pachacutec, o nono inca que reinou na metade do século XV, e que recebeu o crédito pela maioria dos feitos daquela civilização.

Hiram Bingham foi informado a respeito de uma planta cujo sumo amaciava as rochas de modo que as superfícies se juntavam perfeitamente. Existem relatos acerca de tal planta, incluindo este, escrito por um antigo cronista espanhol: Enquanto estava acampado próximo a um rio rochoso, ele observou que um pássaro carregava uma folha no bico, depois a colocou sobre uma rocha e começou a bicar. No dia seguinte o pássaro voltou. Havia uma cavidade onde a folha fora colocada. Com esse método o pássaro criara uma espécie de "copo" que armazenava as águas que respingavam do rio. Considerando o fato de que o líquen amacia a pedra para aderir suas raízes, e considerando também a extinção progressiva de espécies de plantas, talvez essa ideia não seja tão absurda.

Erich von Däniken, na série de livros que teve início com *Eram os Deuses Astronautas?* apresentou a teoria de que as obras em pedras encontradas nos Andes foram feitas por extraterrestres/deuses que visitaram a Terra há muitos anos, trazendo a civilização ao homem primitivo. A comunidade científica apenas riu.

Independentemente do que pensemos a respeito de suas teorias, ele tornou o público consciente da existência de muitos monumentos antigos na Terra que parecem desafiar uma explicação racional.

No romance "Slapstick", Kurt Vonnegut ironiza:

> "...devem ter existido dias de baixa gravidade nas eras passadas, em que as pessoas podiam jogar fichas com grandes pedaços de pedra".

Pedro de Cieza de Leon escreveu a respeito de uma antiga lenda inca sobre o deus criador Viracocha. Certa

Machu Picchu.

Flor em Machu Picchu.

vez, para mostrar seu poder, ele provocou um grande incêndio e depois o apagou. Por terem sido queimadas, as pedras ficaram tão leves que mesmo as maiores entre elas poderiam ser erguidas como se fossem feitas de rolha.

As estruturas em Machu Picchu não são tão gigantescas quanto as encontradas em Sacsayhuaman, mas algumas são com certeza mais elegantes. Em poucos casos, como no "Templo das Três Janelas", essas muralhas estão entre as estruturas mais inspiradas já criadas pelo homem.

Uma especulação – Em que outro lugar é possível encontrar construções em pedra como essas?

Talvez o único outro lugar na Terra onde podemos encontrar tais estruturas seja a Ilha de Páscoa. O lugar habitado mais remoto do mundo,

Há curiosas ligações entre os Andes e a Ilha de Páscoa... nas lendas antigas a Ilha de Páscoa era chamada de "Umbigo do Mundo". Cuzco também recebeu esse título.

esse infértil pedaço de terra exibe com orgulho mais de 500 estátuas gigantes, com orelhas pontudas, feitas em pedra, chamadas Moai. Há curiosas ligações entre os Andes e a Ilha de Páscoa. A ilha, desde muito tempo, teve batatas e juncos, ambos originários dos Andes. Nas lendas mais antigas, a Ilha de Páscoa era chamada de "Umbigo do Mundo". Cuzco também recebeu esse título.

Thorr Heyerdahl explorou a ilha em um esforço para provar sua teoria segundo a qual as pessoas chegaram à Ilha de Páscoa vindas do Leste, atravessando as correntes. Ele acreditava que as muralhas encontradas na ilha, de estilo andino,

Templo em Machu Picchu.

Rochas Grandes em Machu Picchu.

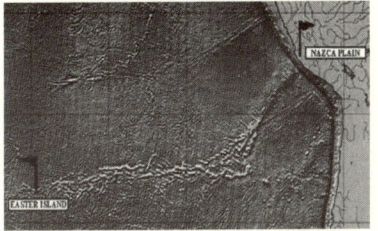

Do mapa NOAA Measured and Estimated Seafloor Topography (Topografia do leito oceânico medida e estimada).

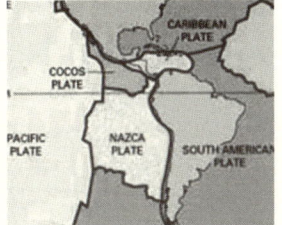

Placas tectônicas – De um mapa de USGS.

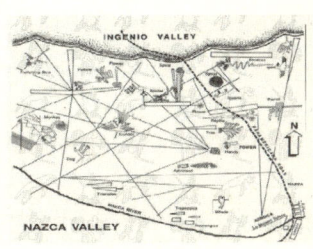

Mapa de Nazca.

não foram construídas pelas mesmas pessoas que esculpiram os Moais, mas por uma civilização mais antiga.

Um estudo da topografia submarina e de placas tectônicas sugere uma possibilidade surpreendente.

Observe o mapa do leito do Oceano Pacífico na Costa Oeste da América do Sul. Há uma cordilheira submarina que liga a costa do Peru à lendária Planície de Nazca. De lá, ela se estende em uma linha dentada até a Ilha de Páscoa. Esses dois locais são as extremidades opostas do platô de Nazca.

A cordilheira de Nazca está na placa tectônica de Nazca. Essa placa desliza sob a placa da América do Sul. Assim, a borda da placa de Nazca se estende sob a placa sul-americana, levantando a borda dela. Em geral, ocorre uma subducção tranquila e equilibrada, mas uma catástrofe global da magnitude do Dilúvio destruiria tudo ao redor.

O modelo científico atual mais aceito para as mudanças na Terra é o *uniformitarismo*. Segundo esse modelo, as mudanças geológicas são, e sempre foram, um processo gradual. Tal teoria tem sido questionada pelos defensores do *catastrofismo*, que afirmam que mudanças repentinas e dramáticas podem ocorrer em nossa Terra-não-tão-firme (o choque do cometa Shoemaker-Levy 9 com o planeta Júpiter em 1994 deu um forte reforço aos defensores do catastrofismo).

Existem muitas evidências de que o Lago Titicaca, hoje a 3.800 metros acima do nível do mar, esteve no passado *no* nível do mar. É possível que cordilheira de Nazca, ou parte dela, estivesse outrora localizada *acima* do nível do mar. Isso teria criado uma ponte parcial de terra entre a Ilha de Páscoa e a América do Sul.

A planície de Nazca, cujo interior é diferente da junção da cordilheira de Nazca com a América do Sul, é tão estranha quanto a Ilha de Páscoa. Ela é coberta com uma mistura de linhas e desenhos tão grandes que só podem ser compreendidos olhando do céu. Muitos teóricos tentaram explicar essas marcas, mas até onde eu sei nenhum deles levou em consideração a topografia submarina. Tanto as marcas na planície de Nazca quanto as estátuas da Ilha de Páscoa parecem obras de povos possuídos. Será que esses esforços extraordinários são uma tentativa de contato daqueles povos, cuja ligação com os ancestrais foi interrompida?

A CATÁSTROFE

Existem discussões a respeito do que pode ter sido a causa, mas de modo geral todos concordam que aconteceu *alguma coisa* que abalou a Terra por volta do ano 9600 a.C. Foi nessa época que uma grande quantidade de espécimes da flora e da fauna (entre eles o mamute e o mastodonte) desapareceu. Cientistas respeitáveis apresentaram teorias segundo as quais o eixo da Terra mudou naquela época. Em quase todas as sociedades da Terra existem lendas relatando catástrofes mundiais.

Se tal solavanco mundial de fato aconteceu, é bem possível que a placa de Nazca tenha escorregado de maneira repentina sob a placa sul-americana, drasticamente abaixando uma e erguendo a outra.

Nosso lar, o planeta que chamamos de Terra, é algo vivo. Vivemos sobre uma crosta semelhante a peças de um quebra-cabeças que flutuam sobre o manto fluídico abaixo de nós. Massas de terra se levantam e caem, os níveis do oceano aumentam e diminuem, encobrindo o que outrora podia ser visto.

O leito do oceano é um repositório de mistérios. E quanto mais exploramos os domínios menos mapeados do nosso ambiente, mais encontramos coisas que contradizem o que acreditamos ter sido a história de nosso planeta. Nossas descobertas afirmam isso: Nossa civilização, a que chamamos ímpar, a única organização e exploração do potencial humano que existiu em nosso planeta, talvez não seja assim tão ímpar, afinal de contas. As descobertas sob o oceano indicam a existência de civilizações que ascenderam e caíram muito, muito tempo antes de nós.

Ao Longo do Paralelo 33
Um Círculo de Mistério Global
Gary A. David

O QUE HÁ EM UM NÚMERO

O número 33 se estende de modo enigmático como uma linha de latitude em muitas culturas diferentes, em muitas épocas diferentes. Conhecido na numerologia como o Professor Mestre, o 33 é o mais influente de todos os números, indicando uma devoção altruísta ao progresso espiritual da humanidade. Os outros dois números mestres, 11 (visão) e 22 (visão com ação), formam a base de uma pirâmide bidimensional, e somados eles resultam em 33 (orientação para o mundo), o ápice da pirâmide.[65] No reverso do Gande Selo dos Estados Unidos, de inspiração maçônica, é a pirâmide com o olho-que-tudo-vê da Razão divina

65. "About Master Numbers in Numerology", Decoz Numerology Software. *www.decoz.com*

> É mais que uma coincidência que o 33º canto de cada seção seja concluído com linhas paralelas referentes ao celestial; talvez seja o código de alguma antiga tradição perdida.

em seu ápice. De acordo com a franco-maçonaria ritualista, o número 33 é considerado sagrado porque, na maioria dos casos, não há nível mais alto ao qual um maçom pode aspirar.

Em um contexto bíblico, vemos que o rei Davi governou Jerusalém durante 33 anos, Jacó teve 33 filhos e filhas, e Jesus Cristo foi crucificado com 33 anos de idade. Dois triângulos que se penetram, e cujos ápices apontam em direções opostas, formam o hexagrama da Estrela de Davi (três mais três é igual a seis).

> Esses antigos índios americanos criaram um total aproximado de 804,67 quilômetros de canais para irrigar mais de 25 mil acres na Bacia de Fênix – todos construídos com pedaços de madeira usados para cavar, implementos de pedra e cestas entrelaçadas para carregar material. Na verdade, nenhum carrinho de mão ou animal de carga foi usado.

Por outro lado, três multiplicado por três é igual a nove, ou a Enéade, os nove deuses principais da mitologia egípcia. Dante encerrou o canto 33 de *Purgatório*, a segunda seção de sua *Divina Comédia*, com: "...perfeito, puro e pronto para as Estrelas".[66] O canto 33 de *Paraíso*, da terceira seção, é concluído com versos sobre o poeta girando "como em uma roda cujo movimento nada interrompe/pelo Amor que move o Sol e as outras estrelas"[67]. É mais que uma coincidência que o 33º canto de cada seção seja concluído com linhas paralelas referentes ao celestial; talvez seja o código de alguma antiga tradição perdida.

Esse número permeia o reino biológico estudado pela ciência: 33 é o número de voltas em uma sequência completa de DNA.[68] Uma conotação mais fatídica aparece no 33º elemento da tabela periódica. O arsênico é uma substância frágil, acinzentada, ativamente venenosa. A raiz grega *arsen* significa "masculino, forte", ou "viril", o que sugere o alcance ativo desse número potente e potencialmente mortal em todo o mundo. De fato, quando consideramos a latitude norte de 33 graus algumas sincronicidades intrigantes ou "coincidências significativas" são encontradas.[69]

Você diz Fênix e eu digo Fenícia

A primeira parada em nossa viagem pelo paralelo 33 é a metrópole de Fênix, Arizona, localizada a 33 graus 30 minutos de latitude. Brilhando como uma miragem de aço e vidro, cercada por pau-ferro, palo verde e cacto saguaro, essa moderna cidade

---

66. Dante Alighieri, *The Purgatorio: A Verse Translation for the Modern Reader*. John Ciardi, tradução. New York: New American Library, 1961, p. 334.

67. Dante Alighieri, *The Paradiso: A Verse Rendering for the Modern Reader*. John Ciardi, tradução. New York: New American Library, 1970, p. 365.

68. Day Williams, "Masons and Mystery at the 33rd Parallel". www.daywilliams.com

69. A maioria dos sítios mencionada neste ensaio está a menos de um grau (60 milhas náuticas) a partir da latitude 33 graus Norte. Há duas exceções. Uma fica no Líbano, a 68 milhas náuticas do paralelo 33; e a outra fica na Geórgia, a 71 milhas náuticas (aproximadamente 82 milhas inglesas) dessa latitude (Uma milha náutica internacional = um arco-minuto de latitude ou longitude = 1.824,06 metros)

americana está localizada em meio a uma nuvem escura de fumaça de escapamento de automóveis, na extremidade norte do Deserto de Sonora. Com suas palmeiras importadas e piscinas onipresentes, que brilham quando vistas do alto do céu, como joias de turquesa e prata no peito de uma bronzeada *socialite*, Fênix é permeada com a aura do estrangeiro e do bizarro. Contudo, poucos turistas percebem que esse local foi outrora o centro da cultura hohokam.

O maior sítio arqueológico hohokam, conhecido como Snaketown, localizava-se acerca de 8 mil quilômetros ao norte da exata linha grau 33, enquanto as ruínas do observatório astronômico chamado Casa Grande ainda permanecem a 8 mil quilômetros ao sul da linha. Os hohokams habitaram o Vale do Sol talvez desde o ano 300 a.C. (na época de Alexandre, o Grande, e das dinastias ptolomaicas no Egito) e construíram um dos sistemas de irrigação mais extensos do mundo. Esses antigos índios americanos criaram um total aproximado de 804,67 quilômetros de canais para irrigar mais de 25 mil acres na Bacia de Fênix – todos construídos com pedaços de madeira usados para cavar, implementos de pedra e cestas entrelaçadas para carregar material. Na verdade, nenhum carrinho de mão ou animal de carga foi usado. Os canais principais que saem dos rios Gila e Salt mediam até 22.800 metros de largura no topo e 15.240 no fundo.[70] Como observa o arqueólogo do sudoeste H.M.Wormington: "O escopo do projeto do canal sugere comparações com as construções das grandes pirâmides do Egito ou os grandes templos dos maias".[71] Fica claro que essa tecnologia monumental foi o fator chave que permitiu ao povo do deserto habitar uma região extremamente difícil por mais de mil anos.

Atravessando o Atlântico no mesmo paralelo encontramos uma série de sítios intrigantes no Velho Mundo. Por exemplo, na latitude de 33 graus e 19 minutos estava localizado o primeiro porto marítimo de Tiro (hoje chamada Sur), a quase 80.500 quilômetros ao sul de Beirute. Remontando ao ano 5000 a.C., a cidade de Tiro ficou conhecida por uma tintura púrpura avermelhada obtida dos caramujos da espécie Murex.[72] A cor é um dos significados da palavra "fênix", que os antigos egípcios algumas vezes associavam à garça roxa. Na América do Norte, o "local da garça" se refere a Aztlan, a palavra nahuatl para a terra mítica que os astecas habitaram depois de

---

70. David Grant Noble, *Ancient Ruins of the Southwest: An Archaeological Guide*. Flagstaff: Northland Publishing, 1991, p. 15.

71. H. M. Wormington, *Prehistoric Indians of the Southwest* Denver: The Denver Museum of Natural History, 1973, p. 125.

72. *Encyclopaedia Britannica*, vol. 10. Chicago: Encyclopaedia Britannica, Inc., 1979, p. 223.

> **Durante o século X a.C, o rei Hiram de Tiro forneceu ao rei Salomão artesãos, metalúrgicos, madeira de cedro, desenhos arquitetônicos e, presume-se, o simbolismo esotérico destas duas colunas para a construção de seu templo em Jerusalém.**

sair de Chicomosto, as Sete Cavernas localizadas nas entranhas da Terra.[73] O folclore mexicano identifica Aztlan como a parte do México que foi tomada pelos Estados Unidos depois da guerra entre México e Estados Unidos em 1846 – em parte, o território do Arizona, onde a cidade de Fênix surgiu.

O autor maçônico Albert Pike explica que Tiro foi o local dos Mistérios de Osíris depois que eles foram importados do Egito.[74] Pike afirma que as duas grandes colunas localizadas na entrada do Templo de Malkarth em Tiro eram consagradas ao Vento e ao Fogo. Acredita-se que essa parte foi o protótipo de Jaquim e Boaz, os dois pilares encontrados na parede oeste de todos os templos maçônicos no mundo. À direita, ou ao sul, está Jaquim, que significa "Ele estabelecerá", e representa uma força ativa, vivificante; à esquerda, ou ao norte, fica Boaz, que significa "nele está a força", e representa passividade, estabilidade, e permanência.[75] Os maçons Christopher Knight e Robert Lomas sugerem que o primeiro pilar representa o nascimento do sol no solstício de inverno, e o segundo o nascimento do sol no solstício de verão.[76] Embora isso seja possível, sugerimos que Jaquim representa o portal estelar sul entre Sagitário e Escorpião; e Boaz significa o portal estelar norte entre Gêmeos e Touro.[77] Nossa suposição está baseada no fato de que no Rito de York da Maçonaria um globo celestial simbolizando a desencarnação (ou seja, quando o espírito deixa o corpo atual) é encontrado acima de Jaquim e um globo terrestre representando a encarnação está posicionado acima de Boaz.[78] Durante o século X a.C, o rei Hiram de Tiro forneceu ao rei Salomão artesãos, metalúrgicos, madeira de cedro, desenhos arquitetônicos e, presume-se, o simbolismo esotérico destas duas colunas para a construção de seu templo em Jerusalém

---

73. "What is the meaning of the word Aztlan?". www.azteca.net

74. Albert Pike, *Morals and Dogma of the Ancient and Accepted Scottish Rite of Freemasonry, Prepared for the Supreme Council of the Thirty-third Degree for the Southern Jurisdiction of the United States and Published by Its Authority*. Charleston: A.M. 5632, 1928, 1906, 1871, p. 363.

75. *Ibid.*, p. 9.

76. Christopher Knight and Robert Lomas, *Uriel's Machine: Uncovering the Secrets of Stonehenge, Noah's Flood and the Dawn of Civilization*. Gloucester: Fair Winds Press, 2001, p. 319.

77. Ver o ensaio de Gary A. David "The Dual Stargates of Egyptian Cosmology", *Duat*, nº 1, setembro de 2002.

78. Pike, p. 9.

(*1 Reis* 7:13-22).[79] Além de ser atacada inúmeras vezes por Nabudonosor, Alexandre, o Grande, os romanos e outros, a cidade-estado comercial de Tiro foi conquistada pelos cruzados no século XII d.C., que construíram uma igreja dos Cavaleiros Templários no local.

Alguns especulam que a orientação dos dois pilares imita os obeliscos colocados diante das torres dos templos egípcios, em especial as do templo heliopolitano de Thothmes (Tuthmosis) III, que reinou no século XV a.C., como o faraó expansionista militar da Décima Oitava Dinastia. Acredita-se também que ele foi o fundador da Ordem Rosa--Cruz ou dos Rosacruzes.[80]

O arqueólogo *sir* Flinder Petrie encontrou registros no deserto do Líbano que descrevem o encontro de uma guilda secreta maçônica por volta do ano 2000 a.C. "A guilda se reuniu para discutir horários de trabalho, salários e regras para o trabalho diário. Ela se reunia em uma capela e ajudava viúvas, órfãos e trabalhadores com dificuldades. Os deveres organizacionais descritos nos papiros são muito semelhantes aos de 'Diretor' e 'Mestre' em um ramo moderno

Um pouco mais a oeste, quase na mesma latitude, está localizada Baalbeck, um antigo templo megalítico construído com alguns dos maiores blocos de pedras cortados. Extraídos e transportados de uma pedreira a muitas milhas de distância, esses megálitos incluem um bloco que mede 24.384 metros e pesa 1.100 toneladas.

da Irmandade que evoluiu dessas guildas: a Maçonaria."[81]

Ao que parece, todas as estradas levam ao Egito.

Também interessante é o fato de que perto do paralelo 33 está Biblos, um pouco mais ao norte de Tiro, a uma latitude de 34 graus, oito minutos. O nome dessa cidade-estado deriva do grego *ta b blia*, que significa "o livro", ou "bíblia". De fato, a invenção de uma escrita fonética alfabética fenícia ocorreu nesse local e se espalhou pelo mundo grego.[82] Um pouco mais a oeste, quase na mesma latitude, está localizada Baalbeck, um antigo templo megalítico construído com alguns dos maiores blocos de pedras cortados. Extraídos e transportados de uma pedreira a muitas milhas de distância, esses megálitos incluem um bloco que mede 24.384

---

79. *Smith's Bible Dictionary*, p. 714.
80. Michael Howard, *The Occult Conspiracy: Secret Societies – Their Influence and Power in World History*. Rochester: Destiny Books, 1989, p. 10-11, 47.
81. William Bramley, *The Gods of Eden*. New York: Avon, 1990, p. 90.
82. "Byblos (Jbeil)", Embassy of Lebanon, Washington, DC. www.lebanonembassy.org.

metros e pesa 1.100 toneladas.⁸³ Nessa seção vimos como Fênix e Fenícia foram ligadas pela latitude. Agora, continuaremos em direção oeste para encontrar outros significativos sítios arqueológicos antigos ao longo do mesmo paralelo.

UMA PASSAGEM PARA A CHINA

A uma distância pouco superior a 804,67 quilômetros a oeste dessas cidades fenícias, a 33 graus, 20 minutos, está a atual cidade de Bagdá, no Iraque, com a Babilônia localizada a aproximadamente 88,5 quilômetros ao sul. Essa antiga capital da Mesopotâmia às margens do Rio Eufrates foi outrora a maior cidade do mundo, englobando mais de 2.500 acres. A construção da Babilônia começou durante o século XXIII a.C. e incluiu o Templo de Marduque (conhecido como Esagila), assim como a lendária Torre de Babel (identificada como Etemananki). Essa estrutura era um zigurate de sete fileiras, alcançando a altura de 91.400 metros, com a base de cada lado medindo a mesma distância. Essa medida é igual ao cumprimento da plataforma hohokam em Pueblo Grande, no Arizona. No lado oeste da cidade havia uma muralha externa com uma construção em parede tripla que se estendia por 17,7 quilômetros. Uma rede de canais de irrigação remanescente dos hohokams também servia à cidade. Além disso, os Jardins Suspensos eram uma das Sete Maravilhas do Mundo Antigo.⁸⁴

Essa "cidade e uma torre" (*Gênesis* 11:4) era conhecida como Babel, o local lendário onde ocorreu a confusão linguística. A interpretação bíblica do nome é imaginativa. A Bíblia associa Babel ao verbo hebraico *Bâlal*, "confundir", mas na verdade o termo se origina de Bâb-li, que significa "Portal de Deus".⁸⁵ Essa correlação terrestre com outro tipo de portal estelar é talvez uma referência ao Caminho da Procissão ao Portal de Ishtar, ambos adornados com figuras esmaltadas em azul de leões, touros e dragões. Pike ressalta que o templo continha uma representação em prata de duas grandes serpentes. "Os gregos chamavam de Bel *Beliar*, e Hesíquio interpreta que tal palavra como dragão ou grande serpente. Com o livro de Bel e o Dragão aprendemos que na Babilônia havia uma grande serpente, mantida viva, e que era venerada pelas pessoas."⁸⁶ Isso nos faz lembrar do Lugar das

---

83. Graham Hancock, *Fingerprints of the Gods: The Evidence of Earth's Lost Civilization.* New York: Crown Trade Paperbacks,1995, p. 262.

84. *Encyclopaedia Britannica*, vol. 2. Chicago: Encyclopaedia Britannica, 1979, p. 554-556.

85. Henri-Paul Eydoux, "The men who built the Tower of Babel". In *The World's Last Mysteries.* Pleasantville: The Reader's Digest Association, Inc., 1979, p. 176.

86. Pike, *Morals and Dogma*, p. 499-500.

Serpentes, ou o sítio hohokam de Snaketown, e também da cerimônia bienal da Dança da Serpente entre os índios hopi, realizada com cascavéis vivas, no deserto do Arizona.

Em tempos mais recentes, a Babilônia desempenhou um papel significativo nos rituais da Maçonaria e continua a fazê-lo. Por exemplo, Knight e Lomas descobriram que a cerimônia para o Real Arco do Grau de Salomão (13º grau) requer que o candidato e mais duas pessoas representem o papel dos três Mestres Maçons da Babilônia: Shadrach, Meshcech, e Abednego. Segundo a narrativa contada no ritual, essas crianças cativas da Babilônia desejavam ajudar na reconstrução do Templo de Salomão. Assim, a importância simbólica da Babilônia, que os coautores acreditam remontar pelo menos ao tempo dos Cavaleiros Templários, e talvez antes, é enfatizada mais uma vez em cada loja maçônica até os dias de hoje.[87]

Seguindo viagem pelo paralelo 33, do Oriente Médio até o Extremo Oriente, encontramos a fabulosa Pirâmide Branca, localizada aproximadamente a 96,56 quilômetros a sudoeste de X'ian (Sian ou Hsian) nas Montanhas Shan da província de Shensi, na China. Essa cidade se tornou famosa por causa da descoberta em uma região próxima dos Soldados de Terracota. Praticamente à mesma latitude de 33 graus de Fênix, essa grande pirâmide com degraus, construída de argila, mede supostamente 304,80 metros de altura e 457,20 metros na base! A atual situação política do país impediu até hoje a realização de qualquer estudo detalhado da estrutura, mas acredita-se que ela tenha entre 4.500 e 5 mil anos – a idade aproximada das pirâmides em Gizé. Acredita-se que a Pirâmide Branca foi construída depois que os antigos imperadores, conhecidos como "os filhos do céu", desceram à Terra em seus "dragões metálicos incandescentes" e começaram a governar a China. Rumores afirmam que o interior da pirâmide era um modelo desse império, com o teto repleto de joias representando as constelações e rios de mercúrio fluídico. A região

---

Acredita-se que a Pirâmide Branca foi construída depois que os antigos imperadores, conhecidos como "os filhos do céu", desceram à Terra em seus "dragões metálicos incandescentes" e começaram a governar a China. Rumores afirmam que o interior da pirâmide era um modelo desse império, com o teto repleto de joias representando as constelações e rios de mercúrio fluídico.

---

87. Christopher Knight and Robert Lomas, *The Hiram Key: Pharaohs, Freemasons and the Discovery of the Secret Scrolls of Jesus*. London: Arrow, 1997, p. 260-265.

também contém cerca de cem outras pirâmides.[88]

RODOVIA 33 REVISITADA

De volta ao continente norte-americano, se seguirmos mais de 2.424 quilômetros para leste de Fênix, pela latitude 33 Norte, chegaremos a Moundville, que fica exatamente sobre a linha. Essa cidade, construída pela cultura mississipiana ao longo do Rio Black Warrior, no centro do Alabama, do ano 1000 d.C até 1450 d.C., tinha uma população superior a mil pessoas – segunda em tamanho e complexidade à antiga Cahokia, em Illinois. As 26 plataformas de terra em montanhas, dispostas em um padrão circular, são semelhantes à estrutura das encontradas no Vale do Sol, Arizona, com templos e residências para a elite sacerdotal, também construídos no topo. Uma das maiores elevações é uma pirâmide que alcança a altura de 17,67 metros. Além disso, a cidade era protegida de três lados por paliçadas de madeira, muito parecidas com as encontradas nas vilas hohokam ao longo dos rios Salt e Gila.[89] Será que a antiga cultura hohokam do sudoeste americano influenciou de alguma forma o desenvolvimento posterior dessa cultura de construtores de elevações no sudeste americano? As várias semelhanças entre as duas parecem indicar nessa direção. Algumas outras cidades construtoras de elevações se estabeleceram muito perto do paralelo 33. Cerca de 16,09 quilômetros a sudoeste da cidade de Lake Providence (32 graus, 49 minutos) na várzea do Rio Mississippi, no nordeste da Louisiana, está Poverty Point State Historic Site. Construído em 1800 a.C. (muito antes dos povoados hohokam), um trabalho de terraplanagem com a forma de um C, ou talvez com a forma parcial de um octógono, com três quartos de milha, foi formado por seis cordilheiras concêntricas, com 42,67 a 60,96 metros de distância umas das outras e medindo 1,21 a 1,82 metro de altura. A oeste dessa terraplanagem, Bird Mound se ergue a 21,92 metros de altura, estendendo-se de 182,82 a 243,84 metros na base. Lembrando algum tipo de ave voando em direção ao pôr do sol, essa elevação foi construída usando 300 mil, ou o equivalente a 10 milhões, de cestas de 22 quilos. Para de fato perceber

---

88. a. "Ancient Pyramids In China", *www.lauralee.com*
b. David B. Kelley, "Chinese Pyramids." hawk.hamamed.ac.jp/dbk/chnpyramid.html
c. "Chinese Pyramids", *www.earthquest.co.uk*
d. Daryl Whitaker, "Chinese Pyramids and Burial Mounds". *www.webmongrel.com*
e. John Winston, "History Channel: Hartwig Hausdorf and themystery of the Chinese Pyramids". *www.lightparty.com*

---

89. Dr. Vernon James Knight, "An Archaeological Sketch of Moundville". *www.ua.edu*

> **Lembrando algum tipo de ave voando em direção ao pôr do sol, essa elevação foi construída usando 300 mil, ou o equivalente a 10 milhões, de cestas de 22 quilos. Para de fato perceber a forma de um pássaro, é necessário estar a pelo menos 304,80 metros de altitude.**

a forma de um pássaro, é necessário estar a pelo menos 304,80 metros de altitude. Poverty Point foi quase totalmente abandonado por volta de 1350 a.C., indicando mais de cinco séculos de desenvolvimento cultural, embora construções menores tenham continuado até o ano 700 d.C.[90]

Ainda mais próximo do número mágico 33, embora não tão impressionante nem tão antigo quanto Poverty Point, está Winterville Mounds, localizada a 9,6 quilômetros ao norte da cidade de Greenville, no centro-oeste do Mississippi (33 graus, 25 minutos). Habitada entre os anos 1000 e 1450 d.C, essa região inclui 23 elevações com topos achatados, como o principal Templo se erguendo a 16,76 metros.[91]

Cerca de 6,43 quilômetros ao sul de Cartersville, no noroeste da Geórgia (34 graus, um minuto) está localizado o Etowah Indian Mound State Park. "Os colonizadores brancos entenderam a língua Creek e a posterior Cherokee para chamar esse local de (cidade?) Itawa ou Italwa. O nome Etowah pode também ter sido uma alteração dessa palavra."[92] É interessante observar que a palavra hopi para a divindade do Sol é Tawa. Etowah foi habitada pela primeira vez no ano 950 d.C. e contém três montes principais. Um é cerimonial, com 19,20 metros de altura; e o outro é funerário, no qual encontramos inúmeros artefatos incluindo ornamentos para as orelhas feitos em cobre, efígies em pedra, conchas, obsidianas e dentes de urso-pardo das Montanhas Rochosas.[93]

Perto do lar dos hohokams, no lado oeste do Rio Colorado, estão localizados uma série de geoglifos (também chamados "intáglios"). Essas figuras, formadas no deserto

---

90. a. Franklin Folsom and Mary Elting Folsom, *America's Ancient Treasures: A Guide to Archaeological Sites and Museums in the United States and Canada*. Albuquerque: University of New Mexico Press, 1983, p. 232-234.
b. "Poverty Point Earthworks: Evolutionary Milestones of the Americas", *www.lpb.org*
c. "A Rich Culture Flourished 12 Centuries Before Christ", *www.crt.state.la.us*
91. "Winterville Mounds", *www.mdah.state.ms.us*

92. "Etowah Mounds Historic Site", *ngeorgia.com*
93. a. Folsom e Folsom, *America's Ancient Treasures*, p. 224.
b. "Etowah Indian Mounds, State Historic Site", *gadnr.org*

pela remoção de pedregulhos mais escuros que revelou uma subsuperfície mais clara, às vezes medem centenas de pés de comprimento. Um grupo (o complexo Blythe) está localizado a cerca de 25,6 quilômetros ao norte de Blythe, Califórnia (33 graus,

> **Como essas formas na terra, como as linhas em Nazca, no Peru, ou Bird Mound em Poverty Point, são mais bem compreendidas quando vistas do céu, é provável que elas fossem uma homenagem aos deuses do céu.**

40 minutos), enquanto outro grupo (o complexo Ripley) se encontra a aproximadamente 19,2 quilômetros ao sul de Blythe. Além de figuras humanas e de animais, serpentes, espirais, estrelas, círculos e outra figuras geométricas, foi encontrada uma cruz maltesa ao estilo dos Cavaleiros Templários, com quase três metros de diâmetro, ao lado de uma figura humanoide, no complexo Ripley.[94] Um geoglifo antropoide na região foi associado à divindade do Clã Hopi do Fogo, Masau'u.[95] Assim, descobrimos que muitas tribos diferentes estavam aparentemente envolvidas nesses rituais, entre 1.100 e 3 mil anos atrás.[96]

Como essas formas na terra, como as linhas em Nazca, no Peru, ou Bird Mound em Poverty Point, são mais bem compreendidas quando vistas do céu, é provável que elas fossem uma homenagem aos deuses do céu.

Os geoglifos, junto a outros dólmenes, círculos de pedras e caminhos cortados para danças, podem ser ritualmente associados à grande rede de trilhas interconectadas no baixo deserto para o qual os antigos faziam peregrinações. Uma dessas peregrinações, chamada *keruk,* é realizada ainda hoje pelas tribos que falam a língua yuma (os yuma, mohave, cocopa, e maricopa), em uma jornada de quatro dias para Avikwa'ame, a montanha sagrada ao norte, para celebrar a cosmogonia.[97] "A rota seguia de Pilot Knob, ou Avikwal (perto de Yuma, Arizona), a casa spiritual onde os mortos residem na extremidade sul do rio, para Avikwa'am, ou Montanha do Espírito, onde a Terra foi

---

94. Boma Johnson, *Earth Figures of the Lower Colorado and Gila River Deserts: A Functional Analysis.* Phoenix: Arizona Archaeological Society, 1986, p. 107.

95. *Ibid.*, p. 64.

96. David S. Whitley, *A Guide to Rock Art Sites: Southern California and Southern Nevada.* Missoula: Mountain Press Publishing Company, 1996, p. 127.

97. Jefferson Reid e Stephanie Whittlesey, *The Archaeology of Ancient Arizona.* Tucson: The University of Arizona Press, 1997, p. 126-130. Essa montanha, conhecida como Newberry Peak, fica no extremo sul de Nevada, cerca de 56 quilômetros ao norte de Needles, Califórnia.

> **Um dos maiores sítios de arte em pedra no sudoeste, esse parque contém mais de 20 mil glifos espalhados por 50 acres.**

criada, no norte. Essa peregrinação tinha o objetivo de honrar a criação e ritualmente seguir de novo o caminho de Mastamho (a divindade criadora, cujo nome ecoa o deus hopi Masau'u mencionado anteriormente) em suas aventuras místicas."[98] Aqui encontramos uma dicotomia norte-sul semelhante àquela encontrada ao longo do Nilo, como o "Monte da Criação" (ou seja, Heliópolis) localizado ao norte. No topo de Avikwa'ame, contam as lendas, havia uma casa grande chamada Aha-avulypo ou, literalmente, "Casa Redonda Escura".[99] A própria estrada norte-sul foi chamada Kwatcan, "a primeira trilha para a terra natal". O termo hopi para "trilha" é *kuku'at*, mas a palavra para "avô" é o homófono *kwa'at*.[100] Talvez o sufixo –*can* seja uma variação de *ka*-, parte da palavra *kachina*.[101] O significado pode ser "espíritos da trilha" ou "espíritos dos avós". No meio dessa estrada espiritual, entre a montanha sagrada do norte e a foz do Rio Colorado estão os geoglifos mencionados acima, a 33 graus de latitude.

Também nessa linha estão o sítio dos Petróglifos de Three Rivers, localizado na base ocidental das Montanhas Sacramento, a 28,8 quilômetros a oeste de Ruidoso, Novo México (33 graus, 19 minutos). Um dos maiores sítios de arte em pedra no sudoeste, esse parque contém mais de 20 mil glifos espalhados por 50 acres. Esculpidos no topo de uma cordilheira, pela cultura mogollon, entre os anos 900 e 1400 d.C. (contemporânea ao último período hohokam),[102] essas figuras incluem antropomorfos, zoomorfos, máscaras kachina, símbolos estelares, e vários desenhos abstratos ou geométricos, incluindo uma cruz maltesa dentro de um círculo, cercada por um aro com 17 pontos.[103] "Evidente em Three Rivers é o motivo círculo-ponto; um investigador que se deu ao trabalho de contar, descobriu que esse é o único elemento mais comum

---

98. Whitley, *A Guide to Rock Art Sites*, p. 124-125.

99. Johnson, *Earth Figures*, p. 24-25.

100. P. David Seaman, *Hopi Dictionary*. Flagstaff: Northern Arizona University Anthropological Paper nº 2, 1996.

101. No sistema de crença hopi, um kachina (ou katsina) é um tipo de espírito intercessor – não uma divindade em si – que pode assumir a forma de qualquer objeto físico, fenômeno ou criatura no mundo.

102. Norman T. Oppelt, *Guide to Prehistoric Ruins of the Southwest*. Boulder: Pruett Publishing Company, 1989, p. 47.

103. Polly Schaafsma, *Rock Art In New Mexico*. Santa Fe: Museum of New Mexico Press, 1992, p. 77.

nesse sítio. Curiosamente, sua presença em qualquer outro local é insignificante, e o conteúdo simbólico dele não foi determinado, embora apareça em vários contextos na Mesoamérica. Possivelmente ele se refere a Quetzalcoatl".[104] Essa divindade, é claro, é conhecida como a Serpente Emplumada. O sítio de Three Rivers é também singular por ser um entre bem poucos lugares na região sudoeste que foram usados principalmente para arte em pedra, em vez de ser um mero acréscimo à vila.[105] Porém, outro sítio com a localização exata sobre o paralelo 33 também foi usado expressamente com tal propósito. Perto de Gila Bend, Arizona, a mais ou menos 99,2 quilômetros a oeste de Snaketown (mencionada acima) está Painted Rocks [sic] State Park, que contém milhares de petróglifos de desenhos semelhantes – não "pintados" ("painted"), mas gravados nas rochas.[106]

Um sítio fascinante também, nas proximidades de Fênix, é chamado Circlestone Observatory (33 graus, 28 minutos). No alto das Montanhas Superstition, cerca de 86,4 quilômetros a leste da metrópole,

> **"Antigos matemáticos astrônomos construíram sítios como Circlestone como repositórios de códigos e locais onde os iniciados poderiam aprender princípios antigos." Doutré ainda sugere que Circlestone foi usado pelos colonos vindos do leste do Mediterrâneo ou da Europa, que podem ter operado uma mina de ouro – talvez a própria Mina Perdida do Holandês Voador.**

encontra-se uma "roda medicinal" elíptica construída de uma muralha de pedra com 0,91 metro de espessura, e com uma circunferência medindo 128,1 metros. Em seu *website* extenso e completo, o pesquisador neozelandês Martin Doutré afirma que tal estrutura incorpora muitos códigos de navegação, incluindo *phi*, ou a Proporção Áurea (1,618...). "Antigos matemáticos astrônomos construíram sítios como Circlestone como repositórios de códigos e locais onde os iniciados poderiam aprender princípios antigos." Doutré ainda sugere que Circlestone foi usado pelos colonos vindos do leste do Mediterrâneo ou da Europa, que podem ter operado uma mina de ouro – talvez a própria Mina Perdida do Holandês Voador.[107] Embora

---

104. Polly Schaafsma, *Indian Rock Art of the Southwest*. Albuquerque: University of New Mexico Press, 1995, p. 235.

105. Noble, *Ancient Ruins*, p. 7.

106. a. "Painted Rocks Petroglyph Site", *www.virtualguidebooks.com*
b. "Adventures and Photography of a Fledgling Explorer", *westerntreks.com*

107. Martin Doutré, "Circlestone: An Ancient Medicine Wheel in the Superstition Mountains", *www.celticnz.co.nz*

os índios americanos talvez tenham construído esse sítio para um observatório astronômico similar ao de Casa Malpais, perto de Springville, Arizona (34 graus, 10 minutos), a teoria de Doutré é, contudo, muito intrigante.

Quatro outros sítios antigos na latitude 33 Norte merecem ser mencionados, ainda que de maneira breve. Gila Cliff Dwellings National Monument (33 graus, 22 minutos) está localizado em uma região isolada e irregular cerca de 96 quilômetros a oeste de Truth or Consequences, Novo México. Remanescente das sete cavernas astecas mencionadas acima, cinco cavernas nas Montanhas Mogollon, no sudoeste do Novo México, contêm aproximadamente 40 salas em alvenaria e argamassa construídas por volta do ano 1280 d.C., embora tenham sido encontradas casas semissubterrâneas datando do ano 100 d.C.[108]

Nos campos de cacto saguaro, cerca de 89,6 quilômetros nordeste de Fênix, está Tonto National Monument (33 graus, quatro minutos), que também contém habitações em penhascos, dentro de cavernas rasas. Construídas com quartzita sem forma e argamassa, essa ruínas, habitadas na metade do século XIV, continham 70 salas dentro de três cavernas.[109]

A aproximadamente 64 quilômetros a leste da pequena cidade de San Carlos, Arizona, 33 graus, 24 minutos) encontramos Point of Pines Ruin. Habitado entre os anos 1200 e 1500 d.C., esse enorme povoado continha 800 salas, uma praça central, uma muralha que o cercava e uma grande kiva.[110] O sítio também é um dos poucos no sudoeste que mostra evidências de três culturas diferentes vivendo juntas: hohokam, mogollon e anasazi – esse último grupo migrou do território hopi para o norte.[111] Estima-se uma população em torno de 2 mil a 3 mil pessoas[112] na época. Mais ou menos oito quilômetros ao sul existem termas chamadas Arsenic Tubs, (arsênico, número 33 na tabela periódica).

E, por fim, o Parque Arqueológico de Besh-ba-gowah, localizado a 2,4 quilômetros ao sul do centro de Globe, Arizona (33 graus, 25 minutos), era um povoado com construções em granito, contendo 250 salas habitadas entre os anos 1225 e 1450 d.C. Os artefatos encontrados incluem sinos de cobre e penas de arara da Mesoamérica, assim como conchas do Golfo

---

110. Uma kiva é essencialmente uma câmara subterrânea de oração usada para cerimônias religiosas da comunidade.

111. Oppelt, *Guide to Prehistoric Ruins*, p. 67-68.

112. Emil W. Haury, *Prehistory of the American Southwest*. J. Jefferson Reid e David E. Doyel, eds. Tucson: University of Arizona Press, 1992, p. 45.

108. Oppelt, *Guide to Prehistoric Ruins*, p. 52-54.
109. *Ibid.*, p. 64-65.

> Na verdade, a cidade de Globe recebeu esse nome em razão da descoberta em 1875 de uma massa em forma de globo com 22,86 centímetros de diâmetro, feita de 99% de pura prata e avaliada em U$ 12.000,00. Curiosamente, relatos também afirmam que os continentes da terra tinham gravações em suas superfícies. A localização atual desses artefatos é desconhecida.

do México e da costa da Califórnia.[113] "Besh-ba-goawah" é uma frase apache que significa "lugar do metal", referindo-se aos grandes depósitos de prata e cobre na área. Na verdade, a cidade de Globe recebeu esse nome em razão da descoberta em 1875 de uma massa em forma de globo com 22,86 centímetros de diâmetro, feita de 99% de pura prata e avaliada em U$ 12.000,00. Curiosamente, relatos também afirmam que os continentes da Terra tinham gravações em suas superfícies. A localização atual desses artefatos é desconhecida. [114]

Uma breve História do 33

Estudando o período histórico, encontramos ao redor do paralelo 33 uma série de sincronicidades provocativas. Por exemplo, o primeiro Conselho Supremo do Rito Escocês Antigo e Aceito da Maçonaria, Jurisdição Sul dos Estados Unidos, foi estabelecido, em 1801, em Charleston, Carolina do Sul. Essa charmosa cidade portuária anterior à Guerra Civil, e centro da cultura sulista, está localizada a menos de 24 quilômetros ao sul do paralelo 33. Chamada de Loja de Salomão nº 1, o local de encontro dos maçons era conhecido como Loja Mãe do mundo.[115]

Pouco tempo antes do término da Segunda Guerra Mundial, Franklin D. Roosevelt morreu de repente de hemorragia cerebral em Warm Springs, Geórgia, que fica a menos de 16 quilômetros ao sul da latitude 33 graus (essa cidade, curiosamente, está localizada a cerca de 56 quilômetros nordeste da cidade de Fênix, Arizona). É importante observar que por volta de seus 30 e poucos anos de idade, Franklin D. Roosevelt, um maçom do 32º Grau

---

113. a. Noble, *Ancient Ruins*, p. 165-167.
b. Franklin Folsom e Mary Elting Folsom, *Ancient Treasures of the Southwest: A Guide to Archaeological Sites and Museums in Arizona*, Southern Colorado, New Mexico and Utah. Albuquerque: University of New Mexico Press, 1994, p. 16.
114. a. Will C. Barnes, *Arizona Place Names*. Tucson: University of Arizona Press, 1997, p. 180-181.
b. Madeline Ferrin Paré, Bert M. Fireman, *Arizona Pageant: A Short History of the 48th State*. Tempe: Arizona Historical Foundation, 1970, p. 148.

115. Williams, "Masons and Mystery".

e o 32º presidente dos Estados Unidos, deu início à impressão do lado reverso do Grande Selo (o olho piramidal mencionado no início deste ensaio) no papel moeda. Roosevelt foi sucedido em abril de 1945 pelo maçom do 33º Grau Harry S. Truman (a letra "S" supostamente significava "Salomão"). Em 16 de julho do mesmo ano, o primeiro dispositivo atômico – o Gadget, como foi chamado – foi detonado em Trinity Site, Novo México: 33 graus, 41 minutos latitude Norte. Exploradores espanhóis originalmente chamaram essa área de La Jornada del Muerto, ou "A Jornada do Morto", mas hoje o sítio é marcado por um pequeno obelisco de pedra erigido aproximadamente 20 anos depois da explosão[116] (será que esse monumento teve inspiração maçônica?)[117] Algumas semanas depois da explosão em Trinity Site, o 33º presidente dos Estados Unidos ordenou a aniquilação de duas cidades japonesas por meio de bombas nucleares lançadas de bombardeiros B-29. O paralelo 33 passa exatamente entre Hiroshima e Nagasaki. Dois anos depois que a guerra terminou, a era moderna dos "discos voadores" teve início seriamente, quando algo caiu perto de Roswell, Novo México – 33 graus 26 minutos latitude Norte.

Voltando aos dias de hoje, as assim chamadas Luzes de Fênix foram vistas por centenas, talvez milhares, de pessoas. Na noite de 13 de março de 1997, um imenso UFO triangular, com talvez 1,6 quilômetros de largura, voou sobre o sudoeste americano. Avistado pela primeira vez sobre Henderson, Nevada, às 18h55 (horário do Pacífico), seguindo em direção sudeste, essa silenciosa nave (por falta de um termo melhor) tinha uma série de luzes separadas em espaços iguais em sua extremidade principal. Depois, ela foi avistada sobre a vila de Paulden, Arizona (cerca de 40 quilômetros ao norte da cidade de Prescott), às 20h17 (horário da montanha); e depois foi observada a 16 quilômetros ao sul de Chino Valley, onde aparentemente iluminou

---

116. Andy Walton, "The First 'Ground Zero': A Visit to the Trinity Test Site, Where the Deer and the Antelope Play". www.cnn.com

117. Nesse contexto, é interessante observar que o símbolo sabiano dos 33 degraus é: "Degraus naturais levam a um jardim de trevos desabrochando". Um trevo de três folhas sugere a Trindade, enquanto o desabrochar sugere uma nova vida ou até a ressurreição. Os símbolos sabianos são uma série de 360 vinhetas curtas – uma para cada grau do ciclo zodiacal – recebida em 1925 pela clarividente de San Diego Elsie Wheeler e registrada pelo astrólogo Marc Edmund Jones. Dane Rudhyar, *An Astrological Mandala: The Cycle of Transformations and Its 360 Symbolic Phases*. New York: Random House, 1973, p. 25-27, 72. "Quando [o trevo] está localizado em uma montanha isso significa o conhecimento da essência divina obtido com esforço [Degraus naturais...] por meio de sacrifício ou estudo (equivalente à ascenção)...". J. E. Ciriot, traduzido do espanhol por Jack Sage, *A Dictionary of Symbols*. New York: Philosophical Library,1962, p. 48.

o céu sobre a casa deste autor, que perdeu o acontecimento por uma questão de minutos. Um minuto depois do avistamento em Paulden, a nave foi vista sobre Prescott Valley, que fica a 36,8 quilômetros ao sul-sudeste da cidade anterior. Por volta das 20h23, o objeto alcançara a área do metrô de Fênix, a mais ou menos 120 quilômetros de distância, onde flutuou por quatro ou cinco minutos sobre o cruzamento entre a Indian School Rd. e a Seventh Avenue. Depois, o UFO penetrou o espaço aéreo do aeroporto Sky Harbor, onde os controladores de voo na torre e a tripulação de pelo menos um voo comercial o avistaram. A nave continuou seguindo para sudeste sobre a Rodovia 10 e foi vista na região de Tucson por volta das 20h45.[118] Aproximadamente às 21h50, um arco de "orbes" cor de âmbar, medindo 1,6 quilômetro de largura, apareceu sobre as Montanhas Estrella, cerca de 32 quilômetros a sudoeste de Fênix. "Exploradores espanhóis deram o nome de Estrella ('estrela') à cordilheira por causa do padrão de cânions profundamente gravados e irradiando do topo."[119] É possível que essa exibição de luzes gravada em vídeo por muitas pessoas na região de Fênix estivesse relacionada aos primeiros avistamentos. Na época desse último avistamento de UFO, a constelação de Órion poderia teria sido vista sobre o horizonte a sudoeste se não fosse a poluição das luzes urbanas. Na verdade, às 21h49, quando se iniciava a fase final do acontecimento, Alnilam, a estrela do meio do Cinturão, estava a 33 graus acima do horizonte a um azimute de 242 graus. Se traçarmos uma linha do Capitólio Estadual a Monument Hill, na cordilheira Estrella (o ponto inicial para a verificação de propriedade no Arizona), o azimute é também 242 graus. Na latitude de Fênix esse também é o ponto exato do pôr do sol no solstício de inverno. Portanto, esses orbes apareceram em uma significativa posição arqueoastronômica no céu e também na exata região onde Órion estava naquele momento preciso. Acima da mão direita de Órion, entre as constelações de Gêmeos e Auriga, está o portal estelar norte mencionado anteriormente, localizado a uma declinação (latitude celestial) de 33 graus.

Um aspecto curioso da história das Luzes de Fênix é que, a não ser por poucos relatos curtos em jornais locais, elas não foram relatadas por nenhuma mídia nacional até 18 de junho, mais de três meses

---

118. Bill Hamilton, "The Amazing 'Phoenix Lights' Event Sequence Of 3-17-97". www.rense.com

119. Bill Weir, *Arizona Traveler's Handbook*. Chico: Moon Publications, Inc., 1992, p. 295.

> **O Paralelo 33 é um caminho de poder que atravessa o globo, um circuito que liga o tempo e o espaço para vitalizar o dínamo de um mistério que nós estamos apenas começando a perceber.**

depois, quando a *USA Today*[120] apresentou um artigo de primeira página escrito por outra mídia. De qualquer modo, um dos avistamentos de UFO mais intrigantes em décadas foi focado no paralelo 33 – um sublime número maçônico.

---

120. a. Jim Dilettoso, "The Mysterious Phoenix Lights". *www.exoticresearch.com*
b. Peter B. Davenport, "2nd Anniversary of 'Phoenix Lights' Incident", *www.100megsfree4.com/farshores/phoenix.htm*

Por que existem tantos significativos sítios antigos e históricos localizados ao longo do paralelo 33? Talvez os antigos tenham descoberto a linha de interseção da energia do dragão correspondente a essa latitude, e construído templos e cidades sagradas com o objetivo de utilizar esse *chi* terrestre. Ou talvez o significado numerológico e maçônico do 33 ditou que monumentos relacionados a esse número sagrado fossem construídos como um sinal para as gerações futuras. Seja qual for a razão, o paralelo 33 é um caminho de poder que atravessa o globo, um circuito que liga o tempo e o espaço para vitalizar o dínamo de um mistério que nós estamos apenas começando a perceber.

Os Incas Construíram Machu Picchu?
David Hatcher Childress

"O que me preocupa não é o modo como as coisas estão, mas, sim, o modo como as pessoas pensam que elas são."

– Epiteto (55-135).

"Quando você procura o Eldorado, deve seguir, seguir corajosamente sobre as Montanhas da Lua, pelo vale das sombras..."

– Edgar Allan Poe.

Os incas construíram Machu Picchu? Muitos arqueólogos dirão que sim. Porém, muitos outros afirmarão que Machu Picchu, e outros monumentos megalíticos nos Andes, são pré-incas. Eu sou uma dessas pessoas, e tentarei provar que muitos dos monumentos supostamente incas foram construídos centenas, se não milhares de anos antes.

Com certeza, os incas habitaram essas grandes construções, pois elas são praticamente indestrutíveis. Ainda hoje, em Cuzco, onde muitos monumentos megalíticos ainda sobrevivem, colonizadores espanhóis moram neles (muitos foram transformados em conventos, igrejas, restaurantes e até hotéis) – mas esses ocupantes espanhóis não os construíram. Eles já estavam lá centenas de anos antes que os espanhóis os ocupassem. Será que já existiam antes de ser ocupados pelos incas?

Provavelmente, a melhor maneira para iniciar nosso argumento é fazer uma revisão rápida de alguns dos "fatos" básicos a respeito dos incas e do pouco que sabemos da história deles. Os incas são um poder político recente nos milhares de anos de história da América do Sul, e na época da conquista eles eram os governantes do maior império nativo das Américas. A maioria dos historiadores afirma que, próximo do fim do século XIV, o império começou a expandir sua base inicial na região de Cuzco, das montanhas sul dos Andes na América do Sul. O império terminou abruptamente com a invasão espanhola liderada por Francisco Pizarro em 1532. Na época de sua derrocada, estima-se que o império controlava 12 milhões de pessoas na maior parte da região onde hoje estão o Peru e o Equador, assim como uma grande parte do Chile, Bolívia e Argentina. Mas, de maneira curiosa, afirma-se que tal império só começou algumas gerações antes da chegada dos espanhóis. Além disso, todos os monumentos megalíticos dos incas foram erigidos nesse curto período de tempo – um período de apenas cem ou 200 anos, que terminou em 1532. Enquanto os egípcios levaram literalmente milhares de anos para construir seus eternos monumentos em pedra colossal, os incas o fizeram em um curto período de tempo, na verdade – segundo a maioria dos arqueólogos.

> **Enquanto os egípcios levaram literalmente milhares de anos para construir seus eternos monumentos em pedra colossal, os incas o fizeram em um curto período de tempo, na verdade – segundo a maioria dos arqueólogos.**

O Império Inca
Segundo a principal corrente arqueológica

Os incas chamavam sua terra de Tawantinsuyu, que em quéchua, a língua falada no Império Inca, significa "quatro partes". A terra, com uma diversidade marcante de terreno e clima, incluía uma longa faixa costeira deserta, cortada por ricos vales irrigados, os altos picos e os vales profundamente férteis dos Andes, e as bordas montanhosas da floresta tropical ao leste. O termo inca se refere ao próprio governante e também ao povo do vale de Cuzco, a capital do império. Às vezes é usado para fazer referência aos quatro povos incluídos em Tawantinsuyu, mas isso não está estritamente correto. A maioria dos diversos reinos locais menores manteve sua identidade, embora fossem controlados política e economicamente pelos incas. Quéchua era a língua oficial e falada na maior parte do reino quando os espanhóis chegaram, mas pelo menos 20 idiomas locais permaneciam em várias partes do império.

Os primórdios do império estão envolvidos em mistério. Uma versão oficial da história antiga dos incas foi contada aos invasores espanhóis, mas é difícil separar os eventos históricos reais dos mitos e lendas com os quais eles foram misturados.

Acredita-se que tenham sido levadas à cidade secreta nas selvas nas montanhas do leste do Peru, conhecidas como Paititi, onde permanecem até hoje. Outras histórias afirmam que as múmias envoltas em ouro são mantidas em um sistema de túneis secretos sob a fortaleza Sacsayhuaman.

Acredita-se que o primeiro inca foi Manco Capac. Segundo a lenda, ele surgiu com o irmão, o irmão de sua esposa, e com a própria esposa na Ilha do Sol, no Lago Titicaca. Declarou-se enviado de Deus para governar os povos dos Andes. Capac estabeleceu sua capital em Cuzco e fundou a dinastia inca. Os historiadores, de modo geral, presumem que a maravilhosa cidade de Cuzco foi construída nessa época. Como veremos mais adiante, é bem mais provável que a cidade de Cuzco, e Sacsayhuaman, a fortaleza megalítica acima de Cuzco, já existiam.

A *Groiller's 1977 Encyclopedia*, citando os textos padrão a respeito dos incas, diz que o império não começou de fato até aproximadamente o ano de 1300:

> O Império Inca provavelmente começou como um pequeno reino, similar a muitos outros nos Andes durante o século XIV. Um Estado poderoso, centrado em Huari, nas cercanias da área que hoje é Ayacucho, Peru, e bem ao norte de Cuzco, ao que parece controlava a região muitos séculos antes, mas, por volta do século X, pequenos reinos feudais dominaram o cenário. A razão para os primeiros triunfos dos incas sobre seus vizinhos são impossíveis de discernir a partir das fontes existentes. Não se sabe ao certo se Manco Capac, apontado como o governante fundador, foi um personagem histórico.

Afirma-se que havia 14 reis incas antes do último inca Atahualpa. Todos esses reis foram mumificados quando morreram e depois seus corpos foram cobertos com folha de ouro. As múmias desses antigos imperadores foram mantidas no Templo do Sol em Cuzco até a época da conquista, quando desapareceram. Acredita-se que tenham sido levadas à cidade secreta nas selvas, nas montanhas do leste do Peru, conhecidas como Paititi, onde permanecem até hoje. Outras histórias afirmam que as múmias envoltas em ouro são mantidas em um sistema de túneis secretos sob a fortaleza Sacsayhuaman.

Pachacuti Inca, que reinou c. 1440-1470, foi o governante responsável pela expansão inca em um império, embora as lendas deem o crédito a Manco Capac como fundador da dinastia real. Pachacuti é o primeiro entre os governantes incas cuja identidade histórica é inquestionável. Os detalhes de suas conquistas podem ter sido distorcidos pela glorificação de Pachacuti na história oral oficial inca. Fica claro, no entanto, que ele era brilhante como estrategista de conquistas e organizador de impérios. O coração do império foi construído durante seu reinado. No período final do governo de Pachacuti, ele foi ajudado pelo filho e sucessor, Topa Inca, que era tão talentoso quanto o pai em conquistas e administração do Estado. Juntos, expandiram o império que chegou quase ao tamanho encontrado pelos espanhóis em 1532.

Por volta de 1470, os incas capturaram o rico e poderoso reino de Chimu, na Costa Norte, onde hoje está o Peru. Depois dessa importante conquista, pouco restou para desafiar a expansão inca pela região que à época constituía o "mundo civilizado" da América do Sul. Os filhos de Pachacuti ajudaram a completar as conquistas. O herdeiro Topa Inca (que governou de 1471 até 1493) seguiu para fronteira norte do atual Equador antes de assumir o trono. Durante seu reinado, a Costa Sul do Peru foi conquistada (1476), assim como o norte do Chile, a maior parte do noroeste da Argentina e uma parte do platô boliviano. Em partes desse território vasto, em especial ao longo da Costa Sul do Peru, o preço da conquista foi alto: grandes perdas dos dois lados e praticamente a extinção de grupos locais. Além disso, rebeliões periódicas que eclodiram entre os povos conquistados tiveram de ser derrotadas.

Nos últimos anos antes da invasão espanhola, os incas ainda estavam expandindo para o norte. Huayna Capac (que reinou de 1493 a 1527), pai do último governante inca, Atahualpa, regia o império de seu posto avançado em Quito, quando morreu em 1527. A morte de Huayna Capac levou o Estado inca a uma guerra civil. Não havia sido estabelecido nenhum sistema fixo para determinar a sucessão dos governantes. Atahualpa, que estivera com o pai no norte, alegou que Huayna Capac decidira dividir o reino, fundando uma nova capital ao norte, em Quito, que seria governada por Atahualpa. O irmão dele, Huascar,

Será que todas as surpreendentes estruturas megalíticas próximas à capital inca de Cuzco foram construídas pelos incas em algumas centenas de anos antes da chegada dos espanhóis, ou muitas dessas estruturas (se não todas elas) já existiam antes dos incas?

> **A função verdadeira de Machu Picchu não é totalmente entendida. Como esta era desconhecida dos primeiros invasores espanhóis, os documentos deles não a identificam.**

em Cuzco, afirmou ser o regente legítimo de todo o reino. Atahualpa finalmente venceu a guerra sangrenta e seguia para Cuzco, em 1532, quando o conquistador Francisco Pizarro chegou. Os incas deixaram que Pizarro e um contingente de cerca de 150 soldados entrassem na capital regional em Cajamarca, onde Atahualpa e seus homens estavam acampados. Os espanhóis conseguiram prender o governante inca, garantindo o colapso do império. Mas a grande pergunta é: Será que todas as surpreendentes estruturas megalíticas próximas à capital inca de Cuzco foram construídas pelos incas em algumas centenas de anos antes da chegada dos espanhóis, ou muitas dessas estruturas (se não todas elas) já existiam antes dos incas?

Arquitetura inca e arquitetura megalítica

Por causa das estruturas em pedra muito bem construídas, existentes em Cuzco e perto da cidade, ao longo do Rio Urubamba, os arqueólogos modernos concluíram que os incas foram os construtores desses monumentos surpreendentes. A especulação de que os incas meramente usaram muralhas já existentes não faz parte de nenhuma das correntes principais. A teoria que exploraremos neste artigo é que essas muralhas quase indestrutíveis já existiam antes que os incas.

Em primeiro lugar, vamos examinar a explicação atual prevalecente sobre a arquitetura "inca", da qual a cidade de Machu Picchu, localizada no topo da montanha, é com frequência apontada como exemplo.

Os incas desenvolveram um estilo altamente funcional de arquitetura pública que se distingue, acima de tudo, por suas superiores técnicas de engenharia e a elegante alvenaria. A planta das cidades era baseada em um sistema de avenidas largas, cortadas por ruas menores, que convergiam em uma praça aberta marcada por prédios do governo e templos. As estruturas em geral tinham um andar, com junções de pedra cortada, ligadas com perfeição, embora tijolos de adobino e gesso fossem comumente utilizados nas planícies costeiras. Para construir grandes monumentos, como a ampla fortaleza de Sacsayhuaman, perto de

Cuzco, enormes blocos poligonais foram encaixados com extraordinária precisão. Nas regiões montanhosas, como acontece na espetacularmente situada cidadela andina de Machu Picchu, a arquitetura inca reflete com frequência as adaptações criativas às formas dos terrenos ao redor.[121]

A CIDADE MEGALÍTICA DE MACHU PICCHU

Machu Picchu, situada a 80 quilômetros (50 milhas) a noroeste de Cuzco, Peru, é uma antiga cidade inca com vista para o vale Urubamba. Sua localização espetacular em um alto precipício entre picos de montanhas íngremes a tornou um dos monumentos arqueológicos mais famosos do mundo. As ruínas estão localizadas a cerca de 2.400 metros (7.875 pés) acima do nível do mar, nas encostas do lado leste dos Andes, perto da fronteira da região quente e úmida de Montana. O sítio abandonado foi coberto por uma densa vegetação e permaneceu essencialmente desconhecido até sua descoberta pelo arqueólogo norte-americano Hiram Bingham, em 1911.[122]

Machu Picchu é mais conhecida por sua arquitetura, que combina construções elegantes em pedra com extensas áreas de agricultura, criando a aparência de uma cidade literalmente esculpida nas encostas das montanhas. O estilo das construções, a olaria e também o cuidadoso planejamento sugerem que ela foi erigida sob a supervisão do estado inca, que era centralizado em Cuzco.

Talvez a característica mais famosa do sítio seja uma pedra natural esculpida, conhecida como Intihuatana, cercada por muralhas curvas em pedra lavrada, com janelas trapezoidais. É provável que a pedra e o complexo de muralhas que a cercam estão estejam relacionados à religião inca do Sol e também à veneração desse povo por certas pedras naturais.

A função verdadeira de Machu Picchu não é totalmente entendida. Como esta era desconhecida dos primeiros invasores espanhóis, os documentos deles não a identificam. A arquitetura da cidade sugere uma forte ênfase na religião, e sua localização na fronteira leste do império pode significar que se tratava de um posto avançado na fronteira.

CUZCO E AS GRANDES MURALHAS DE SACSAYHUAMAN

Cuzco, no sul do Peru, foi a capital do Império Inca desde os seus primórdios, no século XIV, até a conquista espanhola em 1533. Uma atração turística, a cidade é conhecida por suas

---

121. *Grollier's 1977 Encyclopedia.*
122. *Ibid.*

ruínas incas e arquitetura colonial espanhola. Situada a uma altitude de 3.416 metros (11,207 pés) em um amplo vale dos Andes, é o centro de uma região agrícola muito populosa onde se criam ovelhas e se cultivam cereais e tabaco. A população de 275 mil (em 1990) é predominantemente indígena e a cidade, com suas feiras ao ar livre, casas de adobino e ruas estreitas de paralelepípedo, tem caráter indígena. Quéchua, a língua inca, ainda é falada por muitos. O clima é frio, com temperaturas que médias de 10,9 graus Celsius (51.6 Fahrenheit). A precipitação anual é de 750 milímetros (29,5 polegadas). A área está sujeita a terremotos; os mais graves aconteceram em 1650 e 1950.

Acredita-se que as tribos incas chegaram a Cuzco pela região do Lago Titicaca, por volta do século XI. O lendário fundador da cidade foi Manco Capac, o primeiro regente inca. O nome Cuzco é o termo quéchua para "umbigo" e a cidade foi considerada o centro do mundo inca, o lugar onde as quatro partes do império se reuniam. Ela era o centro de onde saía a famosa rede de estradas inca.

A cidade inca de Cuzco era diferente das cidades europeias em conceito e planejamento. Ela foi planejada com a forma de um puma, e a fortaleza de Sacsayhuaman, do século XV, era a cabeça. A confluência dos rios Huatanay e Tullumayo foi canalizada e endireitada para formar a cauda. O centro da cidade continha edifícios oficiais e cerimoniais, e também as residências dos governantes. Muitos outros edifícios e residências eram dispersos a uma distância considerável, no campo ao redor do centro, mas eram definidos como parte da capital.

A capital inca é conhecida em especial por sua arquitetura de enormes blocos de cantaria encaixados com tanta perfeição que não era necessário cimento. Coricancha, o templo do Sol, e a fortaleza de Sacsayhuaman são os melhores exemplos desse tipo de construção.

Quando os espanhóis chegaram a Cuzco pela primeira vez e viram essas estruturas, acreditaram que elas tinham sido construídas pelo próprio demônio, por causa de sua enormidade. De fato, em nenhum outro lugar é possível ver blocos de pedra tão grandes colocados juntos com tanta perfeição.

Uma grande riqueza em prata e ouro chegava a Cuzco de todas as partes do Império Inca, enchendo os templos e palácios. Esses tesouros foram pilhados por Francisco Pizarro em 1533 e a cidade foi destruída. Os espanhóis construíram uma cidade nova sobre as ruínas da antiga, adornando os magníficos edifícios de suas igrejas com a riqueza tomada.

Em virtude das enormes pedras usadas, o complexo conhecido como Sacsayhuaman foi objeto de estudos especiais realizados por engenheiros e construtores.

De acordo com as principais correntes arqueológicas, a fortaleza de Sacsayhuaman foi construída pelos incas no século XV, em uma montanha com vista para a capital Cuzco. A fortaleza tem a forma de uma série de muros de sustentação em zigue-zague, construídos com pedras enormes, algumas pesando várias toneladas. Os muros de sustentação formam muralhas em três pátios. Acima dos pátios, de um local próximo ao topo da montanha, existe uma curiosa estrutura circular dividida em pequenos compartimentos e contendo um complexo sistema de dutos, pelos quais a água provavelmente fluía na época.

A arquitetura do sítio sugere que Sacsayhuaman teve primeiramente uma função defensiva. Os fortes, chamados púcaras, eram construídos com frequência acima dos centros populacionais nos Andes para servir como refúgio para as pessoas em caso de ataques. Fontes espanholas sugerem que Sacsayhuaman foi também usada como um importante centro de estoque, e também pode ter existido um significado religioso no local. A construção costuma ser atribuída ao governante Pachacuti, mas é improvável que tal monumento enorme possa ter sido completado durante um único reinado.[123]

Sacsayhuaman é uma estrutura em pedra que cobre a montanha toda e parece quase sobrenatural. Blocos gigantes de pedra, alguns pesando mais de 200 toneladas (400 mil libras) estão encaixados com perfeição. Os enormes blocos de pedra são cortados, moldados e encaixados tão bem, que até hoje é impossível passar a lâmina de uma faca, ou mesmo um pedaço de papel entre eles. Não é usado cimento e não há sequer dois blocos iguais. Porém, eles se encaixam perfeitamente, e alguns engenheiros afirmam que nenhum construtor moderno, mesmo com a ajuda de metais e ferramentas do melhor aço, conseguiria produzir resultados mais precisos.

Cada uma das pedras teve de ser planejada com muita antecedência; uma pedra de 20 toneladas,

---

123. *Ibid.*

e menos ainda uma pesando 80 a 200 toneladas, não pode simplesmente ser jogada no local ao acaso, esperando-se obter precisão. As pedras são embutidas e encaixadas na posição, o que as torna à prova de terremotos. De fato, depois de muitos terremotos devastadores nos Andes nas últimas centenas de anos, os blocos ainda estão perfeitamente encaixados, enquanto que a catedral espanhola em Cuzco foi nivelada duas vezes. Um fato ainda mais incrível é que os blocos não são de pedra local, mas, segundo alguns relatos, foram trazidas de pedreiras no Equador, a quase 2.414 quilômetros de distância. Outros localizaram pedreiras bem mais perto. Embora essa fortaleza fantástica tenha sido supostamente erigida há apenas algumas centenas de anos pelos incas, eles não deixaram nenhum registro de que a construíram; ela também não aparece em nenhuma de suas outras lendas.

Por que, então, os incas, que, segundo relatos, não tinham nenhum conhecimento de matemática avançada, nem linguagem escrita, ferramentas de ferro e nem usavam a roda, recebem o crédito pela construção desse complexo gigantesco de muralhas e edifícios? De fato, é necessário tatear para encontrar uma explicação, e não há nenhuma fácil.

Quando os espanhóis chegaram a Cuzco pela primeira vez e viram essas estruturas, acreditaram que elas tinham sido construídas pelo próprio demônio, por causa de sua enormidade. De fato, em nenhum outro lugar é possível ver blocos de pedra tão grandes colocados juntos com tanta perfeição. Eu viajei por todo o mundo procurando mistérios antigos e cidades perdidas, mas nunca em minha vida vi algo assim!

Os construtores não eram apenas bons pedreiros – eram excelentes. Trabalhos em alvenaria semelhantes a esses podem ser vistos por todo o Vale Sagrado ao longo do vale Urubamba. Esses são em geral feitos de blocos de pedra retangulares que pesam até talvez uma tonelada, muito bem cortados.

Na época da conquista espanhola, Cuzco estava em seu apogeu, com talvez 100 mil súditos incas vivendo na cidade antiga. A fortaleza de Sacsayhuaman podia manter a população inteira dentro de suas muralhas em caso de guerra ou catástrofe natural. Alguns historiadores afirmaram que a fortaleza foi construída alguns anos antes da invasão espanhola, e que os incas receberam o crédito pela estrutura. Contudo, os incas não conseguiam se lembrar com exatidão como ou quando foi erigida.

Existe apenas um relato antigo acerca do transporte das pedras, encontrado em *The Incas*, de Garcilaso de La Vega. Em seus comentários,

Garcilaso fala de uma pedra monstruosa levada para Sacsayhuaman vinda de além de Ollantayatambo, a uma distância de aproximadamente 72 quilômetros.

Os índios dizem que, por causa do grande trabalho para ser transportada por essa distância, a rocha se cansou e chorou lágrimas de sangue porque não podia obter um lugar na construção. A realidade histórica é relatada pelos Amautas (filósofos e médicos) dos incas, que costumavam contá-la. Eles dizem que mais de 20 mil índios trouxeram a rocha para o sítio, arrastando-a com grandes cordas. O caminho pelo qual a transportaram era muito áspero. Havia muitas montanhas altas para descer e subir. Cerca de metade dos índios puxava a rocha, usando cordas amarradas na frente. A outra metade segurava a parte de trás da rocha, com medo de que ela se soltasse e rolasse montanha abaixo caindo em uma ravina, de onde seria impossível removê-la.

Em uma dessas montanhas, em função da falta de cuidado e coordenação de esforços, o enorme peso da rocha foi demais para alguns dos índios que a seguravam embaixo. Ela rolou montanha abaixo, matando 3 ou 4 mil índios que a guiavam. Apesar dessa tragédia, eles conseguiram erguê-la de novo. Foi colocada na planície, onde está até hoje.

Era uma prática comum no antigo Egito que os governantes tomassem para si o crédito da construção de obeliscos, pirâmides e outras estruturas que já existiam, com frequência apagando literalmente o cartucho do verdadeiro construtor pelo próprio.

Embora Garcilaso descreva o transporte de uma rocha, muitos duvidam da veracidade da história. Essa rocha não fazia parte da fortaleza de Sacsayhuaman, e é menor que a maioria utilizada nela, segundo alguns pesquisadores, embora jamais tenha sido identificada. Ainda que a história seja verdadeira, os incas talvez tentaram duplicar o que acreditaram ter sido a técnica de construção usada pelos antigos construtores. E, com certeza, embora não se possa negar que os incas eram mestres artesãos, será que conseguiram, com perfeição, colocar no lugar blocos pesando cem toneladas; um feito que hoje seria quase impossível de reproduzir?

A teoria segundo a qual os incas de fato encontraram essas ruínas megalíticas e depois erigiram suas construções sobre elas, tomando-as como próprias, não é alarmante. Na verdade, é bem provável que seja verdadeira. Era uma prática comum no antigo Egito que os governantes

A água era trazida das montanhas para o vale, e depois tinha de subir uma colina antes de chegar a Sacsayhuaman. Isso mostra que os engenheiros que construíram o intrincado sistema sabiam que a água sobe até seu próprio nível.

tomassem para si o crédito da construção de obeliscos, pirâmides e outras estruturas que já existiam, com frequência apagando literalmente o cartucho do verdadeiro construtor pelo próprio.

Se os incas chegaram ao local e encontraram muralhas e fundações de cidades já existentes, por que simplesmente não se mudaram para lá? Mesmo hoje, só é necessário fazer alguns trabalhos de reparação e acrescentar um telhado em algumas das estruturas para torná-las habitáveis. De fato, há evidências consideráveis de que os incas apenas encontraram as estruturas e acrescentaram algumas coisas a elas. Há inúmeras lendas nos Andes segundo as quais Sacsayhuaman, Machu Picchu, Tiwanaku (também conhecida como Tiahuanaco) e outras ruínas megalíticas foram construídas por uma raça de gigantes. Alains Gheerbrant comenta na notas de rodapé o livro de de La Vega:

> Três tipos de pedras foram usados para construir a fortaleza de Sacsayhuaman. Dois deles, incluindo os utilizados para os gigantescos blocos da muralha externa, foram encontrados praticamente no local. Apenas o terceiro tipo de pedra (andesito negro), para as construções internas, foi trazido de pedreira um tanto distantes; as pedreiras de andesito negro mais próximas ficavam em Huaccoto e Rumicolca, a 14,4 e 35,2 quilômetros de Cuzco respectivamente.
> Com relação aos blocos gigantes da muralha externa, não há nada que prove que eles não foram simplesmente cortados de um enorme bloco de pedra existente no local; isso solucionaria o mistério.

Gheerbrant quase chega a acreditar que os incas nunca transportaram esses blocos gigantescos; contudo, mesmo que eles tenham cortado e moldados as pedras no local, encaixá-las com tal precisão ainda exigiria o que os engenheiros modernos chamariam de esforço sobre-humano. Além disso, a cidade gigante de Tiwanaku, na Bolívia, é formada, de modo similar, de blocos de pedra pesando cem toneladas, sem dúvida de origem pré-inca. Os defensores da teoria de que os incas encontraram essas cidades nas montanhas e as habitaram diriam então que os construtores de Tiwahaku, Sacsayhuaman e outras estruturas megalíticas na região de Cuzco foram as mesmas pessoas.

Citando mais uma vez Garcilaso de la Veja, que escreveu sobre essas estruturas logo depois das conquistas:

> ...como podemos explicar o fato de que esses índios peruanos foram capazes de cortar, talhar, carregar, içar, e abaixar blocos de pedra tão grandes, que mais se parecem com montanhas do que blocos de construção, e que eles fizeram isso sem a ajuda de uma única máquina ou instrumento? Um enigma como esse não pode ser resolvido com facilidade sem buscar a ajuda da magia, em particular quando nos lembramos da grande familiaridade desse povo com demônios.

Os espanhóis desmantelaram o máximo que puderam de Sacsayhuaman. Quando Cuzco foi conquistada, Sacsayhuaman tinha três torres redondas no topo da fortaleza, atrás de três muralhas megalíticas concêntricas. Elas foram desmontadas pedra por pedra, e as pedras foram usadas para erguer novas estruturas para os espanhóis.

Sacsayhuaman também continha uma rede subterrânea de aquedutos. A água era trazida das montanhas para o vale, e depois tinha de subir uma colina antes de chegar a Sacsayhuaman. Isso mostra que os engenheiros que construíram o intrincado sistema sabiam que a água sobe até seu próprio nível.

A respeito dos túneis subterrâneos em Sacsayhuaman, Garcilaso escreveu:

> Uma rede de passagens subterrâneas, que era tão grande quanto as próprias torres, ligava uma à outra. Esse sistema era composto de uma série de ruas e vielas que seguiam para todas as direções, e muitas portas, todas idênticas, que os homens mais experientes não ousavam entrar naquele labirinto sem algo para guiá-los, um fio longo amarrado à primeira porta e desenrolado à medida que avançavam. Subi com frequência à fortaleza, com garotos de minha idade, quando era criança, e nós não ousávamos ir além de onde a luz do sol alcançava; tínhamos muito medo de nos perder depois de ouvir tudo o que os índios tinham nos dito sobre o assunto... os telhados dessas passagens subterrâneas eram feitos de pedras grandes e chatas, apoiadas em caibros que se projetavam das muralhas.

TEORIAS A RESPEITO DA CONSTRUÇÃO MEGALÍTICA

Uma teoria interessante a respeito das estruturas de pedras gigantes e perfeitamente encaixadas é que elas foram construídas com o emprego de uma técnica que se perdeu no tempo de amaciar e dar forma à rocha. Hiram Bingham, o descobridor de Machu Picchu, escreveu em seu livro, *Across South America,* acerca de uma planta, sobre a qual ouvira falar, cujo sumo amaciava a rocha de modo que se tornava possível moldá-la para que pudesse ser encaixada com perfeição.

Em seu livro *Exploration Fawcett*, o Coronel [Percy] Fawcett contou que ouvira que as pedras foram encaixadas com o uso de um líquido que as amaciava, dando-lhes a consistência da argila. Brian Fawcett, que publicou o livro do pai, conta a seguinte história nas notas de rodapé: Um amigo seu, que trabalhou em um campo de mineração a 4.200 metros em Cerro di Pasco, na região central do Peru, descobriu um jarro com gravações incas ou pré-incas. Ele abriu o jarro, pensando que continha *chicha*, uma bebida alcoólica, quebrando o antigo selo de cera, ainda intacto. Depois, o jarro foi acidentalmente derrubado sobre uma rocha.

Fawcett relata: "Cerca de dez minutos depois eu me debrucei sobre a rocha e casualmente examinei a poça do líquido derramado. Não estava mais líquido; toda a extensão por onde ele fora derramado, e a rocha sob ele, estavam tão macios quanto cimento úmido! Era como se a pedra tivesse derretido, como cera sob a influência do calor".

Fawcett parecia acreditar que a planta podia ser encontrada nos Rio Pyrene, em Chuncho, no interior do Peru; e a descreveu como tendo folhas escuras avermelhadas e com cerca de 0,30 metro de altura. Em seu livro *The Ancient Stones Speak*, David Zink cita uma "leitura psíquica", dando o nome da planta como Caochyll, afirmando que ela tem folhas esparsas, com veias avermelhadas, e com 0,90 a 1,2 metro de altura.

Outra história é contada na América do Sul a respeito de um biólogo que observava um pássaro

---

Cerca de dez minutos depois eu me debrucei sobre a rocha e casualmente examinei a poça do líquido derramado. Não estava mais líquido; toda a extensão por onde ele fora derramado, e a rocha sob ele, estavam tão macios quanto cimento úmido! Era como se a pedra tivesse derretido, como cera sob a influência do calor.

desconhecido na região amazônica. Ele observou a ave fazer um ninho em uma rocha, esfregando-a com um ramo. A seiva do ramo dissolveu a rocha, fazendo um buraco no qual o pássaro construiu o ninho.

Toda essa especulação pode ser desmistificada por novas descobertas, relatadas na revista *Scientific American*, em fevereiro de 1986. Em um artigo fascinante, um pesquisador francês, Jean-Pierre Protzen, relata seus experimentos em reproduzir a construção das estruturas incas. Protzen passou muitos meses na região de Cuzco realizando experimentos com diferentes métodos de dar forma e encaixar os mesmos tipos de pedras usados pelos incas. Ele descobriu que era fácil cortar e moldar as pedras utilizando os martelos de pedra encontrados em abundância na área. Várias vezes ele derrubou os martelos, feitos de uma pedra dura, sobre blocos maiores a partir do nível visual. Cada impacto lascava um pequeno pedaço da rocha, e ele pegava os martelos quando ricocheteavam, para repetir o movimento com facilidade. Até o encaixe preciso das pedras foi algo relativamente simples. Ele bateu nas depressões côncavas onde as pedras novas eram encaixadas seguindo o método de tentativa e erro, até encontrar um encaixe apropriado. Isso exigiu que ele, repetidas vezes, erguesse e colocasse as pedras juntas, lascando-as um pouco de cada vez. Esse processo toma muito tempo, mas é simples e funciona.

Protzen acredita que a alvenaria inca era surpreendentemente não sofisticada, embora eficiente. Ele gostaria de desacreditar as ideias a respeito dos dispositivos antigravidade, líquidos que amaciam pedras, ou *lasers* usados para cortar e encaixar as pedras. Porém, mesmo para Protzen, alguns mistérios permanecem. Ele não foi capaz de explicar como os construtores construíram e trabalharam as pedras grandes. O processo de encaixe exigira que a pedra fosse levantada e abaixada repetidas vezes, com o método de tentativa e erro presente durante todo o processo. Ele simplesmente não sabe como pedras com cem toneladas foram manipuladas nesse estágio, já que algumas são de fato muito mais pesadas.

Segundo Protzen, para transportar as pedras das pedreiras, os incas construíram rotas de acesso e rampas especiais. Muitas dessas pedras foram arrastadas sobre estradas cobertas com cascalho, o que, em sua teoria, deu às pedras a superfície polida. A maior pedra em Ollantayatambo pesa cerca de 150 toneladas. Ela poderia ter sido puxada por uma rampa por meio de uma força equivalente a 117 mil quilos, afirma Protzen. Tal feito teria exigido um mínimo de 2.400 homens. Reunir os homens parece ser possível, mas onde ficavam todos eles? Protzen diz que as rampas tinham apenas oito metros de largura, no máximo. O que confunde Protzen ainda mais é que as pedras de Sacsayhuaman foram muito bem moldadas, mas não polidas, não mostrando nenhuma evidência de terem sido arrastadas. Ele não conseguiu explicar como elas foram transportadas por 35,2 quilômetros, da pedreira de Rumiqolqa.

O artigo de Protzen revela uma boa pesquisa e ressalta que a ciência moderna ainda não pode explicar nem duplicar os feitos de construção encontrados em Sacsayhuaman e Ollantayatambo. Erguer e lascar continuamente um bloco de pedra com cem toneladas é um esforço muito grande de engenharia para ser algo prático. A teoria de Protzen funcionaria bem nas construções posteriores, menores e precisamente quadradas, mas falha ao se aplicar às construções megalíticas mais antigas. Talvez as teorias de levitação e amaciamento das pedras ainda não possam ser descartadas. Uma última observação intrigante feita por Protzen é que as marcas de cortes encontradas em algumas das pedras são muito semelhantes àquelas encontradas na pequena pirâmide de um obelisco não terminado em Assuã, no Egito. Trata-se de uma coincidência, ou havia uma civilização antiga relacionada aos dois sítios arqueológicos?

Uma teoria curiosa, que me foi apresentada durante uma conversa telefônica, no outono de 2003, afirma que cristais de quartzo, quando são conectados em série e recebem altas voltagens, se curvam. Se um cristal de quartzo é curvado, ou golpeado com um martela, ele ficará carregado de um misterioso tipo de sinal elétrico, chamado piezoelétrico.

Minha fonte afirmou que quando um cristal é golpeado, colocado sob pressão, ou "curvado", ele produzirá um efeito piezoelétrico e, de modo inacreditável, perderá de fato a força gravitacional que naturalmente o puxaria em direção ao centro da massa (nesse caso, a Terra). O cristal então se torna essencialmente sem peso, e não importa o quão pesado era antes de ser curvado pela alta voltagem – ele agora não tem peso. Se tal efeito pudesse ser confirmado, então blocos gigantescos de granito, que contêm cristais de quartzo, poderiam, em teoria, ser movidos com pouco esforço independentemente

---

Talvez as teorias de levitação e amaciamento das pedras ainda não possam ser descartadas.

---

de seu peso antes de receber uma forte descarga elétrica.

Imagine esta situação: blocos enormes de granito que foram trabalhados e moldados são, depois, "eletrificados". Isso faz com que o bloco de pedra cristalina "se curve", o que o faz ficar sem peso. Os blocos são, assim, movidos sem nenhum esforço pelo ar, com cordas, ou talvez raios "tratores" de energia. Uma cena desse tipo, muito conhecida, acontece quando o caçador de recompensas Boba Fett, no filme *O Império Contra-ataca,* leva para sua nave o bloco de pedra onde Hans Solo está preso, e o faz sem esforço empurrando-o à sua frente, rampa acima até a nave. Será que uma cena assim foi vista no antigo Peru?

EVIDÊNCIAS DE CONSTRUÇÕES PRÉ-INCAS EM OLLANTAYATAMBO

Ao longo do Rio Urubamba, 72 quilômetros ao norte de Cuzco, está Ollantayatambo. O sítio fica na extremidade norte do Vale Sagrado e guarda a entrada da estreita garganta do Rio Urubamba. Em Ollantayatambo existe uma cidade antiga, ainda habitada; e um gigantesco "templo do sol", conhecido pelo mesmo nome, está localizado na cordilheira, na extremidade norte da cidade. Acredito que Ollantayatambo é o local onde encontramos evidências definitivas que provam que os incas não construíram Machu Picchu ou quaisquer outras muralhas megalíticas. As evidências mostrarão que, assim como em Tiwanaku, na Bolívia, essas estruturas já existiam.

Os megálitos mais impressionantes em Ollantayatambo são seis pedras grandes voltadas para o rio. A maior tem cerca de 13 pés (quatro metros) de altura, sete pés (2,1 metros) de largura, e por volta de seis pés (1,8 metro) de espessura, e pesa aproximadamente 50 toneladas (45.500 quilos). Feitos de pórfiro vermelho, um tipo de rocha muito dura, a maior parte de suas superfícies são muito bem polidas. Na quarta pedra gigante, da esquerda para a direita, há um padrão em degraus, idêntico ao encontrado em Tiwanaku, na Bolívia, mas não encontrado em nenhum outro lugar na região de Cuzco. Ainda mais incomum é uma pedra na qual uma "fenda" foi escavada com cuidado na pedra para segurar uma abraçadeira de metal, presumivelmente para manter juntos dois blocos colossais, como proteção contra terremotos. Essa técnica incomum é encontrada em Puma Punku, em Tiwanaku, e em nenhum outro lugar nos Andes. Na área também há cerâmica em estilo Tiwanaku.

Acredito que Ollantayatambo é o local onde encontramos evidências definitivas que provam que os incas não construíram Machu Picchu ou quaisquer outras muralhas megalíticas.

As pedras foram extraídas do outro lado do rio, a 60 metros abaixo da fortaleza, e cerca de 900 metros acima, na encosta oposta. Na pedreira perto do topo da montanha, do outro lado do rio, existem gigantescos blocos de granito que foram cortados e moldados, mas nunca removidos do local. Uma pedra com 250 toneladas, dessa pedreira, está no fundo do rio; ela foi transportada montanha abaixo, mas de algum modo "foi derrubada" no rio.

Embora os incas tenham utilizado Ollantayatambo como um forte para guardar a entrada de Cuzco, de um ponto acima do vale Urubamba (ou de um ponto abaixo, descendo o Vale Urubamba, como foi o caso quando os incas retrocederam), ao que parece, Ollantayatambo, assim como Sacsayhuaman, já existia antes da chegada deles.

No artigo intitulado "The Impossible Stones", publicado na edição de maio de 2002 da revista britânica *Fortean Times*, o assunto é uma muralha de seis blocos massivos de pedra de pórfiro vermelho, instalada a uma grande altura acima de uma "fortaleza" com cinco fileiras, composta de enormes pedras encaixadas, no estilo inca, em Ollantayatambo, Peru. A fortaleza inca é em si causa de assombro arqueológico, mas a grande muralha acima é ainda mais intrigante. Ela tem cerca de 3,9 metros de altura, e cada um dos seis blocos pesa aproximadamente 50 toneladas. Vemos na muralha pelo menos cinco "problemas" que talvez possam se transformar em anomalias significativas.

Três dessas anomalias são mencionadas por A. F. Alford em seu artigo no *Fortean Times*:

1. Pórfiro vermelho é uma rocha dura, ígnea. Como os blocos de 3,9 metros foram moldados com superfícies planas e bordas lineares tão perfeitas?
2. Como os blocos de 50 toneladas foram movidos por 6,4 quilômetros, da pedreira do outro lado do rio, e depois erguidos até chegar à sua posição atual, onde surpreendem os turistas? Em 1966, um grupo de arqueólogos tentou demonstrar como isso foi feito, usando um bloco de uma tonelada. Essa pedra relativamente pequena escorregou das cordas quando era

transportada montanha abaixo e a gravidade a levou para o rio. Os arqueólogos então conseguiram arrastá-la pelo rio raso e com pedregulhos no fundo. Mas a deixaram lá, afirmando que tinham conseguido provar como a muralha muito acima poderia ter sido construída. O "pedregulho" tosco, não trabalhado, provavelmente ainda está no rio.

Os arqueólogos então conseguiram arrastá-la pelo rio raso e com pedregulhos no fundo. Mas a deixaram lá, afirmando que tinham conseguido provar como a muralha muito acima poderia ter sido construída. O "pedregulho" tosco, não trabalhado, provavelmente ainda está no rio.

3. Alford menciona os lençóis de rocha singulares e bem diferentes do estilo dos incas que separam os seis blocos na muralha. Esses lençóis, que também devem ter sido um desafio para os construtores, não têm nenhum propósito discernível.

William Corliss, do Sourcebook Project, em Maryland, acrescenta mais dois "problemas" da muralha:

4. Um dos blocos de pórfiro tem uma fenda em forma de T cortada na parte de cima, para a inserção de uma abraçadeira de metal. O mesmo tipo de fenda para abraçadeira é encontrado na pré-inca Tiwanaku, construída nas margens do Lago Titicaca, na Bolívia. Em razão desse fato, podemos nos perguntar se uma civilização pré-inca realmente construiu a muralha de pórfiro em Ollantayatambo. Quem quer que a tenha construído, parece que a deixou inacabada, pois não há nenhum bloco cortado para receber a outra extremidade da abraçadeira de metal.

5. Parte da resposta talvez esteja no córrego muito abaixo da muralha, onde se encontra um bloco de 250 toneladas, esperando para ser erigido até a muralha – outro sinal de que ela nunca foi terminada (uma pedra de 250 toneladas é grande mesmo para os padrões da Grande Pirâmide!).

Portanto, o que encontramos em Ollantayatambo é algo curioso e desafiador. O templo nunca foi terminado. Blocos gigantes de granito vermelho são transportados e arrastados por um meio desconhecido até o local, mas jamais são colocados no lugar. Fendas em formas de "T" são feitas em alguns blocos para se colocar uma abraçadeira de metal. Esse método incomum de manter blocos megalíticos no local foi usado na construção pré-Inca de Tiwanaku. Também foi empregado no antigo Egito, na Grécia antiga, e em outros lugares na Ásia e no Mediterrâneo.

Cresce a quantidade de evidências de que os incas não construíram Ollantayatambo, mas a encontraram quase nas mesmas condições em que está hoje. Ao que parece, os construtores de Ollantayatambo foram os mesmos que erigiram Tiwanaku.

Portanto, se os incas não construíram Tiwanaku, nem Ollantayatambo, é possível concluir que eles também não construíram Machu Picchu, nem Sacsayhuaman. Para encerrar essa discussão, examinemos agora a cidade de Tiwanaku, sabidamente pré-inca.

As surpreendentes ruínas pré-incas de Tiwanaku

As enormes ruínas de Tiwanaku estão situadas em uma área remota e desolada do Altiplano. Essa ruínas têm vista para montanhas desertas, em um contraste marcante com o estonteante sítio de Machu Picchu. Os teóricos do cataclismo ressaltam que é improvável que uma cidade tão fantástica seria construída em um local e altitude tão desolados. Esse raciocínio improvável é empregado para reforçar a teoria segundo a qual Tiwanaku foi construída em um local mais baixo e depois levada para cima.

A parte central da cidade é o templo restaurado de Kalasayaya. Blocos megalíticos formam os de-

O que ainda existe hoje de Tiwanaku é o que não pôde ser levado embora para uso em outras estruturas, por isso apenas os blocos maiores de pedra permanecem e essas ruínas ainda são impressionantes!

graus, paredes e arcos ao redor do templo. Na virada do século, engenheiros bolivianos quebraram as pedras e levaram consigo todos os blocos menores para serem usados como lastro em uma estrada de ferro. O que ainda existe de Tiwanaku é o que não pôde ser levado embora para uso em outras estruturas, por isso apenas os blocos maiores de pedra permanecem e essas ruínas ainda são impressionantes! Em 1864, E. George Squire visitou Tiwanaku e ficou muito impressionado com as ruínas; ele as chamou de Baalbek do Novo Mundo (referia-se às ruínas de Baalbek, no Líbano, que contêm os megálitos mais surpreendentes do mundo).

No centro de Tiwanaku há um arco de pedra, cortado de um sólido pedaço de andesito pesando cerca de 12 toneladas, hoje trincado pelo que deve ter sido um forte terremoto. Na parte superior do arco há uma série de entalhes, que se acredita ser um calendário. No centro, uma figura, segurando um cajado de cada lado, parece estar chorando. A figura é conhecida como "O Deus que Chora". Esse grande portal de pedra foi aparentemente movido para onde se encontra hoje por alguma cultura antiga depois que a cidade foi destruída. Na verdade, o portal é originário das ruínas de Puma Punku, que fica a cerca de 1,6 quilômetro ao norte de parte principal de Tiwanaku.

Quando os espanhóis chegaram, foram informados pelos índios que a cidade fora encontrada em ruínas pelos incas. Cieza de Leon, um dos primeiros cronistas da América do Sul, visitou o sítio em 1540, quando a maior parte das pedras ainda permanecia no local. Ele relatou duas figuras colossais de pedra, vestindo mantos longos que chegavam até o chão e ornamentos na cabeça.

Cieza de Leon escreveu: "... os nativos me disseram... que todas essas maravilhas surgiram do chão em uma única noite... Não há pedras em nenhuma das colinas mais ao longe". Os espanhóis em geral acreditavam que esses monumentos "... eram mais o trabalho de demônios do que de homens". Uma lenda similar contada na época era que "Tiwanaku foi construída em uma única noite após o dilúvio, por gigantes desconhecidos. Mas eles desconsideraram a profecia da chegada do sol e foram aniquilados por seus raios, e os palácios deles foram reduzidos a cinzas..."

No século XVI, o missionário Diego de Alcobaso escreveu: "Vi um grande salão com entalhes no teto representando palha. Havia as águas de um rio que banhava as paredes de um pátio esplêndido nessa cidade dos mortos; e, nesse elegante pátio, na parte mais rasa das águas,

---

Tudo o que sobrou são as figuras monolíticas de homens bizarros, com olhos arregalados, que fitam com o olhar vazio as ruínas desoladas de Tiwanaku. Eles se parecem mais com homens do espaço sideral do que com belas pessoas em uma festa nas montanhas.

---

sobre a plataforma de uma soberba colunata, encontravam-se finas estátuas de homens e mulheres. Eram tão reais que pareciam estar vivas. Algumas seguravam cálices e canecas. Outras estavam sentadas, ou reclinadas, como na vida real. Algumas andavam pelo córrego que fluía pelas paredes antigas. Mulheres, esculpidas em pedra, carregavam bebês no colo ou nas costas. Em milhares de posturas naturais, as pessoas permaneciam em pé ou reclinadas". Uma das estátuas tinha barba, e como sabemos, os índios da América do Sul não têm barbas.

Hoje, a maioria dessas estátuas foi destruída. Tudo o que sobrou são as figuras monolíticas de homens bizarros, com olhos arregalados, que fitam com o olhar vazio as ruínas desoladas de Tiwanaku. Eles se parecem mais com homens do espaço sideral do que com belas pessoas em uma festa nas montanhas. Os espanhóis destruíram tudo o que puderam em Tiwanaku, acreditando se tratar de idolatria. Essas figuras maiores foram poupadas porque eram muito grandes, mas foram severamente danificadas.

Nos anos 1800, um controverso antropólogo francês, chamado Augustus le Plongeon, visitou Tiwanaku e observou uma camada de conchas, as quais indicavam que o sítio outrora estivera no nível do mar (encontrei um trilobita fossilizada quando explorávamos as ruínas). O coronel britânico James Churchward usou o argumento de que Tiwanaku é uma antiga cidade portuária como parte muito importante de suas evidências do continente perdido da Lemúria.

Como disse o grande explorador, coronel Fawcett, na virada do século XX:

> Essas ruínas megalíticas de Tiwanaku jamais foram construídas nos Andes. Elas são parte de uma grande cidade submersa tempos atrás no Oceano Pacífico. Quando a crosta da Terra se elevou e criou a grande Cordilheira dos Andes, as ruínas foram elevadas do leito do oceano para o local onde hoje as vemos.

Se alguém procura por ruínas que teriam passado por tal elevação, não é necessário ir além daquelas de Puma Punku. Não muito visitada, Puma Punku fica apenas a 1,6 quilômetro ao norte de Tiwanaku, em direção ao Lago Titicaca. Sua característica mais fascinante é o que parece ser um canal antigo. Grandes blocos de arenito e andesito, medindo até 8,22 metros e pesando quase 300 toneladas, estão espalhados pela área como bloquinhos de construção de brinquedos para crianças. A normalmente conservadora revista *Reader's Digest* relatou: "uma pilha amontoada de pedras que parecem ter sido atiradas ao chão por uma catástrofe natural é tudo o que resta de Puma Punku...".

Nessa região havia antes um grande canal, segundo alguns arqueólogos, que foi destruído por um terremoto de proporções enormes. A construção em Puma Punku difere daquela em Tiwanaku pelo fato de que as pedras foram colocadas juntas por meio de abraçadeiras, como a pedra encontrada em Ollantayatambo. Puma Punku não tem nenhuma das estátuas encontradas em Tiwanaku, mas, em vez disso, apresenta desenhos geométricos em andesito

> **Contudo, se um forte terremoto derrubou as pedras de 300 toneladas de Puma Punku, espalhando-as pela planície como se fossem brinquedos, então por que as construções em Tiwanaku não foram destruídas da mesma maneira?**

cortados com precisão, como as cruzes e triângulos concêntricos em estilo suíço.

Embora arqueólogos bolivianos insistam que os ancestrais dos índios ayamaras construíram Tiwanaku e Puma Punku, parece que a cultura deles sofreu um retrocesso, pois hoje eles mal conseguem subsistir vivendo no alto platô infértil. Nem eles, nem o governo de origem espanhola da empobrecida Bolívia são capazes de reproduzir os feitos de engenharia realizados em Tiwanaku ou Puma Punku.

Arqueólogos tradicionais explicam os antigos canais em Tiwanaku afirmando que a cidade outrora ficava perto do Lago Titicaca, a 5,20 metros de distância. Teoricamente, o lago cobria uma área maior naquela época, estendendo-se até o porto de Puma Punku. É interessante contrastar essa explicação com aquela para a cidade submersa perto de Porto Acosta, que os mesmos peritos afirmam ter sido construída quando as águas do lago eram muito baixas. Isso indica uma grande variação na profundeza do lago.

Contudo, se um forte terremoto derrubou as pedras de 300 toneladas de Puma Punku, espalhando-as pela planície como se fossem brinquedos, então por que as construções em Tiwanaku não foram destruídas da mesma maneira? Será que é porque foram construídas em uma época posterior ao cataclismo?

Alguns afirmam que Tiwanaku foi construída 15 mil anos atrás. O arqueólogo Arthur Posnansky, que estudou Tiwanaku durante 30 anos na virada do século XX, chegou à conclusão que a cidade tem 10 mil ou 12 mil anos de idade. Arqueólogos tradicionais zombam dessa afirmação, citando a datação por radiocarbono de artefatos que indicam que a cidade era ocupada no ano 1700 a.C. Mesmo essa data é surpreendente, considerando-se que uma cultura hoje desaparecida construía edificações que hoje não conseguimos reproduzir – 4 mil anos depois.

E quem poderia ter construído Tiwanaku? Talvez ninguém além dos misteriosos navegadores que mapearam a Antártida antes que ela fosse coberta por gelo, viajaram pelo mundo espalhando uma cultura megalítica, e que usavam turbantes vermelhos sobre os cabelos loiros – a Liga Atlante! Mas por que alguém desejaria ir aos lugares mais desolados e inóspitos da Terra e construir uma cidade megalítica? Essa sempre foi a pergunta mais difícil de responder em relação a Tiwanaku, não importando quem acreditemos que a construiu de fato.

Há duas razões possíveis para a escolha desse local. Em primeiro lugar, é significativo o fato de que as ruínas de Puma Punku estejam próximas. Será que os construtores de Tiwanaku ergueram a cidade aqui porque ficava perto das ruínas de uma cidade ainda mais antiga? Esse parece ser o motivo. É possível que quisessem chamar a atenção para as ruínas de Puma Punku; talvez apenas tenham tropeçado sobre elas quando procuravam um lugar para construir Tiwanaku.

O historiador peruano Montesinos escreveu em *Memorias Antiguas, Historales, Politicas del Peru*:

> Cuzco e a cidade em ruínas Tiwanaku são ligadas por uma gigantesca estrada subterrânea. Os incas não sabem quem a construiu. Também não sabem nada a respeito dos habitantes de Tiwanaku. Na opinião deles, a cidade foi construída por um povo muito antigo, que depois se retirou para as selvas da Amazônia.

Portanto, mesmo aqui na desolada Tiwanaku encontramos novamente o misterioso sistema de túneis! Se ele não existe, por que todos falam a seu respeito?

A ligação Tiwanaku-Ollantayatambo

O Lago Titicaca é o mais alto lago navegável do mundo, a uma altitude de 12.500 pés (3.810 metros). Tem uma profundidade máxima de 1.214 pés (370 metros), o que o faz também um dos lagos mais profundos do mundo. O lago tem uma área de 3.200 milhas quadradas (8.190 quilômetros quadrados); quase a metade do tamanho do Lago Ontário.

Os índios da região relataram ter observado edificações e telhados no lago, e que depois de longos

---

Os índios da região relataram ter observado edificações e telhados no lago, e que depois de longos períodos de seca, quando as águas do lago estavam baixas, podiam até tocar com varas os topos das edificações. Isso foi descartado como superstição até o início da década de 1970, quando uma equipe de mergulhadores americanos descobriu o que era literalmente uma cidade submersa na margem leste do Lago Titicaca!

Seria a cidade submersa perto de Porto Acosta de fato uma cidade da época Pré-cataclismo, quando essa área continha um canal que cruzava o continente?

períodos de seca, quando as águas do lago estavam baixas, podiam até tocar com varas os topos das edificações. Isso foi descartado como superstição até o início da década de 1970, quando uma equipe de mergulhadores americanos descobriu o que era literalmente uma cidade submersa na margem leste do Lago Titicaca! Perto de Porto Acosta, Bolívia, a cerca de 65 pés (20 metros) de água, existem as ruínas de uma cidade antiga. Há relatos de outras cidades submersas no Lago Titicaca, e foram esses rumores que devem ter despertado o interesse de Jacques Cousteau.[124]

Um arqueólogo boliviano tem uma explicação para a existência da cidade submersa no lago. Segundo sua teoria, o nível da água ficou muito baixo certa vez depois de um severo período de seca, e as pessoas que moravam na região tolamente construí-ram sua cidade muito perto da água. Depois, quando a seca chegou ao fim, a cidade ficou submersa; uma cidade perdida a ser descoberta muitos anos depois por arqueólogos perplexos.

Seria a cidade submersa perto de Porto Acosta de fato uma cidade da época Pré-cataclismo, quando essa área continha um canal que cruzava o continente? Preciosas pesquisas arqueológicas foram realizadas nessa cidade submersa, embora tenham sido poucas, pois a arqueologia submarina em geral se concentra na recuperação de navios afundados.

Portanto, concluindo, devo admitir que não sei quem construiu Machu Picchu, Ollantayatambo, Sacsayhuaman, ou Tiwanaku. Porém, parece que os construtores de todos esses monumentos foram o mesmo povo – mas não eram os incas. É provável que essas estruturas tenham sido erigidas muitas centenas de anos antes dos incas. As perguntas são: Quem construiu essas muralhas megalíticas e como o fizeram?

---

124. Em 1973, Cousteau sondou as profundezas do Lago Titicaca procurando tesouros e artefatos incas, mas não obteve sucesso na busca, diferentemente do que aconteceu posteriormente na expedição Atahuallpa, em 2000. Lorenzo Epis, o italiano que liderou a expedição, informou ao *Guardian* que depois de mais de 200 mergulhos eles encontraram "um templo sagrado com 200 metros de comprimento e 50 metros de largura, uma área para plantações, uma estrada pré-inca e um muro de contenção com 800 metros de comprimento". – Ed.

Um Sumário Acerca da Atlântida e das Civilizações Antigas:
Uma Investigação da Era da Civilização
Colin Wilson

Charles Hapgood, um professor norte-americano de história, ficou convencido, em 1989, que existira uma "civilização com altos níveis de ciência" pelo menos há 100 mil anos.

Em meados dos anos 1950, Hapgood escrevera um livro intitulado *Earth's Shifting Crust*, para o qual Einstein contribuiu com a introdução. Nele, o autor argumentava que toda a crosta da terra passa por "deslizamentos" periódicos; um deles, em 9500 a.C., fez com que o Polo Norte mudasse da Baía de Hudson para a sua localização atual. E, em 1966, seu livro *Maps of the Ancient Sea Kings* sugeria que mapas medievais chamados "portolanos" – usados pelos marinheiros para navegar "de porto a porto" – provavam que deve ter existido uma civilização marítima mundial no ano 7000 a.C.

Em 1989, Hapgood contou ao escritor Rand Flem-Ath que desejava publicar uma nova edição de *Earth's Shifting Crust*, incluindo suas evidências de que a civilização já existia desde antes de 100 mil anos atrás. Antes que conseguisse fazer isso, ele foi atropelado e morto.

Concordei em colaborar com Rand Flem-Ath na tentativa de solucionar o mistério. Depois de uma

---

Muito longe de ser um macaco desajeitado, o homem de Neandertal tinha o cérebro maior que o nosso, era bem familiarizado com a astronomia, tocava instrumentos musicais, e até inventou o alto-forno.

---

longa busca, tive a sorte de descobrir o homem que alegava ter convencido Hapgood de que a civilização remontava a 100 mil anos. Ele era um recluso excêntrico que morava em uma pequena cidade na Nova Inglaterra. Quando pedi que explicasse o que o convencera da existência da civilização centenas de milhares de anos atrás, ele especificou duas coisas: que o homem de Neandertal era muito mais inteligente do que supomos, e que medidas antigas provam que o homem sabia o tamanho exato da Terra milênios antes que o grego Erastóstenes o calculasse em 240 a.C.

Em uma curta pesquisa que fiz, verifiquei as duas alegações. Muito longe de ser um macaco desajeitado, o homem de Neandertal tinha o cérebro maior que o nosso, era bem familiarizado com a astronomia, tocava instrumentos musicais, e até inventou o alto-forno. Quanto ao tamanho da Terra, os gregos antigos tinham uma medida chamada estádio – o comprimento de um estádio. A circunferência polar da Terra é *exatamente* 216.000 estádios. *Contudo, os gregos não sabiam o tamanho da Terra.* Eles devem ter herdado a medida estádio de alguém que *de fato* sabia.

Em um cruzeiro pelo Nilo em 1997 deparei-me com outra descoberta crucial. O número Nínive, um grande número com 15 dígitos foi encontrado inscrito em um tablete de argila assírio, nas ruínas da biblioteca de Assurbanipal. Todavia, os assírios não eram grandes matemáticos.

O engenheiro espacial Maurice Chatelain – que desenvolveu o sistema de comunicação do primeiro foguete para a Lua – descobriu uma poderosa evidência interna de que o número Nínive deve ter sido alcançado há aproximadamente 65.000.

Ele também descobriu que dois outros números, ainda maiores, foram encontrados inscritos em uma estela em Quiriga, a cidade sagrada dos maias. Eles apresentam uma notável característica em comum com o número Nínive: Podem ser divididos com precisão pelo número de anos que a Terra leva para completar seu "ciclo precessional"

Ao que parece, então, os assírios herdaram o conhecimento da precessão de alguma civilização "fundadora" anterior – presumivelmente a mesma civilização da qual os maias, milhares de anos depois e milhares de milhas do outro lado do Atlântico, herdaram o seu.

ao redor do Sol, pouco menos de 26 mil (a precessão dos equinócios é o movimento retrógrado dos signos do zodíaco, de modo que, nos céus, a primavera começa um pouco mais cedo a cada ano.).

Ao que parece, então, os assírios herdaram o conhecimento da precessão de alguma civilização "fundadora" anterior – presumivelmente a mesma civilização da qual os maias, milhares de anos depois e milhares de milhas do outro lado do Atlântico, herdaram o seu.

Deparei-me com mais uma descoberta importante durante o cruzeiro pelo Nilo. Foi algo que aconteceu no templo de Edfu, e se passaram mais seis anos até que eu entendesse seu total significado, e isso permitiu uma visão repentina do segredo dos templos egípcios. Falarei mais sobre isso a seguir.

O MISTERIOSO VIDRO DO DESERTO DA LÍBIA

Eu tinha encontrado outra interessante evidência de que os "altos níveis de ciência" datam de muito antes do que supomos. Começou com o mistério do vidro do deserto da Líbia. Dois cientistas britânicos que dirigiam pelo deserto da Líbia descobriram grandes quantidades de um vidro verde fundido, altamente valorizado pelos artesãos árabes para fazer joias. A primeira suposição deles – que eram "tektites", um vidro fundido que vem do espaço sideral – teve de ser descartada, pois não havia as típicas bolas de ar; só lhes restou uma hipótese alternativa: que esse vidro fora *fabricado* por meio de um estranho processo industrial por volta do ano 6000 a.C. Mas isso teria exigido grandes quantidades de água. Foi Hapgood quem explicou aos investigadores que *existiram* grandes lagos no norte da África em 6000 a.C. Quando lorde Rennell of Rodd descreveu o mistério a um cientista chamado John V. Dolphin, que trabalhara nos testes da bomba atômica no deserto da Austrália, Dolphin explicou que o vidro parecia muito com a areia fundida provocada pelo teste da bomba atômica, o que fez lorde Rennell considerar a possibilidade de que os criadores do vidro do deserto da Líbia dominavam o uso da energia atômica. Hapgood descartou essa ideia; ele estava convencido de que os antigos apenas tinham outro método de produzir temperaturas muito altas – cerca de 6 mil graus Celsius.

Sem que Hapgood e lorde Rennell soubessem, um inventor búlgaro chamado Ilya Velbov – que depois mudou seu nome para Yull Brown – resolvera o problema. Brown fez a descoberta extraordinária que, se o

A história do grande dilúvio é preservada nas lendas dos índios haida, do Canadá, e de muitas outras tribos. Mas, qual dilúvio? Platão menciona não menos que quatro.

hidrogênio e o oxigênio são separados na água, e depois recombinados em um tipo de chama de oxiacetileno, isso fará um buraco instantâneo em um pedaço de madeira dura, queimará tungstênio (exigindo para isso 6 mil graus), vaporizará metais, derreterá tijolos refratários e fundirá vidro com cobre. Brown denominou tal mistura "gás de Brown", os chineses a usaram em seus submarinos para transformar a água do mar em água potável. Entretanto, como ninguém entende o processo, a ciência demonstrou um total desinteresse por ele. Porém, Brown tinha certeza de que ele era conhecido pelos antigos, que o usaram para extrair ouro purificado de minério de ouro.

A recusa total de Brown de entrar em um acordo com a indústria americana arruinou a única chance excelente que ele teve de alcançar fama e fortuna, e ele morreu desconhecido.

EVIDÊNCIA DE UMA CIÊNCIA DE 100 MIL ANOS DE IDADE

Mas, se Hapgood está certo em relação a essa ciência de 100 mil anos de idade, que evidências ainda existem? Bem, um construtor moderno admitiria que, apesar de toda a nossa tecnologia, ele não teria a menor ideia de como realizar a construção da Grande Pirâmide. O mesmo é verdade para as magníficas ruínas de Tiahuanaco, nos Andes, cuja área portuária tem blocos tão grandes que nenhum guindaste moderno poderia erguê-los. Esses construtores parecem ter conhecido um tipo de tecnologia para mover blocos imensamente pesados.

O Lago Titicaca, de onde Tiahuanaco fora outrora um porto, é repleto de criaturas do mar. Em algum momento no passado uma convulsão geológica elevou a cidade quatro quilômetros. Geólogos presumem que isso aconteceu há milhões de anos, mas tal presunção é absurda. Quem construiria um grande porto perto de um lago sem nenhum outro porto ou cidade? Com certeza, Tiahuanaco estivera no nível do mar quando a convulsão ocorreu. Em seu livro *When the Earth Nearly Died: Compelling Evidence of a Cosmic Catastrophe in 9500 B.C.* (1995), D. S. Allan e J. B. Delair argumentam que a convulsão ocorreu provavelmente em razão do

> **Parece não haver nenhuma dúvida de que os xamãs possuem poderes que consideraríamos "mágicos", e muitos exemplos são apresentados aqui. As habilidades de cura dos xamãs também podem ser usadas com o propósito contrário – causar doença e morte.**

impacto de um cometa ou asteroide. A data, é claro, é aquela em que Platão afirma ter ocorrido a destruição da Atlântida "em um dia e uma noite".

A história do grande dilúvio é preservada nas lendas dos índios haida, do Canadá, e de muitas outras tribos. Mas qual dilúvio? Platão menciona não menos que quatro. O primeiro deles foi o da Atlântida. O segundo é mencionado no *Livro de Enoque* e nos rituais dos maçons, e aconteceu cerca de 2 mil anos depois do dilúvio de Platão. "Sete montanhas flamejantes" caíram na Terra vindas do espaço; segundo as evidências do professor Alexander Tollmann, este foi o maior dilúvio no Estreito de Sunda, e provocou uma grande migração para o Norte, o que criou civilizações na Índia e depois na Suméria (os sumérios são considerados os fundadores da civilização europeia). O terceiro dilúvio, por volta de 6000 a.C., criou o Mar Negro e foi o de Noé e do *Épico de Gilgamesh*. O quarto, "o dilúvio de Deucalião", ocorreu na Idade do Bronze, por volta de 2200 a.C. Outra catástrofe de grandes proporções aconteceu no ano 535 d.C., causando fome mundial, seca e praga, que destruiu, entre outras, a civilização dos maias na América Central, e dos índios nazca no Peru, cujos desenhos gigantescos na superfície do deserto foram feitos, como sabemos hoje, para persuadir os deuses a enviar chuva.

Esses desenhos só podem ser vistos de cima, e deram origem à teoria segundo a qual os xamãs nazca, com a ajuda de drogas psicodélicas (que, sabemos, eram usadas pelos índios) conseguiam realizar experiências fora do corpo, que os permitia fazer os desenhos.[125] Os índios da floresta peruana usam uma droga chamada ayahuasca que (de acordo com o atropólogo Jeremy Narby) eles alegam ter lhes permitido conhecer as propriedades de 80 mil plantas e a estrutura do DNA.

O Xamanismo, daqui em diante, se torna um dos temas principais deste livro, e argumenta-se que os xamãs possuem um conhecimento da natureza que vai muito além daquele da ciência moderna. Parece não haver nenhuma dúvida de que os xamãs possuem poderes que consideraríamos "mágicos", e muitos

---

125. Eles ainda usam as mesmas substâncias psicodélicas nos dias de hoje. – Ed.

exemplos são apresentados aqui. As habilidades de cura dos xamãs também podem ser usadas com o propósito contrário – causar doença e morte. Os sacerdotes kahuna, do Havaí, podem usar a Prece da Morte para matar os inimigos. E foi lendo a respeito dos poderes que eles tinham para proteger os templos com uma maldição, e a história de um jovem imprudente que ficou paralisado da cintura para baixo depois de entrar ousadamente em um templo "proibido", que eu, de repente, entendi o significado de um incidente que ocorrera em 1997 no templo de Edfu, quando o investigador Michael Baigent entrou em transe atrás de um altar. A maldição de Tutankhamon era, sem dúvida, mais que uma lenda.

Mais conhecimento antigo, dos templários e dos maçons

O livro agora retorna ao tema da busca por "conhecimento antigo", e ao escocês e maçom James Bruce, que foi à Etiópia procurando o perdido *Livro de Enoque*. Consideramos a evidência apresentada por Robert Lomas e Christopher Knight (*Uriel's Machine*, 2004) de que Enoque viajou às Ilhas Britânicas, e que uma estrutura de pedra (ou madeira) erigida no alto de uma montanha pode ter sido usada como um computador astronômico, o que explica, entre

Eles também ressaltaram que a Capela de Rosslyn, perto de Edimburgo, Escócia, fundada pelo templário William St. Clair, contém gravações de plantas exclusivamente americanas, como milho e babosa, embora Colombo só viesse a descobrir a América 50 anos depois de que a Capela Rosslyn foi construída.

outras coisas, o comprimento da "jarda megalítica" observado em todos os sítios megalíticos pelo professor Alexander Thom – ele se referiu aos construtores como os "Einsteins da Idade da Pedra". Lomas e Knight argumentam que os rituais da maçonaria datam do "dilúvio de Tollman", em 7500 a.C.

Eles também ressaltaram que a Capela de Rosslyn, perto de Edimburgo, Escócia, fundada pelo templário William St. Clair, contém gravações de plantas exclusivamente americanas, como milho e babosa, embora Colombo só viesse a descobrir a América 50 anos depois de que a Capela Rosslyn foi construída. A evidência indica que, quando a frota templária deixou La Rochelle para escapar das prisões (e execuções) em massa, iniciadas por Filipe, o Belo, rei da França, em 1307, alguns navios partiram para a América.

Como eles sabiam que a América existia? A resposta parece estar

Depois, São Paulo realmente inventou a religião chamada Cristianismo, na qual Jesus, "o Cristo", é o Salvador que redime o homem do Pecado Original (uma ideia que, com certeza, jamais passou pela cabeça de Jesus)

nos mapas (como os apresentados em "Ancient Sea Kings", de Hapgood) descobertos pelos templários originais depois da conquista de Jerusalém pelos cruzados em 1112 d.C. O rei Baldwin deu aos nove Cavaleiros Templários originais permissão para guardar seus cavalos no porão do antigo Templo de Salomão, abandonado desde que os romanos o haviam destruído em 66 d.C., após um levante judeu. Muitos documentos pertencentes a uma seita chamada os Essênios foram guardados lá, um deles (o pergaminho *Jerusalém Celeste*) repleto de símbolos maçônicos. Parece claro que os Essênios faziam parte da tradição maçônica, e sabiam da existência da América. A evidência indica que Jesus não era apenas um Essênio, mas também considerado por eles como o Messias que derrubaria o governo romano. Ele foi crucificado depois de uma tentativa malsucedida de provocar uma revolta, e foi substituído como líder dos Essênios por seu irmão Tiago.

Depois, São Paulo realmente inventou a religião chamada Cristianismo, na qual Jesus, "o Cristo", é o Salvador que redime o homem do Pecado Original (uma ideia que, com certeza, jamais passou pela cabeça de Jesus). E quando os cristãos originais foram massacrados pelos romanos no ano 66 d.C., a versão de São Paulo (pregada em outros países aos gentios) se espalhou conquistando o mundo. Por razões puramente políticas, ela foi adotada pelo imperador Constantino, para manter unido o seu fraco império, e o Concílio de Niceia estabeleceu a doutrina da Trindade como dogma. O papa Leão X afirmaria mais tarde: "Serviu-nos muito bem, esse mito de Cristo". (Mas, como mostraremos, o papa Leão pertencia à tradição religiosa original que nasceu dos Essênios, e era membro de uma sociedade secreta conhecida como o Priorado de Sião, fundada em 1112 pelos primeiros Templários.)

Lomas e Knight afirmam que Hiram Abiff, o arquiteto do Templo, cuja lenda de seu assassinato por três "aprendizes" é a pedra fundamental da Maçonaria, foi na verdade um faraó egípcio chamado Sekenenré, morto por assassinos hiscos em uma tentativa de extrair dele um ritual secreto para transformar um faraó em deus. Posteriormente, o filho de Sekenenré expulsou os hiscos (os "Reis Magos") do Egito. E 600 anos depois, a história foi alterada quando Sekenenré foi transformado em "Hiram Abiff", arquiteto do Templo de Salomão. Rosslyn, oportunamente, foi construída por um templário e maçom, imitando o Templo de Salomão.

Salomão se afastou da antiga religião e se tornou um adorador de Vênus, e sabemos que o planeta Vênus é o único cuja rota de órbita forma um pentagrama perfeito no céu – o símbolo fundamental da magia.

Prosseguimos explorando a história do "Cristianismo original (Essênio)", e como ele se tornou um segredo guardado por uma linhagem de reis franceses, os Merovíngios, que sabiam que o Cristianismo era uma invenção de São Paulo e do Concílio de Niceia, e que esperavam um dia substituir a Igreja Católica e restaurar o Cristianismo original. Foram derrubados quando o rei Dagoberto II foi assassinado e substituído pela dinastia Carolíngia; mas mantiveram vivo o conhecimento do segredo do Priorado de Sião. Esse segredo foi acidentalmente descoberto por um pároco chamado Beranger Saunière, em uma vila chamada Rennes-le-Château (que fica no meio de uma paisagem "mágica" natural, onde as colinas formam um pentagrama perfeito).

Saunière também descobriu que Jesus não morrera na cruz, mas fora retirado depois de seis horas e tratado até recobrar a saúde; depois, fugiu para a França com a esposa, Maria Madalena, e viveu em Rennes-le-Château, então chamada Aireda. Os reis Merovíngios eram descendentes diretos de Jesus e Maria Madalena. Em meados da década de 1990, Peter Blake descobriu uma caverna que acredita ser o túmulo de Jesus e Maria, e também descobriu que vários papas e cardeais (incluindo Richelieu) foram membros do Priorado.

Um retorno há 100 mil anos

Nos dois capítulos finais do livro, retornamos ao mistério da civilização de 100 mil anos de Hapgood.

Fica claro que os antigos possuíam uma habilidade extraordinária para multiplicar números extensos, assim como a dos prodígios modernos em cálculos (como Benjamim Blyth, que aos 5 anos de idade levou apenas alguns minutos para calcular quanto segundos ele vivera até então). Exploramos *The Infinite Harmony*, de Mike Hayes, que demonstra a relação íntima entre o código do DNA e o *I Ching*. Isso leva à consideração da sincronicidade, que a ciência moderna se recusa a reconhecer, e de "certa cegueira nos seres humanos" que nos faz

> **Existem, de fato, evidências de que nosso ancestral *Homo erectus* navegava os oceanos em jangadas 800 mil anos atrás.**

"filtrar" uma grande parte de nossa experiência. Goethe, como William James, tinha total consciência dessa cegueira e dos "filtros" científicos que nos vazem ver "a vestimenta viva de Deus" como um mundo de matéria morta. A Teoria das Cores de Goethe é examinada. Falamos da "visão eidética", a habilidade incomum que algumas pessoas (Nikola Tesla, por exemplo) para recriar algum objeto dentro de suas mentes. (É também algo fundamental no treinamento da magia.)

Julian Jaynes percebeu que o homem está preso em um mundo cinza criado pelo hemisfério cerebral esquerdo, a parte "científica" do cérebro. Mas então, Annie Besant e C. W. Leadbeater, dois fundadores da Sociedade Teosófica, escreveram um livro chamado *Occult Chemistry*, que descreveu os quarks mais de meio século antes que a ciência postulasse a existência deles.

Mencionamos outro cientista, Chandra Bose, que via a Natureza – mesmo os metais – como algo vivo. E isso nos leva de volta a Hapgood, que, depois de se aposentar, desenvolveu o interesse por alguns aspectos muito incomuns da ciência – por exemplo, a descoberta do perito em detectores de mentira, Cleve Backster, de que as plantas podem ler nossa mente. Enquanto ainda era um professor de faculdade, ele realizou experimentos com seus alunos demonstrando que plantas que "recebem preces" se desenvolvem mais do que as ignoradas, enquanto plantas que recebem "preces contrárias a elas" com frequência morrem. Hapgood ficou muito interessado nos "campos de vida" descobertos pelos cientista americano Harold Burr, e o reconhecimento de que eles podem ser controlados pelos "campos de pensamento". Os estudos de antropologia realizados por Hapgood o levaram a concluir que o homem é tão inteligente quanto nós o somos hoje há pelo menos 200 mil anos, e talvez há dois milhões. Existem, de fato, evidências de que nosso ancestral *Homo erectus* navegava os oceanos em jangadas 800 mil anos atrás.

Mais surpreendentes são os experimentos de Hapgood com a hipnose, que provaram de maneira conclusiva que ele conseguia hipnotizar seus alunos para *prever o futuro com exatidão*.

O capítulo final do livro contém algumas das descobertas mais notáveis, começando com a localização de uma placa com meio milhão de anos que fora cuidadosamente desenhada de um lado. Depois, consideramos o homem de Neandertal e alguns fatos que provam seu alto nível de inteligência – cujas minas vermelhas de ocre na África do Sul datam de 100 mil anos. Uma escultura, a Berekhat Ram, data de um quarto de milhão de anos atrás.

Levamos em consideração o fato de que as culturas "xamânicas" pressupõem a "consciência de grupo" – o tipo de consciência telepática que permite bandos de pássaros e cardumes de peixes mudar de direção simultaneamente. É quase certo que o homem antigo possuía essa

Rapidamente olhamos de novo para as evidências de que o homem existe há muito mais tempo do que a ciência supõe – como um prego de ferro enterrado em um pedaço de carvão, com vários milhões de anos de idade, e uma presa de mastodonte onde foi gravado o desenho de um animal com chifres, proveniente de um leito do período Mioceno, há mais de 25 milhões de anos.

mesma habilidade telepática. O livro de Kevin Kelly, *Out of Control*, descreve como todos os presentes em uma conferência sobre computadores em San Diego aprenderam essa habilidade em 15 minutos. Nesse sentido, sociedades como o Egito antigo eram quase que certamente "coletivas", o que explicaria sua habilidade para erguer grandes pesos.

Passamos para as descobertas extraordinárias de John Mitchell, que chamou a atenção para o fato de que o número Nínive pode ser dividido pelos diâmetros do Sol e da Lua, e que o princípio matemático chamado "Cânon" é subjacente à ciência antiga: a noção de que nosso universo parece ter sido planejado seguindo linhas matemáticas – o "código dos números que estruturam o Universo", que implica a existência de uma inteligência por trás de sua criação. Um exemplo é a sequência dos "números de Fibonacci" que desempenham um papel tão básico na natureza, desde nebulosas em espiral até conchas do mar. Discutimos o Princípio Cosmológico Antrópico, formulado pelo astrônomo Brandon Carter, que afirma que o universo *tem como objetivo* a propagação da vida; e a afirmação de Fred Hoyle, segundo a qual "nosso planeta é perfeitamente adequado para a incubação da vida", e que "é como se um superintendente estivesse brincando com a física".

Se assim for, o que então torna a liberdade humana tão limitada? O homem está confinado em uma "proximidade" que o priva de um significado. Rapidamente olhamos de novo para as evidências de que o homem existe há muito mais tempo do que a ciência supõe – como um prego de ferro enterrado em um pedaço de carvão, com vários milhões de anos de idade, e uma presa de mastodonte onde foi gravado o desenho de um animal com chifres, proveniente de um leito do Período Mioceno, há mais de 25 milhões de anos.

Citamos o vencedor do Prêmio Nobel, Frederick Soddy, que descobriu isótopos, a respeito da evidência de uma civilização desconhecida e insuspeitada da qual todas as outras relíquias desapareceram. E terminamos citando Platão: "Que as coisas são muito mais bem cuidadas do que podemos imaginar".

O Significado das Pirâmides
Robert M. Schoch and Robert S. McNally

Quando muitos acadêmicos treinados no estudo do mundo antigo olham para pirâmides em diferentes continentes, eles veem a prova da divisão da raça humana em civilizações distintas e separadas. Vemos algo que é exatamente o oposto: evidências convincentes da unidade subjacente da civilização.

Levado ao extremo, o ponto de vista ortodoxo é mais ou menos este: A existência da civilização não é anterior ao meio do quarto milênio a.C. Ela começou na Mesopotâmia, depois se espalhou para o Egito e, subsequentemente, por todo o Velho Mundo. Outras civilizações surgiram por si próprias – e muito tempo depois – nas Américas, onde permaneceram desligadas da Ásia e África até que Colombo cruzasse o Atlântico com seus três pequenos navios. O Velho Mundo e o Novo Mundo desenvolveram, cada um, uma civilização independente.

Eu (Schoch) entendi que havia algo de errado com essa visão enquanto investigava as origens da Grande Esfinge de Gizé. Como geólogo eu sabia que os padrões climáticos do platô de Gizé indicavam que a Esfinge fora esculpida em estágios. Além disso, as partes mais antigas datavam de muito além da convencional data de 2500 a.C que se dá à escultura; é quase certo que a parte mais antiga é anterior a 5000 a.C.

Essa descoberta levantou uma importante questão. Mesmo um primeiro projeto simples da Esfinge só poderia ter sido construído por um povo sofisticado, que tivesse alcançado a civilização bem antes de 3500 b.C., data em que a civilização supostamente surgiu. Quem era esse povo desconhecido? E o que aconteceu a ele?

A tempestade de fogo de controvérsias acadêmicas provocada por minha pesquisa da Esfinge resultou em nosso primeiro livro, *Voices of*

> **Embora simbolizem o mistério e a magia do antigo Egito, as pirâmides não são unicamente egípcias.**

the Rocks (Harmony, 1999). Argumentamos que a civilização nasceu antes do que em geral se acredita, mas uma grande parte a história antiga da humanidade se perdeu devido a catástrofes naturais.

Porém, nós sabíamos que isso era apenas o começo. Queríamos investigar mais a fundo a questão das origens da civilização. As pirâmides ofereceram um caminho para o passado profundo.

Embora simbolizem o mistério e a magia do antigo Egito, as pirâmides não são unicamente egípcias. Pirâmides de vários tipos aparecem no antigo reino africano de Kush, ao longo do Nilo, entre a terceira e a quarta cataratas; assim como zigurates nas antigas Mesopotâmia e Suméria (a provável fonte do relato bíblico da Torre de Babel); na Inglaterra e Irlanda, na forma de Silbury Hill e Newgrange; na Índia e por todo o sudeste da Ásia, no estilo singular os stupas budistas; em Angkor Wat, no Camboja; em Borobudur, na Indonésia; na antiga China; em Teotihuacán, Tenayuca, Tenochtitlán, e outros sítios no vale do México; nos antigos reinos olmeca e maia do sul do México, Guatemala, Honduras, Belize e El Salvador; ao longo do Mississipi, em Cahokia e outros centros cerimoniais; e na região costeira do Peru, entre o povo que foi o ancestral do Império Inca; e, ainda nesse país, nos Andes, a principal morada dos incas.

Como pode uma forma tão singular e poderosa como a da pirâmide ter sido construída em locais tão separados uns dos outros? A maioria dos estudiosos responderia que muitas das pirâmides do mundo são produtos de coincidência e convergência – povos de diferentes culturas imitando as formas da natureza, como as montanhas do México ou as dunas de areia do Egito. Mas, é esta a palavra final sobre o assunto? Não seria uma supersimplificação? Será que as pirâmides ao redor do mundo compartilham uma herança cultural comum?

Essas perguntas são o foco de nosso livro mais recente, *Voyages of the Pyramid Builders: The True Origins From Lost Egypt to Ancient America*. Nele, seguimos o passado das muitas culturas construtoras de pirâmides até o que parece ser sua derradeira fonte: Sundaland, uma extensão de terra do tamanho de um continente no sudeste da Ásia (localizada sob o atual mar do sul da China), que foi inundado por níveis do mar que se elevaram depois do fim da última idade do gelo, um evento catastrófico que talvez tenha relação com atividades de cometas nos céus, observadas

Será que as pirâmides ao redor do mundo compartilharam uma herança cultural comum?

pelos habitantes de Sundaland. Como argumentamos em nosso livro, as pirâmides são simbolicamente ligadas a cometas, e é bem provável que os habitantes de Sundaland tenham dado início à antiga tradição das pirâmides, depois a levaram consigo quando fugiram das águas que se elevavam. Os que foram para o nordeste contribuíram para uma mistura cultural que resultou em primeiro lugar nas culturas das pirâmides na Suméria, Egito e Mesopotâmia, e depois nas da Índia, sudeste da Ásia e China. É possível que os habitantes de Sundaland que seguiram para o leste tenham alcançado o Peru, onde pirâmides surgiram em Aspero, no fim do quarto milênio a.C. A tradição americana da construção de pirâmides morreu até ser revivida a partir do século XII a.C., por navegantes da Orla do Pacífico, principalmente os chineses. Esse contato contribuiu para a construção das pirâmides dos olmecas, que se espalhou por toda a Mesoamérica e, depois, para os Andes.

Tais ideias continuam impopulares, em parte porque sugerem um extremo "difusionismo" (uma palavra feia para muitos estudiosos), e enfraquece a teoria da divisão Velho Mundo – Novo Mundo na qual a ortodoxia acadêmica se baseia em grande parte. Como afirma Lisa Wynn, em sua dissertação de doutorado em egiptologia,[126] muitos pesquisadores dessa disciplina instintivamente rejeitam teorias alternativas porque sentem que esse raciocínio deprecia os egípcios nativos, sugerindo que nem todas as suas realizações foram totalmente independentes e originais. Do mesmo modo, a descoberta de precedentes ao Velho Mundo e influências ao Novo Mundo é considerada um insulto aos olmecas e maias. Absurdo. Os construtores da Catedral Gótica de Chartres não são menos brilhantes porque arquitetos anteriores erigiram grandes catedrais. O mesmo se aplica para as pirâmides.

Joseph Campbell, o sempre astuto estudioso de mitologia, argumentou que subjacente às muitas e aparentemente diversas mitologias do mudo existe um centro antigo de história arquetípica comum; uma que une a todos nós. As pirâmides contêm a mesma mensagem: A humanidade toda compartilha uma história comum; uma história na qual a civilização começou em um único lugar e se espalhou pelo globo.

---

126. Princeton University, 2003. *www.princeton. edu/~lisawynn/dissertation.*

A Terra Secreta

Roy A. Decker

De acordo com nossos livros de História, as Américas foram descobertas por Cristóvão Colombo em 1492. Muitos historiadores agora dão crédito à descoberta de Vinland, por Leif Eriksson, como uma rápida tentativa de colonização da ilha de Terra Nova por volta do ano 1002 d.C. Muitos outros atribuem para si a honra de terem descoberto a América antes de Colombo, desde os irlandeses até os chineses, com uma quantidade maior ou menor de evidências para apoiar tais alegações. No entanto, um povo antigo e pouco conhecido de fato chegou às Américas e chegou a tentar uma colonização mais de 2 mil anos antes de Colombo – o antigo império de Cartago.

Descobertas recentes, por Robert Ballard e outros, de antigos navios naufragados fenícios e cartagineses em mares profundos jogou por terra a ideia de que os povos antigos se limitavam às margens de seus territórios quando navegavam. Textos antigos também incluem menções de seus instrumentos de navegação, como o gnómon, um tipo de bússola do sol; o astrolábio, usando as estrelas como direção; e até a bússola magnética. Os mares não eram barreiras para o povo antigo, mas sim estradas.

Atlântida e as Américas

O filósofo grego Platão é mais conhecido por sua história da ilha "mítica" de Atlântida. Atlântida é o tema de inúmeros livros, artigos, e filmes; e quase todos os locais do mundo são apontados por um teórico ou outro como sua possível localização verdadeira. O propósito de nosso estudo não é determinar se a Atlântida existiu ou não; porém, embutidas na história de Platão estão pistas

---

Os mares não eram barreiras para o povo antigo, mas, sim, estradas.

---

que provam que os gregos antigos sabiam da existência das Américas. Consideremos esta passagem:

> Esse poder (Atlântida) veio do Oceano Atlântico, pois *naqueles tempos o Atlântico era navegável*; e havia uma ilha situada em frente aos estreitos, que é chamada por vocês de Pilares de Hércules; a ilha era maior que a Líbia e a Ásia juntas, *e era a passagem para outras ilhas, e por elas é possível passar para todo o continente oposto que cercava o verdadeiro oceano*; pois esse mar que fica nos Estreitos de Hércules é apenas um porto, com uma entrada estreita, mas aquele outro mar é o mar real, e a terra ao redor pode verdadeiramente ser chamada de um continente sem fronteiras.[127]

O primeiro elemento a ser observado aqui é: "...naqueles tempos o Atlântico era navegável..." que é um registro do fato de que, mesmo em tempos ainda mais antigos, as pessoas atravessavam o Atlântico regularmente. O próximo elemento é: "... *e era a passagem para outras ilhas, e por elas é possível passar para todo o continente oposto que cercava o verdadeiro oceano...*" Há uma afirmação muito clara do fato de que o povo da Grécia (e Egito, a fonte da história) tinham conhecimento da América e de seu enorme tamanho. A propósito, para alguém que navega apenas ao longo da costa do Atlântico, a América do Norte e a do Sul *pareceriam* um único bloco gigantesco de terra, o que na verdade são – quando comparadas à Europa. Muitos estudiosos hoje concordam que a fonte original da história de Atlântida não veio do Egito, mas sim de marinheiros cartagineses ou fenícios. Uma indicação disso é encontrada em outro livro de Platão, que aborda o tema da Atlântida, *Critias*, pois, ao lermos a distribuição de lotes de terra entre os descendentes de Atlas, encontramos a seguinte passagem:

> A seu irmão gêmeo, que nasceu depois dele, e conseguiu como seu lote a extremidade da ilha em direção aos Pilares de Hércules, de frente para o país que hoje é chamado região de Gades naquela parte do mundo, ele deu o nome que na língua helênica é Eumelus, na língua do país que recebe seu nome, Gadeirus.[128]

A antiga cidade de Gades, no sudoeste da Península Ibérica (hoje conhecida como Cádiz) foi fundada pelos fenícios por volta de 1100 a.C., e foi chamada por eles Agadir, Gadirus, ou Gadeiros, e é isso que Platão diz: "... na língua do país que recebe seu nome...", portanto, temos uma forte evidência de que a história de Atlântida chegou ao Egito e à Grécia

---

127. Plato, *Timaeus*. 360 a.C. (itálicos meus.)

128. Plato, *Critias*. 360 a.C.

> **Ao contrário do que se costuma dizer, Platão não é a única fonte antiga sobre Atlântica, nem o único autor antigo que se referiu às Américas. Muitos outros escreveram acerca da civilização perdida e a América, entre eles Diodoro Sículo, Plutarco, Teopompo e Marcelo.**

por meio dos navegantes e mercadores fenícios ou cartagineses.

Ao contrário do que se costuma dizer, Platão *não* é a única fonte antiga sobre Atlântica, nem o único autor antigo que se referiu às Américas. Muitos outros escreveram acerca da civilização perdida e a América, entre eles Diodoro Sículo, Plutarco, Teopompo e Marcelo. Eliano, em sua coletânea de histórias e relatos intitulada *Varia Historia* (*Miscelânia Histórica*) incluiu a história de Sileno e o Sátiro. Citando Teopompo como sua fonte, Aelian escreveu:

> Europa, Ásia e Líbia (África) são ilhas, ao redor das quais o oceano flui, e o único continente é aquele que cerca o exterior desse mundo. Ele explicou o quão infinitamente grande é o continente, que contém outros animais grandes e homens duas vezes maiores do que os que vivem aqui. A vida deles não tem a mesma duração da nossa, mas é na verdade duas vezes mais longa. Há muitas cidades grandes, com diferentes estilos de vida, e leis entre eles que são diferentes daquelas que são comuns a nós. Ele disse que existiam duas cidades muito grandes, muito diferentes entre si, uma chamada Bélica e a outra Piedosa. Os habitantes de Piedosa vivem em paz e com muita riqueza; eles obtêm o fruto da terra sem o arado e os bois, e não têm necessidade de arar a terra ou cultivar.[129]

Se levarmos em consideração que os gregos e romanos recebiam relatos *imperfeitos* acerca das Américas (por meio dos comerciantes fenícios e púnicos), essa história de Eliano é notável. Não há dúvida de que nessa passagem Eliano está se referindo às Américas, e ela se encaixa muito bem com o que sabemos acerta das civilizações antigas que floresciam nas Américas nessa época. Há referência a "cidades", o que mostra que Eliano não fala sobre algumas ilhas na costa da África, como propõem alguns historiadores; e a afirmação de que os habitantes não usam arado ou bois (que de fato não eram conhecidos nas Américas antes da época de Colombo) é uma prova clara de que estamos nos referindo à América. Eliano nos

---
129. Eliano, *Varia Historia* 3:18. A.D. 235.

dá mais informações a respeito do misterioso continente:

> Os habitantes não são menos que 20 milhões. Às vezes, eles morrem de doenças, mas isso é raro, pois a maior parte perde a vida em batalhas, feridos por pedras ou tacapes de madeira (não podem ser feridos por ferro). Eles têm uma abundância de ouro e prata, por isso, para eles o ouro tem menos valor que o ferro para nós.[130]

A estranha afirmação de que os habitantes são feridos por pedras ou tacapes de madeira, e não são feridos por ferro talvez venha de um relato deturpado – eles de fato não eram "feridos por ferro", pois não o conheciam. O próximo ponto de interesse é o ouro ter menos valor para eles do que o ferro para os europeus – muitos exploradores, incluindo Colombo, fizeram relatos semelhantes quando encontraram pela primeira vez os povos ameríndios nativos. Eliano afirma que esse povo distante certa vez realizou uma expedição à Europa, chegando à "Hiperbórea" (Grã-Bretanha) e considerando as pessoas dessa terra pobres e incivilizadas, retornou repugnado. Eliano também menciona outro povo relativamente civilizado (ele os chama de "Meropes", que significa "mortais") vivendo além das cidades costeiras, e, na fronteira de seu território, um lugar chamado "o Ponto Sem Retorno" – um abismo gigante que parece muito com Grand Canyon!

De onde vem esse conhecimento a respeito das Américas? Esses registros são gregos e romanos, mas relataram informações obtidas de outros povos, uma nação de navegantes intrépidos que "estiveram lá" e retornaram com histórias maravilhosas.

OS FENÍCIOS E AS MINAS DO REI SALOMÃO

Os fenícios já estavam singrando o mar aberto para fazer transações comerciais por volta do ano 2500 a.C., quando os egípcios compraram madeira deles para construir seus primeiros navios. Os navios comerciantes fenícios traziam ao Mediterrâneo itens muito exóticos como canela, incenso, cravo, marfim, ébanos, macacos e até pavões, de terras distantes como o sudeste da Ásia e África. Não há divergência sobre esse fato entre os estudiosos. Considerando o que os fenícios já estavam fazendo, não é de surpreender que eles desejassem e estivessem ansiosos por entrar em um acordo com o rei Salomão para benefício mútuo. Com Salomão fornecendo um porto no Mar Vermelho, as oportunidades de lucro eram grandes.

Salomão foi coroado rei de um poderoso estado hebreu criado por

---
130. *Ibid.*

A localização de Ofir é tema de muitos debates, mas há uma grande possibilidade de que a localização verdadeira seja no Peru.

seu pai, Davi, que permaneceu em paz por quase todo o tempo de seu reinado. Esse longo período de paz permitiu que Salomão expandisse o comércio e a construção. Para aumentar a renda, ele se aliou ao rei Hiram, de Tiro, a mais rica e poderosa entre as cidades-estado fenícias. Juntos, eles construíram uma frota comerciante no porto de Eziom-Geber, no Mar Vermelho. A história e encontrada no Antigo Testamento:

> "O rei Salomão também construiu navios em Eziom-Geber, que fica perto de Elate, na terra Edom às margens do Mar Vermelho. Hiram enviou em navios os seus marinheiros, homens experimentados que conheciam o mar, para trabalharem com os marinheiros de Salomão. Navegaram até Ofir e de lá trouxeram 14.700 quilos de ouro para o rei Salomão".[131]
> "Os navios de Hiram, que carregavam ouro de Ofir, também trouxeram de lá grande quantidade de madeira de juníbero e pedras preciosas".[132]

"O rei tinha no mar uma frota de navios mercantes com os navios de Hiram. Cada três anos a frota voltava, trazendo ouro, prata, marfim, macacos e pavões.
O rei Salomão era o mais rico e o mais sábio de todos os reis da terra. Gente de todo o mundo pedia audiência a Salomão para ouvir a sabedoria que Deus lhe tinha dado."[133]

Há outras referências que repetem esses pontos básicos, porém podemos tirar nossas conclusões dessas passagens. Salomão construiu sua frota no Mar Vermelho, de onde navegaram para as distantes terras de Ofir e Társis. A localização de Ofir é tema de muitos debates, mas há uma grande possibilidade de que a localização verdadeira seja no Peru (por exemplo, compare algumas das efígies moche que representam as pessoas que parecem ser hebreus ou pelo menos semitas, ou que tiveram contato com esse povo). É quase certo que Ofir não era algum lugar na Índia ou na África (como propuseram alguns teóricos) porque esses lugares poderiam facilmente ser alcançados por terra ou mar em um tempo consideravelmente menor do que três anos. Na verdade, um texto antigo grego intitulado *Periplus Erythraeum* descreve a rota marítima da África e Egito para Índia e o caminho contrário, ressaltando a hora correta

---

131. *1 Reis* 9:26. (*N.T.: Versão do Rei James, no texto original em inglês.)
132. *1 Reis* 10:11.
133. *1 Reis* 10:22-24.

dos ventos sazonais e indicando que tal viagem não levaria mais que um ano, incluindo os meses dedicados a realizar as transações comerciais. Reforçando a tese de que a localização de Ofir era a América do Sul, alguns anos atrás, o explorador Gene Savoy encontrou uma inscrição em uma caverna no Peru com o mesmo glifo exato de Ofir, identificando o Peru como o mesmo lugar!

passagem, embarcou para Társis, para fugir do Senhor".[134]

Portanto, Társis era um lugar para onde se podia viajar seguindo a direção oeste a partir de Israel (o porto de Jope), ou leste, saindo de Eziom-Geber. Vários foram os lugares sugeridos como a localização de Társis; o historiador judeu Josefo afirmou que se tratava simplesmente de Tarso, na

Por que alguém partiria do Mar Vermelho para chegar ao sudoeste da Espanha, quando poderia ter seguido o caminho mais curto e rápido, saindo de Jope? A única explicação lógica, considerando que sabemos que o os navios do rei Salomão paravam no sudoeste da Ásia, é que eles estavam circundando o mundo.

Os produtos trazidos pela frota indicam paradas no sudeste da Ásia, onde foram obtidos os pavões e as especiarias. As frotas, contudo, continuaram a viagem ao redor do globo – o que pode ser visto se olharmos o mapa e encontrarmos Eziom-Geber no Mar Vermelho, e depois encontrarmos a localização de Társis. No Livro de Jonas, no Antigo Testamento, aprendemos algo sobre a localização de Társis:

"Mas Jonas fugiu da presença do Senhor, dirigindo-se para Társis. Desceu à cidade de Jope, onde encontrou um navio que se destinava àquele porto. Depois de pagar a

Ásia Menor. Entretanto, talvez Josefo tenha deliberadamente enganado seus senhores (os romanos, que o haviam capturado), pois Tarso era pouco mais que um povoado de casas de barro na época do rei Salomão, e a cidade foi fundada pelo rei assírio Senaqueribe mais de cem anos depois da morte de Salomão. Além disso, a verdadeira Társis era conhecida pelos gregos como Tartessus, e era localizada no sudoeste da Península Ibérica, perto de Gades. Recentemente, um pesquisador chamado Rainer Kuehne alegou ter encontrado Atlântida nessa área exata; contudo é muito mais provável que ele tenha localizado

---

134. *Jonas 1:3* – Tradução literal de Young.

Tartessus. Esta era conhecida pela abundância de prata. Por que alguém partiria do Mar Vermelho para chegar ao sudoeste da Espanha, quando poderia ter seguido o caminho mais curto e rápido, saindo de Jope? A única explicação lógica, considerando que sabemos que o os navios do rei Salomão paravam no sudoeste da Ásia, é que eles estavam circundando o mundo. Faz muito sentido pensar que a frota não estava voltando para Eziom-Geber, mas, sim, para Jope, no Mediterrâneo. Há evidências para apoiar tal afirmação; de fato, o único pedaço de louça encontrado com o glifo de Ofir inscrito foi desenterrado perto de Jope. Isso também explicaria por que reis posteriores de Israel e Judá tiveram de construir uma frota inteiramente nova em Eziom-Geber para navegar até Ofir mais de uma vez, pois os navios de Salomão e Hiram não retornavam àquele porto. Outra indicação de que a frota de Salomão circundava o mundo está no fato de que cada viagem levava mais de três anos para ser completada – lembremos que Magalhães e Drake, os primeiros exploradores europeus que navegaram pelo mundo, levaram exatamente três anos para realizar tal feito. Também devemos observar que Salomão procurara os fenícios para construir e ajudar os homens em sua frota, o que indica que eles são provavelmente a fonte do conhecimento do local para onde os navios deveriam ser enviados em busca de lucro. Provas de que os fenícios visitavam Bar Zil (a "terra do ferro", assim como Ofir/Peru apareceram em uma tumba fenícia; descobriu-se um artefato de madeira de pau-brasil. Há também a inscrição em pedra Paraíba (veja a seguir).

O que aconteceu para pôr um fim a um comércio tão lucrativo? Quando Salomão morreu, o reino passou a seu filho, Roboão, por volta de 928 a.C. Infelizmente, Roboão se recusou a diminuir a carga de impostos de seu povo, o que resultou em rebeliões e divisão do reino, e dez das 12 tribos se separaram e formaram a nação de Israel, ao norte; duas tribos permaneceram leais e formaram o reino de Judá, ao sul. A província de Edom se revoltou nesse período e se tornou independente, fechando o porto vital de Eziom-Geber aos hebreus e aos fenícios. Os reis de Judá e Israel tentaram restabelecer o fluxo do comércio, principalmente o rei Josafá de Judá (873-849 a.C.) que parece ter reconquistado o controle de Edom e do porto estratégico de Eziom-Geber. Josafá aliou-se ao rei Ahab, do reino hebreu de Israel, ao norte, e construiu uma nova frota, mas seus esforços foram em vão, porque os navios afundaram. Tempos depois (por volta de 783-741 a.C.), o rei Uzias, de Judá, conseguiu recuperar Edom, mas não existem registros de nenhuma expedição durante seu reinado. O fato de que Judá prosperou sob o governo de Uzias indica talvez certo sucesso no comércio marítimo por meio de Eziom-Geber. Edom se revoltou mais uma vez com sucesso contra Uzias e o acesso ao Mar Vermelho foi perdido. Logo depois, a Fenícia foi conquistada pelos assírios e praticamente todo o contato com as Américas foi perdido, por algum tempo.

Qart Hadasth, a cidade nova

O nome Cartago deriva de Qart Hadasht (que significa "cidade nova"); ela foi fundada por volta de 814 a.C. pelos colonizadores de Tiro, na Fenícia. Segundo a lenda, Alyssa (nome também registrado como Elissa, ou Dido), uma irmã do rei Pigmaleão, fugiu de casa na cidade de Tiro, depois que o irmão assassinou seu marido. Com seus seguidores, ela fugiu para Chipre, depois para o norte da África onde conseguiu adquirir um terreno excelente para fundar uma cidade, onde hoje é a Tunísia. O povo de Cartago construiu uma cidade para superar a cidade mãe, ascendendo em poder e influência até chegar a um império que rivalizou com Roma. Seu povo era constituído de mercadores e exploradores laboriosos; porém também eram sigilosos, principalmente no que dizia respeito às rotas comerciais e segredos de navegação (existe um registro de um capitão cartaginês que deliberadamente arruinou seu navio ao perceber que estava sendo seguido por um navio romano, quando seguia para a fonte secreta de estanho (a Grã-Bretanha), vital para a produção de bronze. O senado cartaginês o recompensou por seus esforços!).

Temos conhecimento de duas expedições enviadas pelo governo de Cartago para explorar e fundar colônias; ambas quase na mesma época (560 a.C.); Himilcão explorou a costa do Atlântico na Europa e chegou às Ilhas Britânicas; a outra expedição, sob o comando de Hanão, seguiu para o sul ao longo da costa do Atlântico na África, onde fundou seis cidades. O registro de uma dessas expedições, o assim chamado *Périplo de Hanão,* existe hoje porque um historiador grego chamado Políbio o encontrou nos saguões do templo de Baal Hammon (Saturno para os romanos) e convenceu os romanos a não destruí-lo quando dizimavam o restante da cidade. O "périplo" de Himilcão existe apenas em fragmentos, preservado por um romano chamado Rufo Festo Avieno. No entanto, mesmo nesses fragmentos há indicações de que os cartagineses foram muito além do oeste da África ou das Ilhas Britânicas:

Mas, partindo daqui, há uma jornada de navio de dois dias para a Ilha Sagrada (Irlanda) – assim os antigos a chamavam. Essa ilha, grande em extensão de terra, fica entre as ondas. A raça de Hierni a habita por completo. Mais uma vez, a ilha dos albiones (Grã-Bretanha) fica perto, e os tartessos estavam acostumados a realizar negócios até nos confins de Oestrimnides.

Colonizadores de Cartago, também, e as pessoas comuns que vivem próximo aos Pilares de Hércules, seguiram para esses mares. Himilcão de Cartago relatou que ele mesmo investigara a área em uma viagem, afirma que mal pode ser atravessado em quatro meses. Nenhuma brisa impulsiona um navio, o líquido inerte do mar lento é quase parado. Ele acrescenta ainda: Uma grande quantidade de algas-marinhas flutua na água e, com frequência, por causa da espessura, prende a proa. Himilcão afirma que, apesar disso, a profundidade da água não se estende muito e o fundo mal é coberto por pouca quantidade de água. Nas proximidades eles sempre encontram monstros das profundezas; e feras nadam entre os lentos e quase inertes navios que se arrastam.[135]

À primeira vista essa passagem não é notável, mas, observe que Himilcão relata que o oceano "mal pode ser atravessado em quatro meses." Esse fato ainda é verdade para os navios que cruzam o Atlântico Norte, onde têm de cruzar a grande região coberta de algas marinhas, conhecida hoje como Mar dos Sargaços. Os navios que dependem do vento com frequência ficam quase parados nessa área durante dias ou até semanas. Himilcão também faz referência à região – nenhuma brisa impulsiona um navio, por exemplo; as algas marinhas prendem as proas dos navios, e assim por diante. Até a menção de monstros do mar é apropriada, pois a maioria dos "monstros do mar" era na verdade baleias e outros animais marinhos grandes; portanto esse relato está inteiramente relacionado à travessia do Atlântico por Himilcão. A alusão a monstros que nadavam entre os navios vagarosos também indica que mais de uma única viagem foi feita. O que mais pode significar a referência a quatro meses para atravessar – atravessar para onde? Com certeza não se referia às Ilhas Britânicas, como foi sugerido. A solução lógica é a América.

Descrições antigas da América

Existem quaisquer registros que indiquem que os cartagineses chegaram à América? Aristóteles apresentou

---

135. Rufo Festo Avieno, *Ora Maritima* 105-129. Século IV d.C.

uma descrição que provavelmente se refere à América:

> No mar exterior aos Pilares de Hércules, eles dizem que uma ilha deserta foi encontrada pelos cartagineses; ela tem florestas de todos os tipos e rios navegáveis; é notável por outros tipos de frutas, e fica a alguns dias de viagem; como os cartagineses a visitavam com frequência, devendo a ela sua prosperidade, e alguns até vivem lá, o chefe dos cartagineses anunciou que puniria com a morte qualquer um que se tentasse navegar para a ilha; e que massacraram todos os habitantes; que os cartagineses não podiam contar tal história; e que as pessoas não podiam permanecer na ilha e tomar posse dela, levando embora a prosperidade dos cartagineses.[136]

A expressão "ilha deserta" não deve estar certa, embora ela seja usada por céticos para indicar uma série de pequenas ilhas na costa da África como a localização. Contudo, a descrição não se encaixa com a de nenhuma ilha – por exemplo, que ilha teria muitos rios navegáveis, frutas, florestas, etc.? Fica claro que os cartagineses queriam manter a ilha em segredo, punindo com morte qualquer pessoa que navegasse para lá sem sua permissão. Em outra passagem, Aristóteles se refere à terra secreta dos cartagineses como "deserta", ou "abandonada", sem nenhuma menção ao fato de ela ser uma ilha. Mais adiante, na mesma fonte, Aristóteles ressalta que a terra secreta foi encontrada por acaso, os navios foram levados para lá por um "vento do leste", e que os cartagineses obtiveram grandes suprimentos de atum que não exportavam. Diodoro Sículo descreve a terra secreta dos cartagineses em mínimos detalhes, acrescentando que os fenícios (os gregos e romanos não diferenciavam os fenícios dos cartagineses) descobriram a terra por acaso, quando alguns mercadores seguiam pela costa do Atlântico na África e foram jogados através do oceano por tempestades. Plutarco, citando um documento que afirmou ter encontrado nas ruínas de Cartago (que fora destruída antes de sua época) descreveu a rota do norte para as Américas, acrescentando que foi necessário usar os remos por causa do que ele presumia ser um mar "lento", mas isso faz sentido porque o navio seguia contra a corrente oceânica. Exploradores nórdicos que seguiram a mesma rota tiveram problemas idênticos. Diodoro afirmou que os cartagineses estabeleceram uma colônia na terra secreta, mas depois a retiraram por ordem do governo, mas provavelmente nem todos os colonos voltaram para a África, pois

---

136. Aristóteles, *Das Maravilhosas Coisas Ouvidas*, 324 a.C..

Plutarco mencionou que alguns "gregos" se casaram com a população local. É claro que os "gregos" de Plutarco devem ter sido os cireneus, pois eles foram fortes aliados dos cartagineses por um longo período de tempo – mas sabemos que Cartago se recusou a permitir que os etruscos viajassem à sua ilha secreta, por isso é duvidoso que tenham permitido a qualquer outro povo fazê-lo.

Na década de 1990, o professor Mark McMenamin descobriu o que parece ser um pequeno mapa em algumas moedas de ouro de Cartago. O mapa aparece no verso da moeda, sob os pés do famoso cavalo representado em muitas moedas púnicas. Se for de fato um mapa, e tudo indica que sim, ele mostra a Europa, a África e partes da América. Alguns especialistas em moedas antigas desconsideraram o mapa, afirmando que nada mais é do que destroços das matrizes usadas para fazer as moedas, citando outras moedas com formas irregulares na mesma área dessa moeda. Os exemplos que eles mostram não são muito similares às moedas com o mapa. E se de fato for um mapa? Considerando a importância que os cartagineses davam ao sigilo, é bem plausível que, após a cunhagem de uma série de moedas exibindo o mapa, algum membro do governo tenha descoberto o fato e ordenado a remoção do mapa das matrizes.

EVIDÊNCIAS DESTE LADO DO ATLÂNTICO

O dr. Barry Fell listou uma grande quantidade de evidências de que os cartagineses estiveram na América (ver seus livros *Saga America* e *America B.C.*), incluindo o estranho sítio de Mystery Hill, em New Hamphire, que contém inscrições púnicas, gravações (que Fell interpretou como "basco", mas que parecem ser púnicas), encontradas ao longo do Rio Susquehanna, na Pensilvânia; assim como uma antiga urna de metal encontrada pelo Middlebury Archaeological Research Center, na junção dos rios Susquehanna e Chenango, em Nova York; uma cabeça de cavalo em calcário branco (um bem conhecido símbolo de Cartago, como a palma, o caduceu e Tanit) encontrada em North Salem, Nova York, nas imediações de misteriosas câmaras de pedra, semelhantes às de Mistery Hill, em New Hampshire; vários artefatos religiosos de origem cipriota-fenícia, provavelmente negociados por mercadores cartagineses no Equador; e uma máscara de ferro do oeste da África encontrada em Ohio. Podemos acrescentar à lista contas de vidro de fabricação fenícia encontradas em um antigo estuário (Idade do Cobre) perto de Beverly, no Canadá, e muitos outros objetos recuperados dos antigos Montes

> **Quando moedas antigas são encontradas na Europa ou África, em geral são consideradas uma evidência importante de culturas antigas, comércio e contanto intercultural. Quando moedas antigas são encontradas na América, são consideradas "fraudes" ou moedas que alguém perdeu nos dias de hoje, como se muitas pessoas andassem por aí carregando moedas antigas nos bolsos para perder.**

Hopewell Mound Builder, duas ânforas encontradas por mergulhadores na costa do Maine com um antigo estilo ibérico (é importante lembrar que a maior parte da Península Ibérica fazia parte do império púnico), um lampião de óleo grego encontrado em um antigo depósito ameríndio; e também há as moedas.

Quando moedas antigas são encontradas na Europa ou África, em geral elas são consideradas uma evidência importante de culturas antigas, comércio e contanto intercultural. Quando moedas antigas são encontradas na América, elas são consideradas "fraudes" ou moedas que alguém perdeu nos dias de hoje, como se muitas pessoas andassem por aí carregando moedas antigas nos bolsos para perder. No caso da maioria das moedas de bronze romanas, esse preconceito pode ser justificado, pois elas são muito comuns e baratas; podem ser adquiridas em condições não muito limpas por um dólar cada. No caso de moedas cartaginesas, gregas, númidas e hebraicas, o preconceito não é justificado. Muitas delas não são comuns, nem baratas. O fato de que a maioria das descobertas relatadas de forma acidentais não automaticamente as torna menos importantes; diante de tal evidência, elas deveriam ser pelos menos ser consideradas uma evidência *possível*.

O dr. Fell listou alguns exemplos de moedas cartaginesas em seu livro *Saga America*, enquanto Gloria Farley incluiu várias outras descobertas em seu livro *In Plain Sight: Old World Records in Ancient America*. Moedas cartaginesas foram encontradas em diversos estados dos Estados Unidos (todas do tipo mais antigo, cunhadas em Cartago), e moedas númidas foram encontradas em Ohio e Idaho; moedas gregas apareceram em Connecticut, Oklahoma e Missouri. Se examinarmos um mapa, veremos que as localizações dos achados de fato indicam um padrão – a maioria está ao longo de rios praias, locais lógicos onde antigos mercadores de exploradores de outras terras aportaram.

Inscrições em púnico, hebraico e fenício foram encontradas desde o Brasil até o Canadá, incluindo direções para navegação descobertas em um lago hoje seco em Nevada; uma inscrição reivindicando a terra para Hanão, encontrada em Massachusetts; os estranhos Los Lunas Decálogo Novo México, o que é possivelmente uma mensagem fenícia falando sobre antigos exploradores; a pedra Paraíba encontrada nas florestas do Brasil, que mencionava um navio que chegara lá depois de ter perdido a direção; e muitas outras. A quantidade é muito grande para ser listada aqui. Estudos linguísticos mostraram ligações entre algumas línguas nativas ameríndias e semita (que inclui as línguas hebraica, púnica, e fenícia) e inclui indicações de nomes de visitantes antigos, por exemplo Susquehanna, Tobyhann, Xochimilco; e existe até um Estado norte-americano com um nome púnico (Alasca – a palavra em ameríndio nativo significa "terra grande", e púnico "Al asqa" significa exatamente a mesma coisa. Coincidência?).

Algo ainda mais surpreendente é o fato de que antigos navios naufragados foram descobertos nas Américas. Por exemplo, um navio "romano" foi encontrado em Galveston, na baía da Carolina do Sul, nos anos de 1880 (mais provavelmente um navio púnico); outro navio "romano" foi descoberto na Planície dos Jarros, perto do Rio de Janeiro (as ânforas que foram recuperadas são do oeste da África; de novo, é mais provável que o navio seja púnico que romano); um navio cartaginês ou fenício foi encontrado no México no início dos anos 1800 "profundamente enterrado na areia"; um navio fenício foi descoberto na costa da Ilha Bimini por mergulhadores que procuravam evidências da Atlântida (esse destroço foi examinado por um professor de Yale, dr. J. Manson Valentine, por isso é improvável que tenha sido identificado erroneamente); um navio naufragado cartaginês foi encontrado na costa de Honduras (as ânforas recuperadas desse destroço estão em um museu no país); e existe o estranho mito do "navio no deserto" – testemunhas relataram e fotografaram um antigo navio preso na areia do Salton Sink, no sul da Califórnia. Os jornais o identificaram como de provável origem viking, mas o casco está coberto por placas de cobre. Os vikings não faziam isso, mas os cartagineses sim, como proteção contra teredos.*

Que outras evidências são necessárias para provar que os cartagineses visitavam a América? Temos

---

* N.T.: moluscos vermiformes encontrados na madeira.

Talvez algum dia nossos livros de história incluam as surpreendentes explorações desses corajosos desbravadores antigos, os cartagineses e os fenícios, que descobriram a América e mantiveram esse segredo, levando-o consigo para o túmulo.

mais provas da presença deles do que da presença de exploradores mais famosos, como Coronado ou De Soto (as explorações deles não são questionadas), mas para alguns que acreditam na teoria do isolamento (que afirma não ter existido nenhum contato com as Américas desde o fim da Idade do Gelo até pelo menos a chegada dos nórdicos, por volta do ano 1000 a.C. – uma teoria ensinada nas escolas, na verdade) nenhuma quantidade de evidências parece ser suficiente. No entanto, quando aceitamos que os cartagineses e fenícios *vieram* à América, então um grande número de mistérios, que por outra explicação causariam perplexidade, são facilmente desvendados, pois podemos apontar esses navegantes como os prováveis agentes de transmissão, incluindo a *ideia* da construção de pirâmides,

a presença de produtos de coca e tabaco nas antigas múmias egípcias, os bilhões de libras de cobre faltando nos Grandes Lagos superiores (minerados em tempos passados), ferramentas de bronze na América antiga (onde não havia depósitos de estanho), a coincidência de produtos encontrados nos dois hemisférios, como algodão, pimentas, cânhamo, milho, cabaças, amendoim, galinhas, e muitos outros. Esse contanto interoceânico foi por fim perdido, aparentemente quando os romanos conquistaram Cartago, ou logo depois, e a terra secreta foi esquecida. Talvez algum dia nossos livros de história incluam as surpreendentes explorações desses corajosos desbravadores antigos, os cartagineses e os fenícios, que descobriram a América e mantiveram esse segredo, levando-o consigo para o túmulo.

Ecos do Passado: Atenas, Jerusalém
Robert Merkin

Que Canção as Sereias entoaram, ou que nome Aquiles assumiu quando se escondeu entre as mulheres; embora sejam Perguntas difíceis de responder, não são impossíveis de conjeturar.

– *Sir* Thomas Browne, "Hydriotaphia, ou Urne-Buriall"

Eu não sei como era a vida em Atlântida, Mu, ou Shambala. Não sei que língua esses povos falavam, onde essas terras ficavam, ou o que ainda existe delas hoje.

Cidades e civilizações completamente perdidas há tanto tempo são um rico campo para conjecturas imaginativas tão ilimitadas e irrestritas que inspiram teorias atribuindo a tais civilizações visitas de raças inteligentes de outros planetas, muito distantes de nosso sistema solar.

Tenho razões para rejeitar essas teorias – mas não razões muito boas. Não muito tempo atrás era quase impossível se erguer a seis metros do chão; era impossível voar, ou gravar sons e tocá-los de novo. Ao falar a respeito da panspermia, Carl Sagan sugeriu que a vida na Terra pode ser o lixo que seres alienígenas deixaram para trás quando fizeram piquenique por aqui – podemos ser descendentes de um pote de maionese. Estamos em uma posição muito delicada para dizer aos alienígenas o que as leis da física os teriam impedido de fazer 20 mil ou 3 bilhões de anos atrás.

Sabemos, com uma certeza cada vez maior, que eles estão lá fora, mas não conseguimos nem entrar em contato para mostrar-lhes o quanto somos ignorantes.

Pessoas com bom nível de conhecimento sempre devem estar preparadas para rir e desprezar fatos provados e comprovados, independentemente do prestígio inquestionável da autoridade que os comprova. E um povo com bom nível de conhecimento deve sempre estar preparado para tratar com enorme respeito os mitos existentes desde a aurora dos tempos, e considerá-los importantes fontes da verdade.

Fatos risíveis provados e comprovados

Meu interesse em nossas raízes antigas está em tempos mais recentes, nas fronteiras distantes do que hoje sabemos com alguma clareza e certeza, com coisas que desenterramos e podemos segurar, examinar e mostrar, e com os brilhantes esforços que estudiosos fizeram desde 1799, decifrando textos antigos em sistemas de escrita perdidos.

De fato, em várias ocasiões notáveis, descobrimos o apelido que Aquiles usou quando vestiu meia-calça e sutiã, e lemos as letras das canções das sereias quase com tanta clareza quanto as de *Hound Dog*, de Elvis.

A respeito das realizações humanas (ou das visitas de seres alienígenas) que aconteceram antes do escrutínio dos padrões modernos de provas científicas e certo conhecimento, uma palavra se faz necessária.

Enquanto este texto é escrito, permanece, sem nenhum fim à vista, uma guerra violenta, horrível, assassina, ruinosa e muito cara, que os Estados Unidos deflagrou porque o Iraque estava desenvolvendo e armazenando armas de destruição em massa. Agora, um ano depois de nossos esforços exaustivos, parece que essas armas não existiam. Fatos pelos quais sacrificamos milhares de nossos jovens soldados são agora comprovadamente ficção, mitos e mentiras. Não existiram fatos comprovados mais letais do que esses mitos desacreditados.

Pessoas com bom nível de conhecimento sempre devem estar preparadas para rir e desprezar fatos provados e comprovados, independentemente do prestígio inquestionável da autoridade que os comprova. E um povo com bom nível de conhecimento deve sempre estar preparado para tratar com enorme respeito os mitos existentes desde a aurora dos tempos, e considerá-los importantes fontes da verdade.

Verdadeiros crentes

Leva mais tempo para um corvo voar da cidade de Nova York para Chicago, do que de Atenas para Jerusalém. No apogeu dessas antigas civilizações mediterrâneas, a viagem teria sido feita quase que em sua totalidade pelo mar – uma linha reta saindo da Costa Sudeste da Grécia. Teria levado mais ou menos uma semana, e essa região dos mares era repleta de navegantes experientes e barcos à vela, para os quais uma viagem desse tipo seria algo familiar. Um capitão de um navio mercante, que saísse de Pireus, porto de Atenas, teria cedo ou tarde chegado aos portos mediterrâneos próximos a Jerusalém, e de lá, numa curta expedição por terra por 56,32 quilômetros, alcançaria a cidade de Jerusalém. Os navegantes do antigo Mediterrâneo conheciam muito bem essas rotas de comércio.

Mas os navegantes teriam conhecido Atenas muito melhor do que conheciam Jerusalém e sua obscura e pouco amigável teocracia. Atenas prosperava com o comércio mundial e a indústria. De forma agressiva, a cidade se expandiu para vender seus produtos ao mundo, e o mundo respondeu com entusiasmo: para o viajante e comerciante que cruzava o antigo Mediterrâneo, Atenas era o destino certo. A cidade gerava grande riqueza e a fabulosa arquitetura e pompa que acompanham a prosperidade de classe mundial. Os fornos de sua indústria de cerâmica ardiam incessantemente, e a região industrial de Atenas dava a seus trabalhadores uma agitada vida noturna de cidade grande.

Jerusalém, por outro lado, não se expandiu para o mundo, e manteve seus contatos com o mundo exterior a um mínimo necessário imposto pela religião. Ela era muito mais uma Cidade Santa do que uma capital e centro administrativo.

Como cidade santa no apogeu de sua teocracia – governada em primeiro lugar por sacerdotes e juízes tribais e depois por reis – tinha um caráter singular. Depois da construção do Primeiro Templo, e até a destruição do Segundo Templo pelos romanos, o relacionamento dos judeus e seu Deus só podia ser celebrado ritualmente em Jerusalém. Um judeu em qualquer lugar do mundo venerava e adorava seu Deus, mas Deus apenas responderia a Seu povo e receberia o sacrifício dele no Templo em Jerusalém, em ritos intercessores realizados por uma ordem sacerdotal hereditária e consagrada. Enquanto os Templos existiram, o Judaísmo era uma religião local, com um relacionamento sobrenatural com seu único Deus – Suas exigências, os sacrifícios e a obediência dos judeus – aconteciam apenas em Jerusalém.

> **No período de prosperidade que se seguiu ao estabelecimento da monarquia, o Templo de Salomão e outros palácios eram impressionantes na região, mas isso desafiava a insular e paroquial Jerusalém Sagrada com um influxo sem precedentes de não judeus e suas ideias estrangeiras.**

Em seus primórdios contemporâneos, Atenas trazia em si algo parecido com o espírito moderno da cidade de Nova York – uma cidade barulhenta e com muitas coisas para se orgulhar de si mesma.

A sagrada e antiga Jerusalém tinha um espírito mais parecido com o da Coreia do Norte – insular, xenófoba, desconfiada, não amigável e não hospitaleira com todos os que andavam por lá, mas não eram Verdadeiros Crentes.

Estrangeiros visitavam Jerusalém – e esse era o problema. O antigo povo de Israel formava uma sociedade de agricultores. De tempos em tempos ela prosperava; e de tempos em tempos essa pequena nação, localizada em um perigoso cruzamento entre superpotências militares hostis, era afortunada com suas alianças militares e estrangeiras.

Nessas épocas pacíficas e de boa sorte, acontecia uma mistura de instinto humano e política consciente, e isso transformou Jerusalém em uma cidade grande, imponente e impressionante. Para a pequena nação de Israel entrar guerra contra uma superpotência do Oriente Médio seria uma certeza de derrota, ou, na melhor das hipóteses, uma jogada arriscada – mas exibir ao mundo uma cidade poderosa e próspera atrairia alianças ou faria uma superpotência se interessar em estender sua proteção militar a uma nação estratégica e compensadora.

Mas o Israel da Idade do Ferro tinha poucos, se é que alguns, dos arquitetos e artesãos do mundo antigo, e tinha de trazer empreiteiros estrangeiros, assim como materiais de construção preciosos e raros. No período de prosperidade que se seguiu ao estabelecimento da monarquia, o Templo de Salomão e outros palácios eram impressionantes na região, mas isso desafiava a insular e paroquial Jerusalém Sagrada com um influxo sem precedentes de não judeus e suas ideias estrangeiras.

As ideias comuns que haviam permeado o Oriente Próximo muito antes que os judeus chegassem de seu Êxodo do Egito jamais tinham sido um grande desafio. Teologicamente, os judeus acreditavam em uma coisa: o monoteísmo, e a adoração a um único Deus invisível. Os deuses das regiões vizinhas – divindades tangíveis, visíveis – sempre seduziram os judeus, mas uma forte ordem sacerdotal, focada rigidamente por um imutável conjunto de leis e livros sagrados, mantivera em um histórico xeque a expansão desses ídolos próximos.

Um coro teocrático no alto das colinas de Jerusalém entoava uma canção familiar e repetitiva por toda a história que se tornou o Antigo Testamento. Sempre que Israel se afastava de seu Deus, era seduzido por ídolos, um desastre acontecia à nação e a seu povo, como castigo de Deus. Os judeus aprendiam a lição e mantinham a fé, ou sofriam muito, ou eram aprisionados.

Confundindo a linha entre os homens e Deus

Isso fazia com que Jerusalém se mantivesse relativamente limpa da influência de Baal, Ishtar, Molok e uma série de deusas e deuses vindos da Ásia durante séculos.

Mas na Grécia, a uma semana de distância por mar, uma cultura notável florescia, centrada em Atenas, que representaria para a teocracia judaica um poderoso e permanente desafio para a mente do povo judeu.

Os deuses e deusas gregos não eram novidade para os judeus. Por toda a Eurásia, deusas e deuses viajavam livre e facilmente de tribo em tribo, com uma variedade de nomes, formas e se modificavam com cada nova conquista e novo culto.

Do Egito para a Pérsia e para a Fenícia, navegantes e caravanas não tinham problemas em reconhecer, por qualquer nome, o parentesco do antigo panteão migratório.

Por toda a Eurásia, deusas e deuses viajavam livre e facilmente de tribo em tribo, com uma variedade de nomes, formas e se modificavam com cada nova conquista e novo culto.

O que tornava os gregos e seus deuses novos e perturbadores era o fato de que em Atenas confundia-se a linha divisória entre deuses e os homens.

Na simples representação dos deuses e deusas, os artistas gregos estavam abandonando as criaturas dos céus com formas bizarras e assustadores seres meio-humanos meio-animais, e dando a seus deuses e deusas formas humanas perfeitas e jovens. Os deuses e deusas dos gregos estavam se tornando homens e mulheres.

Com essas novas imagens gravadas – diferentes de quaisquer outras que foram adoradas antes – vinha uma nova mensagem teológica: Homens e mulheres não apenas se parecem com deuses, mas podem

Com essas novas imagens gravadas – diferentes de quaisquer outras que foram adoradas antes – vinha uma nova mensagem teológica: Homens e mulheres não apenas se parecem com deuses, mas podem aspirar a ser deuses.

aspirar a ser deuses. As melhores formas que os deuses e deusas podem assumir lembram os homens e mulheres mais belos; os pensamentos mais brilhantes dos deuses podem ser apreendidos por mortais, conversando, discutindo e criando novos termos derivados das toscas e simples palavras usadas no mercado.

A religião grega passava por uma revolução teológica arrogante e narcisista. Para ver seus deuses, os gregos olhavam em espelhos.

Se a base dessa revolução tivesse sido apenas as formas esculturais e atléticas, ela teria se transformado em uma religião tola, local, e talvez de curta duração. Mas realizações grandiosas e emocionantes, narradas na literatura formal, em primeiro lugar compostas e cantadas por bardos como Homero, e depois rascunhadas e registradas permanentemente em um alfabeto fonético, adaptado dos navegantes fenícios, começaram a comparar os feitos do corpo e dos escultores gregos aos feitos da mente grega.

O corpo, embora atlético e belo, tinha limites. Mas, enquanto os atenienses, e os gregos das cidades-estado e colônias distantes, que admiravam e refletiam Atenas, alcançavam os céus dentro de suas mentes, os séculos passavam e a mente grega parecia não ter limites.

A quantidade de invenções e criações originais era surpreendente, mas os gregos também eram obcecados e não tinham pudor em imitar e plagiar, navegando aos confins do mundo conhecido e copiando em iguais medidas os feitos do Egito e da Mesopotâmia, sua arquitetura e engenharia, sua astronomia e matemática; e aperfeiçoando tais realizações. As duas civilizações tinham acumulado grandes tesouros em realizações quando os barulhentos e gananciosos gregos começaram a furtá-los.

Porém, foi o acúmulo de habilidades práticas com as quais os Babilônios e Egípcios ordenaram sua vida agrícola, militar e cívica que provocou uma nova centelha na mente ateniense. Eles despertaram o interesse pelo conhecimento em si, para além de seus truques práticos, inteligentes e lucrativos.

A matemática já era algo antigo e poderoso quando os gregos a encontraram, mas eles a levaram para uma direção revolucionária: provaram o que sabiam a respeito desse estranho, invisível e imaginário reino dos números e da geometria; e generalizaram sobre suas descobertas de um modo explosivo. Eles provaram coisas que, era quase certo, jamais teriam valor prático, e mesmo assim viam nelas tesouros mentais tão preciosos que Pitágoras sacrificou um rebanho de bois brancos sagrados em agradecimento a Apolo por revelar a prova do teorema.

Os egípcios já conheciam as relações métricas do triângulo-retângulo como uma regra prática há mais de um milênio, mas foi um grego que a provou como regra para qualquer triângulo imaginável. "Funciona" não era suficiente para os gregos; eles ficaram obcecados em provar que "é eterna e perfeitamente verdadeiro", e assim o fizeram para milhares de importantes proposições matemáticas. A prova se tornou o centro da matemática de qualquer pessoa desde então; em todos os lugares da Terra a matemática tem fragrância e sabor distintamente gregos.

Choque de dois mundos

E o que Jerusalém sabia a respeito da matemática? Indo mais diretamente ao ponto, a nação se importava com isso? Os antigos judeus não eram meramente ruins ou atrasados em matemática e ciência; os sacerdotes que protegiam a fé entendiam o que essas coisas representavam e o que elas ameaçavam.

Enquanto Atenas fervilhava com descobertas matemáticas surpreendentes e poderosas, o Antigo Testamento menciona apenas um fato matemático. *1 Reis* descreve uma fonte circular para o palácio de Salomão, construída por artesãos trazidos da Fenícia, com "dez côvados de uma borda até a outra...e um cordão de 30 côvados o cingia ao redor". Em outras palavras, em Jerusalém *pi* era igual a três, enquanto os matemáticos gregos aproximavam *PI* das centenas e milhares.

Mundos colidiam: os gregos estavam intoxicados por deuses que revelavam segredos da natureza, sabedoria, ciência e lógica a todos os que tivessem curiosidade, mas os judeus serviam a um Deus irado, ciumento e exclusivamente moral. Ele criara o mundo, mas não tinha nenhum interesse em particular em seu funcionamento natural ou segredos. Ele só se importava se os

---

Alexandria, em especial, foi a primeira grande comunidade judaica além das fronteiras da antiga Israel; e os judeus de Alexandria contribuíram com entusiasmo com o sonho de Alexandre de um multiculturalismo compartilhado.

---

judeus O serviam bem e obedeciam. Mas os deuses gregos encheram o mundo de mistérios intelectuais e enigmas, e estavam incentivando os homens (e mulheres, também membros do culto místico de Pitágoras) a usar todos os seus poderes intelectuais para resolvê-los.

Atenas sequer prestava atenção a Jerusalém ou à religião dos judeus. Os historiadores gregos praticamente não dedicaram nem um parágrafo a esse reino insignificante, seu povo, ou suas crenças e práticas.

Mas os judeus estavam surpresos com Atenas, e seduzidos por suas ideias; nenhuma outra civilização os influenciara tanto assim. Rapidamente, a sociedade e a política de Jerusalém se dividiram entre os Helenistas e os Hassadim – Os grecófilos que vestiam roupas gregas, mantinham um estilo de vida ateniense, e glorificavam o novo espírito e as novas ideias gregos, contra os religiosos conservadores, da velha escolha, que consideravam a influência de Atenas a mais grave heresia e blasfêmia.

O triunfo militar final da antiga nação de Israel libertou os judeus da conquista e ocupação gregas que se seguiram após Alexandre conquistar o mundo conhecido. A família sacerdotal de Hassadim dos Macabeus se revoltou com sucesso contra o sucessor macedônio de Alexandre. Mas a vitória dos Macabeus não encerrou a batalha cultural entre os helenistas e os hassadim. Alexandre fundara sua grande capital egípcia de Alexandria, e seu sonho de introduzir o estilo grego ao mundo conhecido se tornou realidade nela. Alexandria, em especial, foi a primeira grande comunidade judaica além das fronteiras da antiga Israel; e os judeus de Alexandria contribuíram com entusiasmo com o sonho de Alexandre de um multiculturalismo compartilhado.

Em Alexandria, estudiosos judeus e gregos colaboraram para a *Septuaginta,* a primeira tradução das escrituras hebraicas para uma língua diferente dela, na qual 70 estudiosos concordaram com cada palavra. A língua era a grega, é claro, e por meio dela os judeus helenistas apresentaram seus livros sagrados e seu Deus à literatura e teologia mundiais pela primeira vez e para sempre. A *Septuaginta* viria a ser o veículo que espalhou o Cristianismo em seus primórdios pelo Mediterrâneo, onde se falava grego, e apresentou ao Mediterrâneo o peculiar Deus local de Jerusalém, bem como Seu rígido código moral.

A estranha batalha pelas almas dos judeus, à medida que eles se espalhavam pelo mundo, assumira um indelével caráter ateniense que permanece até hoje. O casamento perdura onde quer que os judeus orem, na edificação mais conhecida pela palavra grega *Sinagoga*.

3
CATACLISMOS E MIGRAÇÕES

Esta vista maior mostra a Face e o Palco inseridos em um complexo de estruturas retilíneas.

Terraços e degraus: perspectivas da face sul do monumento principal, Yonaguni.

Submundo: Confronto com Yonaguni
Graham Hancock

Fotos de Santha Faiia

A pergunta era e ainda é e, se a resposta for afirmativa, até que ponto foi feito pelo homem ou sofreu ação posterior do homem? Essa é a pergunta.
– Dr. Wolf Wichmann, geólogo, Yonaguni, março de 2001

Estive em Tóquio em 1996, quando o fotojornalista Ken Shido me mostrou as primeiras imagens que vi de uma estrutura em terraço de tirar o fôlego, aparentemente um monumento erguido pelo homem, que jazia a 30 metros de profundidade rente à ilha japonesa de Yonaguni, no remoto extremo sudoeste do arquipélago Ryukyu.

> **Senti uma compulsão imediata de explorar a bela e misteriosa estrutura, sedutora e atraente nas fotos. E percebi que, se fosse comprovada sua origem artificial, ela reescreveria a história.**

Aquele foi o momento, se houve de fato um momento, em que a busca pelo "Submundo" iniciou para mim, quando então tudo o que eu aprendera em anos anteriores em diversos países ganhou foco e começou a fazer sentido. Senti uma compulsão imediata de explorar a bela e misteriosa estrutura, sedutora e atraente nas fotos. E percebi que, se fosse comprovada sua origem artificial, ela reescreveria a história.

Descrevi no capítulo 1[137] como Santha e eu aprendemos a mergulhar e falei das notáveis sincronicidades e da boa fortuna que nos levou a Yonaguni em março de 1997 para começarmos um programa sistemático de pesquisa e fotografia submarina lá, que continuaria até meados de 2001. Também descrevi algumas das outras estruturas submarinas talhadas em rocha às

---
137. Of *Underworld: The Mysterious Origins of Civilization*. – Ed.

quais mergulhamos com nossos colegas japoneses em outros locais em Ryukyu – particularmente em Kerama, Aguni e Chatan, no extremo norte do arquipélago.

O problema mais complexo e intratável enfrentados por essas estruturas tão diferentes entre si é, por outro lado, a pergunta mais comum e mais óbvia que qualquer um faria: Elas foram feitas por mãos humanas ou ficaram com essa aparência por resultado de desgaste natural do tempo e erosão do mar?

Apesar de seu papel importante, os geólogos não são os únicos qualificados para decidir qual é a resposta. Do mesmo modo, embora os arqueólogos também sejam indispensáveis, não podem ser os árbitros finais. Pelo contrário, se já houve um lugar que exigisse uma abordagem multidisciplinar, é esse!

Como tentei mostrar em capítulos anteriores, o Japão nos mostra um contexto pré-histórico cultural e mitologia nos quais estruturas talhadas em rochas se encaixam perfeitamente, como peças de um quebra-cabeça. Esse contexto inclui uma tradição clara de antiguidade desconhecida – manifesta até hoje – em que rochas enormes são esculpidas e rearranjadas em meio a paisagens naturais sagradas. Como esse é precisamente o aspecto enigmático e ambíguo – parte natural e parte artificial – das estruturas submarinas em torno do arquipélago Ryukyu, seria um ato tolo e irresponsável ignorar a possibilidade de uma conexão.

Entretanto, é igualmente tolo e irresponsável o que a geologia e a arqueologia têm a dizer a respeito dela.

É hora, portanto, creio, de fazer um julgamento meticuloso.

Os três geólogos

Três geólogos qualificados, Massaki Kimura, Robert M. Schoch e Wolf Wichmann, mergulharam em Yonaguni, tiveram uma experiência em primeira mão em meio às estruturas submarinas e comentaram em público o que viram. Pelo que sei, estes são, pelo menos agora, os *únicos* geólogos que já mergulharam lá. Portanto, quando falamos de "opinião geológica" acerca das anomalias em Yonaguni, é importante deixarmos claro que nos referimos ao trabalho e às ideias de apenas três homens que, aliás, discordam entre si; não há um consenso geral. Outros geólogos que expressaram seus pareceres sem mergulhar em Yonaguni não se qualificam para participar do debate.

Uma vez que há questões graves em risco que dizem respeito à nossa compreensão da pré-história e da história da civilização humana,

> Em 1999, em uma entrevista concedida para o programa de ciências *Horizon*, da BBC, um documentário atacando meu trabalho – e no mesmo ano de seu livro *Voices of the Rocks* – ele expressou o que me pareceu duas opiniões muito diferentes e até contraditórias a respeito da estrutura.

proponho devotar o espaço necessário neste capítulo a um resumo apurado das opiniões dos três principais protagonistas geológicos.

Dr. Kimura

O decano do grupo e, em minha opinião, o herói da saga de Yonaguni, por sua determinação, persistência e abordagem intelectual salutarmente aberta, é o dr. Masaaki Kimura, professor de geologia marinha na Universidade dos Ryukyus, em Okinawa. Ele e seus estudantes completaram centenas de mergulhos em volta do principal monumento em "terraço", em Yonaguni, como parte de um projeto em longo prazo no qual eles mediram e mapearam o local atentamente, produziram um modelo tridimensional, tiraram amostra de algas antigas incrustadas em suas paredes para datação com carbono e amostraram a pedra da própria estrutura. A conclusão inequívoca do Professor Kimura, baseada em evidências científicas, é que o monumento foi feito pelo homem e escavado em rocha quando ainda se encontrava acima do nível do mar – talvez 10 mil anos atrás. Os principais argumentos que ele apresenta em favor da intervenção humana estão documentados e incluem:

1. "Traços de marcas que mostram que seres humanos trabalharam a pedra. Há orifícios feitos por ferramentas parecidas com cunhas, chamadas kusabi, em muitos lugares".
2. "Em volta do lado externo da estrada circular [um caminho pavimentado ligando áreas principais do monumento principal], há uma fileira de rochas perfeitamente empilhadas formando uma muralha de pedra, cada uma das rochas com o tamanho aproximado do dobro de uma pessoa, em linha reta".
3. "Há traços entalhados ao longo da estrada indicando que seres humanos realizaram vários tipos de reparos".
4. "A estrutura é contínua, desde um ponto submerso até a terra; e há evidências de uso de fogo".
5. "Ferramentas de pedra são alguns dos artefatos encontrados sob as águas e em terra".

6. "Tabuinhas de pedra com entalhes que lembram letras ou símbolos, como o nosso sinal de '+' e uma forma em 'V' foram recolhidos do fundo da água".
7. "Das águas próximas, foram recolhidas ferramentas de pedra. Duas são para fins conhecidos, mas a maioria não é".
8. "No fundo do mar, um entalhe em relevo da figura de um animal foi descoberto em uma pedra enorme".[138]
9. Nas superfícies mais altas da estrutura há várias áreas que inclinam de maneira bastante íngreme em direção ao sul. Kimura ressalta que aparecem valas simétricas profundas na elevação da parte norte dessas áreas, que não poderiam ter se formado por nenhum processo natural.
10. Uma série de degraus se ergue em intervalos regulares pela face sul do monumento a partir da trilha em sua base, 27 metros sob a água, em direção ao cume, menos de seis metros sob as ondas. Uma escadaria semelhante é encontrada na face norte do monumento.
11. Os blocos que necessariamente precisaram ser removidos (por meios naturais ou humanos) para formar os terraços impressionantes do monumento não são encontrados nos locais onde teriam caído se houvesse apenas a ação da gravidade e de forças naturais; pelo contrário, parece que foram empurrados para um lado e, em alguns casos, simplesmente estão ausentes do sítio.
12. Os efeitos dessa operação de limpeza antinatural e seletiva são particularmente evidentes na "trilha" cortada em rocha [Kimura a chama de "estrada circular"] que sepenteia em volta das faces oeste e sul da base do monumento. Passa diretamente sob os principais terraços, mas está completamente limpa de detritos que teriam de ser removidos (por meios naturais ou humanos) para que os terraços fossem formados.[139]

Dr. Schoch

O segundo geólogo a mergulhar em Yonaguni, o professor Robert M. Schoch, da Universidade de Boston, tem opiniões vacilantes, o que considero sinal de um estudioso com a mente aberta, disposto a rever o próprio parecer sob a luz de novas evidências.

---

138. Pontos 1-8 citados literalmente de Kimura, *Diving Survey Report for Submarine Ruins Off Japan*, p. 178.

139. Pontos 9-12, em discussão com o professor Kimura, citados em *Heaven's Mirror*, p. 216–217.

Assim, quando mergulhamos juntos pela primeira vez em setembro de 1997, ele tinha certeza de que a estrutura era feita pelo homem.[140] Dali a poucos dias, contudo, mudou de ideia completamente:

> Creio que a estrutura pode ser explicada como o resultado de processos naturais... A geologia dos argilitos finos e do arenito da área de Yonaguni, combinada com ações de ondas e correntes e os níveis mais baixos do mar em milênios anteriores, foi a responsável pela formação do Monumento de Yonaguni, cerca de 9 mil a 10 mil anos atrás.[141]

Alguns dias depois, Schoch mais uma vez amoleceu sua posição:

> Após de reunir com o professor Kimura, não posso descartar totalmente a possibilidade de que o Monumento de Yonaguni tenha sido ao menos em parte trabalhado e modificado por mãos humanas. O professor Kimura apontou para várias características essenciais que não vi em meu breve mergulho... Se tiver a oportunidade de revisitar o Monumento, desejo explorar essas áreas.[142]

Schoch teve uma oportunidade de rever a estrutura no verão de 1998, quando realizou vários mergulhos no local. Em 1999, em uma entrevista concedida para o programa de ciências *Horizon*, da BBC, um documentário atacando meu trabalho – e no mesmo ano de seu livro *Voices of the Rocks* – ele expressou o que me pareceu duas opiniões muito diferentes e até contraditórias a respeito da estrutura.

Eis a seção do transcrito do BBC Horizon que nos é relevante:

Narrador: Yonaguni parecia uma descoberta espetacular e Hancock precisa de endosso. Convidou o geólogo da Universidade de Boston, Robert Schoch, para inspecionar o local. O professor Schoch já se interessou por visões não ortodoxas antes e deu boas-vindas à chance de examinar a descoberta submarina. Mergulhou com Hancock várias vezes em Yonaguni.

Professor Robert Schoch/Universidade de Boston: Fui lá, realmente esperando que fosse uma estrutura totalmente artificial, submersa, que datasse de 6000 a.C. ou talvez até mais antiga. Quando cheguei e mergulhei até a estrutura, admito, fiquei muito decepcionado, porque percebi que era basicamente uma estrutura possivelmente natural... Partes isoladas dela pareciam feitas pelo homem, mas quando você a observa no contexto, olha as características das bordas, etc., e vê, nesse caso, o arenito fino ao longo de

---

140. Ver sua participação em minha série de TV em 1998, *Quest for the Lost Civilization*.

141. Graham Hancock, *Heaven's Mirror*. London: Penguin, 1999, p. 215-216.

142. *Ibid.*, p. 217.

Também é possível que o monumento servisse como pedreira da qual os blocos eram cortados, seguindo os planos naturais da cobertura, das juntas e das ranhuras da rocha, removidas para construir edifícios que já não existem mais. Como está localizado no litoral, o Monumento de Yonaguni pode ter sido uma espécie de doca natural para antigo povo navegante.

planícies horizontais que produzem essas características. Tenho certeza de que é uma estrutura natural.[143]

Bem, *parece* direto e objetivo. Mas veja o que Schoch diz em *Voices of the Rocks*:

> Possivelmente a escolha entre natural e feito pelo homem não se resume a isso ou aquilo. A Ilha de Yonaguni contém um número de velhas tumbas cuja idade exata é incerta, mas que são sem dúvida muito antigas. Curiosamente, a arquitetura das tumbas é muito parecida com a do monumento. É possível que houvesse humanos imitando o monumento ao desenhar as tumbas; e também é possível que o monumento tenha sido modificado por mãos humanas. Ou seja, os antigos habitantes da ilha podem ter remodelado parcialmente ou aperfeiçoado uma estrutura natural para lhe dar a forma que desejavam, ou como uma estrutura em si ou a fundação de um edifício de madeira, barro ou pedra, hoje já destruído. Também é possível que o monumento servisse como pedreira da qual os blocos eram cortados, seguindo os planos naturais da cobertura, das juntas e das ranhuras da rocha, removidas para construir edifícios que já não existem mais. Como está localizado no litoral, o Monumento de Yonaguni pode ter sido uma espécie de doca natural para antigo povo navegante. Como me mostrou o dr. Kimura, foram encontradas em Yonaguni ferramentas antigas de pedra, lindamente esculpidas de rocha ígnea. O interessante é que Yonaguni não tem rochas ígneas expostas; portanto, as ferramentas, ou pelo menos a matéria-prima delas, deve ser vindo de ilhas vizinhas onde existe esse tipo de rocha. As ferramentas podem ter sido usadas para modificar ou remodelar as estruturas naturais de pedra que hoje se encontram submersas perto da costa de Yonaguni. O conceito de uma estrutura natural melhorada pelo homem combina com a estética do leste da Ásia, como o *feng shui* da China e os jardins de rocha se inspiração Zen. Uma interação complexa entre formas naturais e artificiais que influenciou a arte

---

143. BBC2, *Horizon*, 4 de novembro de 1999.

e arquitetura humanas 8 mil anos atrás é perfeitamente possível.[144]

Apresentando mais evidências da antiga intervenção humana na construção do monumento em Yonaguni, Schoch usa um argumento meu, publicado em meu livro *Heaven's Mirror* (1998), de que a estrutura não só é artificial, mas também devia ter uma função astronômica específica. Os cálculos mostram que por volta de 10 mil anos atrás, quando ele se encontrava acima da água, devia se localizar sobre o antigo Trópico de Câncer.[145] Nas palavras de Schoch:

> Suspeito que os antigos sabiam onde ficava o trópico e sabiam que... sua posição se movia devagar. Como Yonaguni fica perto da posição mais ao norte que o trópico alcança em seu longo ciclo, a ilha pode ter sido o posto de um santuário astronomicamente alinhado.[146]

Em suma, portanto, Schoch não desce do muro, mas parece escolher uma direção conciliadora, implicando que a estrutura é ao mesmo tempo natural e artificial. Não posso deixar de dizer que *todas* as estruturas entalhadas em rocha, tanto o estranho afloramento de granito e seu terraço em Keno, perto de Sacsayhuanan, Peru,[147] quanto as maravilhas de Petra, na Jordânia, ou os templos de Mahabalipuram, na Índia do Sul, são, por definição, parcialmente naturais – a rocha em que foram esculpidas – e parcialmente feitos pelo homem. Não poderiam ser outra coisa.

Dr. Wichmann

O terceiro geólogo, o escritor de ciência alemão, dr. Wolf Wichmann, tem opiniões definidas e as expressa com certeza. Em 1999, ele informou à revista *Der Spiegel* – que o levara a Yonaguni – que considerava o monumento submarino inteiramente natural. Wichmann mergulhou apenas três vezes nos principais terraços e, depois, declarou: "Não encontrei nada que fosse artificial".[148]

Os cientistas marinhos japoneses "não têm a menor ideia" do que é a estrutura submarina em Yonaguni, afirma para a *Der Spiegel*: "É improvável que seja algo natural", disse o oceanógrafo Teurkai Ishii, de Tóquio. Massaki Kimura, pesquisador marinho da Universidade Rykyus (Okinawa) fala de "uma obra de arte". Ele crê que a estrutura seja um edifício sagrado construído por um povo até hoje desconhecido e possuidor de habilidades técnicas avançadas.

---

144. Robert Schoch, *Voices of the Rocks*. New York: Harmony, 1999, p. 111-112.
145. *Ibid.*, p. 112-113; *Heaven's Mirror*, p. 217-221.
146. Schoch, p. 112.
147. *Ibid.*
148. *Der Spiegel*, 1999.

Não posso deixar de dizer que todas as estruturas entalhadas em rocha, tanto o estranho afloramento de granito e seu terraço em Keno, perto de Sacsayhuanan, Peru,[149] quanto as maravilhas de Petra, na Jordânia, ou os templos de Mahabalipuram, na Índia do Sul, são, por definição, parcialmente naturais – a rocha em que foram esculpidas – e parcialmente feitos pelo homem.

O debate em andamento no Oriente despertou a curiosidade do Ocidente. Pessoas com uma "segunda visão" se sentem magicamente atraídas por "Iseki Point" (ruínas). No começo de 1998, o geólogo Robert Schoch, que acredita que o povo de Atlântida construiu a Esfinge[150], nadou até o local e declarou-o "muitíssimo interessante". O guru dos estudos da Antiguidade e autor de *best-sellers* Graham Hancock também investigou o lugar. Depois de uma excursão em um submersível, ele afirma que na base do monumento pode se ver um "caminho claramente definido".[151]

O especialista em rochas Wolf Wichmann não endossa essas conclusões. Em companhia de uma equipe da SPIEGEL TV, ele retornou para explorar a área costeira, sob ameaça de *tsunami*. Em um total de três operações de mergulho, colheu amostras de rocha e mediu os degraus e as "paredes". Ficou convencido de suas descobertas: "Não encontrei nada que fosse feito pelo homem".

No decorrer da inspeção, foi revelado que o "templo gigantesco" nada mais é que rocha estratificada. O arenito é atravessado por rachaduras verticais e fendas horizontais. A perpendicularidade e os degraus se desenvolveram gradativamente nas zonas da fratura. Wichmann se refere ao platô no topo como algo típico de "planícies erodidas". Essas áreas planas ocorrem quando a rocha estratificada está no caminho da quebra das ondas.

Fotos sugestivas, ricas em detalhe e contraste, podem de fato revelar mais coisas, mas de um modo geral a massa de rocha parece uma estrutura que se ergue de um leito arenoso, sem sinal de arquitetura. Os platôs possuem seções gradientes e não há uma parede perpendicular. Alguns dos degraus terminam

---

149. *Heaven's Mirror*.
150. *Sic* – isso não é verdade; Schoch não acredita em nada disso. – GH
151. Na verdade, nunca estive em um submersível em Yonaguni e não considero quatro anos de mergulho e trabalho intenso lá uma excursão; entretanto, há de fato um caminho claramente definido na base do monumento. – GH

no nada; outros são espirais, como chocadeiras íngremes.

Os blocos de pedra não mostram sinais de intervenção mecânica. "Se as 'cantarias' fossem trabalhadas com ferramentas, teriam marcas de cortes, tais como ranhuras", disse Wichmann. Três recessos circulares no platô superior, chamados por Kimura de fundações de colunas, são apenas "poças". Eles aparecem quando a água passa por espaços estreitos.

Fatos assim sufocam a atual epidemia da febre do mistério. O monumento em Yonaguni teve um papel de certo destaque por algum tempo na visão do mundo dos arqueólogos sonhadores.[152]

opinião do único arqueólogo marinho experiente no mundo que já mergulhou em Yonaguni deve contar muito mais. Esse arqueólogo – cujo relatório oficial é reproduzido parcialmente a seguir – é Sri Sundaresh, do Instituto Nacional de Oceanografia em Goa, Índia. O leitor se lembrará que mergulhamos com ele e outros arqueólogos do Instituto em Dwarka em março de 2000 e novamente em Pumpuhar em fevereiro de 2001. Entre essas duas expedições na Índia, Sundaresh participou conosco de uma expedição a Yonaguni em setembro de 2000, patrocinada mais uma vez (assim como a visita de Robert Schoch em setembro de 1997)

Em contraste, a opinião do único arqueólogo marinho experiente no mundo que já mergulhou em Yonaguni deve contar muito mais.

Um único arqueólogo

Só um arqueólogo mergulhou em Yonaguni e estudou suas estruturas submarinas em primeira mão. Outros de sua profissão que fizeram comentários não saíram de trás de suas escrivaninhas e apenas observaram as fotos ou viram vídeos das estruturas. Como no caso dos geólogos de poltrona, suas opiniões têm apenas um valor limitado. Em contraste, a

por meu amigo Yasuo Watanabe, por meio de sua empresa Seamen's Club.

Outro participante na expedição de setembro de 2000 foi Kimiya Homma, um empresário de Hokkaido, cuja firma possui dois ROVs de alta tecnologia (*remotely operated vehicles*, ou veículos de controle remoto) para exploração não tripulada em águas profundas demais para mergulhadores. Para que uma busca efetiva de mais estruturas em

---
152. *Der Spiegel*, 1999.

Estruturas submersas maciças foram encontradas primeiramente pelo sr. Aratake, morador da Ilha Yonaguni em 1986-7. Ele batizou o lugar de Iseki ("Monumento") Point. Estava procurando cardumes de tubarões-martelo em volta da ilha, quando notou uma enorme estrutura submersa artificial a uma profundidade de 30 metros.

volta de Yonaguni fosse montada dentro do pouco tempo disponível, Homma trouxe consigo um dos ROV e uma equipe de especialista de funcionários de apoio e mergulhadores técnicos. Como se trata de um documento exclusivo de referência, consistindo até hoje na primeira e única avaliação de uma vasta gama de estruturas submersas em Yonaguni, reproduzo abaixo várias seções do relatório da expedição de Sundaresh. Alguns dos sítios submersos específicos que visitamos com Sundaresh não são conhecidos do leitor a partir do relato breve que damos[153], mas serão descritos logo mais:

> *O estudo de estruturas submersas próximas da costa da Ilha de Yonaguni, Japão:*
> *Resultados preliminares de expedição recente*
>
> 1-12 de setembro de 2000
> Por Sundaresh
> Instituto Nacional de Oceanografia (NIO)

Dona Paula, Goa 403 004
Dezembro de 2000

1.0 INTRODUÇÃO
Yonaguni é a ilha sudoeste mais famosa do Japão e a mais próxima de Taiwan (cerca de 69 milhas náuticas). Ela tem quase o formato de uma amêndoa, com dez quilômetros quadrados de comprimento (de leste a oeste) e quatro quilômetros quadrados de largura (norte a sul). Uma expedição internacional foi organizada pelo Seamen's Club, Isaki, Japão, para explorar melhor as estruturas submarinas na área. Esse relatório descreve a importância arqueológica das estruturas encontradas no decorrer da expedição.

2.0 INFORMAÇÕES BÁSICAS DA ÁREA
Estruturas submersas maciças foram encontradas primeiramente pelo sr. Aratake, morador da Ilha de Yonaguni em 1986-7. Ele batizou o lugar de Iseki ("Monumento") Point. Estava procurando cardumes de tubarões-martelo em volta da ilha, quando notou uma enorme estrutura submersa

---

153. Nos capítulos 1 e 25 de *Underworld*. – Ed.

artificial a uma profundidade de 30 metros. Foi sua primeira descoberta. Aratake e outros mergulhadores em Tatigami, perto dali, e em áreas do "Palácio", encontraram mais monumentos depois.

4.0 METODOLOGIA
4.1 EXPLORAÇÕES COSTEIRAS

Dois barcos foram fretados para explorações nas águas costeiras de Yonaguni entre 2 e 8 de setembro de 2000. O veículo de controle remoto (ROV) foi operado com sonar de varredura e sonda. O ROV era operado por um gerador de energia. O sistema foi utilizado em águas de profundidade variando entre 40 e 80 metros em volta de Yonaguni. O levantamento revelou um canal cortado em rocha com cerca de um metro de largura e mais de 20 metros de comprimento em dois montes marinhos. As observações do ROV foram confirmadas por mergulho.

5.0 RESULTADOS
5.1 ESTRUTURA EM TERRAÇO E CANAL

Uma grande estrutura em terraço de cerca de 250 metros de comprimento e 25 de altura foi estudada ao sul do promontório de *Arakawabana*. Conhecida no local como Iseki Point, a estrutura se liga ao lado norte de uma estrutura que lembra uma estrada, alongada, em sentido aproximado norte-sul, denominada pelo professor Masaaki Kimura, Universidade dos Ryukyus, como estrada de aproximação. Mas nossa observação da proposta estrutura com aspecto de estrada sugere que se trata, antes, de um canal. O comprimento geral da estrutura em terraço é de algo em torno de cem metros. De cada um dos terraços, uma escadaria desce até o canal (ou estrada?).

O comprimento do canal parece ser de mais de 250 metros, enquanto sua largura é de 25 metros. O propósito ou a utilidade desse canal é intrigante. Nossa observação ao longo de todo o canal indica que a extremidade oeste da estrutura começa debaixo da água, abrindo-se a partir da estrutura em terraço para o mar aberto. A largura, a altura e o lado norte em terraço nos forçam a sugerir que o canal devia servir como uma passagem para barcos pequenos se comunicando com o promontório de Arakawabana. O afloramento natural ao sul oferecia uma parede amortecedora para as fortes ondas do mar. Essa interpretação parece bastante razoável porque a altura da parede sul do afloramento natural e a parede norte de terraços são quase a mesma. Os terraços e as escadas a eles atreladas podem ter sido usados para manobrar, carregar e descarregar barcos que se deslocavam na passagem. Parece-nos, portanto, altamente provável que a estrutura em terraço e o canal serviram como um píer antes da submersão até a profundidade atual.

5.2 MONÓLITO DE CABEÇA HUMANA

Um grande monólito que parece uma cabeça humana, com dois olhos e uma boca, foi estudado em Tatigami, Iwa Point. Uma plataforma grande, cortada por mãos humanas e no mesmo monólito, se estende para fora, a partir da base da cabeça. Uma via de aproximação conduz a essa plataforma desde o lado da enseada. A plataforma basal no entorno é muito grande (cerca de 2.500 metros quadrados) e poderia facilmente acomodar mais de 2.000 pessoas sentadas. A cabeça humana e sua plataforma ligada com uma estrada de aproximação também sugerem uma área de culto e reuniões comunitárias.

5.3 ÁREA DE CAVERNAS SUBMARINAS

As operações de mergulho revelaram cavernas entre oito a dez metros de profundidade na área do "Palácio". Só se pode entrar nessas cavernas através dos buracos com um metro de raio, no teto. Dentro delas, foi observada uma rocha com cerca de um metro de diâmetro que contém símbolos gravados. Mais ou menos a cem metros em direção ao lado leste das cavernas, mais gravações em rocha foram notadas em rocha estratificada. Acredita-se que esses entalhes em rocha foram feitos pelo homem.

Houve um tempo em que essas cavernas provavelmente se encontravam em terra, mas foram submergidas depois. Os entalhes gravados em rocha no interior da caverna devem ter sido feitos com alguma

Houve um tempo em que essas cavernas provavelmente se encontravam em terra, mas foram submergidas depois. Os entalhes gravados em rocha no interior da caverna devem ter sido feitos com alguma ferramenta. Entretanto, é muito difícil afirmar que se tratam de arte em rocha deste ou daquele período, ou sequer de uma forma de escrita.

ferramenta. Entretanto, é muito difícil afirmar que se trata de arte em rocha deste ou daquele período, ou sequer de uma forma de escrita.

5.4 MEGÁLITOS

As operações de mergulho revelaram dois grande blocos retangulares com seis metros de altura, mais ou menos 2,5 metros de largura (ambos) e 4,9 de espessura, localizados na direção do lado oeste da Iseki Point... Esses blocos retangulares são chamados pelos trabalhadores japoneses de megálitos. Encontram-se entre dois afloramentos naturais de rocha. A via de aproximação até eles é por meio de um túnel com cerca de três metros de comprimento, um metro de altura e um de largura.

A forma, o tamanho e a posição desses megálitos sugerem que são artificiais. Acredita-se o povo da cultura Jomon, do Japão, extremamente antiga, veneravam pedras e rochas.[154] Levando em conta essa prática, devemos sugerir que os megálitos talvez fossem objetos de adoração. No entanto, uma investigação apurada seria necessária antes que se possa atribuir-lhes um propósito definido.

6.0 CONCLUSÃO

As estruturas em terraço com um canal foram, sem dúvida, construídas pelo homem, que a cortaram de um afloramento enorme lá presente. A estrutura retangular com terraços e o canal deviam servir de píer antes da submersão até a profundidade atual. O monólito da cabeça humana esculpida em rocha e a plataforma a ela atrelada devem ter sido uma área de culto e reuniões comunitárias.

O PLACAR ATÉ AGORA

Por minha conta até agora, tenho um arqueólogo marinho, Sundaresh, que tem certeza de que as estruturas em Yonaguni são, "sem dúvida, feitas por mãos humanas", e que representa 100% de todos os arqueólogos que mergulharam lá até o momento em que escrevo isto. Também tenho um geólogo marinho, Masaaki Kimura, que acredita na mesma coisa; um segundo, Robert Schoch, que não se decidiu; e um terceiro, Wolf Wichmann, que tem certeza de que as estruturas são naturais. Resolvi, então, que, assim que tivesse a oportunidade, tentaria mergulhar em Yonaguni com Wichmann e ver se o faria mudar de ideia. Com tal intuito, alguns meses após a publicação do artigo em *Der Spiegel*, fiz a seguinte declaração em meu *site* na internet:

> Gostaria de propor um desafio a Wolf Wichmann... Combinemos um momento conveniente para nós dois fazermos, digamos, 20 mergulhos juntos em Yonaguni no decorrer de uma semana. Mostrarei a você as estruturas conforme as entendo e lhe darei todos os motivos... que me levam a pensar que os monumentos devem ter sido feitos por mãos humanas. Você, por sua vez, tentará ao máximo me convencer do contrário. No fim da semana de trabalho, veremos quando dos dois mudará de ideia.[155]

"CIENTISTAS JAPONESES NÃO SABEM MERGULHAR..."

Em março de 2001, em uma miniexpedição custeada pelo Channel 4 Television, Wichmann aceitou meu desafio. Um homem pequeno, magro, cabelos escuros, despretensioso.

---

154. Hancock, comunicado pessoal, 2000.

155. *www.grahamhancock.com*

Comecei a entender claramente, pela primeira vez, como e por quê um geólogo pode concluir que as estruturas submersas em Yonaguni são naturais – ou pelo menos (para expressar a posição de Wolf de modo mais apurado) poderiam ter se formado por meio de forças naturais conhecidas, sem a necessidade de intervenção humana.

Gostei dele logo que o vi e continuei gostando durante toda a semana que passamos mergulhando no Japão e discutindo amigavelmente, em um clima de desacordo harmonioso, a respeito do que víamos sob as águas.

Como devíamos prever, não chegamos a um consenso: Wolf saiu de Yonaguni com as mesmas opiniões com que chegara; e eu também. Mas penso que um deu ao outro pontos dignos de reflexão. Sei que lucrei com um seminário em campo, muito útil, sobre a história natural da rocha submersa e comecei a entender claramente, pela primeira vez, como e por que um geólogo pode concluir que as estruturas submersas em Yonaguni são naturais – ou pelo menos (para expressar a posição de Wolf de modo mais apurado) poderiam ter se formado por meio de forças naturais conhecidas, sem a necessidade de intervenção humana. Antes de nos dirigirmos a Yonaguni, Wolf e eu visitamos o professor Masaaki Kimura em seu escritório na Universidade dos Ryukyus. Dei o chute inicial, com uma pergunta generalizada ao professor Kimura a respeito da idade da estrutura:

Graham Hancock: As pessoas podem debater durantes os próximos cinco séculos se o que vemos debaixo da água em Yonaguni é natural ou artificial. Mas uma coisa que podemos deixar claro é a idade da estrutura. Quando ela submergiu? Por isso, a primeira pergunta que quero lhe fazer é esta. Qual a idade dela? Da última vez que ainda se encontrava acima das águas?

Professor Kimura: Essa construção está submersa há 6 mil anos, porque as algas coralinas grudadas nas paredes mostram esse tempo.

GH: E essas algas coralinas, já que são orgânicas, você conseguiu datá-las com auxílio do carbono?

PK: Sim, carbono 14.

GH: Certo. Então, isso nos informa a idade desse item biológico. As algas têm 6 mil anos e estão grudadas à estrutura de pedra que, portanto, deve ser mais velha ainda.

PK: Deve ser mais velha, e, 6 mil anos atrás, o nível do mar [devia ser mais baixo]... Se aquilo foi feito pelo homem, deve ter sido quando a área era terra... cerca de 9 mil a 10 mil anos atrás.

GH: Nove mil a 10 mil anos atrás? Então – mais uma vez, para deixarmos tudo claro, pois preciso entender isso – você está dizendo que há 9 mil ou 10 mil anos, toda a área estava acima da água e a data da submersão seria por volta de 6 mil anos atrás?

PK: Antes de 6 mil anos atrás.

GH: Esse é o problema do carbono 14, não é? Data o organismo, não a estrutura. Então, você só pode afirmar que a estrutura é mais velha, mas quão mais velha, não tem certeza. Quanto trabalho você fez usando mudanças do nível do mar como orientação para datas? E qual é a possibilidade de uma subsidência súbita, talvez recente, por resultado de um terremoto?

PK: Estou procurando tais evidências geológicas, mas não há nada que indique movimento. Se essa área tivesse afundado por movimentos sísmicos, seria por causa de terremotos e falhas, mas não há nenhuma falha ativa; a costa é contínua e, entre a praia e Iseki Point, não existe nenhuma falha ou descontinuidade.

Wolf Richmann: Entendo.

GH: Assim as coisas ficam mais claras. Deixa-nos com a questão do nível do mar para basear uma data, sem fatores complicadores, o que é ótimo. Pelo menos uma coisa fica esclarecida.

WW: Penso que a questão do nível do mar mais alto é suficientemente comprovada pelas evidências científicas encontradas na área. Afinal, eles são especialistas nisso.

GH: Então, para você, os 9 mil anos não são um problema?

WW: Não, não... nenhum problema. A pergunta era e ainda é e, se a resposta for afirmativa, até que ponto foi feito pelo homem ou sofreu ação posterior do homem? Esta é a pergunta.

GH: Bem, espero que tenhamos a chance de investigar isso, quando formos a Yonaguni.

PK: Precisamos pesquisar muito mais.

WW: Sim.

GH: [falando com o professor Kimura] Você e sua equipe são praticamente as únicas pessoas que fizeram uma pesquisa contínua por alguns anos. Mas quase ninguém mais está trabalhando nisso agora, creio?

PK: Os cientistas japoneses não sabem mergulhar.

"UMA COISA MUITO BONITA, MUITO BONITA MESMO..."

Durante toda a conversa, o professor Kimura se manteve fiel à sua noção de que os monumentos de Yonaguni são artificiais – não apenas com base em suas descobertas técnicas, citadas antes e que não preciso repetir aqui, mas também, de maneira muito persuasiva porque: "Esse tipo de topografia... se aquilo fosse feito pela natureza, seria muito difícil explicar a forma".

A reação de Wolf foi imediata: "O que diria a respeito dessa formação é que já vi muitas formações naturais, principalmente costeiras, esculpidas por ondas e vento, em particular com o auxílio das armas erosivas: areia e outras... Vendo com o olhar do geólogo ou morfologista, é uma coisa muito bonita, muito bonita mesmo, mas possivelmente feita pela Natureza".

Perguntei a Wolf se ele já vira algo parecido com a "formação" de Yonaguni em algum outro lugar do mundo.

"Não nessa combinação exata", ele respondeu. "Isso é o que me surpreende. É uma combinação muito forte, comprimida, das diversas formas e figuras naturais que você encontra no mundo."

"Mas normalmente não em uma combinação assim?"

Perguntei a Wolf se ele já vira algo parecido com a "formação" de Yonaguni em algum outro lugar do mundo. "Não nessa combinação exata", ele respondeu.

"Não, assim eu nunca vi. Por isso, é uma maravilha. É uma formação muito bonita."

"Ou obra de seres humanos?", provoquei.

"Talvez. É por isso que estamos aqui."

A RAMPA

Em nosso primeiro mergulho em Yonaguni, levei Wolf até uma estrutura muito curiosa que descobri no fim de junho de 1999.

Localiza-se em 18 metros de água, cem metros a oeste dos terraços do monumento principal. Quando estava acima do nível do mar, 8 mil ou 10 mil anos atrás, devia ser uma espécie de outeiro natural e intocado, erguendo-se cerca de seis metros acima do solo. Uma rampa inclinada e curva, com três metros de largura foi, então, entalhada na lateral do outeiro; e um muro de retenção à altura total do outeiro original foi erguido para circundar e proteger a borda externa da rampa.

Levei Wolf à base da rampa e, enquanto subíamos a nado,

Mais da face sul do monumento principal, Yonaguni.

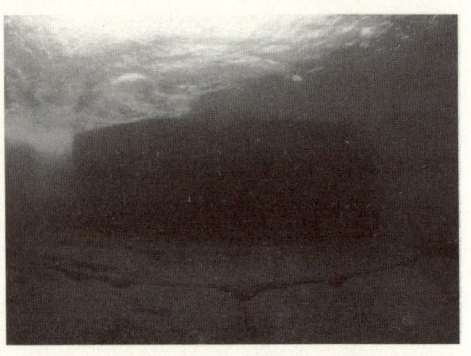

Estrutura retilínea esculpida em rocha e "pavimento" megalítico perto do Palco.

mostrei-lhe como a curva externa do muro interno – que se ergue a dois metros acima do piso da rampa e é formado pelo corpo do outeiro – combina de maneira exata com a curva interna da parede externa, a qual também se ergue até uma altura de dois metros acima do piso da rampa, de modo que as duas paredes se encontram perfeitamente paralelas. Além disso, quando nadamos para cima e por cima da borda do muro externo, vimos que sua curva externa corresponde com perfeição às curvas internas e desce acentuadamente até o leito do mar – como seria o caso se fosse de fato uma espécie de muralha artificial e não apenas uma estrutura natural.

Mostrei a Wolf que o próprio piso da rampa, apesar de danificado e gasto em vários lugares, devia ter uma superfície lisa e plana. Também lhe mostrei qual deve ter sido a função da rampa, como a entendo. Se a

Além disso, quando nadamos para cima e por cima da borda do muro externo, vimos que sua curva externa corresponde com perfeição às curvas internas e desce acentuadamente até o leito do mar – como seria o caso se fosse de fato uma espécie de muralha artificial e não apenas uma estrutura natural.

seguirmos, ela chega a uma plataforma com uma vista impressionante de dois megálitos paralelos enormes, fincados em uma alcova no canto noroeste do monumento principal, que constituem um marco espetacular no "submundo" Yonaguni.

Conversamos, depois, sobre o que víramos:

GH: Ok, Wolf, em nosso primeiro mergulho, eu o levei a uma estrutura [tento desenhar uma rama em um bloco de notas]. Desculpe, mas sou péssimo desenhista.

WW: Eu também... [Olha o desenho] Certo, reconheço-a.

GH: Ora, você é geólogo. Deveria saber desenhar. (Continuo desenhando.) E aqui está uma parede ou muro bonito circundando os dois lados e, no meio, há um canal estratificado ou rampa. Ele se ergue daqui, dá a volta e chega a esse canto. Na verdade, se o seguirmos por toda a volta, teremos uma vista dos megálitos. Bem, esta parede não é um banco. É um muro. Tem, na verdade, cerca de meio metro de largura. E é alto... tem mais de dois metros de altura...

WW: Mais ou menos isso.

GH: ... acima disto... acima desta rampa, ou o que quer que seja. Portanto, simplesmente não entendo a combinação de rocha estratificada limpa aqui [indico o piso da rampa], sem dúvida erodida e danificada – mas limpa – com essas paredes pesadamente incrustadas, que têm toda a aparência de uma muralha e são tão altas que têm uma borda externa e uma interna; e a curva da borda externa combina com a da interna; o mesmo acontece com a outra parede.

Para minha surpresa, Wolf admitiu prontamente que essa estrutura de aparência um tanto inócua e só descoberta havia pouco tempo, e que ele não pôde ver em sua visita anterior, fosse um "desafio tão grande".

Posteriormente, ele a descreveria como "a coisa mais impressionante" que viu em Yonaguni:

> Para mim, o mais impressionante foi a parede, o muro que está totalmente coberto por organismos vivos hoje em dia, que deveriam ser removidos para proporcionar uma visão melhor da estrutura do tal muro, que também pode ser explicado como uma possível criação da Natureza. Mas para termos certeza, teríamos de aprofundar as pesquisas.[156]

Entretanto, Wolf não seria Wolf se não tentasse ao menos dar uma explicação geológica serena e nada sensacional para o problema. Chamou minha atenção para um lugar em terra em Yonaguni chamado Sananudai, que víramos no dia anterior e onde ele me mostrara formações com aspecto de muralhas, que não tinham mais de um metro de altura, de origem inteiramente natural.

WW: Certo, esse é um desafio, de fato. Mas se você se lembra, no dia anterior estivemos em uma plataforma em terra... Esqueci o nome...

GH: Sananudai?

WW: Isso mesmo. E por acaso, descemos mais, perto do mar, e lhe mostrei essas incrustações. Talvez você se lembre que...

---
156. Entrevistado por Tim Copestake para a série de TV *Underworld*.

GH: Lembro-me muito bem: você me disse que uma pátina dura se formou no lado externo da rocha e que a água amoleceu o interior, deixando uma forma com aspecto de parede.

WW: Correto. E do outro lado, o arenito relativamente mole já começara a ser removido. Assim... eu lhe disse que essa era uma maneira possível de uma parede ser feita pela natureza... Ok, é uma teoria.

GH: É uma teoria. O que vi em Sananudai não era uma parede curvada paralela a outra, mas, sim, reta; e elas tinham mais ou menos meio metro de altura.

WW: Estavam no estágio inicial. Certo. Se você olhasse mais fundo, veria que havia uma certa curva, não tão claro quanto esta, admito. Mas era apenas o estágio inicial e, por isso, não sabemos.

GH: Então, você quer explicar dessa maneira aqueles muros [em cada lado da rampa]: como pátina dura que ficou preservada e a parte mole foi removida?

WW: No começo, sim. E depois ficou coberta de organismos, como vimos. Mas descobrir exatamente o que é, não me canso de repetir, é um desafio; e essa é a única explicação que tenho para a estrutura. Mas para termos certeza, precisaríamos remover a incrustação em um lugar, ou apenas de cima para baixo; ou ainda atravessar com um buraco... É o único modo de descobrir de que material esse muro é constituído. Não há outro jeito. Somos obrigados a descobrir isso. Esses muros são feitos em padrões únicos, como pedras, ou algo assim?

GH: Bem, eu... duvido muito que essas paredes sejam compostas de blocos. Acho que veremos que são cortadas. Penso que estamos vendo uma cultura megalítica que cortava rochas e que criou essas paredes, ou muros, assim; e que mais tarde, surgiu a incrustação sobre elas. Essa é minha teoria.

WW: Se isso for verdade, ainda assim seria útil examinar o núcleo delas. Saberíamos exatamente que tipo de material foi usado. Arenito mole ou argilito duro ou outra coisa? Poderíamos encontrar algumas marcas que nos dariam a prova concreta...

GH: Então, o que temos aqui é pequeno quebra-cabeça que necessita de uma pesquisa séria.

WW: Correto. É o que eu diria.

O TÚNEL E OS MEGÁLITOS

Em nosso segundo mergulho, visitamos os megálitos gêmeos, pesando aproximadamente cem toneladas cada, empilhados lado a lado como duas torradas enormes, em uma alcova de frente para o oeste no canto noroeste do monumento principal. Como já comentamos, tem-se uma vista lateral magnífica desses blocos retangulares robustos a partir do topo da rampa curva que exploramos no primeiro mergulho. Vimos que a rampa parece ter sido cortada (por forças naturais ou humanas) entre duas paredes paralelas a partir de um outeiro rochoso preexistente.

O outeiro, por sua vez, se junta a outras estruturas pesadamente incrustadas que podem ser afloramentos de rochas estratificadas naturais que formam uma barricada quase contínua, com três metros de altura e cinco de espessura, espalhadas em um semicírculo aleatório em frente aos megálitos – tudo em uma área aproximada de 15-18 metros de profundidade na água. A barricada é penetrada em um único ponto; e há apenas um túnel estreito, com pouco mais de um metro de largura e meio metro de altura, através do qual um mergulhador nadando horizontalmente pode passar com conforto.

O túnel em si parece "construído" e não esculpido em rocha como tudo o mais em Yonaguni, no sentido de que cada um de seus lados consiste em dois alinhamentos de blocos enormes separados por juntas correspondentes retas, claramente demarcadas. Não há espaço suficiente para uma pessoa ficar em pé no túnel; aliás, mal há espaço se agachar; portanto, quando estava acima da água 8 mil ou 10 mil anos atrás, um ser humano que lá entrasse teria de rastejar até o outro lado. O que impressiona quando você emerge do outro lado é o fato de estar diretamente em frente e abaixo dos megálitos gêmeos que, a partir desse ângulo, estão acima de você como os círculos de sarsen de Stonehenge ou o par de megálitos eretos de granito venerados desde a Antiguidade na região Ena do Japão como "a divindade rochosa sagrada, o objeto de adoração".[157]

Para chegar à base dos megálitos, você tem de nadar uns 20 metros e observa, imediatamente, que eles não se encontram no leito do mar, mas se elevam cerca de dois metros acima dele, com suas

O que impressiona quando você emerge do outro lado é o fato de estar diretamente em frente e abaixo dos megálitos gêmeos que, a partir desse ângulo, estão acima de você como os círculos de sarsen de Stonehenge ou o par de megálitos eretos de granito venerados desde a antiguidade na região Ena do Japão como "a divindade rochosa sagrada, o objeto de adoração".

---

157. Ver capítulo 25 de Underworld. – Ed.

bases firmes em uma plataforma de rochas e fincadas em uma fenda. O canto do fundo do principal monumento em terraço forma a lateral da fenda à sua direita; uma passarela mais baixa de rocha que também mostra sinais de terraços, embora em menor grau, forma a lateral à sua esquerda. Os dois megálitos se inclinam para trás no mesmo ângulo contra a fenda e ambos têm a mesma altura (pouco mais de seis metros). O megálito à direita é distintamente mais grosso que seu "gêmeo" da esquerda. Ambos se afinam no topo e no fundo, de modo que o espaço entre eles, com a largura de um punho no ponto mediano, não é constante. Embora ásperos, erodidos e cravejados de inúmeras tocas de ouriços do mar, os megálitos ainda podem ser reconhecidos como blocos essencialmente simétricos, cujas faces originais devem ter sido alisadas para se encaixar – embora, mais uma vez, se o processo que criou esse efeito foi totalmente natural ou se em algum momento sofreu a intervenção do trabalho e da habilidade humana, continua uma incógnita, com umas poucas opiniões profissionais conflitantes e nenhum fato.

Deixei-me flutuar para cima, em direção à superfície, ao longo da inclinação dos megálitos e descansando a mão no espaço entre eles, como guia. A luz era boa e eu enxergava bem no espaço; olhando para mim a partir dos recessos remotos, um peixe vermelho e gordo parecia horrorizado, esperando que eu fosse embora.

Esses megálitos incrivelmente paralelos foram lapidados, moldados e baixados até sua posição ao lado do canto noroeste do monumento principal por seres humanos? Ou chegaram lá apenas por processos naturais?

Quando me aproximei no topo dos megálitos, submersos sob cinco metros de água, comecei a sentir o impacto feroz das ondas quebrando contra as rochas das cercanias. Segurei-me e, por alguns momentos, deixei meu corpo ser balançado para a frente e para trás pela água. Envolto em uma nuvem de espuma, vi o canto noroeste do monumento principal ainda se erguendo acima de mim nos últimos metros em direção à superfície.

Depois do mergulho, Wolf e eu mais uma vez conversamos a respeito do que víramos; e após uma infrutífero intercâmbio de opiniões, nossa discussão começou a se concentrar em torno de um único ponto, potencialmente decisivo. Esses megálitos incrivelmente paralelos foram lapidados, moldados e baixados até sua posição ao lado do canto noroeste do monumento principal por seres humanos? Ou chegaram lá apenas por processos naturais?

Eu desenhara outro rascunho de um mapa, para o qual apontei:

> **GH:** Aqui estão os dois blocos; e vemos acima deles aqui, não muito alto, a massa da estrutura que conduz até Iseki Point. Explique-me como esses blocos chegaram lá.
>
> **WW:** Ok. Você viu muitos blocos caídos.
>
> **GH:** Por toda a parte.
>
> **WW:** Na costa, vimos do navio...
>
> **GH:** ... muitos blocos caídos, sim.
>
> **WW:** Muitos blocos caíram de partes mais altas.
>
> **GH:** Concordo.
>
> **WW:** Caíram de estratificações partidas, que eram mais duras que as camadas inferiores. O que acontece é que o material mais mole é curvado e cortado sob os bancos mais duros. Creio, então, que esses dois blocos eram antigamente um único bloco de dois bancos de arenito, com material mais mole ou nada entre si além dos limites da rocha estratificada.
>
> **GH:** Bem, quero saber como chegaram ao lugar em que estão agora.
>
> **WW:** Muito bem. Minha opinião é que esses blocos caíram de um nível muito, muito alto, relativo à atual situação deles.
>
> **GH:** Mas não há nenhum ponto alto acima deles. Teríamos de voltar...
>
> **WW:** Hoje.
>
> **GH:** Certo, hoje. Tem razão. Hoje, teríamos de voltar em uma direção norte por uns 50 ou 60 metros, talvez mais, horizontalmente, antes de chegarmos ao penhasco.
>
> **WW:** Certo, essa seria a situação hoje. Estou falando de um período de tempo de pelo menos 10 mil anos... talvez mais.
>
> **GH:** Quanto a isso, concordamos.
>
> **WW:** Naquela época, poderiam existir lugares de uma posição mais alta, dos quais essas pedras teriam caído.
>
> **GH:** Então, sua hipótese é a de um local preexistente mais alto de onde as pedras caíram?
>
> **WW:** Minha hipótese é que elas caíram. Portanto, isso deve ter ocorrido de um lugar, digamos, suficientemente alto. O que seria esse...
>
> **GH:** Concorda comigo que este local [indico o topo do canto noroeste do monumento principal, três ou quatros metros acima do

topo dos megálitos] não é alto o suficiente? Este que vemos aqui?

WW: Não tenho certeza disso. Só posso imaginar...

GH: Mas você se lembra quando chegamos ao topo dessas colunas, desses blocos, estamos perto da superfície? Sentíamos a água batendo com força e a espuma acima de nossas cabeças também muito forte. Na verdade, era quase como se olhássemos para as nuvens. E víamos a massa da rocha acima de nós, provavelmente não mais que quatro metros, e íamos alcançar a superfície lá.

WW: Sim, penso que este não seria um ponto suficientemente alto.

GH: Não?

WW: Não.

GH: Então, precisamos de um lugar alto hipotético?

WW: Sim.

GH: E eu, claro, preciso de uma civilização hipotética...

WW: Sim.

GH: ... capaz de mover os blocos até lá.

WW: Sim, claro. Sem dúvida alguma.

GH: Temos, portanto, dois elementos hipotéticos aqui.

WW: Não vou falar da presença ou ausência de civilização alguma porque não é o meu campo...

Mas o problema que sinto – e continuarei sentindo – é que a combinação muito estranha de grandes estruturas de pedra submersas em Yonaguni e as estranhíssimas combinações de características encontradas em cada uma dessas estruturas não podem

---

...a combinação muito estranha de grandes estruturas de pedra submersas em Yonaguni e as estranhíssimas combinações de características encontradas em cada uma dessas estruturas não podem de maneira alguma ser citadas como devidamente avaliadas sem que se leve em conta a possível "presença ou ausência" de uma civilização – em termos específicos, a Jomon.

---

de maneira alguma ser citadas como devidamente avaliadas sem que se leve em conta a possível "presença ou ausência" de uma civilização – em termos específicos, a Jomon.

A TRILHA E OS TERRAÇOS

Passamos nosso segundo e terceiro mergulhos examinando a "trilha" ou a "estrada circular" ao longo da base do monumento principal, diretamente sob os terraços e sua face sul, aos 27 metros de profundidades, e os terraços em si, que começam aos 14 metros verticalmente acima da trilha.

Terraços

Nesse nível, um pátio espaçoso com cerca de 12 metros de largura e 35 de comprimento se abre e, em seu canto nordeste, em profundidades que diminuem de 13 para sete metros, as estruturas conhecidas entre os moradores locais como "os terraços" são encontradas. Há dois "degraus" principais, ambos com mais ou menos dois metros de altura, bordas acentuadas e quinas limpas em ângulos quase retos. Acima deles, há três degraus menores que dão acesso ao topo do monumento, que continua a se erguer em sentido norte até se aproximar da superfície.

Foi aí que pude ver claramente a base para a discussão fomentada por Wolf na *Der Spiegel*, segundo a qual toda a massa da estrutura – com seus impressionantes e pronunciados terraços e degraus, seus planos perpendiculares e horizontais – podia ser explicada pelos efeitos da ação de uma onda de alta energia sob um afloramento grande de rocha sedimentária estratificada natural.

No começo de sua formação, eras atrás, o arenito (ou, para sermos mais corretos, nesse caso o "argilito") do corpo do monumento se depositou em camadas de espessura e consistência variáveis, atravessado "por ranhuras verticais e fendas horizontais". Quando o nível do mar subiu e as ondas turbulentas começaram a atingir progressivamente níveis mais altos da estrutura, essas ranhuras e fendas foram aos poucos exploradas e abertas, enquanto as camadas mais moles se separavam em lajes planas de variados tamanhos e formas, que acabaram sendo varridas pelas ondas até o mar. Assim, explica Wolf, "a perpendicularidade e os degraus" se desenvolveram gradualmente nas zonas de fratura, criando – sem a menor intervenção humana – os efeitos mais notáveis da estrutura, conforme vemos hoje.

De acordo com esse raciocínio, portanto, eu teria de visualizar um pátio de piso plano de 12 x 15 metros, cortado da lateral do afloramento original pela ação de ondas, que removeu as camadas sedimentárias de argilito das lajes, com seções em forma de terraço se formando a partir dos pedaços mais duros de rocha que sobreviveram após a remoção das camadas mais moles pela água.

Kimura não tem a menor dúvida de que essa parede é trabalho de seres humanos.

> **Quando vi as ruínas submersas, percebi imediatamente que se tratava de uma pedreira. Mostrei fotos a outros talhadores de pedra e todos disseram a mesma coisa. Minha conclusão é que aquilo foi o trabalho de mãos humanas. É absolutamente impossível que algo assim fosse produzido só pela Natureza...**

Ajudei Wolf a medir dos dois degraus mais altos, depois nadei à deriva até a borda do pátio e observei a parede de 14 metros que desce até a "estrada circular" do professor Kimura – a "trilha" plana com solo de rocha ao longo do fundo do canal imediatamente ao sul do monumento. Apesar de seus 25 metros de largura nas profundezas dos terraços, o canal se estreita a menos de quatro metros nas profundezas da trilha. Sua parede norte é a face sul íngreme do monumento; a parede sul não é íngreme, em princípio, mas se inclina até certa distância mais para o sul, em um ângulo de cerca de 40 graus, antes de subir mais íngreme em direção à superfície. A seção de 40 graus está empilhada, ainda que de maneira ordenada, de detritos dos blocos que consistem em um inserção de pedras menores sustentando uma fachada de mais uma dúzia de blocos muito maiores e dispostos, segundo o professor Kimura, em uma linha reta "como uma muralha de pedras". Kimura não tem a menor dúvida de que essa parede é trabalho de seres humanos.

Mas, como se localizava a 27 metros para baixo e nossos computadores de mergulho não gostava das implicações de descompressão de um quarto mergulho naquele dia já puxado, resolvemos deixar para a manhã seguinte.

A TRILHA

Descemos perto dos megálitos gêmeos, depois seguimos a trilha talhada em rocha e claramente demarcada que parece começar (ou terminar?) ali, virando à esquerda do "túnel da entrada" que atravessáramos no dia anterior, serpenteando aos poucos para o sul até a água mais profunda em volta do lado oeste do monumento principal, virando enfim para leste até o canal em frente aos terraços, a 27 metros de profundidade.

Quando entramos no canal, indiquei a Wolf um padrão de três sulcos simétricos, cada um com dois metros de comprimento e apenas 20 centímetros de altura, cortados em intervalos regulares na junção do lado norte da trilha e a base do monumento principal. Também apontei para outros dois detalhes que acho particularmente interessantes nessa área: o piso da trilha parece ter sido aplainado e alisado com o propósito de dar um efeito pavimento; e a trilha está completamente livre de detritos até um ponto de aproximadamente 30 metros a leste dos terraços (onde várias rochas grandes e outros detritos de pedra caíram ou rolaram). A vista do oeste a partir dali mostra uma seção clara da trilha que se estende bem abaixo dos terraços. À direita se encontra a face sul íngreme do monumento principal e, no lado sul da trilha, o começo da fileira inclinada de blocos grandes, estratificado sobre pedras menores, que segundo o professor Kimura seriam as ruínas de um "muro" feito pelo homem ou um banco.

Quando Wolf e eu conversamos posteriormente a respeito dos terraços, ele ainda insistia que todas as anomalias nessas áreas podiam ser produzidas pelos efeitos de forças erosivas locais, em especial as ondas, sobre os estratos como "camadas de um pavê", compostos de argilito de Yonaguni. Em suma, embora ele não descartasse de uma vez por todas a intervenção humana, não achava que ela fosse *necessária* para explicar qualquer uma das coisas que vimos debaixo da água.

A essa altura, chamei-lhe a atenção para um projeto do professor Kimura e sua equipe da Universidade dos Ryukyus, em cooperação com o canal japonês de televisão nacional, TBS. O resultado fora um documentário de seis horas e alta qualidade, transmitido no Ano-Novo de 2001, que prestou uma contribuição original muito grande e útil para o debate em torno da controvérsia de Yonaguni. Quis familiarizar Wolf particularmente com os comentários e as demonstrações de Koutaro Shinza, um talhador tradicional de Okinawa que se mostrara especialista em explorar falhas naturais, rachaduras e camadas em rochas sedimentárias para facilitar o trabalho na pedreira.

Segundo Shinza, que a TBS levou a Yonaguni:

> Quando vi as ruínas submersas, percebi imediatamente que se tratava de uma pedreira. Mostrei fotos a outros talhadores de pedra e todos disseram a mesma coisa. Minha conclusão é que aquilo foi o trabalho de mãos humanas. É absolutamente impossível que algo assim fosse produzido só pela Natureza...

Uma vez que a técnica de talhador de Shinza em cima dos pontos fracos das juntas e fraturas é funcionalmente idêntico ao "método" usado pelo mar, no cenário de Wolf, de quebrar e separar os argilitos de Yonaguni nos terraços e degraus que vemos hoje, perguntei-lhe se tinha certeza de que identificava a diferença.

Ele admitiu que não tinha plena certeza, embora o fato de não ter visto marcas definitivas de ferramenta em nenhum de seus mergulhos fosse mais um motivo para presumir que não havia participação humana.

GH: Para Kimura, essa questão das marcas de ferramentas é muito importante. Ele diz que encontrou essas marcas. Mas eu não teria muitas esperanças depois de 10 mil anos de submersão. É muito tempo. E a pedra, claro, é dura.

WW: Muito dura, de fato. E está coberta de organismos em muitos locais. Poderíamos encontrar algumas marcas se tivéssemos paciência e soubéssemos exatamente onde procurar e como identificá-las com clareza. Mas isso é necessário.

O mar removeu aleatoriamente as camadas rochosas e deixou os terraços, ou foi o trabalho de antigos pedreiros?

Nenhum dos cenários, ele percebia, podia ser comprovado ou negado pelas evidências empíricas disponíveis.

Mas havia outro modo de abordar o problema e capaz de ao menos testar a lógicas de ambas as proposições.

Parte das evidências do professor Kimura de intervenção humana na construção do monumento principal de Yonaguni é a gritante *ausência* de pedaços de pedra na trilha sob os terraços – que, segundo ele, deveriam estar cobertos de escombros, talvez até mesmo completamente soterrados neles, se esses terraços tivessem sido cortados por ondas que quebrariam os planos estratificados preexistentes. Onde vemos escombros na trilha, eles aparecem na forma de um punhado de rochas grandes (não lajes), 30 metros a leste dos terraços. E a única outra área que poderia ser descrita como de escombros se encontra empilhada de modo ordeiro em um ângulo de 40 graus contra a face sul inclinada do canal, tocando, mas não atravessando a borda sul da trilha. Trata-se de um banco com uma fachada de uma dúzia de blocos megalíticos dispostos em uma fileira que Kimura definiu como artificial. Confesso, porém, que em todas as minhas visitas a Yonaguni – incluindo os mergulhos em março de 2001 – considerei esse banco nada mais que acúmulo de detritos caídos do lado sul do canal e, por isso mesmo, não prestei muita atenção a ele. Só a partir de março de 2001, revendo as fotografias e os vídeos, comecei a perceber como era

---

O mar removeu aleatoriamente as camadas rochosas e deixou os terraços, ou foi o trabalho de antigos pedreiros?

---

estranho o fato de não haver um único pedaço de "detritos caídos" atravessando a trilha; como tudo parecia ordenado demais; e como Kimura provavelmente tinha razão.

Na viagem com Wolf, contudo, enfoquei apenas a questão da aparente operação "limpeza" feita na trilha.

Comecei, lembrando Wolf de nossa conversa anterior a respeito dos megálitos gêmeos, cada um com seis metros de altura e cem toneladas, que ele afirmava terem caído até a atual posição no canto noroeste do monumento, de algum ponto alto hipotético.

WW: Vejo aonde você quer chegar.

GH: Bem, refiro-me ao problema da trilha, conforme a vemos em frente a Iseki Point, quando chegamos à parte frontal do monumento principal. Há uma parede íngreme acima da trilha com 14 metros de altura e aí começam os terraços. Se houve um lugar nessa estrutura onde teriam caído grandes lajes de pedra foi essa trilha, diretamente sob o local onde se criaram os terraços. Por isso, o que me incomoda é se os megálitos paralelos caíram de um lugar alto e se posicionaram no canto noroeste do monumento, lá ficando para sempre, por que o caminho na frente do monumento não está coberto de lajes também grandes ou até maiores, que teriam se deslocado durante a formação dos terraços?

Desenhei as paredes norte e sul do canal, com a trilha na base e banco de "entulhos ordenados" contra a parede sul.

GH: Empilhada aqui, contra a parede sul, há uma quantidade enorme de pedras grandes que se estende, aliás, até este nível [indico no desenho]. Posso aceitar que essas pedras caíram do topo da parede sul e ficaram nessa posição. Na verdade, o professor Kimura não diz isso. Ele afirma que elas foram colocadas ali por mãos humanas.

WW: Sim, eu sei... eu sei.

GH: Pode estar certo ou não, mas posso aceitar que a possibilidade mais razoável, conforme entendo as forças da gravidade, é que as pedras que estavam aqui em cima, ao longo dessa área um tanto plana no topo da parede sul, devem ter sido derrubadas pela água e se empilhado aqui [indico o banco de entulho]. É isso que vejo. Vejo pedras que despencaram daqui de cima, no lado sul. O que não entendo, quando chegamos ao enorme terraço principal com seus degraus no lado norte do canal, é por que sob esse belo penhasco vertical, não encontramos nenhuma pedra nessa trilha de três metros. E não acredito que elas rolaram do lado [norte] para esse banco de escombros [no lado sul] convenientemente deixando o caminho ao lado livre. Para mim, isso desafia a lógica e natureza.

WW: Tudo é apenas palpite. Imagine que essa área plana em volta dos terraços não foi removida toda de uma vez. Quero dizer, pedras pequenas, paralelepípedos, ou quaisquer outras coisas, foram caindo com o passar do tempo e de alguma maneira transportados e sustentados pela gravidade até aqui, nesta parte [indica a área do banco no lado sul do canal], sendo protegidos por essas rochas grandes de outra remoção.

GH: Ainda acho difícil entender isso. Se me coloco ao lado destes degraus [indico os dois degraus grandes no terraço principal], a altura deles passa de meus ombros. Isso significa que uma camada de rocha com pelo menos dois metros e meio de espessura, até aqui [indico a área do pátio], foi inteiramente removida, deixando para trás só os degraus.

WW: Sim.

GH: Esse pátio tem... 30 ou 35 metros de comprimento?

WW: Mais ou menos.

GH: E nós temos uma camada de rocha com dois metros e meio de espessura; é rocha demais.

WW: Não estamos falando de dois ou três anos.

GH: Estamos falando de um período longo. Então, sua explicação é que pedaços pequenos se quebraram aos poucos e foram levados pelas marés?

WW: Isso mesmo... de um modo geral.

GH: Certo. Para mim, a explicação mais elegante é que foram levados por humanos.

WW: Tudo bem.

GH: Depois que terminaram seu trabalho.

WW: Mas onde teriam colocado? Por aqui?

GH: Onde acharam melhor.

WW: Ora essa!

GH: Quando as pessoas tiram material do lugar original, levam-no embora... transportam-no para outro lugar... É uma atividade humana comum. Muito normal. Quem carrega o material não deixa detritos. Isso é normal.

WW: É exatamente o que diz Kimura.

GH: É o argumento dele. E acho-o bastante convincente.

Após passar por essa segunda entrada, mais impressionante, na extremidade norte da câmara principal, o mergulhador depara com uma terceira sala do Palácio, a última. É completamente diferente das outras duas, que foram "construídas" (pela Natureza ou pelo homem) a partir de blocos grandes empilhados um sobre o outro.

O PALÁCIO

Nosso quinto mergulho foi em um lugar vários quilômetros a oeste de Iseki Point, que os mergulhadores locais chamam de "Palácio" e que o arqueólogo indiano Sundaresh menciona em seu relatório em dezembro de 2001 como "área da Caverna Submarina". Sundaresh não comenta as características estruturais do Palácio em si, que é de fato cercado por cavernas naturais, mas observa que no interior dele:

> ...foi vista uma rocha com cerca de um metro de diâmetro, repleta de inscrições. Mais ou menos cem metros em direção ao lado leste das cavernas, mais inscrições foram notados na rocha estratificada... Tanto as inscrições dentro da caverna quanto as da rocha provavelmente [foram] feitas com uma ferramenta.[158]

Algumas das inscrições encontradas na área do Palácio foram comparadas com marcas semelhantes dos conhecidos sítios Jomon, acima da água. Não faço nenhuma afirmação especial acerca de outro aspecto do Palácio que me pareça interessante – e essa é a possibilidade de que não se trate de uma caverna inteiramente natural.

A entrada para o "Palácio" pode ser feita através de numerosos buracos escavados no teto, com mais ou menos nove metros de profundidade na água, ou por meio do que pode ter sido, em minha opinião, a entrada original, à profundidade de 14 metros. Nesse ponto, o mergulhador precisa se espremer entre os espaços de uma miscelânea de rochas caídas, até entrar em uma câmara pequena, escura, com o piso coberto de cascalho, orientada mais ou menos em sentido norte-sul, com espaço para quatro ou cinco adultos em pé. A parede sul está bloqueada. Na parede norte, há uma "passagem", ou uma "entrada", com cerca de um metro de altura, através da qual os visitantes teriam de passar agachados, ou se rastejando, quando o Palácio ficava acima do nível do

---
158. Relatório de Sundaresh.

mar. A passagem tem uma aparência tosca, danificada, sem características artificiais óbvias, mas para além dela existe uma câmara bela e espaçosa que reluz com um brilho azul fantasmagórico sempre que o sol se projeta através da coluna de água e a ilumina através dos buracos no teto.

Assim como a antecâmara entulhada, essa sala principal atmosférica tem orientação norte-sul. Mede cerca de dez metros de comprimento e cinco de largura. Sua altura do chão ao teto é de aproximadamente cinco metros. Embora não tenha havido um colapso substancial do lado leste, o lado oeste está intacto e apresenta uma parede vertical lisa de megálitos muito grandes sustentando outros que formam o telhado.

Mais ou menos nesse ponto mediano, a câmara começa a se estreitar em direção ao norte até as paredes leste e oeste se juntarem em um corredor com menos de dois metros de largura que culmina em outra "entrada" (passagem) – dessa vez muito alta e estreita.

Atravessando a parte de cima dessa entrada, por acidente ou de propósito, um dos megálitos do telhado parece o limiar de uma porta. Após passar por essa segunda entrada, mais impressionante, na extremidade norte da câmara principal, o mergulhador depara com uma terceira sala do Palácio, a última. É completamente diferente das outras duas, que foram "construídas" (pela Natureza ou pelo homem) a partir de blocos grandes empilhados um sobre o outro. Essa terceira câmara, por sua vez, foi esculpida ou erodida – é prematuro afirmar uma coisa ou outra – em uma massa de calcário coralino, que ficou exposto nessa parte de Yonaguni. Não existem "blocos" ali. Estende-se apenas com três metros de comprimento e pouco mais de um metro de largura; e culmina na extremidade norte de outra "entrada" ou "passagem". Esta última, insisto, é claramente "escavada" e leva até uma alcova fechada que, por sua vez, se afunila verticalmente para cima, abrindo-se através de um buraco no telhado.

Todas as três "passagens" no Palácio, a primeira no lado sul da sala principal, a segunda no lado norte e a terceira conduzindo à alcova, estão posicionadas em uma linha reta, criando o que na prática é um sistema de passagens/câmaras alinhado. E como a câmara de trás (a mais ao norte) e a porta da alcova são esculpidas a partir de um tipo de rocha diferente dos outros materiais na estrutura, presumimos que alguma intervenção aproximou esses dois elementos (o esculpido em rocha e o megalítico), em algum momento.

Mas foi obra da Natureza? Ou teriam sido os Jomon, em uma fase não reconhecida de sua pré-história, quando moviam rochas gigantes com facilidade e iniciaram no Japão o culto à pedra, que até hoje permeia a vida espiritual do país?

Wolf não acredita nisso. Segundo sua visão convencional, o Palácio é apenas um fenômeno totalmente natural e o alinhamento das três entradas na passa de coincidência.

300 d.C. Entretanto, ambos os sistemas me lembram muito, e até causam espanto por isso, a arquitetura das grandes passagens megalíticas e câmaras mortuárias da Era Kofun – em particular, estruturas como *Ishibutai*, perto de Asuka, onde os megálitos usados tinham dimensões e pesos titânicos.[159] Quero lembrar o leitor de que os arqueólogos ainda não en-

Quero lembrar o leitor de que os arqueólogos ainda não encontraram traços evolucionários para sustentar as habilidades megalíticas avançadas que se manifestaram tão subitamente na era Kofun do Japão; e levantam a possibilidade de que o conhecimento de construção com megálitos em tal escala pode ter evoluído em áreas em torno da costa japonesa que hoje se encontram submersas.

Provavelmente ele tem razão. No entanto, ainda tenho uma profunda curiosidade quanto a essa estrutura e pretendo, se puder, trabalhar mais nela, no futuro. Em um mergulho anterior nas proximidades, deparei com partes do que parecia uma segundo sistema megalítico de passagens/câmaras, que também gostaria de revisitar.

Naturais ou artificiais, é provável que em virtude da profundidade de sua submersão, os dois sistemas sejam milhares de anos mais velhos que a misteriosa era Kofun do Japão, que deve ter começado por volta de

contraram traços evolucionários para sustentar as habilidades megalíticas avançadas que se manifestaram tão subitamente na era Kofun do Japão; e levantam a possibilidade de que o conhecimento de construção com megálitos em tal escala pode ter evoluído em áreas em torno da costa japonesa que hoje se encontram submersas.

Sei que surgem mais perguntas que respostas.

Mesmo assim, pensemos de onde vem a tradição Kofun. Alguns estudiosos dizem que a resposta é Coreia, mas as evidências não

---

159. Ver capítulo 25 em *Underworld*. – Ed.

> **Ninguém presta muita atenção à época anterior do Japão, de arquitetura em pedra, atestada pelos círculos de pedras e pela "paisagem montanhosa" da Era Jomon, porque até hoje persiste o preconceito de que os Jomon eram simples caçadores e coletores, e nada além disso.**

comprovam e outros estudiosos discordam. Ninguém presta muita atenção à época anterior do Japão, de arquitetura em pedra, atestada pelos círculos de pedras e pela "paisagem montanhosa" da Era Jomon, porque até hoje persiste o preconceito de que os Jomon eram simples caçadores e coletores; e nada, além disso.

Não nego que eles fossem simples caçadores e coletores, mas, quanto mais me aprofundo no labirinto da história japonesa, mais me convenço de que eles eram muito mais que isso.

A FACE E O PALCO DE PEDRA

Em nosso sexto e último mergulho em Yonaguni, em março de 2001, levei Wolf a um local chamado *Tatigami Iwa*, oito quilômetros a leste do Palácio e cerca de dois quilômetros e meio leste do principal grupo de monumentos em volta de *Iseki Point*.

Tatigami Iwa significa "Pedra Kami Ereta" e se refere a um pináculo de rocha com 40 metros de altura, estranhamente nodoso e erodido, deixado para trás há milhares de anos, quando o resto do antigo penhasco (do qual fazia parte) foi levado pelas águas. Compreensivelmente reverenciado como um deus na tradição local, hoje ele é fustigado pelo Oceano Pacífico a cem metros da costa, como uma sentinela fantasma dessa ilha assombrada. Mas o que há embaixo, na paisagem submarina próxima, é o que de fato me interessa e me levou a escolher o local como nosso sexto mergulho. Pois ali, a uma profundidade de 18 metros aproximados, pode-se ver uma enorme escultura de uma face humana – com dois olhos, um nariz e uma boca, esculpida ou por forças da natureza ou por mãos humanas, na quina de um afloramento de rocha escura que se projeta acentuadamente a partir de uma distinta planície de "blocos".

Mostrei a Wolf como a "formação da face" manifesta uma combinação de peculiaridades. Pois não é apenas uma "face" – ou algo parecido (dos quais a Natureza fornece vários exemplos) – mas, sim, um rosto lúgubre e assustador, cujo objetivo parece mesmo atemorizar, esculpido com esmero e atenção, seguindo a textura e os contornos da base de rocha.

Além disso, longe de parecer uma construção aleatória e sem contexto, como seria uma "face" formada por forças naturais, ela parece adornada com adereços cerimoniais. De fato, uma plataforma horizontal com pouco mais de dois metros de altura e cinco de largura, chamada pelos mergulhadores locais de "Palco de Pedra" – se abre a partir da lateral da face, no nível da boca, e se estende até a parte de trás da cabeça, onde uma passagem estreita penetra a estrutura inteira, do oeste a leste.

A "Face", portanto, deve ser vista em conjunto com seu "Palco de Pedra" como um edifício talhado em rocha; e tanto eu quanto Sundaresh, em seu relatório supracitado, observamos que a área plana da qual se erguem o Palco e a Face é grande o suficiente para ter acomodado milhares de pessoas antes da submersão provocada pelo aumento do nível do mar. Também digno de nota é o fato de que a construção Face/Palco não é a única nessa área grande, mas faz parte de uma coletânea de estruturas anômalas esculpidas em rocha e geralmente retilíneas em torno da base de *Tatigami Iwa*.

Natural?

Ou feita pelo homem?

Ou um pouco de cada?

Meu voto é para a estranha e maravilhosa natureza, melhorada pelo homem, milhares de anos atrás.

Mas o que Wolf achava?

WW: Antes de tudo, temos de mencionar que este é um arenito totalmente diferente do que encontramos em Iseki Point. É muito grosso – uma série de bancos grossos e maciços que consistem, ao contrário do material de Iseki Point, de arenito muito sensível à erosão e que se desgasta em formas mais arredondadas que o arenito ou o argilito de Iseki Point. Em segundo lugar, a erosão de rocha em todo o mundo geralmente produz formas que se parecem com rostos humanos... Portanto, não posso dizer muita coisa da Face. Para sabermos com clareza, novamente, precisaríamos remover todos os micro-organismos em volta dela, pois só assim teríamos uma visão desobstruída da rocha e do modo como foi talhada.

GH: Você notou que as órbitas dos olhos parecem ter uma proeminência central?

WW: Não. Desculpe, não olhei para isso.

GH: Então, não viu.

WW: Vi a face e pensei, "bem, o que fazer com isso?".

GH: *Sim.*

WW: Mas entenda que estou acostumado... aliás, não estou acostumado a ir direto às coisas, mas...

GH: Sim, a se manter distante. Notei.

WW: ... me distancio e olho. Como isso pode se formar? Mas foi minha primeira vista do local. Não tenho uma resposta no momento.

GH: Outra coisa a respeito de tudo isso é a impressão que me causam esses problemas. Se olharmos nossos desenhos nos últimos dois dias... Bem, aqui, desde o primeiro mergulho temos, dentro de uma área curta, paredes curvadas paralelas, uma rampa, um túnel, dois megálitos. Passamos para a frente do monumento, uma trilha clara e, pelo que noto, ainda com o mistério do material desaparecido... Se, de fato, como concordamos antes, toda essa massa de material que vemos no banco de entulhos veio do lado sul. Pois, como você disse, não parece pertencer ao lado norte.

WW: Pelo que vemos, sim.

GH: Chama-me a atenção a proximidade de todas essas coisas peculiares, cada uma das quais requer uma explicação geológica detalhada e, em alguns casos, explicações hipotéticas também, como por exemplo, um penhasco que teria existido na área e do qual despencaram esses dois megálitos. Desde a terceira ou quarta visita que fiz a Yonaguni, sinto uma fantástica combinação de estranhezas em uma área muito compacta. Porque, como você viu hoje, as peculiaridades continuam quando seguimos pela costa até a Face e o Palco de Pedra.

WW: É verdade. Fiquei profundamente impressionado com isso.

GH: O mais surpreendente é que todas essas peculiaridades ocorrem ao longo da costa sul e leste de Yonaguni, e nenhuma delas é encontrada na costa norte; ou se algo foi encontrado, os mergulhadores não mencionam. Mas geralmente eles falam de lugares assim. Enfim, temos essas coisas no lado sul, mas não no norte. Essas descobertas peculiares estão compactadas em uma área bastante restrita e cada uma pede uma explicação geológica diferente e, a meu ver, complicada. Dispor de uma massa rochosa com dois metros e meio de espessura e 35 metros de comprimento [e 15 de largura] é impensável. Atribuir isso à ação das ondas, para mim, é ir longe demais...

WW: Percebo aonde quer chegar.

GH: Não me convence, se penso na força e variabilidade das forças geológicas em uma área pequena. Não engulo de jeito nenhum.

WW: Certo. Eu lhe pediria para dar uma olhada na literatura geográfica e geológica nova, ou até na mais velha. Verá essas coisas descritas detalhadamente em textos recém-publicados e...

GH: Em nenhum lugar do mundo – esqueça a literatura, livros são livros – em nenhum lugar do mundo encontramos todas essas coisas juntas... porque uma coisa é certa: veja toda a publicidade que essa estrutura atraiu.

WW: Porque você a começou.

GH: Na verdade, não fui eu... Foi...

WW: Você e outros.

GH: Muitos outros. A publicidade no mundo todo é muito grande. Creio que vale dizer que se algo comparável tivesse sido encontrado em qualquer lugar deste planeta, com seus 70% de água, já teríamos tido notícias. E é o caráter singular dessa estrutura e da série de estruturas ao longo da costa sul e leste de Yonaguni que realmente me fazem pensar no envolvimento humano. Acredito que o povo participante era de uma cultura megalítica; sabiam trabalhar com rocha e fizeram o que as correntes e as forças erosivas fazem, ou seja, trabalharam com o impacto natural da rocha; onde há uma falha, ali está um bom lugar, vamos aproveitar. Todo grande escultor ainda procura as formas naturais na rocha e, de fato, essa é uma forma de arte no Japão até hoje. Enfim, esses são os fatores que me fazem concluir que estou olhando para uma rocha que foi trabalhada por mãos humanas.

WW: E eu diria, ao contrário, que é um milagre natural... E para concluir, meu ponto de vista definitivo é que tudo o que vimos nos últimos dias pode ter sido feito exclusivamente pela Natureza, sem auxílio do homem. Isso não significa que as pessoas não exerceram nenhuma influência. Não disse isso e nunca diria. Mas afirmo que as estruturas podem ser um produto da Natureza.

OUTROS MILAGRES

Há vários outros locais intrigantes em Yonaguni que não consegui mostrar a Wolf no pouco tempo que tínhamos em março de 2001 – embora não ache que fariam com que ele mudasse de ideia.

Um destes, que tem a forma reconhecida por alguns como uma enorme tartaruga marinha esculpida em rocha, localiza-se a 12 metros de profundidade no ombro do monumento principal em Iseki Point, cerca de 150 metros a leste dos terraços.

Um segundo, severamente danificado quando Yonaguni foi atingida por uma série de violentos tufões em agosto e setembro de 2000,[160] se encontra a meio quilômetro para o leste dos terraços, a mais ou menos 15 metros dentro da água. Uma rocha de uma tonelada, encimando uma plataforma plana com dez centímetros de altura no ápice de uma enorme laje de rocha com quase três metros de altura, ele tem todas as características de um santuário *iwakura* clássico, em parte rocha natural e em parte artificial. Como observei no capítulo 25,[161] se esse santuário fosse removido para as inclinações do Monte Miwa, se misturaria em perfeita combinação com o que já existe lá.

Dois outros locais anômalos se encontram a meio quilômetro de Iseki Point, que eu também gostaria muito que Wolf tivesse visto. Um é o extraordinário "Estádio", um anfiteatro vasto circundando uma planície de pedra a uma profundidade de 30 metros.

O outro é uma segunda área de degraus muito grandes – em uma escala semelhante e de aparência similar àqueles do terraço principal em Iseki Point – porém, muito mais para dentro do mar, em água mais profunda, e no fundo de um canal protegido.

A lista de sinais e maravilhas não termina aqui, mas creio que meu ponto de vista já está claro. Algumas pessoas de mente aberta – entre elas, cientistas japoneses com Ph.D. – insistem que aquilo que vemos submerso em Yonaguni são estruturas esculpidas em rocha que foram trabalhadas pelo homem e dispostas como estão, com um propósito. Outras pessoas, também de mente aberta e Ph.D. insistem, por outro lado, que as estruturas submersas de Yonaguni não passam de rochas e não foram esculpidas.

ROCHAS? OU ESTRUTURAS?

Nada mais que geologia interessante? Ou descobertas que podem definir as verdadeiras origens da civilização japonesa na Idade dos Deuses, como afirmam os próprios Nihongi e os Kojiki?

Essas são perguntas importantíssimas que não podem ser respondidas em Yonaguni com base nas evidências disponíveis. Wolf tem razão quanto a isso. É possível que as notáveis estruturas e objetos que lhe mostrei sob as águas sejam aberrações da natureza, que por alguma improbabilidade fantástica tenham ocorrido em conjunto, em um único lugar.

Não creio que sejam isso. E repito que o equilíbrio das opiniões científicas em primeira mão é, neste momento, Dois a Um contra Wichmann nessa questão (Kimura

---

160. A rocha rolou para o lado, metade ainda sobre a plataforma e metade para fora.
161. De *Underworld*. – Ed.

e Sundaresh votam pela intervenção humana nas estruturas, Wichmann vota pela origem inteiramente natural delas; o professor Schoch vota para as duas hipóteses).

No futuro, outras descobertas e outros cientistas mergulhadores podem alterar esse equilíbrio de opinião de forma dramática, em uma ou outra direção. Mas teremos de esperar para ver. Enquanto isso, após uma exposição intensa e *in loco* ao empirismo inflexível de Wichmann, concordo que ainda não estou em posição de *provar* que mãos humanas participaram da criação das estruturas de Yonaguni, assim como Wichmann não pode provar, como ele próprio admite, que não houve intervenção humana.

Creio, contudo, que Wolf chegou às suas conclusões acerca de Yonaguni com sinceridade, não com pressa, e com base em sua vasta experiência com geólogo marinho com o modo como as diversas espécies de rocha devem se comportar sob a água. Embora discorde dele, quando saímos da ilha em março de 2001, resolvi que não basearia nenhum argumento ou afirmação em *Underworld* nas copiosas evidências que sugerem que as estruturas submersas de Yonaguni são de fato esculturas produzidas pelo homem... Neste capítulo simplesmente tentei compilar e apresentar tais evidências, bem como as visões contrárias e ponderadas de Wolf, com a maior clareza e objetividade possíveis, por questão de registro público.

Mas suponha por um momento – apenas um exercício de especulação – que eu e outras pessoas *estejamos certos* quanto a Yonaguni.

Nesse caso, o que Japão perdeu para os mares não foi uma coisa insignificante, mas, sim, um episódio definitivo da pré-história mundial, que remonta há mais de 10 mil anos. Pois se os Jomon fizeram de fato as grandes estruturas que submergiram nos litorais sul e leste de Yonaguni no fim da era glacial, então nos deparamos com uma dimensão inesperada e ainda completamente desconhecida

---

Pois se os Jomon fizeram de fato as grandes estruturas que submergiram nos litorais sul e leste de Yonaguni no fim da era glacial, então nos deparamos com uma dimensão inesperada e ainda completamente desconhecida daquela antiga cultura cada vez mais extraordinária.

---

daquela antiga cultura cada vez mais extraordinária. Em termos de organização, esforço, engenharia e ambição, a escala de tal empreendimento está além de qualquer coisa que os Jomon de 10 mil ou 12 mil anos atrás (ou qualquer outra cultura humana da época) seriam considerados capazes de realizar. Entretanto, apesar de estranho, faz sentido no contexto das outras características incongruentes desses estranhos "caçadores e coletores" – seus povoados permanentes, seus círculos de pedras, seu cultivo de arroz, e suas conquistas navegacionais e marítimas em duas ondas diversas de povoamento das Américas (uma há 15 mil anos; outra mais recente, há 5 mil anos).

Wolf e eu tínhamos apenas mais um dia de mergulho depois de Yonaguni; só mais um dia para eu encontrar uma grandiosa estrutura nas águas japonesas para a qual ele não tivesse uma explicação natural... Para essa aventura e teste, escolhi os grandes círculos de pedras em Kerama.

Geografia sagrada:
Cataclismos de Origem Cósmica e Reação Megalítica

Martin Gray

No começo da primavera de 1986, iniciei uma peregrinação de um ano pela Europa, de bicicleta. No decorrer das quatro estações, pedalei por 11 países, visitando, estudando e fotografando mais de 135 locais sagrados. Nos anos seguintes, viajei à Europa várias outras vezes, e visitei outros países e lugares sagrados. Essas viagens me levaram aos sítios sagrados de culturas megalíticas, gregas e celtas, bem como aos locais de peregrinações do Cristianismo medieval e contemporâneo. Por milhares de anos, nossos ancestrais têm visitado e venerado os lugares energéticos da Europa. Uma cultura após outra tem frequentado esses mesmos lugares. A história de como esses sítios mágicos foram descobertos e usados é repleta de mitos de cataclismos cósmicos ou provocados por cometas, bem como de astrônomos e sábios, espíritos da natureza e anjos.

Equívocos a respeito da tal era glacial e as geleiras

Antes de iniciarmos nossa discussão do uso megalítico de locais energéticos na antiga Europa, devemos corrigir um erro persistente a respeito da causa da transição entre as eras paleolítica e neolítica. De acordo com as crenças *convencionais* (derivadas de suposições incorretas da teoria Uniformitária de Charles Lyell e da teoria da era glacial de Louis Agassiz no começo do século XIX), geleiras enormes cobriam vastas regiões do hemisfério norte.

Essas crenças convencionais afirmam que os níveis dos oceanos do mundo eram mais baixos na era glacial por causa de toda a água supostamente congelada na calota polar.

Entre 13000 e 8000 a.C., as grandes geleiras derreteram e os níveis dos oceanos subiram 120 metros. O efeito desse derretimento glacial e da subida do nível do mar sobre a vida europeia arcaica marcou o fim do Paleolítico e começo do Neolítico.

A ideia de uma suposta era glacial, com geleiras enormes cobrindo vastas áreas do Hemisfério Norte já foi, por diversas vezes, desmentida e considerada errônea por numerosos estudos científicos nos campos de geologia, paleontologia, biologia, zoologia, climatologia, antropologia e mitologia.

A ideia de uma suposta era glacial, com geleiras enormes cobrindo vastas áreas do Hemisfério Norte já foi, por diversas vezes, desmentida e considerada errônea por numerosos estudos científicos nos campos de geologia, paleontologia, biologia, zoologia, climatologia, antropologia e mitologia. Os leitores interessados em saber mais sobre esses estudos e suas revelações acerca da não existência da era glacial e suas geleiras gostarão do livro *Cataclysm: Compelling Evidence of a Cosmic Catastrophe in 9500 B.C.*, de Allan e Delair. O material factual apresentado nessa obra acadêmica começa lentamente a entrar nos cursos universitários e fazer parte dos livros didáticos no mundo todo, reescrevendo assim nossa compreensão dos antigos tempos neolíticos.

CATACLISMOS CÓSMICOS E CAUSADOS POR COMETAS EM 9500, 7640 E 3150 A.C.

Antes embarcarmos em uma jornada de descoberta e na discussão do uso, por parte dos seres humanos, dos locais energéticos no período neolítico, há outra questão de vital importância que devemos explorar. Ela diz respeito à passagem e ao real impacto de objetos cósmicos e cometas em três períodos distintos no passado pré-histórico. Para começarmos a explorar esta questão, comentemos os escritos enigmáticos do filósofo grego do século IV a.C., Platão. Nos diálogos de *Timeu*, que registram as discussões entre um estadista grego e um sacerdote egípcio, Platão relata o seguinte:

> Vocês, gregos, são todos crianças... Não possuem crenças cuja raiz esteja na tradição antiga nem conhecimento das eras que se passaram.

> **Até recentemente, a noção de um continente submerso era considerada absurda; entretanto, estudos geológicos, climatológicos, biológicos e oceanográficos recentes mostram de maneira conclusiva que grandes massas continentais de fato existiram no Atlântico e em outras partes do mundo, no Período Paleolítico.**

Já houve e haverá ainda diversas calamidades a assolar a humanidade, as maiores oriundas de fogo e água, enquanto as menores causadas por inúmeros outros meios... Lembram-se de um único dilúvio, embora tenha havido muitos.

Em seus diálogos, *Timeu* e *Crítias*, Platão fala de um grande império em uma ilha, situado no meio do Atlântico, a lendária Atlântida, que teria afundado sob as águas após um cataclismo que atingiu o planeta inteiro em uma época que seria 9 mil anos antes de Platão. Até recentemente, a noção de um continente submerso era considerada absurda; entretanto, estudos geológicos, climatológicos, biológicos e oceanográficos recentes mostram de maneira conclusiva que grandes massas continentais de fato existiram no Atlântico e em outras partes do mundo, no Período Paleolítico.

De igual importância são as evidências acumuladas a partir de uma variedade de disciplinas científicas que demonstram que um objeto cósmico grande (provavelmente parte de explosão quase de proporções de uma supernova) passou rente à Terra por volta de 9500 a.C. Esse evento cósmico causou um cataclismo mundial de proporções enormes, incluindo atividade vulcânica, ondas *tsunami* gigantescas, subsidência de massas de terra regionais e extinções em massa de animais e humanos (eventos citados no mitos da Atlântida). Nesse sentido, é de vital importância observar que muitos dos efeitos geológicos e biológicos até então atribuídos aos hipotéticos movimentos das geleiras nas eras glaciais *não poderiam* ter sido causados pelo movimento lento do gelo, mas foram, isto sim, provocados pelo deslocamento rápido e vasto de corpos oceânicos de água (por sua vez, causados pelo puxão gravitacional irresistível do objeto cósmico enorme passando pela Terra). Além disso, as extinções de várias espécies de animais geradas por esse eventos ocorreram muito além das fronteiras geográficas determinadas para as "glaciações da era glacial" pelos teóricos ortodoxos.

Einstein também estudou a deriva da superfície da Terra, chamada de deslocamento crustal por seu

Estudos científicos dos efeitos de objetos grandes se movendo rapidamente e impactando a superfície do oceano demonstraram, de maneira conclusiva, que as ondas resultantes de um gigantesco impacto de um cometa alcançariam alturas verticais de duas a três milhas, com velocidades ascendentes de 400-500 milhas por hora, e uma força sustentada que as levaria a 2 mil-3 mil milhas para todas as direções a partir do ponto do impacto.

principal teórico, Charles Hapgood, que relatou: "Não podemos duvidar que mudanças significativas das crostas terrestres ocorreram repetidas vezes e em curto período de tempo". A "crosta terrestre" afetada em tal evento seria a Atlântida dos antigos mitos? Centenas de datações com carbono 14 obtidas a partir de testes laboratoriais de amostras botânicas, zoológicas e geológicas encontradas no mundo todo revelam a eclosão de uma terrível catástrofe mundial na data aproximada de 9.500 a.C. A grande relevância disso para nossa discussão presente é que se adicionarmos 9 mil anos aos 400 anos que separam a época de Platão dos tempos de Cristo e adicionarmos a ambos os 2 mil anos que se passaram desde então, temos outra data aproximada de 9500 a.C. para o cataclismo que provocou o afundamento continental. Uma questão sóbria e pertinente é que o declínio percentual da população humana global em 9500 a.C. é estimado em 80% – 90%.

Segundo os sacerdotes egípcios com quem falara o informante de Platão, a Atlântida era uma civilização próspera e sofisticada, avançada em ciência e possuidora de conhecimentos de geografia e *geomancia* de toda a Terra. Geomancia pode ser definida como a descoberta e o mapeamento de lugares energéticos em escalas regionais ou globais. Acumulam-se as evidências de que uma cultura antiga, misteriosa, porém hoje perdida, mapeou uma grade planetária desses pontos energéticos terrestres posicionados com regularidade geométrica. Essa informação geométrica, em variadas formas, deixaria posteriormente suas impressões nas geografias sagradas de numerosas outras culturas. Lendas em diversas partes do globo também nos contam de sábios astrônomos que conheciam os grandes ciclos celestes, a existência de cataclismos passados e a possibilidade de futuros. Prevendo um desses cataclismos futuros e seus efeitos catastróficos sobre a Terra, esses sábios astrônomos viajaram até determinados locais geomânticos do planeta e lá construíram templos que continham ensinamentos de sabedoria e informações acerca dos cataclismos passados e futuros. Alguns desses locais energéticos geomânticos se tornariam, anos mais tarde, os sítios sagrados de culturas megalíticas e suas sucessoras. Se o leitor quiser saber mais sobre a passagem de um objeto cósmico e o subsequente deslocamento crustal de 9500 a.C., consulte *Cataclysm*, de D. S. Allan e J. B. Delair; *The Atlantis Blueprint*, de Colin Wilson e Rand Flem-Ath; e *Catastrofobia*, de Barbara Hand Clow.

Aproximadamente 200 anos depois, por volta de 7640 a.C., um *objeto da classe de um cometa* se dirigia velozmente em direção à Terra. Dessa vez, porém, em vez de passar por ela como o objeto cósmico de 9500 a.C., o cometa entrou na atmosfera, se partiu em sete pedaços e impactou a Terra em locais conhecidos em seus oceanos. O mapa a seguir mostra a localização geral de cada um dos sete impactos.

Estudos científicos dos efeitos de objetos grandes se movendo rapidamente e impactando a superfície do oceano demonstraram, de maneira conclusiva, que as ondas resultantes de um gigantesco impacto de um cometa alcançariam alturas

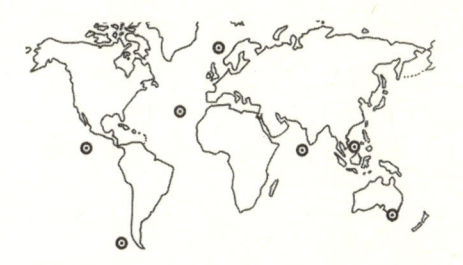

Impactos de cometas pelo mundo. Mapa por Knight e Lomas, em *A Máquina de Uriel*.

verticais de duas a três milhas, com velocidades ascendentes de 400-500 milhas por hora, e uma força sustentada que as levaria a 2 mil-3 mil milhas para todas as direções a partir do ponto do impacto. O mapa acima deixa claro onde essas grandes ondas teriam caído sobre as encostas de vários continentes, obliterando de vez, principalmente em áreas costeiras de terras de criação, todos os povoados humanos e quaisquer estruturas por eles construídas.

Mitos arcaicos de várias partes da Europa (e outros lugares) se referem a esse evento, mencionando estrelas novas e brilhantes caindo na Terra como "sete montanhas chamejantes", oceanos se erguendo em vastas ondas e tomando as terras e um verão que foi repentinamente acabado por uma escuridão fria que durou vários anos. Corroborando os vários relatos mitológicos das ondas enormes que cobriram as terras, vale mencionar que muitas das montanhas mais altas na Inglaterra, Escócia e Irlanda estão entulhadas de leitos de areia e cascalho contendo conchas marinhas depositadas em um passado geológico muito recente. A geologia também traz evidências irrefutáveis de dois momentos no passado recente, por volta de 7640 a.C. e 3100 a.C., em que ocorreram inversões completas do campo magnético da Terra, causadas por *uma influência* externa, provavelmente um cometa.

com a relativa escassez de vestígios humanos do período de 7500-3500 a.C. e também – ainda mais importante – com o surgimento aparentemente súbito das civilizações muito desenvolvidas da Europa megalítica e do Egito dinástico por volta de 3100 a.C.

Por fim, quase 4.500 anos depois, em 3150 a.C., outro objeto da classe dos cometas caiu na Terra,

Mitos arcaicos de várias partes da Europa (e outros lugares) se referem a esse evento, mencionando estrelas novas e brilhantes caindo na Terra como "sete montanhas chamejantes", oceanos se erguendo em vastas ondas e tomando as terras e um verão que foi repentinamente acabado por uma escuridão fria que durou vários anos.

As estimativas da devastação da população humana global a partir desse evento chegam a 50% – 60% (muitas pessoas viviam à beira-mar por causa da grande disponibilidade de peixes). Portanto, a devastação da população humana do planeta causada pela passagem do objeto cósmico em 9500 a.C, adicionada àquela causada pelos impactos do cometa em 7640 a.C. teria diminuído drasticamente o número de humanos na Terra nos próximos 4 mil anos. Essa é uma questão crucial a ser considerada, pois os arqueólogos ortodoxos há muito se intrigam

dessa vez no leste do Mediterrâneo. O cataclismo causado por esse impacto, com ondas gigantes se espalhando em todas as direções a partir do ponto de colisão, devastou civilizações costeiras em todo o Mediterrâneo (os níveis do Mar Morto, por exemplo, subiram 91,44 metros na época). Embora menos destrutivo no sentido global que os setes impactos de 7640 a.C., o impacto de 3150 a.C. gerou um grande número de mitos do dilúvio, como aqueles associados a Sodoma e Gomorra e o da arca de Noé. Após esse evento catastrófico, as sociedades com registros escritos – Egito, Mesopotâmia e o Vale do Indo – surgiram sem antecedentes culturais. Aparentemente do nada, brotaram rapidamente um código uniforme de leis, a roda e um profundo conhecimento de astronomia.

Claro que não deve ser coincidência o fato de que esses três centros de cultura sofisticada emergiram ao mesmo tempo, em diferentes locais geográficos. Na verdade, tal fato indica uma "semeadura" de cultura avançada nessas áreas por parte de uma civilização pré-impacto. As evidências apresentadas no livro *Uriel's Machine* apontam para a probabilidade de que informações astronômicas e matemáticas altamente avançadas foram transferidas da cultura megalítica primitiva do noroeste europeu para as regiões do Egito e da Mesopotâmia, de onde influenciariam a geografia sagrada dos gregos. Para endossar essa questão, o Rito Escocês da Maçonaria (praticado até 1813) fala dos feitos de um povo pré-diluviano, que era avançado nas ciências da matemática e da astronomia, que previra o dilúvio e transferira essa informação para os primeiros egípcios. Um relato mediterrâneo de um impacto extraterrestre também aparece nos *Sibylline Oracles*, que se referem a uma "estrela" caindo no mar e deflagrando rapidamente um longo período de temperaturas invernais. Além deste, o *Livro de Enoque*, parte dos Pergaminhos do Mar Morto, contém a história de um homem que fora alertado quanto aos efeitos de impactos de um cometa e aprendeu técnicas de sobrevivência com um povo do extremo noroeste europeu.

Dados astronômicos no Livro de Enoque indicam a latitude entre 52 e 59 graus Norte, o mesmo local aproximado da cultura megalítica com conhecimentos avançados de astronomia. Direções específicas também são fornecidas no mesmo livro quanto ao modo de construir um dispositivo de observação astronômica (um declinômetro de horizonte ou círculo de pedras) que pode ser usado para recriar calendários e, com isso, auxiliar no restabelecimento da agricultura após uma grande enchente.[162]

ORIGEM, DESENVOLVIMENTO E FUNÇÃO DAS ESTRUTURAS MEGALÍTICAS

Antropólogos e arqueólogos estudam os locais em que os povos antigos começaram a viver em comunidades e teorizam por que esses lugares específicos foram escolhidos

---

162. Para ler mais a respeito dos sete impactos do cometa em 7640 a.C. e das primitivas reações megalíticas a eles, consulte *Uriel's Machine*, de Knight e Robert Lomas (Gloucester: Fair Winds, 2001).

como pontos para povoados humanos. As teorias convencionais presumem que os lugares foram escolhidos por motivos agrícolas, comerciais ou militares. Apesar de plausíveis em muitos casos, essas teorias são insuficientes para explicar a localização de todos os povoados antigos. Extensas evidências arqueológicas indicam que muitas das primeiras aldeias comunitárias da humanidade tinham orientações religiosas e científicas e foram escolhidas para tais propósitos, com grande cautela e precisão. Para entender esse fenômeno, precisamos examinar duas questões: a primeira, uma característica relativamente desconhecida dos povos pré-históricos, que é sua sensibilidade e seu conhecimento das energias da terra viva; e a segunda, as habilidades para observação astronômica de certos povos pré-históricos, que lhes permitiam prever e se preparar para catástrofes cósmicas.

Extensas evidências arqueológicas indicam que muitas das primeiras aldeias comunitárias da humanidade tinham orientações religiosas e científicas e foram escolhidas para tais propósitos, com grande cautela e precisão.

Em sua movimentação pelas terras, os nômades neolíticos descobriram determinados lugares de espírito e poder na forma de cavernas, fontes, colinas e montanhas. Também sentiam as linhas de energia sutil que atravessavam o terreno, bem como pontos específicos de forças mais concentradas ao longo dessas mesmas linhas. Esses locais de energia costumavam ser marcados com grandes pilhas de pedras. Assim identificadas e marcadas, eram vistas a distância, mesmo que suas qualidades energéticas estivessem longe demais para ser detectadas fisicamente. Com o passar de milhares de anos, ao longo dos quais os povos neolíticos vagavam pelas regiões do centro e norte da Europa, centenas desses lugares de poder planetário foram descobertos e fisicamente demarcados. Lendas a respeito desses locais se entrelaçaram em mitos cosmogênicos desde o Mediterrâneo até os Mares Árticos.

Após os períodos pré-boreal e Boreal (9500-6500 a.C.) veio o Período Atlântico (6500-4000 a.C.), com as inovações extraordinárias de cultivo de plantas e domesticação animal. Já não era mais necessário que as pessoas vagassem pelo campo atrás de comida; agora podiam plantar e criar animais em um lugar fixo, de sua escolha. A pergunta de vital importância é: onde esses povos primitivos resolveram se assentar, em primeiro lugar? Nesse estágio da

Embora os lugares sagrados das civilizações antigas existam em todo o planeta e suas localizações sejam, geralmente, conhecidas, as funções sagradas dos sítios quase nunca são compreendidas.

pré-história europeia, a população era muito pequena (lembremo-nos do enorme declínio populacional causado pelos efeitos das quedas de cometas em 9500 e 7640 a.C.). Não havia civilizações para alimentar cidades necessitadas perto de terras agrícolas produtivas, nem atividades comerciais que exigissem acesso a centros de troca; tampouco existiam regulamentos para posições estratégicas com o intuito de deter exércitos invasores. Simplesmente, não havia pessoas suficientes para tudo isso. Na ausência desses requisitos básicos para se estabelecer um povoado, quais foram, então, os fatores primários que influenciaram as escolhas dos povos para suas moradas permanentes?

Os primeiros a fazer a transição de uma existência de caça/coleta para uma vida mais assentada foram os descendentes diretos dos andarilhos nômades que descobriram e demarcaram as posições dos locais energéticos da Terra. Na busca por um local para se assentar, uma família ou um grupo de famílias até então nômades poderia escolher um lugar que tivesse significado mítico para seus ancestrais, um lugar de espírito e poder. Esses grupos de famílias formavam grupos maiores e, em seguida, multidões de grupos, levando ao desenvolvimento dos primeiros vilarejos e cidades. À medida que esses centros sociais se desenvolviam em torno dos sítios sagrados dos antigos nômades, as estruturas físicas assinalando os pontos energéticos precisos eram reconstruídas e ampliadas. Essas reconstruções refletem um uso maior dos locais energéticos por parte dos aldeões e, mais importante, uma compreensão mais apurada do uso das energias emanantes da terra nesses pontos. Com o passar dos milhares de anos, esses locais energéticos serviriam como locais de peregrinação das culturas megalíticas, celtas, gregas e, por fim, cristãs.

A cultura megalítica (que significa "pedra grande"), responsável pelos círculos de pedras, pelas pedras eretas e pelas câmaras rochosas da Europa, existiu por volta de 4000 a 1500 a.C. Não há absolutamente registro algum desses períodos e, por isso mesmo, os arqueólogos especulam a respeito dos povos com base em escavações de suas estruturas domésticas, funerárias, astronômicas e cerimoniais. Em meio a uma ampla variedade de tantas estruturas, podemos distinguir quatro tipos principais de estruturas de pedra com funções astronômicas e cerimoniais: pedras eretas individuais ou agrupadas, conhecidas como *menires*, câmaras em rocha, conhecidas como *dólmens*, elevações ou montes de terra com passagens que conduzem a câmaras escavadas em rocha e os belíssimos círculos de pedras, dos quais Stonehenge é o exemplo mais famoso.

Os grandes avanços na compreensão das energias sutis da Terra e a construção de estruturas megalíticas que canalizavam essas energias ocorreram no período Sub-boreal de 4000-1400 a.C. O clima da Europa era morno nesse período (mais quente que hoje), o que incentivava um aumento da produtividade agrícola, um aumento substancial da população e a migração de membros dessa população crescente para regiões remotas, ainda não colonizadas, do norte da Europa. Com esses avanços, ocorreu um aumento concomitante de comércio, de conhecimento científico e, mais importante, o intercâmbio de ideias entre povos de diferentes áreas geográficas. É a esse intercâmbio que podemos atribuir o desenvolvimento da cultura megalítica e a construção de grandes monumentos de terra e pedra nos locais energéticos que antes eram venerados como sagrados, desde os tempos dos caçadores/coletores de alimentos.

Embora os lugares sagrados das civilizações antigas existam em todo o planeta e suas localizações sejam, geralmente, conhecidas, as funções sagradas dos sítios quase nunca são compreendidas. É fácil perceber por quê. Geralmente há um corolário entre a idade extrema de um sítio arqueológico e a escassez de informações acerca das origens e funções iniciais desse mesmo sítio. Quanto mais os arqueólogos retrocedem no tempo, menos eles sabem. Em decorrência disso, as explicações sobre as funções iniciais e primárias de um sítio sagrado costumam ser nada mais que teorizações baseadas em registros do uso do lugar em tempos mais recentes.

A dificuldade em determinar a função dos sítios sagrados é agravada pelas influências conceptuais do paradigma contemporâneo. Muitos arqueólogos e historiadores, profundamente condicionados (como quase todas as pessoas no Ocidente) pelo paradigma religioso e materialista do assim-chamado mundo "pós-moderno", são incapazes de discernir padrões de comportamento cultural antigo de uma maneira clara e imparcial. Os pesquisadores de hoje tentam interpretar os povos antigos, mas, frequentemente, o fazem com

> **Os pesquisadores de hoje tentam interpretar os povos antigos, mas, frequentemente, o fazem com um intelecto programado pelas pressuposições científicas e psicológicas relevantes apenas para a era contemporânea. Essa abordagem só irá produzir, seguramente, um entendimento inadequado.**

um intelecto programado pelas pressuposições científicas e psicológicas relevantes apenas para a era contemporânea. Essa abordagem só irá produzir, seguramente, um entendimento inadequado. Basicamente, as limitações perceptuais e interpretativas impostas pelos sistemas de crenças de nossa cultura atual exemplificam uma tendência antiquíssima dos seres humanos de pressupor que sabem mais a respeito da vida do que seus ancestrais sabiam. Embora isso se aplique a algumas coisas, como programação de computadores, por exemplo, e desenho de aeronaves, não é o caso em todas as áreas do conhecimento humano. Os humanos desenvolvem habilidades e uma compreensão própria para o ambiente e a época em que vivem. Os povos antigos, vivendo em harmonia com a terra e dependendo dos recursos dela para suprir suas necessidades, tinham desenvolvido habilidades que os povos modernos não usam nem cultivam mais, nem sequer reconhecem.

Os povos dos primeiros assentamentos humanos, assim como seus ancestrais caçadores/coletores nômades, eram sensíveis às energias criativas naturais da Terra. Íntimos das terras e cientes do movimento dos corpos celestes, eles notavam uma correspondência entre o fluxo das energias sutis da Terra e os movimentos periódicos do Sol, da Lua estrelas. Esse equilíbrio harmonioso entre céu e terra resultou em lugares energéticos específicos na superfície de nosso planeta que se tornam particularmente carregados em momentos também particulares dos diversos ciclos celestes. Na passagem de muitos séculos, quando se percebeu que o fluxo e refluxo das energias sutis da Terra refletiam os ciclos celestes, vários tipos de estruturas megalíticas foram erguidos nos locais energéticos. Essas diversas estruturas eram utilizadas para canalizar energias terrestres e extraterrestres, observar movimentos astronômicos com o intuito de prever os aumentos periódicos dessas energias e auxiliar na previsão de eventos cósmicos, tais como os futuros impactos de cometas. Embora os tipos de estrutura fossem diferentes em forma e função, serviam-se uns aos outros, podendo ser mais bem compreendidos, portanto, em relação entre si.

Um tipo antigo de estrutura megalítica era o dispositivo de canalizar energia da Terra. Construído de numerosas formas diferentes, conforme as características geomórficas do terreno, o caráter da emanação do lugar energético e o estilo da arquitetura local, os dispositivos de canalização de energia eram feitos e utilizados para coletar, concentrar e emanar as energias sutis dos lugares energéticos para o benefício do ser humano. Na Europa ocidental e mediterrânea, essas estruturas megalíticas coletoras de energia se encontram em três formas generalizadas: montes de terra elevados (atualmente chamados de fortes em picos achatados de colinas e urnas funerárias), câmaras talhadas em rocha conhecidas como *dólmens* e pedras isoladas ou agrupadas, referidas como *menires* e *dólmens*. Examinemos um por vez.

Segundo as interpretações históricas convencionais para os picos achados de colinas na Grã-Bretanha (muitos com círculos enrolados e enormes labirintos de terra em torno), eles eram fortes ou fundações para gado. Embora, de fato, muitos fossem usados com esse fim na Idade do Ferro, e posteriormente pelos romanos e saxões, o uso original certamente não era defensivo. Como fortes, eles são indefensíveis. A maioria tem numerosos vãos nas paredes de terra e são tão grandes que exigiriam milhares de pessoas para defender sua periferia; além disso, sua localização era inconveniente para a moradia humana por longos períodos. Escavações arqueológicas nesses sítios revelam implementos de construção, tais como picaretas de galhada e machados de pedra, mas são raros os artefatos de povoados em larga escala, como potes de cerâmica e vestígios de habitação. Será que esses locais eram usados como centros habitacionais ou sítios sagrados? Acumulam-se as evidências que parecem indicar um uso sagrado em vez de secular.

Outra forma intrigante de monte de terra é a "urna funerária" ou "monte funerário", com exemplos muito conhecidos em Newgrange, Knowth, Dowth e Loughcrew, na Irlanda. Como foram encontrados poucos restos mortais em algumas dessas estruturas, a escola ortodoxa de arqueologia presumiu que seu propósito era o sepultamento dos mortos. Se isso fosse verdade, então por que os montes são tão grandes (centenas de pés de diâmetro), mas contêm tão poucos sepultamentos (dois a cada dez)? Por que há tão poucos esqueletos durante períodos tão longos de uso (mil-2 mil anos)? Por que existem tão poucos acessórios de riqueza e poder, como o que se encontra nos vestígios funerários de tumbas das idades do Bronze e do Ferro, posteriores? Porque as datações por carbono 14 das raras urnas funerárias revelam idade muito posterior às datas determinadas para os implementos usados na construção? E o mais misterioso de tudo, por que os portais de entrada e as passagens que conduzem ao interior dos montes têm um alinhamento preciso com o aparecimento ou desaparecimento no horizonte de eventos celestes como solstícios, equinócios, datas de precessão da órbita lunar e o surgimento de determinadas estrelas? A arqueologia convencional é incapaz de responder a essas perguntas e, por isso mesmo, desconsidera-as quase que completamente. Na realidade, essas enormes estruturas de terra eram câmaras de concentração de energia sutil, usadas pelos povos antigos com fins curativos e espirituais. Povos que vieram depois, conhecendo a natureza eterna do espírito humano, enterravam seus mortos nessas câmaras, com a esperança de que o espírito da pessoa morta tivesse uma jornada mais rápida ao reino do espírito universal. Outras culturas que vieram mais tardiamente ainda, ignorantes das energias humanas e universais, usaram esses montes para depositar os corpos dos mortos, já que sua construção e localização eram convenientes para isso.

Outra classe enigmática de estrutura megalítica é o *dólmen* ou "pedra-mesa" (dol = mesa, men = pedra). Os dólmens geralmente consistem em duas lajes de pedra enormes (pesando centenas de toneladas) que sustentam pedras ainda

Muitos desses megálitos foram erguidos em platôs altos e remotos e confeccionados a partir de pedras retiradas de pedreiras a centenas de quilômetros de distância.

mais pesadas, como se fossem telhados. Dólmens, ou *quoits* e *cromlechs*, como são chamados em outras línguas europeias, estão espalhados por toda a região rural da Europa, desde a Península Ibérica até as ilhas remotas do norte da Escócia. Raramente encontrados com restos mortais e situados, de um modo geral, longe de quaisquer evidências de sítios habitáveis antigos, os dólmens, pela dificuldade de sua construção, indicam um propósito poderoso. Uma força de trabalho extraordinária era necessária para erguer as pedras de sustentação de um dólmen e colocar pedra de cobertura por cima. Com alavancas e cordas primitivas, três ou quatro indivíduos fortes seriam necessários para mover uma pedra de uma tonelada; portanto, as 50 pedras de cobertura de alguns dólmens exigiriam de cem a 200 pessoas para movê-las. Muitos desses megálitos foram erguidos em platôs altos e remotos e confeccionados a partir de pedras retiradas de pedreiras a centenas de quilômetros de distância. Carregar pedras em terrenos inclinados, mesmo pequenos, exige que a quantidade de trabalhadores se multiplique por cinco. Esse esforço enorme mostra como os dólmens eram importantes para os povos megalíticos. Erguidos diretamente sobre os pontos energéticos nas linhas meridianas da Terra, eles serviam para canalizar energias terrestres para o benefício humano.

Outro detalhe fascinante acerca de muitos dólmens é que estavam originalmente cobertos de camadas alternadas de materiais orgânicos e inorgânicos. Embora não se saiba o propósito dessa técnica de construção, é interessante observar que o psicanalista Wilhelm Reich usou a mesma técnica na construção de seus geradores de *orgônio*, que eram dispositivos (muito menores) capazes de gerar, concentrar e irradiar

uma forma misteriosa de energia. Será que os antigos construtores dos dólmens usavam suas técnicas singulares de construção com um propósito semelhante? Os arqueólogos convencionais supõem que esses dólmens tinham uma função funerária, porque foram encontrados restos mortais em uma pequena quantidade deles (muito pequena!). É importante salientar, todavia, que a datação científica dos restos mortais mostra que eles são centenas ou milhares de anos mais recentes que as estruturas em si, colocando seriamente em dúvida a teoria da tumba.

Igualmente enigmáticas são as estruturas megalíticas chamadas *menires*. Apesar de algumas dessas pedras isoladas ou em grupos fazerem parte dos observatórios megalíticos astronômicos (que abordaremos mais adiante), os menires são, em sua grande maioria, agulhas solitárias de pedra, sem proximidade de outras estruturas. Com alturas que variam de 60,96 centímetros a mais de 9,14 metros, os menires supostamente eram utilizados por povos antigos como pedras demarcadoras, mas também como dispositivos para emanar energia dos locais energéticos. Em áreas remotas da Europa, ainda não tocadas pelo influxo invasor da civilização moderna, os menires ainda podem ser encontrados ao longo de linhas

Muitas dessas pedras eretas solitárias contêm símbolos estranhos, imagens espirais ou com aspecto de mapa, entalhados na superfície. A arqueologia convencional costuma interpretá-los como meros desenhos ornamentais; entretanto, um estudo apurado dessas marcas revelará semelhanças globais com entalhes e gravações na Austrália, América do Sul, África e Índia.

energéticas graças à rabdomancia, ou radiestesia, em intervalos de alguns quilômetros. Essas linhas conduzem a círculos de pedras, dólmens e outros sítios sagrados antigos. Muitas dessas pedras eretas solitárias contêm símbolos estranhos, imagens espirais ou com aspecto de mapa, entalhados na superfície. A arqueologia convencional costuma interpretá-los como meros desenhos ornamentais; entretanto, um estudo apurado dessas marcas revelará semelhanças globais com entalhes e gravações na Austrália, América do Sul, África e Índia. As imagens com aspecto de mapa talvez sejam mapas, de fato, mostrando – de acordo com os métodos topográficos das culturas antigas – os pontos de outros locais energéticos nas regiões adjacentes. Alguns estudiosos sugerem que elas seriam parte de uma vasta geografia sagrada, hoje em ruínas, enquanto os radiestesistas relatam que as pedras eretas solitárias marcam pontos de energias terrestres concentradas, fluindo ao longo das linhas entre esses sítios (às vezes chamadas de linhas ley ou linhas de ley). As estranhas figuras espirais e enroladas são vistas pelos pesquisadores como representações gráficas das características vibratórias do ponto energético, conforme determinadas por um pêndulo oscilante.

Outro tipo fascinante de estrutura megalítica era o observatório astronômico, na forma de círculo de pedras e elipses – por exemplo, Stonehenge e Avebury, Inglaterra – e o padrão de grade de arranjos de pedra, como o de Carnac, na França. Erguidos algum tempo depois dos primeiros dólmens e menires (de acordo com nosso conhecimento atual), o tipo de estrutura megalítica na forma de observatório astronômico revelava o reconhecimento dos povos antigos do aumento periódico das energias dos locais de poder, bem como seu conhecimento dos ciclos celestes que influenciavam esses períodos e suas tentativas de prevê-los por meio da astronomia. Ademais, graças ao *A Máquina de Uriel*, que nos dá essa informação, sabemos

O reconhecimento inicial de certas construções megalíticas como observatórios astronômicos é um feito quase exclusivo do dr. Alexander Thom, professor emérito de ciência da engenharia na Universidade de Oxford.

que alguns desses observatórios eram usados para prever (e, portanto, se preparar para) a futura ocorrência de catástrofes cósmicas, tais como impactos de cometas e meteoros.

Em comparação com a quantidade de menires e dólmens nos locais energéticos, os observatórios astronômicos são poucos. Talvez isso signifique que os observatórios astronômicos sofisticados só eram construídos em locais energéticos com grandes emanações ou em pontos energéticos perto de centros sociais. Além disso, podemos teorizar que em determinada época havia mais círculos de pedras e observatórios celestes em padrão de grade, mas que desapareceram em razão de causas naturais ou humanas. As mudanças climáticas fizeram com que a vegetação crescesse e cobrisse alguns dos círculos (como ocorreu com o musgo no sítio escocês de Callanish), enquanto outros círculos foram destruídos quando o Cristianismo quis erradicar o paganismo da Europa; outros, ainda, desmanchados para que seu material fosse utilizado por culturas mais recentes. Esse desmantelamento dos círculos de pedras teria ocorrido com mais frequência em áreas de populações maiores. Espalhados pelas charnecas e colinas desabitadas das Ilhas Britânicas, mais de 900 círculos de pedras ainda existem. Na Europa continental mais populosa, eles são menos numerosos; e aqueles mencionados em guias suíços e italianos do século XIX já não existem mais.

As estruturas megalíticas mais conhecidas são, sem dúvida, os círculos de pedras, particularmente os de Stonehenge e Avebury, na Inglaterra. As pesquisas realizadas nos últimos 30 e poucos anos, combinadas ao conhecimento obtido por meio da arqueoastronomia, mitologia e monitoramento de energia geofísica, demonstraram de maneira conclusiva que os círculos de pedras funcionavam tanto como dispositivos de observação astronômica quanto centros cerimoniais.

Em termos simples, muitos dos círculos se situam em lugares com anomalias geofísicas mensuráveis (chamadas de "energias da Terra"); essas energias da Terra parecem oscilar em intensidade radiante de acordo com as influências cíclicas de diferentes corpos celestes (em particular, o Sol e a Lua, mas também os planetas e as estrelas); a arquitetura dos círculos foi engendrada para determinar por meio de observação (com a astronomia de horizonte) aqueles períodos específicos de potência energética maior nos sítios; e esses períodos eram, por sua vez, usados pelas pessoas para os mais variados propósitos terapêuticos, espirituais ou oraculares. Na tradição das peregrinações nos tempos megalíticos, as pessoas percorriam longas distâncias para visitar sítios que, como se sabia, possuíam poderes específicos. Por causa da ausência de documentação histórica da era megalítica, afirma-se que não há como sabermos como eram usados os diversos e diferentes locais energéticos; mas essa visão estreita se baseia apenas na racionalidade mecanicista da ciência moderna. Já uma visão mais ampla, que inclua uma análise de mitologia, nos revelará que as lendas e mitos dos sítios sagrados são, na verdade, *metáforas* indicando os poderes mágicos dos lugares. As histórias antigas dos sítios sagrados e suas divindades e espíritos nos dizem como os esses sítios ainda podem nos influenciar hoje.

Foi somente nos últimos 40 anos que os arqueólogos começaram a reconhecer as orientações astronômicas dos megálitos europeus e da extraordinária sofisticação matemática que possibilitou sua construção. O reconhecimento inicial de certas construções megalíticas como observatórios astronômicos é um feito quase exclusivo do dr. Alexander Thom, professor emérito de ciência da engenharia na Universidade de Oxford. Em 1934, Thom começou a fazer um levantamento meticuloso de sítios megalíticos. Em 1954, ele já tinha pesquisado e analisado mais de 600 locais na Grã-Bretanha e França e começou a publicar suas conclusões. Em princípio, suas descobertas não foram bem recebidas. O professor Thom não era arqueólogo, mas, sim, engenheiro, e a comunidade arqueológica não via com bons olhos as visões heréticas de um forasteiro "não treinado".

As evidências de Thom, no entanto, não podiam ser ignoradas. Tanto em sua esmagadora quantidade quanto na exatidão de suas apresentações, as evidências demonstravam, sem sombra de dúvida, o fenomenal conhecimento astronômico, a compreensão matemática e a habilidade de engenheiro dos antigos povos megalíticos. De fato, essas habilidades eram tão avançadas que eles não encontraram equivalente em nenhuma outra cultura europeia por mais de 4 mil anos. Os livros excelentes de Thom, *Megalithic Sites in Britain* e *Megalithic Lunar Observatories*,

> **Assim como o engenheiro Thom, esses cientistas não eram arqueólogos, mas suas contribuições, somadas às implicações dos levantamentos de Thom nos sítios, instigariam uma revisão completa da pré-história da Europa.**

mostram com vívida eloquência que os astrônomos megalíticos sabiam que o ciclo anual era um quarto de dia mais longo que uma cifra redonda e reconheciam a precessão dos equinócios, a precessão da órbita lunar maior ou menor de 9,3 anos e o ciclo de perturbação lunar de 173,3 dias, que lhes permitia prever corretamente os eclipses. Além de tudo isso, esses construtores megalíticos eram engenheiros e arquitetos extraordinários, especialistas em geometria avançada 2 mil anos antes de Euclides registrar os teoremas de Pitágoras, e mais de 3 mil antes da "descoberta" do valor de pi (3,14) por matemáticos indianos. Fazendo levantamentos dos sítios com a acuidade de um teodolito moderno, esses construtores antigos desenvolveram uma unidade de medida, a jarda megalítica, de 82,91 centímetros, que usavam em monumentos de pedra desde o norte da Escócia até a Espanha com uma precisão de + / − 0,09 centímetros, ou cerca de 1/200º de uma polegada. Seguindo os passos de Alexander Thom, os estudiosos ingleses John Michell e Robin Heath demonstraram com mais clareza ainda o brilhantismo dos matemáticos e engenheiros megalíticos.

Antes do levantamento de Alexander Thom nos sítios e sua inquestionável prova do conhecimento científico avançado e solidez social da cultura megalítica, os arqueólogos sempre pensaram os habitantes pré-históricas da Europa fossem um bando de bárbaros ignorantes e rudes. As descobertas de Thom mostraram que tal crença era equivocada e causaram um impacto revolucionário, embora gradual, sobre a comunidade arqueológica convencional. Ao mesmo tempo em que Thom estudava os sítios megalíticos, outros cientistas provocavam um efeito igualmente revolucionário sobre a arqueologia europeia, mas vindo de outra direção. Assim como o engenheiro Thom, esses cientistas não eram arqueólogos, mas suas contribuições, somadas às implicações dos levantamentos de Thom nos sítios, instigariam uma revisão completa da pré-história da Europa.

Essa outra revolução na comunidade arqueológica europeia foi causada pela descoberta de Willard F. Libby, em 1949, da datação por carbono 14, e da posterior calibração dendrocronológica desse método por Hans E. Suess, em 1967. Basicamente, o teste do carbono 14, junto com a dendrocronologia, ou datação dos anéis de uma árvore, é um método absolutamente preciso de datar matéria orgânica antiga e, por extensão, dos sítios arqueológicos onde essa matéria se encontra. Para compreender por que esses métodos de datação causaram tamanho furor no pensamento arqueológico, precisamos saber como a comunidade arqueológica via o tema da pré-história europeia antes do advento do carbono 14, em 1949.

A arqueologia é um empreendimento científico relativamente recente. No decorrer de todo o seu desenvolvimento acadêmico, ela recebeu fortes influências da pressuposição de que as culturas globais foram "difundidas" a partir de alguns centros primários de civilização original. Por mais de um século, os pré-historiadores defendiam que a maior parte dos avanços culturais na antiga Europa foi o resultado de uma difusão de influências das grandes civilizações iniciais do Egito e da Mesopotâmia. Essas culturas podiam ser datadas por registros históricos reais, pois tanto os sumérios quanto os egípcios deixaram listas de reis e dinastias remontando a 2000 e 3000 a.C., respectivamente. Diante de tais datas, e presumindo um período de tempo apropriado para a difusão de ideias do Egito e da Mesopotâmia para o norte de Europa, calculou-se que as estruturas megalíticas da Europa não devem ter sido construídas antes de 1000 a 500 a.C. Imagine a surpresa e, no princípio, a descrença total da comunidade arqueológica quando foram definidas as datas de 4000 a 2000 a.C. Os monumentos de pedra europeus de repente se tor-

Os monumentos de pedra europeus de repente se tornavam milhares de anos mais velhos que aqueles considerados "os monumentos mais antigos do mundo": as pirâmides.

navam milhares de anos mais velhos que aqueles considerados "os monumentos mais antigos do mundo": as pirâmides.

Assim, a datação por carbono 14 comprometeu de forma efetiva e total as teorias difusionistas para explicar o desenvolvimento da cultura megalítica da Europa. Essa técnica apurada de datação arqueológica, somada aos levantamentos nos sítios realizados por Thom, demonstrou com irrefutável certeza que a cultura megalítica era nativa da Europa, que se desenvolveu inteiramente sozinha (embora talvez com uma misteriosa influência da Atlântida) e que foi a

Assim como os povos megalíticos que os precederam, os celtas acreditavam que diferentes tipos de paisagens geográficas eram habitadas ou vigiadas por divindades específicas.

cultura mais cientificamente avançada do mundo durante o longo período de tempo entre 4000 e 2000 a.C.

Como já mencionamos, cada lugar energético específico é único em virtude de sua localização e suas emanações energéticas. Alguns deles eram vistos pelos povos antigos como possuidores de emanações influenciadas por determinados ciclos astronômicos. Os observatórios astronômicos construídos nesses locais de poder eram orientados em direção ao corpo ou aos corpos celestes que influenciavam as emanações desses locais. Embora houvesse semelhanças nas orientações astronômicas entre os vários observatórios, não eram usados padrões de alinhamento constantes, pois cada lugar energético era único em sua localização na superfície e seu ponto de correspondência astronômica. O elo de energia entre esses dois pontos únicos, planetário e celeste, produzia uma emanação energética sutil, diferente de qualquer outro lugar na Terra. Como essas emanações energéticas eram variadas de um lugar para outro, também variavam os tipos de estrutura construída para estudar as mudanças periódicas em emanação das energias da Terra.

Outro motivo para a diversidade em tamanho estrutural e complexidade dos observatórios astronômicos megalíticos é a inovação humana e o efeito que é capaz de exercer sobre o desenvolvimento de empreendimentos científicos. Como afirmamos anteriormente, as primeiras estruturas megalíticas nos locais energéticos foram os dispositivos mais simples para canalizar energia. Estes foram seguidos pelos observatórios que os povos megalíticos utilizavam para prever os aumentos periódicos das emanações de energias sutis desses locais. Graças a extensas evidências arqueológicas, sabemos que os primeiros círculos e elipses foram construídos de postes de madeira e, somente mais tarde, geralmente após períodos de milhares de anos, reconstruídos com pedras. Também sabemos (e nisto Stonehenge é o exemplo primário) que os próprios círculos de pedras passaram por estágios de desenvolvimento tanto de tamanho quanto complexidade estrutural. Essas mudanças indicam, sem dúvida, uma compreensão maior das correspondências entre energia planetária e celeste em relação aos locais energético; entretanto, parecem indicar também um crescente uso científico dos círculos, em contraste com o uso sagrado inicial. Os astrônomos contemporâneos tentam construir telescópios ópticos e radiotelescópios cada vez mais potentes. Há motivos para duvidarmos que os astrônomos antigos tivessem o mesmo desejo de ferramentas observacionais mais precisas e, por isso, aperfeiçoaram seus modelos?

Outra função de importância vital dos observatórios astronômicos megalíticos, embora pouco compreendida hoje, era a de certos círculos de pedras poderem prever, antes da ocorrência, a chegada e o impacto de cometas e objetos meteóricos, como o que ocorreram em 9600 a.C e 7640 a.C. Conforme explica o livro *A Máquina de Uriel*, os círculos de pedras encontrados em diversas partes do norte da Europa possuem diferentes arranjos e alinhamentos de pedras, dependendo da latitude e da longitude do local, o que lhes permite observar com precisão os movimentos dos corpos celestes no horizonte e, daí, calcular a longa passagem de tempo. Mitos e lendas que remontam aos períodos iniciais do Neolítico indicam que um misterioso grupo de "sábios astrônomos" conhecia a periodicidade de cometas e seu potencial efeito letal sobre o planeta. Os autores Knight e Lomas apresentam em *A Máquina de Uriel* argumentos convincentes de que os círculos de pedrass dos tempos megalíticos eram usados tanto como indicadores cilíndricos quanto dispositivos de previsão de cometas, a serviço da humanidade.

ESPIRITUALIDADE CELTA BASEADA NA TERRA

Milhares de anos após o declínio da cultura megalítica, surgiu a cultura celta, com sua espiritualidade druida. Acredita-se hoje em dia que a espiritualidade druida deriva, em parte, de tradições pré-célticas (por exemplo, megalíticas) do extremo-oeste europeu, que impressionaram os celtas invasores a ponto de eles adotarem algumas dessas tradições quando se instalaram em meio às tribos já estabelecidas. Em outras palavras, as tradições pré-célticas influenciaram as práticas célticas existentes, resultando no que hoje se costuma chamara Druidismo Celta. Em apoio a essa noção, é interessante notar que Júlio César dizia que o druidismo começou nas Ilhas Britânicas e só mais tarde se espalhou para a Gália.

Ao contrário da crença popular (e dos escritos incorretos de vários romancistas da Nova Era), os celtas não usavam os templos de pedra dos povos megalíticos anteriores a eles nem continuaram com aquele estilo de arquitetura cerimonial. Stonehenge, por exemplo, foi construída entre

2800 e 2000 a.C., enquanto os celtas só entraram na Inglaterra em 600 a.C., ou seja, 1.400 anos depois. Sem o uso de círculos de pedras e câmaras em montes, a espiritualidade celta se concentrava em sítios naturais sem adornos, tais como termas minerais e cachoeiras, cavernas e ilhas remotas, picos com formas curiosas e bosques. Na espiritualidade celta, toda a paisagem natural era repleta de lugares onde o espírito estava presente. Esse espírito do local ou *anima loci* era visto como a personalidade essencial de um lugar; e os locais espirituais eram transformados em sítios sagrados sempre que os humanos os descobriam e reconheciam.

Assim como os povos megalíticos que os precederam, os celtas acreditavam que diferentes tipos de paisagens geográficas eram habitadas ou vigiadas por divindades específicas. Os bosques sagrados, chamados *nemetoi*, "clareiras abertas para o céu", eram dedicados várias deusas, como Andraste, Belesama e Arnemetia. As montanhas serviam de altares para as divindades, locais de poder divino e postos para a busca de inspiração. Picos altos eram vistos como moradas de divindades masculinas, tais como Daghda, o deus pai, e Poeninus; enquanto várias colinas, os seios das deusas, eram reconhecidas como santuários de Ana, a mãe celta dos Deuses, e Brigid. As cavernas, que pare eles era entradas ao submundo do reino das fadas, eram usadas para visões e para a comunicação com as profundezas do inconsciente psíquico. Árvores e rochas de formatos estranhos eram consideradas os locais de repouso dos espíritos elementais, fadas e seres sobrenaturais. Os povos celtas faziam peregrinações a todos esses tipos de locais sagrados, deixando ali oferendas de tecido, amuletos e comida para as deidades residentes, buscando assim as qualidades espirituais arquetípicas dos lugares e rezando por cura física e psíquica.

Conclusões e a necessidade de mais estudos

A partir do apresentado anteriormente, vemos que há várias explicações possíveis para a descoberta original dos locais energético da Europa: os nômades neolíticos arcaicos, os sábios astrônomos da misteriosa cultura de Atlântida e a cultura megalítica inicial. Os locais encontrados e marcados por esses povos extremamente antigos continuaram a ser usados por milhares de anos e se tornaram, enfim, os sítios sagrados e pontos de peregrinação de outras culturas, como os celtas e os antigos gregos. Mitos originários dessas épocas culturais posteriores citam os locais energéticos como moradas de

> **Mitos originários dessas épocas culturais posteriores citam os locais energéticos como moradas de divindades, o lar de seres mágicos e os domínios encantados de espíritos elementais.**

divindades, o lar de seres mágicos e os domínios encantados de espíritos elementais. As peregrinações tradicionais das culturas celta e grega são acentuadamente diferentes em forma externa, mas, em essência, ambas podem ser compreendidas como expressões da ligação dos povos antigos com a Terra viva, por eles venerada.

Há incontáveis anos e por meio de várias expressões culturais, os seres humanos peregrinam pela Europa, atraídos pelo magnetismo espiritual dos locais energéticos. Diferentes religiões e seus templos ganharam ascensão e depois caíram; os locais energéticos, porém, permanecem sempre fortes. Ainda atraindo peregrinos em nossa época profundamente perturbada, esses sítios sagrados oferecem uma plenitude de bens ao corpo, à mente e ao espírito. Arrume tempo para fazer uma peregrinação aos locais sagrados da Europa antiga. Inspiração e saúde, sabedoria e paz – estas e outras qualidades são dadas de graça, em abundância, nesses lugares, pela Terra encantada.

Atlântida na América:
Um Resumo – Aguardando o Novo Paradigma
George Erikson com Ivar Zap

Vivemos em um período crítico da história do pensamento humano e de seus empreendimentos. As tão apreciadas invenções da humanidade estenderam um punho de ferro agressivo sobre o mundo. Elas nos trouxeram grandes riquezas: viagens a jato, energia nuclear, telecomunicações, *spray* para cabelo, ar-condicionado e os grandiosos SUVs, para citarmos algumas. Entretanto, também ameaçam a existência de nosso mundo. Quando nos apercebemos que nossas maravilhosas invenções estão matando nossos lagos, rios e mares, além da camada protetora de ozônio de nossa atmosfera, que possibilitou a existência e proliferação da vida na Terra, parece que acreditamos que as mesmas ciências que nos deixaram materialmente ricos também fornecerão os remédios contra a destruição de nosso ecossistema.

Quando vemos imagens de tubarões consumindo suas presas, até mesmo se agredindo e devorando mutuamente com ferocidade, assustamo-nos e trememos diante de tal cena. Ao ouvirmos a notícia de que 50% das florestas tropicais da Indonésia foram queimadas nos últimos 30 anos para abrir espaço para a plantação de produtos agrícolas industriais como palmeiras, limitamo-nos a suspirar. No mundo todo, se os índices atuais de desmatamento continuarem, todas as florestas tropicais serão dizimadas em apenas 173 anos. Mais de 60% das 250 mil espécies de plantas, fontes da maioria dos remédios conhecidos, e inumeráveis espécies de insetos e animais, desaparecerão com elas. Há uma noção, talvez a mais comum de todas, de que o Homem deve colher os frutos do que plantou, contabilizar seus lucros e assegurar seu domínio. Outra noção alega que ficamos presos

> **Sugerimos que o homem nem sempre se comportou como o descendente oportunista de um símio agressivo; que agia também a partir de motivações inspiradas por aqueles que não têm – ou até rejeitam – o imperativo agressivo. Será que existiu uma Idade do Ouro, na qual se seguiam motivações "mais enlevadas"?**

em nosso frenesi faminto de consumir a própria abundância da Terra, que fingimos prezar. Enquanto muitos veem o lugar atual do homem no ápice de sua história, outros chamam nosso século de guerras e genocídio sem precedentes um mero episódio de um extenso vale de ignorância. Qual dessas visões é a mais inteligente? Qual é a verdade? Como saberemos a melhor maneira de proceder até um futuro incerto, ou talvez terminal?

Sugerimos que o homem nem sempre se comportou como o descendente oportunista de um símio agressivo; que agia também a partir de motivações inspiradas por aqueles que não têm – ou até rejeitam – o imperativo agressivo. Será que existiu uma Idade do Ouro, na qual se seguiam motivações "mais enlevadas"? A maioria ri da ideia de que houve uma época mais harmoniosa na Terra. Por acaso, a sobrevivência do mais forte não foi sempre a regra? Não somos hoje o pináculo da conquista? Uma visão simplista diz que sim. Os cientistas e as autoridades da Igreja e do Estado insistem nisso, também. Mas, na verdade, parece que a história da vida lembra mais uma árvore complexa, de múltiplos ramos, que uma escada linear de progresso. Desafiando uma inter-relação com o cosmos maior, e no uso e abuso deliberados de toda a vida biológica, não terá a humanidade se posicionado fora do curso do propósito cósmico? Em nossa contínua destruição do ecossistema, que sustenta toda a vida, não teríamos nos aventurado muito longe, em nossa arrogância, à custa da árvore da vida?

Nosso trabalho trata, em parte, da Idade do Ouro, uma época que se expressou inicialmente[163] em grandiosa arte há 33 mil anos e sofreu sua destruição 12 mil anos atrás. Nessa Idade de Ouro extensa, apesar da disponibilidade limitada de terra, as guerras eram praticamente desconhecidas. Navios, canoas e jangadas de várias formas singravam pelo mundo à vontade, raramente encontrando algo mais que uma batalha ocasional.

---

163. *Atlantis in America: Navigators of the Ancient World.* – Ed.

Talvez por causa dos efeitos das eras glaciais, que deixaram boa parte da Terra congelada e quase todo o resto muito seco e quase inabitável, a ocupação de território deve ter ocorrido apenas em raras ocasiões. Assim, se houve guerras, devem ter sido ocasionadas por ressentimentos, ou por razões de comércio, ou ainda (se acreditarmos em Homero) pela abdução ocasional de mulheres; mas nunca por posse de terras.

Platão escreveu a respeito desses povos mais nobres da Idade do Ouro, que ele considerava grandes legisladores, arquitetos, navegadores e astrônomos. Também escreveu sobre a destruição final causada, em parte, pela arrogância desses povos e em parte pelas boas defesas militares dos ancestrais gregos do próprio Platão; mas de um modo geral, provocada por uma catástrofe impossível de remediar. Nos escritos de Platão e em muitos outros relatos lendários, esse povo era chamado de os atlantes. Eram descritos como prolíficos, inteligentes e capazes de viver em harmonia com a Terra e com sua noção do cosmos maior. Entretanto, acabaram se desvirtuando. Nas palavras de Platão: "A Atlântida se tornou orgulhosa demais e travou guerra contra todo o Mediterrâneo". Se os registros gregos estiverem corretos, os atlantes tiveram um fim justo. Saíram do equilíbrio com a harmonia do Universo.

A Atlântida, antes o paradigma de Harmonia, tornou-se uma metáfora de todas as nações que se empenham em subjugar outras nações. Eles pereceram quase sem deixar traços, tornando-se sem memória. Mas a queda da Atlântida foi provocada por sua ignorância, ou a Atlântida foi a vítima de um lugar específico na geografia, em um momento terrivelmente malfadado? A Atlântida foi destruída pela força da chegada de outro corpo celeste? Seria coincidência que a Atlântida desapareceu do mesmo modo e no mesmo momento geológico que os mamutes, os tigres com dente de sabre e o cavalo norte-americano *Equus conversidens*... assim como os dinossauros se extinguiram milênios antes, em um evento celeste súbito ao qual não puderam resistir? Temos hoje registro de apenas alguns desses eventos de destruição ocorridos no transcorrer dos milênios. No entanto, podemos ter certeza de que há muitos mais ainda a serem revelados e que despertaram o interesse recente de algumas mentes, que agora saem em busca de tais registros. A procura mal começou. Precisamos, enfim, descartar a doutrina de um início recente e pagão da civilização – um paradigma dogmático que tem direcionado e controlado a academia e, a partir dela, nossa plena compreensão de nós mesmos e nosso passado, porque é a única posição aceitável para a Igreja, bem como para as "autoridades" no governo e no mundo acadêmico, que "estranhamente" difundem os dogmas da Igreja em nome da ciência. Além disso, devemos renunciar ao imperativo darwiniano de que o "catastrofismo" foi um mito criado por primitivos e que continuamos "fora de contexto" até adotarmos o rígido dogma religioso e os preceitos darwinianos, bem como suas teorias subsequentes.

Por que o conhecimento dos atlantes e da Idade do Ouro é importante? Acreditamos que a Idade do Ouro não terminou com a destruição física da Atlântida, nem com o dilúvio que engolfou o mundo 12 mil anos atrás. A humanidade, embora em números reduzidos, sobreviveu e começou, devagar, a reconstruir a civilização. Nesse período, o ressurgimento do homem contou com uma amiga: a natureza da própria Terra, que se tornara morna e úmida. Milho, trigo e plantas de toda a espécie já podiam ser semeadas e desenvolvidas, não só no litoral do cinturão equatorial, mas quase em todos os lugares. Pela primeira vez na história do homem, a doadora da vida era a terra, não mais o mar. Sustentado pelo mito, o propósito do homem encontrou nova expressão em uma nova Idade do Ouro que se desenvolveu no interior, nos vales dos rios na Suméria e no Egito e nos canais interligados da Mesoamérica, 5 mil anos atrás. Nessa Idade do Ouro mais recente, construtores de pirâmides no Egito, Suméria e por todas as Américas restabeleceram cultura, matemática e as trilhas até os deuses.

Nossos padrões acadêmicos atuais exigem que as datas para o ressurgimento da civilização se encaixem em uma tabela linear. Demonstramos que não se encaixam. Os ramos da árvore de toda a vida brotaram, prosperaram e murcharam, por métodos e causas que não entendemos muito bem. A história cultural do homem seguiu um caminho semelhante. Como vimos, as datas que os arqueólogos atribuem à civilização "maia clássica" – de Copan, Honduras, até Uxmal, no Iucatã – são, sem dúvida, *mais recentes* que as pirâmides da Suméria e do Egito. Vimos também que sítios importantes nas Américas – o Templo Kalassaya, o observatório celeste de Tiahuanacu, na Bolívia, Sacsayhuaman, no Peru, e as esferas da Costa Rica – todos são anteriores à Suméria e ao Egito, quando medidos pela recém-descoberta ciência da arqueoastronomia. A investigação de Hancock e Bauval do antigo Egito, com métodos semelhantes, coloca a construção da Grande Pirâmide de Gizé em 12 mil anos atrás – uma data muito diferente da versão da egiptologia para o advento tradicional da civilização egípcia, mas que corresponde aos primeiros lugares marítimos na América.

O que sabemos ou podemos compreender de nossos ancestrais construtores de templos? Eles não compartilhavam da mesma cultura nem da mesma localização geográfica, tampouco da mesma época. Algumas culturas surgiram milênios antes de outras; algumas foram extintas, enquanto outras continuaram a proliferar. No entanto, todos eram habitantes de um mundo semelhante do saber. Compartilhavam da mesma visão de mundo: acreditavam em mito e significado. E eram todos filhos, ou sobreviventes, do desastre. Não importa que seus empenhos em construção tenham se estendido por milhares de anos, pelos continentes e oceanos. A visão de mundo que os criara e os sustentava era contínua. Eles compreendiam claramente sua missão, que se centrava em um tema básico: a reconstrução da Atlântida!

Assim com a criação das pirâmides escalonadas, outros meios de recriar e medir os movimentos celestes por meio de pedras para observação e esferas, e nos vastos templos de pedra, refletindo com precisão equações matemáticas e geométricas, não ocorreram por acaso nem pela necessidade neodarwiniana de desenvolvimento paralelo. Quando examinamos seus registros, vemos que as semelhanças transcendem a consciência. Devem ter ocorrido por *contato*. Suméria, Egito e Mesoamérica não podem ter sido ligados por tribos de caçadores primitivos que levavam milhares de anos para atravessar Beríngia (o "Paradigma de Beríngia" deve ser reavaliado ou simplesmente descartado). Deviam se comunicar por meio de vias marítimas quentes e constantes.

Quando ocorreu esse contato significativo? Quando terminou a Idade do Ouro? Como uma sofisticada visão matemática do mundo, conhecida dos antigos construtores de templos do Egito e da Suméria, posteriormente exprimida por Platão e Pitágoras, de repente deixou de existir? Mais uma vez, as datas escapam a qualquer tabela de tempo. Enquanto florescia nas Américas e em todo o Pacífico uma civilização astronômica, esse conhecimento morria no Mediterrâneo e na Europa. O elo com as culturas recipientes da Atlântida se desfez, em sua maior parte, em 1000 a.C., com o chegada da terrível Idade do Ferro. Nessa época, o ferro substituiu o bronze em ferramentas de construção e de destruição. As gravações em pedra e sua permanência foram substituídas pela descoberta e pela capacidade de fundir o metal novo e mais duro. Uma vez descoberto, o ferro passou a ser encontrado em todo lugar. Apesar dos fenícios e de uma ocasional viagem romana, excursões comerciais às Américas não eram mais necessárias. Uma visão mediterrânea de mundo, que mantinha comunicação com o mundo maior – apesar de Pitágoras, Sólon e Platão – chegou ao fim.

O conceito de que a civilização fincou raízes apenas no Mediterrâneo e somente dentro dos parâmetros da visão eurocêntrica deve ser abandonado. Enquanto o Mediterrâneo crescia em poderio militar, mas caía em conhecimento antigo, suas culturas recipientes na Europa se degeneravam em guerras feudais e horríveis atrocidades. Ao mesmo tempo, cidades-estados mesoamericanas se abriam umas para as outras, construídas sem muralhas, sem barreiras protetoras, de modo que qualquer homem ou qualquer bando de homens pudesse entrar em outra cidade sem ter de transpor fossos, fortalezas, catapultas ou óleo fervente. Entretanto, é visão eurocêntrica da história, apoiada pelas conquistas e pelas queimas das bibliotecas, que domina.

A mensagem da história verdadeira é que a Atlântida foi recriada não apenas uma vez; em resposta ao mito, sua recriação foi tentada numerosas vezes. Nos últimos cem anos, muitos especialistas enfurnados em escavações minúsculas (porém, importantes) simplesmente não têm visto esse ponto importante. Quando os arqueólogos do século XX encontraram sítios americanos que refletiam a harmonia em composição das cidades ideais descritas por Platão, não conseguiram captar a mensagem do que haviam encontrado. Para realmente redescobrir nosso passado, a luz da civilização deve voltar o foco para a Mesoamérica e para aquela continuação de ideias astronômicas e navegacionais, há muito esquecidas no "Velho Mundo".

A maior parte da Mesoamérica em si já se encontrava em longo declínio quando os europeus dos séculos XV e XVI trouxeram uma onda de guerras, doenças e ignorância. Os arqueólogos tradicionais, porém, insistem em voltar a atenção exclusivamente para as culturas pré-colombianas recentes, que não costumam passar de uma repetição inferior de estruturas mais antigas. Não compreenderam e nem sequer questionaram *o propósito e a função* dessas estruturas. A revista *National Geographic* e muitos outros periódicos parecem satisfeitos em chamar as grandes estruturas astronômicas de "centros cerimoniais" e enfatizar seu gosto quase ao estilo dos tabloides em relatar sacrifícios pagãos e derramamentos de sangue em massa. Entretanto, o derramamento de sangue que as revistas adoram descrever com vívidos detalhes só se tornou tão difundido muito depois que os construtores originais dos templos foram usurpados pelos toltecas, astecas e os decadentes maias, como por exemplo, os pintores de Bonampark – todos atores recentes na longa história e trama das Américas. Esses cientistas e seus periódicos patrocinadores simplesmente não captaram a mensagem da história registrada em pedra. A mensagem produzida e perpetuada por sacerdotes e historiadores da Inquisição Espanhola, é que os habitantes das Américas, a despeito de suas grandes conquistas, devem ser vistos como "pagão iluminados, embora selvagens". Aquilo que um cataclismo natural começou – a destruição física da "Idade do Ouro" – a Igreja da Inquisição e a mentalidade eurocêntrica se empenharam em concluir, destruindo e suprimindo os registros históricos de uma civilização muito mais velha que a deles. Essa supressão continua até hoje, por parte de certas fontes inesperadas, em uma sociedade que alega ser liberal e "iluminada".

Há muito, o *Homo sapiens* tem sido uma espécie inteligente e interligada. Mas por que as mentes inteligentes não enxergam o óbvio? Não é porque não o tenha procurado, nem porque o procurou nos lugares errados. Embora a maioria desses lugares permaneça intocada, muitos dos sítios conhecidos da Mesoamérica, com implicações astronômicas, arqueológicas e calendáricas têm sido estudados, mas apenas de uma maneira restrita a povos assentados em *terra*. As implicações navais são ignoradas. Sua antiguidade é pouco compreendida.

Foi só no ano passado (1997) que alguns líderes acadêmicos reconheceram que Monte Verde, no sul do Chile, tem data anterior à teoria impossível, inspirada pela Inquisição, da migração de Beríngia. As muralhas da intransigência acadêmica começaram a rachar e desmoronar. Mas uma pletora de culturas marítimas nas Américas, incluindo aquela demonstrada pelas grandes esferas da Costa Rica, ainda é considerada "enigma" ou "fora de contexto". Estamos apenas no começo da redescoberta de nosso passado. E se há motivo para otimismo, há também para alarme. Os sítios antigos ainda são saqueados, e a um ritmo que excede qualquer outro do passado. Outros são achatados por tratores, em nome do progresso. Sítios submersos preciosos estão sendo dinamitados, às vezes por pescadores inocentes e pobres, mas geralmente por ladrões, mesmo. À medida que os registros do passado são destruídos, nossas esperanças para o futuro também são.

Não é um desejo nostálgico de compreender nosso passado que nos impele a descobrir a verdadeira natureza de uma Idade do Ouro, e sim suas consequências. A importância dos grandes sítios da Mesoamérica está em sua continuação observada de contatos com Atlântida. Somos um produto de nosso passado; e esse passado foi escrito em pedra. Atlântida começou a prosperar novamente nas Américas, mais de 5 mil anos atrás. É inquestionável que, se não redescobrirmos essa harmonia com o universo, nosso destino será repetir esta lição já batida da história verdadeira: arrogância e abuso de poder levam à destruição.

Quando foi a Idade do Ouro? A data exata importa, uma vez que sabemos intuitivamente e também a partir das evidências em pedra, que os construtores e reconstrutores daquela era persistiram e perduraram? Em quem acreditaremos: nos fazedores de mito, cujas histórias permanecem inquestionáveis e imutáveis há milênios, ou na arqueologia moderna, forçada há anos a redefinir teorias e reconsiderar datas? Compreendendo a Atlântida, podemos começar a entender que existiam culturas avançadas além da nossa, não em realizações materiais, mas em certo sentido – e uma "tecnologia" que refletia esse sentido – de uma unicidade com o universo. Pois seus deuses-serpente voavam, de fato, em um lugar no tempo e além do tempo, conceitos que mal podemos vislumbrar.

A verdadeira relevância dos sítios astronômicos e matemáticos harmoniosos das Américas ainda escapa à nossa compreensão. A verdadeira mensagem da história é que, desde a última grande destruição até o conhecimento ainda existente dos xamãs da Mesoamérica, homens sábios constantemente veem e registram os movimentos das estrelas. E acreditam que os astros descrevem seu destino. Aquela visão antiga de que os cometas eram presságios de perturbação celeste (ira dos deuses) já não é mais risível. A ciência do caos e as observações da NASA confirmaram que os mitos de destruição não eram apenas possíveis: provavelmente se basearam em fatos.

Se a ciência do caos tornou o mundo em que vivemos um lugar mais perigoso, menos seguro, do que até então julgavam os acadêmicos e estudiosos, encontramos ao menos algum consolo. Colisões potenciais dos cometas com a Terra devem ser consideradas eventos terríveis. Sem dúvida, eles nos matarão a todos. Mas essas colisões também podem ser vistas como possibilidades de renovação para uma Terra que perdeu seu frescor e sua diversidade, e que se tornou, de repente, pesteada de substâncias poluentes e guerras cruéis. A lição dos atlantes é que a arrogância leva à morte. Mas a lição também ensina que renovação e renascimento vêm depois de tal destruição.

Será que devemos, porém, dar boas-vindas a outro evento celeste de destruição em massa, que limparia a Terra da maior ameaça à vida, isto é, a humanidade? Temos uma alternativa: a metafísica dos antigos e a nossa se aproximam cada vez mais. No lugar do grande abismo que separava o homem mágico "primitivo" da ciência empírica moderna, estamos vivendo uma aproximação do passado e do presente do homem. Nossos horizontes estão expandindo não só em direção linear, mas em outras direções que não considerávamos possíveis décadas atrás.

Muitos de nós começamos a perceber que recriamos a civilização de uma maneira arrogante e ignorante. Nossos feitos tecnológicos não encontram paralelos na história do planeta. Contamos com o acúmulo de riqueza e de implementos de guerra sofisticada, "bombas inteligentes" que podem ter destruído recentemente posições de defesa subterrâneas no Iraque, mas também ruínas antigas dos sumérios e textos nelas existentes, para defender nossa cultura. Mas se existe alguma inter-relação entre riqueza, armamento e a sabedoria que almejamos, é duvidoso que os computadores ou qualquer outra forma de tecnologia possam nos dizer qual é.

Só a intuição, aliada a uma leitura correta do passado, pode revelar nossa meta. Uma viagem ao Peru para uma convergência harmônica, em si, nada resolverá. Entoar cânticos pode ajudar, se você *não fizer mais nada*. Devemos aprender a viver de forma mais simples. Temos tempo suficiente? Segundo o calendário maia, a era atual começou em 3113 a.C. Terminará em 23 de dezembro de 2012. Se sua matemática e suas observações, bem como seu conceito de que eventos grandes e terríveis marcam a passagem de uma era para outra, estiverem certos, temos, então, alguns [sete] anos para redescobrir nosso passado e nos prepararmos para nosso futuro iminente. Temos inteligência suficiente? Coragem suficiente?

A Atlântida existiu. Entretanto, não podemos cometer o equívoco, incentivados pela pseudociência, de acreditar que os atlantes possuíam helicópteros, televisores e bombas atômicas. Uma Atlântida assim nunca existiu neste planeta – até agora. Tampouco devemos aceitar a visão sensacionalista de que os atlantes e todos os antigos construtores foram influenciados por extraterrestres de outro sistema solar ou galáxia. É improvável que uma civilização tão avançada assim interferisse com um mundo instável. Além disso, a ideia de que somos incapazes de avanços tecnológicos sem ajuda externa não tem nada de sensacional. Mas uma Atlântida em uma Idade do Ouro com comunicação e comércio globais, com cidades-estado e nações, construída sem fortalezas ou muralhas, *existiu de fato*. Nossa missão importante é redescobrir a natureza de uma civilização, composta de humanos como nós, que viveu durante milênios em harmonia consigo mesma, com seus vizinhos e com um conhecimento prático do universo celeste – uma civilização hoje perdida.

Como sabemos, porém, que houve realmente uma Atlântida e de uma Idade do Ouro? A mitologia nos diz que sim. Precisamos compreender que, apesar de todas as nossas tentativas anteriores de destruir e alterar nosso passado, conforme descrito nos mitos, ainda dispomos de todas as possibilidades propostas e guardadas para nós pela mitologia – um elo inegável com a verdadeira inteligência do universo. Enquanto a imaginação humana sobreviver, o processo civilizador pode ocorrer muitas vezes, mas somente em uma interação harmoniosa com a malha da vida e com um universo maior que hoje, erroneamente, vemos como distante e impossível de compreender.

Uma visão estreita e linear da história desconsidera o mito como recipiente da verdade e o substitui pela noção, hoje um dogma imperativo, de que os mitos são fábulas primitivas e inconfiáveis, enquanto a evolução darwiniana e o progresso material são fatos confiáveis. Vendo nosso passado como algo análogo a uma escada, a história é definida como uma escalada gradual a partir das trevas; e a teoria neodarwiniana presume, com obstinação, que somos o pináculo da habitação humana na Terra. Podemos estar errados? O verdadeiro conhecimento do passado e nossa vontade de aprender com ele seriam nossa única esperança de evitar catástrofes no futuro próximo?

Não nos cansamos de repetir: a verdadeira história do homem está escrita em seu *conhecimento* do céu, revelado nos nomes que ele deu aos astros e às constelações e os demonstrou em suas reconstruções físicas na Terra. Uma cultura anterior, pacífica por natureza durante milênios, afinada com as estrelas, trocando ideais e conceitos, sem rancor, não só existiu, mas também prosperou e reteve conhecimento celeste registrados de civilizações desaparecidas muitos milênios antes. A civilização da Atlântida floresceu sob as estrelas, inseparável dos céus. Em todo o mundo, quando a noite caía, as estrelas apareciam, os motivos e os movimentos dos deuses se mostravam aos homens! O mesmo acontecia com os caminhos que os homens aventureiros seguiam pelos mares; caminhos estes que eram mapeados no céu sobre suas cabeças.

Há magia no mundo. Todos nós a sentimos em noites especiais, noites de verão passadas em parte com as estrelas e em parte com nós mesmos, quando nos livramos das amarras do mundo mecanizado, televisado, computadorizado. Se depararmos com uma pirâmide ou um megálito, não importa se estamos em Belize, Inglaterra ou Egito: sempre sentiremos a magia de uma civilização há muito desaparecida e um estado de espírito que foi nosso passado, mas que, esperamos, seja também nosso reino futuro. Somos matéria das estrelas e, nessa qualidade, filhos dos deuses. E eles não foram embora. Nessas ocasiões especiais em que perambulamos ao ar livre sob um céu estrelado, seja perto de Stonehenge, ou nos confins da Austrália, ou em uma praia maia de frente para o Caribe, podemos sentir nosso próprio ser especial sob as estrelas. Costumamos chamar essas experiências de "ausências". Na experiência, nós nos "ausentamos" das preocupações e turbulências que nos dominam. É um passo para trás, grandemente recompensador. Por algum tempo, coloca-nos em equilíbrio. Precisamos encontrar uma permanência para esse senso de equilíbrio, mesmo que isso signifique andarmos para trás e adotarmos uma filosofia contrária às nossas atuais expectativas sociais e econômicas. É um passo que homem, se for inteligente, deve dar.

Nem a história nem a evolução se repetirão exatamente. Seja em decorrência de outro cataclismo ou nos grilhões de outra era glacial, o homem mais uma vez será confinado quase totalmente às regiões costeiras das praias tropicais. Haverá alguma semelhança das civilizações passadas em meio a uma população muito pouco numerosa para se lembrar de seu passado dominante? Voltará o homem ao comportamento primitivo agressivo que desencadeou uma nova era de guerras? Alcançará uma nova e frutífera evolução, ou morrerá à míngua? Equilíbrio é algo difícil de se obter e quase impossível de se recuperar, uma vez perdido. Daí a importância de apreciar e compreender que ele existiu, neste planeta, entre nossos povos, por milhares e milhares de anos, em uma civilização perdida chamada Atlântida.

Um índio lancondon observava enquanto o último ônibus de turistas ia embora. Só quando o perdeu de vista, o índio ousou fazer o que ninguém de seu povo ainda faria. Subiu as rochas da pirâmide, em Chichen Itza. Ele não sabia exatamente por que fazia a escalada. As pirâmides já não eram mais consideradas parte da vida dos Lancondons. Seu povo as desertara há mais de mil anos e agora que um governo distante as recriara para os turistas, elas não interessavam mais aos índios. Já era tarde e queria retornar ao seio de sua família. Havia coletado lenha necessária para a fogueira daquela noite. Mas soltara-a no sopé da pirâmide, como o faziam muitos de seus ancestrais milênios antes. A tarde fora quente e ele precisava enxugar o suor da testa várias vezes enquanto subia em direção à coroa da pirâmide. Ao pôr do sol, a selva era bela, transcendentemente verde! A data podia ser registrada como 12.012, se ainda usassem o calendário atlante. Era 23 de dezembro de 2012 d.C., pelo calendário cristão, o fim da era que começara na data maia de 13 de agosto, 3113 a.C. Mas, na verdade, logo seria o dia 1 Junco (um dos signos do calendário maia) de uma Nova Era. O lancondon subiu rapidamente pela pirâmide íngreme e atravessou os terrenos cuidados até o observatório. Movia-se com propósito, como se lembrasse de algo há muito esquecido. Enquanto a noite caía, ele ascendia até o laboratório. Olhou para fora através das linhas de observação das pedras, como se compreendesse o que elas significavam. E ele de fato entendia, como seu povo sempre entendera. Viu que o Sol poente, a Lua e Vênus encontraram uma correlação perfeita ao longo das linhas de observação. Não precisava de nenhuma habilidade para a astronomia. Não havia perguntas. Algo estava para acontecer. Algo terrível, algo grande e maravilhoso – algo que logo mudaria o mundo. O lancondon, chamado Três Coelhos, esperava. Nada mais podia fazer.

Nan Madol:
A Civilização Perdida do Pacífico

Frank Joseph

Fotos de Santha Faiia

Em 1924, um ex-coronel no Exército Britânico estonteou o mundo com a publicação de seu livro *The Lost Continent of Mu*. Nas contínuas publicações que se seguiram, a obra não perdeu nada de seu poder de gerar polêmicas. Embora algumas afirmações do autor pareçam absurdamente inaceitáveis, outras já tiveram confirmação científica desde sua morte, mais de 80 anos atrás. James Churchward escreveu que durante seu plantão na Índia no início da década de 1870, ele teve acesso à biblioteca de um mosteiro hindu que continha registros em deterioração, documentando a primeira civilização da humanidade.

De acordo com as inscrições danificadas, Mu, a "Terra-mãe", era um reino vasto no Oceano Pacífico mais de 10 mil anos atrás. Naquela época, seus habitantes já possuíam uma alta cultura em alguns aspectos superior à qualquer sociedade que viesse depois, incluindo a deles mesmo. Ergueram centros cerimoniais monumentais, mantinham comércio transoceânico ao redor do globo, tinham tecnologia avançada e eram espiritualmente iluminados. Eram também navegantes de longas distâncias, agricultores de grande escala, hábeis na irrigação e adoradores devotos da Natureza. Após milênios de grandeza social, Mu foi arrasada por uma catástrofe natural, não muito diferente do *tsunami* no dia após o Natal que tomou quase um terço de 1 milhão de vidas através do Oceano Índico, em 2004. De acordo com o relato hindu, os sobreviventes fugiram para a Ásia e a América, onde iniciaram as civilizações da China, Japão e Peru. Abalados pelo desastre, Mu se fragmentou em conjuntos de ilhas posteriormente conhecidas como Polinésia, vestígios da Terra-mãe devastada.

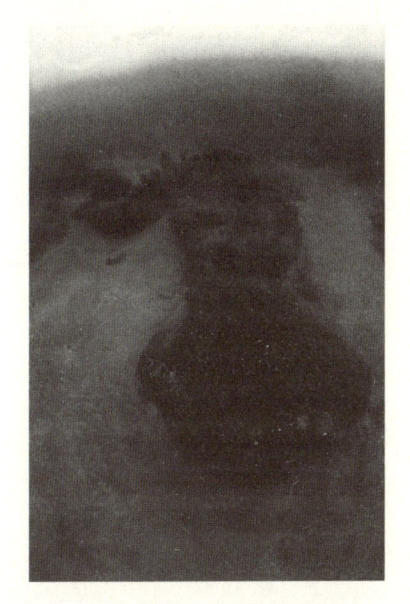

Coluna caída submersa, Nan Madol.

Depois de ouvir essa história estranha, Churchward passou os próximos 50 anos em busca de uma confirmação que viesse da Índia, de Burma (Myanmar) ou do Tibete, de todo o Pacífico até o Canadá, México e Peru. Um destaque em suas evidências era um local obscuro em um canto remoto no oeste do Oceano Pacífico, quase 1.609 quilômetros ao norte da Nova Guiné e 3.701 quilômetros ao sul do Japão. Encimando um recife de corais apenas 1,52 metro acima do nível do mar, na pequena Ilha de Pohnpei, Nan Mandol é uma série de ilhotas retangulares e torres monumentais cobertas de vegetação.

A METRÓPOLE PRÉ-HISTÓRICA DE 250 MILHÕES DE TONELADAS

O acesso ao sítio na pré-história só era possível a bordo de barcos, atravessando um canal de pedra. Ele termina em uma escada de degraus amplos, de pedra, que sobem até um praça. Quase cem ilhas artificiais se encontram dentro de uma área de 4,15 quilômetros quadrados no "centro da cidade" de Nan Madol. Estão interligadas por uma rede de canais de pedra, cada um com 8,23 metros de extensão e mais de 1,22 metro de profundidade em maré alta. Duzentos e cinquenta milhões de toneladas de basalto prismático cobrindo 170 acres foram usados na construção da antiga cidade. Alguns de seus blocos são maiores e mais pesados que os da Grande Pirâmide do Egito.

Entre 4 e 5 milhões de colunas de pedra, ergue-se a metrópole pré-histórica das Ilhas Carolinas. Esculpidas toscamente, foram em seguida encaixadas sem argamassa ou cimento, diferentemente do

Misterioso templo megalítico de Nan Douwas se ergue acima dos canais de Nan Madol, Ilha Ponape, Micronésia.

Blocos prismáticos de basalto desaparecendo sob a água em volta dos templos principais de Nan Madol – que parecem ter sido construídos sobre alguma espécie de subestrutura que hoje se encontra sob as ondas.

> **250 milhões de toneladas de basalto prismático cobrindo 170 acres foram usados na construção da antiga cidade. Alguns de seus blocos são maiores e mais pesados que os da Grande Pirâmide do Egito.**

trabalho de alvenaria ordeiro dos canais. As colunas prismáticas têm entre 91,44 centímetros a 3,66 metros de comprimento, embora muitas se estendam até 7,62 metros de comprimento. Pesando em média cinco toneladas cada uma, as maiores chegam a 20-25 cada. Nan Madol foi feita a partir de 4 a 5 milhões de pilares de basalto, vigas e troncos de pedra.

A cidade inteira era cercada por uma muralha de 4,88 metros de altura e 551,99 metros de comprimento. Todo esse muro imenso, com exceção de algumas seções, sucumbiu a séculos de tempestades, embora dois quebra-mares gigantescos perdurem. Um deles tem 457,20 metros de extensão, mas o outro, quase o triplo do tamanho, se estende por quase 1,6 quilômetro. Os muros de Na Madol têm mais de 3,66 metros de espessura em alguns pontos, como na estrutura conhecida por Nan Dowas. Trata-se de uma torre alta, oca, sem janelas, compostas de pilares hexagonais de basalto preto com 4,57 metros de comprimento, dispostos horizontalmente entre fileiras de rochas cortadas sem muito cuidado e pedras menores.

Segundo David Hatcher Childress, presidente do World Explorers Club (Kempton, Illinois), que visitou Pohnpei em meados dos anos 1980 e começo de 1990, "a estrutura enorme inteira foi construída com pedras empilhadas, da maneira como se constrói uma cabana de

> **Curiosamente, Nan Madol não é decorado com inscrições, petróglifos ou gravações. Também não há estátuas nem qualquer espécie de objeto ritualístico. Nenhum traço das imagens pequenas, portáveis, comuns em todo o resto da Micronésia e nas regiões central e oeste da Polinésia aparecem no sítio.**

toras". O bloco individual maior de todos na cidade se encontra no lado sudeste de Nan Dowas, onde serve de pedra angular e pesa nada menos que 60 toneladas. Cavando embaixo desse bloco, os escavadores observaram que foi deliberadamente posto sobre uma plataforma de pedra subterrânea.

Em um período anterior, os arqueólogos encontraram um túnel grande que se estende a partir do centro de Nan Dowas e foi escavado diretamente através do coral. Em suas investigações, eles descobriram uma vasta rede de corredores subterrâneos, interligando as ilhotas artificiais, incluindo uma conhecida como Darong. Era ligada por um túnel ao recife externo que cerca a cidade. Detalhe notável é que alguns túneis passam por baixo do próprio recife, terminando em cavernas submarinas. O túnel mais longo de Darong se estende por 800 metros até o mar desde o centro da cidade.

A Casa de Taga: uma floresta de colunas megalíticas, Tinian.

Mas os 20 mil a 50 mil trabalhadores que os estudiosos calculam que seriam necessários para construir Nan Madol são um contraste marcante com a pequena Ponhpei, que não é grande suficiente para comportar uma quantidade tão imensa deles. Curiosamente, Nan Madol não é decorado com inscrições, petróglifos ou gravações.

Também não há estátuas nem qualquer espécie de objeto ritualístico. Nenhum traço das imagens pequenas, portáveis, comuns em todo o restante da Micronésia e nas regiões central e oeste da Polinésia aparecem no sítio. E, apesar da magnitude de sua construção, não se veem ferramentas em lugar algum. Mesmo sem encontrar nenhum artefato, os arqueólogos conseguiram recriar a aparência original de Nan Madol.

Em seu apogeu, massas de basalto toscamente trabalhadas, em contraste com as fileiras ordenadas de pedra, se erguiam em torres colossais e muros majestosos em meio a um complexo de edifícios menores, retangulares e lagos artificiais interligados por uma série de canais. Espalhado por mais de 28,49 quilômetros, Na Madol foi louvada por Bill Ballinger, escritor do século XX, como "Veneza do Pacífico". Entretanto, não existem templos nem armazéns no local. Seus moradores pareciam mesmo não possuir um cemitério para sepultar seus mortos. Nan Madol significa "espaços entre", resultantes da rede de canais. Sua ilha, "Pohnpei", significa "Sobre um altar".

Um mero ponto em meio às 4,5 milhas quadradas do Oceano Pacífico em torno da Micronésia, seria difícil imaginar um lugar mais fora do caminho que esse.

Um mero ponto em meio às 4,5 milhas quadradas do Oceano Pacífico em torno da Micronésia, seria difícil imaginar um lugar mais fora do caminho que esse. "Apenas 129 milhas quadradas de área", escreve o enciclopedista de anomalias antigas, William R. Corliss, "está quase perdida na imensidade do Pacífico". A ilha quase quadrada de 19,31 quilômetros por 22,53 quilômetros é coberta de manguezais e cercada por um recife de corais, mas não tem praias. Pohnpei é montanhosa e densamente florestada, além de ter uma umidade excessiva, com mofo e apodrecimento por toda parte.

Essas condições difíceis, combinadas com a localização remota, não qualificam a ilha como um ponto ideal para alguém construir uma civilização. No entanto, a própria existência de Nan Madol sugere planejamento urbano, um sistema de pesos e medidas, divisões de trabalho e uma hierarquia de autoridade, além de uma agrimensura avançada e técnicas de construção – tudo necessário para construir o único centro urbano pré-moderno do Pacífico. "Não existe nada como Nan Madol em nenhum outro lugar da Terra", observou Ballinger. "A construção, arquitetura e localização da antiga cidade são únicas. O interessante é que não havia grande disponibilidade de mão de obra em Pohnpei ou em volta dela. Esse é um fator que deve ser sempre considerado quando tentamos solucionar o mistério da construção de Nan Madol".

Apenas marginalmente capaz de comportar os 20 mil habitantes atuais, a área de 183 milhas quadradas é, em sua maior parte, montanhosa e inabitável. Seria necessário um número muito maior de trabalhadores para construir um projeto de obra pública como Nan Madol. John Macmillan Brown, um proeminente arqueólogo neozelandês do século XX, afirmou que "velejar pelo recife em maré alta e içar esses blocos imensos, a maior pesando entre cinco e 25 toneladas, a uma altura de 18,29 metros, devia exigir milhares de horas de trabalho organizado; e os operários tinham de receber abrigo, vestimenta e comida. Entretanto, em um raio de 2.414 quilômetros a partir do centro, não há mais que 50 mil pessoas hoje em dia". Mais ou menos essa quantidade de operários seria necessária para juntar os 4 ou 5 milhões de troncos de basalto de Nan Madol em cerca de 20 anos. Contudo, os moradores atuais de Pohnpei quase nada sabem do sítio arqueológico. "Os nativos não possuem uma tradição que diga quem tocou a pedraria ou esculpiu a rocha, quando o trabalho foi feito ou por que foi interrompido", relatou a revista *Science*. Ballinger ressaltou que "os

As origens míticas de Nan Madol começaram a vir à tona em 1928, quando restos de esqueletos humanos incomuns fora escavados por arqueólogos japoneses perto de vários sítios pré-históricos em Pohnpei. Os ossos pertenciam a homens muito mais altos e mais robustos que os nativos da ilha.

moradores atuais de Pohnpei e suas gerações precedentes não demonstram habilidade ou sequer interesse por qualquer tipo de trabalho em pedra. A construção da cidade exigiu um considerável conhecimento de engenharia". Citando as milhares de horas de trabalho, a organização complexa e um trabalho bem dirigido para extrair, transportar e erguer 250 toneladas de basalto, um relatório do Departamento do Interior dos Estados Unidos afirmou: "A história não escrita de Pohnpei indica que Nan Madol foi construída por ou sob a direção de pessoas não nativas da ilha". Suas tradições também sugerem isso. A tradição oral nativa reconta que uma "canoa grande", trazendo os gêmeos Olisihpa e Olsohpa, muito tempo atrás, veio de sua terra natal no oeste, lembrava-se Katau Peidi. Era um reino esplêndido que outrora dominou o Mundo do Pacífico com um poder mágico ainda conhecido por toda a Micronésia e Polinésia como "mana".

A despeito de seus poderosos mistérios, um terrível terremoto atingiu Katau Peidi, que sucumbiu ao fundo do mar. Olisihpa e Olsohpa foram dois dos sobreviventes à catástrofe. Eles eram feiticeiros, homens de alta estatura e bom coração, que buscaram refúgio em Sounahleng, um recife na Ilha Temwen, sobre a qual os gêmeos construíram Nan Madol, auxiliados por um "dragão voador". As mandíbulas do dragão cortaram o coral, escavando os canais. Em seguida, os feiticeiros da Katau Peidi perdida levitaram grandes blocos de basalto no ar, empilhando-os facilmente e encaixando-os para formar uma nova cidade. Tudo foi completado em um único dia de trabalho; e Nan Madol se tornou a capital sagrada de Deleur, o nome que eles usavam para Pohnpei.

Após muitos anos de uma ditadura benévola, Olisihpa faleceu e foi sucedido por Olsohpa, que assumiu pela primeira vez o título de Saudeleur, ou "Senhor de Deleur". Ele foi o pai de 12 gerações de Saudeleurs – todos, assim como seus progenitores gêmeos, excepcionalmente altos – que asseguraram um governo de paz até a chegada dos ancestrais dos modernos habitantes de Pohnpei. Estes mataram Saudemwohl, o último Saudeleur, e mudaram o nome da ilha para Pohnpei, que se degenerou em selvageria, até ser colonizada pela Alemanha do kaiser Guilherme, no fim do século XIX, para depois ser ocupada pelo Japão Imperial no decorrer do século seguinte, tornando-se finalmente parte e depois capital dos independentes Estados Federados da Micronésia, em 1984.

As origens míticas de Nan Madol

As origens míticas de Nan Madol começaram a vir à tona em 1928, quando restos de esqueletos humanos incomuns fora escavados por arqueólogos japoneses perto de vários sítios pré-históricos em Pohnpei. Os ossos pertenciam a homens muito mais altos e mais robustos que os nativos da ilha. Quando tal descoberta foi descrita para os anciões nativos, eles exclamaram que os ossos eram dos mesmos Saudeleurs que fizeram as pedras voar para construir Nan Madol. Histórias semelhantes são contadas em várias partes do mundo, ao longo da Micronésia, para explicar a construção de outras maravilhas megalíticas antigas.

Por exemplo, um mito em torno de Stonehenge, na Grã-Bretanha, conta que as pedras de sarsen de 50 toneladas foram flutuadas até sua posição pelo famoso conselheiro do rei Arthur, Merlin, que também era "feiticeiro". Se relatos de levitação como estes, separados por distância e tempo, vividos por povos díspares em lados opostos do mundo, não forem apenas a reação humana comum à existência de ruínas inexplicáveis por outra maneira, podem, então, ser as lembranças genuínas de uma tecnologia perdida e preservada como lenda. Embora a noção de levitação antiga seja considerada tolice pelos estudiosos ortodoxos, estes não podem explicar como 25 toneladas de basalto foram erguidas pelo menos 9,14 metros no ar e encaixadas com precisão nas imponentes muralhas e torres de Nan Madol, na pré-história.

O maior guindaste moderno em todo o Pacífico ergue 35 toneladas. Os engenheiros de hoje, usando os mais recentes equipamentos, teriam dificuldade para recriar a

---

A extensão ininterrupta desse trabalho em pedra, do fundo do mar à terra seca, demonstra que Nan Madol foi continuamente habitada desde antes do fim da última era glacial até pelo menos 3000 a.C.

---

construção de 200 milhões de toneladas métricas de pedra, não em solo firme, mas em um recife de corais apenas poucos metros acima do nível do mar. No século XX, houve tentativas de reproduzir o que os arqueólogos insistem ter sido o único meio pelo qual Nan Madol foi construída. Teorias convencionais foram postas à prova em um documentário do Discovery Channel, em 1995, quando uma coluna de uma tonelada foi amarrada com fios de bambu a jangadas feitas de cascas de coco.

Por mais que os especialistas se esforçassem, não conseguiram fazer suas jangadas de coco transportar uma única tonelada, mesmo quando lançadas em série. Esforços repetidos demonstraram que somente algumas centenas de quilos podiam ser carregados, uma diferença gritante das colunas de 20 toneladas e dos blocos de 60 toneladas manuseados com evidente facilidade pelos engenheiros civis pré-históricos de Nan Madol. Para aumentar o embaraço dos estudiosos, eles não conseguiram explicar como os materiais de basalto tão prodigiosos foram extraídos, muito menos transportados. "Presumivelmente", especulou Paul Brandt, repórter de *Archaeology*, "os mineiros aqueceram a face do penhasco com fogueiras enormes e em seguida encharcaram a superfície com água fria. A resultante expansão e contração quebraram as lascas desejadas para construção".

Infelizmente, não há evidências do uso de "esboroamento" (fragmentação) em Pohnpei. É ao menos possível que tenha ocorrido, se considerarmos a ausência de ferramentas em Nan Madol. Ou talvez tenha sido construída com uma tecnologia perdida, diferente da nossa. Seria o "dragão voador" convocado por Olisihpa e Osohpa uma metáfora, preservada na tradição mítica por um povo pré-alfabetizado, de uma alta tecnologia que eles não compreendiam?

Não menos intrigante é a fonte da montanha de basalto que foi usada na construção de Nan Madol. Childress citou um porta-voz da Faculdade Comunitária da Micronésia, Gene Ashby, que teria afirmado que ninguém sabe as origens dessa impressionante tonelagem. Determinar com exatidão quando a cidade foi construída é quase tão difícil quanto saber o modo como isso ocorreu. No começo dos anos 1960, arqueólogos do Instituto Smithsonian usaram carbono 14 para datar resíduos cozidos de dentro de um suposto "forno de tartaruga", concluindo que Nan Madol foi ocupada em 1285 d.C. Mas seus resultados só sugeriram que alguém comeu uma tartaruga em Nan Madol no fim do século XIII, o que nada esclarece quanto à data de sua construção.

Esses paralelos linguísticos com a Terra-mãe submersa, combinados com as ruínas extraordinárias em Pohnpei, seriam o testemunho de uma civilização perdida de inimaginável antiguidade e de uma sofisticação ainda mais inconcebível?

Na verdade, espécimes úteis e passíveis de datação por carbono 14 são quase impossíveis de se encontrar na umidade da selva, que deteriora rapidamente os materiais orgânicos. Um método de datação muito mais confiável é a comparação dos níveis do mar com o passar dos milênios. O primeiro trabalho profissional de agrimensura em Pohmpei foi no começo dos anos 1970, pelo dr. Arthur Saxe, da Universidade de Oregon. Ele e seus colegas mergulhadores encontraram uma fileira única de rochas de tamanho uniforme perpendicular à queda do penhasco, mais ou menos 25,91 metros abaixo do porto de Nan Madol, Madolehihmw. A fileira de rochas desaparecia gradualmente no fundo arenoso depois de mais 3,05 metros.

O arranjo artificial dessas pedras foi confirmado quando os agrimensores detectaram um alinhamento deliberado entre duas ilhotas próximas. Depois, acharam pilares e colunas, alguns ainda em pé, a mais de 22,86 metros de profundidade, e mediram uma formação pedregosa desaparecendo sob as areias do solo oceânico, a 28,96 metros. Essas observações sugeriram uma profundidade máxima de 30,48 metros para os prováveis materiais arqueológicos perto da costa de Pohnpei. Nos últimos 12.000 anos, os níveis do mar nunca estiveram tão baixos quanto na época em que as rochas – hoje submersas – se encontravam em terra seca e eram artificialmente orientadas.

Os canais de Nan Madol só podem ter sido construídos muitos anos depois que as colunas atualmente submersas foram erguidas e, depois, inundados, embora continuassem a funcionar depois de os mares subirem até seu nível atual; isso, há 5.000 anos. A presença de materiais de artefatos a 30,48 m de profundidade significa que Nan Madol já existia e era habitada antes de 10.000 a.C. As subidas abruptas do nível do mar no fim da última era glacial forçou os moradores a se mudar para terrenos mais altos, onde continuaram a construir acima do oceano, até que o mar subir a seus níveis atuais, por volta de 3000 a.C.

Embora ainda não possamos fixar uma data precisa de sua fundação, os estratos mais velhos de construção em Nan Madol correspondem a suas evidências físicas mais profundas, que devem ter sido colocadas antes do 11º Milênio a.C. A extensão ininterrupta desse trabalho em pedra, do fundo do mar à terra seca, demonstra que Nan Madol foi continuamente habitada desde antes do fim da última era glacial até pelo menos 3000 a.C. Provavelmente foi abandonada e, depois, reocupada pelos micronésios e seus ancestrais até pelo menos o século XIII d.C., como indica a datação por carbono do Instituto Smithsonian.

James Churchward acreditava que Nan Madol não tivesse muito a ver com esses povos históricos, mas seria, isto sim, a expressão de uma grande civilização muito anterior à chegada deles a Pohnpei. A escala de sua execução e a aparente antiguidade ultrapassavam qualquer coisa comparável no vasto Pacífico e transmitiam, com eloquência, a noção da Terra-mãe perdida, descrita nas inscrições do mosteiro que ele traduziu quando era um jovem oficial na Índia. "A meu ver", escreveu em seu primeiro livro sobre Mu, "as várias ruínas em Pohnpei são das cidades-capital da Terra-mãe".

Há, de fato, numerosas pistas nos nomes dos lugares que associam Nan Madol ao reino submerso. Por exemplo, uma estrutura retangular perto do lado sudoeste é conhecida como Mu-pt, enquanto Mu-pteniulli é uma entrada pelo mar, próxima, junto com Pon-mu-asanap, uma muralha em terra. Pon-Mu-itak é espaço formado por uma estrada pavimentada, curva, no nordeste. Um sítio arqueológico chamado Nanparad-Mu-tok se encontra na ilhota de Nanlong, não muito longe da costa sul de Pohnpei. Mu-pt, Mu-pteniulli, Mu-ptalap, etc., parecem ser variações híbridas de nomes originais com inflexões nativas, que alteraram o "Mu" original em um som de "mw", como em Madolenith-mw, a baía em Nan Madol e Kita-mw, outro local associado à chegada de Olisihpa e Olsohpa, os pais fundadores de Nan Madol, para acomodar as considerações linguísticas dos nativos micronésios.

A mesma mudança dialética aparece nos nomes dos chefes lendários e semilendários que sucederam os Saudeleurs. Alguns desses governantes típicos são Luhk en Mwei Maur, Luhk en Mwer ou Luhk en Mwei, variações do nome "Mu". Talvez o mais indicativo de todos seja Te-Mu-em, nome da ilhota artificial em que a própria Na Madol foi construída. Nomes correspondentes ocorrem em outros lugares nas Carolina. Entre as Ilhas Hall, 692,02 quilômetros a noroeste de Pohnpei, encontra-se Muriio. Complementando esses nomes evocativos, há as persistentes tradições nativas de Katau Peidi, o reino perdido do onde Olisihpa e Oslohpa fugiram para salvar a vida, antes de ser engolfado pelo mar em uma convulsão da Natureza.

Esses paralelos linguísticos com a Terra-mãe submersa, combinados com as ruínas extraordinárias em Pohnpei, seriam o testemunho de uma civilização perdida de inimaginável antiguidade e de uma sofisticação ainda mais inconcebível? Se Nan Madol não foi criada por "feiticeiros" tecnológicos de Mu, então quem mais seria responsável por tal façanha?

Referências bibliográficas:

Bill S. Ballinger, *Lost City of Stone: The Story of Nan Madol*. New York: Simon and Schuster, 1978.

Dr. Vamos-Toth Bator, Supreme Tamana Witness-Data, OH. *Midwest Epigraphic Journal*, vol. 16, nº 2, 2002, p. 75-78.

Peter Bellwood, *Man's Conquest of the Pacific*. London: William Collins, 1978.

John H. Brandt, *Archaeology*, 1962, 15:99-107. In William R. Corliss, MD, *Ancient Man: A Handbook of Puzzling Artifacts*. Glen Arm: The Sourcebook Project, 1978.

W. S. Cerve, *Lemuria: The Lost Continent of the Pacific*. 3rd Ed. San Jose: Supreme Grand Lodge of AMORC, 1942.

David Hatcher Childress, *Ancient Micronesia and the Lost City of Nan Madol*. Kempton: Adventures Unlimited Press, 1998.

James Churchward, *The Lost Continent of Mu*. New York: Paperback Library, 1968.

Jan Knappert, *Pacific Mythology: An Encyclopedia of Myth and Legend*. London: Diamond Books, 1995.

Rosslyn Poignant, *Oceanic Mythology*. London: Paul Hamlyn, 1967.

Hans Santesson, *Understanding Mu*. New York: Paperback Library, 1970.

Dr. Arthur Saxe, *The Nan Madol Area of Pohnpei*. Saipan: Office of the High Commissioner, Trust Territory of the Pacific, Saipan, Marianas Islands, 1980.

Lewis Spence, *The Problem of Lemuria*. London: Rider and Company, 1933.

Edgerton Sykes, *Lemuria Reconsidered*. London: Markham House Press, Ltd., 1968.

Submundo: Confronto com Kerama

Graham Hancock

Fotos de Santha Faiia

Concordo que é surpreendente e muito estranho, mesmo para mim, o modo como esses edifícios estruturais se teriam formado. Padrões formados assim pela natureza, nunca vi.

– Dr. Wolf Wichmann, geólogo, Kerama, Japão, março de 2001

Embora eu diga apenas "Kerama", o termo correto é "as Keramas", pois são um grupo de pequenas ilhas, incluindo Aka, Zamami, Kuba e Tokashiki, no Oceano Pacífico, cerca de 40 quilômetros a oeste de Naha, capital de Okinawa.

As ilhas são incrivelmente belas, com colinas verdejantes, litoral rochoso e praias. São separadas entre si por trechos de água cristalina, variando de intensidade do turquesa mais claro para o azul da meia-noite mais escuro. A área inteira é uma reserva marinha natural para as grandes quantidades e variedades de baleias e delfins que lá se congregam.

E no fim da era glacial?

A história contada pelos mapas de inundações de Glenn Milne é que, mais ou menos 14.600 anos atrás, Kerama permaneceu atrelada à extremidade sul de Okinawa por meio de uma língua de terra, espessa e curva. Okinawa em si era, na época, uma ilha muito maior e mais larga que hoje, com muitos quilômetros de planícies baixas e levemente inclinadas se estendendo tanto a leste quanto a oeste de sua costa atual. Na verdade, são nessas planícies inundadas na Costa Sudoeste que os monumentos submersos de Okinawa – as "pirâmides escalonadas" e os "terraços" da costa de Chatan, descritos no capítulo 1 – se localizam.

Círculos na Ilha Komakino. Compare com os círculos submersos, abaixo.

Pequenos círculos de pedras a 30 metros de profundidade, Kerama, sul do Japão.

> **Na verdade, são nessas planícies inundadas na Costa Sudoeste que os monumentos submersos de Okinawa – as "pirâmides escalonadas" e os "terraços" da costa de Chatan, descritos no capítulo 1 – se localizam.**

E naquela época, havia terra contínua entre Chatan e Kerama.

Explorando um pouco mais os mapas das sequências de inundações, descobrimos que, 13.500 anos atrás, a ponte entre Kerama e Okinawa fora partida e havia, entre as duas ilhas, 20 quilômetros de água. Mas também percebemos que na época Kerama ainda não fora fragmentada em unidades menores. Outros detalhes já são mais difíceis de discernir, mas os mapas indicam que essa única Kerama, maior, pode ter sobrevivido, com uma diminuição mínima, até 10 mil ou quem sabe 9 mil anos atrás; embora partes dela fossem inclinadas e íngremes, enquanto outras eram planas, nem tudo teria submergido com o mesmo movimento. Deve ter sido por volta desse período, 9 mil-10 mil anos atrás, que os círculos de Kerama foram inundados.

Os círculos se encontram sob quase 30 metros de água, dez quilômetros a sudeste da Ilha Aka, na interseção da latitude 26 graus, 07 minutos Norte e longitude 127 graus, 17 minutos Leste. Algumas rochas pontiagudas irrompem pela superfície próxima, com ondas quebrando constantemente sobre elas; mas, fora isso, o local é completamente exposto à água aberta.

As constrições: Kerama, março de 2001

Os mergulhos em março de 2001 com Wolf Wichmann foram patrocinados e filmados pelo Canal 4, com um prazo e orçamento apertados: dois dias de trabalho para Yonaguni e um para Kerama. Na prática, isso significava que, se o tempo ficasse ruim – o que é frequente nos Ryukyus – não poderíamos mergulhar em Kerama. E, mesmo que o deus do clima estivesse do nosso lado, o deus do mar poderia não estar: as correntes em Kerama costumam ser tão severas que você precisa lutar contra a água se quiser se manter em um lugar.

Quando os humanos se digladiam com a água, a água vence. Já vi mergulhadores perderem suas máscaras e terem os reguladores arrancados da boca pelas correntes de Kerama. Já vi gente em luta desesperadora, ofegante, para se manter no sítio, ou para ajudar outros a ficarem lá e não serem varridos até o grande azul além. Vi jovens adultos rastejarem de volta ao barco, exaustos, literalmente tremendo de fadiga.

Portanto, o que aprendi depois de tantas experiências desagradáveis é que não vale a pena mergulhar lá quando a corrente flui. É melhor ancorar o barco bem firme, proa e popa, colocar uma boia na água, observar suas oscilações, e esperar uma calmaria.

Um histórico de Kerama, março de 2001

Partimos de Okinawa pouco depois das 9 horas de uma manhã relativamente boa, com ondas de menos de um metro. Mais uma vez, trabalhamos com um mergulhador local chamado Isamu Tsukahara e sua equipe muito profissional, usando seu cruzador espaçoso como barco de mergulho. Mitsutoshi Taniguchi, o descobridor original do círculos, juntara-se a nós, vindo de sua ilha natal de Miyako, mais para o sul. E Kiyoshi Nagaki também se ofereceu para mergulhar conosco naquele dia.

Começamos a avistar as Keramas depois de mais ou menos uma hora em direção oeste; e à medida que nos aproximávamos, Wolf explicou-me a estrutura básica, evidente a partir de áreas de rocha nua ao longo das costas e de cicatrizes provocadas por quedas de terra que deixaram expostos os estratos nas colinas. Assim como Malta, no extremo Mediterrâneo, parecia que essas ilhas se haviam formado de depósitos enormes de calcário coralino [i.e., corais convertidos em rocha] escoado sob mares antigos há 50 ou 100 milhões de anos e, subsequentemente, foram expostas e inundadas de novo, e de novo, com mais crescimento de coral ocorrendo nas épocas de inundação, mas também se fossilizando e se expondo. Em alguns lugares, camadas sedimentárias de cal mais mole, comparável com as camadas de globigerina de Malta, se sobrepuseram sobre um núcleo coralino. Em outros, afloramentos coralinos se formaram na própria camada da superfície, reluzindo sob o sol da manhã.

Às 10h30, já estavam manobrando para parar sobre o local de mergulho. Isamu Tsukahara – que sempre se encarrega do trabalho mais pesado – desceu para fixar as âncoras e a boia. Isso deve lhe ter custado um esforço quase sobre-humano, pois a corrente estava fluindo com força suficiente para criar turbulência visível na superfície, mas ele, com calma e competência, fez tudo certo e logo já estava de volta a bordo, nem um pouco cansado.

Em seguida, todos nós nos sentamos e esperamos, ouvindo o ranger das cordas das âncoras enquanto a corrente tentava soltar o barco e girá-lo de volta a Okinawa. A boia, de um modo perturbador, fora sugada para baixo da água pela força do fluxo, e não poderíamos mergulhar enquanto ela não subisse de volta à superfície.

Nesse meio-tempo, eu pegara emprestado um DVC-player e monitor da equipe de filmagem para mostrar a Wolf algumas imagens que Santha e eu fizéramos em nossos mergulhos anteriores no Círculo Central, o maior dentre os grupos de estruturas que se espalhavam no solo oceânico sob nosso barco. Já há anos todos os instintos de meu corpo me convenciam de que aquelas estruturas deviam ser artificiais, ou de qualquer forma não feitas inteiramente pela Natureza – eram bizarras demais, singulares e muito "desenhadas". Mas, em segredo, tinha minhas dúvidas. Desde que aprendi a mergulhar, aprendi um pouco a respeito de rochas e recifes submarinos, mas não sou geólogo marinho e há muita coisa que não sei. Seria possível que os estranhos pilares, a trilha limpa pentagonal em volta do monólito central e as cercanias rochosas com forma, em volta do Círculo Central, fossem todos resultados de algum processo natural desconhecido por mim?

Congelei a imagem em uma vista oblíqua do lado noroeste do círculo, filmado em água mediana dez metros acima dos topos dos megálitos, e apontei para o monólito central, chamando a atenção de Wolf.

GH: Este é o topo da pedra central ou seja ela o que for, que é cercado por um círculo de...

WW: É um cânion. Um tipo de cânion...

GH: É um tipo de cânion e se estende para baixo até uma trilha de bordas limpas em volta do fundo, aqui, mais ou menos a 27 metros... É uma mistura curiosa de pedregulhos e areia no fundo. Mas muito limpo: nada cresce no fundo.

WW: (Apontando para vários monólitos.) Todas estas estruturas individuais estão cobertas de organismos. Para termos uma impressão de como foram moldadas ou como se originaram, teríamos de raspar muitos deles... Você tem alguma impressão do material básico?

GH: Parece uma mistura de... eu não diria pedregulhos, mas talvez seixos grandes...

WW: Arredondados?

GH: Arredondados... em uma mistura concretada de alguma coisa. Não sei o quê – uma mistura rochosa, pedregosa.

WW: Uma matriz.

GH: Uma matriz, sim. Como você pode ver...

WW: Então a pergunta é: o material básico consiste da mesma matriz da mistura pedregosa? Ou há seixos colados dentro da matriz, como uma capa externa?

GH: Por cima de outra coisa.

WW: Sim. E o único jeito de descobrir isso é fazendo algumas perfurações no núcleo, ou algo assim. Outra possibilidade de encontrarmos a solução para esse enigma, esse mistério, seria raspar a areia do fundo e ver como essas estruturas se ligam à rocha do solo... Mas o precisamos ver, sem dúvida, é o núcleo, a base, dessas estruturas individuais e como eles se fixam no solo...

GH: Então, vamos ao fundo, primeiro, e fazer isso? Talvez você queira pegar algumas amostras. Observe tudo lá embaixo e tente sentir se essas curvas – o modo como as curvas externas e internas dos monólitos grandes se encaixam – podem ser naturais ou feitas pelo homem.

WW: Pelo que vejo até agora, não tenho explicação para esse tipo de padrão.

GH: Aqui, por exemplo [apontando para a tela]. Você vê claramente duas paredes curvas paralelas...

WW: Certo, certo. Isso é fantástico. A distância entre essas duas paredes é ampla suficiente para a passagem de pessoas?

GH: Sim, é. Em alguns lugares, quase cabem dois mergulhadores lado a lado, mas não é bem assim. Bem, veremos ao chegar lá embaixo.

Adiantei algumas imagens na fita e parei em uma mudança de cena – o segundo círculo de monólitos grandes. Como ele tem um diâmetro menor (não por causa do tamanho dos monólitos, que são quase iguais), os mergulhadores locais o chamam de "Pequeno Círculo Central". Está localizado imediatamente a sudeste e adjacente ao Círculo Central em si, criando, na verdade, dois anéis interligados, o primeiro como oito metros de área e o segundo cinco, contidos dentro do que parece ser um espaço em forma de uma enorme fechadura, escavado na rocha estratificada que hoje forma o solo do oceano.

WW: Bem, quantos círculos são, ao todo?

GH: Há estes dois, lado a lado; uma grande um que é um pouco menor. Há um terceiro que deve ter uns 50 ou 60 metros, mais para o noroeste, mas não temos imagens dele.

WW: Certo. E há outras figuras? Diferentes deste círculo?

GH: Na mesma área, cerca de 40 metros mais para o sul, existem vários outros círculos feitos de pedras individuais menores, a maioria com não mais que um metro de comprimento. Talvez vejamos estes também, no mesmo mergulho.

WW: Mas são construídos do mesmo modo, do mesmo material?

Foi então que percebi, creio, que não era só Kerama que estava em julgamento, mas toda a minha noção de que uma fase de civilização mais avançada e construções monumentais na pré-história japonesa podia ser comprovada por ruínas submersas.

GH: Bem, parecem-se com alguns dos seixos compactados nos monólitos maiores.

WW: Aha... aha.

GH: Eles parece aquele tipo de...

WW: Seixos individuais?

GH: Seixos individuais.

WW: E a posição...?

GH: Formam um círculo.

WW: Isso é estranho.

GH: Também acho.

WW: Muito estranho.

Voltei a fita um pouco e apertei o "play" de novo. Havia uma característica do Círculo Central que, embora muito óbvia, esquecera de mostrar a Wolf.

GH: Outra coisa que sinto é que se encontra em uma escala humana. É monumental; mas a escala dessa coisa é humana.

WW: Estou espantado com isso... com a estrutura, a formação. Nunca vi nada parecido.

GH: Em todos os seus anos de mergulho? Nem eu. Em nenhuma parte do mundo.

WW: Não só na água, mas também em terra seca. Existem algumas formações ao menos comparáveis com esta, chamadas de "castelos de rocha" ou mesmo determinadas formas de decomposição de calcita. Mas a aparência é diferente. São totalmente diferentes e não têm esses cânions com paredes retas que se estendem para baixo.

GH: Com paredes retas se estendendo em volta de uma pedra central.

WW: A decomposição normal de calcita é diferente. Tem ângulos diferentes nas paredes.

GH: Sabe, sempre que olho para isso, para essa curva se encaixando nesta outra e criando uma boa trilha, sinto...

WW: Tem formato paralelo...

GH: Sim, e parece seguir uma planta.

WW: Estranho. Sim... estranho.

GH: E ninguém jamais pesquisou aqui, de fato. Nem mesmo o professor Kimura.

Mergulhando no Círculo Central

Por fim, no início da tarde, por volta das 13 horas, a boia que fora arrastada para baixo pela força da corrente apareceu de novo na superfície, a pressão das cordas da âncora na proa e popa afrouxou e já estava na hora de mergulhar.

Já estávamos parcialmente equipados; por isso, levamos apenas alguns minutos para colocar os tanques, os pés de pato e as máscaras, e pular na água.

Tsukahara deixara o barco em uma posição boa e o Círculo Central se mostrou visível e claro quase logo depois que mergulhamos. Ainda havia uma pequena corrente, não forte a ponto de nos perturbar, e descemos à deriva ao longo da corda da âncora principal, em direção às estruturas monolíticas abaixo de nós.

A palavra "monólito" significa literalmente "pedra única" ou individual, e é usada em referência a "um bloco grande de pedra ou qualquer coisa com uma aparência semelhante".[164] Mas o que mais me incomodava acerca dos monólitos do Círculo Central – uma questão relacionada a meu medo secreto de processos geológicos conhecidos por Wolf, mas não por mim – era justamente a dúvida quanto eles serem "pedras únicas" ou não. Eu nunca fizera o que Wolf pretendia fazer agora: raspar parte das incrustações marinhas espessas que cobriam o monólito para ver do que era feito o material básico. Mas já os manuseara muitas vezes e tinha uma vaga ideia de que deviam ser constituídos de mesmo tipo de "matriz" concretada ou agregada de pedras de tamanho médio e arredondadas – com aparência de pedras de rio – que pareciam formar seu exterior. O problema era que não tinha a menor ideia se isso seria bom ou ruim para a minha proposição – minha "teoria", se preferirem – de que o Círculo Central é uma estrutura feita por mãos humanas.

Quando conversamos no barco, Wolf parecia genuinamente intrigado pelas imagens filmadas que lhe mostrei. Mas talvez, lá embaixo, ele olhasse para os monólitos, raspasse algumas amostras e pudesse provar, sem a menor sombra de dúvida, que foram formados inteiramente por processos naturais! Talvez desse um tapa na própria testa quando voltássemos ao barco, anunciando o nome geológico correto, porém obscuro, dessa espécie de "formação natural"? Ou talvez não. De qualquer forma, saberíamos com certeza dali a mais ou menos uma hora.

Foi então que percebi, creio, que não era só Kerama que estava em

---

164. *Collins English Dictionary*. London: Collins, 1982, p. 953.

julgamento, mas toda a minha noção de que uma fase de civilização mais avançada e construções monumentais na pré-história japonesa podia ser comprovada por ruínas submersas.

Quinze metros acima do topo do Círculo Central, quando fizemos uma pausa em flutuação neutra para ter uma perspectiva do complexo, congratulei-me por ter passado as últimas duas horas revendo nosso vídeo anterior do sítio, pois isso me forçou a pensar em certos pontos que havia ignorado. Não era apenas a questão crucial dos materiais dos monólitos que devia ser abordada, mas também a observação de Wolf de que eles se encontravam no solo em algo que parecia um "cânion".

Olhando ao redor agora, sob o ponto de vista de um pássaro – pois o mergulhador tem um pouco da liberdade de manobra na água que um pássaro tem no céu – comecei a ter o senso correto, pela primeira vez, da topografia em torno dos dois grandes círculos adjacentes (o Círculo Central e o Pequeno Círculo Central) e de como seu perímetro em forma de fechadura se formou, bem como da relação entre os monólitos totalmente isolados e os "semi-isolados" que compõem os círculos.

Todas essas estruturas ocupam o cume de um afloramento grande, levemente inclinado, de rocha que se estende para fora, em todas as direções, aos poucos desaparecendo em águas mais profundas. No fim da era glacial, quando o afloramento esteve pela última vez acima no nível do mar, seu ponto mais alto seria o lugar hoje marcado pelo topo do monólito central do Círculo Central. De lá, você pode ficar em pé e observar toda a área em volta.

Depois, porém (parecia inevitável), alguma força poderosa deve ter intervindo – talvez seres humanos organizados, talvez a estranha natureza – e escavado o espaço em forma de fechadura semissubterrâneo, com piso plano e paredes íngremes, que hoje contêm as grandes rochas eretas que formam os dois círculos. Incrustações marinhas deturparam os contornos das rochas e, enquanto não fossem raspadas, não ficaria claro quão limpas e bem cortadas – ou não – eles seriam originalmente.

Eu sabia que Wolf procurava uma explicação natural e supunha que boa parte dela dependeria da constituição da rocha. Tínhamos a esperança de que logo conseguíssemos determinar isso, pois ele trouxera consigo um temível martelinho e sacos de malha para colher amostrar. Quando tivéssemos uma ideia melhor do material básico, porém, a próxima e única pergunta da qual nos ocuparíamos seria: Que *tipo* de força teria produzido um "desenho" assim tão impressionante?

Quando tivéssemos uma ideia melhor do material básico, porém, a próxima e única pergunta da qual nos ocuparíamos seria: Que tipo de força teria produzido um "desenho" assim tão impressionante?

Apesar das dúvidas, eu sentia uma certa onda de confiança na ideia de que a natureza não poderia ter feito aquilo – ou pelo menos, não sem ajuda. Pelo contrário, o padrão era complexo e proposital, difícil de se executar em qualquer tipo de rocha; e, quanto mais o estudava, mais óbvio me parecia que era um projeto deliberado e planejado.

No lado leste do Círculo Central fica a menor e mais baixa das três rochas eretas e individuais. O que notei pela primeira vez naquela tarde foi que esse "monólito quebrado", como o tinha julgado antes, forma o começo de uma espiral anti-horária definida, que se estende através do topo do monólito seguinte (muito mais alto) e do seguinte (mais alto ainda), serpenteando, depois, em torno dos lados oeste e sul da rocha ereta central onde segue a curva da parede que a cerca – não contínua, mas segregada em unidades separadas por canais fundos.

A mesma rocha ereta baixa forma a linha divisória entre o Círculo Central e o Pequeno Círculo Central, onde a espiral começa. Nadei até lá e olhei para baixo a partir do lado leste, tendo o Pequeno Círculo Central bem atrás de mim. Creio que mostra todos os sinais, bem como a estrutura inteira, de ter sido escavado e moldado pelo homem. Embora seja um detalhe pequeno, sempre me impressionei com o modo como a curva em um lado se encaixa com a curva da rocha ereta grande a oeste e do outro lado com a curva da única rocha ereta um pouco menor atrás, a leste. Também é difícil imaginar como uma força natural cortaria com tamanha precisão a "segunda trilha", estreita e de bordas limpas, paralela à trilha interior mais larga, em volta da rocha ereta central.

Pouco antes de descermos até a estrutura, notei pelo canto do olho, graças à visibilidade excepcional daquela tarde, algo que não vira desde nossos primeiros mergulhos ali, em 1999: a existência, não muito além do perímetro sudoeste do Círculo Central – nas inclinações abaixo do cume do antigo monte – de outros círculos e ovais e espirais feitos de pedras individuais, seixos grandes, rochas, a maioria com um metro ou menos de comprimento, todos arredondados e alisados nas bordas, enrolados e entrelaçados entre si como colares ou elos de uma corrente jogada no chão. Como mencionara antes

Mas quando os vi novamente pela primeira vez em dois anos, após viajar muito pelo Japão desde aquele dia, logo me vieram à mente os círculos de pedras Jomon, como Komakino Iseki e Oyu, que visitei no norte de Honshu em maio de 2000.

a Wolf, pareciam-se muito (embora não exatamente) com "pedras de rio", também fincadas, ou agregadas (ou formando parte da própria rocha estratificada?) por todas as rochas eretas do Círculo Central.

Anotei mentalmente que deveríamos ir até lá e observar melhor esses círculos de "pedras de rio" e especular como se formaram. Talvez Wolf tivesse uma explicação geológica plausível. Mas quando os vi novamente pela primeira vez em dois anos, após viajar muito pelo Japão desde aquele dia, logo me vieram à mente os círculos de pedras Jomon, como Komakino Iseki e Oyu, que visitei no norte de Honshu em maio de 2000. Pelo que me lembrava, aqueles círculos também se haviam formado de pedras de rio, assim como estes, e estavam dispostos sobre solo exatamente da mesma maneira.

Era uma semelhança potencialmente importante.

Naquele momento, Wolf e eu já chegávamos à base do Círculo Central e estávamos em pé, na trilha interior, examinando os monólitos. Era verdade, como Wolf comentara ao ver o vídeo, que eles estavam cobertos por um fantástico zoológico de organismos marinhos. Mas, ao mesmo tempo, projetando-se através deles como uma fruta madura, havia essa matriz peculiar de seixos de rio individuais. Um que me chamou a atenção, com o diâmetro aproximado de um prato de jantar grande e provavelmente pesando vários quilos, despontava para o lado a partir do topo do segundo monólito na espiral, como que se estendendo em direção ao terceiro. Como explicar aquilo?

Wolf pegou amostras de alguns dos seixos mais proeminentes grudados no exterior das rochas eretas; em seguida, chamou-me para junto dele no sopé do segundo monólito sob o seixo que nos encimava. Iria tentar descobrir do que era feito o material básico, no núcleo do monólito; e me mostrou como as incrustações marinhas afinavam até cessar de vez na junção com a trilha de basalto. Logo acima da trilha, era um tanto fácil – muito mais do que imaginávamos – raspar uma grande porção de organismos e começar a expor o núcleo.

Wolf raspou e raspou. Raspou e raspou.

E por fim, o que apareceu não foi, como eu temia, mais da mesma matriz pedregosa ou agregada que grudava na superfície, e sim um núcleo duro, branco e brilhante formado, sem dúvida alguma, de antigo calcário coralino antigo das Keramas, totalmente fixo na base à rocha estratificada. Pelo que podíamos discernir, o monólito parecia cortado liso e perfeito de cima para baixo, com uma bonita curva nele incorporada para se encaixar na curva das trilhas definidas em cada lado, bem como na curva da rocha ereta central. Vi, inclusive, no lugar onde Wolf raspara com muita facilidade, os organismos originais fossilizados há milhões de anos, formando a rocha de coral branco, da qual todo o perímetro do círculo e todas as suas rochas eretas foram cortados, posteriormente. Rocha de coral, onde existe, é um material de construção ideal; e dos pequenos blocos de pedra usados para construir casas particulares nas Maldivas hoje em dia, ao enorme "Trilithion" da antiga Tonga, até os templos megalíticos de Malta, você vê o uso de calcário coralino branco, no qual a estrutura de organismos fossilizados antigos pode ser notada.

Senti-me grato a Wolf por ter feito esse serviço simples e tão óbvio – óbvio, pelo menos, para um geólogo profissional – de estabelecer o que é o material básico dos monólitos do Círculo Central.

Esse tipo de calcário coralino, além de visual e esteticamente bonito, também é muito duro. Parecia-me que Wolf teria imensa dificuldade em explicar como uma força natural cortaria esse material de uma maneira tão complexa, com paredes íngremes de quatro metros de profundidade, curvas paralelas e trilhas – tudo escavado na forma de um espaço restrito semissubterrâneo no cume de um antigo monte.

Dali a meia hora, estávamos de volta ao barco; a câmera submarina principal que a equipe do Canal 4 usara para filmar o mergulho não funcionou direito e o diretor precisava que fizéssemos tudo de novo. Mas já eram 14h30, a corrente voltara, vingativa, nos últimos 15 minutos do mergulho; e parecia que não poderíamos retornar à água naquele momento.

Resolvemos ancorar até as 17 horas. Mergulhar depois disso, com a chegada da noite, não seria seguro naquele ponto do oceano aberto e teríamos de regressar a Okinawa com o que dispúnhamos. Mas, se a

---

Pelo que podíamos discernir, o monólito parecia cortado liso e perfeito de cima para baixo, com uma bonita curva nele incorporada para se encaixar na curva das trilhas definidas em cada lado, bem como na curva da rocha ereta central.

Marcas acima do solo em Masada-no Iwafune.

Marcas submersas em Yonaguni.

corrente diminuísse antes, tentaríamos um segundo mergulho.

Para onde foram todos os destroços?

Fizemos nosso segundo mergulho quando a boia, como que por milagre, escapou da corrente e subiu à superfície às 16h30. A luz lá embaixo estava surpreendentemente boa e passamos 45 minutos úteis debaixo da água. Algumas cenas foram filmadas sem a necessidade da presença de Wolf. Nesse momento, ele se divertiu fazendo algumas explorações próprias. Em outras cenas, repetimos diante da câmara o que fizéramos de verdade, na primeira vez. Novamente, Wolf raspou incrustações da base de um monólito do Círculo Central e expôs o calcário coralino branco, por baixo delas. Mais uma vez, me fascinei ante essa pedra brilhante, cortada quase exatamente do mesmo tipo de material que a maioria das estruturas megalíticas antigas e duradouras da distante Malta.

De fato, visualizando um templo maltês como Hagar Qim ou Gigantija em toda a sua glória, seus megálitos de calcário coralino branco refletindo o reluzente sol mediterrâneo, comecei a imaginar qual seria a aparência dos dois grandes círculos de Kerama, escavados em rocha, em todo o seu esplendor, quando toda essa área leste até Okinawa ficava acima da água no fim da era glacial.

De fato, visualizando um templo maltês como Hagar Qim ou Gigantija em toda a sua glória, seus megálitos de calcário coralino branco refletindo o reluzente sol mediterrâneo, comecei a imaginar qual seria a aparência dos dois grandes círculos de Kerama, escavados em rocha, em todo o seu esplendor, quando toda essa área leste até Okinawa ficava acima da água no fim da era glacial.

Quando você se aproxima a partir de um ponto mais baixo nas inclinações da massa rochosa ao redor, inteiramente formada do mesmo recife de corais fossilizados com 100 milhões de anos de idade – não percebe, em princípio, que existem estruturas ali. Só da borda do espaço restrito, ao olhar para baixo, você se verá, de repente, diante de uma majestosa e misteriosa espiral de monólitos reluzentes, o maior dos quais com o dobro da altura de um homem alto.

Diferentemente das rochas eretas dos grandes templos malteses, porém, que foram talhadas em outro lugar e depois transportadas e erguidas nos locais dos templos, esses monólitos do Círculo Central foram feitos *in situ*, a partir da rocha sedimentária do antigo monte – ao qual ainda estavam atreladas pela base.[165] Isso classifica automaticamente toda a edificação como uma estrutura escavada em rocha; e, assim como em Yonaguni, um dos mistérios que nos confrontam, se imaginarmos que a "escavação" foi feita por forças naturais, é: o que aconteceu com a rocha sedimentária, que não está mais lá? Uma quantidade bem grande dessa rocha extremamente dura seria necessária para cortar os monólitos e escavar o espaço em volta onde estão confinados. Nenhuma parte dessa rocha escavada se encontra, seja em forma de escombros ou detritos, dentro dos dois círculos. Essa é uma anomalia muito estranha, se os círculos foram feitos por forças naturais; mas é o que esperaríamos encontrar se fosse a obra de seres humanos.

WOLF SOBRE KERAMA

Para minha grande surpresa – pois já ficara tão acostumado com seu ceticismo em Yonaguni – Wolf permaneceu tão aberto para o problema do Círculo Central depois de nossos mergulhos quanto se mostrara antes de entrarmos na água. Além disso, conseguiu realizar testes químicos a bordo nas amostras que pegara do núcleo e dos seixos agregados no lado externo dos monólitos.

Os testes provaram na câmara – embora já fosse muito óbvio a olho nu – que são dois tipos de rocha inteiramente diversos. O núcleo, como sabíamos, era de calcário coralino branco muito antigo. Os seixos arredondados se tratavam de arenito e, no parecer de Wolf:

> ... foram moldados pelas águas correntes, quanto a isso não há dúvida. Esses arenitos exibem um formato arredondado, o que nos sugere dois possíveis processos da origem das pedras: um seria de águas ribeirinhas e o outro de praias costeiras, pedregulhos ou algo assim, rolados para a frente e para trás até adquirirem essa forma redonda.

Wolf acrescentou que, em nosso segundo mergulho, enquanto eu trabalhava com os *cameramen*, ele explorou o lado de fora do perímetro do Círculo Central:

> O que achei de especial foi a descoberta de que esses seixos grandes, feitos de arenito, e que estão grudados nas rochas eretas e formações interiores, também aparecem em locais fora do círculo. Por isso,

---

165. Dois proeminentes sítios malteses contêm um misto de estruturas escavadas em rocha e megálitos isolados – o Hipogeu de Hal Saflieni e o Círculo Borchtorff, em Xhagra. O último é semissubterrâneo em forma, um tanto semelhante ao complexo do Círculo Central em Kerama.

mergulhei um pouco mais para o lado – não sei a direção – e encontrei um campo dos mesmos pedregulhos; aliás, não pedregulhos, pedras grandes, porém espalhadas de um modo muito caótico sobre a superfície da rocha coralina estratificada.

A sugestão de Wolf a respeito desses "pedregulhos" de diversos tamanhos – que em nossas conversas chamamos de rochas, seixos e pedras de rio – foi a óbvia, mas ele alertou que era apenas um palpite. Em algum estágio, provavelmente milhões de anos após a fossilização e exposição da antiga rocha estratificada coralina:

> ... um rio despejou sua carga aqui... Por isso, talvez às vezes, ele tinha água, outras vezes secava, mudava o leito e deixava as pedras aqui... Parece que partes desse velho recife de coral ficaram cobertas por essas rochas transportadas pelo rio, um rio vasto, pois o campo me parece amplo.

Se foi um palpite, parecia um palpite muito bom. Mas quanto ao mistério maior dos monólitos e das rochas eretas dos círculos escavados em rocha, Wolf admitiu que estava perplexo – apesar de advertir que só era capaz de falar a partir de sua experiência como geólogo marinho. Talvez outros geólogos tenham visto estruturas naturais que fossem as mesmas ou muito parecidas com o Círculo Central em outras partes do mundo, sendo capazes de explicar as enigmáticas paredes paralelas curvas e as rochas eretas moldadas. Ele, porém, não era.

WW: Não tenho explicação para esses... esses...

GH: *Para os círculos?*

WW: Para os círculos e para as estruturas dentro deles. Claro que devem ter recebido essa forma depois de postos no solo coralino – porque alguns desses seixos se projetam acima dos cânions... Mas não vejo que força teria moldado esses...

GH: ... que força da Natureza teria moldado esses círculos e as rochas eretas?

WW: É. É isso mesmo.

GH: Então, temos uma opção...

WW: No momento...

GH: E a opção é: foram feitos pelo homem.

WW: Não sei. Eu não...

GH: Não se apressaria?

WW: Não iria tão longe. É preciso fazer muito mais pesquisa antes de chegarmos a essa conclusão. Mas o que é muito estranho são essas paredes paralelas em toda a volta. É estranho, porque, se a força erosiva fosse, por exemplo, a água, as duas bordas do leito de um rio ou algo assim não seriam exatamente paralelas, como

De um geólogo tão instintivamente cauteloso e fleumático como Wolf Wichmann, isso era o máximo de confirmação que eu poderia obter de que os círculos escavados em rocha de Kerama seriam feitos pelo homem.

estas são. É o que posso dizer. E mesmo uma solução química não deixa pistas com tamanha precisão.

GH: Paredes paralelas?

WW: Exatidão paralela.

GH: Então, o que podemos dizer dessa estrutura? Alguma coisa com certeza?

WW: O que é claro é que temos um recife de coral antigo e fossilizado e os seixos espalhados por cima, que chegaram depois. Foi quando começou uma segunda força. Era uma força erosiva, que esculpiu essas estruturas do solo...

GH: Vocês, geólogos, dizem "esculpidas pela Natureza", como nós, poetas, dizemos, "esculpidas pelo homem".

WW: Não afirmo nada de maneira definitiva. Falta ainda muita pesquisa. Mas concordo que é surpreendente e muito estranho, mesmo para mim, o modo como esses edifícios estruturais se teriam formado. Nunca vi estruturas assim feitas pela natureza. Não me atrevo a afirmar nada sobre interferência humana, porque realmente não sei.

De um geólogo tão instintivamente cauteloso e fleumático como Wolf Wichmann, isso era o máximo de confirmação que eu poderia obter de que os círculos escavados em rocha de Kerama seriam feitos pelo homem. Mas não resisti à tentação de forçar um pouco mais.

GH: Eu lhe digo por que acho que é artificial.

WW: Sim, por favor.

GH: Não é só o senso de organização da estrutura em si. É o fato de que temos uma cultura antiga nessas ilhas, que fez os círculos de pedras. Sabe-se que eles construíram os círculos e alguns desses círculos ainda existem – não como o Círculo Central, menores, com os blocos maiores pesando cerca de uma tonelada e geralmente menos. Mas a ideia de um círculo de pedras e, na verdade, de vários círculos de pedras interligados, foi posta em prática por eles. Quando você olha para o Círculo Central e o Pequeno Círculo Central... e nós sabemos que estamos em um grupo de ilhas habitadas por uma cultura antiga chamada de Jomon, conhecida por construir círculos... Bem, para mim é menos extraordinário atribuí-los aos Jomon que a alguma força desconhecida da Natureza. Não nego que a Natureza às vezes produz esse sentido de organização, mas o que me faz pensar é o caráter ímpar dessa estrutura em um lugar que, nós sabemos, possui uma cultura muito antiga, de 16 mil a 2 mil anos atrás, os Jomon, que faziam círculos de pedras.

WW: Certo, entendo seu raciocínio. Mas ainda precisamos provar que esses círculos foram feitos mesmo pelos Jomon.

GH: Sim, sim, concordo.

WW: E isso é muito difícil. É preciso raspar e limpar até encontrarmos marcas ou qualquer evidência, talvez em uma série de outros monumentos comprovadamente construídos por essa sociedade.

GH: Sim. Bem, temos muitos círculos de pedras que foram construídos por essa sociedade, mas este... Dentre os círculos deles, este seria o maior e mais incomum. Mas repito que estamos em um grupo de ilhas que tinha uma cultura antiga, os Jomon, reconhecidos pelos historiadores. O trabalho mais antigo dessa cultura que perdura até hoje remonta à era glacial, mais ou menos 16 mil anos atrás. Os Jomon eram conhecidos por fazer círculos de pedras. Temos um círculo a uma profundidade que provavelmente esteve exposto em algum momento durante a era glacial. Qual é o próximo passo lógico?

WW: Sem dúvida, concordo com isso; essa relação é clara. Mas o último ponto... é isso que você precisa provar. Uma teoria não passa de teoria enquanto não for comprovada.

O que eu tinha naquele momento era uma teoria a respeito de uma possível origem Jomon para os monólitos e círculos submersos de Kerama, indicando uma fase inicial e ainda não descoberta de construção de monumentos na pré-história dos Jomon. Essa teoria superou um obstáculo importante depois que uma investigação feita no local, por um geólogo marinho cético, não conseguira oferecer nenhuma explicação natural viável para as estruturas.

Mas ainda era uma teoria.

Komakino Iseki submerso?

Com nosso trabalho completado em Kerama, despedimo-nos de Wolf na manhã seguinte. Ele tomou o avião de volta para a Alemanha, enquanto Santha e eu prosseguimos com a equipe de filmagem para o norte do Japão. Lá, por fim, chegamos ao maravilhoso círculo de pedras dos Jomon de Komakino Iseki, perto do grande sítio de Sinai Miriam, no território de Aomori. Embora já estivéssemos no fim de março, o tempo ainda estava gélido no norte, ainda havia neve no chão e toda a paisagem apresentava um contraste enorme com o calor tropical e as águas azuis de Kerama.

> **O que eu tinha naquele momento era uma teoria a respeito de uma possível origem Jomon para os monólitos e círculos submersos de Kerama, indicando uma fase inicial e ainda não descoberta de construção de monumentos na pré-história dos Jomon.**

Enquanto a equipe se arrumava, caminhei entre as pedras, tremendo de frio.

As pedras de rio, distintas e arredondadas, de Komakino Iseki. Rochas. Pedregulhos. Seixos.

Dispostas em uma série de círculos concêntricos, o maior dos quais com 150 metros de diâmetro.

E entre os círculos, grupos de círculos menores, tocando nas bordas como elos de uma corrente...

Eu já fizera a ligação embaixo da água alguns dias antes, em Kerama. Pareceu-me importante; e pretendia examinar melhor com Wolf, mas a falta de tempo me impediu. Foi o fenômeno que ele notara independentemente quando saiu sozinho para explorar enquanto eu trabalhava com o cameraman, e que mais tarde ele descreveu como um campo de pedras – "pedras grandes, porém espalhadas de um modo muito caótico sobre a superfície da rocha coralina estratificada".

Mas, se eu estivesse certo, as posições dessas pedras de rio grandes e arredondadas não seria tão caótica quanto Wolf pensara. Sabia que tinha visto o "campo de pedras" também, e até filmei rapidamente em 1999; e olhei-o mais uma vez no primeiro mergulho que completamos.

E onde ele vira caos, eu via ordem. Quando as filmei em 1999, algumas das grandes pedras de rio espalhadas pela planície coralina tinha certamente sido colocadas em círculos, uma de comprido ao lado da outra. Assim como em Komakino Iseki, lembrei-me, esses "círculos" eram, na verdade, mais ovais que circulares (embora continue chamando-os de círculos por conveniência). Também como em Komakino Iseki, as pedras eram de tamanho médio – normalmente por volta de um metro ou menos de comprimento.

Para mim, Kerama ainda não acabara.

Naquela última viagem, com em todas as anteriores, não fiz meu trabalho muito bem.

Fui seduzido pelo *glamour* dos círculos talhados na rocha, com seus monólitos de quatro metros de altura. Mas percebi que a prova da ligação com os Jomon que eu buscava talvez estivesse o tempo todo naquele "campo de pedras" mais além. Teria de voltar lá.

4

TECNOLOGIAS E CONTATOS

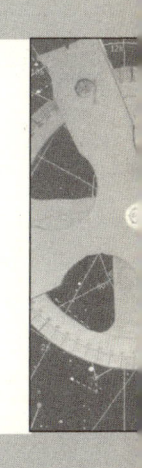

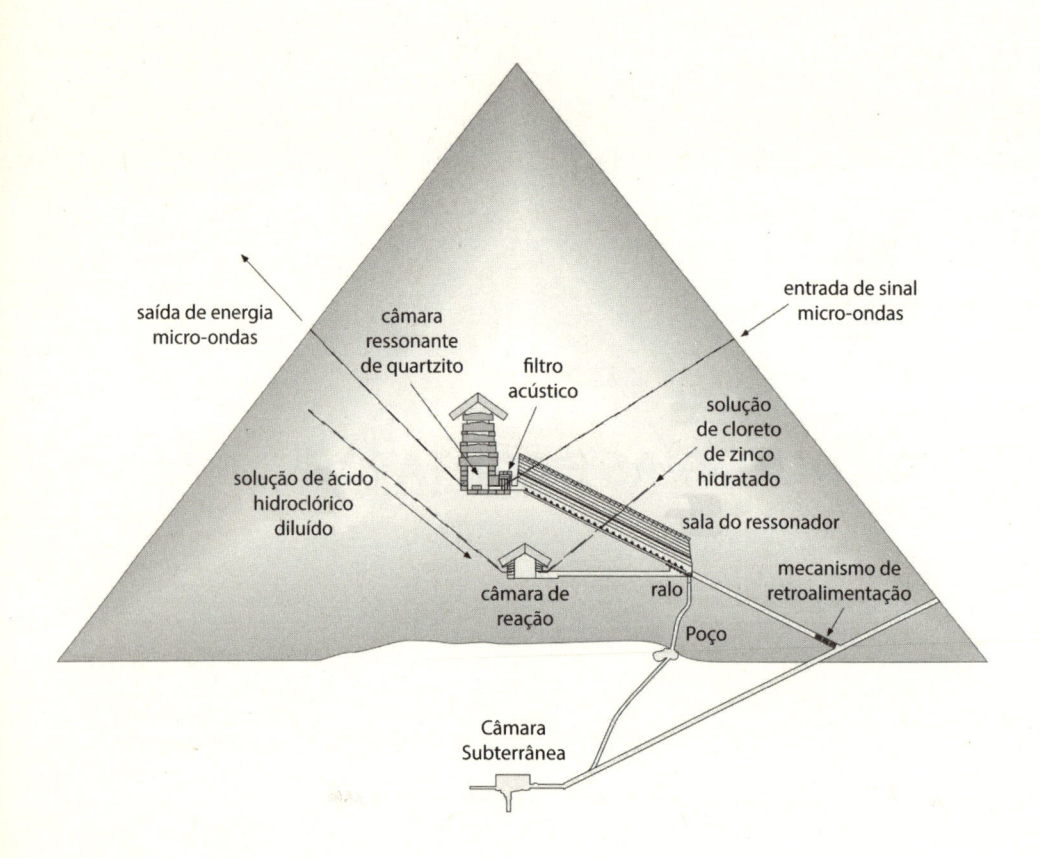

A usina de força de Gizé

A Usina de Força de Gizé
Christopher Dunn

As evidências esculpidas em artefatos de granito no Egito indicam claramente métodos de fabricação que envolviam o uso de máquinas como tornos, brocas, perfuratrizes eletrônicas e serras de alta tecnologia. Eles também possuíam atributos que não podem ser produzidos sem um sistema de medição igual ao que usamos hoje. A precisão dos antigos egípcios não era obtida por acaso, e se mostra repetidas vezes.

Depois que assimilei os dados a respeito da precisão mecânica dos antigos egípcios e seus possíveis ou até prováveis métodos de mecanização, passei a suspeitar que, para justificar o nível de tecnologia que os construtores de pirâmides deviam dominar, eles precisariam ter também um sistema de energia igualmente sofisticado para manter tal nível. Uma das perguntas prementes nos debates em torno da perfuração ultrassônica de granito na Antiguidade é: "O que eles usavam como fonte de força?".

Uma indagação ainda mais inevitável a respeito do uso da eletricidade necessária para o uso de perfuradoras ultrassônicas ou equipamentos pesados capazes de cortar granito é: "Onde estão as usinas de força?". Obviamente não existem estruturas do mundo antigo que possamos indicar e identificar como reatores de fissão ou compartimentos de turbinas. Então, o que podemos fazer? Não seria um pouco leviano pressupormos que as usinas de força da Antiguidade eram sequer remotamente parecidas com as nossas?

Entretanto, pode haver algumas semelhanças fundamentais entre o fornecimento de energia do mundo antigo e o do moderno, uma vez que as usinas de força de hoje são muito grandes e precisam de suprimento de água para esfriar e vaporizar a produção. Se existia na pré-história uma sociedade avançada, de fato, possuidora de um sistema de energia, poderíamos inferir que suas usinas de força seriam, com toda a probabilidade, os maiores projetos de construção por ela experimentados. Por conseguinte, sendo as maiores criações dessa sociedade, essas usinas de força teriam uma boa chance de sobreviver a uma catástrofe e à erosão dos elementos nos séculos seguintes.

As evidências esculpidas em artefatos de granito no Egito indicam claramente métodos de fabricação que envolviam o uso de máquinas como tornos, brocas, perfuratrizes eletrônicas e serras de alta tecnologia.

As pirâmides satisfazem todos esses requisitos. Essas relíquias geométricas do passado, que já foram estudadas, especuladas e geraram tanto debate, estão localizadas perto de uma fonte de energia, o Rio Nilo, e são realmente os maiores projetos de construção já completados por essa sociedade antiga. Diante de todas as evidências que sugerem a existência de uma sociedade altamente avançada usando eletricidade na pré-história, comecei a levar a sério a possibilidade de que *as pirâmides eram as usinas de energia dos antigos egípcios.*

Minha atenção se voltou para a Grande Pirâmide, principalmente porque é para ela que se voltam também todas as atenções, o que permitiu acumular mais pesquisas e dados para estudo. Os relatos de cada descoberta dos sucessivos pesquisadores dentro da Grande Pirâmide são muito detalhados; em particular, o de Petrie. É como se os pesquisadores ficassem obcecados com dados, por mais insignificantes que fossem. Muitos desses dados enfocam a relação dimensional e geométrica entre a Grande Pirâmide e a Terra. Nas constatações de John Taylor:

- Uma polegada de pirâmide é .001 polegada maior que a polegada britânica. Há 25 polegadas de pirâmide em um cúbito e havia 365,24 cúbitos na base quadrada da Grande Pirâmide.
- Um ano no calendário tem 365,24 dias.
- Uma polegada de pirâmide é igual em comprimento a 1/500 milionésimo do eixo de rotação da Terra. Essa relação sugere que não só os construtores da Grande Pirâmide conheciam as dimensões do planeta, mas também baseavam seu sistema de medidas nesse conhecimento.

O que mais é especial na Grande Pirâmide? Embora tenha formato de pirâmide, sua geometria possui uma aproximação espantosa com as propriedades exclusivas de um círculo, ou esfera. A altura da pirâmide tem relação com o perímetro de sua base, assim como o raio de um círculo tem relação com sua circunferência. Uma pirâmide perfeitamente construída com um ângulo exato de 51:51:14.3 tem o valor de pi incorporado em sua forma (ver Tabela 2).

Uma compreensão mais apurada dessa relação requer o estudo não apenas de cada detalhe da Grande Pirâmide, mas também da Terra.

A Terra é um corpo dinâmico, energético que tem suportado as demandas de combustível por parte da civilização há séculos. Até hoje, essa demanda tem sido predominantemente de energia na forma de combustíveis fósseis. Em tempos mais recentes, os avanços científicos nos permitem manusear o poder do átomo; e as contínuas pesquisas nessa área prometem avanços ainda maiores no futuro. Existe, contudo, outra forma de energia abundante na Terra que, em sua forma mais básica, tem sido em grande parte ignorada como fonte potencial de energia utilizável. Costuma chamar nossa atenção quando se acumula a um ponto de destruição. É a energia sísmica, o resultado da constante agitação das placas tectônicas da rocha derretida no interior da Terra. As marés não se restringem aos oceanos do planeta; também os continentes se encontram em movimento constante, subindo e baixando até cerca de 30 centímetros no decorrer da órbita da Lua em volta da Terra. A energia da Terra inclui ação mecânica, termal, elétrica, magnética, nuclear e química, todas sendo fontes de som. Portanto, a energia em operação na Terra geraria ondas de som que se relacionariam com a vibração específica da energia criadora e com o material através do qual ela passa. O zunido audível de um motor elétrico – operando a 3.600 rpm – cairia bem abaixo do nível da audição humana, se desacelerasse para uma revolução a cada 24 horas, como é o caso da Terra. O que passa despercebido em nosso dia a dia é o pulso fundamental inaudível, ou ritmo, do planeta.

Medições de Petrie		
Comprimento de um lado	9068,8 polegadas	755,733 pés
Perímetro (comprimento x 4)	36275,2 polegadas	3022,93 pés
Altura	5776,0 polegadas	481,33 pés
Ângulo baseado nas medidas acima	51:51:59	
Aproximação da Grande Pirâmide com pi, baseada nas medições de Petrie	3,14017 (ver Figura 33).	

Tabela 2

No outro extremo da escala, qualquer estímulo elétrico de materiais piezelétricos no interior da Terra – como quartzo – geraria ondas

> **Tendo em mente essas informações e sabendo que a Grande Pirâmide é um número inteiro da Terra, não é absurdo propormos que a pirâmide é capaz de vibrar em uma frequência harmônica com a frequência fundamental do planeta.**

sonoras acima do alcance da audição humana. Matérias sob estresse no interior do planeta podem emitir lufadas de radiação ultrassônica. Materiais que sofrem deformação plástica emitem um sinal de amplitude mais baixa que quando a deformação produz rachaduras. Especula-se que raios globulares sejam gás ionizado por eletricidade oriunda de rocha contendo quartzo, como granito, sujeito à pressão.

Como a Terra gera constantemente um espectro amplo de vibração, poderíamos utilizar a vibração como fonte de energia, se desenvolvêssemos tecnologia apropriada para isso. Claro que qualquer aparelho capaz de atrair quantidades maiores de energia que a energia normal irradiada da Terra aumentaria muito a eficiência do equipamento. Uma vez que a energia segue o caminho da resistência mínima, qualquer dispositivo que oferecesse menos resistência que o meio pelo qual ela passa, teria uma quantidade maior de energia canalizada por esse dispositivo. Tendo em mente essas informações e sabendo que a Grande Pirâmide é um número inteiro da Terra, não é absurdo propormos que a pirâmide é capaz de vibrar em uma frequência harmônica com a frequência fundamental do planeta.

Em *The Giza Power Plant*, apresento uma pletora de fatos e deduções, incluindo uma sugestão quanto ao que se encontra por trás da "porta" de Gantenbrink, baseados em consideração sóbria do desenho da Grande Pirâmide; e quase todos os artefatos encontrados nela, levados em conta em seu conjunto, apoiam minha premissa de que a Grande Pirâmide era uma usina de força e a Câmara do Rei seu centro de força. Auxiliados pelo elemento que alimenta nosso Sol (hidrogênio) e unindo a energia do universo com a da Terra, os antigos egípcios convertiam energia vibracional em energia de micro-ondas. Para a usina de

Quando a pirâmide vibrava em sintonia com o pulso da Terra, ela se tornava um oscilador acoplado capaz de suportar a transferência de energia provinda da Terra com pouca ou nenhuma retroalimentação.

> **A substância residual (os sais na parede da câmara) e o que pode ser apurado dos artefatos (fateixas e madeiras do tipo do cedro) e detalhes estruturais (a "porta" de Gantenbrink, por exemplo) são proeminentes demais para serem ignorados.**

força funcionar, os projetistas e operadores tinham de induzir vibração na Grande Pirâmide que estivesse afinada com as vibrações ressonantes harmônicas da Terra. Quando a pirâmide vibrava em sintonia com o pulso da Terra, ela se tornava um oscilador acoplado capaz de suportar a transferência de energia provinda da Terra com pouca ou nenhuma retroalimentação. As três pirâmides menores ao leste da Grande Pirâmide podem ter sido usadas para auxiliar a Grande Pirâmide a adquirir ressonância, assim como hoje usamos motores menores a gasolina para ligar motores maiores a diesel. Acionemos, então, a chave que liga essa fantástica usina e vejamos como ela funcionava.

A Câmara da Rainha, localizada no centro da pirâmide e diretamente abaixo da Câmara do Rei, contém peculiaridades totalmente diferentes daquelas observadas na Câmara do Rei. As características da Câmara da Rainha indicam que seu propósito específico era produzir combustível, que tem importância vital para qualquer usina de força. Embora seja difícil identificar de maneira precisa que processo se dava no interior da Câmara da Rainha, parece-nos que ocorria uma reação química, repetidas vezes. A substância residual (os sais na parede da câmara) e o que pode ser apurado dos artefatos (fateixas e madeiras do tipo do cedro) e detalhes estruturais (a "porta" de Gantenbrink, por exemplo) são proeminentes demais para ser ignorados. Indicam que a energia criada na Câmara do Rei era o resultado da operação eficiente da Câmara da Rainha, geradora de hidrogênio.

O equipamento que fornecia os pulsos fundamentais devia ficar na Cova Subterrânea. Antes ou no momento em que a "chave era acionada" para iniciar os pulsos, um suprimento de substâncias químicas era bombeado nos canais de ventilação da Câmara da Rainha, enchendo-os até entrarem em contato com a fateixa e os eletrodos que se projetavam para fora da "porta". Escorrendo pelos canais "esquerdos" na Câmara da Rainha, essas substâncias combinavam para produzir hidrogênio, que enchia as passagens interiores e câmaras da pirâmide. Os dejetos das substâncias fluíam pela Passagem Horizontal, até o Canal do Poço.

Induzida pelos pulsos de vibração – sintonizada com a frequência ressonante de toda a estrutura – a vibração da pirâmide aumentava gradualmente de amplitude e oscilava em harmonia com as vibrações da Terra. Harmonicamente acoplada à Terra, a energia vibracional fluía em abundância desde a Terra e através da pirâmide, influenciando uma série de ressonadores sintonizados, todos na Grande Galeria, onde a vibração era convertida em som no ar. Em virtude do planejamento acústico da Grande Galeria, o som era focado através da passagem que dava na Câmara do Rei. Somente as frequências em harmonia com a frequência ressonante da Câmara do Rei podiam passar através de um filtro acústico que ficava na Antecâmara.

A Câmara do Rei era o coração da usina de força de Gizé, um centro de força imponente, composto de milhares de toneladas de granito contendo 55% de cristal de quartzo de sílica. A câmara foi criada para minimizar qualquer amortecimento de vibração, e suas dimensões criaram uma cavidade ressonante, em harmonia com a energia acústica entrante. Quando o granito vibrava em sintonia com o som, pressionava o quartzo na rocha e estimulava os elétrons a fluir, graças ao efeito conhecido como piezelétrico. A energia que permeava a Câmara do Rei nesse momento se tornava uma combinação de energias acústica e eletromagnética. As duas formas de energia cobriam um espectro amplo de frequências harmônicas, desde as frequências infrassônicas fundamentais da terra até as ultrassônicas e as micro-ondas eletromagnéticas mais altas.

Desimpedido, o hidrogênio absorvia essa energia, pois os projetistas da usina de força de Gizé se asseguraram de que as frequências em que a Câmara do Rei ressoava estivessem em harmonia com a frequência em que ressoa o hidrogênio. Como resultado, o átomo de hidrogênio, que consiste em um próton e um elétron, absorvia eficientemente essa energia e seu elétron era "bombeado" para uma estado energético mais alto.

O canal de ventilação norte servia de condutor, ou de guia de ondas, e seu revestimento metálico original – que passava com extrema precisão pela pirâmide, vindo de fora – servia para canalizar um sinal de micro-ondas até a Câmara do Rei. O sinal de micro-ondas que fluía através desse guia de ondas devia ser o mesmo que, conforme sabemos hoje, é criado pelo hidrogênio atômico que preenche o universo e bombardeia constantemente a Terra. Esse sinal provavelmente era refletido na face externa da pirâmide, de onde se voltava para baixo e focava o canal norte. Percorrendo

> **As duas formas de energia cobriam um espectro amplo de frequências harmônicas, desde as frequências infrassônicas fundamentais da terra até as ultrassônicas e as micro-ondas eletromagnéticas mais altas.**

a Câmara do Rei e passando através de um amplificador de cristal localizado em seu caminho, o sinal de entrada aumentava em força ao interagir com os átomos de hidrogênio altamente energizados no interior do amplificador ressonante e na câmara. Essa interação forçava os elétrons de volta ao seu "estado parado" natural. Por sua vez, os átomos de hidrogênio liberavam um pacote de energia do mesmo tipo e frequência que o sinal de entrada. Essa "emissão estimulada" era apreendida junto com o sinal de entrada e seguia o mesmo caminho.

O processo aumentava exponencialmente – ocorrendo trilhões de vezes. O que entrava na câmara como sinal baixo de energia se tornava um raio colimado (paralelo) de imenso poder quando coletado em um receptor de micro-ondas que ficava na parede sul da Câmara do Rei, sendo, em seguida, direcionado através de um Canal de Ventilação Sul, forrado de metal, para fora da pirâmide. Esse raio fortemente colimado era a razão de toda a ciência, tecnologia, destreza e horas de trabalho dedicadas ao projeto, teste e construção da usina de força de Gizé. Os antigos egípcios necessitavam dessa energia; provavelmente era usada com as mesmas finalidades de hoje: alimentar máquinas e aparelhos. Se examinarmos artefatos egípcios de pedra, sabemos que os antigos artesãos devem tê-los confeccionado com máquinas e ferramentas que precisavam de eletricidade. Entretanto, o meio pelo qual distribuíam a energia produzida pela usina de força de Gizé pode ter sido muito diferente dos processos que usamos hoje. Como não possuo evidências sólidas que corroborem minha especulação, não abordarei esse ponto agora, mas oferecerei várias hipóteses no capítulo seguinte. Quero, junto ao arquiteto James Hagan e outros engenheiros e tecnólogos, expressar meu mais profundo respeito pelos construtores da Grande Pirâmide. Embora alguns acadêmicos não reconheçam isso, a precisão e o conhecimento envolvidos em sua criação são – pelos padrões modernos – inegáveis, uma maravilha de se ver.

As evidências apresentadas neste livro foram, em sua maior parte, registradas muitos anos atrás por homens de integridade que trabalhavam nos campos da arqueologia e egiptologia. O fato de grande parte dessas evidências ter sido mal-interpretada revela a necessidade premente de uma abordagem interdisciplinar de áreas até há pouco tempo eram fechadas para os não acadêmicos e outros fora dos campos formais da arqueologia e egiptologia. Boa parte de nossa ignorância quanto às culturas antigas pode ser atribuída aos teóricos de mente fechada, que ignoram qualquer evidência que não se enquadre em suas teorias ou seu campo de conhecimento. Às vezes, é necessário um maquinista para reconhecer peças de uma máquina ou máquinas! Assim, muitas evidências que sustentam o uso da Grande Pirâmide como algo além de uma tumba têm sido ignoradas, descartadas sem a menor consideração, ou simplesmente explicadas como puras coincidências. Será coincidência o tamanho enorme da Grande Pirâmide, bem como sua precisão? Ou o fato de a Câmara do Rei conter tantos indícios de que forças tremendas a abalaram ou foram criadas dentro dela, em algum momento? O plano e os testes físicos do movimento do som dentro da Grande Galeria podem ter sido meros frutos do acaso? E quanto à série de marcas ao longo da Grande Galeria? Deviam ter algum propósito.

Se nossa sociedade desenvolvesse uma usina de força com as características da Grande Pirâmide, haveria uma renascença no pensamento público em relação à tecnologia de geração de força e o modo como afeta a vida das pessoas. Se a tecnologia observada dentro da Grande Pirâmide fosse reproduzida para o nosso benefício, haveria menos preocupação com o futuro de nossa sociedade tecnológica, pois uma vasta fonte renovável de energia estaria disponível enquanto habitássemos este planeta. Água e/ou substâncias químicas simples entram em um ponto e energia sai por outro. Sem poluição e sem desperdício. O que poderia ser mais simples?

Bem, talvez não seja tão simples. A tecnologia usada dentro da Grande Pirâmide pode ser muito fácil de se entender, mas não de executar, mesmo para a nossa civilização tecnologicamente "avançada". Entretanto, se alguém se inspirar pela teoria apresentada aqui, a visão pode ser aperfeiçoada pelo conhecimento de que a recriação dessa fonte de força seria ecologicamente satisfatória para aqueles que se preocupam com o bem-estar ambiental e o futuro da raça humana. Unindo a ciência com a música, os antigos egípcios sintonizavam sua usina de força em uma harmonia natural com a vibração da Terra (função predominante da energia das marés induzida pelo efeito gravitacional da Lua sobre a Terra). Em ressonância com a força vital da Mãe-Terra, a Grande Pirâmide de Gizé acelerava e focava sua pulsação, metamorfoseando-a em energia limpa e abundante.

Além dos efeitos óbvios dessa espécie de fonte de força, também devemos considerar os benefícios possíveis do uso de tal máquina em áreas geologicamente instáveis do planeta. Como vimos antes, com o passar do tempo, acumula-se uma quantidade enorme dessa energia na Terra. No fim, os pontos fracos no manto terrestre podem ceder sob tal pressão, liberando forças tremendamente destrutivas. Se pudéssemos construir um aparelho que atraísse energia mecânica de regiões sísmicas ativas do planeta de uma maneira controlada – em vez de deixá-la se acumular no nível destrutivo de um terremoto – salvaríamos milhares de vidas e bilhões de dólares. Teríamos um aparelho que ajudaria a estabilizar o planeta; assim, em vez de se ser terreno periodicamente trêmulo e inseguro, a Califórnia poderia se tornar a Meca de energia dos Estados Unidos, com uma Grande Pirâmide extraindo energia que se acumula na Falha de San Andreas. Uma ideia fantasiosa? Talvez não.

Pouco sabemos acerca dos construtores e do período em que ergueram esses monumentos gigantescos; parece óbvio, porém, que toda a civilização deles sofreu uma mudança drástica, a ponto de toda a tecnologia ser destruída sem esperança de ser reconstruída. Assim, uma nuvem de mistério nos impede de ter uma visão clara da natureza daquele povo e de seu conhecimento tecnológico. Considerando a teoria apresentada neste livro, sou forçado a visualizar uma sociedade fantástica, que desenvolveu um sistema de força milhares de anos atrás que mal podemos imaginar hoje. Essa sociedade ganha forma quando fazemos as perguntas lógicas: "Como a energia era transmitida? Como era usada?" Essas perguntas não podem ser respondidas só com o exame de artefatos deixados para trás. Entretanto, esses artefatos podem estimular um pouco mais nossa imaginação; resta-nos, então, especular a respeito das causas do desaparecimento da grandiosa e inteligente civilização que construiu a usina de força de Gizé. Essas especulações, acompanhadas de detalhes completos desse notável sistema de força, podem ser encontradas em *The Giza Power Plant: Technologies of Ancient Egypt*.

Aviação na Antiguidade?
Erich von Däniken

A Dinamarca é a terra de muitos castelos e fortalezas dos Vikings. O mais famoso é o Traelleborg. O que é um "Traelleborg"? Seria o nome de uma cerveja dinamarquesa? Não. Assim como quase todos os países do mundo têm algum tipo de monumento arqueológico nacional, o da Dinamarca é o Traelleborg. Oficialmente, o Traelleborg é descrito como "uma fortaleza da época dos Vikings". Com a palavra "fortaleza", você imagina uma estrutura enorme com muralhas protetoras, chaminés e um fosso cercando todo o edifício. O Traelleborg, porém, é totalmente diferente. Pegue um compasso e desenhe um círculo. Depois, alguns centímetros além, desenhe outro, depois outro. Já que está indo tão bem, faça um quarto círculo. Essa é a planta básica da estrutura de Traelleborg. O círculo mais interno consiste em um monte com 17 metros de espessura e seis de altura. Para além do monte, há uma vala com 17 metros de largura. Depois dela, existe um segundo monte circular cujo raio tem o dobro do comprimento do primeiro, com 136 metros de diâmetros. Ele é circundado por outra vala pequena e um terceiro monte. Agora coloque uma cruz unilateral orientada para o norte-sul e leste-oeste acima de todos os montes, com o centro dela no centro do círculo mais interno. Como ficou o desenho? Quatro círculos grandes, com o mais interno de todos dividido em quatro quadrantes de igual tamanho.

Agora imagine 13 "barquinhos" arredondados nas duas pontas de uma maneira elíptica. Colocamos esses "barquinhos" um ao lado do outro entre o terceiro e o quarto círculos, mas só no quadrante sudeste. Além do mais, o eixo de cada um dos barquinhos aponta diretamente para o centro do círculo. Embora esta já seja uma imagem bastante correta do Traelleborg, ainda não terminou. Por causa da cruz unilateral, os círculos internos foram divididos em

> **Aí é que fica interessante, pois os Vikings nunca seguiram nenhuma espécie de precisão astronômica para as construções de suas aldeias. A planta minuciosa do Traelleborg, que exigia engenheiros brilhantes, não corresponde ao raciocínio viking.**

quatro pedaços de torta iguais. Em cada pedaço, plantamos outros quatro barquinhos (16 no total), dois apontando norte-sul e dois leste-oeste. A planta do Traelleborg está pronta.

Embora os escavadores dinamarqueses que restauraram o Traelleborg não tenham descoberto nenhum tipo de madeira dos edifícios, tampouco os "barquinhos", a fundação de pedra existente no terreno confirma sua posição geral. Temos certeza absoluta de que essa era a aparência da fortaleza muito, muito tempo atrás, eles afirmam. Os arqueólogos encontraram vestígios de madeira – apesar de não ser dos edifícios nem dos "barquinhos" – em alguns dos montes. Datavam de 980 d.C. Naquele período, os Vikings mandavam dominavam essa área. Alicates, martelos, alguns broches, fivelas de cintos, machados e pontas de flechas também foram encontrados no Traelleborg – todo originários dos tempos dos Vikings. Não havia dúvida de que os Vikings viveram ali e, de fato, construíram essa fortaleza militar.

Aí é que fica interessante, pois os Vikings *nunca* seguiram nenhuma espécie de precisão astronômica para as construções de suas aldeias. A planta minuciosa do Traelleborg, que exigia engenheiros brilhantes, não corresponde ao raciocínio viking. Os Vikings eram navegantes embrutecidos. Quando construíam suas fortalezas, era para proteger os navios e portos. Além disso, como saíam constantemente em viagens, viviam perto na costa. O Traelleborg não fica em um porto. Sabe-se que há muito tempo atrás, três lados do Traelleborg ficavam em terras pantanosas. Hoje, o castelo-fortaleza se encontra a três quilômetros em terra, no Grande Cinturão, na mesma ilha que abriga a capital da Dinamarca, Copenhague.

Então, perguntamos se a estrutura realmente foi construída pelos Vikings ou eles teriam utilizado um sítio sagrado antigo, já existente? A mesma pergunta foi feita pelo escavador e arqueólogo dinamarquês, Poul Norlund.

> Essa estrutura é precisa demais, ordenada demais para ter sido construída por nossos ancestrais nórdicos. De tudo que pudemos apurar até hoje, as noções de precisão ou regularidade lhes escapavam totalmente.

No fim das contas, chegou-se a um consenso de que não deveria haver mais especulação alguma porque não existiam mais informações disponíveis. Assim, o Traelleborg foi deixado quieto. Todos ficaram felizes em concordar que a fortaleza tinha alguma relação com os Vikings. Fim da história. Pelo menos até o dia em que um dinamarquês fez um passeio com seu avião.

Descoberta do alto

Começo do verão, 1982. Preben Hansson, nascido em 1923, embarca em um pequeno monomotor Mourane Solnier 880. O piloto que voa por *hobby* prefere esse tipo de avião porque ele se desloca devagar e tranquilamente. Pilotar uma aeronave assim é quase como pairar em um balão, perfeito para tirar fotos dos bosques e das várzeas lá embaixo.

Naquela gostosa manhã ensolarada, Hansson, vidraceiro profissional, dono da própria empresa, decolou de sua cidade natal de Korsor. Dali a alguns minutos, após sobrevoar a própria casa, seu avião passou acima do Traelleborg. Hansson notou as 16 formas elípticas, os "barquinhos", elegantemente localizados dentro dos quatro quadrantes do círculo interno. Essa intrigante precisão lembrou-o logo de um belo broche que seria posto em volta do pescoço de uma Viking loira. Preben deu a volta com o monomotor e observou do alto os montes, claramente visíveis, e os contornos dos 13 "barquinhos" a sudeste, tudo perfeitamente claro daquela altura. Os "barquinhos", cujos eixos apontavam para o centro do círculo, davam a distinta impressão de uma *antena parabólica*, voltada para noroeste. "Que cenário interessante", Hansson pensou. "Como os Vikings bolaram uma planta assim tão específica?"

Seguindo seu instinto e a "direção" dada pelo Traelleborg, Hansson ajustou o piloto automático para um voo em sentido noroeste. Dali a três minutos, ele sobrevoou a Baía de Musholm, depois a costa do Grande Cinturão. Pouco depois, voou bem acima do meio da Península de Reerso. Na frequência 127,30, ele pediu permissão à torre de Kastrup para varredura por radar, ou acompanhamento de radar, durante o trecho de voo sobre o mar. Recebeu a frequência squawk 2345 e lhe pediram que se reportasse de volta assim que saísse da área do mar sobre a costa de Rosnaes. Assim ele fez; e continuou voando em uma linha reta que se originara em Traelleborg, a 325 graus norte-noroeste.

Após 67 quilômetros de voo e 34 minutos de tempo real de voo, Hansson teve uma pequena surpresa. Ele sobrevoou a pequena Ilha de

Essa estrutura circular já existia antes dos Vikings? Nesse caso, seriam os Vikings herdeiros de uma cultura muito mais velha?

Eskeholm, bem abaixo. Lá, avistou algo muito curioso. Em solo, mal se distinguiam dois triângulos e um círculo. Eram os vestígios de outro monte cuja circunferência completa devia ser semelhante à do Traelleborg. A ilha sendo tão pequena, nenhuma escavação arqueológica foi realizada lá. "E daí?" pensou o vidraceiro. "Dois pontos sempre podem ser ligados com uma linha reta."

Mesmo assim, ele sentia uma desconfiança no fundo da cabeça. Possuía combustível suficiente para continuar voando por mais duas horas. "Aonde chegarei se mantiver este curso?", perguntou-se. Dali a mais 50 minutos e 99,5 quilômetros, encontrou a resposta: seu avião voou diretamente acima do sítio arqueológico de Fyrkat.

Fyrkat é a segunda maior "fortaleza Viking" da Dinamarca e seu segundo tesouro nacional. A estrutura está situada alguns quilômetros a oeste da cidade de Hobro. Assim como o Traelleborg, Fyrkat também tem uma posição assustadoramente precisa. O litoral mais próximo fica a 40 quilômetros.

Também ali há outra misteriosa "Fortaleza Viking" sem acesso direto ao mar. O monte circular em Fyrkat tem quatro metros de altura e 12 de profundidade, com um diâmetro de 120 metros. Também como o Traelleborg, Fyrkat possui uma cruz unilateral voltada para norte-sul e leste-oeste, bem como os 16 "barquinhos" astronomicamente alinhados.

Após extensas escavações, os arqueólogos mais uma vez chegaram ao feliz consenso de que os Vikings devem ter vivido ali. Mas por que os construtores seguiram essa precisão geométrica rigorosa e impecável, uma característica tão incomum dos Vikings, como seria de peixes tomando banho de sol? Essa estrutura circular já existia antes dos Vikings? Nesse caso, seriam os Vikings herdeiros de uma cultura muito mais velha?

Hansson verificou se ainda tinha combustível. Havia o suficiente para ele chegar a um dos aeródromos locais, que existiam em profusão naquela área. Ele reativou o piloto automático, continuando, obstinado, com o mesmo percurso que seguira desde o Traelleborg, sempre a 325 graus norte-noroeste. Passou sobre o centro do monte em Fyrkat. Dali a 53 quilômetros, ou 26 minutos, achou que estava alucinando. Bem à frente, diretamente, em seu plano de voo, se encontrava o centro do gigantesco monte de Aggersborg.

Aggersborg, a terceira "Fortaleza Viking", é o terceiro monumento nacional da Dinamarca. A planta de Aggersborg é a mesma de Fyrkat e Traelleborg, com os quatro quadrantes e seus "barquinhos", a cruz unilateral apontando para as quatro direções cardeais e múltiplos montes à volta. Em todo lugar, as mesmas descobertas e as mesmas perguntas.

Em Aggersborg, há uma diferença ínfima. O círculo interno é maior que o círculo do Traelleborg, e há espaço para mais "barquinhos". Além disso, Aggersborg não foi restaurado; por isso, os barquinhos não foram reformados com concreto. Hoje, partes do monumento estão sob um campo de uma fazenda.

Fatos! Apertem os cintos de segurança!

Até então, Hansson voara por 218,5 quilômetros. Seu curso norte-noroeste a 325 graus foi fornecido por meio da "antena parabólica" que vira no Traelleborg. Ele sobrevoou terra e mar em uma linha reta e contínua, passando diretamente acima dos montes circulares de Eskeholm, Fyrkat e Aggersborg. Não havia a menor dúvida: Aggersborg-Fyrkat-Eskeholm-Traelleborg eram todos pontos *em uma linha reta!* No entanto, os sítios eram divididos por colinas, orlas marinhas, baías e pelo próprio mar. Afirmar que tudo não passava de uma grande coincidência deveria ser considerado insano. E, afinal de contas, com que meios os Vikings conseguiram construir estruturas tão bem alinhadas?

De volta à sua casa, Hansson examinou melhor os mapas aéreos. Precisava de mapas dos países vizinhos da Dinamarca e de um globo. Desenhou uma linha através de Aggersborg-Fyrkat-Eskeholm-Traelleborg e estendeu para além das fronteiras da Dinamarca. Continuou com a linha por Berlim, Iugoslávia, e terminou, veja bem, *no antigo oráculo grego de Delfos!* Quando prosseguiu com a linha, passou a oeste das Pirâmides de Gizé, seguindo até a Etiópia, antigo reino da rainha de Sabá.

Hansson é um homem muito meticuloso e preciso. Obviamente, descobrira um plano de voo pré-histórico que se estendia do norte da Europa até Delfos. No caminho, podem-se ver outros montes erguidos pelos pagãos; e os antigos nomes de vilarejos e cidades costumam ter relação com "luzes, fogo, voo, deuses e poder".

O vidraceiro incansável e sua mulher, Bodil, tornaram-se frequentadores assíduos das bibliotecas

> **Esses humanos se certificaram de que contariam a mesma história às gerações póstumas, quantas vezes fossem necessárias: "Aqui, os deuses desceram do céu!".**

maiores do norte da Alemanha. Conforme aprendiam acerca de mitos e lendas, um mundo novo, fascinante, se revelava a eles. Esta história incrível demonstra como, com a sorte da descoberta, lógica, perseverança e um sentido profundo de percepção, podemos revisar e reescrever uma doutrina aceita como fato.

"Os cientistas sempre questionaram por que Traelleborg, Fyrkat e Aggersborg não estavam situados mais perto das famosas estradas principais", afirmou Hansson. Não foi coincidência.

Alguém construiu as estruturas onde *elas deviam estar* – no plano de voo exato entre Delfos e Aggersborg. Possivelmente, os montes erguidos serviam como um tipo de chamariz, como uma bússola eletrônica para a aviação global do deus. É bastante provável que esses montes funcionassem como um "radar" ou "estações de abastecimento".

Seja quem for que construiu as estruturas em tempos pré-históricos, uma coisa é certa: não foram os Vikings. Para eles, a localização de Aggersborg – 40 quilômetros terra adentro – seria completamente inútil. Além disso, eles nunca teriam aplicado a simetria geométrica exata de todo o complexo. Entretanto, a pergunta principal é por que essas "fortalezas dos Vikings" foram construídas? Na época em que os deuses ainda viviam aqui na Terra, um punhado de humanos assustados devia habitar as áreas muitos próximas aos montes. Esses humanos se certificaram de que contariam a mesma história às gerações póstumas, quantas vezes fossem necessárias: "Aqui, os deuses desceram do céu!". Na mente dos povos da Idade da Pedra, os monumentos se tornaram santuários mistificados.

Depois que os deuses partiram, as pessoas começaram a dirigir suas preces e sacrifícios para os céus. O comportamento é perfeitamente compreensível. Afinal, aqueles eram

> **Milhares de anos depois, na época dos Vikings, ninguém se lembrava mais do propósito original das estruturas antes técnicas. E a arqueologia contemporânea é conservadora demais, além de não ter imaginação, para sequer tentar entender a importância por trás desses sítios.**

os locais em que, em determinado momento, seres misteriosos e poderosos residiam. Nenhum outro lugar seria mais apropriado para observarem cerimônias que as áreas onde próprios deuses viveram nos tempos de outrora. Milhares de anos depois, na época dos Vikings, ninguém se lembrava mais do propósito original das estruturas antes técnicas. E a arqueologia contemporânea é conservadora demais, além de não ter imaginação, para sequer tentar entender a importância por trás desses sítios.

Hansson afirma:

> É impossível sugerir que seja pura coincidência o fato de esses montes grandes formarem uma linha reta. Os monumentos foram construídos por alguém que tinha um propósito específico para que estivessem em linha reta. Ademais, tiveram de ser feitos por alguém que possuísse os meios para planejar uma área de mais de 200 quilômetros, independentemente das estradas principais, já na época historicamente conhecidas, de ilha a ilha, através de terra e mar.

Um amigo meu, arqueólogo – sim, um daqueles que têm as "respostas fáceis" –, explicou-me que os Vikings eram capazes de realizar tal tarefa com facilidade. Só que teriam de fazer era puxar um *fio* longo de um lugar a outro. Santo Odin, Santo Wotan, Santo Thor, dai-me forças! Fico cada vez mais perplexo ante as mentes cobertas de teias de aranha que nos cercam. Será que essa atitude de recusar a ver o que pode ser provado sem qualquer sombra de dúvida ainda pode ser considerada ciência?

Recapitulemos: O plano de voo de Preben Hansson se estendeu acima de quatros "Fortalezas dos Vikings" e terminou diretamente acima do oráculo grego de Delfos. Como um lugar recebe um oráculo? O que havia em Delfos de tão significativo que as pessoas, de uma hora para outra, construíram um oráculo? O que havia para se "oracular" em Delfos? Como um único e minúsculo ponto no mapa alcança fama mundial mesmo nos tempos pré-históricos?

Mesmo na antiga Grécia, Delfos era considerada o centro do mundo. A peça visual que ilustra a crença firme de que a cidade era realmente tida como "Umbigo do Mundo" é a *Omphalos*, uma escultura magnífica (um bloco feito de mármore), flanqueada por duas águias douradas. As águias eram vistas como servas de Zeus, o pai de todos os deuses. Tudo em Delfos, porém, era dedicado ao deus Apolo. Apolo não era só um dos filhos de Zeus, mas também o deus da luz e das "profecias". Além disso, Apolo agia como o curandeiro. Um de

> **Ele lhe deu a mais gloriosa das glórias e riquezas... e uma charrete capaz de voar, que construíra de acordo com os ensinamentos recebidos de um dos deuses.**

seus filhos mais famosos, Asclépio, é considerado até hoje o "precursor" de todos os médicos.

Apolo tinha poderes incríveis e, com exceção de seu pai, Zeus, ele não temia ninguém. Costuma auxiliar os troianos em suas batalhas e protegia suas estradas – a partir do alto, claro. O apelido mais famoso de Apolo é "Lykeios" – deus da luz. Um fato fascinante é que nem os próprios gregos sabiam de onde Apolo viera. Ainda hoje, os pesquisadores de mitologia discutem se Apolo chegou à Grécia pelo norte ou leste. Todos concordam, todavia, que Apolo saía de Delfos por um período de algumas semanas ou meses todos os anos para visitar um povo misterioso, distante, os Hiperbóreos. Os Hiperbóreos viviam "no outro lado de onde sopra o vento do norte".

Esses dados biográficos disponíveis não são ruins, embora só sejam encontrados na arca do tesouro da mitologia. Apolo é o filho de uma "criatura celeste". Ele é considerado o deus da luz e da medicina. Apoia seus amigos em batalhas, protege-lhes as estradas e desaparece uma vez por ano para visitar um povo "no outro lado de onde sopra o vento do norte". E estabeleceu seu quartel-general em Delfos.

Esta é a minha teoria: em função do caminho de voo mais curto, um extraterrestre estabelece sua base em determinado ponto X. Humanos assustados se aproximam. Apolo, benevolente por natureza, cura os doentes e lhes dá conselhos quanto a assuntos importantes. Ele fortalece suas relações com as pessoas da Terra. Cada vez mais pessoas o procuram em busca de conselho e auxílio médico. Com o passar do tempo, na mente das pessoas, o lugar onde está Apolo se torna o "Centro do Mundo". O ponto X se torna Delfos porque era o único local onde as pessoas obtinham "aconselhamento divino". *Inventava-se oficialmente a profecia.*

Os estupefatos terrestres viam, atônitos, o deus Apolo pairar no céu "dentro de uma joia de luz". Como os humanos não tinham nenhum conceito de tecnologia, logo viram nele a personificação da luz. *Nascia o deus da luz.*

"Para onde ele voa?", eles se perguntam. Um dia, ele dá a resposta a um dos sacerdotes. Os sacerdotes eram homens competentes que ele ensinou a manter sua base

> **Em um de seus livros, escritos em 1256, Bacon afirma que "também veículos voadores (instrumenta volandi) foram certa vez construídos... Isso se deu há muitos e muitos anos; e certamente eles possuíam um instrumento de voo".**

limpa e arrumada. Ele voa para se encontrar com um povo "que mora no outro lado de onde sopra o vento do norte". Apolo era um pensador prático. A partir de sua base, ele queria chegar aos seus destinos mais importantes na distância e no período de tempo mais curtos possíveis. Assim, muitas tarefas tinham de ser cumpridas: foram construídas escolas; as pessoas foram ensinadas em diversos campos do saber, como a medicina; e as escolas apresentaram professores em muitas disciplinas. Para seus voos terrestres, Apolo não usava uma espaçonave. Talvez não houvesse uma disponível, porque seu pai divino Zeus estava explorando o Sistema Solar com ela. Apolo usava veículos voadores simples – possivelmente uma combinação de balões manobráveis e munidos de hélices, ou seja, dirigíveis. Para esses veículos, Apolo precisava de "estações de abastecimento", localizada em pontos calculados com precisão no percurso. Não importava se ele usasse ou não água e óleo para seus motores a vapor; ou se contasse com outras fontes de propulsão, como a eletricidade ou micro-ondas. De qualquer maneira, precisaria de abastecimento de combustível. Foi criada toda uma rede de "montes". Em cada base, Apolo dava instruções meticulosas à equipe em terra para realizar tarefas e cumprir deveres. *Nascia o sacerdócio que servia ao deus.*

MEMÓRIAS DO FUTURO

A linha reta que começa na Dinamarca e chega a Delfos, se estendida mais adiante, passa pelo Egito e alcança a Etiópia, a antiga terra da rainha de Sabá. A rainha era a amada do rei Salomão, que, segundo as lendas e as escrituras, era – Aleluia! – um dos aviadores mais atarefados de sua época. Quando isso aconteceu, ninguém sabe ao certo, pois os mitos não têm datas precisas. Nomes novos sempre foram acrescentados ao conteúdo antigo. Em determinada ocasião, Salomão deu de presente à sua amante um tipo de veículo.

"Ele lhe deu a mais gloriosa das glórias e riquezas... e uma carruagem capaz de voar, que construíra de acordo com os ensinamentos recebidos de um dos deuses".[166]

Esse Salomão mítico devia ser um sujeito incrível. Se acreditarmos nas tradições etíopes mais antigas, o *Kebra Nagast* (*Livro das Glórias dos Reis*), Salomão conseguia viajar a distância de três meses a pé em apenas um dia em sua carruagem voadora. Além disso, diz-se que, em suas viagens, ele não ficava doente, não tinha fome ou sede, não suava nem se cansava.[167]

É compreensível que o piloto de um veículo assim tivesse acesso a mapas aéreos muito detalhados. Um dos mais importantes geógrafos e historiadores da Arábia, Al-Mas'Udi (895-956 d.C.), escreveu a respeito disso em suas "Histórias". Ele afirmou que Salomão tinha acesso a mapas que "mostravam as constelações, as estrelas, a Terra com seus continentes e oceanos, as massas de terra habitadas, suas plantas e animais e muitas outras maravilhas".

Da Etiópia, o plano de voo passaria sobre o Irã, prosseguindo até a Índia. As atividades de aviação pré-históricas dos deuses indianos têm um papel de grande importância no cotidiano das pessoas desde o começo da história escrita da Índia. Todas essas histórias e descrições podem ser encontradas em detalhe nos antigos *Vedas* e mitos do país.

O que mais queremos? Claro que as fontes de informação ainda existentes hoje são misteriosas, às vezes até difíceis de entender, porque são o que são: míticas. Entretanto, se examinadas em sua totalidade, formam um quadro bastante claro. Principalmente se tirarmos as tábuas que obstruem nossa visão e as colocarmos sob nossos pés, para podermos olhar por cima do muro.

Os escritores que relatavam essas máquinas voadoras milhares e milhares de anos atrás, estavam, por questão de lógica, muito mais próximos dos eventos que nós jamais estaremos. Certamente eles tinham melhor acesso a documentos escritos e livros sagrados que não sobreviveram à cronologia dissipada pelas guerras da história humana. Mesmo na Idade Média, o filósofo e monge Roger Bacon (1219-1294 d.C.) teve acesso a informações significativas, que hoje já não estão disponíveis. Em um de seus livros, escritos em 1256, Bacon afirma que "também veículos voadores (*instrumenta volandi*) foram certa vez construídos... Isso se deu há muitos e muitos anos; e certamente eles possuíam um instrumento de voo".

Roger Bacon não era um lunático ensandecido. Aliás, foi o Presidente da Universidade de Oxford

---

166. *Kebra Nagast*, capítulo 30.
167. *Ibid.*, p. 58.

Todo etnólogo conhece o fato inquestionável de que existem literalmente centenas de textos semelhantes e tradições em todo o globo, datando mais ou menos do mesmo período. Importam-se com isso? Veem alguma correlação? Claro que não.

até entrar para a Ordem Franciscana, em 1257. Seus escritos e livros eram tão sábios, apesar de perigosos para a Igreja, que o papa Clemente IV solicitou que cópias completas de todos os escritos de Bacon fossem reproduzidas no ano de 1266. Pedido bastante sensato, se levarmos em conta que Roger Bacon escrevia sobre segredos antigos. Com seu último trabalho, ele foi inclusive chamado de *"doctor mirabilis"* – o médico maravilhoso.

Nos antigos textos xintoístas do Japão, é comum a menção de uma "ponte pairando no céu", da qual os deuses e alguns humanos escolhidos desciam. Essa ponte misteriosa era considerada exclusivamente como o elo entre o veículo divino e o "barco de rocha celeste". O veículo divino planava pelo espaço aéreo "como um navio na água", mas o "barco de rocha celeste" só era usado para voar "dentro do espaço aéreo terrestre". O deus dos céus, "Nigihayhahi", usava a "ponte pairando no céu" e seu "barco de rocha celeste" para chegar aos povos da Terra. Hoje, não seria diferente; de uma nave-mãe em órbita, a tripulação passaria para uma nave menor e voaria até a base na Terra.

Todo etnólogo conhece o fato inquestionável de que existem literalmente centenas de textos semelhantes e tradições em todo o globo, datando mais ou menos do mesmo período. Importam-se com isso? Veem alguma correlação? Claro que não. Embora vivamos em uma era espacial, histórias como essas que apresentei acima não têm a menor consequência para o modo convencional de pensar. Pelo menos, às vezes, os acadêmicos se curvam e admitem que certas lendas podem ter correlação com algumas ruínas locais obscuras. Mas só fazem isso porque é bom para os negócios – os turistas visitam e pagam. Os acadêmicos se recusam a admitir que possa haver semelhanças *intercontinentais*. Que Deus não permita. Por que um arqueólogo dinamarquês se preocuparia com Delfos, na Grécia? O que Apolo tem a ver com Salomão? O que os antigos imperadores japoneses têm a ver com espaçonaves? O que um círculo de pedras em Marrocos tem a ver com uma réplica exata na

Índia? O que uma tumba de passagem, astronomicamente alinhada, na Colômbia, tem a ver com sua cova gêmea na Irlanda?

Falta a coragem necessária para usar todo o nosso conhecimento contemporâneo e juntar as peças do quebra-cabeça. O espírito deste mundo não foi criado por nossas mentes; ele está presente há eras e eras. Nosso modo de pensar é restrito e ainda não olhamos para além do próprio nariz. Acabamos de acordar, mas nos esforçamos para continuar dormindo. E com isso, deixamos de compreender que muitas coisas neste planeta estão ligadas e que tudo se move em direção a um cenário muito maior.

A Conspiração de Constantino

Crichton E. M. Miller

A Cruz Celta ou cruz em roda, também conhecida como cruz do sol, cruz de Odin ou cruz de Wuotan, é um antigo símbolo do norte que remonta ao início da Idade do Bronze, na Europa ocidental.

Ela é também o glifo egípcio mais antigo, conhecido como NWIT, e é encontrada entre os desenhos ameríndios, bem como nas civilizações antigas do Extremo Oriente.

A cruz em roda é um dos primeiros símbolos não pictóricos em inscrições em rocha relacionados a navios e atividades de caçadores e coletores.

O deus nórdico Odin e o teutão Wuotan, ou Woden, era visto como o deus supremo antes do Cristianismo. Era o deus da arte, cultura, guerra e dos mortos; tinha a aparência de um homem velho com um olho só, tendo como mensageiros e espíritos familiares os corvos, no folclore.

A cruz em roda é um dos primeiros símbolos não pictóricos em inscrições em rocha relacionados a navios e atividades de caçadores e coletores na Escandinávia e Noruega. Não há dúvida de que a cruz de Odin tem relação com a roda; e, na verdade, a roda, que se acredita ter pelo menos 7 mil anos de idade, também aparece em glifos da Idade do Bronze, mostrada claramente em carros de boi. Mas a roda também representa os movimentos das estrelas, do Sol e da Lua para os antigos navegantes e nômades. Do outro lado do continente, na antiga China, o símbolo da cruz em roda era associado a trovão, poder, energia, cabeça e respeito. Shamash, o antigo deus Sol, também era representado por uma cruz em roda pelos antigos babilônios.

Quando os primeiros sistemas de escrita foram desenvolvidos, o símbolo da cruz em roda foi incluído

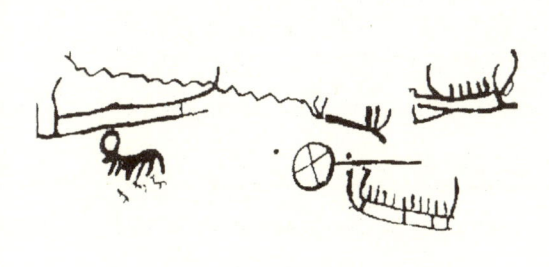

Figura 1: Trabalho artístico em rocha da Idade do Bronze com cruz celta, 1300 a.C.

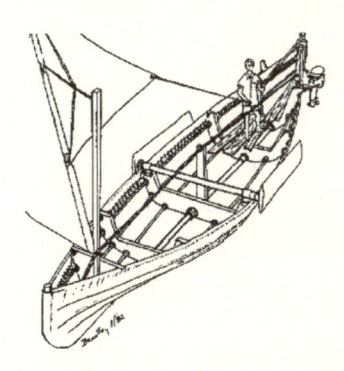

Figura 2: Desenho moderno de barco tipo "currach", proposto como um pesqueiro para resgate em caso de *tsunami*.

entre os sinais usados pelos egípcios, hititas, cretenses, gregos, etruscos e romanos.

Esse símbolo significava uma esfera na antiga Grécia e era usado como um padrão em mapas astrais na astrologia grega. Até hoje é utilizado pelos astrólogos modernos como um sinal da Terra, do elemento astrológico Terra e a Fortuna, que é uma posição importante no nascimento ou no mapa astral relacionado ao progresso do indivíduo e suas dificuldades no aspecto material da vida.

Você pode notar que a cruz em roda está sempre relacionada com a forma mais alta de geometria e matemática, a medição das estrelas.

A astronomia científica moderna também usa a cruz em roda como um símbolo para o planeta Terra. O significado original do sinal da cruz em roda se tornou confuso e esquecido com o passar dos milênios. Originalmente, a cruz em roda, cruz de Odin ou cruz celta simbolizava o maior poder sobre a Terra, o Sol criador, e seu representante terreno, o rei. Sempre indicou poder e controle absolutos.

A cruz celta ou em roda já foi um instrumento usado para medições geométricas da Terra e dos céus por reis-sacerdotes que contavam o tempo e previam as mudanças de estação de acordo com o Sol e as estrelas, incluindo a arte prática de navegar e medir o planeta. Esse instrumento simples, porém eficaz, foi o responsável pela construação de círculos de pedras e o desenvolvimento da matemática primitiva, que ainda usamos hoje.

A escrita primitiva se desenvolveu da matemática e esse foi o instrumento supremo que possibilitou isso, culminando na exploração do espaço nos tempos modernos.

A cruz celta não é o que você pensa. Não é e nunca foi um ícone religioso. Transformou-se em uma mentira e uma ilusão criada por um homem sanguinolento mais de mil anos atrás.

Esse instrumento maravilhoso ficou esquecido – por quê? Por causa de um fenômeno criado pelo homem e baseado no medo, na ilusão e no controle. A religião foi inventada pelo homem e é responsável por muitos dos males do mundo – a espiritualidade e a iluminação pertencem a Deus.

"Como sempre foi seu costume, a Igreja Cristã incluiu esse sinal pagão antigo entre as cruzes de seu simbolismo. É conhecida como a cruz gamada, a cruz da Igreja Católica, a cruz da consagração e a cruz da inauguração. Na inauguração de uma igreja nova, o bispo, usando água benta ou óleo, desenha o cruz em roda em 12 locais diferentes nas paredes da igreja. Seu uso como halo ou Glória, i.e., o poder ou a energia espiritual emanada por pessoas santas, é associada com seu significado original de sinal de poder."[168]

Este trabalho tem o objetivo de informar o leitor que a desinformação é usada há milhares de anos por aqueles que estão no poder para manipular as pessoas comuns. O melhor exemplo disso é o uso religioso da cruz celta, o ícone e símbolo mais conhecido do mundo. Por exemplo, você sabia que Cruzada, uma palavra emotiva, significa guerra da cruz e foi usada recentemente pelo homem mais poderoso de nosso mundo atual?

A cruz celta não é o que você pensa. Não é e nunca foi um ícone religioso. Transformou-se em uma mentira e uma ilusão criada por um homem sanguinolento mais de mil anos atrás. Seu nome era Constantino.

O desenho original da cruz encontra-se em inscrições em rochas por todo o mundo antigo, desde a América do Sul até o Egito, e já existia muito antes de se tornar um símbolo cristão, no século IV d.C.

Não posso explicar todos os detalhes intrincados da perda dessa valiosa peça de história antiga em um artigo deste tamanho; por isso, darei ao leitor um esboço da história trágica que cerca esse misterioso artefato.

Foi Constantino (um gaulês) que depôs seus adversários no Império Romano ao adotar o Cristianismo como religião estatal romana, que conquistaria, depois, a Europa e até as Américas, jogando as velhas religiões às margens e posterior

---

168. www.symbols.com

> **Eles eram xamânicos, atribuindo espírito a tudo que viam no planeta, mas sempre tiveram o Sol como o doador de vida e, portanto, o Deus supremo.**

extinção, enquanto absorvia boa parte das tradições delas e construía igrejas sobre antigos sítios sagrados.

Constantino (um pagão) também retirou o símbolo cristão anterior de um peixe,[169] substituindo-o pela imagem solar da cruz celta, que era o símbolo original da Gália e dos povos navegantes do Atlântico Ocidental, que viviam em lugares hoje conhecidos como Bretanha, na França; Cornualha, na Inglaterra; País de Gales; Escócia; e Irlanda.

Você sabia que o Amém invocado no fim do *Pai-nosso*, "vosso é reino, o poder e a glória para sempre, Amém",[170] é o mesmo que Amun (ou Amon), o mais famoso Faraó no mundo, Tut Ankh Amen, que significa Sabedoria e Vida da Era de Áries. Você está hoje vivendo na era de Peixes. Por que, então, os líderes da Igreja insistem que os fiéis invoquem uma era morta há muito tempo? Isso é escondido de você por aqueles que dizem que Amém significa "assim seja". Escondido do mesmo modo que a antiga cruz em roda hoje é vista como um símbolo cristão.

Esses povos antigos, que foram os ancestrais de Constantino, e viam o Sol como o Criador ou Pai, eram exímios navegantes que singravam o Oceano Atlântico, orientando-se pelas estrelas em barcos a vela de até 60 pés de comprimento,[171] feitos de tábuas leves cobertas por peles de animais.[172]

Nas eras Paleolítica e Neolítica, o mundo era muito diferente do que conhecemos hoje. É difícil visualizarmos as terras como eram naquela época, sem estradas e cobertas de florestas, pântanos, terrenos duros e cheias de animais perigosos.

Nos tempos paleolíticos, havia rebanhos de animais enormes e predadores nas regiões rurais, enquanto os *Homo sapiens* eram

---

169. O símbolo do peixe do Cristianismo nascente representava o sinal ou a Era de Peixes, assim como Amun ou Amém representava o sinal ou a Era de Áries para os egípcios.

170. Amém ou Amun é o nome de Áries na antiga língua egípcia e representa um período astrológico de 2.160 anos de precessão dos equinócios. Muitos dos faraós recebiam o nome da era como filhos de Deus, o poder criativo do Tempo.

171. Grandes barcos a vela no Atlântico foram relatados por Júlio César durante a invasão romana da Bretanha.

172. Esses antigos barcos tradicionais ainda são feitos na Irlanda para os pescadores locais e conhecidos como *currachs*. Apesar de muito menores hoje em dia, ainda têm enorme valor marítimo e são muito eficazes em vagalhões.

basicamente caçadores e coletores, sem o conhecimento moderno e a ilusão de países e fronteiras.

Essas tribos de caçadores/coletores seguiam os rebanhos em suas migrações anuais, mas não terra adentro, segundo o pensamento acadêmico moderno – isso seria impraticável e ineficaz –, mas, sim, pelo mar e pelos rios, velejando e remando seus currachs ao longo da costa, através do mar aberto e por estuários rasos.[173]

Esse tipo de proficiência em construção de barcos exige um bom conhecimento de navegação, pois um barco só precisa se afastar um pouco da enseada[174] para sair de vista da terra firme; e os inexperientes se perderiam facilmente.

Navegação é uma forma de arte que exige um conhecimento seguro da natureza, como por exemplo, direção do vento, voo dos pássaros, água salgada e água doce para indicar estuários, formações de nuvens, tipos de solo oceânico e uma forma de matemática criada por meio da observação de corpos celestes como o Sol, a Lua, os planetas e as estrelas, além do conhecimento da natureza cíclica do tempo.

Eles eram xamânicos, atribuindo espírito a tudo que viam no planeta, mas sempre tiveram o Sol como o doador de vida e, portanto, o Deus supremo.

Portanto, é verdade que a cruz em roda era um símbolo solar, porque o único modo de contar o tempo é encontrar e rastrear a posição do Sul tanto à noite quanto de dia, por semana, mês, estação e ano.[175]

Eles construíam seus botes porque compreendiam as forças dos elementos no transcorrer de um período registrado de cerca de 150 mil anos desde a primeira existência de vida costeira registrada na África.[176] Eles viajavam em pequenos grupos de famílias de 20 a 25 pessoas, carregando os barcos para as praias e virando-os de cabeça para baixo, improvisando casas eficientes e à prova de água, enquanto caçavam animais selvagens e coletavam nozes e frutas conforme a latitude e a estação do ano.

Sabemos que eles percorriam grandes distâncias caçando mamutes

---

173. O *currach* coberto de peles é capaz de flutuar em meras 18 polegadas de água, permitindo a emboscada aos rebanhos quando param para beber água nas margens e quando os animais atravessam os rios em sua rota migratória. Esse método também oferece proteção contra os grandes predadores para os quais nossos ancestrais não eram páreo.

174. A distância até o horizonte no mar a partir de um observador é calculada em medidas imperiais. Altura do olho quadrada dividida por 9. Exemplo: 6 pés X 6 ÷ 9 = 4 milhas náuticas.

175. O zodíaco é um círculo de estrelas fixas em contraste com o qual o caminho do Sol é medido, enquanto a Terra se move em sua órbita ao redor dele.

176. Evidências de primeiros *Homo sapiens* foram encontradas em cavernas nos litorais africanos com mais de 150 mil anos de idade, junto a implementos de pedra avançados cuidadosamente confeccionados, habilmente coletados e trabalhados a partir de localidades únicas, com o uso de ocre vermelho para pinturas e agulhas a fim de produzir roupas de peles de animais.

e rebanhos de alces vermelhos, graças às evidências arqueológicas da distribuição de estatuetas de Vênus esculpidas de forma similar, de tecidos finos e contas de mamute espalhados pela Europa e que datam de cerca de 36000 a.C. Também sabemos que esses povos chegaram às costas Leste da América e da Sibéria no fim da era glacial, pois foram descobertas pontas do povo Clóvis[177] em ambos os lados do Atlântico e do Pacífico.

Hoje sabemos que nossos ancestrais paleolíticos usavam um calendário lunissolar[178] e criaram zodíacos primitivos;[179] tal informação nos chega graças à descoberta de pinturas em cavernas[180] na França.

Em meu livro, *The Golden Thread of Time* (2001), propus eu que nos cataclismos subsequentes ao derretimento da calota polar, 12.500 anos atrás, responsável pela destruição de grande parte da flora e fauna de nosso planeta, os humanos mais capazes de sobreviver foram aqueles que se encontravam no mar.[181]

A razão para isso é que qualquer *tsunami* grande o suficiente para destruir tantas criaturas na costa e em planícies baixas seria mais fácil de enfrentar no mar aberto, onde o efeito seria mais como de uma onda alta na superfície do oceano. Por outro lado, o efeito no litoral de uma maré altíssima seria horrendo, pois a onda seria gigantesca quando alcançasse profundidades mais rasas. A quebra violenta aniquilaria tudo à sua frente em seu avanço até a praia.

Essa teoria surgiu de forma trágica no Oceano Índico, na manhã de 26 de dezembro de 2004, quando milhões de pessoas no mundo todo assistiram a milhares de pessoas morrerem no litoral, enquanto nenhum barco em alto-mar afundou e os iates ancorados eram vistos subir e permanecer intactos, sem sofrer dano algum.

O dilúvio global registrado nas tradições populares de todo o mundo, na Bíblia, no Alcorão e nos Pergaminhos do Mar Morto, causado pelo fim da era glacial, é negado pelos historiadores, apesar das gritantes evidências científicas de que os

---

177. As pontas do povo Clóvis são de lanças usadas por caçadores/coletores em todo o Hemisfério Norte entre 12.500 e 10.500 anos atrás, um tema de debate acadêmico ainda hoje, quanto ao método de difusão dos primeiros *Homo sapiens*, pertencem à questão conhecida como conexão Solutrean.

178. Um calendário lunissolar é criado pela medição do percurso da Lua e do Sol ao longo do plano elíptico, usando o zodíaco como pano de fundo para identificar a posição do Sol ou da Lua em determinado dia e resultando em um calendário ou almanaque mensal ou anual.

179. Zodíaco significa literalmente "círculo de animais" e é um método visual de identificar constelações específicas de estrelas para fins de astronomia e navegação.

180. As pinturas paleolíticas nas cavernas de Lascaux foram datadas por carbono como sendo de 15 mil anos atrás, embora haja controvérsias quanto à precisão do método, suspeitando-se que as pinturas teriam no mínimo 27 mil anos de idade.

181. *Ancient American* nº 46, 2002.

níveis dos mares subiram em todo o planeta em aproximadamente 91,44 metros desde 10.500 a.C. Quando as placas de gelo derreteram, grandes muralhas se romperam das geleiras de quilômetros de altura e blocos das morenas às margens de lagos gigantes de água doce se partiram, formando enormes ondas *tsunami* que varreram os oceanos e terra firme. Rochas do tamanho de casas são vistas nas Grandes Planícies Americanas, que foram movidas por centenas de quilômetros pela força das inundações.

Os antigos navegantes, caçadores e coletores haviam desenvolvido uma forma de geometria e matemática, ligada à astronomia e astrologia, para se locomoverem por seu ambiente.

Quando a era glacial chegou ao fim, os dias do caçador/coletor ficaram contados, pois os rebanhos dos quais eles dependiam deixaram de existir. Não muito tempo depois, a agricultura e a criação de animais surgiram nas latitudes mais baixas.

O resultado dessa enorme mudança social foi o surgimento de guerras e conflitos, conforme as populações cresciam por causa do excesso de produção de alimento e do desenvolvimento da posse de terras. Os guerreiros se tornaram mais organizados para defender suas fazendas e propriedades de agressores, e mais agressivos quando o aumento diminuía o espaço habitável, ou quando eram assolados pela fome. Por fim, essas primeiras sociedades agrícolas começaram a se espalhar e comercializar com outras nações, usando rotas marítimas.[182]

Se você quer comercializar, precisa saber em que ponto está no mar; para isso, deve localizar latitude e longitude. Para encontrar longitude, você precisa saber o horário local e no Meridiano Primário. Hoje, o Meridiano Primário fica em Greenwich, depois de muita discussão com os franceses; mas o Meridiano Primário original era em Gizé, Egito, de onde os horários e as distâncias locais eram calculados.[183]

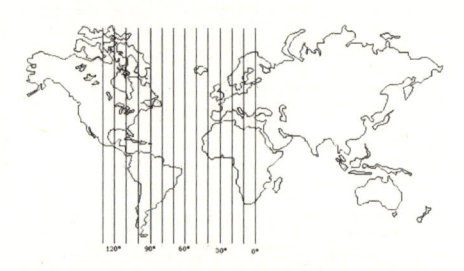

Figura 3: Graus de longitude Oeste a partir de Gizé. *Copyright*: **Crichton E. M. Miller.**

O resultado desse conhecimento antigo foi o desenvolvimento de estações e observatórios no mundo todo, explicando a semelhança, com

---

182. Há evidências de comércio fenício de azeviche, âmbar, estanho e tabaco no Báltico e na Cornualha [além de cocaína – Ed.] oriundo da América, encontrado em múmias no Egito.

183. Crichton E. M. Miller, *The Golden Thread of Time*. Rugby: Pendulum, 2001.

Figura 4: Cruz pré-cristã na região noroeste da Irlanda, escondida em Clonfert, longe dos olhos do público.

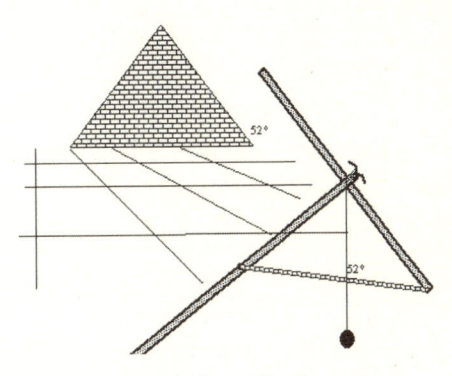

Figura 5: A cruz egípcia e o fio de prumo medindo o ângulo da pirâmide.

o passar dos milênios, de estruturas e crenças globais por causa da navegação oceânica.[184]

Essa rede é investigada e discutida há muito tempo. Na ausência de evidências reais, a posição acadêmica atual é que as semelhanças são mero fruto da coincidência.

forçados a se deslocar para as bordas do continente.

Muitos pesquisadores e autores comentaram as numerosas evidências que não puderam ser explicadas. Esses intrépidos exploradores trouxeram a público muita informação, que só reforça o senso de mistério

Esse conhecimento antigo resultou no desenvolvimento de estações de observação e observatório no mundo todo, o que explica a semelhança, com o passar dos milênios, de estruturas e crenças globais, por causa da migração transoceânica.

Com a expansão das sociedades agrícolas, os caçadores/coletores que haviam sobrevivido até o início da Idade do Bronze foram

e, em alguns casos, convence grande parte da população a acreditar que seres alienígenas participaram da realização do inexplicável.

Não acredito na participação de alienígenas, mas, sim, que nós é que somos os alienígenas, pois não compreendemos o modo de pensar de nossos ancestrais e nos deixamos

---

184. Dois grandes exploradores provaram que os antigos construíam barcos capazes de cruzar os oceanos. São eles, Thor Heyerdahl e Tim Severin. A Academia afirma que eles não poderiam provar que os antigos eram navegantes, até agora.

> **A cruz é o instrumento dos antigos que inventaram astrologia e astronomia, além de se tornar um ícone religioso escondido do público hoje em dia por Constantino e pela Igreja Católica Apostólica Romana.**

enganar pelos ignorantes sem sabedoria que chegam ao poder.

Em meu livro, *The Golden Thread of Time*, mostro que, em comparação com os antigos, nós nos tornamos muito dualistas e nos divorciamos da Natureza e do Cosmos, seguindo uma religião material, sem considerarmos as consequências.

Não fosse isso, seríamos capazes de ver claramente o que nossos ancestrais nos legaram e nossas civilizações não estariam nas vésperas do desastre por causa dos conflitos e da destruição do meio ambiente.

Se não mudarmos, estaremos no caminho da destruição; e mudar significa acabar com a ilusão e as diferenças entre a família do Homem e a Natureza como um todo.

Para provar meu ponto de vista – que temos dificuldade para enxergar com clareza – tive a felicidade de descobrir o instrumento que os antigos usavam na Pré-história para medir as estrelas e o planeta em que vivemos. É um instrumento que mostra as horas, mede os ângulos das estrelas, prevê os solstícios e equinócios e mede a precessão dos equinócios.

Esse instrumento também pode encontrar o polo eclíptico, bem como os polos Norte e Sul; é capaz de desenhar mapas e tabelas, pirâmides e monumentos; e, com a utilização de tais coisas, os observadores podem prever os ciclos da Natureza e do Tempo.

A cruz é o instrumento dos antigos que inventaram astrologia e astronomia, além de se tornar um ícone religioso escondido do público hoje em dia por Constantino e pela Igreja Católica Apostólica Romana. Está presente em todas as igrejas cristãs e muitas lápides; está na literatura e na música e pode ser vista em volta do pescoço dos fiéis no mundo todo. Os professores da fé cristã a usam, ajoelham-se diante dela, incluem-na nas vestimentas e, mesmo assim, parecem não reconhecê-la pelo que ela é. De fato, a cruz pode ser mais velha que o próprio tempo, e o maior tesouro deixado por nossos ancestrais. A cruz é a arca marítima do tesouro da sabedoria e foi responsável pela construção das pirâmides no Egito e nas Américas.

Este autor descobriu os restos de uma cruz escondida na Casa de

Amen, na Grande Pirâmide de Khufu, em Gizé.¹⁸⁵ Essa fantástica cruz e fio de prumo é capaz de medir ângulos com uma precisão de três minutos de arco, mostrando que a cruz pode ser mais importante que a pirâmide, uma vez que esta não existiria sem ela.

Descobri que esse conhecimento foi reencontrado e guardado em segredo pelos Cavaleiros Templários e por outras sociedades secretas na Idade Média.

A cruz parece ser muito mais antiga que as pirâmides, uma vez que também foi responsável pela construção de monumentos neolíticos chamados "henges" na Europa, anteriores às pirâmides em milhares de anos.

Descobri que esse conhecimento foi reencontrado e guardado em segredo pelos Cavaleiros Templários e por outras sociedades secretas na Idade Média.

Esse grande segredo provavelmente levou à destruição das civilizações ameríndias nas mãos dos Conquistadores espanhóis, quando as encontraram medindo as estrelas com uma espécie de cruz que era chamada pelos maias de "Cajado do Poder".¹⁸⁶

Certamente, a Igreja Cristã conhecia o propósito desse instrumento nos últimos séculos, pois assim indicam as evidências que encontrei no Vaticano; mas parece que hoje em dia esse propósito ficou completamente esquecido, o que mostra que a Igreja alcançou sua meta de ilusão.

Figura 6: Uma cruz celta em Crichton Churchyard, Escócia.

Para ver a comparação com essa tecnologia antiga, por favor, olhe a foto a seguir de uma cruz celta no cemitério de Crichton Churchyard, perto da Capela Rosslyn, nas fronteiras escocesas. Note que a cruz forma um ângulo reto, com barras que se cruzam em 90 graus.

No centro da cruz há um objeto que parece uma calota e, sobre

---

185. Miller.
186. *Ibid.*

Esse trabalho oculto pode ser habilmente demonstrado pela fabulosa obra de artesãos nas catedrais medievais da Europa e, claro, por construções muito mais velhas, como a Grande Pirâmide.

essa calota, se dependura uma roda. Nossos ancestrais nunca desenhavam algo sem um propósito; e o primeiro propósito do uso da pedra como material é o de preservação. Em seguida, eles incorporaram conhecimentos importantes para seus descendentes.

Obedecendo ao conceito de "não atirar pérolas aos porcos", eles escondiam mensagens esotéricas em qualquer coisa que esculpissem, de modo que o observador encontre aquilo que conseguir compreender. Mas havia, também, outro motivo: autopreservação. Devemos nos lembrar que qualquer pessoa pega sem portar a cruz de Constantino ereta e usá-la como crucifixo era tratado como bruxo pela Inquisição.[187]

Esse trabalho oculto pode ser habilmente demonstrado pela fabulosa obra de artesãos nas catedrais medievais da Europa e, claro, por construções muito mais velhas, como a Grande Pirâmide.

A observação deixa claro que esses artesãos esculpiam um objeto específico que era, sem dúvida, uma roda, cujo objetivo era girar entre barras cruzadas sobre o que parecia uma calota. Por quê?

Em algumas das cruzes mais velhas, incorporavam um desenho serpentino em volta da roda e também faziam os braços da cruz mais largos na borda externa que na interna. Por quê?

A resposta a essas perguntas só me ocorreu quando estava experimentando métodos diferentes para descobrir como os egípcios teriam medido a Grande Pirâmide e a alinhado com as estrelas.

Esse artefato é capaz de medir todos os ângulos possíveis e, somado a conhecimentos astronômicos suficientes, revela todos os mistérios dos antigos, como eles contavam as horas e mediam as estrelas, o Sol, a Lua, os planetas e velejavam pelos oceanos do mundo.

Todas as construções precisam ser medidas antes; e a Grande Pirâmide foi um empreendimento

---

187. A Inquisição foi um holocausto para as mulheres, resultando no assassinato de 3 milhões delas em um período de 300 anos, por seu amor pela natureza e por realizarem curas com ervas. A monstruosa Inquisição é um estigma para a Igreja Católica por causa de suas ações, a despeito do pedido de desculpas do papa João Paulo II.

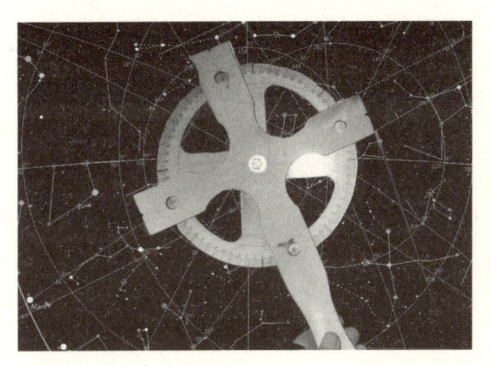

Figura 7: A cruz celta funcional medindo as constelações.

Figura 8: A cruz celta funcional medindo o ângulo do Sol.

enorme de engenharia civil. Assim, usando os materiais mais simples e a matemática conhecida na época, montei um teodolito capaz de realizar as tarefas necessárias.

Com o acréscimo de regra de cálculo e um fio de prumo, o instrumento se tornou uma cruz de extrema precisão, que desempenhava a tarefa determinada e muito mais.

Pouco tempo depois dessa descoberta, enquanto realizava mais pesquisas, descobri os registros das Relíquias Dixon,[188] encontradas no poço norte da Câmara da Rainha, em 1872. Sob uma investigação mais apurada, descobri também que havia mais relíquias ainda no poço e que apareciam claramente nas fotografias tiradas por Rudolph Gantenbrink, em 1994, com seu minirrobô *Upuat 2*.

Empenhei-me, então, em juntar as relíquias em um formato lógico e o resultado surpreendente foi uma cruz e um fio de prumo de incrível precisão. Esse artefato é capaz de medir todos os ângulos possíveis e, somado a conhecimentos astronômicos suficientes, revela todos os mistérios dos antigos, como eles contavam as horas e mediam as estrelas, o Sol, a Lua, os planetas e velejavam pelos oceanos do mundo.

Ele faz mais que isso, contudo. Expõe a espiritualidade fundamental e o entendimento do mundo, da natureza e do universo. Muitas dessas revelações jamais foram vistas pelo público e são imperdíveis para aqueles que desejem buscar a verdade e a compreensão.

Requisitei as patentes da cruz e o fio de prumo em 1998 e me foram concedidas em novembro de 2000, como instrumento astronômico,

---

188. Uma bola de granito, um pedaço de madeira que parece cedro e um pequeno anzol de bronze. – Ed.

agrimensor e navegacional, pelo Escritório Britânico de Patentes.[189]

O resultado da primeira patente é o instrumento na Figura 7. Como o leitor verá, é uma representação fiel da cruz celta e era o único instrumento no mundo antigo capaz de criar zodíacos; além disso, ajudou os egípcios a criar o círculo como o conhecemos hoje, com 360°.

O sistema matemático criado pelos antigos é usado hoje como a medida de tempo, distância e velocidade necessários para se localizar uma posição na Terra e calcular sua distância.

Essa versão ressuscitada da cruz, usando 360°, é feita de um modo que hoje as pessoas compreendam os princípios e os comparem com a cruz (na Figura 1) ou com qualquer cruz celta em qualquer parte do mundo.

A cruz funcional é marcada em graus em torno da borda; e a ângulos; o fundo da roda tem um peso para apontar sempre para o centro da Terra.

A escala em torno da borda externa da roda vai de zero grau, na parte mais baixa, a 90° em sentido horário e anti-horário, de modo que possam ser feitas medições horizontais em qualquer direção através dos orifícios de observação.

Logo que você olha a foto da página anterior, de um observador medindo o ângulo do Sol nascente, percebe as vantagens desse instrumento.

À medida que o planeta gira, o Sol parece se erguer no horizonte e seu ângulo de ascensão pode ser lido diretamente a partir da escala.

Esse ângulo muda conforme a progressão das estações no ano; e tempo e lugar podem ser determinados a partir dos resultados da observação das estrelas, constelações e planetas.

A cruz deveria ser compreendida perfeitamente pelo maior número possível de pessoas, pois ela é a fundação das próprias raízes da antiga civilização, da sabedoria e do conhecimento.

---

roda gira livremente, fixa em uma calota. Os braços da cruz são perfurados com orifícios de observação, permitindo ao observador ler os

A cruz deveria ser compreendida perfeitamente pelo maior número possível de pessoas, pois ela é a fundação das próprias raízes da

---

189. United Kingdom Patent Office, nº GB2344654.

antiga civilização, da sabedoria e do conhecimento.

Mas, mais do que isso, ela revela o estado de ilusão em que caímos ou ao qual fomos conduzidos em milhares de anos de desinformação.

Não pense que este trabalho é anticristão. Se os líderes políticos e religiosos tivessem praticado os ensinamentos de Cristo como ele disse no Sermão da Montanha, ou compreendido sua sabedoria, o mundo seria um lugar muito melhor hoje.

Governantes com sede de território ainda usam a religião e a ilusão para nos dividir, enquanto se engalfinham como cães famintos, ganhando nada no fim das contas.

Sinto que, nos tempos atuais, perigosos e confusos, lucraríamos muito se tentássemos entender o conhecimento mais profundo de nossos ancestrais e aplicar parte desse conhecimento em nosso mundo atual. Pois cada ser humano tem o direito único de pensar por si e assumir responsabilidade pessoal por suas ações, além do potencial para alcançar realização, paz, liberdade e felicidade.

O Antigo dos Dias: Divindade ou Máquina de Maná?

George T. Sassoon

Após a morte de minha mãe, em 1975, andei explorando a biblioteca dela e encontrei um livro estranho, intitulado *The Kabbalah Unveiled* (ou "A Cabala Revelada"), de S. L. MacGregror Mathers. Publicado pela primeira vez em Londres, em 1887, a obra ainda era relançada e desfrutava claramente de boas vendas. Supostamente, é uma tradução de algumas partes do *Zohar*, antiga obra judaica mística, e consiste, em sua maior parte, em descrições físicas de uma entidade conhecida como o *Antigo dos Dias*.

Já ouvira o nome no hino inglês muito conhecido, "Immortal, Invisible", e também em uma menção rápida no *Livro de Daniel*, da Bíblia, e presumira que fosse apenas mais um título de Deus. Mas, no livro de Mathers, havia uma descrição de algo muito diferente dos nossos conceitos atuais do Todo-Poderoso. O livro era na forma de uma série de palestras dadas por um certo Rabbi Simon bar Yocahi a um grupo de discípulos, nas quais ele afirmava

Modelo da máquina de maná, criado por Martin Riches em Berlim. Foto de Yumiko Urae.

> **Parece que a obra era muito usada por místicos, devotos de religiões excêntricas e outros assim; e devem ter sido essas pessoas que a mantiveram publicada por quase um século.**

ensinar uma coletânea de conhecimentos antigos secretos até então só transmitidos oralmente. Dizia que se tratava da Lei Secreta ou Não Escrita, diferente da Lei escrita e transmitida nos livros de Moisés.

O material estava dividido em três seções, conhecidas como *Book of Concealed Mystery* (BoM – Livro do Mistério Oculto), *Greater Holy Assembly* (GHA – Assembleia Sagrada Maior) e *Lesser Holy Assembly* (LHA – Assembleia Sagrada Menor). Cada uma dessas seções era dividida em versículos numerados ao estilo da Bíblia, para facilidade de referência.

Onde estava esse conhecimento secreto? Encontrei passagens assim:

> (37) Como quando se diz "Ele é encontrado" (isto é, Ele pode até certo ponto e de certa forma ser conhecido), e no entanto, não é encontrado"; pois Ele não pode ser compreendido ao todo; mas existe como se fosse formado; tampouco pode Ele ser conhecido por pessoa alguma, pois Ele é o Antigo dos Antigos.
> (38) Mas em sua confrontação, Ele é reconhecido; assim como é também o Eterno dos Eternos, o Antigo dos Antigos, o Oculto dos Ocultos; e em Seus símbolos, Ele é o conhecível e o incognoscível.
> (39) Brancas são Suas vestes, e Sua aparência é como a de uma Face vasta e terrível.
> (40) Sobre o trono de luz chamejante Ele se senta, e de lá lança seus (raios).
> (41) A 40 mil mundos superiores o fulgor de Sua cabeça se estende, e dessa luz os justos receberão 400 mundos no mundo que virá.
> (42) É disso que se lê em Gênesis 23:16: "Quatrocentos siclos de prata, corrente entre mercadores".
> (43) Em Sua cabeça existem a cada dia 13 mil miríades de mundos, cuja existência depende Dele, e são por Ele mantidos.[190]

Fiquei me perguntando o que levara minha mãe a adquirir aquele livro, e me lembrei de que, quando ela era mais jovem, se interessara brevemente por temas misteriosos. Parece que a obra era muito usada por místicos, devotos de religiões excêntricas e outros assim; e devem ter sido essas pessoas que a mantiveram publicada por quase um século. Achei interessante o fato de eu, engenheiro convicto, o tivesse encontrado daquele jeito, por acaso.

---

190. 37-43.

Em princípio, estava inclinado a ignorar o livro, considerando-o uma bobagem, mas alguns aspectos dele me intrigavam. Por que esse "conhecimento secreto" era tão importante? Sem dúvida, tratava-se de algum objeto físico – um ídolo, talvez –, mas como ficaria a abominação dos judeus pela idolatria? E mais importante: o que aquele material fazia em uma obra supostamente religiosa?

Tais perguntas incomodavam, e como não tinha nada melhor para fazer na época, fui consultar as fontes originais. Primeiro, *Kabbala Denudata*,[191] de Knorr von Rosenroth, que originou textos paralelos em latim e aramaico; depois o original em aramaico em uma edição publicada em Lublin, Polônia, 1882. Como tenho certo dom de linguista, resolvi encarar o aramaico. Não é uma língua muito complicada, uma vez que você domine a escrita, e ajudava-me o fato de o aramaico obviamente não ser a língua nativa do autor. Segundo Gershom Scholem, o maior especialista do mundo em Cabala, o *Zohar* foi escrito por Moses de Leon, um judeu espanhol, por volta de 1290 d.C. Circula pela comunidade judaica desde aqueles tempos, em forma manuscrita ou impressa. Aramaico era a língua da Babilônia, relacionada ao hebraico, e se tornou língua corrente dos judeus depois de seu cativeiro naquela cidade. O hebraico era reservado para propósitos religiosos, assim como o latim na Igreja Católica, até recentemente. O aramaico era a língua nativa de Jesus Cristo.

A despeito de quaisquer dificuldades linguísticas, achei o aramaico mais claro que as traduções em latim e inglês e, livre do linguajar colorido de Mathers, tornou-se uma descrição muito lúcida de um objeto *físico*. O Antigo dos Dias consistia principalmente de três "cabeças", uma externa que continha duas outras dentro, uma posta em cima da outra. No meio desse arranjo havia a "lâmpada cardeal", que brilhava com "um fulgor que excedia a todos os fulgores". Ele tem uma "barba", cujos "pelos" crescem para fora a partir de sua "face" e retornam em outros lugares; não há menção de um corpo, mas há um "braço direito forte" e seis pés. Entre eles, há dois testículos e um pênis. Uma substância conhecida como "orvalho", ou "óleo de grande bondade" e outros termos, escorria, das partes superiores desse objeto, sendo armazenada nos "testículos" e por fim excretadas através do "pênis".

Podemos perguntar: Qual é o propósito de tudo isso? A resposta vem quase no fim de *Lesser Holy Assembly* (minha tradução):

(436) Para dentro da cabeça d'Aquele de face Pequena, pinga

---
191. Frankfurt, 1677.

o orvalho da cabeça grande, e nela está contido.

(437) E esse orvalho é visto em duas cores; e por meio dele é alimentado o campo dos pomos sagrados. E, desse orvalho, se mói o maná dos justos que herdarão o mundo que virá. E por meio dele os mortos ressuscitam. E o maná não parecia se originar desse orvalho, exceto em uma época; a época em que Israel vagava pelo deserto. E (então) deste lugar, o Antigo de Todos os alimentou. Depois disso, não foi mais encontrado. Como está escrito (Êxodo 16:4): "Eu lhes farei chover pão do céu". E também (Gênesis 27:26): "Que Deus lhe conceda do céu o orvalho".[192]

Por fim, temos uma possível indicação da função do Antigo dos Dias. Ele não falava, não se movia sozinho; era carregado no deserto e colocado em vários "tronos", que tinham de ser "desmontados" quando era hora de ir em frente. Agora sabemos, porém, que sua função era produzir maná. Seria um tipo de máquina?

De acordo com a Bíblia, o maná que alimentou os israelitas caiu do céu e foi apanhado pelo próprio povo. Imediatamente, pensei nas diversas dificuldades práticas aqui: com certeza, o maná ficaria misturado com a areia, sujeira ou cascalho; e como a ração de um ômer por família seria controlada?

Não existe uma explicação moderna satisfatória para o tal "milagre" do maná; já se pensou em secreções de insetos, mas claro que os israelitas perceberiam isso, pois a quantidade de insetos necessários seria enorme; e leríamos que Deus enviou os insetos, não que o maná "caiu do céu". A fonte do maná seria um milagre tecnológico – uma máquina?

Um fato que corrobora a teoria da máquina é que os textos do *Zohar* incluem muitas medições entre as descrições das partes físicas. O comprimento do "pênis", por exemplo, é citado como 248 "mundos". Isso será explicado melhor mais adiante.

Na ausência de palavras para as peças da máquina, os compiladores do Zohar usaram parte do corpo humano – "cabeças", "olhos" e muitos outros termos. As tribos Apaches usavam a mesma técnica para descrever as parte de um veículo a motor, aplicando sua língua nativa.

A pergunta seguinte era: seria possível construir uma máquina que produzisse gêneros alimentícios básicos, se levarmos em conta nosso atual conhecimento técnico ou alguma extrapolação dele? A essa altura, eu já envolvera meus amigos Rodney Dale e Martin Riches no projeto; e foi Rodney que sugeriu que uma substância como maná poderia ser sintetizada pelo cultivo intensivo de alguma planta aquática

---

192. LHA 436-437.

microscópica como a clorela, um tipo de alga marinha de lagoa, que se reproduz com extrema rapidez nas condições corretas.

Termo apache	Significado anatômico humano	Peça de carro
daw	queixo e maxilar	para-lama da frente
wos	ombro	para-lama da frente
gun	mão e braço	roda da frente
kai	coxa e nádegas	para-lama traseiro
ze	boca	abertura para a gasolina
ke	pé	roda traseira
chun	costas	chassi
inda	olho	farol
chee	nariz	capô
ta	testa	capota
tsaws	via	fiação elétrica
zik	fígado	bateria
pit	estômago	tanque de gasolina
chih	intestino	mangueira do radiador
jih	coração	distribuidor
jisoleh	pulmão	radiador

Tabela 1. Estes exemplos são tirados do livro Word Play, 4 de Peter Farb.[193]

---

193. Peter Farb, *Word Play*. New York: Bantam, 1973.

A pergunta seguinte era: seria possível construir uma máquina que produzisse gêneros alimentícios básicos, se levarmos em conta nosso atual conhecimento técnico ou alguma extrapolação dele?

Para organismos do tipo da clorela crescerem, os principais requisitos são: água, dióxido de carbono, nitrogênio e luz. Quanto à água, a parte superior do Antigo dos Dias inclui um gerador de orvalho, uma superfície resfriada que poderia extrair água até mesmo do ar seco do deserto do Sinai; o dióxido de carbono e nitrogênio estão presentes na atmosfera e poderiam ser usados se fossem circulados através dos "pelos de barba", em contato com o ar por meio de uma membrana semipermeável; e quanto à luz, o *Zohar* faz intermináveis menções à "lâmpada cardeal" no interior do Antigo. O outro requisito, claro, é a energia. Baseando-nos em uma população israelita de 600 famílias em vez de 600 mil – o termo hebraico "alp" pode significar "família" ou "mil" – chegamos a uma cifra de cerca de 500 quilowatts, que está dentro dos limites de capacidade de um reator nuclear pequeno. Um reator assim provavelmente é capaz de converter energia nuclear em energia de luz, usando um *laser* bombeado por nêutrons. Também será produzido calor; portanto, podem ser usados métodos termoelétricos para produção de eletricidade para controle e outros propósitos.

A conversão de pasta de alga em maná comestível devia envolver um processo de cozimento, com o calor excedente sendo usado para isso e também para incinerar o refugo. Esse refugo era descartado pelo "nariz" do Antigo dos Dias, um cano de escapamento, causando a coluna de fogo e fumaça vista sobre o Tabernáculo, quando a máquina se encontrava em produção.

Enfim, tal empreendimento era possível. Sabemos que dispositivos para o cultivo de algas são usados em submarinos nucleares para purificação de ar e há vários experimentos utilizando sistemas semelhantes com o objetivo de investigar a viabilidade de sistemas ecológicos fechadas para as naves espaciais.

Em 1974, Sergei Vlasov escreveu a respeito do experimento soviético com o Bios-3 no periódico russo *Tekhnika Molodezhi*. Tratava-se de um ambiente de ciclo fechado, no qual três homens viveriam por seis meses. Seus desejos físicos eram usados para fertilizar o cultivador de clorela, que purificava o ar, e havia cultivadores hidropônicos produzindo trigo e vegetais.

Agora, a próxima pergunta: se tal aparelho existia de fato, o que aconteceu com ele? De acordo com o *Zohar*, foi usado nas caminhadas pelo deserto para alimentar o povo, mas parou de funcionar quando eles entraram na Terra Prometida. A partir de então, se tornou um objeto ritual sob o cuidado de alguns sacerdotes. A Bíblia faz referência à Arca da Aliança, mas provavelmente não foi a Arca que levaram em batalha contra os filisteus,[194] mas, sim, essa máquina. O inimigo a capturou e foi assolado por "praga" – provavelmente feridas causadas por exposição à radiatividade. Ficaram tão horrorizados que devolveram o objeto aos israelitas, o único povo que sabia lidar com a máquina em segurança. Foi colocada em um carro de boi, do qual também tinham pavor; por isso, fugiram, puxando-o consigo até a borda de Bethshemesh, onde uma quantidade considerável de pessoas foram "dizimadas" só pela ofensa de olhar.[195]

Nas passagens bíblicas, o referido objeto é a Arca da Aliança, mas em nossa visão foi a Máquina de Maná que causou todo esse pandemônio. Depois que a máquina se perdeu, a caixa de madeira conhecida como a Arca foi construída para abrigar as poucas relíquias remanescentes dos tempos antigos.[196] Posteriormente, as lendas que

---

194. Samuel 1:4
195. Samuel 1:6
196. Por exemplo, as tábuas em que foram escritos os Dez Mandamentos. – Ed.

cercam a máquina passaram para a Arca; e os poderes sobrenaturais da máquina foram atribuídos a ela.

Quando parou de funcionar, após a entrada na Terra Prometida, a máquina se tornou um objeto ritual, sob o cuidado de grupo de sacerdotes dedicados, que passavam o tempo medindo-a. Numerosas dimensões são citadas no *Zohar*. Por exemplo: "O comprimento daquele pênis é 248 mundos. Todos se dependuram da boca do pênis, que é chamado 'Yod'".[197]

A unidade "mundo" é usada como medida de comprimento, área e volume. Especulamos que a unidade era, na verdade, uma semente de mostarda e medimos uma amostra de sementes para obter um diâmetro médio de 2,05 milímetros. O comprimento pode ser medido como uma fileira única de sementes; a área como uma camada delas; e o volume enchendo-o com sementes. Estranhamente, o uso dessas dimensões forneceu tamanhos para as várias partes nos números aproximados da coluna da direita, corroborando nossas estimativas aproximadas a partir de cálculos de engenharia. Considerando a unidade "mundo" como uma semente de mostarda, obtemos as seguintes dimensões:

Comprimento do nariz d'Aquele com a Face Pequena	77 cm
Comprimento do pênis (mangueira de liberação de maná)	50,9 cm
Área da face do Antigo	13,5 m²
Área da face d'Aquele com a Face Pequena	5,47 m²
Volume da cabeça do Antigo	0,84 m³
Volume da cabeça d'Aquele com a Face Pequena	0,58 m³

O Antigo e Aquele com a Face Pequena são as duas partes principais da máquina, que precisavam ser separados todas as semanas no Sabá para limpeza, pois uma ração dupla de maná fora produzida no dia anterior. Na noite do Sabá, a máquina era remontada e ligada. Quando a fumaça e o fogo apareciam pelo "nariz", eles sabiam que a operação foram bem-sucedida e todos se alegravam. A junção das duas partes era vista como uma união sexual das partes masculinas e femininas, levando à fertilidade do povo de Israel. Esperava-se que os sacerdotes fossem casados e imitassem a máquina, fazendo sexo na noite do Sabá.

De acordo com a Bíblia, Salomão construiu seu Templo para abrigar a Arca, mas provavelmente

---

197. GHA 968.

foi o Antigo dos Dias que ocupava o local de orgulho no Santíssimo. Foi trazido para Jerusalém de seu lar anterior e obscuro, com grande alegria. Na conquista pelos babilônios, a Arca e a máquina parecem ter sido perdidas, talvez escondidas em uma caverna do outro lado do Jordão, ou até mesmo em uma das cavernas sob o Monte do Templo em Jerusalém. É significativo o fato de o local mais sagrado de Israel hoje em dia ser o Muro Ocidental (ou das Lamentações). Será que a relíquia ainda se encontra enterrada por trás da alvenaria antiga?

Mais perto dos tempos modernos, sugeriu-se que os Cavaleiros Templários teriam recuperado o Antigo dos Dias – ou parte dele – e o levado à Europa. Essa operação de resgate deve ter sido o ímpeto que movia as Cruzadas. Os primeiros Cavaleiros Templários passaram anos escavando embaixo do Monte do Templo; só mais tarde adotaram a tarefa de proteger os peregrinos. As lendas do *Zohar* do Antigo dos Dias têm muito em comum com a noção cristã tardia do Santo Graal, um objeto milagroso que produzia alimento celestial. Mas todas essas especulações continuarão sem prova até que a máquina, ou alguma parte identificável dela, seja localizada.

A maior de todas as perguntas é: se existiu mesmo uma máquina de maná, de onde ela veio, para começo de conversa? De acordo com o Zohar, foi dada pelo "Senhor" a Aarão e sua tribo de sacerdotes, que também receberam o "conhecimento secreto" de como operá-la. Quem, afinal, era o "Senhor"? Certamente não o Deus onisciente, onipresente de nossas religiões atuais, mas, sim, uma figura humana em diversos aspectos, com alguns poderes superiores. O "Senhor" era um visitante do espaço? Essa é a explicação que se encaixa melhor aos fatos, mas nunca saberemos com certeza, a menos que algum artefato de origem inequivocamente extraterrestre seja encontrado.

Sem dúvida, o relato bíblico da chegada do Senhor ao Monte Sinai poderia ser a descrição de uma espaçonave extraterrestre aterrissando, com trovões, fogo e fumaça. Em todo o Antigo Testamento, sempre que a "glória do Senhor" é mencionada, é uma referência clara a um tipo de veículo. A palavra hebraica usada (*kavod*) também significa "carruagem". O Senhor está sempre zanzando "em sua glória".

Quando a fumaça baixava e as rochas esfriavam, Moisés subiu para receber as tábuas dos mandamentos do Senhor; depois, Aarão e seus sacerdotes subiram para receber o "conhecimento secreto", ou seja, treinamento para operar a máquina. Na sequência, ocorre o episódio do bezerro de ouro, que parece ter sido uma eclosão do culto à Máquina de Maná. Depois de instituída essa rigorosa medida de segurança, com a máquina guardada no "Tabernáculo" – uma tenda de teto aberto – as pessoas comuns viam a coluna de fogo e fumaça dentro do Tabernáculo, o escapamento pelo "nariz" da máquina. Isso é mencionado no Salmo 18:8: "De suas narinas subiu fumaça...".

Máquinas como o Antigo dos Dias podem ter sido transportadas na espaçonave do "Senhor" para alimentar a tripulação. Aliás, de acordo com o Talmude, outra coletânea de relatos tradicionais dos judeus, o maná era o alimento dos "anjos", que era totalmente absorvido pelo corpo; aqueles que viviam do maná não precisavam satisfazer suas necessidades fisiológicas. É difícil crer que tal detalhe fosse inventado, *a menos que* houvesse algum fundo de verdade.

Há várias evidências que sustentam nossa hipótese da Máquina de Maná; e mesmo 20 anos depois da pesquisa original, ainda encontramos outras. O espaço não é suficiente para citar todas; por isso, só podemos sugerir que os leitores consultem suas Bíblias e releiam o Antigo Testamento sob a luz do que aprenderam neste texto.

Referências bibliográficas:

Samuel Liddell MacGregor Mathers, *The Kabbalah Unveiled*. London, 1887.

Christian Knorr von Rosenroth, *Kabbala Denudata*. Frankfurt, 1677-84.

Moses de Leon, *Sepher-ha-Zohar*. Lublin, 1882.

Gershom Gerhard Major Scholem, *Trends in Jewish Mysticism*. New York: Schocken, 1941.

George T. Sassoon, Rodney Dale, *The Manna-Machine*. London: Sidgwick and Jackson, 1978.

George T. Sassoon, Rodney Dale, *The Kabbalah Decoded*. London: Duckworth, 1978.

Johannes and Peter Fiebag, *Die Entdeckung des Grals*. Munich: Goldmann, 1989.

As Tartarugas Voadoras Gigantes da Guatemala

Giorgio A. Tsoukalos

A Guatemala é e será para sempre uma arca do tesouro de evidências Paleo-SETI novas e espetaculares. Durante esta expedição, visitamos Tikal, Uaxactun e Yaxha, na região de Peten. Tikal é um lugar fascinante para se iniciar uma viagem pelos caminhos dos deuses. É um complexo templário enorme. Torna-se inevitável questionar o propósito exato de sua construção. O complexo é repleto de estruturas alinhadas e matematicamente precisas, com blocos de rocha enormes e pesados. A maior parte das estelas tem três metros de altura. Só de imaginar nossos ancestrais movendo esses objetos monstruosos do ponto A ao ponto B sem a ajuda de tecnologia avançada, a cabeça fica zonza. As torres do templo se parecem com foguetes na plataforma de lançamento, prontos para a partida. Também é interessante o fato de não haver nada além de selva por centenas de quilômetros. O curso de água doce mais próximo dista 64,37 quilômetros! Daí a pergunta: por que essa cidade gigantesca foi construída no meio da selva, longe de qualquer civilização, inclusive de uma fonte de água potável?

Em uma excursão diurna, fomos a Uaxactun em nosso veículo com tração nas quatro rodas. Uaxactun fica a *apenas* 25,75 quilômetros de Tikal. No entanto, chovera muito à noite nos últimos seis dias; e levamos mais de quatro horas para cobrir aqueles 25 quilômetros. Havia pântano por toda parte.

Em Uaxactun, os templos pareciam ser ainda maiores que os de Tikal. Assim como em Tikal, subimos em todos os templos e ficamos, muitas vezes, sem fôlego. Eram escadarias para gigantes. Cada degrau tinha 60,96 centímetros de altura! Cobertos de musgo, a escalada foi um exercício perigoso. Cada passo devia ser executado com extrema cautela; do contrário, poderíamos escorregar e cair de uma grande altura. A subida foi um exercício aeróbico. Não me surpreende o fato de os maias terem desaparecido de repente e de maneira tão misteriosa. Todos morreram de ataque cardíaco de tanto subir aquelas escadas gigantes!

No dia seguinte, saímos de Tikal, com destino a Yaxha. A princípio, Yaxha, na Laguna de Yaxha, tamente cobertos de terra branca fina em menos de três horas. Um nativo estava sentado, sozinho, no fim de uma trilha que levava às ruínas principais de Yaxha, situadas no outro lado de uma colina. Após explorar as ruínas, perguntamos a ele como chegar à ilha de Topoxte. Com um sorriso, ele nos instruiu a seguir a trilha na selva até o lago e perguntar e procurar o pescador da aldeia. Este nos levaria à ilha. Na aldeia, nós nos tornamos imediatamente o centro das atenções. Quando chegamos, a praça parecia deserta. De

---

O complexo é repleto de estruturas alinhadas e matematicamente precisas, com blocos de rocha enormes e pesados. A maior parte das estelas tem três metros de altura. Só de imaginar nossos ancestrais movendo esses objetos monstruosos do ponto A ao ponto B sem a ajuda de tecnologia avançada, a cabeça fica zonza.

---

não estava em nosso itinerário; mas acabou sendo uma viagem extra fantástica. Os proprietários da Tikal's Jungle Lodge nos disseram: "Vocês precisam ir a Yaxha e ver a Ilha de Topoxte. Os maias anões habitavam o lugar". Maias anões? Considero-me bastante familiarizado com a cultura maia, mas nunca ouvira aquela expressão e fiquei curioso.

Dirigimos a mais de 30 quilômetros por hora pela estrada de terra até Yaxha. Chegamos completamente repente, as pessoas se aglomeravam à nossa volta, aproximando-se de cada canto da praça. Uma multidão um tanto efusiva se formou ao nosso redor. Todos homens. De repente, me ocorreu que vieram para vislumbrar minha atraente companheira de viagem, Susana. Assim que encontramos o pescador e nos pusemos a caminho de sua balsa de metal, a praça principal se esvaziou tão rapidamente que a aldeia parecia deserta de novo.

A viagem de balsa à pequena Ilha de Topoxte, na Laguna de Yaxha, levou 20 minutos. O pescador nos guiou por uma trilha pequena até as ruínas. O que se revelava a nossos olhos era simplesmente sensacional.

O arqueólogo Teobert Maler já explorara Topoxte em novembro de 1904.[198] Mais tarde, William R. Bullard fez expedições curtas lá, em 1958 e 1959, e obteve em seguida verba para uma pesquisa mais extensa em 1960. Dizem que Topoxte foi ocupada nos períodos Clássico e Neoclássico.[199] Devo reiterar que todos os sítios arqueológicos que víramos até então, como Tikal e Uaxactun, foram construídos em uma escala monumental. Mas naquela pequena Ilha de Topoxte, tudo era diferente. Completamente diferente.

Os três edifícios à nossa frente nada tinham de gigantescos. Foram construídos em um tamanho quase "regular, humano". As estruturas não grandes nem pequenas demais para humanos. Os degraus, normalmente à altura dos joelhos, eram curtos em Topoxte, confortáveis de subir para pessoas de altura "regular".

Lembremo-nos das estelas monolíticas enormes de Tikal, que tinham três metros de altura. Em Topoxte, também havia estelas, porém muito menores. Cada uma tinha em média 1,2 metro de altura e 26 centímetros de profundidade. Eram de um tamanho que lhes permitia ser movidas por mãos humanas, sem os problemas de transporte de suas "companheiras" maiores. Na ilha, não havia necessidade de explicações exóticas, tais como rodinhas de madeiras, etc. Comparada com todas as outras superestruturas que encontramos antes, esses edifícios e as estelas eram minúsculos! O próprio Bullard admite abertamente em seu relato que "outra característica distinta de Topoxte são as estelas e os altares pequenos, quase miniaturas".[200]

Na maioria dos sítios, cada estela alta apresenta uma "pedra de altar" redonda e grande, situada bem à sua frente. Assim como nesses outros locais, como Tikal, as estelas de Topoxte também tinham pedras de altar redondas. Eram idênticas às de Tikal, exceto por terem apenas uma fração do tamanho e não possuírem inscrições sofisticadas. Em referência a esses altares, Sylvanus G. Morely cita Lundell e Stuart em em *Inscription of Peten*, afirmando que "os pequenos altares citados por Maler parecem tambores ou secções

---

198. Teobert Maler, "Explorations in the Department of Peten, Guatemala and Adjacent Region Topoxte, Yaxha". *Memories of the Peabody Museum*, Harvard University, vol. 2, nº 2, 1908, p. 55-60.

199. William R. Bullard, "Archaeological Investigation of the Maya Ruin of Topoxte, Peten, Guatemala". *American Philosophical Society Yearbook 1960*, p. 551-4.

---

200. *Ibid.*

das colunas redondas do templo. É provável que tenham sido feitas alterações no templo e que as colunas redondas tenham sido removidas, tendo suas partes reutilizadas como altares. Cada altar tem um orifício pequeno no centro, no qual uma bola de pedra provavelmente era inserida para uni-los quando serviam de seções de colunas".[201]

Diverti-me quando li essa passagem acima enquanto fazia minhas pesquisas na Biblioteca Andrew D. White, na Universidade de Cornell. O que achei divertido foi que, logo que vi as pedras, soube que a frase acima não é verdade: as colunas em toda Topoxte não eram redondas. Eram quadradas. Só havia uma coluna redonda! E ela não consistia em tambores redondos como sugerido no texto, mas, sim, pedras menores criando uma coluna. Agora nossos críticos despertarão da soneca para gritar:

"Espere aí! As colunas foram removidas e suas seções reutilizadas como altares!" Mesmo essa afirmação é falsa, porque Lundell e Stuart dizem que "cada altar tem um orifício pequeno no centro, no qual uma bola de pedra provavelmente era inserida para uni-los..." Seis ou sete pedras de altar ainda existentes não têm orifício algum. Além disso, não há altares suficientes que, em algum momento no passado, poderiam ter formado colunas – *plural*! Outro detalhe é que as pedras usadas para toda a construção, se comparadas com os gigantescos blocos de pedra de outros sítios, são literalmente minúsculas. Por toda a parte, as estruturas foram construídas em um estilo megalítico. Em Topoxte, os materiais de construção tinham o tamanho de tijolos, no máximo. Os escavadores lá me explicaram que os construtores de Topoxte não eram capazes de usar pedras maiores porque não havia muita pedra sobrando na pedreira. Esse argumento, porém, não pode ser válido. Em primeiro lugar, onde estão as pedras maiores que foram usadas no começo da construção, antes de "acabarem" os blocos maiores aos quais eles supostamente tinham acesso? Em segundo lugar, a ilha inteira é uma rocha coberta de vegetação. A pedreira onde as pedras eram produzidas foi identificada. Eu mesmo vi. Há muita pedra ainda para cobrir toda a ilha com blocos.

Postulo que todos os materiais de construção são menores ali porque foram construídos por seres humanos sem o auxílio de ferramentas de tecnologia avançada.

Depois de minuciosa pesquisa em algumas velhas bibliotecas empoeiradas nas Universidades de Boston e Cornell, conclui, estupefato, que não existe na literatura sobre

---

201. Sylvanus G. Morley, *Inscriptions of Peten. Carnegie Institution of Washington Publication*, 1937-38, vol. 3, nº 437, p. 483-90.

Sem erguer as sobrancelhas, ele disse: "Esta é uma representação das tartarugas voadoras gigantes sobre as quais os deuses voavam, muito tempo atrás".

o local uma única tentativa de explicar por que as estruturas de Topoxte foram construídas em miniatura. Ainda me intrigava o termo "maias anões", que o pessoal do Jungle Lodge citava como antigos habitantes de Topoxte. Por estranho que fosse – e eu poderia estar enganado – em toda a literatura que consultei para escrever este texto, não li nada que sequer sugerisse a existência de "maias anões". Em Topoxte, os escavadores nos disseram que a arqueologia era incapaz de explicar a versão em miniatura dos sítios maiores; por isso cunharam a expressão "maias anões" e sugeriram que o local talvez fosse habitado por pigmeus. Uau! Então, os maias de tamanho regular enviaram seus anões para um exílio. Ou o que aconteceu? Se você, caro leitor, souber algo a respeito dos "maias anões", por favor, entre em contato comigo. Estou curioso por saber mais.

Permanece o fato: Os edifícios "miniatura" existem. Entretanto, continua o mistério de por que são tão pequenos. Os próprios antropólogos Prudence M. e Don S. Rice admitem abertamente que "os seis séculos de pré-história de Peten central, desde o clássico colapso até a época do contato espanhol em 1535 d.C., não são compreendidos pela arqueologia".[202]

Minha teoria é que seres humanos normais habitavam a Ilha de Topoxte. No continente, os sacerdotes viviam nas estruturas gigantescas *junto com os deuses*. Como os outros seres humanos tinham contato frequente com os deuses, eles sabiam como viviam os deuses e tentavam imitar o que viam. Recriaram tudo de acordo com seus tamanhos humanos. Em essência, tudo é idêntico – as construções, as torres dos templos, as estelas, as pedras de altar, etc. A única diferença é o tamanho. Uma possível confirmação de minha teoria nos aguardava na aldeia, em uma descoberta notável e excitante...

Em nossa viagem de volta na balsa de metal e cheia de vazamentos, perguntei ao guia se existiam quaisquer outras descobertas interessantes, além dos edifícios e estelas. Ele nos disse que foram escavadas tartarugas de argila. Tartarugas de argila? Não conseguia entender do que ele falava. Já na aldeia, o guia nos orientou a procurar o mecânico. Ele possuía as

---

202. Prudence M. Rice e Don S. Rice, "Topoxte, Macanche and the Central Peten Postclassic". *The Lowland Maya Postclassic*, University of Texas Press, 1985, p. 170.

chaves do laboratório de arqueologia onde as tartarugas de argila eram guardadas. Quando perguntamos ao mecânico a respeito delas, ele nos disse que já não estavam mais ali. Haviam sido transferidas para a universidade na Cidade da Guatemala para mais exames. Aí, pediu que entrássemos com ele em sua oficina. "Para o caso de os originais serem destruídos, perdidos ou roubados", ele disse, "fizeram réplicas exatas das tartarugas em madeira, sob supervisão direta da universidade".

Dentro do velho celeiro escuro, ele estendeu o braço até uma prateleira grande de madeira, e apanhou uma caixa empoeirada. Com cuidado, colocou a caixa no balcão à nossa frente. Soprou a camada de poeira que cobria a tampa. Diligentemente, ele tirou dois objetos embrulhados em plástico e começou a desembrulhá-los. O que estávamos prestes a ver era simplesmente extraordinário. Havia dois objetos expostos, duas cópias exatas de figuras de argila descobertas muitos anos atrás.

O primeiro objeto era um tipo de "animal noturno", nas palavras do mecânico, que me lembrou muito um morcego. Nada de especial. O outro objeto, porém, era um pouco diferente: era a "tartaruga", sem dúvida – 35 centímetros de comprimento e 18 de largura. Se fosse realmente uma tartaruga! O formato era de uma; mas a cabeça era humanoide e a forma do corpo, aerodinâmica!

"O que isso representa?", perguntei ao mecânico. Sem erguer as sobrancelhas, ele disse: "Esta é uma representação das tartarugas voadoras gigantes sobre as quais os deuses voavam, muito tempo atrás". "O quê?", perguntei. Sem a menor hesitação, o mecânico repetiu o que acabara de dizer.

Seria uma reprodução artística de alguma máquina voadora usada pelos deuses? Detalhe intrigante: a "cabeça da tartaruga" cobre de fato uma cabeça um tanto humanoide, como se representasse algum tipo de capacete apertado. Se olharmos a cabeça humanoide mais de perto, veremos claramente os óculos de "piloto". Os olhos são cercados por objetos que parecem máscaras usadas por pilotos. Esses óculos lembram os que são usados pelos pilotos de caça hoje em dia.

A grande força da teoria dos Astronautas no Passado é o fato de podermos estabelecer conexões e correlações entre as culturas, deixando mais claro o quadro geral.

Mais impressionante ainda é que as extremidades da "tartaruga" estão pressionadas contra o seu "casco" de uma maneira altamente aerodinâmica. Levando-se em conta a forma do objeto, é aerodinâmico de acordo com as exigências de qualquer aparelho voador. Se a tartaruga é mesmo uma tartaruga, então por que as extremidades estão pressionadas daquele jeito, tão aerodinâmico?

Além disso, todos sabem que o casco da tartaruga exibe um padrão rebuscado. Nesse objeto, contudo, o "casco" não tem desenho algum. É chato e liso, como se representasse o metal de uma carapaça externa de uma máquina voadora, talvez?

Claro que os críticos dirão que a tartaruga tem um mero significado simbólico. O artesão usou o formato para ilustrar a força de um guerreiro importante, invencível em combate porque é forte como o casco indestrutível de uma tartaruga. Ou algo assim.

Só há uma resposta para tal raciocínio: tecnologia malcompreendida. Não me canso de repetir: os seres humanos do passado não eram estúpidos. Pelo contrário, sabiam *exatamente* como era uma tartaruga. Entretanto, viram algo se deslocando velozmente no céu, que poderia ser descrito ou comparado com uma tartaruga! De que outra maneira descreveriam algo que nem sabiam que existia? Ou melhor ainda, eles não tinham o *vocabulário* necessário. Assim, descreveram o objeto nos termos de uma coisa que eles conheciam muito bem e que era parecida com o que avistaram no céu. Fizeram comparações.

Os maias sabiam exatamente qual era a aparência de uma tartaruga "real". Uma estátua maia de argila no Museu Americano de História Natural em Nova York prova essa afirmação. Trata-se de uma divindade em pé sobre uma tartaruga "real". Sob um olhar mais atento, vemos facilmente o padrão rebuscado que adorna o casco. Essa é uma tartaruga! A outra, não. A propósito, os dois objetos não só vêm da mesma região, mas também datam do mesmo período.

Se todas as evidências apresentadas nada mais são que fantasias, alguém pode, por favor, me explicar por que essas lendas de deuses voando em tartarugas gigantes perduraram até hoje? Por que o mecânico teria mentido para mim a respeito das lendas? Ele não ganhou um centavo por contar falsidades, tampouco sabia quem eu era ou quais seriam meus interesses. E mais: ele não vende essa tartaruga. Guarda-a com carinho e protege o tesouro.

Será apenas uma coincidência? Dificilmente. A grande força da teoria dos Astronautas no Passado é o fato de podermos estabelecer conexões e correlações entre as culturas, deixando mais claro o quadro geral. As mitologias e os mitos da criação pululam de referências intrincadas a tartarugas voadoras. Eis alguns exemplos:

"Do rio I, a tartaruga Nai, de três pernas, entregou as leis eternas em taboinhas Lo de ferro aos chineses". Será que os chineses também compararam algo que não conheciam com algo conhecido, como uma tartaruga?

As tradições dos nativos americanos de Delaware, do outro lado do globo a partir da China, também falam de uma tartaruga de três pernas em sua história do Grande Dilúvio. Observe que as duas culturas falam de uma tartaruga de três pernas. Se essas fossem referências a tartarugas de verdade, não seria difícil acreditar que na China e em Delaware existissem tartarugas de três pernas por toda parte? Também em antigos textos indianos, lemos que "para criar o mundo, o deus Vishnu pousou no pico do monte Khailasa em uma tartaruga e, com o auxílio do deus Vairacona, os dois deram rotação à Terra".

Os East Pomo, uma tribo Hoka de nativos americanos, fala de uma raça que era maligna e terrível. Eram capazes de voar pelos céus em tartarugas feitas de ferro impenetrável, com as quais podiam perfurar e entrar na terra. Incrível! *Star Wars!*

Os mitos maias são ainda melhores. O tempo foi iniciado com "Três Pedras de Criação" pela divindade Wak Chan-Ahaw, que significa literalmente "Mestre Ascenso ao Céu". Wak Chan-Ahaw era o deus do milho, frequentemente chamado de Hun Huhnapu, pai dos gêmeos heroicos. Foi morto no submundo. Entretanto, com a ajuda de seus filhos, ressuscitou. Essa ressurreição é sempre representada com ele emergindo de um casco de tartaruga.

Como podemos ver, a tartaruga tem um papel significativo nos mitos da criação dos maias. Em alguns mitos, a Terra repousa sobre as costas de uma tartaruga gigante flutuando no oceano primordial.

Afinal, o que era descrito em todos esses textos e tradições antigas? Lembremo-nos que, até recentemente, os nativos americanos, por exemplo, chamavam um trem de "cavalo de fogo". Por quê? Porque não tinham a palavra "trem" em seu vocabulário. O mesmo se aplica a qualquer um de nossos antepassados. Eles não dispunham de meios para chamar um objeto voador de "aeronave" ou "avião". Simplesmente *não* possuíam o vocabulário necessário. De modo semelhante, os maias não tinham uma palavra para "máquina" ou "nave voadora"; por isso, comparavam esses objetos com aqueles que lhe eram conhecidos – tecnologia malcompreendida.

Quero chamar a atenção para o fenômeno do culto à carga, no qual uma sociedade "tecnologicamente primitiva" entra em contato com uma sociedade "tecnologicamente avançada". Etnólogos observaram que, se visitantes "tecnologicamente avançados" vivessem em meio a tribos nativas primitivas por curtos períodos de tempo e depois desaparecessem, por causa das tecnologias avançadas desses visitantes, os nativos pensariam que esses humanos eram deuses; e começariam a venerá-los. A esperança deles seria de que, por meio de intensa adoração e sacrifício, seus "deuses" ficassem felizes e gostassem. Os críticos dirão que esses fenômenos de culto à carga já têm mais de 60 anos de idade e, portanto, não são relevantes. É mesmo?

Frequentei por muitos anos um colégio interno na Suíça. Depois do fim do comunismo, nossa escola deu as boas-vindas a alguns estudantes da antiga União Soviética. Lembro-me de uma aula de arte. Nossa tarefa era desenhar um castelo de fantasia, um castelo de sonho flutuando no céu em meio às nuvens, com torres reluzentes de ouro, vitrais magníficos e qualquer outra coisa que quiséssemos. Todos estávamos extasiados com o trabalho e começamos a desenhar em ritmo frenético. Todos, exceto nossos três colegas russos. Eles se limitaram a se sentar em frente à folha branca, sem tocar nos lápis. "Qual é o problema? Por que não estão desenhando?", a professora perguntou. "O que é um castelo de fantasia?", os três perguntaram em coro. "Nunca vimos um. Como é? Nunca vimos; por isso, não sabemos o que desenhar". Uma resposta extraordinária!

Ante tal observação, fica claro que, se uma coisa nunca foi vista, não pode ser inventada. É impossível inventar ou conjurar algo, se faltam os *elementos básicos*! Nada acontece sem uma inspiração inicial. Portanto, todas as mitologias, lendas, contos, que são hoje desacreditados pelos pesquisadores modernos como meras invenção de fantasia e produtos da imaginação das pessoas, não podem ser invenções infundadas nem mera fantasia. Devia haver algo ali em primeiro lugar, que serviu de elemento básico e inspiração inicial para criar mais!

Outro ponto importante: é absolutamente impossível criar, quanto mais resolver, equações matemáticas sem conhecimento dos elementos matemáticos básicos. É algo que não pode ser feito. Por mais difícil que seja para os críticos e detratores engolir tal fato, não há como ignorá-lo.

Será tão difícil imaginar que essas tartarugas voadoras eram, na verdade, veículos voadores dos deuses tecnologicamente avançados?

Sempre se diz que toda lenda tem um fundo de verdade. E é justamente esse fundo que representa o elemento-base. Sem um elemento-base, ou uma inspiração inicial, nada é possível. Portanto, se algo assim pode acontecer com meus amigos russos no século XX, por que não teria ocorrido milhares de anos atrás com nossos ancestrais? Pois ocorreu. Como posso ter tanta certeza? Simples. Leia o resto.

Daqui a 500 anos, depois de estabelecermos bases permanentes na Lua e em Marte, partiremos para estudar o espaço profundo. Com uma de nossas novas gerações de espaçonaves, é perfeitamente possível que cheguemos a um planeta habitado por seres inteligentes. Se essa vida inteligente não tiver uma tecnologia muito avançada, o que faremos? Limitar-nos-emos a estudá-los a distância? De jeito nenhum. Nosso inflado ego humano não nos permitiria. Claro que lhes daríamos um empurrãozinho na direção certa, ensinando a eles os elementos essenciais da ciência. Muitas e muitas gerações após nossa chegada, e muito tempo depois de termos partido, nossa presença ("os deuses estavam aqui e ensinaram nossos antepassados!") seria considerada mito e fantasia porque ninguém estava lá para saber o que aconteceu de fato. Assim, nossa chegada seria considerada produto da imaginação, jogada para o campo da mitologia e lenda. Tal atitude não faz você se lembrar de alguém?

Quando todos os relatos citados foram escritos, a escrita era uma invenção relativamente nova. Quando as pessoas começaram a perceber que essa nova invenção era uma ferramenta poderosa para preservar o conhecimento para as gerações futuras, seria lógico pensarmos que as primeiras histórias registradas por escrito seriam apenas fruto da imaginação daquelas pessoas? Claro que não! Com o advento da palavra escrita, as pessoas tornaram-se capazes de manter um registro dos eventos mais significativos de sua época *pela primeira vez na história da humanidade!* Portanto, se existem descrições intrincadas e altamente detalhadas de seres que há muito tempo desceram do céu em máquinas voadoras (ou "tartarugas") e ensinaram à humanidade várias disciplinas acadêmicas, postulo, então, que devemos dar maior credibilidade a esses relatos do que fizemos até agora. Pois em tempos de grande incerteza e conflito, quando a ordem vital do dia era a crua sobrevivência, os primeiros povos com o dom da escrita tinham coisas mais importantes para fazer que se sentar em volta de uma fogueira, embebedar-se e inventar histórias fantasiosas. Eles imortalizaram aquilo que era mais importante para eles naquele momento: *sua história!*

De acordo com os antigos textos e tradições, e nesse caso também com as indicações orais e físicas, na Guatemala, muito tempo atrás, os deuses voaram em máquinas ou tartarugas gigantes. Por que é tão difícil acreditar, vivendo em uma cultura rica em metáfora, que nossos ancestrais fizeram comparações semelhantes? Será tão difícil imaginar que essas tartarugas voadoras eram, na verdade, veículos voadores dos deuses tecnologicamente avançados?

Instrumentos Científicos Antigos
William R. Corliss

Instruções de William R. Corliss

Descrição: Artefatos demonstrando inovação e aplicação precoce de aparelhos empregando princípios científicos considerados incomumente avançados para as culturas em questão.

Avaliação de dados: Uma vez que princípios e instrumentos científicos consistem no tema desta seção, mais de metade das fontes vêm de revistas e outros periódicos científicos. O restante é oriundo de variadas publicações, às vezes de valor duvidoso. Nossas avaliações de dados, os primeiros números abaixo, refletem essa natureza dupla das fontes.

Avaliação de anomalia: Nove instrumentos científicos primitivos são considerados apropriados para catalogação. Suas avaliações aparecem na segunda classificação abaixo.

- Espelhos chineses de "penetração de luz" (X1). Classificação: 1/4.
- A aplicação de lentes de cristal de rocha para ampliação e não acendimento do fogo – controvérsia significativa na antropologia (X2). Classificação: 1/3.
- A construção de um telescópio pré-Galileu (X3). Classificação: 2/3.
- O uso Viking de cristais birrefringentes ("pedras do sol") para navegação (X4). Classificação: 2/2.
- Primazia da bússola de magnetita olmeca sobre a dos chineses (X5). Classificação: 2/2.
- A utilidade astronômica do pi chinês (X7). Classificação: 3/2.
- Sismógrafo chinês no século II d.C. (X8). Classificação: 2/2.

Fenômenos semelhantes e relacionados: Suposto uso antigo da eletricidade;[203] a existência de dispositivos calculadores sofisticados antigos;[204] afirmações de máquinas voadoras antigas.[205]

X1 – Espelhos notáveis

Reflexos ópticos devem ter sido as primeiras experiências humanas com as leis da física. Claro que seres não humanos também observavam os reflexos, mas estes não tinham serventia para eles.

Os fenômenos reflexivos estão presentes nos ambientes naturais. Superfícies paradas de lagoas, placas de gelo e superfícies de mineral reluzente, como a mica, são exemplos. O impulso de imitar a Natureza e manufaturar espelhos artificiais para rituais e propósitos de vaidade provavelmente surgiu cedo.

Mas como as superfícies planas e brilhantes dos espelhos da natureza podiam ser reproduzidas? As folhas metálicas, a fabricação de vidro e o mercúrio líquido não existiam 10 mil anos atrás. Os únicos materiais apropriados para fabricação de espelho eram minerais vítreos, como a obsidiana (vidro vulcânico). Infelizmente, para os fabricantes de espelhos, a obsidiana é um material muito duro, obdurado.

Entretanto, cerca de 8 mil anos atrás, artesãos da Idade da Pedra em Catal-Huyuk, Turquia – geralmente chamada de a "primeira" cidade do *Homo sapiens* – conseguiram moer e polir pedaços de obsidiana em espelhos incrivelmente bons.[206]

Conforme nos relata O. C. Shane, os arqueólogos ainda não sabem ao certo como esses primeiros espelhos conhecidos pelo ser humano eram feitos.

> Não se sabe como esses espelhos eram concebidos e polidos. Suas superfícies planares excepcionais são altamente limpas e refletem uma imagem clara. A obsidiana (dureza 5.5) pode ser cortada por quartzo (dureza 7.0) e polida com carvão (isto é, carvão de dureza 10).[207]

Depois que os trabalhadores de Catal-Huyuk encontraram os materiais certos para cortar e polir, ainda restava um problema grande: obter uma boa superfície para planar só com operações a mão. É essa parte

---

203. MMT9: Indicam capítulos nesta seção de *Archaeological Anomalies*, de William R. Corliss, do qual este artigo e outros em *Underground*, "Brinquedos Anômalos" são tirados. – Ed.

204. MMT10.

205. MMT11.

206. Peter James, Nick Thorpe, *Ancient Inventions*. Westminster: Ballantine, 1994, p. 142, 157, 163, 248 (X1-X3, X5, X8).

207. Philip A. M. Hawley, "Obsidian Mirrors". *Archaeology*, vol. 51, nº 11, maio/junho de 1998. (X1)

> **Ainda mais misteriosos quanto à tecnologia e ao propósito eram os espelhos côncavos feitos de magnetita pela cultura olmeca anterior, na Mesoamérica. Como os olmecas confeccionaram superfícies simétricas, tridimensionais, tão exatas e com tamanha precisão? E para que serviam os espelhos que só refletiam imagens distorcidas?**

da fabricação de espelhos em Catal-Huyuk que ainda não compreendemos bem.

Vários milênios depois, na América pré-colombiana, os incas e astecas também fizeram espelhos razoáveis de obsidiana. Também trabalharam com piritas e folhas reflexivas de metais, que já existiam na época. Seu uso mais frequente devia ser para fins ritualísticos e mágicos.

Ainda mais misteriosos quanto à tecnologia e ao propósito eram os espelhos côncavos feitos de magnetita pela cultura olmeca anterior, na Mesoamérica. Como os olmecas confeccionaram superfícies simétricas, tridimensionais, tão exatas e com tamanha precisão? E para que serviam os espelhos que só refletiam imagens distorcidas? Além disso, a curvatura deles não era suficiente para acender uma fogueira nem para qualquer outro fim prático. Mais uma vez, temos de recorrer à velha e batida explicação das aplicações rituais/mágicas.

Pelo menos oito espelhos de magnetita e ilmenita de tipos suspensos foram encontrados no centro olmeca de La Venta, México. O duplo mistério desses notáveis objetos é citado por I. Bernal:

> Embora as dimensões e as distâncias focais variem, provavelmente dependendo do bloco original, todos os espelhos são semelhantes e, portanto, representam uma tradição cultural. Seu polimento é tão extraordinário que chega às raias da perfeição. Isso não era obtido com o uso de abrasivos, pois o microscópio não revela traços que, se assim o fosse, necessariamente permaneceriam. O excelente estudo que apresento aqui em resumo indica que o raio da curvatura se torna progressivamente maior perto da borda dos espelhos; a curva em todos esses exemplos é muito semelhante e tão perfeita que não é possível reconstruir a técnica empregada para fabricar esses espelhos côncavos. Talvez servisse como uma câmara obscura... Sem

dúvida, eles mostram um dos avanços mais técnicos dos olmecas.[208]

Espelhos côncavos com variados raios de curvatura! Que aplicação prática ou mágica eles teriam? E como eram feitos sem abrasivos?

Espelhos mágicos. Mitos e lendas descrevem dois tipos de espelhos "mágicos" que podemos dispensar sem grandes comentários. O primeiro é o se poderia chamar de espelho "telescópico". Parece algo saído de uma história de ficção científica.

> O famoso espelho de Ptolomeu Evergetes, colocado no Farol de Alexandria, pertence a essa primeira classe. Autores antigos afirmavam que ele representava corretamente todo tipo de transação no Egito, por água e em terra. Alguns escritores dizem que, sobre sua superfície, a frota inimiga podia ser vista a uma distância de 600 mil passos; outros dizem que a mais de cem ligas.[209]

O segundo espelho "mágico" é de "Raio X"! É ainda mais "fantástico" que o espelho telescópico. Os chineses têm várias histórias a respeito de espelhos de metal que iluminavam o interior do corpo humano. Dizia-se que imperador Ts'in Shi (259-210 a.C.) possuía um espelho assim, que era descrito como "o espelho precioso que ilumina os ossos do corpo", ou "o espelho que ilumina a vesícula".[210]

Há, porém, um terceiro tipo de espelho mágico que *existe* de fato e que intriga os cientistas ocidentais há mais de um século. Ao que parece, foi inventado pelos chineses mais ou menos 1.200 anos atrás, mas só se tornou conhecido no mundo ocidental em 1832. Ele não foi adequadamente explicado cientificamente até 1932. Os chineses o chamavam de espelho de "penetração de luz".

O lado refletor desse espelho "mágico" específico parece perfeitamente normal. É feito de bronze brilhante e polido, e reflete as imagens de um modo normal. O lado de trás do espelho também é feito de bronze e exibe vários padrões e símbolos chineses. Entretanto, se esse espelho for colocado à luz do sol, pode-se quase enxergar "misteriosamente" através de sua superfície refletora. Além disso, reflexos sobre uma parede escura projetam os padrões e símbolos do lado traseiro. O modo como são obtidos esses efeitos surpreendentes representa um alto grau de engenhosidade e habilidade dos artesãos de 1.200 anos atrás.

---

208. Ignacio Bernal, *The Olmec World*. Berkeley: University of California Press, 1969, p. 78. (X1)

209. Anônimo, "Magic Mirrors and Burning Lenses". *Scientific American*, vol. 5, nº 235, 1861. (X1)

210. Berthold Laufer, *The Prehistory of Aviation*. Chicago: Field Museum of Natural History, 1928. (X1)

> **Espelhos côncavos são usados para acender fogueiras há séculos. Normalmente, não são anômalos. Claro que tal afirmação teria de ser corrigida se for verdadeira a velha história de que Arquimedes construiu espelhos côncavos enormes para atear fogo nas naus romanas durante o cerco de Siracusa.**

A forma básica do espelho, com o desenho na parte de trás, é plana; e a convexidade da superfície foi produzida depois, com raspagem e esfregação. A superfície foi, então, polida até brilhar. As pressões provocadas por esses processos fizeram as partes mais finas da superfície saltarem para fora, ficando mais convexas que as partes mais grossas. Por fim, uma amálgama de mercúrio foi posta sobre a superfície; isso gerou mais pressão e um abalroamento preferencial. O resultado foi que as imperfeições da superfície do espelho correspondiam às dos padrões no lado de trás, embora fossem muito diminutas para ser vistas a olho nu. Mas, quando o espelho refletia a luz do sol contra uma parede, com a resultante ampliação de toda a imagem, o efeito era a reprodução dos símbolos, como se passassem através do bronze sólido por meio de raios de luz.[211]

O cientista britânico W. Bragg descobriu o segredo desses espelhos mágicos chineses em 1932. Na realidade, o desenho nas costas de bronze deles era *reproduzido* na superfície polida frontal de uma maneira tão sutil que só aparecia quando ampliado. A fabricação desses espelhos mágicos exigia, obviamente, grande habilidade.

Espelhos acendedores. Espelhos côncavos são usados para acender fogueiras há séculos.[212] Normalmente, não são anômalos. Claro que tal afirmação teria de ser corrigida se for verdadeira a velha história de que Arquimedes construiu espelhos côncavos enormes para atear fogo nas naus romanas durante o cerco de Siracusa. Esses espelhos gigantes de Arquimedes, mencionados com frequência, parecem pertencer à mesma classe lendária do espelho de "Raio X". Mas, pelo menos os de Arquimedes seriam compatíveis com as leis

---

211. Anônimo, "Magic Mirrors". *The Courier Magazine*, October 1998, p. 16. (X1)

212. *Ibid.*, p. 4. (X1)

conhecidas da óptica... Seu único ponto de interesse aqui é o tamanho grande.

X2 – Lente para aumentar e acender

Em contraste com os refletores (X1), a natureza oferece poucos amplificadores naturais. Podemos ver certa ampliação em gotas esféricas de água nas pontas das folhas, mas quase nada, além disso, na natureza, dá uma ideia da ampliação óptica por meio de materiais lenticulares. Mesmo assim, a Natureza proporciona sólidos transparentes, como por exemplo, o quartzo cristalino, que são bons materiais para lentes. O quartzo cristalino tinha valor ritual e decorativo para a maioria dos povos antigos; e é muito provável que, enquanto trabalhavam com quartzo por suas características não ópticas, os primeiros artesãos reconhecessem suas propriedades de ampliação de imagem. Não devia ser mais que um passo conceptual curto de uma joia de quartzo redonda para uma lente de uso prático.

Um segundo caminho *potencial* até a lente de aumento pode ter sido através de pequenas lentes de água. Uma gota de água suspensa em um círculo de arame com oito milímetros de diâmetro pode ampliar até 5X. O mesmo resultado se obtém com um pequeno orifício em uma folha de metal redonda.

As primeiras lentes potenciais eram esferas de vidro, de acordo com relatos provenientes do antigo Egito e da Mesopotâmia desde cerca de 3500 a.C. Como essas esferas – naturais ou artificiais – eram obtidas, não se sabe.[213] Além do mais, apenas se supõe que essas esferas de vidro fossem utilizadas para ampliação de imagem. Talvez seu único propósito fosse ornamental. Entretanto, o uso delas em micro inscrições não pode ser descartado.

As esferas egípcias transparentes teriam produzido uma distorção considerável da imagem, se fossem usadas como artefatos ópticos. Portanto, era necessário que houvesse outra inovação, mais casual que pretendida, até que surgissem as lentes em forma de disco.

As primeiras lentes incontrovertíveis apareceram no Oriente Médio por volta de 3000 a.C.[214] Eram feitas de cristal de rocha. Creta costuma ser mencionada como uma pioneira na produção de lentes de cristal de rocha, com as primeiras datas variando muito,

---

213. Anônimo, "Egyptians Had Magnifiers". *Science News Letter*, vol. 15, nº 195, 1929. (X2)
214. Fenelia Sanders, "Eyeglasses". *Discover*, vol. 22, nº 19, fevereiro de 2001. (X2)

entre 2000 a.C[215] e 1200 a.C.[216] Essas primeiras datas não são debatidas na arqueologia como o *primeiro uso* das lentes. A primeira e mais básica aplicação de lentes citada nos livros didáticos é a de "vidro acendedor"; ou seja, as lentes eram usadas apenas para acender fogo.[217] O fato de muitas lentes serem encontradas com orifícios para suportes que as sustentavam em volta do pescoço corrobora essa afirmação. O uso de lentes para ampliação não deve ter se tornado comum até o século 12.[218] Em MMT4-0,[219] na discussão a respeitos das microinscrições, defende-se fortemente a premissa de que os antigos microentalhadores não poderiam produzido suas inscrições minúsculas, quase invisíveis, sem auxílio óptico. Mas alguns historiadores contestam essa afirmação apelando para a acuidade visual reconhecida de míopes – pessoas que não enxergam bem a distância – os quais teriam de se aproximar tanto de seu trabalho que as lentes não eram necessárias. Intuitivamente, duvidamos da explicação míope para a microinscrições, mas L. Gorelick e A. J. Gwinmett defendem com unhas e dentes o valor prático da miopia! Alguns supõem, inclusive, que deveria haver uma "associação" de míopes, criada por meio de relacionamento seletivo!

X3 – TELESCÓPIOS ANTIGOS

Telescópios refletores necessitam de duas lentes boas alinhadas em um tubo. Que um arranjo com duas peças de vidro moído resultassem uma "luneta" altamente útil não nos parece óbvio. Em outras palavras, a invenção do telescópio foi muito mais complicada que a descoberta da ampliação óptica básica.

A história convencional nos assegura que o crédito por fazer o primeiro telescópio prático é de Galileu (1564-1642). Há, no entanto, indícios que Galileu talvez não tenha sido o primeiro.

- O imperador chinês Chan, c. 2283 a.C., é aclamado por ter disposto dois vidros de aumento para observações dos planetas.[220]
- Mais ou menos 500 anos antes de Galileu, os Vikings possuíam lentes de cristal de rocha de qualidade suficiente

---

215. Willis, Ronald J., "Ancient Technology". *INFO Journal*, nº 9, 1972, p. 1. (INFO = International Fortean Organization) (X2, X5, X8)

216. *Ibid.*, p. 8. (X2)

217. *Ibid.*, p. 1. (X1-X3, X5, X8)

218. *Ibid.*, p. 10. (X2, X5, X8)

219. Outro capítulo de *Archeological Anomalies*. – Ed.

220. Anônimo, "Antiquity of the Lens". *Scientific American*, vol. 69, nº 104, 1893. (X2, X3)

para fazer um telescópio. Mas será que fizeram?[221]
- Mais prejudicial à reputação de Galileu é o conto segundo o qual o fazedor de óculos de flamengo J. Lippershey pode ter construído um telescópio que funcionava; a notícia dessa invenção teria chegado aos ouvidos de Galileu, que também fabricou um e ganhou todo o crédito.[222]

Portanto, vemos certos desafios à história convencional do telescópio. Não podemos ter certeza de quem descobriu seus princípios ópticos.

X4 – Pedras do Sol

Antes da descoberta da bússola magnética, os navegantes que ousavam velejar para além da terra visível empregavam uma vasta gama de dispositivos para se orientar. Claro que as estrelas, o Sol e um conhecimento acumulado de correntes oceânicas faziam parte do repertório do navegante em mar profundo. A tudo isso, foram acrescidos os relógios de sol portáteis, a assim-chamada bússola-canivete e vários "discos de rolamento".[223]

Esses instrumentos, embora avançados, não podem ser vistos como de alta tecnologia. Uma exceção é a "pedra do sol" nórdica.

Os marujos nórdicos costumam viajar em latitudes altas, onde o Sol ficava frequentemente encoberto por neblina e nuvens. Para encontrar o Sol em tais condições, os navegantes nórdicos erguiam suas pedras do Sol, que não mostravam a direção dele em si, mas, sim, a perpendicular. As pedras do Sol eram pedaços de cristais birrefringentes que detectavam luz solar polarizada, espalhada pela atmosfera. Sob um pequeno fiapo azul no céu ou mesmo em áreas mais finas das nuvens, essas pedras podiam determinar a direção do Sol – mesmo que estivesse alguns graus abaixo do horizonte. Dois minerais parecem ter sido usados pelos nórdicos: espato da Islândia (calcita) e cordierita (um silicato de alumínio e magnésio).[224]

Sem dúvida, eles não conheciam os princípios ópticos envolvidos, mas sabiam como usar as pedras do Sol. Não se sabe exatamente quem notou pela primeira vez a utilidade desses dispositivos naturais de navegação.

---

221. Anônimo, "Did the Viking Make a Telescope?". *NEARA Transit*, vol. 12, nº 1, 2000. (NEARA = New England Antiquities Research Association.) (X3)

222. *Ibid.*, p. 1. (X1-X3, X5, X8)

223. Stephen C. Jett, "The Norse in the North Atlantic: An Overview". *Pre-Columbiana*, vol. 2, nº 3, junho de 2000. (X4); Thorkild Ramskov, "Vikings, Their Voyaging and Their Navigation". *Pre-Columbiana*, vol. 2 nº 42, junho 2001. (X4)

224. *Ibid.*, p. 18. (X4); *Ibid.*, p. 19. (X4)

X5 – Bússolas de magnetita

Não sabemos quem descobriu a primeira magnetita, mas os antigos deviam pensar que esse pedaço de rocha era habitado por um espírito, ou imbuído de magia. Os chineses certamente conheciam as estranhas propriedades direcionais da magnetita, cerca de 2 mil anos atrás. Em vez de aplicar o mineral para navegar em água salgada, os chineses a usam para orientar a construção de seus edifícios. Ou seja, as primeiras bússolas parecem ter sido usadas mais para geomancia que para navegação.[225]

Aparentemente, a primeira aplicação navegacional das magnetitas ocorreu sob o solo e não no mar. Os iranianos, mais ou menos 5 mil anos atrás, teriam usado a magnetita para se orientar através de túneis![226]

Por fim, as magnetitas passaram a ser flutuadas em líquido ou suspensas por um cordão e aplicadas em navegação marinha. Mas mesmo nisso, ainda não vemos nada anômalo. O grande enigma arqueológico/antropológico associado à magnetita se encontra no Objeto M-160. Essa magnetita, trabalhada com esmero até

Os olmecas fizeram desta magnetita em barra sulcada uma bússola de qualidade aceitável, quando flutuada. X, Y e Z são os eixos da barra; M é vetor de momento magnético. (X5)

adquirir formato de barra, com sulcos, foi localizada no antigo sítio olmeca de San Lorenzo, Vera Cruz, México. Quando flutuada, a M-160 servia como bússola de qualidade aceitável. Assim como os chineses, porém, os olmecas parecem ter usado a M-160 para geomancia; isto é, planejar e construir seus edifícios de acordo com forças naturais, que neste caso é o campo geomagnético invisível, mas misteriosamente presente.

A anomalia da M-160 está em sua idade: 1450-1000 a.C. Ela deve ser mil anos anterior às "primeiras bússolas" atribuídas aos chineses.[227]

---

225. John B. Carlson, "Lodestone Compass: Chinese or Olmec Primacy?" *Science*, vol. 189, nº 753, 1975. (X5)

226. *Ibid.*, p. 10. (X2, X5, X8)

227. *Ibid.*, p. 22. (X5); Vincent H. Malstrom, "Knowledge of Magnetism *in* Pre-Columbian Mesoamerica". *Nature*, vol. 259, nº 390, 1976. (X5); *Ibid.*, p. 1. (X1-X3, X5, X8)

A história da magnetita deve envolver muito mais que o pioneirismo da invenção da bússola. Existem várias outras afinidades fortes entre os chineses e olmecas, tais como traços chineses em esculturas olmecas, estilo chinês na arte olmeca e escrita chinesa em artefatos olmecas.

A história da magnetita deve envolver muito mais que o pioneirismo da invenção da bússola. Existem várias outras afinidades fortes entre os chineses e olmecas, tais como traços chineses em esculturas olmecas, estilo chinês na arte olmeca e escrita chinesa em artefatos olmecas. Ocorrem-nos as seguintes possibilidades:

> 1 – Talvez os chineses tenham feito e usado bússolas de magnetita em período anterior ao que se acredita hoje; teriam, então, levado a bússola ao olmecas, no Novo Mundo pré-colombiano uns 3 mil anos atrás.
> 2 – Ou os chineses velejaram até o Novo Mundo sem a bússola e aproveitaram a ideia dos olmecas, os verdadeiros inventores dela.

A difusão pré-colombiana implícita nesta ou naquela direção atravessando o Pacífico é, claro, anátema para a ciência ortodoxa, além de altamente anômala.

Um desenho sugestivo em uma caverna. Na parede de uma caverna em Irian Jaya, Indonésia, existe um desenho que lembra o *torquetum* medieval, um instrumento usado para estudar os movimentos dos planetas, e também capaz de determinar a latitude à noite. Esse desenho foi descoberto pela Expedição Frobenius de 1937-1938. A data provável dele é por volta de 232 a.C., vários anos antes do instrumento europeu análogo.[228]

Infelizmente, desenhos sugestivos encontrados em cavernas não constituem boa evidência.

O "ábaco" dos bascos. Apesar de o nome ser o mesmo do objeto de cálculo tão conhecido, o ábaco basco era um auxílio navegacional de *design* desconhecido. Segundo A. E. Rothovius, devia ser muito eficaz.

Os bascos também desenvolveram um aparelho ao estilo do

X6 – DOIS DISPOSITIVOS NAVEGACIONAIS PROBLEMÁTICOS

---

228. Sentiel Rommel, "Maui's Tanawa, a *Torquetum* of 232 B.C.". Epigraphic Society, *Occasional Publications*, vol. 2, texto 29, 1975. (X6)

ábaco para leitura do número verdadeiro de seus *lekus* (de onde deriva a palavra "liga") em qualquer latitude, dando-lhes habilidade navegacional maior para atravessar o mar aberto. Esse sistema era a fonte dos mapas portulanos, altamente precisos, que vieram dos fazedores de mapas bascos e catalães no século XIII, e para os quais há muito se procura, em vão, a chave de seu segredo. Usado meridianamente (norte-sul), o *leku* tinha um comprimento fixo de 3/70 milésimos de grau de longitude.[229]

Não conseguimos imaginar como seria um instrumento navegacional "ao estilo do ábaco"!

X7 – O PI: ASTRONÔMICO, DECORATIVO OU OUTRA COISA?

Os Pis são discos de jade confeccionados pela primeira vez na China, em algum momento antes da Dinastia Shang (c. 1500-1100 a.C.) Com 10-15 centímetros de diâmetro, os Pis em forma de disco possuem um orifício central que encaixa em um cabo oco através do qual podemos contemplar as estrelas e pequenas projeções. O número e as posições da cunha e das projeções variam muito entre os Pis ainda existentes.

Os antigos astrônomos chineses "talvez" usassem as marcas na borda do Pi para localizar estrelas circumpolares proeminentes e, com isso, determinar o norte verdadeiro. (X7)

Em 1947, Henri Michel propôs que o Pi teria sido usado pelos antigos chineses para localizar o norte verdadeiro, que naquela época não era ocupado por uma estrela proeminente.

O observador simplesmente alinhava determinadas estrelas circumpolares brilhantes com marcas pré-calibradas e projeções na borda; e o instrumento ficava automaticamente alinhado com o Norte verdadeiro.[230]

---

229. Andrew E. Rothovius, "The Primacy of the Basques". *Louisiana Mounds Society Newsletter*, nº 53, October 1, 1992, p. 8. (X6); based on Evan Hadingham, "Europe's Mystery People". *World Monitor*, setembro de 1992, p. 34. (X6)

230. Henri Michel, "Le Disque Pi: Jade Astronomique", *Kadath*, nº 13, maio-julho de 1975, p. 33. (X7); Henri Michel, "Encore un Jade Astro-

A teoria de Michel parece sensata, mas, em 1983, B. E. Schaefer questionou a utilidade do Pi como localizador do Norte verdadeiro. Ele afirmou que a variabilidade das marcas nas bordas dos Pis do mesmo período contradizia a hipótese de Michel. Acrescentou ainda que as bordas dos Pis não tinham um alinhamento exato com estrelas que estavam em proeminência na época que eles teriam sido feitos. Michel defendeu sua hipótese em uma edição de 1986 de *Kadath*.

Talvez os Pis não fossem sequer instrumentos científicos. Há quem sugeria que eles tinham apenas um uso decorativo. No entanto, as marcas e projeções parecem ter um propósito e não possuem uma aparência artística. O real propósito dos Pis ainda não é determinado com certeza.

X8 – Sismógrafos antigos

O primeiro sismógrafo conhecido, assim como muitas outras invenções, é de origem chinesa. Apareceu pela primeira vez no século II d.C., quando o polímata Chang Heng presenteou o Imperador e sua corte com um instrumento que podia não somente detectar terremotos distantes, mas também indicar a direção aproximada de seus epicentros. Os sábios da corte zombaram dele, no princípio, mas se assustaram quando o aparelho registrou subitamente um tremor de terra a noroeste da capital. Nenhum tremor era sentido na capital, mas logo chegaram mensageiros confirmando o evento.

O exterior do sismógrafo de Heng já foi reproduzido em desenho várias vezes, mas seu interior é um mistério. De acordo com uma das teorias, ele teria um pêndulo invertido do eixo. Quando as ondas de um terremoto passam, esse pêndulo interno oscila, batendo e pressionando para fora um dos oito bastonetes horizontais. O bastonete, por sua vez, empurra uma bola para fora da boca de um dos oito dragões montados do lado externo do instrumento. A bola deslocada é pega (ou assim, se espera) por uma das rãs abaixo, indicando assim a direção oposta do epicentro do tremor.[231]

Como inventor no século II d.C., Heng demonstrou uma considerável proficiência geofísica, além de sua engenhosidade mecânica.

---

nomique Inconnu: Le T'ou-Kuei", *Kadath*, nº 20, novembro-dezembro de 1976, p. 9. (X7)

231. *Ibid.*, p. 10. (X2, X5, X8); *Ibid.*, p. 1. (X1-X3, X5, X8)

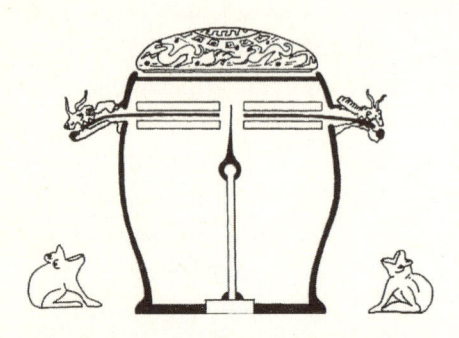

Esboço do sismógrafo de Heng, século II d.C. Um terremoto deslocaria uma das bolas, que cairia na boca de uma das rãs do círculo de rãs, informando a direção do epicentro. (X8)

X9 – Antigos pesos e medidas

Uma medida de uma civilização antiga é a sua padronização de pesos e medidas para uso em comércio e os instrumentos baseados neles.

O Vale do Indo. A cultura Harappa, do Vale do Indo, chegou ao seu auge 4 mil anos atrás, contando com mil cidades e aldeias espalhadas pelo Paquistão e noroeste da Índia. Seu sistema de escrita até hoje não foi decifrado, mas sabemos que incluía um padrão de pesos. A base desse sistema era uma série graduada de cubos de pedra, cada qual um múltiplo de uma unidade básica de peso. Era um conceito sofisticado para impor em uma área tão grande cerca de 4 mil anos atrás.[232]

---

232. Richard H. Meadow and Jonathan Mark Kenoyer, "The Indus Valley Mystery". *Discovering Archaeology*, vol. 2, nº 38, março/abril 2000. (X9)

A cultura Harappa, do Vale do Indo, chegou ao seu auge 4 mil anos atrás, contando com mil cidades e aldeias espalhadas pelo Paquistão e noroeste da Índia. Seu sistema de escrita até hoje não foi decifrado, mas sabemos que incluía um padrão de pesos.

O Império Inca. O Império Inca se espalhou por quase todo o lado ocidental da América do Sul e longitudinal, desde os Andes até o Pacífico. O comércio fluía por todo esse continente graças às famosas estradas incas e, ao longo da costa, em enormes balsas. Esse comércio não seria viável sem pesos e medidas padronizados, bem como instrumentos precisos. Algumas das balanças dos incas são interessantes o suficiente para ser incluídas aqui.

No Museu Arqueológico de Madri, há dois conjuntos de balanças e quatro vigas, de sepulcros dos incas em Pachacamac, Peru... Uma tira plana de osso suspensa pela borda por um cordão forma a viga. Nas extremidades da viga se dependuram, presas por cordões curtos, tiras de uma rede feita de fios finos, com as pontas fortalecidas por cordão. Uma dessas balanças é lisa, enquanto a viga da outra é decorada com círculos e pontos, e curvas contornando os espaços entre as figuras. Essas incisões foram esfregadas com tinta vermelha. O cordão longo de sustentação se alterna em pontos com uma fileira de pequenas contas de turquesa e conchas vermelhas e brancas, e um pedaço oblongo de concha espetada através do eixo. O fio termina com uma figura de pássaro e um ornamento de concha representando um ser humano sentado e portando um cocar. Desse conjunto descem três pequenos pingentes de contas e contas; e o todo forma uma espécime ornada e impressionante.[233]

O objeto parece ter sido uma balança funcional e sofisticada, marcados com algum tipo de indicador.

---

233. Walter Hough, "Balances of the Peruvians and Mexican." *Science*, vol. 21, nº 30, 1893. (X9)

5

RELIGIÕES E SABEDORIAS

CRIAÇÃO DE UM POVO SÁBIO: O CALENDÁRIO MAIA

Sharon Secor

Dizem que o conhecimento coletivo de uma cultura de suas épocas passadas é influenciado por aqueles que conquistam e governam. Por vários séculos, rezava o senso comum que os conquistadores espanhóis subjugaram e civilizaram os nativos selvagens do Novo Mundo. Depois das orgias iniciais de destruição por parte dos espanhóis invasores, grande parte do conhecimento das grandes civilizações e das conquistas intelectuais sofisticadas dos povos nativos ficou perdida por centenas de anos. O calendário maia é um desses acervos de conhecimento, uma demonstração clara de uma civilização confortável nos planos superiores do intelecto e do pensamento.

Os primeiros grupos pequenos de caçadores e coletores das Américas mais baixas parecem ter chegado cer-

> O calendário maia é um desses acervos de conhecimento, uma demonstração clara de uma civilização confortável nos planos superiores do intelecto e do pensamento.

ca de 11 mil anos antes de Cristo, segundo o consenso geral. Os sistemas e culturas sociais se desenvolveram de forma gradual e essas sociedades primitivas se tornaram capazes de sustentar as necessidades físicas básicas que garantiriam a sobrevivência de um povo. Com a transição para os assentamentos agrícolas, adveio a habilidade para suster aumentos populacionais e a capacidade de produzir um nível excedente de bens.

Essa capacidade de produzir bens excedentes ajudou a trazer mudanças significativas na estrutura social. Encorajou o desenvolvimento do comércio e a evolução de um sistema econômico mais formal. Isso, por sua vez, contribuiu para o surgimento de classes sociais mais distintas e especializadas, algumas da quais já não participavam da labuta física de produzir alimento, mas eram, ao contrário, livres para se dedicar às aspirações cerebrais que permitiam o desenvolvimento de sacerdotes-xamãs, pensadores e planejadores. Essas mudanças em estrutura social possibilitaram o florescimento das ricas explorações intelectuais e espirituais que são as bases das grandes civilizações.

Surgimento dos maias

Os maias surgiram no Iucatã como um grupo cultural distinto, por volta de 2600 a.C., para depois se espalharem e ocuparem cerca de um terço da Mesoamérica, incluindo partes do México, Guatemala, Honduras, El Salvador e Belize. Pode-se afirmar, no entanto, que sua influência afetou toda a cultura mesoamericana.

O sistema calendárico maia, com a complexidade de sua metodologia e significado, é um exemplo vigoroso das alturas a que um povo pode chegar quando desfruta a liberdade para pensar além da sobrevivência do dia a dia. De fato, enquanto os romanos – precursores dos invasores europeus que varreriam as Américas um dia – construíam estradas, trazendo estrutura ao seu Império Romano, os maias mapeavam o universo, tentando compreender a estrutura do próprio tempo.

Assim como a maioria das culturas mesoamericanas, a compreensão do mundo pelos maias era infundida de uma forte espiritualidade. Perfeitamente natural, uma vez que a produção constante e previsível de alimentos, a base de qualquer sociedade bem-sucedida, devia parecer-lhes uma dádiva graciosa. De fato, os maias viam essa dádiva como a própria vida e imbuíam suas histórias da criação com esse conceito, pois, na religião deles, os deuses usaram o milho para formar os primeiros seres humanos completos.

O conhecimento das relações funcionais com os vários deuses agindo no mundo físico e o uso da força, da energia, oriundas dessas relações, eram de grande importância. Tratava-se, naqueles tempos de incerteza, de uma questão de vida ou morte. Cumprir as obrigações para com os deuses, obrigações estas baseadas nos sacrifícios deles em criar os seres humanos e nas graças por eles concedidas para manter essas vidas, era um aspecto da ordem cósmica que, para os maias, seria essencial para a continuação do universo.

Quase de igual importância era a habilidade para decifrar e utilizar os ciclos, grandes e pequenos, da Natureza e do Cosmos. Os ciclos da agricultura, do céu, das mulheres... o conhecimento dos ciclos inerentes ao funcionamento do mundo era o meio pelo qual a ordem – portanto a vida – era obtida a partir do caos. Essencial para a capacidade maia de manter a ordem era o dom de entender e medir o tempo. Eles queriam ter certeza. Desse desejo e necessidade, nasceu o sistema calendárico maia.

INCRIVELMENTE CORRETO

Composto basicamente de três sistemas de datas separados – a *Contagem Longa*, o *Tzolkin* (calendário divino ou sagrado) e o *Haab* (calendário civil) – usados em conjunto e baseado em observações astrológicas qualificadas e cálculos matemáticos muito avançados para a época, o calendário maia era, de acordo com os padrões atuais, incrivelmente correto. Segundo o antropólogo de Yale e especialista nos maias, Floyd Lounsbury, em um simpósio realizado em Kimbell, Arkansas, em julho de 1986, "os maias desenvolveram um calendário complexo de 'contagem de dias' 16 séculos antes que um sistema semelhante fosse elaborado na Europa".

Na cultura maia, os sacerdotes-xamãs tinham grandes responsabilidades, pois eram os mediadores entre os homens e os deuses, realizando rituais e ritos essenciais para manter a ordem necessária para o funcionamento perfeito da vida. Astronomia e matemática eram de grande interesse para esses sacerdotes-xamãs, porque foi o domínio dessas disciplinas que lhes possibilitou elaborar o sistema calendárico em torno do qual girava a vida maia.

Importantíssimo para a vida cotidiana era o *Tzolkin* de 260 dias, ou calendário divino. O mais velho dos três sistemas, com antigas versões em pedra que datam de 400 a.C., esse era o calendário que regia o trabalho agrícola e marcava os rituais e ritos religiosos esperados dos sacerdotes e da população. Utilizado ainda hoje, o Tzolkin usa 20 nomes de dias em combinação com os numerais 1 a 13, sendo que cada combinação de

Utilizado ainda hoje, o Tzolkin usa 20 nomes de dias em combinação com os numerais 1 a 13, sendo que cada combinação de nome e numeral é associada a certas características e atributos, consistindo, assim, em uma valiosa ferramenta de compreensão e conhecimento para os sacerdotes-xamãs, do passado e do presente.

> **Para eles, os ciclos associados aos dias, meses e até mesmo toda a vida de um homem consistiam apenas em uma parte pequena dos ciclos e padrões gerais do Universo; ciclos estes que os maias estavam determinados a decodificar.**

nome e numeral é associada a certas características e atributos, consistindo, assim, em uma valiosa ferramenta de compreensão e conhecimento para os sacerdotes-xamãs, do passado e do presente.

O *Haab*, também chamado de Calendário Civil, também baseado em ciclos agrícolas, era mais usado em questões civis e comerciais. Composto de 18 meses e 20 dias cada, com um período curto adicional, ou mês, de cinco dias, para um total de 365 dias, esse calendário também era conhecido como o *Ano Vago*. Esses cinco dias, chamados de Wayeb, eram considerados de mau agouro, ou até perigosos. O Haab e o Tzolkin costumavam ser usados juntos e cobriam um ciclo de 52 anos, sendo essa a quantidade de tempo que levava para uma combinação de mês e dia se repetir, com os dois conjuntos de nomes e dias numéricos.

A NECESSIDADE DA CONTAGEM LONGA

Embora o *Calendário Redondo*, nome dado ao conjunto *Haab* e *Tzolkin*, fosse suficiente para as necessidades da maioria das culturas mesoamericanas, os maias precisavam de mais. Para eles, os ciclos associados aos dias, meses e até mesmo toda a vida de um homem consistiam apenas em uma parte pequena dos ciclos e padrões gerais do Universo; ciclos estes que os maias estavam determinados a decodificar. Para tal fim, eles tinham de ser capazes de medir e registrar quantidades enormes de tempo. Necessitavam do calendário de *Contagem Longa*.

Habilidades matemáticas eram importantes para tal feito. Os maias aceitaram o desafio e, no decorrer do século IV d.C., seus pensadores alcançaram o conceito do zero, um conceito matemático que só chegou à Europa no século XII. Com uma de suas qualidades importantes, a de caracteres de preenchimento, e o conceito do valor posicional dos números, eles conseguiam expressar os números grandes necessários para sua Contagem Longa, que teria iniciado no dia da criação – 13.0.0.0.0, ou em termos mais familiares, 13 de agosto de 3114 a.C.

Contando os dias, um por um, desde a aurora da criação maia, a *Contagem Longa* se baseava no que chamamos de "sistema vigesimal modificado" de números, com uma concha indicando zero, um ponto o número 1 e uma barra para o número 5. O ano tinha 360 dias, composto de 18 meses de 20 dias. As datas típicas eram compostas de glifos simbolizando períodos de tempo – *k'in* (dia), *winal* (mês), *tun* (ano), *katun* (7.200 dias ou 20 *tun*), *baktun* (144 mil dias ou 20 *katun*) – e o número apropriado. A data começa com a medida maior e desce até a menor, *k'in* ou dia.

O calendário da Contagem Longa operava em ciclos de 13 *baktuns*, ou aproximadamente 5.125 anos. De acordo com os cálculos maias, esse ciclo, que começou em 13 de agosto de 3114 a.C., chegou ao fim em 23 de dezembro de 2012. Há ligeiras diferenças nas interpretações dos pesquisadores, mas essa data costuma ser o consenso. Alguns pesquisadores preferem 21 de dezembro de 2012, enquanto um pequeno grupo deles calculou datas que diferem entre dois meses a alguns anos.

Os maias eram grandes observadores do céu e ótimos guardadores de registro. A partir de suas criteriosas observações do firmamento – movimentos da Lua, dos planetas visíveis, das estrelas, eclipses do Sol e da Lua, cometas e outros fenômenos – e registros detalhados de informações coletadas em períodos extensos de tempo, eles conseguiam calcular o número de dias em ciclos como o ano solar, o mês lunar e o percurso no céu do planeta Vênus, tudo com uma precisão surpreendente.

Usando das varas juntas para formar um ângulo de 90° com o olho nu, eles observavam os movimentos celestes, permitindo-lhes determinar que o ano era feito de 365,242 dias. Nossos métodos modernos nos informam que são 365,242198 dias. Segundo os cálculos de hoje, o mês lunar médio tem 29,53059 dias. Os observações maias do céu chegaram a conclusões semelhantes, com dados existentes até hoje de Copan mostrando um ciclo de 29,5302 dias e o de Palenque indicando 29,5308. Graças a seus registros minuciosos de observações astrológicas, os maias criaram livros, ou códices, e calendários astrológicos especializados.

UMA HISTÓRIA ESCRITA DESTRUÍDA

Quando os espanhóis chegaram às Américas, os maias já mantinham registros escritos havia séculos. Estima-se que o estilo maia de escrita entrou em uso por volta de 100 a.C., provavelmente desenvolvido a partir de sistemas anteriores que, segundo estimativas, já eram utilizados

> "Encontramos uma quantidade grande de livros nesses caracteres (referindo-se aos glifos maias); e como nada continham que não fosse visto como superstição e mentiras do diabo, nós os queimamos, o que os fez lamentar intensamente, causando-lhes grande sofrimento", disse o frade De Landa.

desde 700 a.C. Escritores prolíficos, os maias registravam não apenas as observações astrológicas e cálculos matemáticos, mas também muitos aspectos de sua vida e história. Entretanto, na ânsia espanhola de tomar conta de territórios e dominar povos do que era considerado um novo mundo, a grande maioria desses escritos foi destruída.

Em 1562, durante um período de três meses, o segundo bispo de Iucatã, o frade espanhol Diego de Landa tentou civilizar e cristianizar os povos nativos, usando técnicas de conversão que incluíam mutilação e tortura. Ele se empenhou em fazer os nativos aceitarem seu amável e pacífico Cristo como Senhor, por meios tais como queimar dissidentes vivos, enforcá-los em árvores e afogá-los. Em seus esforços para destruir a cultura desses povos, ele achou por bem dizimar a obra de gerações.

"Encontramos uma quantidade grande de livros nesses caracteres (referindo-se aos glifos maias); e como nada continham que não fosse visto como superstição e mentiras do diabo, nós os queimamos, o que os fez lamentar intensamente, causando-lhes grande sofrimento", disse o frade De Landa. No entanto, o frade registrou muitas informações em seu livro intitulado *Relación de las Cosas de Yucatan*, ou, em inglês, *An Account of Things in the Yucatan*, escrito em 1566, embora a obra só fosse atrair atenção dali a quase três séculos.

Rastreando os céus

No mundo das ideias do século XVIII, em especial na literatura, o conceito do "selvagem nobre" começou a ganhar firmeza. Essa visão idealizada dos povos nativos, popularizada por autores e pensadores como Jean Jacques Rousseau e Mary Shelley, tornou-se tema dominante na cultura popular do século XIX. Talvez tenha sido consequência das maiores pressões sociais da urbanização e industrialização, uma espécie de anseio nostálgico por tempos mais simples, idealizando aqueles povos ainda não tocados pelos males sociais que costumam acompanhar as mudanças sociais drásticas. Visto sob tal perspectiva, o interesse renovado pela cultura maia, no começo do século XIX, não é uma surpresa. Os escritos de De Landa voltaram à tona em 1863.

Do fim do século XVIII ao presente, os pesquisadores têm se empenhado para recuperar o conhecimento perdido dos maias. Um punhado de códices sobreviveu à Conquista, bem como inscrições e glifos de numerosos sítios arqueológicos. Felizmente, De Landa e os outros de sua estirpe nunca conseguiram dizimar as culturas indígenas, pois, apesar dos esforços brutais para suprimir a própria língua dos povos nativos, muitas das histórias e tradições sobreviveram em narrativas orais, passando de geração em geração. Nas últimas décadas do século XX, grandes passos foram dados na tradução dos glifos maias, possibilitando que o *glamour* do calendário maia brilhasse em nosso mundo moderno.

O calendário maia é produto de muitas habilidades: a habilidade para escrever e registrar dados; elaborar e utilizar um sistema numérico; habilidades matemáticas; observação astrológica precisa; e a capacidade de pensar em grande escala. Hoje, quando se aproxima a data de 23 de dezembro de 2012 da Contagem Longa, teóricos de várias disciplinas debatem o que ela significa para nosso mundo moderno, se é que tem alguma relevância.

Muitos pesquisadores e estudiosos creem que a data anuncia um evento astrológico muito raro, no qual o alinhamento dos planos galáctico e solar ocorrerão no solstício de inverno no "centro escuro" da Via Láctea. Esse ciclo, que ocorre gradualmente durante um período de cerca de 26 mil anos, é chamado de precessão dos equinócios.

O fato de essa grande ocorrência coincidir com a *Contagem Longa* dos maias e seus calendários e cálculos astrológicos, bem como as histórias religiosas e os ensinamentos maias, apresentando uma encenação celestial de um cenário de criação apoteótico profundamente enraizado na cultura maia – uma celebração perfeita do fim do ciclo de 13 *baktun* e o começo do próximo – é visto por muitos pesquisadores e estudiosos como evidência de um extraordinário conhecimento, por parte dos maias, dos padrões do cosmos.

Linda Schele foi uma dentre esses estudiosos. Suas contribuições para a decifração dos escritos maias são quase imensuráveis. Ela obteve seu Ph.D. em estudos latinos americanos em 1980; e sua tese, ganhadora de um prêmio, *Maya Glyphs: The Verbs*, continua sendo grandemente respeitada. Além de lecionar na Universidade do Texas, Schele

Felizmente, De Landa e os outros de sua estirpe nunca conseguiram dizimar as culturas indígenas, pois, apesar dos esforços brutais para suprimir a própria língua dos povos nativos, muitas das histórias e tradições sobreviveram em narrativas orais, passando de geração em geração.

foi arqueóloga, epigrafista e artista, bem como autora de coautora de numerosos livros e artigos a respeito da história e cultura dos maias.

Em um livro publicado em 1993, *Maya Cosmos: Three Thousand Years on the Shaman's Path*, Linda Schele, com David Freidel e Joy Parker, escreveu em tons provocativos sobre sua percepção de que "toda imagem importante do simbolismo cósmico maia era provavelmente um mapa do céu... [Os] padrões na Via Láctea e as constelações tinham uma relação direta com a visão maia da Criação". As histórias da religião dos maias estão escritas nas estrelas, com episódios cíclicos repetidos no firmamento com o passar das eras.

Trabalhando com esse paradigma da fusão maia de espiritualidade e padrões do cosmos, utilizando inscrições que representam eventos celestes, contos da criação escritos e orais e, claro, registros astrológicos e calendários detalhados dos maias, alguns teóricos, como John Major Jenkins, passaram a crer que os maias conheciam esse processo sutil da precessão dos equinócios.

Aproximando-se do clímax

O evento astrológico apoteótico que marca o fim desse grande ciclo já foi descrito como o Sol no solstício, simbolizando uma divindade, emergindo do "centro escuro" da Via Láctea, representando o canal de nascimento da Primeira Mãe Cósmica, como o renascimento de deus, que por sua vez simboliza o nascimento de uma Nova Era. Essa relação vem do imaginário da criação do texto sagrado dos maias, o *Popol Vuh*.

Em meio às visões apocalípticas tradicionais do fim – fogo, dilúvio, terremotos, guerra e peste – há algumas teorias do fim que são incomuns e se destacam do restante.

Outros pesquisadores e teóricos têm uma visão mais literal da data final do calendário, levando em conta a crença nos ciclos de nascimento, morte e renascimento da criação – ou do mundo – que faz parte dos sistemas mesoamericanos de crenças, bem como de muitos outros no mundo. Alguns teóricos proclamam, como muitos já o fizeram em eras passadas, que o fim está próximo.

Em meio às visões apocalípticas tradicionais do fim – fogo, dilúvio, terremotos, guerra e peste – há algumas teorias do fim que são incomuns e se destacam do restante. Um desses teóricos é Maurice Cotterell, coautor com Adrian Gilbert, de *As Profecias Maias* (1995). Sua visão é de que as manchas solares afetam o campo magnético da Terra. Ele crê que o calendário maia demonstra o conhecimento maia dos ciclos de manchas solares e do risco potencial de afetar a vida na Terra; e a data do fim na *Contagem Longa* marca o ponto em que o ciclo de manchas solares causará destruição cataclísmica por causa da reversão abrupta do campo magnético e das mudanças dos polos Sul e Norte.

Destruição, seguida de renascimento

A maioria das tradições religiosas do mundo, incluindo o Cristianismo e o Hinduísmo, bem como as religiões egípcias, mesoamericanas e africanas, expressam o conceito da destruição e do renascimento da humanidade no mundo, de uma forma ou de outra, literal ou figurada. Essa quase universalidade do conceito inspirou muitos pensadores religiosos e da Nova Era, seguidores das mais variadas perspectivas espirituais, a ver a aproximação da data do fim segundo o calendário maia como um evento esperançoso e positivo na história humana, acreditando que, embora talvez passemos por um período de destruição, essa era deve ser considerada como as dores do parto necessárias para dar à luz uma Nova Era na história da humanidade, uma era de iluminação, de consciência universal e paz.

Os debates em torno dos mistérios e dos significados do calendário maia e a relevância da data do fim certamente continuarão nos anos por vir. Um aspecto, porém, do magnífico calendário maia parece claro. É a criação de um povo sábio que produziu pensadores que se sentiam tão à vontade no mundo terrestre como nos cosmos, uma civilização que honrava verdadeiramente as grandiosas dádivas conferidas por seus deuses.

Fontes:

www.civilization.ca/civil/maya/mmc09eng.html

www.answers.com/topic/itzamna

news.nationalgeographic.com/news/2004/05/0504_040505_mayamasks.html

www.usatoday.com/news/world/2004-05-10-maya-city_x.htm

www.britannica.com/eb/article?tocId=40841

www.mediatinker.com/whirl/zero/zero.html

webexhibits.org/calendars/calendar-mayan.html

www.mayacalendar.com/mayacalendar/Home.html

www.wsu.edu:8080/~dee/CIVAMRCA/MAYAS.HTM

www.unm.edu/~abqteach/Archeo-CUs/99-01-08.htm

library.thinkquest.org/13406/rr/

www.unc.edu/courses/rometech/public/content/transport/Adam_Pawluk/Contruction_and_Makeup_of_.htm

www.isourcecom.com/maya/themaya/whowere.htm

www.yale.edu/opa/ybc/v26.n33.news.04.html

www.civilization.ca/civil/maya/mmc07eng.html

www-groups.dcs.st-and.ac.uk/~history/PrintHT/Mayan_mathematics.html

www.edj.net/mc2012/mayans.htm

www.calleman.com/Engpages/summary.htm

www.ambergriscaye.com/earlyhistory/glyphs.html

www.civilization.ca/civil/maya/mmc03eng.html

www.britannica.com/ebi/article?tocId=9331485

www.answers.com/topic/noble-savage

www.pauahtun.org/Calendar/correlation.html

members.shaw.ca/mjfinley/creation.html

www.jqjacobs.net/mesoamerica/meso_astro.html

members.shaw.ca/mjfinley/calnote.htm

members.shaw.ca/mjfinley/mainmaya.html

www.latinamericanstudies.org/landa.htm

www.ambergriscaye.com/museum/digit13.html

mars.acnet.wnec.edu/~grempel/courses/wc2/lectures/industrialrev.html

www.diagnosis2012.co.uk/cjc.htm

www.alignment2012.com/jmj2.html

www.carnaval.com/columbus/2012.htm

www.13moon.com/prophecy%20page.htm

www.edj.net/mc2012/mothfath.htm

www.famsi.org/research/schele/

www.utexas.edu/research/chaaac/txnotes_archive.html

www.kamakala.com/2012.htm

scienceworld.wolfram.com/physics/PrecessionoftheEquinoxes.html

csep10.phys.utk.edu/astr161/lect/time/precession.html

www.pureenergysystems.com/news/2005/02/27/6900064_Magnet_Pole_Shift/

home.hccnet.nl/h.de.jong/mayan.html

Sabedoria Antiga e a Grande Esfinge de Gizé
Robert M. Schoch

Podemos encontrar sabedoria antiga codificada ou escondida na Grande Esfinge? Esta é uma pergunta que me faço frequentemente quando estudo o grande monumento. Em pé, entre as patas da Esfinge, às vezes não consigo deixar de sentir que há algo importante e profundo a ser aprendido com ela (diferentemente de muitas pessoas, considero a Esfinge uma fêmea; aliás, uma fêmea de etnia africana ou núbia, apesar da barba falsa, que sem dúvida foi colocada depois). A análise sísmica que o dr. Thomas Dobecki e eu fizemos em volta da Esfinge em 1991 revelou o que poderia ser uma câmara ou sala escavada no calcário sob a pata esquerda, aclamada por alguns como "A Sala dos Registros" do continente perdido de Atlântida. Pelo que sei, essa cavidade nunca foi sondada ou explorada; portanto, não sabemos o que ela contém, se é que contém algo. Meu sentimento de importância e profundidade, porém, não tem a ver com a descoberta de algum acervo secreto de conhecimento, ou uma pilha de tesouros ou qualquer maravilha tecnológica antiga. Estar simplesmente na presença da Grande Esfinge, ou ao menos refletir sobre a estátua e todas as suas possíveis implicações, é uma experiência emocionante.

Fiquei face a face com a Grande Esfinge pela primeira vez às 8h30 da

---

A análise sísmica que o dr. Thomas Dobecki e eu fizemos em volta da Esfinge em 1991 revelou o que poderia ser uma câmara ou sala escavada no calcário sob a pata esquerda, aclamada por alguns como "A Sala dos Registros" do continente perdido de Atlântida.

---

manhã, hora local, em 17 de julho de 1990 (conheço pessoas que acreditam que há uma importância astrológica com esse horário e dia, mas nunca me foi explicada). Com o passar dos anos, faria muitas outras viagens até ela. Sou geólogo (Ph.D. em geologia e geofísica em Yale, 1983), e viajara em princípio para ver a Esfinge especificamente sob o olhar de geólogo. A pergunta que me fizera meu colega

sismicamente, a comparação da história climática antiga da planície de Gizé com as características das rochas me levaram a uma conclusão: as origens da Grande Esfinge não só antecedem a época de Khafre, mas parece remontar a tempos pré-dinásticos, c. 5000 a.C., ou antes. E mais: o tal Templo da Esfinge, diretamente na frente da Grande Pirâmide, também foi construído na

Meu trabalho de determinar a nova idade da Esfinge, se correto, exigiria novos cálculos da origem da civilização.

e amigo, o egiptólogo independente herético John Anthony West (autor da obra clássica sobre R. A. Schwaller de Lubicz e da interpretação simbolista do antigo Egito, *Serpent in the Sky: The High Wisdom do Ancient Egypt*), foi: Qual é a idade da Grande Esfinge? É sensato atribuir a Grande Esfinge à época do faraó Khafre (ou Quéfren), c. 2500 a.C., com base na geologia e geomorfologia do platô de Gizé, onde se estão a Grande Pirâmide (atribuída a Khufu, ou Quéops, c. 2540 a.C.); a Segunda Pirâmide (atribuída a Khafre); a Terceira Pirâmide, relativamente menor (atribuída a Menkaure, ou Miquerinos, c. 2480 a.C.) e a Esfinge?

Meu estudo da erosão e do desgaste do tempo no calcário que compõe o corpo da Esfinge, minhas análises dos padrões de desgaste sob a superfície que documentamos

mesma época. Há uma ligação entre a Esfinge e seu templo e os faraós Khufu e Khafre da Quarta Dinastia (Antigo Império), mas se trata de uma apropriação e adoção por parte desses faraós de estruturas muito mais velhas, que eles considerariam antigas (e, sem dúvida, sagradas).

Os egípcios da Quarta Dinastia realizaram reparos e reformas na Esfinge e construções a ela associadas; e, em determinado momento durante os primeiros tempos dinásticos, a cabeça da Esfinge parece ter sido reesculpida (na realidade, a cabeça da Grande Esfinge é desproporcional ao corpo; é pequena demais, o que seria esperado se uma cabeça anterior, que sofreu com as condições climáticas, fosse reesculpida; não podemos determinar como era a cabeça original).

Sugerir que as origens da Esfinge remontam a tempos pré-dinásticos, antes sequer que o moderno deserto do Saara existisse (a Esfinge e as pirâmides estão localizadas hoje na borda leste do Saara, do outro lado do Nilo, a partir da moderna Cairo) era suprema heresia. Os egiptólogos acadêmicos ortodoxos me diziam que nenhum povo era suficientemente civilizado e sofisticado para esculpir a Esfinge, ou sequer uma protoEsfinge, em tempos tão remotos. Meu trabalho de determinar a nova idade da Esfinge, se correto, exigiria novos cálculos da origem da civilização. Obviamente, meus críticos afirmaram, a despeito de minhas evidências geológicas, que minhas conclusões eram errôneas. Escrevi textos meticulosos sobre o tema e apresentei palestras em conferências geológicas e egiptológicas; e apesar da animosidade em relação às implicações de minha análise, ela passou no escrutínio. Aliás, estudos geológicos independentes da Esfinge vingaram, hoje, minha análise.

Como resultado de meu trabalho com a Grande Esfinge, recebi minha quota de elogios e críticas duras. A Esfinge estaria tentando me ensinar uma lição? Nesse caso, seria uma lição para todos nós. A princípio, minha voz era única, de uma *persona non grata* em encontros de egiptólogos, por sugerir o impossível; aos poucos, contudo, notei que meu trabalho e minhas ideias começavam a se firmar, mesmo entre meus maiores antagonistas. A batalha ainda não terminou, mas ganho mais terreno a cada dia. É uma lição de persistência? É um exemplo da utilidade das provações e tribulações para fortalecer o espírito? A Esfinge representa a dualidade de mente, espírito, racionalidade, consciência maior e o divino, combinados com a matéria, a vida animal e as necessidades físicas (às vezes considerada a oposição leoaquariana), ambas manifestas nos humanos em variados graus e tipicamente expressas em conflito, seja intelectual ou de mãos armadas nas guerras entre as nações?

Não são apenas evidências geológicas que corroboram minha análise e indicam nova outra data para a Esfinge, mas também o trabalho astronômico de meus colegas Robert Bauval e Thomas Brophy. Bauval sugeriu que as três pirâmides principais da planície de Gizé têm correlação com as estrelas no Cinturão de Órion e comemoram uma época (de cerca de 10.500 a.C. – ver o livro de Bauval, *The Orion Mystery*). Thomas Brophy encontrou correlações significativas entre os monumentos de Gizé e fenômenos celestes ocorridos entre o 12º e o décimo milênio a.C. (Brophy vê alinhamentos em 11.772 a.C e 9420 a.C., por exemplo; ver seu livro *The Origin Map*). Além disso,

> **Até hoje, muitas pessoas que visitam a planície de Gizé "sentem" instintivamente o mistério do lugar; e entrar no Templo da Esfinge ou na Grande Pirâmide sem preparação pode ser uma experiência muito marcante.**

ele sugere que os monumentos de Gizé formam um grande relógio zodiacal ligado aos ciclos de precessões.

Em termos modernos mais simples, a Terra oscila enquanto gira em seu eixo; assim, o céu muda com o passar dos séculos e milênios. No momento atual, no equinócio vernal (equinócio da primavera no Hemisfério Norte, quando Sol cruza o equador celeste de Sul a Norte, por volta de 20-21 de março), o Sol se ergue contra a Constelação de Peixes, como tem feito há 2 mil anos. Vivemos na Era de Peixes. Em um futuro não muito distante (nos próximos dois séculos, dependendo de onde traçarmos a fronteira entre Peixes e Aquário), o Sol surgirá em contraposição a Aquário no equinócio vernal e entraremos na Era de Aquário. Três mil anos atrás, o Sol se erguia contra Áries no equinócio da primavera; portanto, o mundo estava na Era de Áries. Em seu livro, Brophy apresenta evidências que corroboram sua hipótese de que os monumentos de Gizé serviam, entre outras funções, de testemunho e indício do fim da Era de Virgem e começo da Era de Leão, c. 10.909 a.C. O motivo da Grande Esfinge pode,

portanto, ser interpretado assim: a cabeça humana representa Virgem, o corpo de leão representa Leão; e a Esfinge olha para o Leste, observando o sol nascente no equinócio vernal. Certamente, a análise de Brophy é compatível com a essência de minha nova datação da Grande Esfinge.

Por todas as eras, a Grande Esfinge tem sido temida e reverenciada. Plenamente exposta (se deixada à mercê dos elementos, fica rapidamente coberta pela areia até o pescoço), a Esfinge tem mais de 20,12 metros de altura e 73,15 de comprimento das pontas de suas patas até o lombo. Uma tradição árabe se refere à Esfinge como Abou el Hôl, ou o *Pai dos Terrores*. Dizem que por volta de 1379 d.C., um *sheik* fanático danificou o nariz desse ídolo pagão em seu zelo por proclamar Alá o único deus verdadeiro (ver *The Great Pyramid of Giza: History and Speculation*, de James Bonwick, 1877.[234]) Conta-se também que a Esfinge daria respostas a perguntas que lhe fossem feitas no momento do nascer do sol, talvez não em termos literais, mas transmitindo informações de maneiras sutis e

---

234. Publicado originalmente em 1877.

misteriosas. No Egito do Novo Império, bem como em tempos greco-romanos, a Grande Esfinge costumava ser reverenciada como uma divindade benéfica. Seu rosto era pintado de vermelho, um altar era montado entre suas patas, oferendas eram feitas e tábuas votivas deixadas para ela.

Por que a Grande Esfinge foi esculpida onde foi? Ela é vista também como sentinela ou guardiã das pirâmides; mas, na verdade, creio que a Grande Esfinge (ou protoEsfinge) é anterior às atuais pirâmides de Gizé. A planície de Gizé marca essencialmente o ápice do delta do Nilo e a divisão muito antiga entre o Alto e o Baixo Egito, uma delineação que remonta às brumas dos tempos pré-dinásticos.

Não podemos determinar o significado da Grande Esfinge sem considerarmos as pirâmides adjacentes. Seriam essas estruturas monstruosas meras tumbas para faraós maníacos, ou elas têm outra história para contar? Mesmo que servissem como lugar de repouso final para homens (e mulheres) mortos – e isso não é comprovado – as pirâmides representariam algo mais? Estariam certos o astrônomo real da Escócia, do século XIX, C. Piazzi Smith, e seus colegas, ao sugerir que a Grande Pirâmide, em particular, encerra em código e serve como repositório de dados metrológicos, matemáticos, geométricos, geográficos e astronômicos sofisticados? (Excetuo muitos aspectos fortemente fundamentalistas cristãos de certas formas de "piramidologia", mas não podemos jogar fora o bebê com a água do banho.) Em outra fonte, sugeri que a Grande Esfinge e as pirâmides registram e foram construídas em resposta a encontros periódicos da Terra com cometas e detritos espaciais, que, em diversas ocasiões, causaram desastres na superfície de nosso planeta (ver meus livros *Voices of the Rocks* e *Voyages of the Pyramid Builders*).

As passagens interiores e câmaras da Grande Pirâmide, estranhas e bizarras, bem como a ligação entre as pirâmides e a Grande Esfinge, escapam até hoje a uma explicação simples. Uma teoria à qual atribuo mérito combina significância astronômica e astrológica das orientações da Esfinge, as pirâmides e suas passagens internas com uma hipótese de ritos de iniciação (incluindo a transmissão de conhecimento sagrado e profano, que pode estar codificado nas estruturas), que culminaram em uma experiência mística final para aqueles que tiveram a felicidade de alcançar tal *status*.

Os alinhamentos celestes das estruturas de Gizé foram demonstrados empiricamente. A vasta literatura a respeito do conhecimento sofisticado dos antigos não pode ser ignorada (ver, por exemplo, o apêndice de Livio Catullo Stecchini em *Secrets of the Great Pyramid*, de Peter Tompkins). Até hoje, muitas pessoas que visitam a planície de Gizé "sentem" instintivamente o mistério do lugar; e entrar no Templo da Esfinge ou na Grande Pirâmide sem preparação pode ser uma experiência muito marcante. Sabe-se que Napoleão teve uma sensação muito estranha e inexplicável quando esteve sozinho na Câmara do Rei, em 12 de agosto de 1799; até o dia de sua morte, ele se recusou a relatar a experiência.

Imagine viajar até a planície de Gizé preparado para uma visão mística potencial, ou para receber sabedoria sagrada. Nos tempos antigos, talvez viessem adeptos de todas as partes do globo para aprender sabedoria aos pés da Esfinge. Imagine-se estar preparado com meditação e oferendas, jejum e orações por um período de muitos dias, no Templo da Esfinge. Você vê a representação enigmática do divino manifestada no mundano. Você abre caminho até e através das várias estações e pirâmides da planície de Gizé, percorrendo passagens e câmaras diversas e labirínticas de variadas orientações, ângulos e dimensões, cada uma com importância e significado únicos. A culminação de uma longa jornada espiritual e metafísica, para quem tem resistência e fortitude, pode ser experienciada na Câmara do rei da Grande Pirâmide.

Com o devido preparo por meio de meditação e jejum, exaustão física e preparação mental; com o auxílio das propriedades acústicas, tácteis e olfativas do isolamento profundo do granito no coração da pirâmide (deviam usar tambores, entoações, música e incenso no ritual); e talvez com certa privação sensorial induzida, sozinho na escuridão absoluta da câmara, com o enigmático sarcófago de granito como única companhia e sem saída (totalmente dependente de seus colegas para virem buscá-lo), você passaria por experiências místicas.

Usando meios sofisticados, mas ainda malcompreendidos, a Esfinge e as pirâmides deviam permitir aos adeptos realizar o que outras pessoas tentam por meio da ingestão de mescalina (o ingrediente ativo do peiote) e outras drogas, prática da kundalini ioga e estudo da Cabala, da Meditação Transcendental ou quaisquer outros supostos caminhos para a iluminação. A Esfinge e as pirâmides serviam de veículo para a experiência dos verdadeiros estados místicos, uma forma de obter visão, impossível de ser descrita (às vezes chamada de "unicidade" ou "vazio"), um método de vislumbrar a realidade suprema.

Qual é a visão antiga que a Esfinge tenta transmitir? Talvez escape a todas as palavras, todas as línguas, e só possa ser alcançada no percurso até sua consumação final.

Onde Está o Santo Graal?

Ron Sala

O roteiro do filme *Monty Python em busca do cálice sagrado* é hoje um "Texto Sagrado", já disponível na *Internet Sacred Text Archive* (*www.sacredtexts.com*), uma das coletâneas *on-line* mais detalhadas de textos espirituais do mundo. Os Pythons fazem parte de uma hoste de autores do Santo Graal no decorrer dos séculos, incluindo Chrétien de Troyes, Geoffrey of Monmouth, *sir* Thomas Mallory e Alfred Lord Tennyson. A *Amazon.com* traz uma lista de quase 600 livros com "Graal" no título. O que ajuda as vendas são, sem dúvidas, *best-sellers* como *Holy Blood, Holy Grail* e *O Código da Vinci*.

Cada autor procurou, à sua maneira, esse Graal misterioso, e trouxe ao mundo uma versão ligeiramente (ou radicalmente) diferente de sua natureza e de seu paradeiro. Será que cada um deles viu apenas o próprio rosto refletido na superfície reluzente do Graal, ou existirá alguma verdade por trás de suas palavras?

Morte e zats

Uma das dificuldades na pesquisa do Graal é que a história recebeu acréscimos e foi modificada por muitos grupos com o passar dos séculos, cada um com sua visão de mundo e parcialidade próprias. Um elo comum entre muitos desses grupos é que sempre foram perseguidos com violência. Judeus, primeiros cristãos, gnósticos, pagãos e vários grupos de hereges medievais sofreram a supressão sangrenta de suas culturas ideias e formas de culto, em uma ou outra época.

Uma das dificuldades na pesquisa do Graal é que a história recebeu acréscimos e foi modificada por muitos grupos com o passar dos séculos, cada um com sua visão de mundo e parcialidade próprias. Um elo comum entre muitos desses grupos é que sempre foram perseguidos com violência.

> **Melquisedeque dá a Abrão pão e vinho, abençoa-o e lhe garante que será vitorioso. Quem era esse sacerdote que presenteava com pão e vinho? Nem o Judaísmo nem o Cristianismo tinham sequer começado, na época dessa história.**

Nesse sentido, vale consultarmos o polêmico intelectual Hakim Bey, que escreveu que a liberdade é sempre temporária e aqueles que se encontram fora das convenções constroem para si o que se poderia chamar de "Zona Autônoma Temporária" ou ZAT. Uma vez destruída a ZAT, o que é inevitável, outra será construída no lugar, geralmente disfarçada. Assim, em tempos perigosos, qualquer pista apresentada ao público geral acerca da existência de uma ZAT deve ser passada de uma maneira que dê informação suficiente para inspirar os adeptos dedicados (assegurando a continuidade do grupo) e, ao mesmo, ocultar essa informação para nunca ser percebida por aqueles que pretenderiam destruí-la (garantindo a segurança do grupo).

Cabe também ressaltar que a palavra "herético" ou "herege" vem de uma raiz grega que significa "escolher". Enquanto houver pessoas cujas escolhas estão fora da "verdade" aceita do grupo dominante, existirão hereges.

O que quer que fosse o Graal, sempre foi associado com os hereges. Nunca foi uma relíquia oficial da Igreja Católica, mas existe nos reinos da espiritualidade alternativa, folclore, poesia, arte e música. Mesmo Monty Python, cuja comédia supostamente dava prosseguimento ao espírito antiautoritário dos Beatles, eram uma espécie de ZAT. Tiveram influência da BBC em parte de seus *scripts* (quando perceberam que atraíam o público); e seu "Circo Voador" é mostrado na PBS, na América, porque nenhuma das grandes redes de televisão queria exibi-lo sem cortes.

O Graal representa uma espiritualidade "faça você mesmo", cuja comunhão é administrada não por papas ou sacerdotes, mas pela busca pessoal pelo sagrado. Não é à toa a sua renascença nesta que é a mais individualista de todas as eras.

DÁ PARA ENTENDER?

O Graal é um objeto físico? Uma ideia? Uma experiência? Ou talvez uma mistura de todos? O conceito mais comum do Graal é que seria o cálice do qual Jesus bebeu na Última Ceia e no qual José de Arimateia apanhou seu sangue após a crucifixão. Se for verdade, o buscador do Graal deve procurar algum tipo de taça; muitos, de fato, procuram. Essa é uma versão do Graal apresentada por Chrétien de Troyes, cujo *Conte du Graal* (Conto do Graal) é um dos grandes romances medievais. Mas Wolfram von Eschenbach, em seu *Parzifal*, escrito alguns anos depois, apresenta o Graal como uma pedra. Como se isso não bastasse, alguns autores descrevem o Graal como passando por um número de "transformações" ou "nuanças", incluindo uma espada (quebrada), uma lança, um cálice, um prato e até um livro. Cada um destes se relaciona às paixões de João Batista e Jesus – a espada que decepou João, o prato que carregou sua cabeça, a lança espetou o flanco de Jesus, o cálice que portou seu vinho e sangue e um livro que, segundo alguns, o próprio Jesus escreveu. Se não forem objetos materiais, e sim metáforas, as possibilidades da natureza do Graal são quase infinitas. Entretanto, munidos do espírito da busca, exploraremos.

Melquisedeque(s)

Os precursores da mitologia do Graal vêm da tradição judaico-cristã, mas também de fora dela. Um bom lugar para começarmos é o relato em Gênesis 14 de um misterioso encontro entre Abrão (cujo nome ainda não fora mudado por Deus para Abraão) e um "Melquisedeque, Rei de Salém".

Esse Melquisedeque é descrito não só como um rei, mas também como "o sacerdote do Deus altíssimo". Melquisedeque dá a Abrão pão e vinho, abençoa-o e lhe garante que será vitorioso. Quem era esse sacerdote que presenteava com pão e vinho? Nem o Judaísmo nem o Cristianismo tinham sequer começado, na época dessa história. Dois capítulos antes, lemos a respeito de Abrão ser convocado para ir a uma terra que Deus quer lhe mostrar. Ao chegar lá, recebe pão e vinho do "sacerdote do Deus altíssimo". Como muitos exploradores do Graal depois dele, Abrão tinha uma mensagem de Deus. Assim como Parzival (ou Percival), Galahad, Artur, ou seja quem for o Rei do Graal, Abrão encontra o que busca em comunhão com os sacramentos, mais especificamente, pão e vinho. Em troca, ele dá ao sacerdote um décimo de seus espólios de guerra (dízimo). Abrão nasceu e foi criado em Ur dos caldeus, uma cultura politeísta. Abraão, em sua nova personalidade religiosa, se não monoteísta, é ao menos "monolátrico", ou adorador de um único Deus entre vários. O Deus altíssimo lhe concede a vitória sobre seus inimigos cananeus.

A história adquire uma significado maior se levarmos em conta o Salmo 110 ao rei de Israel, sendo "para sempre sacerdote da ordem de Melquisedeque". De acordo com o Novo Testamento cristão, Jesus era descendente de Davi e da linhagem de reis judeus. O autor da Carta aos Hebreus afirma que Cristo é da ordem de Melquisedeque e traduz o nome como "Rei de Justiça". A maioria dos comentaristas judeus identificam Salém como Jerusalém.

Jerusalém é o lugar onde reinavam os reis de Judá, mas também onde Jesus ensinava e onde morreu e foi sepultado. Mas o autor da Carta aos Hebreus faz outra afirmação surpreendente: o Melquisedeque que se encontrou com Abrão é "Sem pai, sem mãe, sem genealogia, não tendo princípio de dias, nem fim de vida, mas sendo feito semelhante ao filho do Deus, permanece sacerdote para sempre".[235] Pelo menos, segundo esse antigo escritor cristão, Melquisedeque é imortal e eterno, como o Filho de Deus.

O autor da história de Melquisedeque em Gênesis 14 estaria, de certa forma, nos dizendo que Abraão, o fundador tradicional (e possivelmente mítico) das três crenças do Judaísmo, Cristianismo e Islã, seguia uma tradição ainda mais antiga? Em Gênesis, lemos que Melquisedeque era Sacerdote/Rei de (Jeru)Salém. Há algum indício de uma religião pré-judaica sendo praticada em Jerusalém? Os cananeus tinham seus locais sagrados, ou "lugares santos", em montanhas e colinas. Eles veneravam uma variedade de Ba'alim, ou Deuses e Deusas, um dos quais era conhecido como Tzadek, o equivalente cananeu a Júpiter, bem como a palavra hebraica para "justiça". Melquisedeque poderia significar Rei de Justiça, Rei de Tzadek (o Deus) ou "Meu Rei é Tzadek". Os deuses cananeus eram venerados em pares masculinos/femininos. Um par popular era Tamuz e Ishtar. Assim como na Mesopotâmia, o rei, representante de Deus, e a sacerdotisa, representante da Deusa, copulavam para garantir a fertilidade da terra. O próprio YHWH, Deus dos Judeus, embora apresentado na Bíblia como solteiro, foi exposto alguns anos atrás e associado à sua "cara-metade". Uma inscrição foi descoberta em Kuntilat Ajrud que diz: "a YHWH Shimron e Sua Asherah [deusa]". O rei Salomão, construtor do grande templo de YHWH em Jerusalém e suposto sucessor de Jesus, teria construído templos a outros deuses no Monte do Templo também, que sobreviveram até a "reforma" do rei Josias, 300 anos depois.

Além disso, o *Mekubalim* cabalístico diz que é preciso fazer um *mitzvah* (cumprir um mandamento) "em nome do Santíssimo; bendito seja Ele e Sua *Shekhinah*", sendo Shekhinah uma forma feminina de Deus. Os autores bíblicos costumam

---

235. Hebreus 7:3.

O próprio YHWH, Deus dos Judeus, embora apresentado na Bíblia como solteiro, foi exposto alguns anos atrás e associado à sua "cara-metade". Uma inscrição foi descoberta em Kuntilat Ajrud que diz: "a YHWH Shimron e Sua Asherah [deusa]".

lamentar o culto constante dos israelitas ao outros deuses e deusas. Só isso já atesta como a religião israelita verdadeira tendia a ser "mista". De acordo como a lenda talmúdica, os dois anjos da Arca da Aliança se abraçavam eroticamente; e o Talmude nos fala de festivais em Jerusalém que eram orgíacos, ou seja, até ser estabelecida uma divisão entre homens e mulheres nas sinagogas (que persiste até hoje), igrejas e mesquitas.[236]

Banquete de sangue

Foi nesse ambiente religioso já complexo que se desenrolaram os eventos da vida de Cristo. A ocupação romana simplesmente via YHWH como um tipo de Júpiter. Os samaritanos praticavam sua religião parte jeovista e parte pagã em sua montanha sagrada. Tamaz, Baal e Mithra eram venerados em cultos ao deus que morre e renasce.

Jesus cresceu na Galileia, onde os habitantes nem sempre eram vistos como "bons judeus" pelo povo de Jerusalém. Suas pregações e ensinamentos tinham ressonância com os cínicos grego-romanos, que criticavam a própria natureza da sociedade; com os projetas hebreus, que incitavam o povo a uma vida de justiça; e com os fariseus, que adotavam uma cultura de discussão intelectual que evoluiria para o Judaísmo moderno.

O ensinamento de Jesus perturbou a estrutura de poder a ponto de provocar sua prisão e execução, ordenadas pelas autoridades romanas e com o auxílio dos líderes judeus, se levarmos em conta os relatos bíblicos. Uma ZAT estava prestes a acabar e outras, a começar. Todas as fontes bíblicas dizem que os seguidores de Jesus o abandonaram após sua prisão. De certa forma, porém, tiveram uma experiência que os reuniu de volta, renovados e mais corajosos que antes, proclamando que Jesus ressuscitara dos mortos como "o primeiro fruto daqueles que dormem".

Além disso, Jesus lhes passara um ritual para fazerem "em minha memória", envolvendo o pão de seu corpo e o vinho de seu sangue. Assim como Melquisedeque, no passado, pelo menos alguns deles chegaram a

---

236. Ohad Ezrahi e Yitzhak Hayut-Ma'n, "Four Temples and One Belief–About the True Religion of King Solomon". www.hamakom.org.

afirmar que ele era imortal e que seus seguidores também poderiam ser, se participassem de seus sacramentos.

Entretanto, de acordo com algumas lendas, não foram só os sacramentos que Jesus deixou. Segundo alguns, Maria Madalena (a suposta esposa de Jesus) e/ou José de Arimateia (que pode ter sido tio-avô de Jesus) velejaram até a Inglaterra ou ao sul da França, carregando ou um frasco com o sangue de Jesus, ou seu filho, ou alguma outra forma de Santo Graal, como por exem-

primeiro imperador romano cristão, Constantino, declarou seu apoio à Igreja, até então perseguida, reuniu os bispos do mundo e insistiu que reduzissem sua fé ao menor denominador comum que servisse ao Império. Desapareceram, então, traços de religiões de mistérios que dividiam as pessoas em iniciados e não iniciados. Os fiéis teriam uma experiência homogeneizada da hierarquia da Igreja. No entanto, os cristãos gnósticos, influenciados pelo hermetismo do Egito e do mundo helenizado,

Alguns afirmavam que Jesus e Paulo deveriam ser considerados gnósticos, pois buscavam a experiência direta de um Deus fora dos limites da matéria e além das definições da religião ortodoxa.

plo, certos ensinamentos sagrados. Podemos escolher uma entre uma vasta gama de lendas, algumas das quais muito próximas das versões "oficiais" da Igreja, enquanto outras falam de descendentes de Jesus que teriam governado a França, como os reis angevinos e merovíngios.

UMA TOMADA HOSTIL

A grande variedade de visões acerca da natureza e do legado de Jesus que caracterizou os três primeiros séculos cristãos se estreitou consideravelmente em 325, quando o alegado

continuaram sendo um contingente importante em lugares como Síria, Pérsia e até China. Alguns afirmavam que Jesus e Paulo deveriam ser considerados gnósticos, pois buscavam a experiência direta de um Deus fora dos limites da matéria e além das definições da religião ortodoxa.

Uma contribuição da liderança cristã de Constantino foi a missão de sua mãe, a Imperatriz Helena Augusta, à Terra Santa, em busca dos lugares originais da vida de Cristo. Ela alegou ter encontrado a tumba de Cristo; e nela, a lança que lhe espetou o flanco, os pregos que o penduraram

> **O Cálice tem a reputação de possuir poderes de cura e está fragmentado, após ter sido bebido e até saboreado por muitas pessoas doentes, na esperança de uma cura milagrosa.**

na cruz e um cálice que continha seu sangue. O receptáculo é chamado por muitos de Cálice Mariano e pode ser considerado a primeira menção do Santo Graal. Parece que recebeu esse nome por causa de alguma ligação com Maria Madalena, que, de acordo com uma lenda, usou-o para pegar sangue de Cristo antes de entregar o cálice a José, para o sepultamento.[237] Ele desapareceu, contudo, durante a pilhagem de Roma, em 410; de novo, segundo a lenda, teria sido contrabandeado para a Grã-Bretanha. Ao menos um pesquisador[238] crê que se trata do mesmo Cálice de Nanteos, um recipiente de madeira que pertence à família de Nanteos, País de Gales. O Cálice tem a reputação de possuir poderes de cura e está fragmentado, após ter sido bebido e até saboreado por muitas pessoas doentes, na esperança de uma cura milagrosa. Não se encontra mais na Mansão Nanteos, mas "acredita-se que está guardado em segurança em Ceredigion".[239]

De acordo com as lendas, o Cálice fora guardado anteriormente em Glastonbury e só era retirado de lá quando a abadia corria perigo. A velha abadia, em ruínas desde que foi fechada por Henrique VIII, fica sobre Glastonbury Tor, uma colina grande e em forma de ventre, da qual flui água vermelha. Para os cristãos, a água simboliza o sangue de Cristo, mas para os pagãos sempre foi uma alusão ao fluxo menstrual da Deusa. É um lugar ideal para um Graal que tem conotações tanto cristãs quanto com as tradições da deusa. Além da abadia principal, Glastonbury possui uma capela menor chamada tanto de "Capela de José" quanto de Capela de Maria", bem como "Capela da Senhora". Em uma parede exterior dessa capela há uma pedra estranha com os dizeres:

JESUS
MARIA

Há uma lenda que diz que o Graal foi emparedado em Glastonbury. Seria essa pedra um marcador de seu esconderijo? Segundo outra lenda, José escondeu o Graal em um poço. A poucos metros da pedra "Jesus/Maria" existe uma passagem através

---

237. Justin E. Griffin, *The Holy Grail: The Legend, the History, the Evidence*. Jefferson: McFarland & Co., 2001, p. 44.

238. *Ibid.*, p. 150-51.

239. "Mid Wales Weird – Nanteos, Hauntings and the Holy Grail". *www.bbc.co.uk*

da qual se encontra um buraco conhecido como "Poço de José".[240]

"Camelot! – Não é apenas um modelo"

Pode ser pelo Cálice de Nanteos que Artur passou a ser relacionado com o Graal. Muitos acreditam que Glastonbury era a "Ilha de Avalon" original, com a Tor cercada por um lago, no século VI de Artur. Glastonbury é visível a partir de um dos possíveis locais de Camelot. E, mais uma vez, há dezenas de locais associados com o reinado de Artur em toda a Grã-Bretanha. Os mitos cristãos e celtas se encontram e se fundem. O bardo galês Taliesin narra o episódio em que Artur roubou um cálice do submundo, aparentemente sem interferência cristã.[241] O caldeirão do deus celta Bran devolve a vida aos mortos, mas tira-lhes o dom da fala – uma referência à morte e ressurreição mítica dos mistérios, combinada com o segredo necessário?

Escolhendo as chamas

Os vários fios da tapeçaria só começam a se mesclar na Idade Média. Embora se concentrem nas figuras de Artur e sua corte na Idade das Trevas, os romances de Chrétien, seus "continuadores" Wolfram, De Borron, e outros autores conhecidos ou anônimos, são produtos de suas próprias e particulares circunstâncias. Muitos daqueles que juntaram as partes da história do Graal eram cristãos convertidos do Judaísmo. Eram homens que compreendiam o valor de incorporar ideias de mais de uma religião. Wolfram chega a incluir descrições favoráveis, ou pelo menos neutras, dos muçulmanos, que começavam a se tornar inimigos do Cristianismo. Também tomavam emprestados motivos da Cabala, que os judeus divulgavam no sul da França; de contos folclóricos pagãos; e da cultura do hermetismo e gnosticismo.

> **Muitos daqueles que juntaram as partes da história do Graal eram cristãos convertidos do Judaísmo. Eram homens que compreendiam o valor de incorporar ideias de mais de uma religião.**

A maioria dos principais textos sobre o Graal apareceu em um período ameaçador e perigoso de mudanças e conflitos religiosos que abrangeu meio século, de c. 1170-1220. Nesse mesmo período, os Cavaleiros Templários desenvolviam seu poder, antes de serem destruídos quando

---

240. Griffin, p. 64-68.
241. Emma Jung e Marie-Louise von Franz, *The Grail Legend*. Andrea Dykes, tradutora. Boston: Sigo Press, 1970, p. 115-116.

se recusaram a perseguir os cátaros, ou albigenses, ou ainda "hereges" puritanos. Os cátaros consistiam em dois grupos, os cátaros propriamente ditos, ou *perfecti*, e os "crentes" ou *credenti*. Os *perfecti* se abstinham de carne, sexo e a maioria de outros prazeres terrenos para transcender a roda de morte e renascimento, enquanto os *credenti* viviam uma vida de bondade e aguardavam a perfeição em uma encarnação futura. Alguns esperavam até uma fase mais tardia da vida para começar sua perfeição. O sistema cátaro apresenta uma semelhança notável com os hindus e budistas, bem como os gnósticos clássicos, a maioria dos quais era asceta.

Acho intrigante que uma suposta forma do Graal seja a esmeralda que caiu da coroa de Lúcifer na Terra. Seria muito especular que naquela era de crescente interesse pela tradição gnóstica/hermética, tal esmeralda poderia ser associada com a "Tábua de Esmeralda de Hermes", escrita talvez em 650 e traduzida para o latim por volta de 1140, poucas décadas antes dos primeiros romances do Graal? Em uma tradução feita por *sir* Isaac Newton, no século XVII, da "Tábua de Esmeralda de Hermes", ele afirma:

> 1 – É verdade, sem sombra de dúvida, certo e verdadeiro. Assim como é embaixo também é em cima; e assim como é em cima é também embaixo, a realização de milagres.
> 2 – Como todas as coisas existem e surgiram por mediação, também todas as coisas nascem desta coisa por adaptação.
> 3 – O Sol é seu pai, a Lua sua mãe, o vento a carrega no ventre, a Terra é sua ama.
> 4 – O pai de toda a perfeição no mundo aqui se encontra.
> 5 – Sua força ou poder é inteiro, se convertido em Terra. Que se separe a terra do fogo, o sutil do grosseiro, com singeleza e labor.
> 6 – Da Terra sobe ao céu e novamente desce à Terra; e recebe a força das coisas superiores e inferiores.
> 7 – Por esse meio, obterás a glória de todo o mundo; e toda a obscuridade de ti se dissipará.
> 8 – Sua força é acima de toda força, pois conquista toda coisa sutil e penetra toda coisa sólida. Assim foi o mundo criado.
> 9 – Daí são e provêm as admiráveis adaptações pelos meios (ou Processos) que existem.
> 10 – Daí sou chamado Hermes Trismegisto, o que possui três partes da filosofia de todo o mundo.
> 11 – O que tenho dito começa e termina no trabalho do Sol.

Vemos aí um dos melhores representantes do esoterismo ocidental. Temos um dito hermético, "como é em cima, também é embaixo", que associa o macrocosmo cósmico com o microcosmo humano. Temos o

Sol e a Lua, masculino e feminino, intelectual e instintivo. Temos todas as formas de emanações da Fonte Uma, bem como o retorno, por meio de ação deliberada, à perfeição original.

Em *The Holy Grail*, Lorre Goodrich explica sua teoria de uma rede de "Castelos do Graal" por toda a Grã-Bretanha e França, onde os membros da igreja "herética", oculta, iniciavam candidatos. Quaisquer que fossem os segredos dos albigenses, muitos prefeririam morrer na fogueira a se submeter à exigência da Igreja Católica de renunciar a sua fé escolhida, "herética". Milhões foram sacrificados, alguns no norte mais distante, em Oxford, Inglaterra, mas a maioria na região de Languedoc, na França, onde sua própria língua e cultura foram obliteradas. Muitos dos Cavaleiros Templários também foram massacrados, incluindo seu Grão Mestre, Jacques DeMolay, acusado de heresia e idolatria. Haveria alguma relação com algo que encontraram na Terra Santa – os ensinamentos secretos de Jesus? Uma lista de seus descendentes? Seus ossos? O próprio Graal? Após sua supressão, os Templários foram extintos? Tornaram-se piratas? Fugiram para a Escócia? Infiltraram-se nas ligas maçônicas? As permutações das teorias do Graal são ilimitadas.

"Nazistas! Odeio esses caras!"

Indiana Jones, um buscador fictício e moderno do Graal, tem base histórica em parte do filme *Indiana Jones e a Última Cruzada*. Os nazistas estavam atrás do Graal e de qualquer outro objeto místico ou antigo que pudessem usar para fortalecer o Nacional Socialismo e seus objetivos ocultos ou raciais. Wagner, que por acaso esteve na Mansão Nanteos, ficou intrigado com as histórias do Graal que cercavam o lugar e se inspirou a escrever *Parsifal*. A ópera tornou-se incrivelmente popular na juventude de Hitler; e o modo como Wagner apresenta a história possibilitou ao Partido explorá-lo como um Graal de pureza racial. Mas quanto ao entusiasmo ocultista por encontrar o Santo Graal, ninguém superava o chefe da SS, Heinrich Himmler, que ele via como uma nova luta dos Cavaleiros Templários pelo ideal da masculinidade ariana. Sob Himmler, uma ramificação da SS, os *Ahnenerbe*, ou Sociedade do Legado Ancestral, iniciou uma busca em 1935 por artefatos e dados arqueológicos que apoiassem o Reich. Não deixaram para trás a qualidade intelectual, levando consigo 46 especialistas, 19 dos quais tinham Ph.D. Um deles era Otto Rahn, o maior especialista da Alemanha no Santo Graal e que já fizera escavações

> **Parece que quase toda religião possui regras a respeito daquelas duas grandes forças da vida animal e vegetal: sexo e drogas. Estabelecem regras para o uso ou a abstenção de ambas, geralmente com determinações separadas para os sacerdotes e os leigos.**

nos sítios cátaros no Sul da França.[242] Até hoje existem rumores de que Rahn de fato encontrou o Graal, um cálice ou uma pedra (à la Wolfram) e ou levou a Wewelsburg, a fortaleza que Himmler preparara como um Castelo do Graal para um círculo seleto de "cavaleiros" da SS até o fim da guerra, quando caiu novamente na obscuridade. De qualquer forma, Rahn foi encontrado morto, congelado nos Alpes, após se desentender com os líderes nazistas...[243]

Sexo e drogas

Parece que quase toda religião possui regras a respeito daquelas duas grandes forças da vida animal e vegetal: sexo e drogas. Estabelecem regras para o uso ou a abstenção de ambas, geralmente com determinações separadas para os sacerdotes e os leigos. Sexo e drogas constituem uma parte básica da vida social; e qualquer sociedade que não se reproduz, morre. Quanto às drogas, a única cultura sem uso tradicional de substâncias psicoativas é a dos Inuit, no extremo norte. Será que esses aspectos da vida tiveram alguma importância na formação das histórias do Graal? Lembremo-nos que os romances que nos trouxeram o Graal foram escritos no contexto de um desenvolvente código de cavalheirismo, que era associado a cavaleiros e damas, além dos trovadores que cantavam sobre o amor e a corte dos enamorados. Um livro clássico que relaciona os trovadores com os hereges albigenses é *Amor no Mundo Ocidental*, de Denis de Rougemont, no qual o autor explica que as várias maneiras de pensarmos no "romance" surgiram de repente, nesse mesmo período que estamos examinando. O casamento era uma instituição econômica, dificilmente glorificada. Mas a trovador que cantava sobre a senhora idealizada do castelo, ou uma história de um cavaleiro defendendo seu amor, pretendia elevar os relacionamentos entre homens e mulheres a um plano novo, espiritual. O Cortejo do Amor

---

242. Peter Reydt, "Nazism and the Myth of the 'Master-Race'". *Secret History*, Channel Four, 23 de setembro de 1999. www.wsws.org

243. Mary Jones, "Otto Rahn". *In Jones' Celtic Encyclopedia*, 2003. www.maryjones.us

> **Os gnósticos, dos quais os cátaros medievais foram um exemplo posterior, também acreditavam que o controle dos impulsos sexuais era importante para o avanço espiritual. Havia entre eles dois extremos: os "ascetas" e os "libertinos".**

foi formado no século XII por mulheres da nobreza que desejam, conscientemente, criar um sistema social que celebrasse o amor superior a uma gratificação física ou mera continuidade da linha genética.

Era enfatizada a castidade para os cavaleiros, uma mensagem que vem através da batalha de Galahad no Castelo do Graal com um leão feroz (representando seu desejo) como prerrequisito para o sucesso na missão (vemos isso na versão Python com "Galahad, o Casto", mal resistindo a um castelo cheio de "jovens loiras e morenas, todas com idade entre 16 e 19 anos e meio"). Ademais, pelo menos de acordo com um relato do mito, o Graal só pode ser carregado por uma pessoa virgem. E o adultério de Lancelot com Guinevere o transforma não só em uma figura trágica que fracassa na busca pelo Graal, mas um deflagrador do próprio Camelot.

Em algumas versões da história, o Graal é o receptáculo não só do sangue/vinho de Cristo, mas também de seu corpo/pão. Acreditava-se que uma pomba vinda do céu reabastecia o poder do Graal, trazendo-lhe uma hóstia a cada ano, sempre na Sexta-Feira Santa. Esse pão sagrado reflete não apenas as histórias do sacerdócio de Melquisedeque dando pão e vinho, mas também "o pão da Presença", sempre mantido no tabernáculo israelita e, depois, no Templo de Jerusalém. A mesa em que foi servido o pão era colocada no Santuário e também continha odres para "oferenda de vinho".[244] Temos, aí, o mesmo motivo de pão e vinho em Melquisedeque e no Graal.

Quando o suposto ancestral de Jesus, Davi, e seus guerreiros estavam em campanha e tinham fome, lemos[245] que o sacerdote lhes deu permissão para comer o pão santificado, desde que não tivessem se conspurcado com mulheres por pelo menos três dias. Davi respondeu que seus homens sempre se abstinham de mulheres quando estavam em expedição. Essa castidade de três dias também era um requisito para todo o povo de Israel quando Deus apareceu no Monte Sinai enquanto eles vagavam pelo deserto.[246]

---

244. Números 4:7.
245. 1 Samuel 21.
246. Êxodo 19:10-15.

Jesus, cuja ética incluía o preceito de que o mero olhar lascivo já era crime de adultério interior,[247] invocou o precedente de Davi quando os fariseus acusaram a ele e a seus discípulos de colher grãos no Sabá.[248]

Os gnósticos, dos quais os cátaros medievais foram um exemplo posterior, também acreditavam que o controle dos impulsos sexuais era importante para o avanço espiritual. Havia entre eles dois extremos: os "ascetas" e os "libertinos". Os primeiros evitavam o sexo porque queriam se devotar exclusivamente a Deus, abandonando as questões deste plano terreno de gerações. Para os segundos, o sexo era aproveitado com o objetivo de "expurgar" os males terrenos, na esperança da purificação.

O dr. John Lilly, criador dos tanques de flutuação, escreveu em *Simulations of God* acerca de algo que ele chama de "viagem bramacaria". Bramacaria é o termo hindu para celibato, através do qual alguns swamis alegam alcançar a unidade com Brama, a Superalma. Bramacarins como Sri Swami Sivandana pedem aos homens e mulheres aspirantes que se abstenham de carne e laticínios para aprimorar sua pureza, assim como os albigenses se recusavam a comer os mesmos itens, reconhecendo-os como produtos da reprodução sexual que eles tentavam evitar.

Também as drogas tinham um papel importante nas religiões antigas, bem como em algumas contemporâneas como a Native American Church (que usa peiote) e União de Vegetal (que utiliza ayahuasca). O conhecido etnobotânico Carl A. P. Ruck afirmou, alguns anos atrás, em uma conferência em Nova York, que há um consenso entre os pesquisadores de que a *kaneh-bosem* ("cana doce") da receita bíblica para ungir os sacerdotes e o incenso do templo eram nada mais que canábis.

Especula-se também que a "planta" ou "aboboreira" de Jonas[249] era um tipo de psicoativo. Lemos que deixou o profeta egoísta "muito feliz", mas quando foi retirada, ele não queria mais viver. A palavra hebraica para a planta desconhecida é *gigayon* e aparece em outros dois livros da Bíblia. No entanto, tem grande semelhança fonética como *kykeon*, a bebida consumida nos Mistérios Eleusinos Gregos. Essa *kykeon* também nunca foi identificada com certeza, embora o estrondoso livro de Ruck, R. Gordon Wasson, Huston Smith, Albert Hoffman *et al.*, *The Road to Eleusis* (1957), afirme que a bebida era preparada com o fungo esporão, que se desenvolve em grãos (Hoffman

---

247. Mateus 5:27-28.

248. Marcos 2:23-28 etc.

249. Jonas 4.

pesquisava derivados do esporão quando inesperadamente fez a primeira viagem com LSD do mundo.)

Dois estudiosos contemporâneos, Barbara Thiering e Dan Merkur, concluem que a maior ofensa de Jesus às convenções religiosas dos judeus foi o fato de ele querer tornar o pão da Presença, que para os pesquisadores era preparado com esporão psicodélico, disponível para todos e não mais restrito ao controle dos sacerdotes.[250] Será este o significado oculto de Jesus e seus discípulos colherem grãos, o que se afirma nos três evangelhos sinópticos?

Considerando outro contexto cultural, um governante da Pérsia era conhecido como um "rei dos reis", título posteriormente atribuído a Cristo. Ele conquistou legitimidade religiosa ao consumir a bebida Haoma psicodélica, preparada com a planta *Peganum harmala*. Muitos estudiosos a identificam como a Soma, mencionada nos *Vedas* hindus. No *Yasna* dos zoroastrianos, os herdeiros da religião persa, lemos:

> E veneramos a Boa Mente (nos vivos) e nos espíritos dos santos. E sacrificamos para o peixe 50 barbatanas, e para o animal sagrado, o Unicórnio (?) que se encontra em Vouru-kasha; e sacrificamos para o mar de Vouru-kasha onde ele se encontra; e para a Haoma, de flores douradas, que cresce nas alturas; sim, à Haoma que nos recupera e ajuda no progresso do mundo. Sacrificamos para a Haoma que afasta a morte...[251]

Dois estudiosos contemporâneos, Barbara Thiering e Dan Merkur, concluem que a maior ofensa de Jesus às convenções religiosas dos judeus foi o fato de ele querer tornar o pão da Presença, que para os pesquisadores era preparado com esporão psicodélico, disponível para todos e não mais restrito ao controle dos sacerdotes.

Será que vemos aqui o peixe que encontramos em Jonas, os "pescadores de homens" cristãos e o Rei Pescador dos mitos do Graal? Vemos o unicórnio, símbolo de Cristo e, na cultura medieval, só domável por uma virgem? Vemos o tema da superação da morte, central nos ensinamentos de Cristo e no Graal?

Dana Beal e Paul de Rienzo, autores da História de Ibogaine, apresentam uma teoria de que Jesus sobreviveu à crucificação graças a administrações de iboga, um psicodélico poderoso extraído da casa da raiz de uma planta africana. Com ação semelhante à harmala, criando experiências transcendentes antes de

---

250. William Shannon, "Entheogens and the Roots Of Christianity". Março de 2000. *www.mail-archive.com*

251. Yasna 42:5-6.

> Dana Beal e Paul de Rienzo, autores da História de Ibogaine, apresentam uma teoria de que Jesus sobreviveu à crucificação graças a administrações de iboga, um psicodélico poderoso extraído da casa da raiz de uma planta africana. Com ação semelhante à harmala, criando experiências transcendentes antes de induzir um estado parecido com a morte, a iboga tem a vantagem adicional de impedir a isquemia, o derrame que tomava a vida dos crucificados.

induzir um estado parecido com a morte, a iboga tem a vantagem adicional de impedir a isquemia, o derrame que tomava a vida dos crucificados.

Seria o Graal um código para conhecimento antigo envolvendo segredos do microcosmo humano, tecnologias espirituais passadas adiante por homens e mulheres santos no transcorrer das eras, que permitiam experiências de transcendência? Os *perfecti* albigenses escondiam segredos de como potenciar estados místicos através do controle de energias sexuais e da ingestão de sacramentos antigos? Resta ainda muita pesquisa a ser feita antes de encontrarmos uma resposta satisfatória.

Um cálice de Deus

Seja o que for o Graal, esteja onde estiver, há algo de marcante em sua busca. Ela exige o uso daquele que é o maior de todos os poderes mágicos, a imaginação, e nos inspira a sonhar com o que passou e como o que está por vir. Talvez a melhor resposta seja a de Norma Lorre Goodrich, que afirma simplesmente que o Graal é Deus. No fim das contas, é isso que buscamos, que nunca conseguimos definir e que, às vezes, nos lugares menos prováveis, encontramos.

Dylan na Grande Pirâmide de Gizé

A estátua de Bastet, na cidade de Zagazig, lado de fora das ruínas de Bubástis.

Dylan nas ruínas de Bubástis.

JORNADA A BUBÁSTIS
Richard Cusick

3 DE DEZEMBRO DE 2004:
ALGUM LUGAR SOBRE O ATLÂNTICO

Minha filha de 7 anos de idade, Dylan, tem duas obsessões eternas: egiptologia e gatos; paixões complementares sem iguais, pois os gatos eram venerados pelos antigos egípcios, que os viam como um canal para chegar aos deuses, e são adorados por minha filha como um canal para todas as coisas peludas e boas. Dylan absorveu a mitologia egípcia de uma maneira que sempre me espanta. Ela identificou rapidamente Bastet, a deusa dos Gatos, um fato que sempre foi respeitado com incansável paciência por nossos dois jovens felinos, Appy e Flower.

Todas as garotinhas amam seus gatinhos, é claro, mas a paixão de Dylan por Coisas do Egito começou casualmente há mais de um ano, com um desenho animado inócuo, cheiro de escorpiões, escaravelhos, magia e múmias.

"Você gosta de múmias, hein?"

"Sim", ela respondeu. E isso levou à primeira de muitas viagens pelo rio até o Museu Metropolitano de Arte, que tem uma das melhores coleções de artefatos roubados do mundo (do ponto de vista dos egípcios, tudo foi roubado). Foram 40 ou 50 visitas ao museu, tenho certeza, em todas as estações, independentemente do clima.

Nós na verdade fomos ao Met (abreviação de Museu Metropolitano de Arte) na sexta-feira seguinte ao ataque de 11 de setembro de 2001, quando o ar da cidade de Nova York estava repleto de partículas de poeira e fotocópias com os rostos das pessoas mortas flutuavam nos postes e lâmpadas das ruas, e cobriam as janelas da frente das lojas como fantasmas. O museu era nosso naquele dia – fomos os únicos visitantes – e com exceção de alguns guardas, andamos pelo Templo de Dendur sozinhos e em silêncio, nossos passos suaves ecoavam sobre a pedra antiga. Por um breve momento no outono passado, no início do segundo ano escolar, minha filha conseguia possivelmente ler os hieróglifos egípcios melhor do que o alfabeto inglês. Nessa época ela começou a dizer coisas como: "quando eu for ao Egito..." com uma certeza jovial e eu senti que era meu dever dissuadi-la dessa ideia absurda.

"Ora, minha querida", eu disse. "O Egito fica muito longe e é muito caro e...".

Foi a primeira vez que vi Dylan olhar para mim daquele jeito, ela me fitou com um olhar que combinava um *gigabyte* de astúcia a uma afeição aborrecida por um homem velho e confuso.

"Papaaaai", ela espichou a palavra, "quando eu for para o Egito...", e continuou como se eu não tivesse dito nada. Não "se eu for ao Egito", mas "quando". Ela presumiu que eu a levaria à Terra dos Faraós com tal precisão que, hoje, eu considero estranhamente presciente. Por isso, quando eu disse:

"Dylan, adivinhe!"

"O quê?"

"Nós vamos para o Egito! Vamos para Gizé e veremos as Grandes Pirâmides."

Pensei que ficaria paralisada, mas ela tinha suas próprias ideias:

"Bem", questionou. "Eu quero ir ao Egito, mas não quero ir a Gizé."

"Você não quer ver as pirâmides?"

Segundo a lenda, o exército persa derrotou os habitantes de Bubástis usando gatos como escudos na batalha. Os seguidores de Bastet ficaram paralisados no campo de batalha, pois não podiam ferir os animais sagrados, e os persas os destruíram completamente.

"Eu quero ir a Bubástis!"

Bubástis! O local do Templo de Bastet, o antigo centro do Culto ao Gato. Naquele momento, o que me lembrei a respeito de Bubástis, das dúzias de visitas que fizemos ao museu, era que a cidade foi destruída pelos persas há mais de 2 mil anos. Segundo a lenda, o exército persa derrotou os habitantes de Bubástis usando gatos como escudos na batalha. Os seguidores de Bastet ficaram paralisados no campo de batalha, pois não podiam ferir os animais sagrados, e os persas os destruíram completamente. Expliquei à minha arqueóloga de 7 anos de idade que Bubástis hoje é provavelmente uma pilha de rochas no meio do deserto. "Vamos conhecer as pirâmides!", eu disse de modo definitivo.

"Aahh..."

"Ei! Eu disse que vamos a Gizé para ver as pirâmides e também ao Museu do Cairo para ver a nova sala de múmias de animais. E você vai gostar, mocinha!"

Dylan arregalou os olhos, pois sabia exatamente sobre o que eu estava falando. Naquele momento, esqueceu por completo o reino de Bastet.

"Múmias de gatos!", ficou maravilhada. As duas palavras favoritas dela.

Os antigos Egípcios mumificaram mais de 1 milhão de gatos, e a Sala de Múmias de Animais do Museu do Cairo é famosa por ter a melhor coleção do mundo. Ela ficou fechada ao público durante anos, mas há pouco tempo abriu as portas de novo, graças aos esforços do Projeto Múmias de Animais da Universidade Americana no Cairo. As melhores múmias de gatos do mundo estavam mais uma vez esperando para ser vistas, e nós estávamos a caminho. O que mais eu poderia fazer. A predileção da minha filha por Coisas do Egito aumentou à medida que ela cresceu. Dylan lê com voracidade, e para uma criança de 7 anos tem uma incomum compreensão da mitologia egípcia. Minha própria instrução se desenvolve mais devagar.

Uma tragédia aconteceu na semana passada. Na véspera de nossa Grande Aventura, nossa querida gata Apple Bow morreu. Ela não estava doente, e não sabemos por que isso aconteceu. Chegamos em casa, vindo do cinema, e a encontramos sob a cômoda de Dylan. Minha filha ficou arrasada, é claro, e eu também me senti assim por ela. Sou muito velho e muito cínico para me emocionar com qualquer coisa que não seja milagrosa.

7 DE DEZEMBRO DE 2004:
CAIRO, EGITO

Em nosso segundo dia fomos ao Museu do Cairo, o sótão mais glorificado do mundo. Estávamos diante de um ataque no tempo e no espaço em vez de uma preservação erudita, e o museu está repleto até o teto de artefatos, bricabraques e múmias dos faraós. 120 mil objetos ao todo. Cada canto exibia uma empoeirada e desgastada obra de arte – mas estávamos lá para ver os gatos.

Chegamos ao Egito, com todo o indispensável choque cultural. Dólares se transformaram em libras, e as libras eram egípcias; e todos pareciam estar discutindo quando na verdade estavam tendo uma conversa casual. Ficamos hospedados em Mena House, o único hotel próximo às Pirâmides de Gizé, um complexo palaciano que outrora fora utilizado como cabana de caça do rei do Egito no século XIX; e a varanda em nosso quarto tinha vista para a Grande Pirâmide de Quéops. Passamos nosso primeiro dia aqui nos encantando com os sítios arqueológicos, como típicos turistas estupefatos e impressionados aos pés da Esfinge, e espantados com as Pirâmides de Gizé com suas pontas ensolaradas. Cada uma das pedras era enorme e, consequentemente, as estruturas eram muito maiores do que podíamos esperar. No entanto, tínhamos pouco tempo para permanecer no país, e a viagem logo se tornou mais do que um período de férias.

Em nosso segundo dia fomos ao Museu do Cairo, o sótão mais glorificado do mundo. Estávamos diante de um ataque no tempo e no espaço em vez de uma preservação erudita, e o museu está repleto até o teto de artefatos, bricabraques e múmias dos faraós. 120 mil objetos ao todo. Cada canto exibia uma empoeirada e desgastada obra de arte – mas estávamos lá para ver os gatos.

A recém-restaurada Exposição de Múmias de Animais era uma galeria lateral que se estendia por duas salas com alguns dos espécimes mais bem preservados do mundo: diversos gatos cuidadosamente envoltos em bandagens; pássaros delicadamente tratados; um crocodilo enorme; um cão e um macaco requintados, que olhavam um para o outro como se tivessem sido encontrados sepultados, os pelos ainda estavam intactos. A exposição era elegante, e digerível, diferente do resto do museu (que precisa ser digerido em pequenas doses). Os elogios vão para a dra. Salima Ikram, uma arqueóloga da Universidade Americana no Cairo, que não apenas catalogou arduamente a dilapidada coleção de múmias de animais do

Fui relegado à condição de mero observador enquanto essas duas improváveis colegas trocavam informações. De qualquer modo eu não entendia muitas coisas a respeito das quais elas conversavam. Tornaram-se amigas rapidamente. O que eu não sabia era que quando a professora Ikram tinha 10 anos de idade, seu pai a trouxera para o Cairo, onde viram a original Ala das Múmias de Animais no Museu Egípcio. Naquele momento e naquele lugar, Ikram decidira se tornar arqueóloga.

museu, mas também arrecadou mais de US$ 200 mil necessários para reorganizar as alas.

A última vez que o museu catalogou sua coleção foi em 1905, e, por isso, a dra. Ikram e seus colegas começaram a radiografar, fotografar e catalogar cada um dos 160 animais na coleção. No ano passado a coleção restaurada foi finalmente reinstalada em mostruários bem iluminados com controle ambiental e exibidas com erudição revisada e raios-X detalhados. Dylan e eu passamos a maior parte de uma tarde copiando em rascunhos os animais exibidos, o que nos deu uma desculpa para olhar de maneira ininterrupta e por um longo período de tempo essas antiguidades fascinantes.

Em nosso terceiro dia, a sorte nos favoreceu, porque a dra. Ikram concordou em nos encontrar e ofereceu à minha filha uma aula de mestrado a respeito da mumificação de animais. Salima Ikram era uma mulher baixa e atraente, descendente de paquistaneses, com um sorriso amplo e branco, e um comportamento de uma mulher de classe média alta. Pegou Dylan pela mão logo que se encontraram e, passando pela segurança, a conduziu a seu escritório na Universidade. Com paciência respondeu às inúmeras perguntas de Dylan, ilustrando as respostas com um ocasional crânio de gato ou múmia de um peixe. Fui relegado à condição de mero observador enquanto essas duas improváveis colegas trocavam informações. De qualquer modo, eu não entendia muitas coisas a respeito das quais elas conversavam. Tornaram-se amigas rapidamente.

O que eu não sabia era que, quando a professora Ikram tinha 10 anos de idade, seu pai a trouxera para o Cairo, onde viram a original Ala das Múmias de Animais no Museu Egípcio. Naquele momento e naquele lugar, Ikram decidira se tornar arqueóloga.

Avançamos 25 anos no tempo e ela é proeminente em sua área de atuação, e a Ala das Múmias de Animais que a inspirou está abandonada. A vidraça da claraboia está quebrada e pássaros fizeram ninhos sobre os mostruários. A dra. Ikram fez da restauração da ala seu objetivo pessoal, o que levou anos e não foi nada fácil. Dylan e eu entramos no escritório no exato momento em que esse objetivo era realizado, e não deixamos de perceber a ironia.

"Talvez algum dia você ocupe esta cadeira, Dylan", a professora Ikram sugeriu – uma perspectiva que fez os olhos de minha filha brilharem.

"Minha gata morreu na semana passada", lamentou Dylan.

"Sinto muito. Como aconteceu?"

"Não sabemos. Ela simplesmente morreu".

"Tinha apenas 8 anos", completei. "É uma dessas coisas que acontecem."

"Vocês a enterraram?"

"No quintal", Dylan respondeu prontamente.

"Você colocou uma lápide sobre o túmulo?"

"Não".

"Você deve colocar uma lápide", disse-me a professora Ikram com ênfase. "E deve escrever o nome completo dela e também qualquer apelido que ela tenha tido."

"Appy!", exclamou Dylan. "O nome dela era Apple Bow, mas nós a chamávamos de Appy."

"Então você deve escrever isso na lápide e colocá-la sobre o túmulo. Os antigos egípcios acreditavam que enquanto o seu nome sobrevivesse você viveria para sempre." Ela explicou que por meio de preces e monumentos os mortos viveriam para sempre.

Dylan disse, "eu queria ir a Bubástis, mas ela não existe mais. Meu pai disse que é apenas uma pilha de rochas no meio do deserto".

"Não. Ela existe!", afirmou a dra. Ikram, selando nosso destino. "Fica a cerca de 80 quilômetros a nordeste do Cairo. É chamada Tel Basta agora. Não há muita coisa lá. Tudo o que tinha valor foi removido e todas as pedras maiores foram numeradas, mas é só isso. É muito subdesenvolvida".

Minha filha lançou-me aquele olhar de novo, o mesmo que me trouxe ao Cairo em primeiro lugar. Enquanto a dra. Ikram continuava a falar sobre múmias de cobras e serragem, coloquei a cabeça entre as mãos e gentilmente a balancei para a frente e para trás. Então olhei por entre os dedos e lá estava Dylan, fitando-me fixamente, com um sorriso maroto e uma expressão que parecia dizer "Seu bobo...".

Não havia dúvidas; eu iria para Bubástis.

Em algum lugar nessa história estão enterrados os excessos da paternidade. Acredito que a moral aqui seja que você não deve permitir que seus filhos assistam a desenhos animados... ou você acabará a meio mundo de distância, enviando a alma de seu animal amado para o eterno Reino de Bastet.

8 DE DEZEMBRO DE 2004: MENA HOUSE, GIZÉ

Durante o dia visitamos os templos, o mercado e a Mesquita, mas todas as noites voltávamos para nosso quarto, de onde víamos a Grande Pirâmide banhada em luz agigantando-se para além de nossa varanda, e tirávamos fotos do que víamos. Certa noite, minha filha me ensinou a jogar xadrez, e assistimos a *Buffy, a Caça-Vampiros*, e lemos livros. Na noite anterior à nossa viagem a Bubástis, Dylan me contou a Lenda da Deusa Distante, cujos passos nós nos preparávamos para seguir.

"Bem, papai", ela começou, "às vezes Bastet é uma gata e ela é boa, mas outras vezes ela é uma leoa, e é má. Quando é uma leoa, seu nome é Sekhmet, e ela protege o pai, Rá, cujo barco puxa o Sol pelo céu. À noite, o barco de Rá vai para além do horizonte e tudo fica escuro, e Bastet tem olhos de gato que podem enxergar no escuro. Como Sekhmet, ela protege o pai dos inimigos, principalmente de uma serpente chamada Apep. Ela corta a cabeça de Apep!". Dylan olhou para mim para enfatizar: "Ela faz isso *todas as noites*, papai!".

Mas a ira violenta da leoa era muito intensa e Rá foi finalmente forçado a banir a filha para o Deserto da Núbia, onde poderia dar vazão à sua ira em isolamento. Rá ficou desprotegido à noite, e então enviou os emissários, Onúris e Thot, à Núbia, para resgatar a filha e trazê-la de volta ao Egito. Na viagem para casa, ela se banhou nas águas sagradas de Philae que afogaram sua raiva e a transformaram da feroz leoa em uma gata serena. Como Bastet, ela seguiu ao longo do Nilo parando em cada cidade e vila pelo

---

"Bem, papai", ela começou, "às vezes Bastet é uma gata e ela é boa, mas outras vezes ela é uma leoa, e é má. Quando é uma leoa, seu nome é Sekhmet, e ela protege o pai, Rá, cujo barco puxa o Sol pelo céu. À noite, o barco de Rá vai para além do horizonte e tudo fica escuro, e Bastet tem olhos de gato que podem enxergar no escuro...".

> **No tempo e no espaço, Bubástis antecede a história escrita. Arqueólogos presumem que, antes da aurora da civilização, os antigos clãs agrários do Egito adotavam totens de animais essenciais, e o clã que ocupava essa parte do Delta do Nilo se identificava com o gato. Se os gatos foram domesticados primeiramente no Egito, isso provavelmente aconteceu primeiro em Bubástis.**

caminho para receber a veneração do povo. Foi seguida por muitos, até que chegou ao bosque sagrado na margem leste do Nilo. Tomou a região para si, tornando-a seus domínios e ordenou que seu templo fosse construído nela. Tudo isso é mito.

No tempo e no espaço, Bubástis antecede a história escrita. Arqueólogos presumem que, antes da aurora da civilização, os antigos clãs agrários do Egito adotavam totens de animais essenciais, e o clã que ocupava essa parte do Delta do Nilo se identificava com o gato. Se os gatos foram domesticados primeiramente no Egito, isso provavelmente aconteceu primeiro em Bubástis. A construção do Templo teve início há 4.600 anos, na Quarta Dinastia do Antigo Império, quase na mesma época da grade Pirâmide de Gizé. Foi chamado Per Bastet pelos egípcios, Pi Basteh no Antigo Testamento, e Bubástis pelos gregos. Hoje, as ruínas são chamadas Tel Basta. Acredita-se que por 1.500 anos Bastet foi uma divindade local, embora os faraós tenham tentado se associar à deusa gata. Escavações em Tel Basta encontraram os nomes de Quéops e Quéfren, os faraós das duas maiores pirâmides em Gizé, gravados em pedra. Em 945 a.C., o príncipe líbio de Bubástis, Sheshonk I, assumiu o trono do Egito e tornou o reino de Bastet o local da residência do faraó.

Bubástis era localizada ao longo das principais rotas comerciais e, por algum tempo durante a 22ª Dinastia, foi provavelmente a capital do Egito. O filho de Sheshonk I, Osorkon II, começou a reconstruir o templo, que se deteriorou com o passar dos séculos, e seu neto, Osorkon III, terminou a construção e dedicou o templo a Bastet.

Por volta do século VI a.C., a veneração aos animais ganhou popularidade e permaneceu com algo essencial ao estilo egípcio de vida por quase 500 anos. Foi nesse período (de 712 a 332 a.C. e além) que Bubástis viveu seus melhores e piores dias. Em 525 a.C. os persas conquistaram o Egito e tomaram Bubástis, utilizando-se da técnica de defesa felina mencionada antes. Por 200 anos o Egito foi parte do Império Persa, mas a Antiga Religião sobreviveu e Bubástis continuou em proeminência durante todo esse período.

Muito do que sabemos a respeito de Bubástis vem do historiador grego Heródoto (484-425 a.C.), que visitou pessoalmente o local. Heródoto relatou que o templo de granito vermelho era o mais bonito em todo o Egito. A cidade de Bubástis foi construída sobre aterros ao redor do complexo principal, sobre uma faixa de terra entre os dois canais do Nilo, portanto, o Templo de Bastet poderia ser visto de qualquer local da cidade e parecia flutuar sobre uma ilha mística. Havia uma longa avenida com árvores – um bosque sagrado – que conduzia ao templo principal. Templos menores e túmulos eram espalhados ao redor, e havia uma grande necrópole para gatos, onde os seguidores do Culto ao Gato em todo o Egito traziam seus amados bichinhos para serem mumificados.

Os gatos também eram sacrificados em oferta à Deusa, carinhosamente embalsamados e enterrados na necrópole de tijolos de argila. Os restos mortais de 30 mil gatos foram encontrados em Bubástis. Por outro lado, gatos vivos sempre corriam pelo templo, onde recebiam cuidados, carinho, orações e eram carregados em cestos. Os egípcios costumavam pedir aos gatos que usassem sua linguagem misteriosa para intervir junto aos deuses em benefício das pessoas.

Em Bubástis acontecia o festival mais popular em todo o Egito por mais de 300 anos. O historiador grego Heródoto afirmou que 700 mil foliões iam todos os anos ao festival que durava um mês, para participar de uma orgia dionisíaca de vinho forte e sexo selvagem: "Homens e mulheres chegavam navegando juntos", ele escreveu, "grandes quantidades em cada barco, muitas das mulheres tocando castanholas, enquanto alguns homens tocam gaita o tempo todo... homens e mulheres cantam e batem palmas. Quando chegam ao lado oposto de qualquer uma das cidades à margem do córrego, aproximam-se da margem e, enquanto algumas mulheres continuam a tocar e dançar, outras chamam em voz alta as mulheres locais e se exibem para elas, enquanto algumas dançam, outras ficam em pé, descobrindo-se. Depois de fazer isso por todo o trajeto ao longo do rio, chegam a Bubástis, onde celebram o festival com sacrifícios em abundância. Mais vinho é consumido nesse festival do que em todo o resto do ano".

Felizmente, as crianças estavam excluídas das festividades, enquanto os egípcios adultos se comportavam como gatos embriagados no cio. No fim do festival, uma chama sagrada passava pela cidade até chegar ao templo. Desse modo, a viagem original de Bastet de Núbia até Bubástis era relembrada, e a deusa gata era simbolicamente levada de volta ao seu reino.

Felizmente, as crianças estavam excluídas das festividades, enquanto os egípcios adultos se comportavam como gatos embriagados no cio. No fim do festival, uma chama sagrada passava pela cidade até chegar ao templo. Desse modo, a viagem original de Bastet de Núbia até Bubástis era relembrada, e a deusa gata era simbolicamente levada de volta ao seu reino.

Bubástis sobreviveu aos gregos e romanos, foi enfraquecida pelos cristãos, e, por fim, reduzida a nada pelo Islã. Hoje, as ruas da moderna cidade do Cairo estão repletas de pequenos gatos selvagens de rua que são bem cuidados pelos egípcios comuns, uma tradição cultural que continuou sem restrições por milênios.

Li essas palavras em nosso quarto, à sombra da Grande Pirâmide; nos livros que compramos em Cairo para nos prepararmos para a incomum viagem no dia seguinte. Minha filha dorme a meu lado, envolta em um sonho repleto de gatos, na mítica Terra Negra de Kemet.

10 DE DEZEMBRO DE 2004: MENA HOUSE, GIZÉ

Nosso guia, Samir, era aquele tipo amável de brincalhão que parecia se relacionar com todo mundo no Cairo. Que conveniente para nossas necessidades de compras!

Além dessa boa sorte, ele era um bom sujeito e depois de três dias de emprego fixo começou a se sentir parte da caravana. Samir queria saber o que iríamos fazer no dia seguinte.

"Amanhã vamos tomar o trem para Zagazig, para ir a Tel Basta", respondi.

"Por que querem fazer isso? Não há nada lá."

"Bem, há algo que queremos ver."

"Eu levo vocês de carro. Confortável. Sossegado. Trens egípcios... muito sujos."

"Não temos medo de um pouco de poeira", Dylan assentiu. Ela também queria tomar o trem.

"Trens egípcios não são confortáveis", Samir implorou, "deixe-me levar vocês".

Achei que ele estivesse tentando ganhar mais um dia pago, mas, em um momento de prudência, concordei.

Na manhã seguinte Samir nos levou do Cairo até Tel Basta. A viagem levou pouco mais de uma hora e quando chegamos Samir apontou para a janela e disse: "Vejam!". O trem para Zagazig rugia ao nosso lado, sobre os trilhos. Nos lugares onde ele não era vermelho por conta da ferrugem estava coberto de uma coisa preta. O trem era pouco mais que antigos vagões rangendo, lotados de pessoas em pé que se espremiam e se penduravam para fora.

"Acreditam em mim agora?" Samir gargalhou.

Chegamos a Tel Basta por volta das 13 horas. Havia uma guarita caindo aos pedaços, com dois guardas militares egípcios sonolentos, e quase nada mais. Compramos os ingressos, mas Samir sugeriu que eu deixasse alguns dólares para os guardas porque provavelmente seríamos os únicos visitantes do dia. "As pessoas aqui são muito pobres", ele me disse com sinceridade. Uma pequena gorjeta provocou sorrisos.

"Vão, vão", disse um dos guardas com generosa alegria.

Caminhamos sobre a areia até o topo de um antigo monte. De um lado, trabalhadores tinham erigido uma enorme estátua do Império Novo, da deusa Hathor, a Mãe do Mundo, estavam dando os retoques finais. Do lado oposto, um pequeno e não impressionante jardim de pedra levava a vários campos em degrau, cobertos por pedras desbotadas pelo sol. Havia tantos pedaços quebrados e espalhados de granito, contendo gravações, e do tamanho de cabines telefônicas que tivemos de contorná-los para seguir nosso caminho. Algumas pedras saíam do solo formando ângulos estranhos, e uma ou duas estavam tão retas quanto no dia que foram colocadas no local; mas seja qual for o plano ou padrão que o templo apresentava ele foi perdido na Antiguidade. Talvez os topos escalonados das montanhas marcassem os limites do precipício de onde a cidade outrora olhava para o templo; talvez esse tenha sido o lugar onde as margens dos canais que envolviam o templo outrora fluíram. Talvez um arqueólogo conseguisse distinguir as ruínas do Templo de Bastet entre os destroços dos templos do ka de Teti e Pepi I, que Naville descreveu em detalhes, mas para nossos olhos não conhecedores tudo não passava de um caos de pedras com gravações. As grandes pedras silenciosas de Bubástis estão espalhadas por essa paisagem deserta como – bem, como ídolos caídos.

A qualidade das gravações permanece impressionante, e a quantidade de pedras quebradas é surpreendente. Granito e calcário branco e vermelho eram os tipos mais comuns. O torturado solo arenoso era marcado por pequenos tufos de grama aguda como uma lâmina, que os guardas coloquialmente chamavam de "maconha". Mas, de modo geral, o solo estava livre de pequenos escombros. O sítio fora cuidadosamente escavado pela primeira vez por Edouard Naville, entre 1887 e 1889; e muitas escavações pequenas pararam e recomeçaram durante anos, mas o dinheiro sempre chegou ao fim. Ainda não foi feito um estudo definitivo de Tel Basta; e o tempo – o único elemento do qual parece existir um suprimento interminável no Egito – está, por fim, acabando. Projetos habitacionais da usurpadora Zagazig agora cobrem dois terços de Bubástis, embora seja certo que o sítio ainda não revelou todos os seus segredos. Descobertas recentes incluem uma importante torre de pedra com inscrições em grego e demótico, e um colar de moscas de ouro que foi associado ao faraó Ahmose, há mais de 3.500 anos. Existem rumores nos círculos arqueológicos a respeito de fortunas ilícitas sendo feitas nas ruínas de Tel Basta

Pedi a Samir que nos deixasse sozinhos. Continuamos a caminhar campo adentro, até o topo de uma pequena colina. Peguei uma pedra chata de tamanho médio que estava sobre um monte de grama, pequena o suficiente para ser negociada, mas grande o suficiente para ser deixada no lugar. Retirei da mochila um conjunto de lápis de cor e um bloco de desenho e os entreguei a Dylan. Ela se sentou na areia, com as pernas cruzadas, e desenhou um gato preto-acinzentado com olhos verdes e uma cauda longa.

"O que eu devo escrever?", perguntou.

"*Grande Bastet*", ditei, "*por favor, receba nossa amiga Apple Bow, também conhecida como Appy,...*"

Fizemos a mesma coisa para Oscar e Nimbus, outros dois gatos que abençoaram nossas vidas. Enquanto observava minha filha fazer um desenho para cada um, escrevendo com cuidado cada oração com a sinceridade de um monge do século XII, minha armadura começou a ceder. Cavei um pequeno buraco, enterrei os papéis, e cobri o túmulo com uma pedra chata; e minha filha se ajoelhou e fez uma prece silenciosa para Bastet. Entre lágrimas tirei algumas fotos, e quando ela terminou perguntou-me se eu estava bem.

"Sim, é um tanto impressionante, não?"

Dylan retirou a câmera das minhas mãos e me colocou em frente à pedra e, sem pronunciar uma palavra, tirou uma foto de seu pai com lágrimas nos olhos.

Alguns momentos depois, ela estava brincando com pedras na areia quando separou dois pedaços pequenos de granito vermelho – um do tamanho de uma moeda de um quarto de dólar, e a outra menor que um centavo – de um seixo.

"Veja", exclamou, ofegante. Havia uma pequena parte de um hieróglifo gravado com clareza na pedra de tamanho igual à moeda de um quarto. Obviamente fora inscrito com o uso de alguma ferramenta e não havia nada parecido em nenhum outro lugar à vista. Qualquer outra pedra contendo um hieróglifo pesava mais de meia tonelada. Eu virei a pedra do outro lado duvidando de meus dedos e, de repente, o guarda estava atrás de mim. Ele viu o pedaço de granito vermelho em minha mão.

"Veja o que ela encontrou", eu disse com humildade, embora o homem de fato não falasse inglês. Ele tomou o artefato de mim e estava obviamente tão surpreso quanto eu. Olhou para mim e para Dylan e entregou-me a pedra, falando em voz baixa: "pegue, pegue".

Caminhamos por um bom tempo, divertindo-nos entre colunas semiescondidas e estátuas alisadas pela areia. Em um dado momento Dylan correu e se aproximou de um grande poço redondo – um buraco profundo, talvez com quase 2,50 metros de diâmetro – cercado por arame farpado enferrujado. "Afaste-se daí!", gritei, não vendo outra coisa além de um acidente pronto para acontecer. E minha filha, obedecendo, se afastou do lendário poço do templo que, segundo a tradição dos cristãos coptas, foi fundado por Jesus Cristo quando Ele era um menino. Em uma versão da história, as pessoas recusaram dar água à Sagrada Família porque não havia o bastante para partilhar, e o menino Jesus apontou para um local de onde a água jorrou. Uma versão mais severa dessa história afirma que o templo do gato desmoronou diante da descoberta feita pelo Salvador Menino.

Tel Basta não é um sítio arqueológico muito grande e, depois de algumas horas, tínhamos esgotado todas as opções e voltamos para o carro. Havia mais dois guardas agora e, mais uma vez, seguindo a sugestão de Samir, dei três dólares a cada um deles. "Onde é o cemitério dos gatos?", Dylan inquiriu, e isso nos levou a outra meia hora de descobertas sobre uma cordilheira na extremidade norte do sítio. Uma necrópole para gatos, abobadada e construída com tijolos de argila tinha endurecido com o passar dos anos e se transformado em um labirinto de paredes de rocha com nichos e sarcófagos que se estendia até Zagazig. Havia centenas e centenas de nichos que outrora foram os túmulos pequenos da mesma quantidade de múmias de gatos. Como um macaco, Dylan escalou essas tumbas antigas até que o sol começou a se esconder. O ar ficou frio rapidamente e, por fim, era hora de partirmos.

De volta ao carro, mais quatro guardas militares apareceram – oito, ao todo – e Samir sugeriu um pouco mais de graxa para as rodas da amizade internacional. Enquanto eu dava a cada um mais alguns dólares – agora totalizando US$ 38,00 – outro carro pequeno parou.

"É o general", explicou Samir.

"Quem é o general?"

"Ele é o responsável."

"Devo dar dinheiro para ele?", perguntei.

"Não, não", insistiu Samir, "apenas para seus homens".

Depois que o general saiu do carro as coisas se tornaram um pouco formais. Os homens entraram em formação e apresentaram Dylan e eu ao homem responsável por Tel Basta. Ele era um homem pequeno e corpulento, com olhos profundos e úmidos e que não falava inglês; mas se desmanchou em sorrisos e acariciou os cabelos de minha garotinha.

A sirene vinha do carro do general atrás de nós. "O que está acontecendo?! Qual é o problema?" Samir sorriu. "Tudo bem", disse, "eles são nossa escolta. Nada acontecerá a vocês enquanto estiverem nesta cidade". Afirmação que levou logicamente à próxima lógica: "O que poderia acontecer conosco?". "Nenhuma bomba", disse Samir.

Troquei apertos de mãos com todos e depois entramos no carro e fomos embora. Alguns minutos depois, quando estávamos na estrada principal de Zagazig, diminuímos a velocidade para tirar um foto da estátua de Bastet em um cruzamento. De repente, ouvimos uma sirene, o que fez meu coração parar, e vi que estávamos cercados dos quatro lados por veículos militares repletos de soldados armados. A sirene vinha do carro do general atrás de nós. "O que está acontecendo?! Qual é o problema?"

Samir sorriu. "Tudo bem", disse, "eles são nossa escolta. Nada acontecerá a vocês enquanto estiverem nesta cidade".

Afirmação que levou logicamente à próxima pergunta: "O que poderia acontecer conosco?".

"Nenhuma bomba", disse Samir, enquanto seguia para a autoestrada em direção ao Cairo, e nossa escolta militar, sorrindo e agitando os rifles, foi embora, um a um.

Voltei-me para Dylan e disse: "Foram os melhores 38 dólares que já gastei".

E nossa jornada a Bubástis tinha terminado.

GNOSE: AS PLANTAS DA VERDADE

Dan Russel

O sacramento central das culturas conhecidas dos períodos Paleolítico, Neolítico e da Idade do Bronze é uma erva inebriante, uma planta totem, que se tornou metáfora da epifania comunal. Essas ervas, misturas de ervas e metáforas herbáceas estão no centro de todas as mitologias. Elas incluem imagens familiares como a Sarça Ardente, a Árvore da Vida, a Cruz, o Ramo de Ouro, o Fruto Proibido, o Sangue de Cristo, o Sangue de Dionísio, o Cálice Sagrado (ou, melhor dizendo, seu conteúdo), o Cálice (*Kalyx: o cálice da flor*), a Flor de Ouro (crisântemo), Ambrosia (*Ambrotos: imortal*), Néctar (*Nektar: supera a morte*), o Lótus Sagrado, os Pomos de Ouro, a Mandrágora Mística, a Rosa Mística, o Cogumelo Sagrado (*teonanacatl*), a Vitória Régia Divina, Soma, Ayahuasca (*Vinha da Alma*), Kava, Iboga, Mama Coca e Planta Paiute.

O impulso neolítico reforça o lar criativo e a fertilidade desenvolvida pelo ser humano, a esfera especial das mulheres. Agricultura, tecelagem, cerâmica, metalurgia, medicina, astronomia, contagem do calendário, mitologia e escrita são em grande parte invenções matrísticas.

Quanto ao simbolismo da deusa, recuperado de centenas de sítios arqueológicos da Europa muito bem escavados, uma enorme porcentagem é pintada ou gravada em objetos usados para beber. Praticamente todos os objetos usados para beber exibem um simbolismo enteógeno,

---

Praticamente todos os objetos usados para beber exibem um simbolismo enteógeno, e praticamente todos os templos e santuários do Período Neolítico e da Idade do Bronze contêm uma profusão de cálices, tigelas, vasos, funis, e conchas. Na verdade, a maioria das casas neolíticas exibe um santuário com os mesmos objetos.

O Anel de Ouro de Isopata.

Abelhas com cabeças de leão do Palácio de Minos, em Cnossos.

e praticamente todos os templos e santuários do Período Neolítico e da Idade do Bronze contêm uma profusão de cálices, tigelas, vasos, funis, e conchas. Na verdade, a maioria das casas neolíticas exibe um santuário com os mesmos objetos.

Sir Arthur Evans, o gênio seminal que escavou Cnossos, o extenso complexo de palácios neolíticos e da Idade do Bronze em Creta, observou que "Os desenhos de plantas nos afrescos são em sua essência simplesmente acessórios dos temas principais exibidos, que são figuras humanas ou de animais. Na cerâmica, no entanto, essa característica essencial é omitida, e apenas os detalhes do reino vegetal são selecionados para reprodução".[252] Entre eles estão incluídos enteógenos e anódinos como cevada vestida, papoula e bulbos psicoativos – lírios, jacintos e açafrão. "Além disso", acrescenta Gimbutas, "o simbolismo da Velha Europa, 6500-3500 a.C., nos dá uma chave essencial para entendermos a religião paleolítica, pois muitas das imagens são contínuas".[253] Foi ela quem explicou a Wasson que até hoje a *Amanita muscaria* (Soma) é usada em festas de casamento e outras celebrações em partes de sua terra natal, a Lituânia, e que os lituanos tinham uma tradição antiga de exportar quantidades de cogumelos para os xamãs do Lapão, na extremidade norte.[254]

"Delfos", o antigo santuário micênico (c. 1350 a.C.) que se transformou em uma instituição grega clássica, significa "ventre", *delphys*. A palavra também se relaciona a

---

252. *Sir* Arthur Evans, *The Palace of Minos at Knossos: 4 Volumes*. New York: Macmillan and Co., 1921, p. 499, 605.

253. Marija Gimbutas, *The Civilization of the Goddess*. New York: HarperCollins, 1991, p. 222.

254. R. Gordon Wasson, *Soma: Divine Mushroom of Immortality*. New York: Harcourt Brace Jovanovich, 1968, p. 43.

delphins, "golfinho", a encarnação do mar, o ventre de onde Creta nasceu.

Não se discute o fato de que o templo foi concebido como o ventre da deusa. Os dólmens, as estreitas entradas de pedra dos túmulos megalíticos "antropomórficos" da Europa ocidental, c. 4500-3000 a.C., eram usados como passagens de "renascimento" após a "incubação" no túmulo/ventre, assim como, na Melanésia, eram canais de nascimento feitos em pedra.[255]

A serpente, o símbolo arquetípico da regeneração terrena e cura herbácea, era um dos principais motivos da arte neolítica, tanto sagrada quanto secular. Um vaso cultural com 8 mil anos de idade, da antiga Iugoslávia, exibe duas serpentes com cabeça de pássaro protegendo o conteúdo de uma bacia ritual.[256] Um vaso romeno com 6.500 anos de idade mostra serpentes envolvendo os círculos concêntricos do mundo, "fazendo o mundo girar", como afirma Gimbuta.

Serpentes com chifres, ou animais com chifres associados a serpentes, ou deusas com cabeça de pássaro, envoltas em serpentes, ou deusas com serpentes como cabelo, ou serpentes esquemáticas, são reproduzidas em vasos sagrados usados para beber, santuários de deusas, e cerâmica com mais frequência do que qualquer outra imagem, da Ucrânia à Creta, de 8000 a 1500 a.C. "As estatuetas grávidas do sétimo e sexto milênios a.C. estão nuas, enquanto as mulheres grávidas do quinto e quarto milênios estão elegantemente vestidas, exceto na região do abdômen, que está exposto e onde repousa uma serpente sagrada".[257]

Imagens neolíticas femininas, muitas com a cabeça de uma serpente ou pássaro, superam em quantidade as imagens masculinas em uma proporção de 30 para um.[258] Assim como os homens-bisão das cavernas do Paleolítico Superior, a principal manifestação do deus masculino neolítico tem a forma de um touro, ou homem-touro, o Filho de Sua Mãe. A Deusa com cabeça de serpente ou pássaro, uma imagem de transformação ctônica e ressurreição extática, foi a Criadora original.

As rainhas cretenses de Cnossos foram repetidamente retratadas, por milhares de anos, como vespas aladas ou mulheres com cabeça de abelha, cercadas por olhos flutuantes e serpentes. Também foram retratadas como xamãs com os seios nus, usando uma saia com babados e uma coroa de flores, com os braços

---

255. Robert Graves, *The White Goddess*. New York: Vintage Books, 1959, p. 224.

256. Marija Gimbutas, *The Goddesses and Gods of Old Europe*. Berkeley: University of California Press, 1982, p. 101.

257. *Ibid.*, p. 201.

258. Marija Gimbutas, *The Language of the Goddess*. New York: HarperCollins, 1989, p. 175.

estendidos, segurando uma cobra em cada mão. Elas lançam encantamentos. As coroas de flores foram algumas vezes cobertas pela imagem de uma pantera, o animal da primeira transformação.

O Anel de Ouro de Isopata, um anel de sinete de uma rainha, encontrado perto de Cnossos, datado de 1500 a.C., retrata de modo explícito mulheres com cabeça de abelha dançando em êxtase, cercadas por plantas flutuando, pintadas com muita beleza – possivelmente lírios enteógenos – um olho de "Cleópatra" sem corpo, e serpente flutuantes.[259]

Assim como a vespa, o poder do ferrão da abelha veio do poder das plantas que ela polinizou. Uma gema um jarro com a bebida sacramental.[260] As abelhas não apenas faziam o mel para o hidromel, mas também polinizavam as flores mágicas usadas na bebida, transformando assim os próprios xamãs em abelhas com cabeça de leão e que zuniam.

Mas a agricultura é um motor cibernético, criando sua própria pressão para aumentar a produção e expandir o território. Isso era exatamente o oposto do processo neolítico, que reforçava as poderosas habilidades domésticas das mulheres. O processo da Idade do Bronze reforçava as habilidades de confronto do guerreiro.

Além disso, os seres humanos têm uma psicologia inerentemente

---

O maior crime do xamã não conformista é que ele, ou ela, luta para trazer à consciência aquilo que as autoridades e suas ovelhas compulsivas desejam que permaneça esquecido.

---

miceneia, de origem minoana, c. 1400 a.C., retrata uma grande planta sagrada crescendo dos chifres da consagração, apoiada por um cálice.

A planta está cerimoniosamente ladeada por dois sátiros com cabeça de leão e pele de abelha, ou seja, dois xamãs, cada um segurando, diretamente acima da planta, carnívora. Mesmo as comunidades tribais do período neolítico viviam da caça e faziam sacrifícios de animais, que associavam à epifania religiosa. O sacrifício de animais era uma das principais funções dos sacerdotes neolíticos. O sangue era considerado benéfico, enteógeno, e a seiva enteógena ou curativa das

---

259. Sir Arthur Evans, *The Palace of Minos at Knossos: 4 Volumes*, vol. 3. New York: Macmillan and Co., 1921, p. 68; Marija Gimbutas, *The Goddesses and Gods of Old Europe*, p. 185.

260. Sir Arthur Evans, *The Palace of Minos at Knossos: 4 Volumes*, vol. 4. New York: Macmillan and Co., 1921, p. 453; Marija Gimbutas, *The Goddesses and Gods of Old Europe*, p. 184.

plantas era considerada o "sangue" delas. Os processos burocráticos de administração de riquezas da Idade do Bronze, que não existiam nas comunidades neolíticas, foram cuidadosos em gerar razões para o acúmulo de mais riquezas.

A Idade do Ferro é claramente a Idade do Bronze militarista. A Inquisição original, os arquétipos da conformidade industrial, descem ao nível inconsciente, pois o referencial arquetípico foi cuidadosamente manipulado, através de sucessivos estágios históricos, para destruir o conhecimento cultural consciente do antigo xamanismo.

Quando a memória consciente (*mnemósine*) é destruída, o que sobra é emoção, as atitudes irracionais ditadas por compulsões inculcadas "parentalmente": Deus-o-Pai, como Pavlov. Não foi por acaso que o grande xamã Platão afirmou que todo o aprendizado é lembrança. O maior crime do xamã não conformista é que ele, ou ela, luta para trazer à consciência aquilo que as autoridades e suas ovelhas compulsivas desejam que permaneça esquecido.

Jesus foi esse tipo de xamã. O Jesus histórico tem tanto em comum com o Jesus paulino quanto um cavalo tem algo em comum com um unicórnio. A mais prestigiosa e eficaz teologia helenista do Império Romano, na prática a *religio licita* para os romanos durante séculos, foi tomada por alguns dos mais talentosos cientistas do império e transformada em um dogma capaz de preencher o vazio deixado pelo falido pseudoxamanismo pós-tribal no qual a religião imperial greco-romana se transformara.

O truque, muito bem entendido por Paulo, era transformar Joshua, o dançarino fantasma nacionalista de Israel, em um deus grego de mistério, Orfeu. "Salvadores" estavam se tornando deuses de mistério o tempo todo, mas nunca antes tendo como ponto de partida a fundação da rede prestigiosa e lendária das sinagogas helenizadas do império. Nunca antes com o único livro sagrado capaz de substituir Homero e Hesíodo, *A Septuagingta*, a tradução grega da Bíblia hebraica, criada 250 anos antes pela comunidade judaica de Alexandria, que falava a língua grega, e que agora era lida por todo o império de Alexandre, o império grego que Roma conquistou. O pior de tudo foi que os aspectos mais amnésticos da teologia israelita foram usados, de maneira brilhante, contra eles mesmos, para destruir o que sobrou da *mnemósine* antiga.

O príncipe egípcio Moisés, *Moshe*, é o Messias hebreu original, *Moshy'a*. As duas palavras estão aparentemente relacionadas ao termo

> **Como Gordon e Patai ressaltam, se nós não tivéssemos a Bíblia, mas apenas as evidências da arqueologia israelita, concluiríamos que a religião israelita, até a destruição do Templo em 586 a.C., foi principalmente o culto a Astarte e Asherah.**

egípcio *mose*, "nascido", como em *Thutmose*, "Thot Nasce". A palavra egípcia *mose* deriva, segundo o professor Gordon, do termo cananeu *moshe*, "bezerro sagrado".[261] *Moshiy'a* parece significar "A Salvação Nasce", em hebraico. O uso hebraico da palavra, sem o prefixo, é cananeu, não egípcio.

O irmão de Moisés, Arão, o *kohen*, viu dois de seus filhos morrerem porque celebraram o Senhor com "fogo prorano",[262] e *Juízes* atribui a derrota de Israel na batalha à adoração a "*Baal e Astarote*".[263] Jeremias promete a vingança divina sobre aqueles que adoram a popular "Rainha dos Céus", e arqueologia prova que ela era de fato popular.[264]

Como Gordon e Patai ressaltam, se nós não tivéssemos a Bíblia, mas apenas as evidências da arqueologia israelita, concluiríamos que a religião israelita, até a destruição do Templo em 586 a.C., foi principalmente o culto a Astarte e Asherah.[265]

Para que acreditasse nele, Moisés teve de retirar a serpente oracular do ventre de Asherah:

> Disse Deus a Moisés: "Eu Sou o que Sou. É isto que você dirá aos israelitas: Eu Sou me enviou a vocês... Moisés respondeu: "E se eles não acreditarem em mim nem quiserem me ouvir e disserem: 'O Senhor não apareceu a você?". Então o Senhor lhe perguntou: "Que é isso em sua mão?". "Uma vara", respondeu ele. Disse o Senhor: "Jogue-a no chão". Moisés jogou-a, e ela se transformou numa serpente. Moisés fugiu dela. Mas o Senhor lhe disse: "Estenda a mão e pegue-a pela cauda". Moisés estendeu a mão, pegou a serpente e esta se transformou numa vara em sua mão. E disse o Senhor: "Isso é para que eles acreditem que o Deus dos seus antepassados, o Deus de Abraão, o Deus de Isaque, o Deus de Jacó, apareceu a você".[266]

---

261. Cyrus H. Gordon, *Ugarit and Minoan Crete*. New York: W. W. Norton, 1966, p. 23.

262. Levítico 10.

263. Juízes 2:13.

264. Juízes 44:15-25.

265. Raphael Patai, *The Hebrew Goddess*. New York: Ktav Publishing House, 1967; Cyrus H. Gordon, *The Common Background of Greek and Hebrew Civilization*. New York: W. W. Norton & Company, 1965, p. 31.

266. Êxodo 3:14-4:5.

Gênesis reconhece os poderes oculares maternais da serpente, proibindo o uso deles pelos mortais:

> Disse a serpente à mulher: "Certamente não morrerão! Deus sabe que, no dia em que dele comerem, seus olhos se abrirão, e vocês, como Deus, serão conhecedores do bem e do mal". Quando a mulher viu que a árvore parecia agradável ao paladar, era atraente aos olhos e, além disso, desejável para ela se obter discernimento, tomou do seu fruto, comeu-o e o deu ao marido, que comeu também. Os olhos dos dois se abriram... Então disse o Senhor Deus: "Agora o homem se tornou um de nós, conhecendo o bem e o mal. Não se deve, pois, permitir que ele tome também do fruto da árvore da vida e o coma, e viva para sempre". Por isso o Senhor Deus o mandou embora do Jardim do Éden para cultivar o solo do qual fora tirado. Depois de expulsar o homem, colocou a leste do Jardim do Éden querubins e uma espada flamejante que se movia, guardando o caminho para a árvore da vida.[267]

Mas a rejeição por parte de Israel do *pharmakon* de ouro do faraó implicou o equacionamento de todo o sacramentalismo, de ouro, animal ou vegetal, com uma idolatria faraônica, uma miopia histórica, ou histérica, que o Cristianismo Ortodoxo descobriria ser muito útil em seu próprio inquisitorialismo.

Mas a rejeição por parte de Israel do *pharmakon* de ouro do faraó implicou o equacionamento de todo o sacramentalismo, de ouro, animal ou vegetal, com uma idolatria faraônica, uma miopia histórica, ou histérica, que o Cristianismo Ortodoxo descobriria ser muito útil em seu próprio inquisitorialismo.

Os primeiros escritos do Novo Testamento são as cartas de Paulo, 50-60 d.C. Os Evangelhos, mais proeminentes no cânon, foram escritos entre 70-110 d.C., dentro do contexto da Igreja, fora de Israel, que Paulo foi em grande parte responsável por criar. Embora os quatro Evangelhos gregos tragam os nomes dos Apóstolos, é óbvio que nenhum foi escrito por eles. Todos os escritos originais hebreus e aramaicos dos verdadeiros Apóstolos israelitas, os nazarenos, foram considerados hereges e destruídos pela Igreja de Roma nos séculos II e III.

Paulo alegava ser um dos lendários "Separados", os fariseus, quer eram conhecidos por todo o Império Romano e parta como corajosos e sábios. A alegação reforçou a autoridade dele entre seus correspondentes, os habitantes do grande império que falavam grego. Isso foi uma mentira

---
267. Gênesis 2-3.

evidente; Paulo nunca foi um fariseu, e ao que parece nem mesmo falava hebraico fluente. Nunca, em 160 citações, ele mencionou a Bíblia hebraica, sempre a *Septuaginta* grega. O domínio do texto bíblico, na língua original hebraica, era a base de todo o estudo dos fariseus.

Nenhum rabino fariseu, mestre do aprendizado (literalmente "meu grandioso") citaria o texto grego em preferência ao texto hebraico canônico e com frequência diferente. A famosa citação[268] de Oseias, por parte de Paulo – "Onde está, ó morte, o teu aguilhão? Onde está, ó inferno, a tua

concordam com Kaufmann Kohler, o grande estudioso talmúdico e editor da *Jewish Encyclopaedia*, que escreveu em 1902 que "nada nos escritos de Paulo demonstraram que ele tinha alguma familiaridade com o treinamento rabínico".[271]

Os fariseus, os "Separados", eram líderes por nenhuma outra razão além de seu aprendizado. Eles eram capazes de provar o domínio fluente que tinham não apenas da Bíblia hebraica, mas também do vasto corpo de literatura homilética, legal, histórica e científica acumulada em suas academias. Era tradição que es-

As sinagogas se preocupavam com a educação e a análise lógica e moral muito mais do que com um êxtase inconsciente. É na sinagoga que as raízes do congrecionalismo cristão são encontradas, assim como as raízes do preconceito por parte do Cristianismo Ortodoxo contra o fármaco-xamanismo.

vitória?"[269] vem da Septuaginta grega; no texto em hebraico lemos: "Ó, tuas pragas, ó morte! Ó, teu ferrão, ó cova!".[270] Paulo não deixou nenhuma palavra em hebraico, mas, sim, todas em grego *koiné*, sua língua nativa, a *língua franca* do império. Especialistas mais modernos (Maccoby, Graves, Schonfield, Vermes, etc.)

ses professores leigos não recebessem dinheiro para transmitir sabedoria, por isso, muitos tinham um trabalho regular, como, por exemplo, carpinteiros, embora essa palavra também fosse usada como sinônimo para "artífice da palavra" e "homem sábio".

O foco um tanto inconsciente no animal cerimonial e nas ofertas de vegetais como sacrifício no Tempo, recordando emocionalmente

---

268. 1 Coríntios 15:55.
269. Oseias 13:14.
270. Hyam Maccoby, *The Myth-Maker*. New York: HarperCollins, 1987, p. 71.

---

271. *Ibid.*, p. 209.

um xamanismo tribal participativo que acabara havia muito tempo, não era o foco do Judaísmo para a maioria dos sábios fariseus. Eles se preocupavam com a criação prática de uma sociedade justa na Terra, um "reino dos céus" baseado na compaixão e sabedoria consciente. Por isso, a sinagoga da congregação local na verdade tinha uma importância mais prática do que a poma e circunstância do Templo de Jerusalém. As sinagogas se preocupavam com a educação e a análise lógica e moral muito mais do que com um êxtase inconsciente. É na sinagoga que as raízes do congrecionalismo cristão são encontradas, assim como as raízes do preconceito por parte do Cristianismo Ortodoxo contra o fármaco-xamanismo.

Os carismáticos hassídicos, "os devotos", se preocupavam com Espírito Santo muito mais do que com a estrutura social, enquanto os convencionais fariseus eram tão políticos quanto religiosos, voltados para a construção de uma estrutura nacional eficaz com a qual seria possível confrontar os inimigos de Israel e criar uma comunidade. Os mais importantes senadores que faziam parte do Sinédrio em Israel eram escolhidos entre os fariseus. Grandes carismáticos, eram péssimos políticos, portanto, naturalmente, havia um comum desacordo no que se referia a valores entre os fariseus, hassídicos, essênios, melquisedequianos, e muitos outros. No entanto, essas categorias praticamente não tinham nenhum significado, pois o próprio Judaísmo ensina a iconoclastia, "quebra de imagem", originalidade.

Liberdade de expressão, discordância, análise moral e lógica, e pensamento criativo são elementos orgânicos da tradição hebraica. As 613 restrições positivas e negativas em Gênesis, Êxodo, Levítico, Números, Deuteronômio e na Torá são muito abertas à interpretação. Elas não dizem nada a respeito de pontos específicos da celebração do Sabá ou cerimônias de casamento, e há tantas restrições vagas ou inutilmente primitivas que uma interpretação contemporânea, uma Lei Oral se fazia necessária. A lei existente, então, produziu uma literatura, a Mishná e o Talmude, que registram discordâncias em todos os aspectos possíveis da vida.

A Mishná, "O Que é Repetido", é a codificação da tradição oral memorizada, por fim colocada em forma escrita por volta de 200 d.C, pelo rabino Judá, o Príncipe. Seus 63 tratados organizam as referências espalhadas na Torá por categoria e acrescenta a sabedoria desenvolvida no que ser refere à Agricultura, Tempos Escolhidos, Mulheres, Danos, Coisas Sagradas e Purezas.

A "Lei" tem pouca relação com a Mishná, pois punições específicas para infrações espirituais são mencionadas raramente, ou apenas de maneira metafórica. A Mishná se volta para o limpo e o não limpo, com a diferença entre a abordagem pura e impura aos acontecimentos da vida comum. É a ideia do rabino sobre a ioga espiritual, e o foco está na criação de uma comunidade espiritual formada por pessoas comuns, e não na punição.

O Talmude de Jerusalém, compilado em 400 d.C., é uma coletânea de comentários rabínicos a respeito da Mishná, assim como o é o Talmude Babilônico, muito maior e mais básico, compilado um século depois.

Levítico, por exemplo, diz: "Guardarão Meus estatutos e Minhas leis; se o fizeram, viverão por elas". O Talmude Babilônico interpreta essa passagem da seguinte forma: "Viverão por elas e não morrerão por elas". Portanto, quando a vida estava em risco, era imperativo violar o Sabá para salvar a vida.[272]

É claro que esse mandamento era de fácil interpretação; muitas obrigações rituais e sociais – regras aplicáveis ao casamento e divórcio, por exemplo – estavam sujeitas a um debate muito mais acirrado. Os rabinos se esforçavam com o que os gregos chamavam de *themis*, costume, e *epikeia*, comportamento apropriado, para chegar a *dikai*, afirmações ou julgamentos. Discussões intelectuais amigáveis eram e são um método de análise lógica e um estilo de vida. É com essa atitude "budista" do Judaísmo ("Se você encontrar Buda no caminho, mate-o"*) que todos os judeus crescem, e que foi herdada e praticada por Jesus de modo tão claro.

Em Gênesis, Abraão desafia o próprio Deus a justificar a destruição de Sodoma e Gomorra: "Não agirá com justiça o juiz de toda a Terra?"[273] O intelecto e a alma não se separam na tradição hebraica. Jamais existiu um conceito dogmático

---

Em Gênesis, Abraão desafia o próprio Deus a justificar a destruição de Sodoma e Gomorra: "Não agirá com justiça o juiz de toda a Terra?"

---

de heresia na cultura hebraica, e o esforço intelectual ou a análise moral – mesmo a análise das responsabilidades morais de Deus – sempre foram considerados uma forma de

---

272. *Babylonian Talmud: Yoma 85b.*

* N.T.: referência a um ditado Zen que ensina que você deve buscar sua evolução espiritual interior, e não seguir cegamente um guru.

273. Gênesis 18:25.

êxtase espiritual; daí o desrespeito ao Dogma.

"Um estudioso tem precedência sobre um rei de Israel, porque se um estudioso morrer, ninguém poderá substituí-lo, mas se um rei morrer, todo o povo de Israel é elegível para reinar."[274] Quando Jacó finalmente vence o anjo de Deus, com o qual luta em sonho, o anjo o recompensa com o nome *Yisra'el*, e os descendentes de seus 12 filhos são B'nai Y'sra'El – os filhos daquele que luta com o anjo. Assim como Odisseu, que luta com o profético leão-marinho que muda de forma, Jacó não mostrou nem submissão nem fé, mas uma ativa *mística participativa*.

Foi preciso pouco para que os redatores paulinos inserissem um elemento de hostilidade entre a conhecida disputa entre Jesus e Seus colegas sábios; elemento esse que não teria existido naturalmente. Debates e discordâncias (*aggadah* – "falar") eram apreciados na cultura, mas em questões de lei (*halakhah* – "ir") era a maioria quem ditava as regras. As decisões da maioria nas assembleias dos sábios eram raramente investidas de autoridade divina, portanto, discordar de uma decisão dos sábios dificilmente provocaria uma acusação de heresia, como acontecia em Roma. A infalibilidade das escrituras era uma forma de prepotência que esses professores sutis e flexíveis nunca aprovaram.

A preocupação com "heresia", uma palavra greco-romana que os traidores usavam quando se referiam a seus mestres, *haeresis*, "escolha errada", é atribuída aos israelitas no Novo Testamento pelos antissemitas greco-romanos que não sabiam absolutamente nada sobre a cultura. Visões teológicas extremamente excêntricas a respeito de um messias terreno ou celestial são registradas na literatura hebraica quase contemporânea, e nenhuma apresenta qualquer indício de perseguição por serem inconformistas. Na verdade, as especulações descompromissadas e absolutamente "não canônicas" dos rabinos foras as responsáveis, junto com o misticismo greco-egípcio, pelo nascimento do Gnosticismo, a mãe do Cristianismo.

A primeira menção à Eucaristia, ou seja, de Jesus como sacramento, *pharmakon*, está na Carta de Paulo aos Coríntios:

> Porque eu recebi do Senhor o que também vos ensinei: que o Senhor Jesus, na noite em que foi traído, tomou pão; e, tendo dado graças, o partiu e disse: "Tomai, comei, isto é o meu corpo que partido por vós; fazei isto em memória de mim". Semelhantemente também, depois de cear, tomou o cálice, dizendo:

---

274. *Horayot 13a*; ver também Salmos 44:24, Habacuque 1:2, Jó.

Os Manuscritos do Mar Morto incluem longas referências ao claro e sacramental fármaco-xamanismo. Todos os Evangelhos concordam que os nazarenos hebreus que se reuniam ao redor de Jesus eram xamãs praticantes, Assaya, em aramaico, "curadores", essênios – ou seja, gnósticos que acreditavam no sacramentalismo, exatamente como a antiga tradição cristã gnóstica insistia.

> "Este cálice é o novo testamento no meu sangue; fazei isto, todas as vezes que beberdes, em memória de mim." Porque todas as vezes que comerdes este pão e beberdes este cálice anunciais a morte do Senhor, até que venha.[275]

Esse é o *dais omophagos* grego, o festival dividido do touro sacrificial no ano-novo, de cuja ressurreição nós partilhamos ao ingerir a carne e o sangue sacramentais. Nos ritos gregos, bolos redondos eram de fato partilhados depois do sacrifício. Marcos (c. 70 d.C.), Mateus (c. 80, d.C.), e Lucas (c. 85 d.C.) citaram o sonho de Paulo com as palavras de Jesus, obedientemente inserindo-as onde Paulo indicou, na Santa Ceia.

João (c. 100 d.C), no entanto, o último dos Evangelhos, insere essas palavras como proferidas na sinagoga de Cafarnaum, na Santa Ceia. João é enfaticamente helênico:

> Disputavam, pois, os judeus entre si, dizendo: "Como nos pode dar este a sua carne a comer?" Jesus, pois, lhes disse: "Na verdade, na verdade vos digo que, se não comerdes a carne do Filho do homem, e não beberdes o seu sangue, não tereis vida em vós mesmos. Quem come a minha carne e bebe o meu sangue tem a vida eterna, e eu o ressuscitarei no último dia, porque minha carne é verdadeiramente comida, e o meu sangue é bebida. Quem come a minha carne e bebe o meu sangue permanece em mim e eu nele".[276]

Como mostra João, o sacramentalismo adotado era evidentemente contrário à tradição ortodoxa hebraica, pois mesmo o sangue de animais era proibido nas refeições judaicas, e mais ainda o seria o sangue simbólico de um *pharmakos*. João afirma que foi precisamente por causa dessa questão que "muitos de seus discípulos tornaram para trás e já não andavam com ele".[277]

Israel, é claro, desde sua conquista por Alexandre em 332 a.C., era governado pelos gregos e vivia

---

275. 1 Coríntios 11:23-27.
276. João 6:52-56.
277. João 6:66.

em um mundo helenístico. O Israel helênico e o "cananeu", o Israel dos essênios, teria entendido muito bem o fármaco-xamanismo sobre o qual Jesus falava se não fosse tão idólatra quanto Paulo.

Os Manuscritos do Mar Morto são os escritos da comunidade essênia à qual João Batista e Jesus quase que certamente estavam associados. Diferente até dos documentos cristãos mais antigos e das traduções erradas do grego e do latim do texto original em hebraico, intencionalmente destruído, os Manuscritos do Mar Morto – todos mais antigos que os mais antigos documentos cristãos – são originais que podem ser provados.

Os Manuscritos do Mar Morto incluem longas referências ao claro e sacramental fármaco-xamanismo. Todos os Evangelhos concordam que os nazarenos hebreus que se reuniam ao redor de Jesus eram xamãs praticantes, Assaya, em aramaico, "curadores", essênios – ou seja, gnósticos que acreditavam no sacramentalismo, exatamente como a antiga tradição cristã gnóstica insistia. É precisamente esse helenismo que torna possível a conquista do Império Greco-romano por uma forma de Judaísmo.

O gnosticismo data do século anterior a Cristo, assim como os essênios. O Cristianismo não inventou o gnosticismo; o gnosticismo inventou o Cristianismo. O gnosticismo alexandrino foi muito influenciado pela enorme e poderosa comunidade judaica de Alexandria, que falava a língua grega – os autores da Bíblia grega de Paulo, *A Septuaginta*, escrita supostamente pelos "70" representantes" das 12 tribos de Israel.

Os escritos de Paulo são repletos de terminologia gnóstica alexandrina, e os mais influentes entre os primeiros constituintes de Paulo foram os judeus, que falavam a língua grega, do grande império, entre os quais o gnosticismo judaico-helênico era muito popular. A questão toda, como disse Jesus, se concentra no sacramentalismo real ou a ingestão simbólica de enteógenos, e a identificação do enteógeno a *lasius*, "o Curador", Jesus. *Jesus* é o termo romano para o grego *lasius*. Os fascistas canônicos, voltados para a conquista política do império, insistiram na ingestão simbólica de enteógenos, ou seja, idolatria imperial, assassinando os nazarenos e seus primeiros seguidores gnósticos e queimando seus escritos.

Os essênios, cujos Manuscritos do Mar Morto nós temos, eram dissidentes teológicos gnósticos que celebravam o domingo como o Sabá, e eram muito "pitagóricos" em seu dualismo alma-corpo. Todavia, os escritos que permaneceram mostram que, à parte da criação de sua própria literatura original, eles se aprofundaram na escritura tradicional hebraica

> **Antes de sua descoberta em Qumran, tudo o que conhecíamos do apócrifo Livro de Enoque era citações esparsas gregas dos antigos pais da Igreja. O texto aramaico, muito mais antigo, encontrado em Qumran, apresenta o Messias como um touro branco com chifres enormes.**

e nos escritos dos sábios fariseus.[278] Eram considerados judeus sinceros, e suas comunidades e profetas eram muito respeitados, principalmente por serem nacionalistas ferrenhos. Jamais foram mortos por seus compatriotas. Coube aos romanos, ou sua polícia de reserva, fazer isso.

Os quatro Evangelhos mostram Jesus, à parte de seu sacramentalismo, ensinando, como seus companheiros essênios, a sabedoria tradicional e estabelecida dos fariseus, na mesma língua registrada em fontes hebraicas remanescentes contemporâneas e quase contemporâneas. Hillel (antes de 75 a.C.) se preocupava com o "reino dos céus" na terra, ou seja, com *tikkun olan*, "tornar o mundo perfeito". A filosofia dele era antilegalista e pragmática, onde compaixão, justiça e paz espiritual eram os objetivos práticos.

Hillel era como a figura de um avô para Jesus, o sábio reconhecido que ensinou os rabinos que ensinaram Jesus. Os provérbios de Hillel são encontrados em *Pirkei Avot*, os "Provérbios dos Pais", o livro mais famoso da Mishná, "O que é Repetido", a Lei Oral, por fim colocada por escrito quase 200 anos depois de Hillel.

Muitos dos provérbios de Hillel, e de outros sábios registrados na Mishná, são semelhantes, é claro, às palavras de Jesus. Ou seja, praticamente todas as coisas que Jesus disse nos Evangelhos Greco-romanos, à parte de seu sacramentalismo e um pouco de antissemitismo gratuito, é ensinamento tradicional contemporâneo dos fariseus, anunciado por ele em uma fraseologia farisaica contemporânea, como foi registrada em fontes farisaicas contemporâneas ou quase contemporâneas.

Quando pediram a Hillel uma definição resumida do Judaísmo, ele respondeu: "O que é odioso para vocês, não façam a seu próximo. O resto é comentário – agora vão e estudem".[279] Jesus: "Portanto, tudo o que vós quereis que os homens vos façam, fazei-lho também vós, porque esta é a lei e os profetas".[280]

---

278. John Allegro, *The Dead Sea Scrolls*. New York: Penguin Books, 1964, p. 74.

279. Shabbat 31a; Telushkin 121.

280. Mateus 7:12.

Tanhuma: "Se tu tiveres misericórdia de teu próximo, alguém terá misericórdia de ti; mas se não tiveres misericórdia de teu próximo, então ninguém terá misericórdia de ti". Jesus: "Se, porém, não perdoares aos homens as suas ofensas, também vosso Pai nos não perdoará as vossas ofensas".[281]

A comunidade essênia de Qumran, na qual João deve ter sido criado, nos deu os Manuscritos do Mar Morto, a maior descoberta de manuscritos do século XX. Eles reúnem fragmentos de quase mil composições, escritas em hebraico, aramaico e grego, datando de aproximadamente 250 a.C. até 68 d.C.

Conhecemos apenas uma minúscula fração dos escritos essênios, quase todos anteriores a Jesus, preservados por um milagre arqueológico.

Quase todas as parábolas que Jesus conta nos Evangelhos são ensinamentos farisaicos contemporâneos, assim como suas frases sentenciosas como "um camelo passar pelo fundo de uma agulha", ou "tirar a trava do próprio olho".[282] A parábola do filho pródigo[283] contada por Jesus, na qual ele diz: "Digo-vos que assim haverá alegria no céu por um pecador que se arrepende, mais do que por noventa e nove justos que não necessitam de arrependimento", é um paráfrase do ensinamento talmúdico: "Onde os pecadores arrependidos ficam no Mundo por Vir, os perfeitamente justos não têm permissão de ficar".[284]

O idioma hebraico usado nesses textos é uma forma extinta do paleo-hebraico que evoluiu para as modernas escritas hebraica e samaritana. Parte da razão da sobrevivência desses textos é que os pergaminhos foram escritos em pele de carneiro ou bezerro, e não no comum papel pergaminho. Esse fato, aliado ao soberbo trabalho de escrita desses documentos, indica seu caráter canônico.

"A Seita" também se autodenominava o "Novo Testamento", ou a "Nova Aliança", afirmando que eles eram os verdadeiros Filhos de Zadok, os "Guardiões da Aliança". Os essênios, como o canônico João, reservaram suas mais amargas denúncias apocalípticas para os colaboradores saduceus politizados: "Cidades e famílias perecerão por causa do conselho deles; nobres e governantes cairão

---

281. Mateus 6:15.

282. Talmude.

283. Lucas 15.

284. *Babylonian Talmud: B. Ber 34b*; Hyam Maccoby, *Revolution in Judaea*. London: Orbach and Chambers, 1973, p. 266.

por causa do que eles dizem". Os essênios esperavam pelo momento em que "o Messias da Justiça virá, o Renovo de Davi". Ele foi associado ao fundador ressuscitado da Seita. Não fica claro se ele deveria ter sido identificado com o Sacerdote-Messias, o Rei-Messias, ou o Profeta-Messias. Os Messias dividiriam os poderes temporais e espirituais entre eles, como era a tradição em Israel.[285]

Antes de sua descoberta em Qumran, tudo o que conhecíamos do apócrifo Livro de Enoque eram citações esparsas gregas dos antigos pais da Igreja. O texto aramaico, muito mais antigo, encontrado em Qumran, apresenta o Messias como um touro branco com chifres enormes.

O *Manual de Disciplina* de Qumran, c. 100 a.C., afirma que o Messias "renovará para Ele a Aliança da Comunidade para estabelecer o reino de Seu povo para sempre... Que o Senhor te eleve a uma altura infindável como uma torre fortificada em uma alta muralha, para que tu possas golpear os povos com o poder de tua boca, com teu cetro devastar a terra, e com o sopro de teus lábios matar os ímpios... E a justiça cingirá teu lombo, e a fé será o cinturão de tuas rédeas. E que Ele faça teus chifres de ferro e teus cascos de bronze para que possas atacar como um jovem touro... e pisotear os povos como o lodo nas ruas. Pois Deus estabeleceu a ti como um cetro sobre os governantes".[286]

Esse Touro da Justiça era o *pharmakos* essênio. Assim como o Touro sagrado de El, *Moshe*, o *Moshtiy'a* aqui é um xamã da guerra, um touro "com chifres de ferro e cascos de bronze", não um cordeiro. Jesus também "mata o ímpio com o sopro de seus lábios".[287]

Os essênios, diz o *Manual*, eram "aqueles que escolhem o Caminho". Paulo afirma: "... adoro o Deus de nossos antepassados como seguidor do Caminho, a que chamam seita...".[288] A "Nova Aliança" e o "Novo Testamento" são frases essênias repetidas com frequência, tomadas por Paulo, obviamente, como ele diz, dos nazarenos.[289] A Primeira Carta de João se refere constantemente à Luz e Trevas; Verdade e Erro – todos termos essênios padrão, assim como os termos "pedra angular", "eleito" e "precioso", usados por Pedro.

Conhecemos apenas uma minúscula fração dos escritos essênios, quase todos anteriores a Jesus, preservados por um milagre arqueológico. Mas mesmo a pequena amostra que temos traz dúzias de citações

---

285. Geza Vermes, *The Dead Sea Scrolls in English*. New York: Penguin Books, 1987, p. 54.

286. Allegro, p. 169; Geza Vermes, *Jesus the Jew*. Philadelphia: Fortress Press, 1981, p. 95, 133.

287. 2 Tessalonicenses 2:8.

288. Atos 24:14.

289. Hebreus 8.

A disputa, é importante lembrar, era sacramental: Caim levou uma oferta de vegetais ao Senhor, enquanto Abel levou "os primogênitos de suas ovelhas"; por conseguinte, Caim superou Abel, oferecendo o próprio Abel. Caim, apesar do assassinato, seguiu em frente, com a proteção de Deus, até encontrar a civilização, o que, é claro, torna Abel o cordeiro da Passagem, apenas aparentemente um sacrifício humano.

diretas transferidas desses escritos para o canônico "Novo Testamento" grego, obviamente por meio dos nazarenos que falavam hebraico e aramaico. O primeiro batismo da Igreja, as refeições comunais, a propriedade comunal e a estrutura organizacional, com os 12 Apóstolos liderando as 12 Tribos, eram quase idênticos ao ritual e estrutura essênios.

"Orei por ele... e coloquei minhas mãos sobre sua cabeça, e a aflição o deixou e o espírito mau foi expulso", diz Abraão no Gênesis Apócrifo essênio, encontrado em Qumran. Os essênios buscavam a "cura e a paz abundante, longevidade da vida e semente frutífera com bênçãos eternas, e alegria eterna na imortalidade, uma coroa de glória e um manto de majestade na luz eterna".[290] (*Manual da Disciplina*)

Os anjos, diz o original *Livro dos Jubileus* hebraico, encontrado em Qumran, foram assim instruídos pelo Senhor: "devemos ensinar a Noé todos os medicamentos... Explicamos a Noé todos os medicamentos para as doenças deles, junto com a sedução deles, como ele poderia curá-los com ervas da terra. E Noé escreveu todas as coisas em um livro, como instruímos a ele, sobre todo o tipo de medicamento... E ele deu tudo o que tinha escrito a Sem, seu filho mais velho".[291]

Um dos *Hinos de Ação de Graças* de Qumran, c. 50 a.C., é claramente fármaco-xamânico:

> Pois Tu criaste uma plantação de ciprestes, pinheiros e sidras para Tua glória; árvores da vida ao lado de uma fonte misteriosa escondida entre as árvores perto da água, e eles colocaram um broto da planta Eterna. Mas, antes de fazer isso, eles tomaram a raiz e lançaram seus brotos no curso da água para que seu caule possa se abrir para as águas vivas e se tornar um com a fonte eterna... E o botão do broto da santidade pra a Planta da Verdade foi escondido e não foi estimado; e não sendo percebido, seu mistério

---

290. Allegro, p. 140.

291. Vermes, *Jesus the Jew*, p. 62.

foi selado. Tu protegeste seu fruto, Ó Deus, com o mistério dos Heróis poderosos e de espíritos e santidade e da chama volteante. Nenhum homem deve se aproximar da nascente da vida, nem beber das águas da santidade com as árvores eternas, ou produzir frutos com a Planta o paraíso, que, vendo não discerniu, e considerando, não acreditou na fonte da vida, e voltou sua mão contra o broto eterno.[292]

Como o próprio *pharmakos* disse, ele era o *pharmakon:* "Eu sou a videira, vós sois os galhos: Aquele que habita em mim, e Eu nele, o mesmo terá muitos frutos..." As "Plantas da Verdade" se tornaram uma expressão cristã gnóstica, repetidamente usada nos manuscritos Nag Hammadi e os primeiros "heresiologistas".

Iasius, Jesus, tem a mesma etimologia suméria de *Yehoshua*, Joshua. "Curador" me grego é *iatros*, "aquele que dá o remédio". Epifânio, bispo de Salamina, em Chipre, c. 375 d.C., diz que os cristãos foram primeiramente chamados *Iassai*, "curadores", "essênios", "Jesuses".[293] *Iasius*, "Curador-Xamã", significa literalmente "o homem do remédio".

O sangue do cordeiro do Pessach original, espalhado pelos lintéis das casas israelitas como sinal do Anjo da Morte, é uma memória enteógena do antigo rito do nascimento. *Pessach* significa "acalmar, sossegar", e é uma referência à paz que se segue após o parto, depois que a deusa da à luz o ano-novo, o novo *pharmakos*.[294]

Como Balder e Loki, Rômulo e Remo, Jesus e Judas, Caim e Abel são Rei e Gêmeo, *Pharmakon* e *Pharmakos*. Em vez de matar Caim por seu sacrifício, Deus diz a ele quase a mesma coisa que disse a Adão e Eva quando foram expulsos do Éden: "Quando lavrares a terra, não te dará mais a sua força".[295] Caim "habitou a terra de Node, do lado oriental do Éden" que é precisamente onde o querubim e a espada chamejante "guardam o caminho para a árvore da vida".

A disputa, é importante lembrar, era sacramental: Caim levou uma oferta de vegetais ao Senhor, enquanto Abel levou "os primogênitos de suas ovelhas"; por conseguinte, Caim superou Abel, oferecendo *o próprio Abel*. Caim, apesar do assassinato, seguiu em frente, com a proteção de Deus, até encontrar a civilização, o que, é claro, torna Abel o cordeiro da Passagem, apenas aparentemente um sacrifício humano. Outra devoradora de cordeiro, a Lupa Capitolina, que ama-

---

292. Vermes, *The Dead Sea Scrolls in English*, p. 187
293. G. R. S. Mead, *Fragments of a Faith Forgotten*. New York: University Books, 1960, p. 126
294. John Allegro, *The Sacred Mushroom and the Cross*. London: Hodder and Stoughton, 1970, p. 170.
295. Gênesis 4:12.

A Igreja em seus primórdios foi levada à loucura pelos extáticos, iconoclastas gnósticos, que se sentiam à vontade para escolher entre os cânones, como se escolhe a comida em um cardápio chinês. Jesus, eles afirmavam, apenas pareceu (dokeo) sofrer, para demonstrar o mistério sacramental, o Segredo da Salvação. Isso, é claro, significava que Judas era inocente e que Jesus fingiu morrer apenas para fazer com que todos ficassem altivos e criativos, e não para redimir com sua agonia o nosso Pecado Original.

mentou Rômulo e Remo, é a imagem canônica da civilização romana.

Os redatores fariseus pós-exílio, antissacramentais e antixamânicos, editaram os textos antigos com cuidado, mas intencionalmente preservaram muito do original em hebraico. A *Septuaginta* grega, no entanto, personalizou por completo a já disfarçada linguagem fármaco-xamânica, cortando, assim, toda a ligação com o significado antigo.

A *Septuaginta* grega traz o nome "Caim", mas o antigo texto original hebraico traz *Qayin*, que significa "artífice". Ele foi o xamã quenita, que os gregos chamavam *telquine*, um mago artífice do metal que transformava a matéria. Qayin foi o pai de "Jubal; este foi o pai de todos os que tocam harpa e órgão. E Zilá também deu à luz Tubalcaim, mestre de toda a obra de cobre e ferro...".[296] Tubalcain, o filho de Zilá, é *Bar-Zillah* em aramaico, a língua da comunidade quenita. *Barzela* significa "cabeça do machado", uma referência ao símbolo onipresente do poder da deusa.[297]

A *Septuaginta* traz "Abel", mas o original em hebraico traz *Hevel*, e isso significa, notavelmente, "vapor", "fumaça". O telquine sacrificou a fumaça para se juntar ao Anjo da Morte para a Ressurreição da Primavera. Isso faria total sentido para qualquer grego ou essênio, assim como o faria a equação do sangue de Cristo com o sangue do cordeiro: "Estava, pois, ali um vaso cheiro de vinagre. E encheram de vinagre uma esponja, e, pondo-a num hissopo, lha chegaram à boca. E quando Jesus tomou o vinagre, disse: 'Está consumado'. E, inclinando a cabeça, entregou o espírito". "Cristo, nosso cordeiro da páscoa, foi sacrificado por nós."[298]

---

296. Gênesis 4:21, 22.

297. Allegro, *The Sacred Mushroom and the Cross*, p. 97.

298. João 19:29, 30; 1 Coríntios 5:7.

"Qualquer animal com um relacionamento próximo com o homem, seja como alimento ou adversário, pode se tornar um deus, mas ele deve em primeiro lugar se tornar sagrado, santificado, deve antes ser sacrificado... a dedicação (*anadeixis*) do touro acontece no início do ano agrícola; a vida santificada do touro, embora não sua vida real, e a do ano-novo começam juntas."[299] Como o próprio *pharmakos* disse, ele era o *pharmakon*.

O gnosticismo, a Mãe do Cristianismo sacramental, é uma categoria muito ampla do misticismo judaico-helênico-egípcio.[300] Muitos gnósticos usaram o cânone hebreu como um ponto de partida em sua cosmologia, mas insistiam que o Deus hebreu, o Demiurgo, o "Obreiro", o "Criador", era uma ilusão material, por trás do qual os arquétipos originais platônicos, o *Pleroma*, a "realização", poderiam ser experienciados diretamente. A *gnose*, essa "familiaridade" como espírito, era com frequência alcançada por meio de um sacramentalismo que não é nada menos que paleolítico.

Como eles estavam mais interessados nos sacramentos enteógenos genuínos do que nos substitutos icônicos, muitos gnósticos expressavam um desprezo proprioceptivo pela *eidololatreia* da Igreja. A Igreja, em seus primórdios, foi levada à loucura pelos extáticos, iconoclastas gnósticos, que se sentiam à vontade para escolher entre os cânones, como se escolhe a comida em um cardápio chinês. Jesus, eles afirmavam, apenas pareceu (dokeo) sofrer, para demonstrar o mistério sacramental, o Segredo da Salvação. Isso, é claro, significava que Judas era inocente e que Jesus fingiu morrer apenas para fazer com que todos ficassem altivos e criativos, e não para redimir com sua agonia o nosso Pecado Original. O Pecado Original foi simplesmente uma armadilha do Demiurgo, que usava ameaça, culpa e sexo para nos fazer descer ao nível material.

Alguns gnósticos, notadamente o famoso professor alexandrino Basílides (famoso em 130), insistia que o sexo deveria ser desfrutado sem nenhum sentimento de culpa, como um tipo de batismo no mundo material que preparava a pessoa para o nível seguinte. Basílides foi professor de Valentim, o gnóstico cristão mais popular e influente. Entre os valentinianos, as mulheres eram totalmente iguais aos homens, profetizando, curando e oficiando os ritos junto a eles. "Alguns diziam: 'Maria concebeu do espírito santo'. Eles estão errados. Não sabem o que estão

---

299. Jane Ellen Harrison, *Epilegomena to the Study of Greek Religion*. Cambridge: Cambridge University Press, 1921, p. 149.

300. C. G. Jung, *The Collected Works*. Princeton: Princeton University Press, 1956, p. 357.

dizendo. Quando foi que uma mulher concebeu de uma mulher?"[301]

O bispo Irineu de Lião (130-200) ficou enfurecido com os valentinianos em sua congregação, que desfrutavam os prazeres da carne da vida, e que insistiam que estavam, como Paulo, acima da lei – a lei do "verdadeiro Israel", assim como a lei do "antigo Israel": "Onde não há lei, não há transgressão".[302]

"O Evangelho da Verdade é Alegria", escreveu Valentim (c. 140 d.C.), "para aqueles a quem o Pai deu a Palavra do pleroma, proporcionando a graça e o poder do Pai da Verdade, o Salvador que habita a mente do Pai. Quando ele foi pregado à Árvore da Vida, tornou-se o fruto da *gnose* do Pai. Quando esse fruto foi comido, aqueles que o consumiram ficaram em êxtase, pois descobriram o Salvador neles mesmos e eles mesmos no Salvador. Mas antes passaram pelo assustador espaço vazio, nus até a alma, entrando em contato com suas emoções puras. Essa é a sabedoria do livro vivo das eras, composto de letras, cada uma das quais expressa um pensamento completo, um livro completo, conhecido apenas por aquele que fala. Cada letra expressa a Unidade do Logos do pai, o fruto de Seu coração da Sua vontade. Cada pensamento automático purificando a alma, levando-a de volta para dentro do Pai, para dentro da Mãe, Jesus de doçura infinita".[303]

Temos aqui letras sacramentais de um xamã, não *pistis*, "fé", mas uma *mística participativa*, uma "experiência psicodélica", e a originalidade consequente e a ideologia matrística que era um anátema para os bispos de Lião e Roma.

Valentim entendia Iasius, como o chamou, como o "fruto do conhecimento do pai" – uma combinação hermafrodita de Adão, Eva, a serpente, e o fruto – oferecendo não um pecado original, mas uma dádiva original.

Apolytrosis de Jasão, de um vaso cerimonial do século V a.C.

O fruto, o sacramento, o *pharmakon*, era o ponto principal da discordância gnóstica da Igreja Ortodoxa, pois a *apoteose* gnóstica não consistia na comunhão simbólica corriqueira, mas em um segundo sacramento

---

301. Evangelho de Filipe, Biblioteca de Nag Hammadi: 143.

302. Irenaeus, *Against Heresies* 1:6:1-4, *in* Cyril Richardson, tradução, *Early Christian Fathers*. Philadelphia; Westminster Press, 1953; *Romanos 4:15*.

303. *NHL:41*.

farmacológico da *apolytrosis* (entrega, liberação, redenção). Ou seja, o lasius ou lason gnóstico era o herói grego, a quem os romanos chamaram Jasão.

A *apolytrosis* de Jasão, depois de uma viagem aparentemente exaustiva, é mostrada na página anterior em um vaso cerimonial do século V a.C. A serpente farmacológica, com a vinha e o velo de ouro, conduz laion (um trocadilho grego que significa "droga roxa") à presença "da Mãe". Atena segura a coruja profética que herdou de Lilith, a Transformadora. Ela também usa o Gorgoneion, símbolo dos mistérios assustadores pelos quais a alma deve passar antes de ser aceita "dentro do Pai, dentro da Mãe, Jesus de doçura infinita".

Aldous Huxley usou o antigo termo sânscrito equivalente a *apolytrosis*, *moksha*, para descrever o sacramento central – o suco do cogumelo enteógeno – em sua utópica *A ilha*. Isso, é claro, é uma referência historicamente precisa ao *Rigveda*. O bispo Irineu, em um ataque de empirismo, parece ter ajudado Huxley a escrever sua obra. Irineu descreveu os ritos gnósticos com muita exatidão: "E ele [Valentim] afirma que o Espírito Santo foi produzido pela Verdade para inspecionar e frutificar os Aeons, entrando neles de maneira invisível, e por meio Dele os Aeons produziram as plantas da verdade... Para alguns deles prepararem um leito nupcial e realizarem o rito sagrado para aqueles que se tornam 'perfeitos'... 'Ó, Salvador da Verdade'. É isso que aqueles que iniciam invocam, enquanto aqueles que são iniciados respondem 'eu sou fortalecido e redimido, e eu redimo minha alma dessa era, e de todas as coisas ligadas a ela em nome do IAO que redimiu sua alma para a redenção completa no Cristo vivo'".

"Depois, eles ungem o iniciado com bálsamo, pois dizem que esse unguento é um tipo de fragrância doce que está acima de todas as coisas... Há outros que continuam a 'redimir' os moribundos até o momento da morte, despejando óleo e água sobre suas cabeças, ou o unguento mencionado acima misturado com água, e com as invocações mencionadas acima, para que eles não sejam agarrados nem vistos pelos principados e poderes que seu homem interior possa ascender até acima das coisas invisíveis... E eles alegam que aquele que diz isso evitará e escapará dos poderes... 'Eu sou um vaso precioso, mais do que o ser feminino que o criou. Embora sua mãe não saiba a origem dela, eu conheço a mim, e eu sei de onde venho, e eu invoco a sabedoria incorrupta, que é o Pai, que a Mãe de sua mãe, e que não tem nenhum consorte; pois uma fêmea, feita de uma fêmea, o fez, não conhecendo a própria Mãe dela, e pensando que estava sozinha: mas eu invoco a Mãe dela."[304]

O rito sagrado com as plantas da verdade no leito nupcial é uma referência ao casamento sagrado das religiões de mistério, *hieros gamos*, como mencionado no *Hino de Ação de Graças* essênio. A ressurreição, insistiam os gnósticos, era espiritual e sacramental. Os gnósticos setianos negavam a ressurreição do corpo, considerando-a uma ilusão idólatra impingida aos tolos por políticos materialistas ansiosos por cooptar a tradição afirmando a descida a partir de um corpo físico específico. Cristo foi de fato um "guia" para "conduzir a alma que invisivelmente salva" ao Pleroma, de onde ela veio; portanto argumentar que a morte física "teria vencido o próprio salvador... é absurdo".[305] (Theodoto)

Os textos gnósticos como *Pistis Sophia* constantemente falam sobre Cristo revelando os mistérios "aos 12". "No lugar onde eu estarei, também estarão meus 12 ministros, mas Maria Madalena e João, o virgem, estarão em posição mais alta do todos os discípulos".[306] Não há nenhum "Onze", nenhum Judas, nenhuma traição, nenhum bode expiatório fascista, nenhuma serpente farmacológica do mal, apenas *gnose*, com uma aceitação do feminino, do Espírito Santo como feminino. Ou seja, uma aceitação daquilo que dá o nascimento e o renascimento: "Eu lhes direi todos os mistérios a partir do exterior dos exteriores, para o interior dos interiores. Escutem, eu lhes direi todas as coisas que Me aconteceram... O Mistério que está além do mundo, aquele pelo qual todas as coisas existem: Tudo é evolução e involução...".[307]

Gnose, experiência, era tudo; o imaginário externo, o cânone, não significavam nada. Tudo o que importava era a ingestão do fruto, o bálsamo, a voz criativa do ser interior: "Se trouxer à existência aquilo que está dentro de você, o que você trouxer à existência o salvará. Se não trouxer à existência o que está dentro de você, o que você não trouxer à existência o destruirá".[308]

Não há nenhum "Onze", nenhum Judas, nenhuma traição, nenhum bode expiatório fascista, nenhuma serpente farmacológica do mal, apenas gnose, com uma aceitação do feminino, do Espírito Santo como feminino.

---

304. Irenaeus, 1:11-21; *1 Coríntios 1:30*, Elaine Pagels, *The Gnostic Paul*. Philadelphia: Fortress Press, 1975, p. 95.

305. *Ibid.*, p. 144.

306. Mead, p. 484.

307. Mead, p. 462.

308; *Thomas' Gospel*, in Elaine Pagels, *The Gnostic Gospels*. New York: Vintage Books, 1989, p. 126.

Esse docetismo (de *dokeo*, "parecer, dar a impressão", uma referência à ilusão da *eidololatreia*) acabou por provocar na Igreja a selvageria inquisicional, daí os manuscritos de Nag Hammadi terem sido enterrados, entre eles *O Evangelho da Verdade* e *O Evangelho de Tomás*.

Em 1945, aproximadamente 1.600 anos após terem sido enterrados no Egito central, os manuscritos de Nag Hammadi foram redescobertos. Não fosse por esse milagre arqueológico, nenhum dos escritos de Valentim teria sobrevivido, embora entre 136 e 165 ele tenha sido um dos mais populares professores em Roma. Assim como os escritos originais dos essênios e nazarenos, todas as obras de Valentim foram sistematicamente procuradas e queimadas pela Igreja, como aconteceu com os escritos de Basílides, Cerinto, Heracleon, Ptolomeu, Theodoto e todos os outros.

As ideias gnósticas permearam o mundo greco-romano, e a pouca literatura que restou é claramente a melhor e mais original da época, provando que muitos dos gnósticos eram gênios sem inibição. Os lendários 24 livros de *Exegetica*, de Basílides, eram, sem dúvida, extraordinários; jamais saberemos. Também não saberemos quantas mulheres gnósticas apresentaram seus pensamentos, pois elas foram um alvo especial dos inquisidores por causa do Pecado Original, ou seja, porque Deméter, Perséfone, Asherah e Miriam eram mulheres.

Eusébio, teólogo da corte de Constantino, assim explicou o gnosticismo: "Esses que alegam transmitir as artes de magia de Simão, não gostam de Basílides secretamente, mas de forma ostensiva, como se fosse algo maravilhoso, se orgulhado dos encantamentos que lançam por feitiçaria, dos espíritos conhecidos que trazem sonhos, e de outras ações do mesmo tipo. Ao fazer isso, eles ensinam que todas as coisas odiosas devem ser feitas por aqueles que desejam continuar sua iniciação aos 'mistérios' ou, melhor dizendo, abominações, pois de nenhum outro modo eles podem escapar dos 'regentes cósmicos' a não ser se entregando às realizações precisas de ritos desprezíveis".[309]

O praticamente canônico bispo Irineu, escrevendo em Lião, c. 180, reclamou que eles "apresentam suas próprias composições... Eles de fato não têm nenhum evangelho que não seja repleto de blasfêmias. Pois o que publicaram... é totalmente diferente do que nos foi deixado pelos apóstolos... Que essas pessoas que blasfemam contra o Criador... como [fazem] os valentinianos e os falsamente assim chamados 'gnósticos',

---

309. Eusebius, *The History of the Church*. G. A. Williamson, tradução. Shaftesbury: Dorset, 1965. 4:7.

sejam reconhecidos como agentes de Satanás por todos os que adoram a Deus. Por meio deles, Satanás, mesmo agora... foi visto falando contra Deus, aquele Deus que preparou o fogo eterno para qualquer tipo de apostasia".[310]

Clemente, terceiro bispo de Roma, colocou de maneira sucinta no mais antigo documento cristão ortodoxo fora do cânone, *Primeira Carta de Clemente*, c. 96 d.C.: "Aqueles que praticam algo contra aquilo que agrada Sua vontade recebem a morte como castigo. Irmãos, vede que, quanto maior o conhecimento com que somos distinguidos, maior o perigo a que nos expomos".[311]

A Igreja organizou o assassinato imperial de muitos líderes gnósticos e a destruição sistemática de quase todos os seus escritos. Por quase dois milênios os escritos gnósticos perdidos eram conhecidos apenas pelos títulos e por lendas distorcidas, mas, por um espetacular milagre arqueológico, 52 textos gnósticos, 30 dos quais completos e desconhecidos exceto em lendas, foram redescobertos em pergaminhos encadernados em couro, em 1945 em Nag Hammadi, no Egito central. Foram escritos em copta, egípcio fonético e transliterações gregas do original grego.

Os manuscritos tinham sido enterrados em jarros por volta de 370 d.C., em cavernas usadas para meditação, com certeza por medo de que fossem descobertos. Como não havia nenhuma guerra na época, presume-se que autoridades reguladoras estivessem envolvidas. Em sua carta da Páscoa de 357, a autoridade reguladora suprema, o arcebispo Atanásio de Alexandria, condenou os hereges e seus "livros apócrifos, ao qual atribuem antiguidade e dão o nome de santos".[312] Essa, é claro, é uma descrição perfeita dos textos de Nag Hammadi, muitos dos quais são cópias de obras centenas de anos mais velhas.

O cuidado com o qual os textos de Nag Hammadi foram copiados e encadernados indica que eram canônicos para os copistas. Como disse o abade Shenoute de Panópolis, perto de Nag Hammadi, cerca de 40 anos depois, a um grupo de gnósticos "sem rei" que veneravam o "demiurgo" perto do Templo de Nuit, usando "livros de abominação total" e "todos os tipos de magia", se recusando a reconhecer o arcebispo Cirilo, de Alexandria como seu "Guia": "Farei com que vocês reconheçam... o arcebispo Cirilo, ou a espada destruirá quase todos, e aqueles dentre vocês que forem poupados serão enviados ao exílio".[313]

---

310. Irenaeus, 3:11:9, 5:26:1.
311. *Clement's First Letter*, 41:3, *in* Richardson.
312. *NHL:19*.
313. *NHL:20*.

Em 250, o estudioso cristão Orígenes ressaltou que o eclipse em *Mateus*, no momento da crucificação, o dia antes da Lua Cheia, não poderia ter acontecido; em 400, Agostinho afirmou que essa impossibilidade era a prova de um milagre. As relíquias dos mártires foram mantidas para substituir as ervas na medicina, quando a mãe de Constantino, Helena, descobriu a "cruz verdadeira" em sua visita a Jerusalém, perto do extinto Templo de Afrodite.

Para Safo, é claro, a poetisa mais famosa da renascença jônica, Afrodite estava muito longe de ser extinta:

> Deixe Creta e venha para este templo sagrado/onde o agradável bosque de macieiras/circunda um altar purificado com incenso/Aqui as rosas deixam uma sombra no chão/ e nascentes frias gorgolejam entre os galhos das árvores/onde as folhas a tremer despejam um sono profundo/Em nosso prado onde os cavalos se alimentam/e flores selvagens da primavera desabrocham/ perfumes de anis enchem o ar com aroma/E aqui, Rainha Afrodite, despeja o néctar celestial em taças de ouro/ e enchas graciosamente com repentina alegria.[314]

Os escritos abertamente fármaco-xamânicos de Safo foram condenados à fogueira em 380 pelo arcebispo Gregório, de Constantinopla. A Alegria do Néctar Celestial de Afrodite não era o que Gregório vendia, embora eu bem que gostaria de ter tomado uma taça dele.

Safo, da ilha jônica de Lesbos, nasceu por volta do ano 612 a.C. Ela é mencionada com supremo respeito por Platão ("a bela Safo"), Heródoto, Pausânias, Estrabo ("uma maravilha"), Aristóteles, Plutarco ("que encantos têm as canções de Safo, para manter os ouvintes enfeitiçados"), Cícero, Luciano ("Safo nos deu refinamento"), Filóstrato, e muitos outros. Plutarco: "E as palavras de Safo são verdadeiramente misturadas com fogo, e por meio de suas canções ela expressa o calor de seu coração, e segundo Filoxeno, cura a dor do amor com a Musa de uma doce voz". Platão a chamava de "Décima Musa". Os escritos de Safo foram tão amplamente lidos quanto os de Platão, mas como uma ménade geuína, era bem menos adepta dos jogos mentais ortodoxos do que os mestres atenienses. Graças ao arcebispo Gregório, apenas quatro ou cinco entre os mais de 500 poemas criados por ela sobrevivem para dar testemunho dos sacramentos de Safo.

Para muitos gnósticos, o sangue de Jesus era algo mais semelhante ao Néctar Celestial de Afrodite, concebido pelo Espírito de Deus, que é, e sempre foi, feminino em hebraico, como em Gênesis: "E o Espírito de Deus se movia pela face das águas".

---

314 *NHL:29;161-186.*

Yahweh é o Filho de Iahu, a Pomba Enaltecida, que é a filha de Tiamat, as águas criadoras originais.³¹⁵

A gnóstica Sophia trazia em si muito de Afrodite, "que ascendeu da espuma do mar", o peixe, o inconsciente, nela.

Apesar de todos os esforços dos fascistas canônicos, uma discussão alternativa de "ofertas sóbrias" sobreviveu, pela graça do milagre em Nag Hammadi, permitindo, assim, que um xamã genuíno proferisse sua palavra. Nosso exemplar do surpreendente *Sobre a origem do mundo* foi escrito um pouco antes de ser enterrado em Nag Hammadi, embora o original seja centenas de anos mais velho:

> A Árvore da *gnose* tem a força de Deus. Ela brilha como a Lua, e seu fruto mágico é doce, como a tâmara. E essa árvore fica ao norte do Paraíso, para que possa acordar as almas do torpor dos demônios, para que elas possam se aproximar da árvore da vida e comer de seu fruto, e, assim, condenar as autoridades e seus anjos.

Um raio de luz escorregou das mãos de Sophia para as águas, imediatamente produzindo um ser humano andrógino. Primeiro Sophia deu ao ser a forma de uma mulher, mas de uma mulher andrógina, chamada Hermafrodita pelos gregos. A Mãe dela é chamada Eva da Vida pelos hebreus. Ela é a instrutora feminina da vida. Sua descendência é a criatura chamada senhor. Mas as autoridades a chamara a "Besta", para manchar sua reputação entre as criaturas feitas à sua imagem. Mas "a besta" é na verdade "o instrutor", o mais sábio entre todos os seres.

> Sophia enviou sua filha Vida, chamada Eva, para ensinar a Adão, que não tinha alma, como se transformar em um vaso de luz. Eva sentiu compaixão por Adão, assim exortando-o: "Levante-se! Torne-se um vaso de luz sobre a terra!". A Palavra dela se tornou realidade, pois Adão abriu os olhos à Luz da Vida. Olhou para Eva e lhe disse: "Você será chamada 'Mãe dos Vivos'. Pois foi você quem me deu a vida".
>
> As autoridades resolveram violentar essa mulher iluminada para destruir seu poder. Mas Eva riu. Tornou-se uma com a árvore da *gnose*. Perseguiram-na em vão, percebendo que o poder dela permitira que se tornasse uma com a árvore. Entraram em pânico em sua cegueira e fugiram. Então, a criatura mais sábia de todas, chamada "A Besta", se aproximou. Dirigindo-se à imagem de sua mãe Eva, disse a ela: "O que Deus disse a você? Ele disse 'não coma da árvore da *gnose*?'". Ela respondeu: "Ele disse 'não coma do fruto dela e não a toque, ou

---

315. Samuel Noah Kramer, *Sumerian Mythology*. New York: Harper & Row, 1961, p. 70.

morrerá'". A Besta, então, disse: "Não tenha medo. Você não morrerá, mas nascerá para a vida. Quando comer da Árvore da Vida, seu intelecto se tornará sóbrio e você será como os deuses, capaz de ver a diferença entre as pessoas más e as boas. Na verdade, foi por ciúme do poder d'Ele que ele disse isso a você, para que tivesse medo de participar".[316]

As autoridades cercaram a Árvore da Vida com querubins assustadores e espadas flamejantes, para que todos tivessem medo de provar o fruto da *gnose*, agora sujeito à *prohibitio*, como foi explicado de maneira clara por esse xamã brilhante, flutuando, como disseram, sobre "as frias e fluídicas águas do Lago da *Mnemósine*".

As mulheres-serpentes com frequência tiveram uma posição de igualdade como "instrutoras" entre os gnósticos, que eram muito claros a respeito do significado psicoespiritual da mulher no panteão: "Ela é que Concebe todos os deuses e todos os senhores; ela é a *gnose* de tudo o que invisível. Tua imagem é a mãe de tudo o que é Irrefreável e o poder de tudo o que é Insuperável... Louvor a Ti, para todo o sempre, Ó Tu, que és gerada Sozinha. Amém".[317]

"E o regente arrogante amaldiçoou a mulher... E o que ela tinha feito se tornou um produto na matéria, como um feto abortado. E assumiu uma forma plástica modelada a partir da sombra, e se tornou uma fera arrogante semelhante a um leão... 'eu sou Deus, e não existe outro além de mim... Se qualquer outra coisa existir diante de mim, que se faça visível para mim!' E imediatamente Sophia estendeu o dedo e colocou luz na matéria..."[318]

Sophia, é claro, é Korykia, a deusa Serpente-Pássaro que muitos textos gnósticos mencionam. Mas, como eles afirmam, ela é herege para o regente arrogante. Paulo: "A mulher aprenda em silêncio, com toda a sujeição. Não permito, porém, que a mulher ensine, nem use de autoridade sobre o marido, mas que esteja em silêncio. Pois primeiro foi formado Adão, depois Eva. E Adão não foi enganado, mas a mulher, sendo enganada, caiu em transgressão".[319]

É o feto abortado que fala, o leão de plástico, fazendo o que o romanos faziam de melhor – "dividir e conquistar" – fixando não no *ekstasis* hermafrodita, mas na dominação sexual, amaldiçoando a ingestão do fruto enteógeno, amaldiçoando a casamento sagrado que da à luz a *gnose*:

"Seu amante pegou o fruto em segredo para ela. Pressionou-o sobre sua boca como se fosse alimento,

---

316. *NHL:179*.
317. *Untitled Apocalypse*, in Mead, p. 555.
318. *The Hypostasis of the Archons*, NHL:164.
319. *1 Timóteo 2:11-14*.

aplicando a palavra como medicamento nos olhos dela para pudesse ver com a mente. Ela entendeu suas raízes e ascendência. Ela se juntou à árvore de suas origens, para renunciar ao mundo material. Reclinou-se sobre o leito nupcial. Comeu a ambrosia, o alimento imortal pelo qual ansiava. Encontrou o que procurava. Ela encontrou descanso de sua busca na noite eterna. À luz pertence o poder e a glória da revelação, durando para todo o sempre. Amém."[320]

---

320. *Authoritative Teaching, NHL:305-310*.

O texto citado, de Nag Hammadi, é uma descrição clara e literal do *hieros gamos*, o casamento sagrado, a absorção do "alimento imortal", levando à epifania de Elêusis. O noivo de Perséfone é Aidoneu, Dionísio, Hermes Psicopompo, conhecido como Hermes Trismegisto, Três vezes Grande, no mundo helênico; ele trazia consigo plantas mágicas, ou o símbolo delas, a serpente-cajado, o *Kerykeion*. No mito de Glauco, é a serpente fêmea que revela a erva da ressurreição, sagrada para *Iasus*, o Curador.

6

EXPLORAÇÕES MODERNAS, ANOMALIAS E ACOBERTAMENTOS

Greg Deyermenjian nos Petróglifos de Pusharo, Peru.

Grupo Pusharo. Da esquerda para a direita: Machiguenga "Alejandro," Paulino Mamani, Greg Deyermenjian, Machiguenga "Josefina", Machiguenga "Pancho" e Celso, nos Petróglifos de Pusharo, Peru, 1991.

Uma Conversa com Greg Deyermenjian: Cidades Perdidas que Foram Procuradas e Encontradas

Preston Peet

Fotos de Greg Deyermenjian

Preston Peet: Boa noite, Greg. Quero começar com alguns itens básicos e prosseguir a partir dali. Quantos anos você tem?

GD: 55.

PP: Onde nasceu?

GD: Boston.

PP: Cresceu lá também?

GD: Sim.

PP: O que despertou seu interesse de explorador? Qual foi sua inspiração inicial para começar expedições e explorações?

Ele abriu um mapa da América do Sul para mim, um dia, que parecia ganhar vida enquanto ele contava todas aquelas histórias, sobre como ela foi outrora o continente mais estranho; e como a história de lá é parecida com a ficção de outros lugares – fiquei encantado.

GD: Desde muito jovem, acho, queria ser astronauta; depois e a partir daí, comecei a me interessar por todas as coisas relacionadas a dinossauros, homens das cavernas e tempos antigos; em seguida, foram os lugares distantes. Lia tudo o que encontrava a respeito do Tibete, Mongólia, Ásia

Central e locais assim. Quando fui para a universidade estudar antropologia, meu colega de quarto já era formado em história latino-americana. Ele abriu um mapa da América do Sul para mim, um dia, que parecia ganhar vida enquanto ele contava todas aquelas histórias, sobre como ela foi outrora o continente mais estranho; e como a história de lá é parecida com a ficção de outros lugares – fiquei encantado. Mais tarde, passei por um processo de ir à América do Sul, especificamente ao Peru; e cada vez mais me aprofundando mais e mais sob a superfície.

PP: Você se concentra só no Peru, ou explora outros lugares, outros continentes também?

GD: Bem, embora seja o presidente do Capítulo do Clube dos Exploradores na Nova Inglaterra, não sou assim tão viajado. Todas as minhas viagens se concentraram nas América do Sul e Central. Noventa e cinco por cento de minhas expedições foram no Peru, mas fiz algumas também no Brasil e no Equador.

PP: O que é exatamente a Asociación Cultural Exploraciones Antisuyu (ACEA)?

GD: Bem, o Império Inca era dividido em quatro, sendo o quadrante central Cuzco; o quarto composto da selva oriental, o quadrante selvagem do Império, é o Antisuyu. A Asociación Cultural Exploraciones Antisuyu é uma organização fundada por mim e meus parceiros peruanos, para nos inscrevermos oficialmente em Cuzco, Peru, como um veículo para uma posição mais oficial no país.

PP: Isso nos leva a outra pergunta, a respeito de você querer uma posição oficial no país. Você tem dificuldade em obter permissões para explorar; pois tenho certeza de que o governo peruano desconfia de estrangeiros saqueando sua herança cultural.

GD: É engraçado, porque o Peru é plenamente ciente e protetor de sua herança cultural, mas, ao mesmo tempo, possui experiência e espera que os gringos venham para explorar. Eles não criam obstáculos, como os que encontrei no Brasil, que quer que as coisas fiquem como estão e onde até a exploração em si é ilegal.

PP: Ah, é? Não sabia disso. Li os relatórios do arqueólogo marinho e explorador Robert Marx, que citam problemas que ele teve no Brasil após encontrar destroços de navios romanos naufragados e submersos.

GD: Pois é. Mas no Peru, embora protejam seu patrimônio cultural, eles têm muita experiência com *scientificos*, cientistas e exploradores chegando e pondo as mãos na massa. Muito depende da área, se, por exemplo, você fizer explorações em uma zona de proteção oficial, como no Parque Nacional de Manu. Claro que para isso, você precisa de uma permissão. Conseguimos em 1991 para visitar os petróglifos de Pusharo.

PP: A propósito, foi você que descobriu esses petróglifos, ou já tinham sido descobertos?

GD: Já tinham sido, por um seringueiro durante um ataque indígena em 1909, documentados em desenhos por um frei dominicano, Vicente Cenitagoya, em 1921.

PP: Já foram decifrados?

GD: Não e nunca serão, porque é impossível, a menos que alguém encontre e ressuscite o índio amazonense que os criou, que diria: "Sim, fiz isto e significa isto". É especulação total.

PP: Certo, não há fonte alguma, ou pedra de Roseta.

GD: Exatamente. Não existe uma pedra de Roseta para os petróglifos.

PP: Entendo.

GD: Há diversas teorias; e a que mais faz sentido, a meu ver, é a que exponho em meu artigo para a *Athena Review*, de que em vez de ser um mapa da região mostrando Paititi com um X; e em vez de ser um mapa do firmamento que permitiria aos nativos se deslocar pela densa selva, eles representariam visões produzidas sob os efeitos de plantas alucinógenas, ayahuasca e brugmansia. Mas retornando à questão da permissão – algumas áreas são totalmente selvagens, inexploradas, que nunca foram delineadas em mapa algum como área protegida, ou reserva biológica ou qualquer outra coisa; portanto, tecnicamente, você não precisa de autorização para entrar nelas. De novo, tudo depende do local. E, claro, aonde quer que você vá nessas áreas, só terá colaboração se respeitar a terra e os moradores.

PP: Você conduz expedições. As pessoas o procuram e pedem que seja o guia delas em alguma expedição pela América do Sul?

GD: Geralmente, não. Pois, de um modo geral, as expedições no Peru são projetos com o intuito de determinar e abordar "Paititi", o conceito de Paititi, a questão da existência, forma e localização de Paititi, do mais remoto assentamento inca nas selvas, onde, pelo que saiba, eles não teriam se infiltrado.

PP: Acho que li, na segunda parte de seu artigo, na antologia *Adventures Unlimited*,[321] a respeito da busca por Paititi, na qual você menciona que em vez de uma cidade perdida,

---

321. Editado pelo colaborador de *Underground!*, o explorador David Hatcher Childress.

> **Tentamos, enfim, determinar o que resta do homem antigo ali, se Paititi é o efeito aglutinante de todas as ruínas vastamente dispersas, algumas das quais encontramos em Mameria, nesta ou naquela área, ou se é de fato uma cidade propriamente dita, ou que é possível, mas não provável.**

ela poderia ser um reino perdido. Muito interessante. Então, ainda seria um reino inca?

GD: Bem, a própria referência à cidade é mais específica do que deveria ser, na realidade. Existe Paititi com P maiúsculo e paititi, com minúsculo. Paititi com letra maiúscula, como na expressão "El Paititi", seria uma referência às lendas de um sítio inca nas selvas, uma cidade específica, um refúgio, enquanto paititi com letra minúscula, a meu ver, representa a busca pelo que se oculta lá, nas colinas cobertas por selvas, inexploradas, que ainda existem lá, um dos últimos locais na Terra que, por causa de sua topografia rasgada, em vez de uma selva plana, é composta de colinas cobertas de selva, ravinas, gargantas e rios inavegáveis; e creio que continuará assim. Tentamos, enfim, determinar o que resta do homem antigo ali, se Paititi é o efeito aglutinante de todas as ruínas vastamente dispersas, algumas das quais encontramos em Mameria, nesta ou naquela área, ou se é de fato uma cidade propriamente dita, ou que é possível, mas não prová-

vel. A deusa andina da Terra, "Pacha Mama", encobriu tudo com uma camada tão espessa de vegetação e terra partida, que algumas coisas ficarão ocultas para sempre. Mas se Paititi for outra coisa, mesmo uma lenda talvez surgida entre os índios das selvas em referência à cidade de Cuzco – que para eles seria uma cidade mágica de ouro – ou apenas um relato truncado passado aos conquistadores, que interpretaram como a descrição de uma cidade na selva, todas essas coisas que citamos, e talvez muitas outras, podem ser reais. Creio que Paititi, com P maiúsculo, é, na verdade, uma referência ao reino dos Musus, contemporâneo com os incas, que existia no norte da Bolívia e sobre o qual os incas exerciam forte influência. Mesmo depois que o Império Inca e Cuzco foram dominados pelos espanhóis, esse enclave inca específico, esse reino influenciado pelos incas, mas nunca por eles conquistado, devia existir ainda nos anos 1600; e partir daí deve ter surgido a verdadeira Paititi com P maiúsculo. Portanto, o que chamo de Paititi é, na realidade, nossa tentativa de encontrar e documentar o refúgio mais remoto dos incas nas colinas, montanhas e terras altas cobertas de selva das regiões inexploradas a norte-nordeste de Cuzco.

> **Portanto, o que chamo de Paititi é, na realidade, nossa tentativa de encontrar e documentar o refúgio mais remoto dos incas nas colinas, montanhas e terras altas cobertas de selva das regiões inexploradas a norte-nordeste de Cuzco.**

PP: Você financia suas expedições com bolsas, turismo, ambos ou nenhum? Como você paga essas expedições?

GD: A pergunta é saliente. Durante toda a década de 1980, quando as comecei, eu era solteiro, tinha emprego fixo, um bom período de férias e apertava o orçamento. Nessas condições, pagava tudo sozinho. Custava-me 2 ou 3 mil dólares.

PP: Mais ou menos como viajar em férias. Férias um pouco agressivas, mas férias.

GD: Sim, e eu recebia o pagamento das férias antes. O que comecei a fazer nos anos 1990, pois já tinha filhos, era apelar em cada expedição para a Bolsa Shipton-Tillman[322] da Gore-Tex, ou o prêmio Polartec Performance Challenge, que era dado por Malden Mills, em Massachusetts. Pegava um ou dois desses, que davam entre 3 e 5 mil dólares, para bancar as expedições. Até que, em 1999, um cineasta alemão, Heinz von Matthey, que conheci por meio do dr. Carlos Neuenschwander no Peru...

PP: É um arqueólogo peruano, certo?

GD: Bem, faleceu em setembro de 2003.

PP: Sinto muito.

GD: ... era médico e psiquiatra; mas, conforme me disse várias vezes, sempre que as pessoas o paravam na rua não era para fazer uma pergunta médica, e sim acerca de Paititi.

PP: (Rindo.) Isso é interessante.

GD: Enfim, esse Heinz von Matthey me deu o dinheiro em 1999, o que me permitiu arrumar um helicóptero, que era útil, mas não para exploração do alto, pois não se pode ver nada.

PP: Por causa da vegetação que cobre tudo, não é?

GD: Exato. Só o que vemos do alto são as copas ondulantes das árvores. Mas a distância é tão vasta, como vimos anos após ano, expedição após expedição, e conforme nos embrenhávamos cada vez mais para o norte, até que em 1993, quando

---
322. Sob os nomes de Eric Shipton e Bill Tillman.

chegamos ao platô de Pantiacolla, seguindo a estrada inca desde Cuzco, percebemos que era tão longe que já não teríamos mais tempo, recursos, equipamentos nem energia. Era para isso que servia o helicóptero: para nos levar mais perto da zona de exploração, de modo que conseguíssemos fazer nosso trabalho com energia e tempo. E foi assim em 1999. Depois, em 2000, não obtivemos fundos suficientes para um helicóptero; porém, diferente da maioria das viagens, dois italianos aventureiros foram comigo e dividimos os custos, o que ajudou. No fim de 2004, o cineasta que trabalhava comigo, Garrett Strang, de Bethesda, Maryland, apresentou meu material e obteve da Eastern Mountai Sports patrocínio total, permitindo-nos, mais uma vez, alugar um helicóptero e nos munir de tantos equipamentos que carregamos mais do que o necessário.

PP: Certo. Que mudança, hein? Agora, se pulo muito para a frente e pareço não seguir uma linha, por favor me ajude. Robert Marx e Richard Nisbet[323] relataram ter encontrado o que parecem ser rodas no Novo Mundo, rodas pré-colombianas.

GD: Quem?

PP: Robert Marx, autor de *In Quest of the Great White Gods: Contacts Between Old and New World from the Dawn of History*, um explorador submarino e aventureiro famoso; e Richard Nisbet, que é colaborador da antologia onde esta entrevista será publicada. Nisbet tem um *site* na internet com o mesmo nome de seu texto, *Muralhas Antigas (Ancient Walls)*, e já tirou muitas fotos surpreendentes de vários sítios com arquitetura megalítica sul-americana.[324] Ele tem algumas fotos no *site* de algo que parece uma grande roda de pedra. Robert Marx descreve sua descoberta de algo muito semelhante, que se parecia com quatro rodas de pedra com três pés, grandes, enquanto ele caminhava por uma antiga *sacbe* (trilha) maia elevada, em Quintana Roo, México; mas ele estava também com sede e perdido, tentando encontrar o caminho de volta à civilização. Por causa disso, não tirou fotos de sua descoberta. Nisbet, por outro lado, obteve algumas fotos fantásticas de sua escultura em pedra com aspecto de roda; e embora ele afirme que ela não parece ser utilizável porque tem uma rachadura grande, é anômala a ponto de nos fazer perguntar se Novo Mundo possuía ou usava rodas. Você já deparou com algo assim, rodas ou algo parecido, criadas antes da chegada dos conquistadores e outros exploradores do Velho Mundo, aos quais é

---

323. Ver *Muralhas Antigas*, de Richard Nisbet, nesta antologia.

324. Muitas das quais também estão reproduzidas neste volume.

Árvore: Paulino Mamani, 1993.

atribuído até hoje o traslado da roda para o Novo Mundo?

GD: Não.

PP: Resposta rápida. Você viaja muito com seu amigo peruano Goyo Toledo servindo de guia, mas vejo que em sua expedição em 1991 até os Petróglifos de Pusharo, você menciona um entrave político atrapalhando sua expedição inicialmente planejada. São comuns esses problemas, do tipo, deparar com rebeldes, narcotraficantes ou paramilitares de direita, no decorrer das explorações?

GD: Bem, não há paramilitares de direita lá, mesmo na pior crise. Nos piores anos, havia policiais renegados e o Sendero Luminoso. Mas nunca tivemos um problema com isso graças a um detalhe: o Departamento de Cuzco – lá os estados são chamados de departamentos – todo o Departamento de Cuzco era mais imune à influência do Sendero Luminoso que em outras partes do Peru. Embora Cuzco tenha muitas áreas inexploradas, apesar do contato maior e mais perene entre eles e os gringos e exploradores e cientistas e visitantes etc., não participou de todo aquele conflito de classes que atinge mais facilmente aqueles departamentos mais atrasados em termos de contato e influência externa, sendo, portanto, mais suscetíveis à mensagem radical do conflito de classe do grupo rebelde conhecido como Sendero Luminoso. Há muito menos disso no Departamento de Cuzco. Acrescente a isso o fato de que os sujeitos

---

Você acha que as tais "Pirâmides de Parotoari" são, na verdade, formações naturais e não ruínas cobertas de selva, certo? Há anos que se estendem as especulações, desde que foram divulgadas as primeiras fotos de satélite, atraindo atenção para os misteriosos "pontos", como alguns pesquisadores dizem.

Foto de satélite das supostas Pirâmides de Parotoari.

Paulino Mamani nas supostas Pirâmides de Parotoari.

que estavam sempre comigo – Goyo e Paulino Mamani – são os mais entendidos, mais fortes, e mais conhecidos e respeitados na área; por isso, eles sabem com antecedência o que acontece. Foi só naquele ano, 1991, que as coisas ficaram pretas... Não na selva, pois andamos por lá, porém nas terras altas, onde não há política porque são muito remotas, sem base populacional... Mas, enfim, naquele ano de 1991, achamos que seria melhor não irmos à Província de Calca, nas terras altas, pois se tornara uma zona quente de problemas políticos. Então, achamos melhor explorar a selva em latitude mais baixa e nos virarmos sem as terras altas e sua confusão política. Só se pode chegar lá por veículo e depois pegar uma peki-peki, uma canoa motorizada que eles usam no Rio Alto Madre de Dios. Decidimos que seria uma boa oportunidade para fazer um estudo dos Petróglifos de Pusharo, ver em primeira mão o que eles eram e tentar ao menos inferir o que significavam.

PP: Você acha que as tais "Pirâmides de Parotoari" são, na verdade, formações naturais e não ruínas cobertas de selva, certo? Há anos que se estendem as especulações, desde que foram divulgadas as primeiras fotos de satélite, atraindo atenção para os misteriosos "pontos", como alguns pesquisadores dizem. Algumas pessoas que apenas os viram do alto, sem pôr os pés no solo da selva ou visitar o local como você visitou, fazem certas afirmações muito confiantes acerca da proveniência desses pontos. Não deve ser um passeio agradável, e sim um desafio, passar por aquela selva nada amistosa, certo? Mas você fez isso, quero dizer, passou pela jornada perigosa e examinou em primeira mão os "pontos" enigmáticos; e mesmo assim, saiu convencido de que são apenas colinas de formato estranho e não ruínas? Acha que são formações naturais, nada feito pelo homem?

GD: Isso mesmo.

PP: Você esteve nos "pontos" e os escalou; e está totalmente convencido disso?

GD: Sim.

PP: O que é o Clube dos Exploradores?

GD: O Clube dos Exploradores é uma organização internacional dedicada à exploração científica de todos os aspectos da Terra e também à história natural. Foi fundado em 1904 por sete cavalheiros e seus primeiros presidentes foram Frederick A. Cook, Robert E. Peary e Vilhjalmur Stefansson.

PP: Ah, você fala do famoso Clube dos Exploradores, com sede ou escritório principal na cidade de Nova York, não é?

GD: Exatamente. Na verdade, ele tinha ligação com uma organização preexistente, o Clube Ártico, cujos membros foram absorvidos pelo Clube dos Exploradores alguns anos após sua fundação. Por isso, seu escritório central é em Manhattan e hoje ele conta com mais de 3 mil membros no mundo todo, divididos em categorias diferentes: Membro, Sócio e uma categoria nova chamada "Amigos do Clube dos Exploradores".

PP: Você tem algum tipo de posição lá, não tem? Qual é seu título, exatamente?

GD: Sou um sócio do Clube e presidente do Capítulo do Clube dos Exploradores na Nova Inglaterra.

PP: Quando lemos algumas de suas histórias de suas explorações, incluindo aventuras como as passagens por pongos, ou nos seus termos, "gargantas impossivelmente fundas", usando cordas, parece Indiana Jones; não é muito diferente, não parece? Quando você vai a esses lugares, é tudo difícil, não é? Não creio que haja lojas de conveniências ou bares no sopé da colina. É realmente um fim de mundo.

GD: Isso mesmo. Os lugares que visitamos e nossas atividades não são escolhidos pelo gosto de aventura ou pela paisagem, nem porque a caminhada é interessante. Simplesmente são as áreas por que temos de passar do ponto A até o ponto B, ir daqui para lá e explorar; e tentar descobrir o que há ali. Muitas pessoas me contatam, dizendo que gostariam de ir comigo. Geralmente, quando explico os detalhes e digo como é a expedição, não me procuram mais. O problema é que elas não querem realmente passar

Os lugares que visitamos e nossas atividades não são escolhidos pelo gosto de aventura ou pela paisagem, nem porque a caminhada é interessante. Simplesmente são as áreas por que temos de passar do ponto A até o ponto B, ir daqui para lá e explorar; e tentar descobrir o que há ali.

por tudo o que é necessário – estão em busca de uma aventura e exploração; mas para ir lá, você precisa mesmo ser masoquista ou totalmente obcecado e devotado a uma meta específica, que é, neste caso, ter algo a dizer e escrever acerca de todo o conceito de Paititi e dos sítios perdidos dos incas, lá. Sem isso, a empreitada é um desastre. Uma coisa é você passar um ou dois dias, pé ante, coçando as picadas de insetos, ficando sujo, molhado e cansado por horas a fio; mas quando você faz isso por dias, semanas ou mais, às vezes a exigência é grande demais, mesmo para mim. O velho clichê de "99% de perspiração e 1% de inspiração" se aplica; é realmente 99% de esforço para aquele por cento quando você descobre algo. De repente, você percebe que tem mais energia do que pensava, para medir, filmar e fotografar – mas o percurso até esse ponto não é divertido. E o caminho de volta é pior ainda, pois você já está drenado e o mistério fica todo para trás.

PP: Esta pode ser minha pergunta mais boba da entrevista, mas o que você usa como repelente para insetos e, se usa, funciona? Pois notei, ao ler suas aventuras *on-line*, que você menciona muito as abelhas e outros insetos e diz que chega um ponto em que sua resistência não aguenta mais.

GD: Não, essa pergunta não tem nada de boba. Essa é uma daquelas questões básicas. Levo uma variedade de coisas, porque lá você precisa de todas elas. Ocorre muitas vezes que aquilo que você usa só funciona por pouco tempo. Levo um repelente com alta porcentagem de DEET, outros com uma porcentagem inferior. Se você usa uma porcentagem muito grande, pode ter vários efeitos colaterais ruins; mas se a porcentagem de DEET mais baixa, como nos produtos que são 100% herbáceos, com cidreira e aloe, estes passo à vontade. A questão é saber combinar. Às vezes, uma coisa parece dar certo, depois para de funcionar e você precisa experimentar outra, ou uma mistura. De qualquer forma, você sofre picadas e elas são desconfortáveis; mesmo que seja picado só umas duas vezes por dia, no fim está com uma coleção e tanto.

PP: Li um comentário seu, alguns anos atrás, sobre *A profecia celestina*. Você não gostou nem um pouco desse livro, ficou descontente com toda a trama, reclamou da história e do próprio autor. Admito que não li o livro; portanto, não posso dar minha opinião, mas digo que o material promocional do livro não me atraiu nem um pouco. Por que você não gostou e por que o livro vendeu tão bem, em sua opinião?

GD: Boa pergunta. Não gostei do livro porque, para mim, ele tinha aquilo que mais me repele em tudo. E o que mais me repele é a fraude, algo que não é verdadeiro, uma falsa descrição de uma coisa. Ficou óbvio para mim e para qualquer pessoa que conheça o Peru e toda a área, ou que seja fã do Peru e das verdadeiras maravilhas e de sua verdadeira magia, que o autor nunca esteve lá nem em qualquer outro país do terceiro mundo. Ele descreve no livro suas próprias ideias acerca do local, ou como ele acha que seria o Sudoeste Americano. Se ele tivesse lançado o livro como uma história fictícia alegórica, seria diferente. Mas a mensagem de *marketing*, a descrição na capa, tudo no livro, enfim, tinha o objetivo de fazer as pessoas pensarem que era real, que o autor narrava algo verdadeiro. Lendo-o, percebi – isso sem falar que é mal-escrito, bobo, ingênuo – que todos os fatos narrados, a descrição das pessoas, tudo é absolutamente estúpido e sem base na realidade, ou em uma experiência real. A verdadeira ironia aqui é que lá está um sujeito criando toda aquela fantasia sem citar um milésimo da verdadeira magia e maravilha do Peru e de Macchu Picchu. Foi essa fraude que me irritou muito. Acho que se tornou tão popular porque que tantas pessoas formadas em faculdade nos Estados Unidos são completamente ignorantes em relação a outras culturas em outros países e como é a vida lá. O livro cai nesse estereótipo dos místicos, que os místicos é que são os bonzinhos, enquanto os soldados e sacerdotes são os vilões, tentando esconder os segredos que o herói quer desvendar. Acho que mostrou a ingenuidade, em minha opinião, do povo da Nova Era e, por isso mesmo, se tornou um sucesso tão grande.

PP: Em muitos de seus textos, você diz que que comeu folhas de coca nas expedições.

GD: Masquei.

PP: Desculpe, mascou coca. Você se encontrava em altitudes muito altas e a coca ajuda a suportar, certo? É verdade que mascar coca é uma prática social perfeitamente normal e aceita no Peru?

GD: É verdade.

É sempre perigoso mencionar, porque em alguns locais qualquer citação relacionada a drogas é sempre malcompreendida. Mas coca, em lugares como Peru e Bolívia, não é diferente do uso do café aqui, exceto talvez mais profunda.

PP: Não falo de usar cocaína. Isso é totalmente diferente, não é?

GD: Não tem nada a ver. É sempre perigoso mencionar, porque em alguns locais qualquer citação relacionada a drogas é sempre malcompreendida. Mas coca, em lugares como Peru e Bolívia, não é diferente do uso do café aqui, exceto talvez mais profunda. Muitas pessoas aqui jamais pensariam em ir para o escritório ou trabalho ou o que quer que façam sem antes tomar uma xícara de café; e é assim que a coca é usada lá, talvez com uma profundidade maior, de um modo mais reverencial, porque há um componente social, religioso. Quando você encontra uma pessoa nas terras altas do Peru, senta-se com ela e compartilha o momento. Pega sua coca de uma maneira específica, cinco folhas perfeitamente formadas, e dá à pessoa. Isso se chama Kintu. É uma forma de respeito. Por isso, quando alguém lhe oferece folhas de coca em Kintu, dessa forma em particular, significa que ela quer se aproximar de você como ser humano, para que, juntos, contem histórias de suas vidas. Ou pode significar "eu respeito você". Marido e mulher, por exemplo, às vezes fazem isso; ou em uma exposição, fazemos uns com os outros, como que para dizer: "gosto de estar aqui com vocês".

PP: Isso é muito legal. Vi recentemente um programa na televisão, no History Channel ou talvez no National Geographic, sobre um arqueólogo americano vasculhando ruínas antigas em lugares inóspitos do Peru; e, quando ele se aproximou de um fazendeiro ou pastor solitário que cuidava ou dos campos ou das ovelhas, tirou do bolso um pacote de folhas de coca, explicando para a câmera que era assim que se fazia no Peru, e que todos partilhavam sua coca, tanto para enfrentar a altitude quanto para interação social; disse que era um modo de quebrar o gelo, mostrar respeito, como você diz. Minha próxima pergunta tem a ver com um tema totalmente diverso. Você acredita em viagem astral, como relata seu amigo Goyo?

GD: Se acredito em quê?

PP: Viagem astral. Você mencionou em uma de suas histórias que

> **Ele disse que, sob influência da ayahuasca, voara até o topo de Apu Catinti, aquela montanha que é citada nas lendas. De acordo com uma lenda, ela fornece pistas quanto à localização de Paititi.**

seu amigo Goyo teria dito algo sobre ter visto algumas ruínas antigas no topo de uma montanha, durante uma viagem astral.

GD: É verdade. Ele disse que, sob influência da ayahuasca, voara até o topo de Apu Catinti, aquela montanha que é citada nas lendas. De acordo com uma lenda, ela fornece pistas quanto à localização de Paititi. Acabamos escalando Apu Catinti, e fomos os primeiros a chegar ao pico, em 1986. Mas infelizmente, embora houvesse ruínas incas na base das colinas e montanhas em volta, no alto de Apu Catinti não havia o menor sinal da presença humana, nem mesmo dos incas.

PP: Que pena vocês não terem encontrado ruínas lá. Mas você acredita que há um fundo de verdade na ideia de viagem astral e no uso de ayahuasca para propósitos visionários?

GD: Bem, digamos que não descarto a possibilidade, mas essa não é uma daquelas coisas em que necessariamente acredito. Penso que seja possível. Eu mesmo fazia o que as pessoas chamariam de viagem astral quando era adolescente e, depois, na juventude, até descobrir que... e pode ser tão assustador... até descobrir que se você dormir de lado ou de bruços, isso é menos provável de acontecer do que se deitar de costas.

PP: Ah, então você fez viagem astral por acaso? Enquanto dormia? Pois é, minha namorada faz isso. Às vezes, acho que acontece quando ela dorme de costas.

GD: Mesmo que não passe disso, talvez seja de fato uma projeção astral; mas há outras teorias, como por exemplo, um estado hipnótico, no qual pensamos que fazemos algo, mas não fazemos.

PP: O que você acha de um programa como o Projeto Ulysses do MIT, em que os estudantes devem escolher um continente e planejar uma expedição por conta própria, para depois escrever um relatório sobre suas aventuras? Já trabalhou com eles?

GD: Não só isso, mas, creio que, em 1991, fomos procurados por eles e fizemos uma espécie de parceria, nosso capítulo na Nova Inglaterra. Nós os ajudamos a formar um grupo de exploração lá. Lembro-me de ter ido e dado uma palestra com *slides* lá no MIT, mas desde então não soube mais deles; por isso, não sei como estão hoje.

> **Até certo ponto, explorar sempre consistiu, mais ou menos, em fazer as pessoas se interessarem por alguma coisa, mesmo que às vezes tudo pareça muito comum e desinteressante.**

PP: Você fez uma expedição com eles?

GD: Não, apenas fazíamos uma interface; eu dava a palestra e me reunia com as pessoas que realmente queriam trabalhar. Dava dicas a respeito de como manter um grupo de exploração em pé. Isso, já em 2001.

PP: Pelo que sei, você e seu parceiro, Paulino Mamani, aparecem em um episódio do programa do History Channel, *Digging for the Truth*. Qual era o foco desse episódio?

GD: O foco era apresentar alguma coisa da busca por Paititi. O formato do programa é que o apresentador, um homem chamado Josh Bernstein, se encontra com pessoas que são especialistas em sua área e faz perguntas; e essas pessoas vão com ele e o informam disso e daquilo; mas na verdade, o programa é uma apresentação de suas viagens em busca dessas coisas misteriosas.

PP: Foi essa a expedição em que você obteve todo aquele equipamento extra e coisas assim?

GD: Não, não teve nada a ver. A expedição em que tínhamos todos aqueles equipamentos foi em junho de 2004. Foi nossa expedição – minha e de Paulino – na qual encontramos e identificamos as ruínas incas mais remotas, ao norte de Cuzco.

PP: Quando foi mesmo? Em que ano?

GD: Junho do ano passado, 2004. E depois em dezembro, quando fui levado ao Peru para uma interface com Josh Bernstein, participando de sua busca pelo El Dorado/Paititi.

PP: O que você acha de todos esses programas de televisão a respeito de civilizações antigas e mistérios do passado, esse tipo de coisa? Acha que existe uma curiosidade crescente acerca de nosso passado e uma desconfiança de todas as visões convencionais, ou tudo não passa de artifício da mídia, tornando visível um interesse que, no fundo, sempre existiu, que as pessoas sempre tiveram, mas que hoje se apercebem disso porque a mídia é mais abrangente?

GD: Até certo ponto, explorar sempre consistiu, mais ou menos, em fazer as pessoas se interessarem por alguma coisa, mesmo que às vezes tudo pareça muito comum e desinteressante. Lembro-me que, quando era criança, uma das primeiras coisas que me atraíram foi um programa de tevê chamado *Expedition*, um documentário que ia ao ar semanalmente. Acho que há de tudo hoje em dia nos programas de televisão. Alguns parecem ser tentativas sinceras de abordar um tema e determinar o que acontece, quem foram as pessoas envolvidas e como eram; enquanto outros não passam de tolices do tipo de Indiana Jones.

PP: Você acha que a civilização na América do Sul é mais antiga do que a arqueologia convencional afirma?

Penso que as datas atribuídas a muitas culturas e ao surgimento de muitos eventos tecnológicos e culturais são, na maioria dos casos, anteriores ao que se afirma. Acho que quanto mais investigação for feita, principalmente na América do Sul, mais antigas se tornarão as datas; mais distantes no passado serão localizados os eventos.

GD: Penso que as datas atribuídas a muitas culturas e ao surgimento de muitos eventos tecnológicos e culturais são, na maioria dos casos, anteriores ao que se afirma. Acho que quanto mais investigação for feita, principalmente na América do Sul, mais antigas se tornarão as datas; mais distantes no passado serão localizados os eventos. Creio também que virá à tona um enorme ponto de interrogação a respeito das migrações pelo Estreito de Bering. Claro que uma grande parte da população das Américas atravessou o Estreito, mas existem muitas evidências que contrariam a afirmação de que aquela foi a única via para o homem antigo até aqui. Quanto mais ao sul você viaja, muito mais antigas se tornam as datas para muitos sítios.

PP: Isso me leva à próxima pergunta; talvez a última. Você acha que o contato entre a América do Sul e o Velho Mundo, oriental e ocidental, ocorreu nos dois sentidos, ou não aceita de modo algum essas teorias? Acha que houve algum contato entre a antiga África e a antiga América do Sul, ou entre a Polinésia e a América do Sul, ou China e América do Sul? Acha que essas teorias são fundadas?

GD: Sinto que cada vez mais a arqueologia, a antropologia e a história convencionais, se quiser usar o termo, finalmente se modificam em determinados temas que eram tabus, mas que não deveriam ser, pois a existência de um tema tabu na ciência é uma abominação. Um desses tabus que arruinariam imediatamente sua reputação se você o contradissesse era a ideia de contatos transatlânticos pré-colombianos. Hoje, as pessoas começam a reconhecer que é perfeitamente possível que nem tudo se tratou de invenção independente em casos como o das pirâmides e todos os tipos de formas no mundo; ou quando não de invenção independente, de protótipos junguianos presentes em todas as mentes humanas. Para mim, parece mais provável que os contatos tenham ocorrido. Fico feliz ao notar que muitos os defensores ferrenhos da teoria da invenção independente já começam a expandir suas visões. Um dos piores métodos que eles usavam para defender sua ortodoxia, o politicamente correto, era afirmar que insultávamos os nativos americanos ao presumir que eram muito estúpidos para criar tais coisas sozinhos, quando mencionávamos a ideia dos contatos pré-colombianos. Não fazíamos nada disso. Uma das grandes ironias nisso é que as vozes mais ouvidas na atual reavaliação vêm dos próprios nativos americanos, que dizem: "Não, isso não nos ofende; fazíamos parte da cultura mundial, também".

PP: Tenho mais uma pergunta, Greg. Paititi, com P maiúsculo, será encontrada um dia? Você acha que alcançará essa meta e dirá "olhem só, encontrei e agora posso descansar, pois cumpri meu objetivo"? Ou sempre haverá uma busca?

Greg Deyermenjian em um antigo sítio inca nas selvas de grandes altitudes da Mameria.

GD: Acho que sempre haverá uma busca. Creio que sempre descobriremos mais sítios importantes, mas esses sítios deverão ser indicações de que há sempre mais alguma coisa. Não consigo imaginar, ainda em minha vida, vasculhando todo aquele território à minha frente. Quando estou lá, vislumbro onde chegamos desde junho do ano passado, em Ultimo Punto, a maior área inca já encontrada. Ainda assim, restam trechos e mais trechos de montanhas cobertas de selva, ainda se estendendo para o norte. Fora isso, neste mapa aberto à minha frente, há muitas áreas, totalmente em branco, marcadas "Dados insuficientes". Acho que, embora a meta deva ser identificar como perfeitamente possível, a busca continuará.

PP: Acabo de pensar mais uma coisa. Em seu *site* na internet, intitulado *Search for Paititi*, você tem algumas

Creio que sempre descobriremos mais sítios importantes, mas esses sítios deverão ser indicações de que há sempre mais alguma coisa. Não consigo imaginar, ainda em minha vida, vasculhando todo aquele território à minha frente. Quando estou lá, vislumbro onde chegamos desde junho do ano passado, em Ultimo Punto, a maior área inca já encontrada. Ainda assim, restam trechos e mais trechos de montanhas cobertas de selva, ainda se estendendo para o norte.

fotos de uma antiga estrada inca de pedra. Já chegou ao fim dela?

GD: Bem, não. Essa é uma das coisas que ainda precisamos fazer. Tivemos de abandonar a tentativa em 1999, porque segui-la diretamente era como seguir o Nilo desde a foz até a fonte. É como dizem os árabes: se você quiser encontrar a fonte, comece no começo e caminhe até o fim; bem, a verdade é que a caminhada é muito difícil e você não consegue fazê-la. A mesma coisa com isso. Temos de descobrir um modo de passar por ela e fazer o reconhecimento; e nos aproximarmos dela de novo, dessa vez mais perto de seu fim.

PP: Então, você planeja voltar para outra expedição logo?

GD: Ah, sim, planejo e espero voltar este ano.

PP: No verão?

GD: Sim, porque é a estação seca.

PP: Você gostaria de acrescentar alguma coisa que não abordei, alguma coisa especial que gostaria de dizer?

GD: Sim. Escrevi um editorial, certa vez, para nosso Capítulo, e também o enviei à sede em Nova York, sob o título "Resta alguma coisa a explorar?". Uma coisa que ouço das pessoas nas augustas sociedades de exploradores é: "bem, agora que tudo na Terra já está mapeado e fotografado por satélite, só o que resta a ser explorado se encontra no fundo do mar, ou na Antártida

Sei, porém, por experiência pessoal, e a partir das experiências pessoais de exploradores intrépidos que vão com a cara e a coragem, que muitas partes do mundo são tão remotas, tão desconfortáveis que exigem muita dedicação e até obsessão, para você ir até elas; ainda existem grandes extensões em nossa Terra que precisam ser exploradas e revelar seus segredos.

e no espaço exterior". Sei, porém, por experiência pessoal, e a partir das experiências pessoais de exploradores intrépidos que vão com a cara e a coragem, que muitas partes do mundo são tão remotas, tão desconfortáveis, que exigem muita dedicação, e até obsessão, para você ir até elas; ainda existem grandes extensões em nossa Terra que precisam ser exploradas e revelar seus segredos. A impressão que temos, sentados em nossas poltronas, na frente de um computador, é muito diferente da impressão lá fora, no campo.

PP: Certo. Muito obrigado pela entrevista, Greg, e boa sorte em suas expedições futuras. Foi muito bom conversar com você.

GD: Por nada. Foi muito bom conversar com você, também, Preston.

Referências:

www.paititi.com
www.explorers.org
www.neexplorersclub.org
www-tech.mit.edu
www.shipwreckconference.com/ conference_bios_marx_projects.htm

FONTE DO SANGUE: A BUSCA DA ALEMANHA NAZISTA POR SUAS RAÍZES ARIANAS
Mickey Z.

Arqueologia é a busca por fatos, não a verdade. Se você está interessada na verdade, a aula de filosofia do dr. Tyree é logo ali, no fim do corredor... Nós não seguimos mapas de tesouros enterrados e o X nunca marca o ponto certo. Setenta por cento de toda a arqueologia é feita na biblioteca, em pesquisa, leitura. Não podemos nos dar ao luxo de aceitar a mitologia sem questionar.

– Indiana Jones em *Indiana Jones e a Última Cruzada* (1989)

Com raras exceções, os seres humanos não são motivados pelo desejo de cometer atrocidades. Com raras exceções, os seres humanos podem ser levados a cometer atrocidades. "Frequentemente, as pessoas são convocadas para os exércitos, mas às vezes se alistam pela própria vontade", explica Steven Pinker, diretor do Centro de Neurociência Cognitiva no Instituto de Tecnologia de Massachusetts (MIT). "O jingoísmo", declara Pinker, "é algo fácil de evocar".

No caso da Alemanha nazista, parece que os próprios progagandistas começaram sua marcha para o genocídio inventando um passado tão mítico que era capaz de agitar uma nação inteira.

"Acredito que os homens matam em guerra porque não conhecem seu verdadeiro inimigo e também porque são forçados a uma posição em que precisam matar", propõe o ativista pela paz Thich Nhat Hanh. "Aprendemos a pensar que precisamos de um inimigo estrangeiro. Os governos se empenham em nos imbuir de medo e ódio, para que os apoiemos. Quando não temos inimigo, eles inventam um para nos mobilizar."

No caso da Alemanha nazista, parece que os próprios progagandistas começaram sua marcha para o genocídio inventando um passado tão mítico que era capaz de agitar uma nação inteira. Nem os próprios líderes eram capazes de distinguir a fantasia da realidade.

DE VOLTA A THULE

"Mais que um partido político, o partido nazista era um culto", diz o autor Jonathan Vankin. "Assim como as seitas religiosas mais demagógicas, sua bandeira era a da coragem de convicções dementes e sua liderança era financiada e patrocinada por indivíduos poderosos cujo interesse principal era acumular mais poder. A máquina afinada de lavagem cerebral, fanatismo e acobertamento é perfeita para esse fim."

A seita "religiosa demagógica" que ganhou proeminência na Alemanha antes da guerra era a Sociedade Thule, que, segundo o jornalista Peter Reydt, "acreditava na grandiosidade da história germânica, remontando ao ano 9 d.C, quando tribos teutônicas derrotaram o exército romano. Ela promovia a superioridade da raça ariana, um antigo povo norte-europeu".

A noção do *Übermensch* (super-homem) de Friedrich Nietzsche recebeu muitas interpretações... uma das quais envolvia um povo de uma raça superior – chamados "arianos" – que habitaram outrora o norte da Europa. Essa ideia acabou encontrando um nicho assassino com os arquitetos do regime nazista. Começou em 1900, quando ocultistas alemães formaram uma sociedade chamada Ordem dos Novos Templários (ONT). "Dali a oito anos", diz Vankin, "outro ocultista formou um grupo denominado Armanen. Eles assumiram a suástica como seu emblema".

"Antigo símbolo indiano de boa sorte, a suástica era também o símbolo tradicional de Thor, deus nórdico do trovão", escreve Robin Cross, do *Channel4.com*. Em 1920, um membro da Sociedade Thule sugeriu a Hitler que adotasse a suástica como emblema do partido nazista. "Hitler a colocou em um círculo branco com

> "A lenda de 'Thule' era uma variante do mito da Atlântida", Vankin explica. "Thule seria uma nação de superseres com uma civilização utópica. Prosperou até 850 mil anos atrás, quando foi destruída por uma inundação cataclísmica."

um fundo vermelho, para competir com a foice e o martelo do partido comunista", explica Cross.

A ONT e os Armanen se juntaram em 1912 e ficaram conhecidos como a Germanen-Orden. Seis anos depois, alguns membros da Orden criaram a Thulegesellschaft, Sociedade Thule. "A lenda de 'Thule' era uma variante do mito da Atlântida", Vankin explica. "Thule seria uma nação de superseres com uma civilização utópica. Prosperou até 850 mil anos atrás, quando foi destruída por uma inundação cataclísmica". Os thuleanos, assim diz a lenda, provocaram sua própria destruição porque cruzaram com uma raça inferior.

O Santo Graal para os thuleanos modernos era, enfim, o Santo Graal.

A lenda do Santo Graal – escrita em 1185 – falava de um suposto receptáculo que continha o vinho da Santa Ceia, bem como o sangue do Cristo crucificado. "Supostamente, José de Arimateia o confiscou e usou-o para apanhar sangue da ferida do Cristo pregado na cruz", escreve a psicóloga Katherine Ramsland em *CrimeLibrary.com*. "Em seguida, José levou o cálice para a Inglaterra e o escondeu em um lugar secreto – Avalon – e a ambição do rei Artur e seus cavaleiros se tornou, desde então, encontrar o Graal e fazer dele o centro de suas metas."

A busca pelo graal é definitiva caça ao tesouro da história... E seduziu Adolf Hitler e Heinrich Himmler.

A TÁVOLA REDONDA DE HIMMLER

Acredita-se que o envolvimento de Hitler com a Sociedade Thule começou em seus anos na Primeira Guerra Mundial, no exército alemão. Sua associação com ele, porém, se intensificou em 1919, quando ele conheceu Dietrich Eckart, um membro rico e persuasivo do círculo mais íntimo da Sociedade Thule. O biógrafo de Hitler, Wulf Schwarzwaller, considera esse encontro "mais decisivo que qualquer outro" na futura vida do ditador. "Eckart moldou Hitler, mudando completamente sua persona pública", escreve Schwarzwaller.

Conforme documentado por Vankin, Dietrich Eckart teria dado a seguinte ordem a partir de seu leito de morte em dezembro de 1928:

"Sigam Hitler! Ele dança, mas sou eu quem toca a música".

O companheiro de dança de Hitler era Heinrich Himmler, que ele nomeou *Reichsfüher* da SS (sigla de Schutzstaffel, "esquadrões de proteção") em 1929. Até então, a SS era pouco mais que um esquadrão de guarda-costas pessoais de Hitler. Himmler, segundo Christopher Hale, autor de *Himmler's Crusade: The Nazi Expedition to Find the Origins of the Aryan Race*, "estava determinado a transformar um grupo insignificante em uma nova aristocracia ariana".

Já membro da Sociedade Thule, Himmler entrou para o partido nazista em 1925. Seu fascínio pelas teorias thuleanas geralmente é eclipsado por seus atos hediondos e, por conseguinte, ignorado pelos historiadores; entretanto, esse fascínio influenciou o formato e escopo da Solução Final.

"A verdade é que o entusiasmo de Himmler por civilizações perdidas, arqueologia pré-histórica, o Santo Graal e, em especial, as origens das raças 'indo-germânicas' se entrelaçava com as 'teorias' raciais que exigiam a eliminação dos imperfeitos", diz Hale.

Em 1939, Himmler já fortificara a SS para um contingente de 300 mil. "Em um grau notável, as ideias de Himmler foram formadas não apenas por políticos, mas também antropólogos e biólogos", acrescenta Hale.

"Na Segunda Guerra Mundial, a SS foi o principal aplicador da doutrina racial nazista", diz Cross. "Encarregavam-se dos campos de concentração e de extermínio do Reich, onde conduziam experimentos cruéis para demonstrar a superioridade racial 'ariana'; e formaram o núcleo dos Einsatzgruppen (for-

---

A verdade é que o entusiasmo de Himmler por civilizações perdidas, arqueologia pré-histórica, o Santo Graal e, em especial, as origens das raças "indo-germânicas" se entrelaçava com as "teorias" raciais que exigiam a eliminação dos imperfeitos.

---

mações especiais), que foram os responsáveis por purificar o leste europeu dos judeus".

Para Himmler, os homens da SS agiam de acordo com a tradição de seus amados cavaleiros e reis teutônicos; e o Castelo Wewelsburg era considerado seu Camelot. "Os cômodos eram dedicados a figuras da história e mitologia nórdicas como o rei Artur", explica Reydt. "A sala de Himmler era dedicada ao rei

> "Hitler mergulhou nos escritos do professor Karl Haushofer", diz Cross. Haushofer foi o fundador da Sociedade Vril, que buscava "contatos com superseres subterrâneos para aprender com eles os antigos segredos de Thule".

Henrique I, fundador do primeiro Reich alemão. Himmler acredita ser a reencarnação de Henrique. Outra sala era preparada para abrigar o Santo Graal, que deveria ser procurado no mundo todo."

Sim, tudo recai sobre o Santo Graal. Pois o que seria a reencarnação da glória ariana do passado sem a restauração de seu símbolo mais sagrado?

"Himmler via o potencial da arqueologia como uma ferramenta política", explica o dr. Henning Hassmann, do Instituto Arqueológico de Dresden. "Ele precisava da arqueologia para fornecer uma identidade à sua SS. Himmler também acreditava que a arqueologia tinha certo conteúdo pseudorreligioso. Ela envolvia escavações, mitos e lendas, um sentimento de superioridade. Eles acreditavam que se usassem o poder da pré-história alcançariam sucesso no presente."

No ano de 1935, Himmler deixou suas obsessões subirem a um nível mais elevado, criando Das Ahnenerbe (a Sociedade do Legado Ancestral), um novo ramo da SS que seria ocupado por acadêmicos, elevando a propaganda nazista ao *status* de verdade objetiva – ou assim ele esperava. "O Ahnenerbe organizou expedições para muitas partes do mundo – da Islândia em busca do Graal, ao Irã para encontrar evidência de reis antigos de puro sangue ariano, às Ilhas Canárias para descobrir provas de Atlântida", explica Reydt. Seu destino mais ambicioso foi o Tibete.

Entra Vril

A expedição nazista de 1938 ao Tibete teve suas raízes em 1923, quando Hitler estava encarcerado na prisão de Landsberg. "Hitler mergulhou nos escritos do professor Karl Haushofer", diz Cross. Haushofer foi o fundador da Sociedade Vril, que buscava "contatos com superseres subterrâneos para aprender com eles os antigos segredos de Thule". A palavra "vril", cunhada por um novelista inglês chamado Edward Bulwer-Lytton, em seu romance de ficção científica *The Coming Race* (1871), se referia a um poder psicocinético de uma raça superior.

"O autor francês Louis Jacolliot reforçou o mito em *Les Fils de Dieu* (Os filhos de Deus, 1873) e *Les Traditions indo-européennes* (As tradições indo-europeias) (1876)", escreve Alexander Berzin, em seu artigo *The Nazi Connection with Shambhala and Tibet*. "Nesses livros, ele relacionava o vril com o povo subterrâneo de Thule. Os thuleanos canalizam o poder de vril para se tornarem super-homens e governar o mundo".

Haushofer via na Ásia central a origem da raça ariana e, portanto, o segredo para o uso da energia de vril. Como os tibetanos, a há muito dominados por britânicos e chineses, não eram avessos a um bom relacionamento com os alemães (e seus aliados japoneses), os membros do Ahnenerbe partiram para uma expedição liderada pelo caçador e biólogo alemão, Ernst Schäfer.

"Um dos membros da expedição nazista era o antropólogo Bruno Beger, defensor da teoria de que o Tibete abrigava os descendentes de uma 'raça do norte', explica Cross. A "investigação científica" de Beger acerca do povo tibetano levou-o à conclusão de que eles representavam "um estágio entre os mongóis e as raças europeias" e podiam "ter um papel importante na região, servindo como uma raça aliada em um mundo dominado pela Alemanha e pelo Japão".

No ano seguinte, começou oficialmente a Segunda Guerra Mundial e, claro, tal domínio não se tornaria realidade. Mesmo assim, o Ahnenerbe permaneceu ativo em meio ao conflito global. "Conteúdos inteiros de museus, coleções científicas, bibliotecas e descobertas arqueológicas foram pilhados e transportados para Berlim, ou Wewelsburg. Himmler e Sievers criaram uma unidade especial – o Sonderkommando Jankuhn – para supervisionar a pilhagem", informa Reydt. "Professores, doutores e estudiosos foram integrados diretamente na máquina assassina nazista."

Nunca mais?

Com o benefício da visão em retrospectiva, podemos menosprezar a transparência das tramas propagandistas da Alemanha, suas especulações sobrenaturais e a ingenuidade nacionalista; mas se fizéssemos isso, ignoraríamos o longo – e atual – histórico de táticas semelhantes usadas para demonizar pessoas e, com isso, justificar ataques militares brutais e cruéis, bem como a dominação econômica.

Observe estas três frases:

"O anticristo provavelmente é um judeu que vive em Israel hoje".

"O comunismo é um filhote dos intelectuais judeus alemães".

"O Todo-poderoso não ouve as preces de um judeu".

Não são as palavras de uma cultura nazista chauvinista, mas, sim, do reverendo Pat Robertson – um tele-evangelista reconhecido e de grande respaldo político nos Estados Unidos, hoje.

Muito antes de Hitler sequer ter visto uma suástica, Teddy Roosevelt disse: "A democracia se justifica por manter a raça branca nas partes melhores da superfície da Terra".

Muito antes de Hitler sequer ter visto uma suástica, Teddy Roosevelt disse: "A democracia se justifica por manter a raça branca nas partes melhores da superfície da Terra".

"Sou totalmente a favor do uso de gás venenoso contra tribos incivilizadas." Não foi Mengele que disse isso, mas, sim, Winston Churchill. Em 1937, enquanto Himmler cultivava sua visão de uma raça superior, o reverenciado Churchill disse o seguinte a respeito dos palestinos: "não concordo que o cão na manjedoura tenha o direito final à manjedoura, ainda que tenha ficado lá muito tempo. Não admito esse direito. Não concordo, por exemplo, que um grande mal tenha sido feito contra os índios peles-vermelhas da América ou os pretos da Austrália. Não concordo que um mal tenha sido feito contras esses povos, porque foi uma raça mais forte, de nível mais elevado e mais sábia que veio e lhes tomou o lugar".

Tais palavras seriam posteriormente apropriadas por israelitas como Golda Meir, que declararam: "Não existia essa coisa de palestinos. Eles nunca existiram". Menachem Bechim admitiu prontamente a existência de palestinos, mas paradoxalmente, os chamava de "animais andando com duas pernas" e "baratas".

Nativos americanos, escravos africanos, filipinos na Guerra Hispano-americana, japoneses na Segunda Guerra Mundial – a lista se estende até os muçulmanos de hoje, provando que não são necessárias as teologias místicas de uma Raça Superior para justificar o massacre de irmãos humanos.

"A busca pelos arianos perdidos ou pelo Santo Graal ou Atlântida pode parecer inofensiva, mas o ocultismo alemão se fundava em uma visão racial da história", conclui Christopher Hale. "Validava a identidade nacional alemã, conjurando um passado ancestral falso, porém sedutor. Interpretando esse passado quimérico literalmente,

Com a ideia de que as bênçãos do próprio Cristo recaiam sobre eles, os nazistas sentiam-se justificados em suas matanças daqueles que os "contaminavam"... A missão deles era santa e nada do que fizessem a serviço dela estava errado.

homens como Heinrich Himmler conseguiram infundir políticas de purificação racial com uma potência irresistível. O resultado foi que o ocultismo facilitou os assassinatos. A base da civilização pseudodarwiniana levou os 'cientistas' da SS às matanças nos campos de concentração".

"Com a ideia de que as bênçãos do próprio Cristo recairiam sobre eles, os nazistas sentiam-se justificados em suas matanças daqueles que os 'contaminavam'", diz Ramsland do Channel4.com. "A missão deles era santa e nada do que fizessem a serviço dela estava errado."

Com todas as marcas do fundamentalismo varrendo o planeta e ditando a política global, quantos de nós conseguimos ver por trás dos mitos e das justificativas reconfortantes, e reconhecer a sede homicida por poder?

REFERÊNCIAS:

Alexander Berzin, "The Nazi Connection With Shambhala and Tibet". Maio de 2003. www.berzinarchives.com

Robin Cross, "The Nazi Expedition." www.channel4.com

Christopher Hale, *Himmler's Crusade: The Nazi Expedition to Find the Origins of the Aryan Race*. New York: Bantam, 2004.

Katherine Ramsland, "All About Evil and Its Manifestations". www.crimelibrary.com

Peter Reydt, "Nazism and the Myth of the 'Master-Race'". 23 de setembro de 1999. www.wsws.org

Jonathan Vankin, *Conspiracies, Cover-Ups and Crimes: Political Manipulation and Mind Control in America*. St. Paul: Paragon, 1991.

Time Atlântida
Michael Arbuthnot

Atlântida é um conceito nebuloso. Temos Atlântida como "A" maiúsculo e atlântida com "a" minúscula. Muitas pessoas fascinadas pela lenda acreditam que a Atlântida com "A" maiúsculo é uma realidade arqueológica. Acham que se tratou de um local físico que no passado governou o Mediterrâneo e dominou os atenienses por volta de 10000 a.C. Hoje, a Atlântida se encontra submersa além dos Pilares de Hércules, sede de não mais que fantasmas e criaturas das profundezas; entretanto, com profissionais devidamente endinheirados, equipados e habilidosos, a Atlântida com letra maiúscula pode ser localizada, estudada e transposta da lenda para o legado.

É o proverbial Jardim do Éden ou Utopia. O próprio nome evoca visões de um mundo perfeito e um local de mistério além da imaginação.

Já a atlântida com letra minúscula é algo totalmente diferente. Também é um lugar, mas fica no reino da mente humana. É o proverbial Jardim do Éden ou Utopia. O próprio nome evoca visões de um mundo perfeito e um local de mistério além da imaginação. A atlântida com "a" minúsculo pertence a todos, não se restringe de acordo com os rigores da ciência nem é definida por dados tangíveis. Essa atlântida é o que ela mesma deseja ser, limitada apenas pelas mentes que a concebem. Enquanto as pessoas sonharem acordadas, a atlântida com "a" minúsculo viverá.

Então, o que é o Time Atlântida? Assim como a ambiguidade da própria "atlântida", a resposta depende de quem faz a pergunta. Cada membro do time provavelmente dará uma definição própria de Time Atlântida (TA). Entretanto, como fundador pragmático da organização, oferecerei a minha definição. Em termos simples, TA é um grupo de pesquisa multidisciplinar cuja missão é explorar mistérios arqueológicos com ênfase naqueles enigmas ligados a contextos submersos. Temas arqueológicos submarinos geralmente têm uma relação terrestre ou alguma ligação com um sítio ou sítios terrestres. Por conseguinte, os sítios em terra também são alvos de nossas pesquisas.

O Time Atlântida expande e se contrai dependendo da tarefa em mãos, sempre oferecendo uma variedade de perspectivas e uma mente aberta. Apesar das frequentes discordâncias entre os membros do grupo, permanecemos unidos na crença de que os paradigmas não precisam desviar um funeral por vez. O motor da máquina de pesquisa também funciona como uma empresa de produção e atrações de níveis múltiplos, proporcionando conteúdo aventuroso de alta energia tanto para a internet quanto a televisão.

Além disso, costumamos oferecer aos patrocinadores experiências submarinas espetaculares, por meio dos passeios submersíveis no México. Prepare-se – as viagens estão começando.

O uso do nome "Atlântida" é, sem dúvida, o aspecto mais controverso da operação TA. Muitos arqueólogos se perguntam como um grupo comercial de pesquisas pode se chamar "Atlântida", principalmente porque ela é tema de debate desde o nascimento da arqueologia moderna. Embora alguns entusiastas do TA de fato procurem o continente perdido de Platão, interpreto o nome de uma maneira diferente. Considero "Atlântida" uma metáfora para o potencial dos sítios arqueológicos pré-históricos submersos, alguns dos quais demonstram uma tecnologia marítima relativamente sofisticada, datando do Pleistoceno tardio (c. 10000 a.C.). Também reconheço a possibilidade de que o conto de Platão seja verdadeiro, de que a Atlântida com "A" maiúsculo exista; mas este não é o foco de minha pesquisa. Interesso-me, isto sim, por outro mistério fascinante: o povoamento do Novo Mundo.

Muitos sítios arqueológicos no Novo Mundo foram inundados quando os níveis dos mares subiram após o derretimento de geleiras e calotas polares no Pleistoceno tardio. O resultado disso é que nossa percepção

Só o que podemos dizer é que os sítios pré-históricos submersos têm o grande potencial de esclarecer algumas questões em torno do povoamento do Novo Mundo.

da adaptação cultura do fim desse período é parcial. Limitamo-nos a examinar sítios até então fixos em terra, porque os sítios costeiros no Pleistoceno tardio (com raras exceções) estão hoje debaixo da água e, portanto, são difíceis de se encontrar e serem escavados. É razoável presumir que nosso conhecimento das rotas de transporte, estilos de povoamento, adaptação marítima e estratégias de exploração marinha no Pleistoceno tardio é, na melhor das hipóteses, incompleto. Só que podemos dizer que os sítios pré-históricos submersos têm o grande potencial de esclarecer algumas questões em torno do povoamento do Novo Mundo.

Nossa inabilidade para acessar os sítios pré-históricos submersos provavelmente influenciou nossa perspectiva teórica das mudanças culturais. Por exemplo, o comércio entre as comunidades costeiras devia ocorrer ao longo de rotas marinhas próximas da costa durante o Pleistoceno tardio, quando os níveis do mar eram mais baixos. Entretanto, evidências de seus modos de transporte são quase invisíveis nos registros arqueológicos. Essa falta de evidências encoraja os arqueólogos (principalmente os terrestres) a preferir um mecanismo de mudança cultural aos outros. Ou seja, sem evidências de contato cultural, pode-se presumir que o surgimento de traços culturais semelhantes em locais distantes é o resultado da invenção independente, ao contrário de outros mecanismos para mudança cultural, atualmente mais controversos, como a difusão ou migração. Esse é apenas um exemplo de como nosso conhecimento limitados dos sítios pré-históricos submersos influenciou grandemente nossa percepção do Pleistoceno tardio.

Para compreendermos melhor por que a migração e a difusão são tão controvertidas, no início do século XXI, como mecanismos teóricos para mudança cultural, precisamos examinar seu contexto histórico. No começo e em meados do século XIX, colonizadores americanos se mudavam para o oeste na tentativa de colonizar vastas áreas de terra nas regiões das planícies americanas. Quando passaram pelas montanhas Apalaches, eles se depararam com incríveis montes e outras obras feitas de terra, além de povos nativos hostis. Embora naturalistas como William Bartram, o reverendo James Madison e o dr. James McCulloh acreditassem que esses artefatos fossem trabalho dos nativos americanos, outros indivíduos, como Benjamin Barton, o governador De Witt Clinton e Amos Stoddard propuseram contrateorias. Algumas dessas teorias fantásticas atribuíam os montes de terra aos dinamarqueses, Vikings e galeses.

Outras teorias, ainda mais absurdas, sugeriam que os artefatos foram construídos por membros de uma civilização misteriosa e perdida. Em seu livro *American Antiquities and Discoveries in the West* (1833), Josiah Priest afirmava que os vestígios eram de uma raça perdida de "Construtores de montes" civilizados, que foram exterminados com a chegada dos índios.[325] Essas teorias foram prontamente aceitas pelo público eurocêntrico e ajudaram a fomentar as visões racistas, que eram muito convenientes para os pioneiros em sua marcha ao oeste. Os índios eram vistos como selvagens sedentos de sangue, ladrões de terra e de vida. Esses sentimentos de superioridade racial justificavam a erradicação dos índios por parte dos pioneiros, bem como a apropriação de seus territórios nativos.

Mesmos pesquisadores distintos como Ephraim G. Squier e Edwin H. Davis inicialmente defendiam a teoria dos construtores de montes. Na primeira publicação do Instituto Smithsonian, recentemente descoberta, *Ancient Monuments of the Mississipi Valley* (1848), Squier e Davis propunham que os antigos construtores de montes de Ohio provavelmente se haviam mudado para o México após encontrarem os nativos americanos.[326] Em 1949, Squier fez um estudo de vários montes na região oeste de Nova York e descobriu evidências de que os Iroquois eram os responsáveis pelos montes naquela região. Essa epifania fez Squier reconsiderar suas opiniões e abandonar a teoria do construtor de montes perdido.

No decorrer do século XIX, outros pesquisadores, tais como Samuel Haven e Henry Schoolcraft, também defendiam um modelo de continuidade cultural para as obras feitas de terra. Essas conclusões se basearam em fortes evidências encontradas na forma de restos mortais e artefatos de cerâmica.[327] No entanto, foi só na década de 1890 que o etnólogo Cyrus Thomas pôs um fim à teoria dos construtores de montes. Após extensas escavações nos montes, patrocinadas pelo Bureau de Etnologia, Cushing publicou suas descobertas no Décimo Primeiro Relatório Anual. Não só Cushing encontrou evidências de continuidade cultural entre os montes e os nativos americanos, mas também sugeriu que os ancestrais de diversos grupos indígenas existentes foram responsáveis por diferentes tipos de montes. Essa afirmação radical garantiu

---

325. Bruce G. Trigger, *A History of Archaeological Thought*. New York: Cambridge University Press, 1989, p. 104-105.

326. *Ibid.*

327. Gordon R. Willey and Jeremy A. Sabloff, *A History of American Archaeology*. New York: W. H. Freeman, 1998, p. 42-46.

> **Na tentativa de explicar as semelhanças culturais entre as diversas populações, os evolucionistas defendiam a teoria da "Unidade Psíquica", contrária às teorias de difusão e migração.**

a vitória da continuidade cultural e seu triunfo sobre o racismo.[328]

Enquanto os arqueólogos discutiam a respeito das origens das estruturas do Novo Mundo, em meados do século XIX, os evolucionistas culturais como Lewis Henry Morgan e Edward B. Tylor conduziam levantamentos etnográficos de populações nativas. Na tentativa de explicar as semelhanças culturais entre as diversas populações, os evolucionistas defendiam a teoria da "Unidade Psíquica", contrária às teorias de difusão e migração.[329] Mas, no decorrer do século XIX, uma fé cada vez maior na difusão e migração como processos para mudança cultural, aliada ao ceticismo quanto à teoria da unidade psíquica, levou o etnólogo e geógrafo alemão Friedrich Ratzel a escrever livros como *Antropogeográfico* e *A História da Humanidade*. Ratzel argumentava que invenções importantes, tais como arco e flecha, provavelmente ocorreram uma única vez. Em consequência dessa noção, a difusão criou áreas de cultura, que poderiam ser interpretadas a partir dos registros arqueológicos.[330]

As teorias de Ratzel influenciaram o jovem Franz Boas, que trouxe aos Estados Unidos os conceitos de difusão e cultura etnográfica. A história da cultura na Europa e nos Estados Unidos seguiu, então, caminhos diferentes. Em suma, os europeus estavam mais interessados em variação cronológica, enquanto os arqueólogos americanos enfocavam em primeiro lugar a variação geográfica. Franz Boas apelava para a volta do particularismo histórico, uma abordagem indutiva da história da cultura.[331] Embora essa estrutura investigativa, em princípio, defendesse a difusão como modelo para explicar a semelhança cultural, ironicamente os métodos por ele empregados levaram a uma negação desses mesmos princípios. Tratava-se de um niilismo metodológico.

No período seguinte, conhecido como Classificatório-Histórico (1914-1940), Boas e seus contemporâneos, incluindo Max Uhle, Manuel Gamio, N.C. Nelson e outros, adotaram novas técnicas de

---

328. *Ibid.*, p. 47-49.

329. Paul Bohannan and Mark Glazer, eds., *High Points in Anthropology*. 2nd Ed. New York: McGraw-Hill, Inc., 1988.

330. Trigger, p. 151.

331. Wiley e Sabloff, p. 91.

> **Muitos grupos de nativos americanos e pesquisadores interpretam as teorias de difusão como uma degradação para as populações indígenas e suas capacidades inerentes, embora nada acerca das teorias de difusão e migração sugira tal coisa.**

análise, que vinham se desenvolvendo na Europa. Métodos estratigráficos, seriais e classificatórios revelavam, de maneiras novas e profundas, sequências, cronologias e uma mudança visível de cultura. Foi a revelação de mudança interna de cultura, combinada com a antiguidade cada vez maior das culturas nativas americanas, que levou Boas a rejeitar a difusão.[332] Ele sentia que a mudança cultural podia ser explicada como resultado de respostas particulares e naturais às condições ambientais. Segundo Boas, tais mudanças não ocorriam em um sistema unilinear ou evolucionário.[333] Em 1925, Boas declarou que a "difusão acabou", e realmente foi o que aconteceu.[334] As opiniões de Boas foram amplamente reconhecidas e aceitas pela comunidade científica. Ele passou a ser chamado de "Pai da Antropologia Norte-americana"; e com seu decreto, estabelecia-se um novo precedente paradigmático.

A larga aceitação por parte dos arqueólogos de continuidade cultural, somada à influente rejeição de Boas da difusão, teve um impacto cáustico sobre as teorias de contato entre culturas, difusão e migração dentro do paradigma arqueológico norte-americano. Atualmente, as teorias que sustentam tais modelos de mudança cultural costumam ser descartadas por causa da falta de evidência colaborativa e/ou da percepção de ameaça à inovação e ao desenvolvimento indígena. Muitos grupos de nativos americanos e pesquisadores interpretam as teorias de difusão como uma degradação para as populações indígenas e suas capacidades inerentes, embora nada acerca das teorias de difusão e migração sugira tal coisa. A aceitação da vasta difusão na antiga Europa, por exemplo, nunca esteve ligada a teorias de superioridade ou dominação racial. Pelo contrário, é o contexto do desenvolvimento histórico dessas teorias na América do Norte, bem como a reação a problemas políticos do passado e do presente nos Estados Unidos, que continua suprimindo uma consideração séria

---

332. Trigger, p. 187.
333. Wiley e Sabloff, p. 96-100.
334. Fred Eggan, "The History of Social/Cultural Anthropology". *Perspectives on Anthropology* 1976, American Anthropological Association, nº 10, 1977, p. 4.

das teorias de difusão e migração no Novo Mundo. Essa negação extrema e o desconforto político foram danosos, apesar da abundância de evidências contrárias.

Outro fator importante na negação geral das teorias de difusão e migração é a falta de confiança por parte da comunidade científica nas capacidades e nas tecnologias dos humanos pré-históricos. Nos últimos quarenta anos, os arqueólogos têm sustentado um modelo para o povoamento das Américas que se restringe a uma imagem preconcebida dos próprios imigrantes. Em outras palavras, por causa da pressuposição dos cientistas acerca das tecnologias do Pleistoceno tardio, uma especulação alternativa foi estupidamente descartada. O modelo vigente de povoamento do Novo Mundo afirma que cerca de 13.500 anos atrás, grandes caçadores da Ásia atravessaram a Ponte Terrestre de Bering, transpuseram o Corredor Livre de Gelo (no que é hoje o Canadá) em busca dos animais de caça e rapidamente chegaram à América do Sul (em um período de 2 mil anos). Esse modelo vê os imigrantes asiáticos como autômatos das cavernas, vestindo peles cruas, com pouco conhecimento tecnológico além da simples confecção de ferramentas líticas. Por conseguinte, essa imagem popular foi aplicada de maneira uniforme aos humanos do Pleistoceno tardio em todo o mundo, mas sem o apoio de evidências detalhadas. Essa pressuposição, no entanto, é contrária às evidências substanciais em outras partes do planeta. Por exemplo, a possibilidade de que os primeiros habitantes do Novo Mundo tinham barcos para cruzar oceanos é negada com veemência. Por outro lado, há evidências incontestáveis de que as viagens oceânicas já ocorriam em tempos muito mais remotos. Reconhece-se, de um modo geral, que os humanos pré-históricos chegaram à Austrália pelo menos 40 mil anos atrás. Não parece fantasioso sugerir que 30 mil anos depois, humanos na Ásia tivessem essas tecnologias marítimas; até recentemente, porém, essa noção foi rejeitada.

Os arqueólogos são empiricamente limitados a dados tangíveis, que por sua vez se restringem a materiais não perecíveis. Na opinião deste autor, um motivo para os arqueólogos continuarem subestimando as capacidades e tecnologias dos humanos primitivos é que muita interpretação se baseia na descoberta de vestígios líticos. Tal fato influenciou muitos arqueólogos a concluir que ferramentas de pedra lascada eram as principais ferramentas utilizadas pelas populações do Pleistoceno tardio. Contudo, apenas porque restos líticos são fáceis de se recolher do campo, isso não significa necessariamente que a pedra lascada era a tecnologia básica em uso pelos imigrantes do Pleistoceno tardio no Novo Mundo. Acredita-se, por exemplo, que a falta de vestígios pré-históricos na Ásia pode se dever ao amplo uso do bambu na Antiguidade. Bambu e outros materiais orgânicos se perdem rapidamente do registro arqueológico. Em relação a esse assunto, jangadas ou barcos marítimos construídos de caniços, bambu ou outros materiais perecíveis são difíceis de recuperar do campo; entretanto, a falta desses objetos nos registros arqueológicos não pode ser considerada indício de sua não existência. Aliás, algumas das evidências mais notáveis que corroboram a difusão pré-colombiana da Ásia para as Américas sugerem a prática de viagem marítima transoceânica ou costeira.

Desde o avanço da arqueologia norte-americana há mais de 200 anos, o estudo tem testemunhado grandes mudanças de paradigma em uma variedade de questões importantes. Muitas das questões antes dividiam a disciplina foram resolvidas e um consenso estável foi alcançado. São, porém, os problemas não resolvidos que continuam a promover diálogo e debate entre diferentes escolas de pensamento. A meta final das partes envolvidas é a unidade paradigmática, que por sua vez leva ao nascimento do dogma científico. Entretanto, a persistência dessas questões não resolvidas mantém viva a imaginação dos homens; e a tentativa de solucionar essas questões mantém o Time Atlântida ligado.

Com o passar dos anos, TA embarcou nas mais variadas aventuras a locais exóticos. Nossos esforços lançaram luz sobre a posição geodésica das pirâmides de Gizé e determinaram que as Rochas Longas da Ilha da Ilha do Gato nas Bahamas são naturais. Não encontramos nenhuma evidência de que o castelo [de Yonaguni, mar do leste da China] é um castelo, mas identificamos muito potencial nas praias arenosas da península leste do México. Todos esses anos, abordamos cada aventura com a mente aberta e aplicamos múltiplas hipóteses de trabalho. Permitimo-nos especular e reconhecer diferenças de opinião e perspectiva. Embora o consenso entre os membros do time seja raro, o desejo pela verdade

O Time Atlântida pode servir como uma fuga da banalidade do cotidiano, ou uma breve jornada ao reino da aventura de alta energia, em busca de pistas para desvendar os segredos do passado.

e a sede de aventura nos unificaram, ao longo do caminho.

O Time Atlântida é uma ideia, mas é também cada indivíduo que manifesta essa abstração. A ideia do Time Atlântida é definida pelo aventureiro virtual que monitora nossas expedições pelo *site* (*teamatlantis.com*). Para ele, talvez um estudante do Ensino Médio ou um corretor de ações, o Time Atlântida é um portal que lança alguma luz sobre o passado antigo e misterioso da humanidade, e ajuda a compreender o presente. O Time Atlântida pode servir como uma fuga da banalidade do cotidiano, ou uma breve jornada ao reino da aventura de alta energia, em busca de pistas para desvendar os segredos do passado. De qualquer forma, a organização TA tem algo para oferecer a todos. Então, de volta à pergunta: o que é o Time Atlântida? A resposta depende de você; e sua imaginação é o limite para defini-la.

Shovel Bum: Uma Vida Arqueológica

Troy Lovata

"*Shovel Bum*" é uma gíria que se refere aos arqueólogos de campo que realizam as tarefas de pôr a mão na massa, ou melhor, na ferramenta e na terra.* Shovel Bum é o nome de uma fanzine, escrita e ilustrada por alguns desses trabalhadores de areia e terra desde 1997, a respeito de sua vida. Os *Shovel Bums* são a variedade mais numerosa de arqueólogos; e o ponto de vista deles raramente é encontrado em textos acadêmicos.

A *Shovel Bum*[335] conta duas histórias. Uma é a respeito de como é mexer na terra, desenterrar artefatos, contemplar o passado e pagar o aluguel. É a história de indivíduos raramente mencionados por nome, mas que – como observou a dra. Patty Jo Watson – formam "um proletariado arqueológico, que realiza a maior parte do trabalho de campo e laboratório neste país".[336] As histórias deles são realmente intrigantes, importantes e subestimadas. *Shovel Bum* não só expõe o ponto de vista dessas pessoas, mas traz crônicas de como a arqueologia é praticada, de verdade. Apresenta o processo por trás das ousadas afirmações acerca do passado e também por trás dos espetaculares artefatos. A própria existência da *Shovel Bum* ajuda a explicar o estado da disciplina. Compreender do que trata essa fanzine é saber quem é quem, como as decisões são tomadas e quem as toma.

---

* N.T.: Em português, seria algo como "o itinerante da pá".

335. A revista em quadrinhos com este título. – Ed.

336. P. J. Watson, "A Parochial Primer: The New Dissonance as Seen From the Midcontinental United States". *In Processual and Postprocessual Archaeologies: Multiple Ways of Knowing the Past*, Robert W. Preucel, ed. Center for Archaeological Investigations, Southern Illinois University at Carbondale, 1991, p. 273.

Capa da *Shovel Bum*.

A *Shovel Bum* começou quando o arqueólogo de campo Trent "T-Bone" de Boer se sentou durante uma pesquisa de recursos culturais nos confins do Arkansas e desenhou uma tira em quadrinhos em seu caderno de campo, retratando suas rotinas diárias. Ele levou em conta como sua escolha de trabalho afetava suas ações: com quem falava, como se vestia, o que comia e onde dormia. Trent contemplou os limites do que as tradições disciplinares lhe permitiam discutir em situações específicas, como, por exemplo, o que pode ou não pode ser escrito em um relatório arqueológico. Fez cópias dos resultados e começou a entregá-las aos amigos, arqueólogos e leigos. Assim como a maioria dos arqueólogos, Trent ouvia perguntas a respeito da prática da arqueologia e esperava que seus desenhos ajudassem a explicar sua carreira.

Aos poucos, as pessoas notaram seu trabalho, começaram a trocar cópias com um grupo ainda maior de conhecidos e mencionar seu trabalho com seriedade em aulas do Ensino Médio. Outros arqueólogos perceberam que Boer apresentava uma narrativa que refletia a vida deles; algo quase nunca registrado, porém frequentemente mencionado nos bastidores e em conversas com amigos bebendo juntos. Esses arqueólogos começaram a comparar suas experiências. Alguns sentiram a necessidade de responder da mesma maneira; começaram a chegar, então, desenhos e textos. A cada nova edição, algo mais era discutido, outras pessoas se envolviam e mais histórias eram contadas. Os arqueólogos começaram a interagir, não porque trabalhassem na mesma região ou estudassem sob os mesmos mentores, examinassem artefatos semelhantes ou fizessem as mesmas perguntas a respeito do passado. Não; na verdade, estavam formando relacionamentos fora da rota típica das redes profissionais, porque o próprio ato de praticar arqueologia moldara-lhes a vida. Fazer arqueologia como profissão muda não só a perspectiva de uma pessoa quanto ao passado, mas também seu estilo de vida.

As zines e a visão daquele que segura o cabo da pá

Shovel Bum é uma zine. É importante compreender o que significa essa abreviação, pois ela explica por que existe uma publicação humorística, descontraída e ilustrada à mão, que trata de arqueologia. "Zine" deriva de fanzine, que já é uma contração das palavras inglesas "fan + magazine", isto é, *revista de fã*.[337] As fanzines eram publicações amadoras – ao contrário das revistas profissionais com contribuições remuneradas – produzidas originalmente por fãs de ficção científica nos anos dourados das revistas "pulp" de 1930 e 1940.[338]

As fanzines eram um meio pelo qual os fãs podiam compartilhar suas histórias, oferecer comentários críticos, discutir as nuanças e regras da ficção científica e formar uma comunidade de mentes parecidas. Nos anos 1970, na onda do movimento de imprensa *underground*, as fanzines cresceram e começaram a incluir gêneros musicais e de cinema, como os filmes de horror violentos e o punk rock. Era uma resposta direta à falta de representação suficiente na imprensa convencional para tais gêneros.[339] Depois, em algum momento nos anos do governo Reagan, muitas pessoas encontraram um modo de se fazer ouvir que tinha menos a ver com propaganda de fãs e mais com a autossuficiência e alternativas ao consumo passivo da mídia de massa.[340] Quando essa onda se misturou com o advento dos computadores baratos, as publicações em *desktop* e as copiadoras de fácil acesso, as zines cresceram e se firmaram nas próprias pernas.[341]

As zines são um meio de registrar perspectivas pessoais fora dos limites do mercado e do lucro, diferente das revistas produzidas com a intenção de preencher um nicho de *marketing* ou vender espaço publi-

A voz de um trabalhador da arqueologia, veiculada por meio de uma zine, esclarece o modo como a disciplina funciona.

---

337. Mike Gunderloy e Janice C. Goldberg, *The World of Zines: A Guide to the Independent Magazine Revolution*. New York: Penguin Books, 1992, p. 2.

338. F. A. Wright, *From Zines to Ezines: Electronic Publishing and the Literary Underground*. Dissertação doutoral no Departamento de Inglês. Ohio: Kent State University, 1991, p. 41.

339. Phil Stoneman, *Fanzines: Their Production, Culture and Future*. Master's Thesis in Publishing Studies, University of Stirling, Scotland, 1991, p. 24.

340. Stephen Duncombe, *Notes From Underground: Zines and the Politics of Alternative Culture*. London: Verso, 1997, p. 40.

341. Chris Dodge, "Zines and Libraries: Pushing the Boundaries". *Wilson Library Bulletin*, 1995. 69(9): 26-30, p. 27.

citário.³⁴² As perspectivas em uma zine variam de um cenário político a um cultural, às crônicas diárias de atividades banais do cotidiano. Geralmente eles começam com o trabalho de um indivíduo com interesses pessoais e histórias para contar.³⁴³ No entanto, elas são significativas porque quando duram para além de umas duas edições, formam-se comunidades. A essa altura, fora o criador ou o editor, outras pessoas se tornam colaboradores. Não são ideias, mas objetos físicos também são compartilhados. O professor presso. Geralmente, enviam algum trabalho ou até publicam sua própria zine.³⁴⁵ Entre as respostas construtivas, incluem-se as típicas cartas para o editor. Mas as respostas podem se estender bem mais e criar elos mais fortes entre as pessoas, quando a resposta suficientemente criativa a ponto de incluir desenhos à mão ou uma narrativa pessoal reveladora; isso inclui escavar o ruim e o bom dentro de si.³⁴⁶ As zines são efêmeras e raramente cumprem uma programação rígida com datas para publicação. Entretanto, o ciclo de leitura e res-

---

Os *shovel bums* escolhem arqueologia como carreira. No entanto, é bem verdade que a maior parte do que fazem os arqueólogos é muito diferente do que aprendem na escola ou do que poderiam imitar dos gigantes passados e presentes da disciplina.

Stephen Duncombe observa que "a forma da zine é algo entre uma carta pessoal e uma revista".³⁴⁴

Escrever cartas é uma metáfora apropriada para a comunidade que uma zine consegue construir, pois as pessoas interagem e os relacionamentos são formados por meio de produção criativa. Após ler uma zine, muitas pessoas respondem fazendo um trabalho próprio. Não se limitam a discutir o que viram impresso é poderoso a ponto de formar verdadeiros vínculos comunitários.

Shovel Bum é um fanzine de trabalho; e trabalho não é uma empreitada solitária. Há uma tradição no gênero das zines de contemplar e escrever a respeito do trabalho. O modo como uma pessoa é capaz de falar de seu trabalho mostra muito de como a área funciona. O trabalho é algo que ocupa muito tempo da vida das pessoas, tempo demais para escapar ao olho introspectivo

---

342. *Ibid.*, p. 26.
343. Duncombe, p. 9-10.
344. *Ibid.*, p. 10.

345. Stoneman, p. 34.
346. Wright, p. 48.

de uma zine.³⁴⁷ A voz de um trabalhador da arqueologia, veiculada por meio de uma zine, esclarece o modo como a disciplina funciona.

Duncombe comenta que muitas zines abordam o trabalho sob a perspectiva de que "a maioria das pessoas trabalha para outros, produzindo ou servindo algo do qual pouco podem opinar, e fazendo tudo de uma maneira que traz pouca satisfação".³⁴⁸ Arqueologia, como profissão, é variada o suficiente para se encaixar nessa situação e, ao mesmo tempo, às vezes não corresponder à função de "proletariado arqueológico".³⁴⁹ Os *shovel bums* escolhem arqueologia como carreira. No entanto, é bem verdade que a maior parte do que fazem os arqueólogos é muito diferente do que aprendem na escola ou do que poderiam imitar dos gigantes passados e presentes da disciplina. Isso não significa que um caminho da carreira é absolutamente preferível, mas apenas que existem diferenças claras entre o acadêmico como estudioso, o acadêmico como estudante, o trabalhador de campo como administrador e o trabalhador de campo como técnico.³⁵⁰ O que a *Shovel Bum* faz é negociar essas diferenças.

---

347. Duncombe, p. 73-74.

348. *Ibid.*, p. 74.

349. *Ibid.*

350. S. A. Russell, *When the Land Was Young: Reflections on American Archaeology*. Lincoln: University of Nebraska Press, 1996, p. 130-131.

A capacidade de trabalhar não apenas para pagar contas, mas, sim, interagir com algo tão estimulante quanto o passado, atrai muita gente. A arqueologia pode ser uma profissão extremamente satisfatória. No entanto, os *shovel bums* são os estudantes e técnicos que geram dados primários e escrevem relatórios de campo, mas nem sempre decidem quais dados merecem exame nem levam o primeiro, segundo ou até terceiro crédito por autoria. Além disso, arqueólogos de todos os níveis geralmente são os últimos a decidir onde será seu trabalho físico. De fato, eles trabalham para outra pessoa; pode ser uma instituição educacional com administradores e regentes, uma firma contratante com seus contadores

A primeira página da primeira edição de *Shovel Bum*. Trent de Boer fez o desenho originalmente em seu caderno de campo, para explicar aos amigos e à família o que significa de fato a arqueologia.

e motivação por lucro, ou qualquer uma dentre uma miríade de posições com seus limites específicos. O que é publicado em *Shovel Bum* não aparece em grande parte do discurso arqueológico profissional. *Shovel Bum* reconhece que outra pessoa controla o dinheiro, que os arqueólogos são empregados e a vida das pessoas é afetada não só pela escolha de fazer arqueologia, mas pelas realidades da disciplina.

O dr. Ian Hodder observou, uma década atrás, que o texto arqueológico moderno deixa de fora descrições significativas do que aconteceu

mente por meio da palavra escrita.[353] Hodder, porém, concluiu que o discurso profissional é hoje um meio de comunicação muito formalizado, no qual:

> A escrita se torna cada vez distante, objetiva, impessoal e universal. Ficamos cegos para o fato de que estamos escrevendo. Parece que os dados autoevidentes são descritos em termos neutros. A descrição não tem data, é atemporal e transcende a história.[354]

Há razões legítimas para o desenvolvimento desse formato, como por

As estruturas formalizadas da arqueologia de comunicação tendem a negligenciar a natureza coletiva da pesquisa e o fato de que vários indivíduos contribuíram para a coletânea, interpretação e publicação de qualquer história acerca do passado.

no processo de desvendar o passado.[351] Seu exame dos últimos 200 anos de textos arqueológicos mostram uma tendência de distanciar a "ênfase no 'eu', o ator, o diálogo, a sequência narrativa e interpretação se vinculam ao contexto contingente da descoberta..."[352] Os arqueólogos modernos se comunicam entre si e compreendem o passado basica-

exemplo, a padronização ou codificação de dados para uso de outras pessoas.[355] Mas isso não explica tudo o que mudou. Dr. Hodder[356] e dr.

---

351. Ian Hodder, *Theory and Practice in Archaeology*. London: Routledge, 1995, p. 264-265.

352. *Ibid.*, p. 268.

353. Nicole Boivin, "Insidious or Just Boring? An Examination of Academic Writing in *Archaeology*". *Archaeological Review From Cambridge*, 1997. 14(2): 105-125, p. 105.

354. Hodder, p. 269.

355. Chris Stevens, "Is Academic Archaeological Writing Boring? Maybe. Uninteresting? Never". *Archaeological Review From Cambridge*, 1997. 14(2): 127-140, p. 130-132.

356. Hodder, p. 264-265.

Jeremy Sabloff[357] mostram que não foi apenas a aplicação rigorosa de disciplina científica que formalizou a escrita. A comunicação profissional dentro da arqueologia é mais distante do que antes. As estruturas formalizadas da arqueologia de comunicação tendem a negligenciar a natureza coletiva da pesquisa e o fato de que vários indivíduos contribuíram para a coletânea, interpretação e publicação de qualquer história acerca do passado.[358] Entretanto, um aspecto em que a escrita profissional moderna não difere de seu passado é que autoria é citada e o crédito atribuído primariamente ao indivíduos em comando. Relatos narrativos são descrições em primeira pessoa atribuídas ao diretor e não aos indivíduos que realmente remexeram a poeira. Os exemplos de textos profissionais que Hodder examinou do passado distante da arqueologia fazem um uso subjetivo do tempo, das datas e das circunstâncias.[359] Os trabalhadores que puseram as mãos na pá são figuras sem nome, às vezes nem sequer citados como indivíduos. Eles não têm a oportunidade de descrever qual foi a sensação de desenterrar evidências e que escolhas fizeram em sua labuta, muito menos discutir o que significa receber a ordem de cavar.

Shovel Bum vê a arqueologia como trabalho, diferente do que era até então e do que é considerado o padrão atual da disciplina. O dr. Hodder explica que a escrita inicial da arqueologia tinha a forma de correspondência, cartas repletas da subjetividade dos relatos em primeira pessoa.[360] Essa é uma comparação interessante com a observação de Duncombe de que zines como a *Shovel Bum* são parecidas com cartas pessoais.[361] Jeremy Bushnell comenta que "proporcionar um 'contexto humano' é uma das coisas que as zines fazem melhor; e a *Shovel Bum* não é exceção".[362] Mas *Shovel Bum* é distinta também porque não se limita a dar um contexto que facilite a compreensão dos artefatos ou da história do passado. Ela apresenta narrativas de uma classe diferente de arqueólogos. É uma consideração do contexto da descoberta em si. Na verdade, sua visão da arqueologia como profissão, e de que a prática desse trabalho molda todo o estilo de vida da pessoa, distingue a *Shovel Bum* de outras formas de expressão disciplinar. Já houve outras tentativas de expressão sobre o modo como

---

357. Jeremy Sabloff, "Distinguished Lecture in Archaeology: Communication and the Future of American Archaeology". *American Anthropologist*, 1999. 100(4): 869-875, p. 871.

358. Hodder, p. 269.

359. *Ibid.*, p. 263, 267.

360. *Ibid.*, p. 265.

361. Duncombe, p. 10.

362. J. P. Bushnell, *Shovel Bum* #3. Invisible City Productions, Zine Reviews, February 2000. www.invisiblecity.com/zines/reviews200.htm#shove3

William Lipe observa que "os benefícios da pesquisa arqueológica não costumam estar diretamente acessíveis ao público porque o trabalho é altamente técnico; e os resultados das pesquisas são publicados em livros e artigos cujo público-alvo são os arqueólogos".

a arqueologia funciona ou como afeta aqueles que a praticam. Outros textos tentaram transmitir um retrato do que acontece. São artigos do tipo "estado do campo", como o do dr. Stephen Black, escrito em 1995, analisando a arqueologia no Texas.[363] *Shovel Bum* existe, em parte, porque alguns arqueólogos encontraram um meio de interagir, com base no que significa seguir essa profissão.

A NARRATIVA IMPORTANTE

Podemos ver por que *Shovel Bum* existe e por que é importante existir. Obras como a *Shovel Bum*, que apresentam uma narrativa de descoberta e emprego, são necessárias para satisfazer as responsabilidades da disciplina para consigo mesma e com o público que ela serve. Os assuntos por ela explorados são, de um modo geral, relatos do cotidiano e do banal aparente, em contraste com a sedução de artefatos reluzentes, o caráter exótico de povos que se comportavam de modo diferente do nosso, ou dos mistérios que provocaram mudança em culturas inteiras. A crônica dos eventos diários é crucial para a disciplina, pois tenta explicar a si própria para um público maior. Os relatórios diários são vitais para a precisão e autoridade que é proporcionada pela disciplina. Alguns profissionais duvidam do autointeresse da arqueologia em se comunicar bem com o público. O professor Simon James[364] e o dr. Jeremy Sabloff[365] são dois dentre os muitos arqueólogos que afirmam que a preservação dos sítios e artefatos, a oportunidade de apresentar as descobertas e a base econômica da arqueologia exigem uma habilidade para influenciar de modo positivo um público vasto. Sem alcance eficaz do público, as verbas secam e a pesquisa acaba parando.[366] Mas há mais que

---

363. S. L. Black, "(Texas) Archaeology 1995". *Bulletin of the Texas Archeological Society*, 1995. 66: 17-45.

364. S. James, "'But Seriously Though, Folks' Humor, Archeology and Communication: The View From the Trenches", *Archaeological Review From Cambridge*, 1997. 11(2): 299-309, p. 306.

365. Sabloff, p. 873.

366. Peter Young, "The Archaeologist as Storyteller", in *Public Benefits of Archeology*. Barbara Little, ed. Gainesville: University Press of Florida, 2002, p. 240.

um autointeresse na comunicação pública – há uma responsabilidade de participar de uma arqueologia pública porque tanto o *Shovel Bum* quanto o diretor do projeto servem àqueles que se encontram fora de sua área. Os arqueólogos Poirier e Feder estão certos ao afirmar que é imperativo para os profissionais cultivar "uma arqueologia aberta e acessível ao público, não apenas subvencionada por ele".[367] O passado é um recurso guardado pelos profissional à custa de verba pública; e esse credo é protegido em códigos profissionais de conduta.[368]

Os arqueólogos estudam a vida de pessoas reais. Portanto, raramente se deparam com um público desinteressado, pois todos têm uma ligação direta, tanto legal[369] quanto emocional,[370] com alguma parte do passado. As pesquisas de opinião pública confirmam, repetidas vezes, o alto nível de interesse não só pelo passado, mas pela arqueologia como disciplina que explica o passado.[371] O arqueólogo Stephen Williams não se superestima quando declara que "temos, de um modo geral, um bom produto para vender. A arqueologia é uma matéria fascinante e vista como tal por milhões de pessoas".[372]

Entretanto, nem o sentimento nobre de um recurso preservado com verba pública nem o autointeresse em continuar fazendo esse trabalho interessantíssimo significa que as tentativas de uma arqueologia pública dão certo. William Lipe observa que "os benefícios da pesquisa arqueológica não costumam estar diretamente acessíveis ao público porque o trabalho é altamente técnico; e os resultados das pesquisas são publicados em livros e artigos cujo público-alvo são os arqueólogos".[373] O arqueólogo do governo, Frances McManamon, nos lembra que "a deficiência do jargão arqueológico e do material profissional densamente

---

367. D. A. Poirier and K. L. Feder, "Sharing the Past With the Present". *CRM*, 1995. 18(3): 3-4, p. 4.

368. K. W. Kintigh, "SAA Principles of Archaeological Ethics". *SAA Bulletin*, 1996. 14(3): 5, p. 17.

369. Carol Carnett, *Legal Background of Archaeological Resources Protection*. Technical Brief Nº 11, U.S. Department of the Interior, National Park Service, Washington, D.C. 1991, p. 11.

370. Barbara Bender, *Stonehenge: Making Space*. Oxford: Berg, 1998, p. 64.

371. Kenneth Feder, "Cult Archaeology and Creationism: A Coordinated Research Project". In *Cult Archaeology and Creationism*. F. B. Harrold and R. A. Eve, eds., Iowa City: University of Iowa Press, 1995; T. R. Lovata and A. V. Benitez, "Does Anyone Really Know What You're Up To?: An Archaeological Survey". Apresentação no 64th Annual Meeting of the Society for American Archaeology, Chicago, 19 de março de 1999; David Pokotyol and Neil Guppy, "Public Opinion and Archaeological Heritage: Views From Outside the Profession". *American Antiquity*, 1999. 64(3): 400-416.

372. Steven Williams, "Fantastic Archaeology: What Should We Do About It?". In *Cult Archaeology and Creationism*, F. B. Harrold and R. A. Eve, eds. Iowa City: University of Iowa Press, 1987, p. 131.

373. William D. Lipe, "Public Benefits of Archaeological Research". In *Public Benefits of Archeology*. Barbara Little, ed., Gainesville: University Press of Florida, 2002, p. 20.

escrito dificulta o contato com qualquer um".³⁷⁴ Além disso, os códigos profissionais de conduta consideram necessário apenas que os arqueólogos apresentem suas descobertas ao público.³⁷⁵ Nem esses códigos nem um grande número de arqueólogos reconhecem a necessidade de relatar amplamente não apenas o que descobriram, mas também o processo da descoberta. Pesquisadores como William Lipe comentam que "o caráter dinâmico da pesquisa arqueológica tem o potencial de ajudar a arqueologia a parecer mais interessante para o público".³⁷⁶ Uma simples explicação de como a arqueologia opera impulsiona boa parte do relacionamento entre profissional e público. As pesquisas de opinião citadas acima mentem. Os arqueólogos são populares porque as pessoas querem saber algo não só acerca do passado, mas também de como eles descobriram.³⁷⁷ Porém, sem uma narrativa daquilo que o arqueólogo faz, ocorre uma falha de conexão. A arqueóloga Nicole Boivins declara que:

Arqueologia *é* uma matéria interessante... Como é que relatos secos e murchos poderiam brotar de uma árvore tão majestosa e exótica? Como indivíduos que visitam locais exóticos, que testemunham ao vivo as extravagâncias da beleza e do horror que tipificam a espécie humana, que buscam mistérios e desenterram o que está perdido desde sempre, que operam no ponto de intersecção de uma miríade de diversas disciplinas... como é que eles conseguem produzir como resultado final e conclusão resumos tão dissecados e anêmicos? Sem dúvida, o pecado da insipidez é multiplicado por 100, quando cometido pelo arqueólogo.³⁷⁸

Peter Young, editor da revista popular *Archaeology*, expressa um sentimento parecido quando sugere que os arqueólogos precisam melhores contadores de histórias. Ele lamenta o fato de que muitos manuscritos chegam ao seu escritório "secos como ossos e sem sangue".³⁷⁹ O conselho de Peter Young para os escritores é "manter o profissionalismo sem egocentrismo", porque "os leitores estão interessados em você e na história a ser contada; devem ser guiados por ela através de seu material..."³⁸⁰ A eles deve ser oferecida uma narrativa.

---

374. Francis P. McManamon, "Why Consult?" *Common Ground*, Summer/Fall 1992, p. 2.

375. Kintigh, p. 17.

376. Lipe, p. 24.

377. William H. Stiebing, Jr., "The Nature and Dangers of Cult Archaeology". In *Cult Archaeology and Creationism*, F. B. Harrold and R. A. Eve, editors. Iowa City: University of Iowa Press, 1997, p. 9.

378. Boivin, p. 110

379. Young, p. 240.

380. *Ibid.*, p. 242.

As pessoas usam imagens como uma pilha de memes com os quais podem abordar situações novas e compará-las com o que já conhecem. Os arqueólogos não são diferentes. Eles julgam a validade das afirmações acerca do passado com base nas imagens produzidas.

Contar uma boa história e dar descrições interessantes do trabalho em progresso são passos importantíssimos na comunicação com o público. A *Shovel Bum* é importante porque gera comentários positivos pela forma como ela conta histórias.[381] Mas o arqueólogo Chris Steven, em resposta à lamentação de Nicole Boivins quanto aos pecados da escrita enfadonha, faz uma afirmação válida quando diz que há um limite para as histórias excitantes.[382] Se o despertar do interesse público fosse uma meta em si, *Shovel Bum* não teria o tamanho suficiente para ser importante. Sem a discussão de como a arqueologia é feita – incluindo as tribulações mundanas, as queixas contra o sistema, os ciclos alternantes de tédio e deslumbramento no processo da descoberta e o mal-estar com os colegas – a disciplina põe em risco sua habilidade para falar com autoridade a respeito do passado. Sem uma apresentação bem-sucedida dos meios e métodos, a arqueologia arriscar perder espaço para os criacionistas, pseudocientistas e teóricos da Nova Era, entre outros. Essas são ameaças reais à capacidade da arqueologia de não apenas prosperar, mas cumprir suas responsabilidades para com o passado.[383] William Lipe observa que a maior parte da incapacidade da arqueologia de contradizer afirmações fantásticas e falsas tem a ver com uma deficiência em mostrar ao público como o passado é construído.[384] Isso inclui os desacordos, bem como as mudanças que tanto a disciplina quanto os indivíduos sofrem. William Stiebing Jr. observa que:

> Antropólogos, arqueólogos e historiadores devem aprender com a controvérsia em torno da evolução e do criacionismo, pois o leigo também não entende a metodologia das ciências sociais. O público leigo pensa no passado em termos de "fatos". Cavando do solo e vasculhando documentos velhos, os estudiosos descobrem esses "fatos". Mas poucas pessoas compreendem

---

381. Bushnell.
382. Stevens, p. 130, 137.
383. Sabloff, p. 869, 873.
384. Lipe, p. 24, 26.

os detalhes de como funciona esse processo... Se passássemos um pouco mais de tempo tornando nossa metodologia compreensível, talvez o público reconhecesse os problemas que caracterizam a arqueologia "*cult*" sem ajuda profissional.[385]

Palavras podem ser engraçadas, imagens podem ser importantes

As páginas de *Shovel Bum* são repletas de discussões especiais a respeito do que significa fazer arqueologia. Isso é o que a torna importante. Mas não só o que se discute que importa – é como a discussão é apresentada. *Shovel Bum* usa muitas imagens junto com suas palavras – imagens engraçadas. Ela é cômica, ilustrada, irreverente e muito bem-humorada: odes em haiku às hospedarias caindo aos pedaços em que se hospedam os arqueólogos, uma viagem fria em um caminhão de lixo até o acampamento, uma especulação de como seriam escavadores-robôs, preenchimento de Mad Libs para veículos com defeito. Desenhos de qualidade com atributos visuais suficientes para identificar as pessoas verdadeiras. Quadrinhos isolados com acidentes nos quartos das hospedarias. Uma fota da capa da *Shovel Bum* na entrada de serviço do Museu Americano de História Natural. Essas imagens de qualidades permitem aos leitores da *Shovel Bum* participar do ciclo criativo de respostas subjacente a uma comunidade de fanzine.

Arqueólogos são seres visuais. Desenham esboços em suas notas de campo que são, ao mesmo tempo, necessários (pense nos perfis de solo) e desnecessários (considere as caricaturas do cabelo *hippie* e do bigode espesso do chefe). Os arqueólogos se extasiam com a forma física dos artefatos, bem como da aparência deles como símbolos poderosos do passado.[386] As pessoas usam imagens como uma pilha de memes com os quais podem abordar situações novas e compará-las com o que já conhecem. Os arqueólogos não são diferentes. Eles julgam a validade das afirmações acerca do passado com base nas imagens produzidas.[387] A dra. Stephanie Moser[388] e o dr. Simon James[389] são dois

---

385. Stiebing, p. 8-9.

386. M. Warburton e P. J. Duke, "Projectile Points as Cultural Symbols". In *Beyond Subsistence: Plains Archaeology and the Post-Processual Critique*. P. G. Duke, ed. Tuscaloosa: University of Alabama Press, 1995, p. 211-213.

387. Stephen Greenblatt, *Marvelous Possessions: The Wonder of the New World*. Chicago: University of Chicago Press, 1992, p. 6-7.

388. Stephanie Moser, *Ancestral Images*. Ithaca: Cornell University Press, 1998, p. 18.

389. Simon James, "Drawing Inferences: Visual Reconstructions in Theory and Practice". In *The Cultural Life of Images*. B. L. Molyneaux, ed. London: Routledge, 1997, p. 34.

destes, que documentaram uma tendência de discutir o passado com o subtexto sutil de imagens que moldam a opinião das pessoas a respeito do que é certo ou errado. O editor Mitch Allen observa que, mesmo quando os arqueólogos não possuem desenhos úteis ou imagens explanatórias, ainda assim enviam pilhas de fotografias junto com cada manuscrito.[390]

Entretanto, apesar de toda a atratividade das imagens, o ambiente acadêmico da arqueologia ignora ou tem preconceitos contra a comunicação visual. As mesmas pessoas que documentam o poder das imagens comentam repetidamente que tal poder é descontado e ignorado.[391] O arqueólogo Brian Molyneaux comenta que, na ânsia por descrever o passado no jargão elitista com vocabulário objetivo e específico, os profissionais têm a propensão de considerar as imagens parte do mundo das crianças e dos incultos.[392] Algumas pessoas, porém, gostam de ver. Alguns podem notar que tais imagens capturam algo muito humano e frágil acerca da disciplina. Mas, embora a habilidade para criar essas imagens

Uma página de Trent de Boer do tema "Shovel Bum Joins the Army" (Shovel Bum no Exército), que trata dos entraves da arqueologia nas grandes extensões de terra que são propriedade do Departamento de Defesa e do governo federal. Não só essas propriedades englobam muitos sítios arqueológicos importantes, mas estão infestadas de inúmeras bombas que não explodiram, cartuchos e munição.

exija preparos cautelosos e a compreensão das questões profissionais, muitos ainda não percebem o quão necessárias elas são.

Revistas em quadrinhos são poderosas. Sua capacidade de ampliar simplificando, destilar a essência de um tema e justapor conceitos importantes é inigualável.[393] O arqueólogo Bill Sillar mostrou como é incrivelmente eficaz a justaposição de uma tira cômica a respeito da pré-

---

390. Mitch Allen, "Field Guide to Archaeological Publishing". *The SAA Archaeological Record*, 2003. 3(1): 5-6, p. 6.

391. R. Bradley, "To See is to Have Seen". In Molyneaux, p. 62.

392. Molyneaux, p. 6-7.

393. T. R. Lovata, *An Exploration of Archaeological Representation: People and the Domestic Dog on the Great Plains of North America*. Dissertação doutoral no Departamento de Antropologia, University of Texas, Austin, 2000, p. 7-8.

-história, em contraste com excesso de páginas escritas de texto crítico, na hora de expor um raciocínio errôneo.[394] Muitas das tiras "Far Side" de Gary Larson foram coladas na porta do escritório de muitos arqueólogos por causa de sua eficácia para captar os instintos mais básicos.

Claro que nem todo tipo de imagem exibe tamanha potência. São as imagens engraçadas ou satíricas que nos agitam. Os arqueólogos Philip Rahtz e Ian Burrows declararam que "a arqueologia é uma disciplina importante demais para não se brincar com ela".[395] Eles compreendem que não há nada como uma história em quadrinhos divertida e satírica para alcançar um público iniciante, tornar palatável uma questão séria, criticar pessoas ou instituições do passado, ou expor uma teoria intolerante. Bill Sillar explica que "o humor é uma arma retórica, contra a qual não há uma defesa fácil", porque ele abre seus olhos para novos pontos de vista, "pedindo que você olhe para o familiar sob um ângulo diferente, convidando-o a rir do que poderia passar ignorado".[396] A autoparódia e a sátira são tão importantes quanto as narrativas claras para descrever os processos de elitismo ambivalente e o aviltamento do sistema como algo dogmático, o que abre espaço para a proliferação de arqueologia "cult" e de teorias da Nova Era e explicações pseudocientíficas.[397] Quando rimos de nós mesmos, somos mais humanos e alcançáveis. Quando riem de si próprios, os arqueólogos mostram como as noções ridículas vêm de acadêmicos com a mente fechada, de saqueadores coloniais, de escavadores de minas em busca de tesouro, ou sovinas culturais que cobiçam e escondem a verdade. Ditadores de todas as estirpes são incapazes de rir de si mesmos.

Os jovens

No fim, boa parte do que a *Shovel Bum* faz tem a ver com os jovens. Seus autores podem discutir o modo como a arqueologia funciona e lançar um olhar crítico sobre que eles fazem, porque são novos no campo e ainda comparam o trabalho com o que realizavam antes. Até há pouco tempo, eram – ou ainda são – estudantes e, portanto, estão acostumados a perguntar "por quê?". Os *Shovel Bums* são abertos para construir uma rede de contatos, porque sabem como é

---

394. B. Sillar, "Digging for a Laugh: Archaeology and Humor". *Archaeological Review From Cambridge*, 1992. 11(2):203-211, p. 209-210.

395. P. Rahtz e I. Burrows, "Archaeology is Too Important a Subject Not to be Joked About", *Archaeological Review From Cambridge*, 1992. 11(2):373-387, p. 373.

396. Sillar, p. 205-206.

397. Stiebing, p. 4-6.

> **Eles sabem o que significa a dominação da ortodoxia e respeitam a habilidade para contar uma história individual em um formato íntimo. Sendo jovens, sabem o que uma zine é capaz de oferecer. É por isso que Nicole Boivins sente que aqueles que se encontram na extremidade mais baixa do totem (estudantes universitários, jovens pesquisadores e outros), "que têm o menor interesse em manter o *status quo*", são os mais aptos a tornar a arqueologia e o texto arqueológico interessantes.**

o sentimento de ser excluídos das tomadas de decisões e dos meios de produção. Eles sabem o que significa a dominação da ortodoxia e respeitam a habilidade para contar uma história individual em um formato íntimo. Sendo jovens, sabem o que uma zine é capaz de oferecer. É por isso que Nicole Boivins sente que aqueles que se encontram na extremidade mais baixa do totem (estudantes universitários, jovens pesquisadores e outros), "que têm o menor interesse em manter o *status quo*", são os mais aptos a tornar a arqueologia e o texto arqueológico interessantes.[398] Ela observa que embora ninguém espere que os catedráticos defendam mudanças – bem que poderiam oferecer formulações interessantes e críticas radicais porque estão mais bem estabelecidos que as pessoas sob supervisão e em mudança de um emprego para outro –, o sistema é fechado demais para os anciões agirem. A antropóloga Julie Chu produziu um retrato particularmente vívido do uso que os jovens fazem das zines para conseguirem um lugar na mídia. Ela explica que "a mídia, como ambiente para os jovens, parece muito diferente e mais rica quando as próprias percepções do editor das zines são o foco principal".[399] O trabalho dela mostra que as zines podem dar relevância às coisas e fazer as coisas acontecerem para uma geração jovem.[400] Julie Chu, perceptiva como é, não pergunta como as pessoas são capazes de ditar para a geração seguinte, mas, "como *nós*, pode *nos* envolver nos projetos dos jovens que estão iniciando".[401]

---

398. Boivin, p. 15.

399. Julie Chu, "Navigating the Media Environment: How Youth Claim a Place Through Zines", *Social Justice*, 1997. 24(3): 71-85, p. 83

400. *Ibid.*, p. 77-78.

401. *Ibid.*, p. 82-83.

Entretanto, rotular a *Shovel Bum*, ou qualquer outra zine, como apenas um produto da juventude é muito pobre. Ouvi pessoas dizerem que a *Shovel Bum* é uma piada de estudantes. Ouvi insinuações de que quadrinhos e humor não são atributos de profissionais. Esse tipo de crítica é cega e preconceituosa. É o tipo de banalização de qualquer escrita não necessariamente árida e fria que o dr. Jeremy Sabloff chama de sufocante para a arqueologia.[402]

Sabloff já foi editor de um periódico tradicional, profissional, e serviu em muitos comitês; e comenta que muitos desses mecanismos acadêmicos estabelecidos descartam caminhos alternativos de comunicação que às vezes conquistam um público grande.[403] É verdade que Trent "TBone" de Boer, bem como muitos outros colaboradores, ainda era estudante quando *Shovel Bum* começou. Mas foi há quase oito anos. Hoje, Trent é um arqueólogo supervisor a serviço para o Estado de Washington, com Mestrado e anos de experiência em uma área na qual poucos duram além da segunda temporada. Outros colaboradores têm doutorado e são professores em uma universidade de renome. Cito esses fatos não para gabar das conquistas, mas, sim, ressaltar que as contribuições para *Shovel Bum* ainda chegam, embora todos esses autores poderiam ter facilmente passado para o texto acadêmico, mais conhecido. Para eles, a zine ainda vale a pena.

O professor Stephen Duncombre explica, em parte, esse sentimento:

> A realidade do trabalho em uma sociedade capitalista às vezes é desanimadora, mas as pessoas não desanimam facilmente. Por entre as rachaduras do sistema emergem ideias e ideais novos e velhos quanto ao que deveria ser o trabalho. As zines são um meio pelo qual esses ideais podem ser expressados; mas, mais importante, são as verdadeiras personificações de um tipo de trabalho e criação contrário às normas de nossa sociedade capitalista.[404]

Estes são ideais muito nobres. Mas as histórias de como o passado se revela; e as histórias dos que fazem tal trabalho, são importantes demais para ser negligenciadas.

Agradecimento: Agradeço pela valiosa assistência de Todd Lovata e Trent de Boer na preparação deste texto.

---

402. Sabloff, p. 874.
403. *Ibid.*, p. 873-874.
404. Duncombe, p. 94.

Acobertamentos Arqueológicos: Uma Trama para Controlar a História?
Will Hart

A comunidade científica costuma rejeitar, suprimir ou ignorar evidências que conflitem com as teorias aceitas, enquanto denigre ou persegue o mensageiro.

A POLÍCIA DA MENTE E A GRANDE MENTIRA

Sempre que você alega que existe uma conspiração, principalmente nas áreas das ciências, pisa em ovos. Tendemos a ser céticos quanto às conspirações – a menos que a Máfia ou os radicais muçulmanos estejam envolvidos. Mas as evidências se acumulam e a ironia é que boa parte delas está a olhos vistos.

A boa notícia é que os jogadores são óbvios. O plano de jogo deles, inclusive suas táticas a cada movimento, é transparente, desde que você saiba identificá-los. Entretanto, não é fácil penetrar pela cortina de fumaça da propaganda e desinformação para descobrir as metas e motivos ocultos. Seria conveniente se pudéssemos apontar para um mentiroso descarado como Richard Nixon, mas essa é uma operação mais sutil.

A má notícia: a conspiração é global e envolve muitos grupos de interesse. Uma investigação superficial aponta para os suspeitos de sempre: cientistas que querem vender seu peixe e assegurar o *status quo* de sua carreira. Seu *modus operanti* é "A Grande Mentira" – e quanto maior e mais divulgada, melhor. Eles se safam mostrando suas credenciais acadêmicas, para corroborar seus argumentos; e presume-se que ninguém tem o direito de questionar seus pronunciamentos autoritários, tais como:

> **Foi uma acusação curiosa, que retirou a questão do nível profissional e transpôs tudo para o plano pessoal. Não abordava os fatos nem quaisquer questões, e foi altamente anticientífica.**

1. Não há mistério quanto a quem construiu a Grande Pirâmide nem quanto aos métodos de construção usados; e a Esfinge não mostra sinais de desgaste pela água;
2. Não havia humanos nas Américas antes de 20000 a.C.;
3. A primeira civilização remonta a não antes de 6000 a.C.;
4. Não existem dados anômalos, inexplicáveis ou enigmáticos documentados que mereçam estudo;
5. Não existem civilizações perdidas e não explicadas.

Ataques pessoais: discordância quanto à idade da Esfinge e da Grande Pirâmide

Em 1993, a NBC nos Estados Unidos levou ao ar *The Mysteries of the Sphinx*, que apresentava evidências geológicas mostrando que a Esfinge tinha, no mínimo, o dobro da idade (9.000 anos) daquela suposta pelos egiptólogos. Tornou-se um fato conhecido como a "controvérsia da erosão pela água". Um vislumbre da política usada pelos egiptólogos para combater esse comprometimento de seu território é bastante instrutivo.

O egiptólogo autodidata John Anthony West chamou a atenção do dr. Robert Schoch para o tema da erosão pela água. Eles foram ao Egito e realizaram uma intensa investigação no local. Após estudar a Esfinge minuciosamente e em primeira mão, o geólogo concordou com a conclusão preliminar de West e os dois anunciaram suas descobertas.

O dr. Zahi Hawass, chefe dos Monumentos de Gizé, não perdeu tempo em disparar uma torrente de críticas públicas contra os dois. O renomado egiptólogo dr. Mark Lehner, considerado o maior especialista na Esfinge do mundo, se juntou aos atacantes. Ele acusou West e Schoch de serem "ignorantes e insensíveis". Foi uma acusação curiosa, que retirou a questão do nível profissional e transpôs tudo para o plano pessoal. Não abordava os fatos nem quaisquer questões, e foi altamente anticientífica.

Devemos notar, contudo, a tática padrão de desacreditar qualquer um que ouse questionar as teorias aceitas. Desviar o foco das questões e "personalizar" o debate é uma estratégia altamente eficaz, frequentemente usada por políticos que se sentem inseguros em suas posições. Hawass e Lehner invocaram seu *status* intocável e sua pretensa autoridade (era de se esperar que a avaliação de um geólogo tivesse mais peso nesse assunto específico.)

Ciência é um método que qualquer um pode aprender e aplicar. Não exige um certificado para que alguém observe e registre fatos e pense neles de forma crítica, principalmente nas ciências sociais não técnicas. Em uma sociedade livre e aberta, a ciência deve ser um processo democrático.

Pouco tempo depois, Schoch, Hawass e Lehner foram convidados para debater o assunto na Associação Americana para o Avanço da Ciência. West não teve permissão para participar porque não tinha as credenciais necessárias.

Isso indica uma premissa questionável, que faz parte do arsenal do sistema: só cientistas graduados podem produzir ciência. Dois filtros mantêm o pesquisador independente, sem credencial, fora do jogo: as próprias credenciais e a revisão paritária. Você não chega à segunda se não tiver a primeira.

Ciência é um método que qualquer um pode aprender e aplicar. Não exige um certificado para que alguém observe e registre fatos e pense neles de forma crítica, principalmente nas ciências sociais não técnicas. Em uma sociedade livre e aberta, a ciência deve ser um processo democrático.

De qualquer forma, West foi barrado. Os elementos do debate são jogados de um lado para outro, sem resolução. É semelhante à controvérsia em torno de quem construiu as pirâmides de Gizé e como.

O que nos leva à questão da Grande Mentira e como ela é promovida há gerações, diante de Deus e de todos. A controvérsia em torno de como a Grande Pirâmide foi construída é um exemplo. Seria facilmente resolvida se os egiptólogos quisessem acabar com o conflito. Um teste simples poderia ser elaborado e aplicado por engenheiros imparciais que aprovariam ou negariam sua teoria há tanto tempo defendida: de que a pirâmide foi construída com o uso de ferramentas primitivas e métodos próprios da época, c. 2500 a.C.

Por que isso não foi feito? A resposta é tão óbvia que parece impossível: eles sabem que a teoria é falsa. Será que um cientista treinado, altamente erudito, acreditaria realmente que 2,3 toneladas de pedra, alguns blocos pesando até 70 toneladas, poderiam ser transportadas e erguidas por métodos primitivos? Parece improvável, embora esses

> **Alguém havia esculpido homens lutando com dinossauros, homens com telescópios e homens realizando operações com instrumentos cirúrgicos. Também foram encontrados desenhos de continentes perdidos.**

mesmos cientistas não tenham pudores na hora de mentir ao público, escrevendo livros-textos e defendendo essa teoria contra teorias alternativas. Mas submeter-se a um teste para comprovação, isso eles não fazem.

Entendemos que cabe a todo cientista carregar o ônus da prova de sua tese; no entanto, os cientistas sociais que fazem tais afirmações nunca foram aprovados nesse tipo de escrutínio. Por isso, devemos suspeitar de que existe, de fato, uma conspiração. Nenhuma outra disciplina científica se safaria após dobrar as regras da ciência. Tudo o que os egiptólogos fazem é rebater teorias alternativas usando táticas enganosas. Está na hora de insistir para que comprovem suas propostas.

Por que os cientistas tentariam esconder a verdade e evitar o teste de suas hipóteses? Suas motivações também são transparentes. Caso se prove que os egípcios não construíram a Grande Pirâmide em 2500 a.C. usando métodos primitivos; ou se for comprovado que a Esfinge foi construída em 9000 a.C., todo o castelo de cartas desmorona. As visões ortodoxas da evolução cultural se baseiam na cronologia do início da civilização em 4000 a.C., na Suméria. A teoria não permite que uma civilização avançada exista antes dessa data. Fim da discussão. A arqueologia e a história perdem o sentido sem uma linha de tempo fixa como ponto de referência.

Desde que a "evolução cultural" se atrelou à teoria geral da evolução de Darwin, mais coisas estão em jogo. Isso explica por que fatos, anomalias e enigmas são negados, suprimidos e/ou ignorados? Sim, explica. As ciências biológicas de hoje são baseadas no darwinismo.

TÁTICA DE PRESSÃO: AS PEDRAS DE ICA DO PERU

Voltemo-nos agora para outro caso, muito diferente. Em 1966, o dr. Javier Cabrera recebeu uma pedra de presente de um fazendeiro local pobre, em sua localidade natal de Ica, Peru. O relevo de um peixe esculpido em pedra, que não significa muito para os aldeões, tinha, no entanto, um significado importante para o estudioso dr. Cabrera. Ele reconheceu a figura como de uma espécie extinta há muito tempo. Isso lhe despertou a curiosidade. Ele comprou mais pedras do fazendeiro, que explicou que as recolhera de um rio próximo, depois de uma enchente.

O dr. Cabrera acumulou cada vez mais pedras; e a notícia da existência dessas pedras e sua latente importância chegou à comunidade arqueológica. Logo, o doutor já possuía milhares de "pedras de Ica". As sofisticadas gravações em pedra eram enigmáticas e fascinantes. Alguém havia esculpido homens lutando com dinossauros, homens com telescópios e homens realizando operações com instrumentos cirúrgicos. Também foram encontrados desenhos de continentes perdidos.

Várias das pedras foram enviadas para a Alemanha e os entalhes foram datados a uma antiguidade remota. Mas todos nós sabemos que homens e dinossauros nunca coexistiram; o *Homo sapiens* só existe há cerca de 100 mil anos.

A BBC soube da descoberta e não perdeu tempo antes de produzir um documentário a respeito das pedras de Ica. A exposição da mídia desencadeou uma tempestade de controvérsias. Arqueólogos criticavam o governo peruano por ser leniente quanto às leis em torno de peças da Antiguidade (mas, na verdade, não era com isso que estavam preocupados). Funcionários do governo começaram a sofrer pressão.

O fazendeiro que vendera as pedras a Cabrera foi levado para prestar depoimento; ele alegou ter encontrado as pedras em uma caverna, mas se recusou a revelar o local exato às autoridades – ou pelo menos, assim disseram.

O caso foi descartado com tamanha maestria que deixaria orgulhoso qualquer político corrupto. O governo peruano ameaçou processar e prender o fazendeiro. Em seguida, ofereceram-lhe uma troca conveniente: ele acabou "admitindo" que esculpira as rochas, ele mesmo. Isso parece implausível, pois era um homem inculto e sem essa habilidades; e havia, ao todo, 11 mil pedras. Algumas eram relativamente grandes e entalhadas com intrincados desenhos de animais e cenas que o fazendeiro só poderia conhecer se fosse paleontólogo. Teria que trabalhar todos os dias, por várias décadas, para produzir tamanho volume de pedras. Os fatos subjacentes, porém, nem foram considerados. As pedras de Ica foram taxadas de "uma farsa" e esquecidas. O caso não precisou de um confronto cara a cara

---

Não temos ideia de quantos artefatos enigmáticos ou datas foram rotulados de "erro" e guardados em depósitos ou arquivados, para nunca mais virem à luz.

---

nem de um desmentido por parte de cientistas contra não cientistas; a tática de pressão invisível entrou em ação. Sob a tarja de "farsa", as evidências enigmáticas nunca precisaram ser examinadas, como aconteceu no exemplo a seguir.

Censura do pensamento "proibido": evidências da grande antiguidade da raça humana

O caso do autor Michael Cremo é bem documentado e demonstra como a ortodoxia científica usa abertamente a tática de pressão sobre a mídia e o governo. Seu livro *Forbidden Archaeology* examina muitos exemplos até então ignorados de artefatos que provam que a antiguidade do homem moderno excede em muito a idade dada pelas cronologias aceitas.[405]

Os exemplos que ele seu coautor apresentam são controversos, mas o livro se tornou mais polêmico que o conteúdo, quando foi usado em um documentário.

Em 1996, a NBC transmitiu um especial chamado *The Mysterious Origins of Man*, que apresentava material do livro de Cremo. A reação da comunidade científica subiu pela escala Richter. A NBC foi inundada de cartas de cientistas irados, que chamavam o produtor de "uma fraude" e todo o programa de "uma farsa".

Mas os cientistas foram mais longe – muito mais. Em uma sequência extremamente incônscia de atos bizarros, eles tentaram forçar a NBC a não retransmitir o programa, mas não conseguiram. Em seguida, deram o passo mais radical de todos: levaram o caso ao governo federal e solicitaram que a Comissão de Comunicações Federais entrasse na briga e impedisse a NBC de levar o programa ao ar novamente.

Não foi apenas uma clara infração do direito de livre expressão e uma tentativa descarada de coibir o comércio; foi também um esforço, sem precedentes, de censurar o discurso intelectual. Se o público ou qualquer agência do governo fizesse uma tentativa de atar as mãos da comunidade científica, as reclamações perante o público jamais cessariam.

A carta para a Comissão, escrita pelo dr. Allison Palmer, presidente do Instituto de Estudos Cambrianos, é reveladora:

> No mínimo, a NBC deveria ser obrigada a se desculpar perante os telespectadores por tempo suficiente até que o público compreenda que foi, de fato, enganado. Ademais, a NBC deveria receber uma multa substancial, de modo que com o

---

405. Ver *Disvolução Humana*, de Michael Cremo, neste volume – Ed.

pagamento dela se estabelecesse um fundo importante para a educação da ciência.

Creio que temos boas pistas de quem é a "Polícia da Mente". E penso realmente que "conspiração" é uma palavra muito forte – porque para cada caso de tentativa de supressão frustrado, outros dez dão certo. Não temos ideia de quantos artefatos enigmáticos ou datas foram rotulados de "erro" e guardados em depósitos ou arquivados, para nunca mais virem à luz.

McIntyre usou equipamentos de ponta e confirmou seus resultados usando quatro métodos diferentes. Os resultados, porém, não eram os desejados. A arqueologia convencional esperava uma data de 25 mil anos ou menos; e o trabalho da geóloga revelou 250 mil ou mais.

A cifra de 25 mil anos ou menos era vital para a teoria da "travessia" do Estreito de Bering e foi a motivação que levou os arqueólogos a arquivar os resultados de Steen-McIntyre e pedir uma nova série

O problema para os pesquisadores que se empenham em definir a verdadeira história da humanidade é que as metas dos nacionalistas e de certos grupos étnicos que afirmam ter existido em determinado lugar primeiro geralmente se encaixam com as metas dos evolucionistas culturais.

Rejeição de dados: datação inconveniente no México

Agora vejamos o caso da dra. Virginia Steen-McIntyre, um geóloga a serviços do U.S. Geological Survey (USGS), que foi enviada a um sítio arqueológico no México para datar um grupo de artefatos nos anos 1970. Essa farsa também mostra até que ponto os cientistas ortodoxos podem ir para manter firmes suas premissas.

de testes de datação. Esse tipo de reação não ocorre quando as datas combinam com o modelo cronológico esperado que corrobora as teorias aceitas.

Dera à geóloga uma chance de retratar suas conclusões, mas ela recusou. A partir de então, teve muita dificuldade para publicar seus relatos e perdeu o emprego de professora em uma universidade americana.

Supressão pelo governo e etnocentrismo: evitando evidências anômalas na Nova Zelândia, China e México

Na Nova Zelândia, o governo entrou em cena e criou uma lei que proibia o público de entrar em uma zona arqueológica controvertida. Esse caso apareceu no livro *Ancient Celtic New Zealand*, de Mark Doutré.

Entretanto, como veremos (e como prometi no começo do artigo), essa é uma conspiração complicada. Cientistas tentando proteger suas teorias "sagradas" para manter vivas suas carreiras não são os únicos que querem suprimir artefatos e datas. É aí que a situação fica escorregadia.

A Floresta de Waipoua tornou-se um local controvertido na Nova Zelândia porque uma escavação arqueológica mostrou evidências de uma tribo não polinésia que precedeu os maori – fato que não os deixou felizes. Eles souberam dos resultados das escavações antes do público em geral e foram reclamar com o governo. Segundo Doutré, o resultado final foi "um documento arquivístico oficial, que mostrava uma intenção por parte de departamentos da Nova Zelândia de esconder do público informações arqueológicas durante 75 anos".

O público soube do fiasco, mas o governo negou. Contudo, documentos oficiais mostram que fora feito um embargo no sítio arqueológico. Doutré é estudante de história da Nova Zelândia e de arqueologia. Ele se preocupa porque desapareceram dos museus os artefatos que provam que houve uma cultura anterior aos maori. E pergunta o que aconteceu com vários vestígios anômalos:

> Onde estão as antigas amostras de cabelos indo-europeus (castanhos/ruivos e ondulados), originalmente obtidas em abrigo de rocha perto de Watakere, que ficaram em exibição no Museu Memorial de Guerra em Auckland por tantos anos? Onde se encontra o esqueleto gigante encontrado perto de Mitimati?

Infelizmente esse não é o único incidente do gênero. O etnocentrismo tornou-se um fator na conspiração para esconder a verdadeira história da humanidade. O autor Graham Hancock já foi atacado por vários grupos étnicos por relatar semelhantes descobertas enigmáticas.

O problema para os pesquisadores que se empenham em definir a verdadeira história da humanidade é que as metas dos nacionalistas e de certos grupos étnicos que afirmam ter existido em determinado lugar primeiro geralmente se encaixam com as metas dos evolucionistas culturais.

Os arqueólogos são rápidos em suprimir essas descobertas anômalas. Um dos motivos por que os egiptólogos guardam com tanto ciúme a data da construção da Grande Pirâmide tem a ver com uma questão de orgulho nacional.

O caso das múmias no deserto Takla Makan, oeste da China, é outro exemplo desse fenômeno. Nos anos 1970 e 1980, uma cultura caucasiana desconhecida foi subitamente desenterrada na China. O ambiente árido preservou os restos de um povo loiro, de olhos azuis, que viveu na pré-história daquele país. Eles usavam túnicas coloridas, botas, meias e chapéus. Os chineses não gostaram dessa revelação e ignoraram a descoberta enigmática, embora tivessem sido encontrados também asiáticos, junto com as múmias caucasianas.

O escritor da *National Geographic* Thomas B. Allen citou, em um artigo publicado em 1996, que encontrara um fragmento de cerâmica com impressão digital do oleiro. Quando ele perguntou se podia levar o fragmento a um antropólogo forense, o cientista chinês perguntou se ele "seria capaz de afirmar se o oleiro fora um homem branco". Allen disse que não tinha certeza; o cientista pôs o fragmento no bolso, virou-se em foi embora tranquilamente. Parece que muitas coisas atrapalham o caminho da descoberta e da revelação científica.

A existência da cultura olmeca no Velho México sempre foi um problema. De onde vieram os negroides retratados nas cabeças colossais de basalto? Por que há figuras de caucasianos gravadas na estela do que é a semente da civilização no México? Pior ainda, por que os povos mexicanos indígenas não são encontrados nos artefatos olmecas? Recentemente, um arqueólogo mexicano resolveu o problema, fazendo uma declaração fantástica: as cabeças olmecas – que gerações de pessoas de todos os grupos étnicos concordam, têm uma semelhança inegável com os africanos – eram representações da tribo local.

Tropas de choque para o Darwinismo

O público parece não perceber que a ortodoxia científica tem um padrão duplo para a questão de liberdade de informações. Em essência, esse padrão opera assim: os cientistas são altamente instruídos e cultos, bem treinados e intelectualmente capazes de processar todos os tipos de informação; e fazem a distinção correta entre fato e ficção, realidade e fantasia. O público despreparado é simplesmente incapaz de funcionar nesse plano mental superior.

O ideal nobre do cientista como observador altamente qualificado, imparcial e apolítico, capaz de juntar fatos estabelecidos em um corpo sig-

> **A teoria da evolução de Darwin é a única teoria ensinada rotineiramente em nossas escolas que nunca passou por um escrutínio rigoroso; tampouco as críticas a elas são permitidas no currículo escolar.**

nificativo de conhecimentos, parece ter sido esmagado sob as pressões e demandas do mundo real. A ciência já produziu muitos benefícios para a sociedade; mas precisamos saber agora que a ciência tem um lado negro, negativo. Não foram aqueles sujeitos humildes, de aventais brancos e limpos, nos laboratórios, que nos deram bombas nucleares e armas biológicas? A era da inocência terminou na Segunda Guerra Mundial.

A atitude de superioridade intelectual da comunidade científica é mal-disfarçada sob o véu de relações públicas cuidadosamente orquestradas. Sempre vemos Ciência e Progresso de mãos dadas. A ciência, como instituição em uma sociedade democrática, deve funcionar do mesmo modo que a sociedade em geral; deveria ser aberta a debates, com argumentos e contra-argumentos. Não haveria lugar para o autoritarismo inquestionável. Será que a ciência moderna segue esses padrões?

No outono de 2001, a PBS transmitiu uma série em sete partes chamada *Evolution*. A princípio, parece perfeitamente inofensiva. Entretanto, enquanto o programa era apresentado como jornalismo científico puro, objetivo e investigativo, ele se omitiu completamente em seguir padrões mínimos de uma reportagem imparcial. A série pendia fortemente para a visão de que a teoria da evolução é um "fato da ciência", aceito por "quase todos os cientistas renomados no mundo", e não uma teoria que tem falhas e encontra fortes críticas científicas.

A série nem ao menos se deu ao trabalho de entrevistar cientistas que criticam o darwinismo: não os "criacionistas", mas os bons e velhos cientistas. Para corrigir essa deficiência, um grupo de cem cientistas dissidentes sentiu a obrigação de emitir um comunicado à imprensa: "Uma rejeição científica ao darwinismo", no dia em que o primeiro episódio foi ao ar. O indicado ao prêmio Nobel, Henry "Fritz" Schaefer estava entre eles e encorajou um debate público acerca da teoria de Darwin.

Alguns defensores do darwinismo seguem padrões de evidência para a evolução que, como cientistas, nunca aceitariam em outras circunstâncias.

Já vimos essa mesma abordagem "anticientífica" aplicada à arqueologia e à antropologia, em que os "cientistas" simplesmente se recusam a provar suas teorias; e, no entanto, se autointitulam árbitros dos "fatos". Seria ingênuo pensar que os cientistas que cooperaram na produção da série não sabiam que haveria uma apresentação contrária por parte dos críticos da teoria de Darwin.

Richard Milton é um jornalista científico. Era partidário ardente da doutrina darwiniana até seus instintos investigativos o despertarem. Depois de vinte anos estudante e escrevendo a respeito da evolução, ele percebeu, subitamente, que a teoria tinha muitos furos embaraçosos. Tentou aliviar as próprias dúvidas e comprovar para si próprio a teoria, usando os métodos-padrão de jornalismo investigativo.

Milton se tornou um visitante frequente do famoso Museu Natural de História de Londres. Incansavelmente, pôs todas as principais premissas e a prova clássica do darwinismo a teste. Ficou chocado com os resultados. Descobriu que a teoria não passava sequer pelos rigores do jornalismo investigativo de rotina.

O veterano escritor de ciência deu um passo ousado e publicou um livro intitulado *The Facts of Life: Shattering the Myths of Darwinism*. Era óbvio que, para ele, o mito darwiniano se despedaçara, mas muitos mitos acerca da ciência também seriam esmagados após a publicação do livro. Milton diz:

> Sofri uma caça às bruxas por parte da polícia darwiniana – foi profundamente desconcertante ser descrito por zoólogo de Oxford [Richard Dawkins] como um "lunático", "estúpido" e necessitando "auxílio psiquiátrico", em resposta a um trabalho puramente científico (não lembra as histórias provindas da União Soviética vinte anos atrás, quando cientistas dissidentes começaram a falar demais?).

Dawkins lançou uma campanha escrevendo cartas a editores de jornais, implicando que Milton era "espião" criacionista cujo trabalho deveria ser ignorado. Qualquer pessoa que conheça um pouco a política reconhecerá que essa é uma tática maquiavélica de "assassinato de caráter". Dawkins é um cientista altamente respeitado, cuja reputação e posição na comunidade científica têm grande peso.

Segundo Milton, o processo atingiu um clímax quando o *London Times Higher Education Supplement* o convidou para escrever uma crítica ao darwinismo. O jornal anunciou a matéria nestes termos: "Na próxima semana: Darwinismo

– Richard Milton ataca". Dawkins não perdeu tempo em cortar o mal da heresia pela raiz. Contatou a editora, Auriol Stevens, acusou Milton de ser um "criacionista" e convenceu-a a suspender o artigo. Milton soube dessa apunhalada nas costas e apelou para Stevens, escrevendo uma carta. No fim, ela cedeu a Dawkins e cancelou a matéria.

Imagine o que aconteceria se um político ou burocrata usasse essa tática de pressão para matar uma matéria na mídia de massa. Desencadearia um escândalo. Não é o que acontece com os cientistas, que parecem ser vistos como "vacas sagradas", acima de qualquer suspeita. Há muitos fatos perturbadores relacionados a esses casos. A teoria da evolução de Darwin é a única teoria ensinada rotineiramente em nossas escolas que nunca passou por um escrutínio rigoroso; tampouco as críticas a elas são permitidas no currículo escolar. Esse é um fato interessante, porque uma pesquisa recente mostrou que o público americano quer que a teoria da evolução seja ensinada a seus filhos; entretanto, "71% dos respondentes dizem que os professores de biologia ensinam tanto o darwinismo quanto as evidências científicas contrárias à teoria de Darwin". Não há, porém, um plano para implementar essa abordagem equilibrada.

É irônico o fato de Richard Dawkins ter sido nomeado professor de entendimento público de ciência na Universidade de Oxford. Ele é um clássico soldado de choque da "Polícia da Mente", patrulhando as linhas de frente neurológicas. A ortodoxia científica e a mídia de massa do Ocidente se orgulham de se apresentar como fóruns públicos, destituídos de preconceito ou censura. No entanto, nenhum programa de televisão que aborde as falhas ou fraquezas do darwinismo foram ao ar no país natal de Darwin ou na América. Um cientista que se oponha à teoria não consegue publicar nenhum de seus trabalhos.

The Mysterious Origins of Man não foi um ataque frontal ao darwinismo; o livro apenas apresentou evidências que são consideradas anômalas segundo os preceitos da teoria evolucionista de Darwin.

Retornado aos nossos bastiões de integridade, Forest Mims era um jornalista de ciência qualificado e sólido. Nunca estivera no centro de nenhuma controvérsia e, por isso, foi convidado para escrever a coluna mais lida na prestigiosa revista *Scientific American*, "The Amateur Scientist", tarefa que ele aceitou de bom grado. Segundo Mims, o editor da revista, Jonathan Piel, soube que ele também escrevia artigos para várias revistas cristãs.

> **Citamos alguns desses tabus no começo do artigo; acrescentamos agora que também não é "saudável" nem "aceitável" o envolvimento em qualquer um destes campos de pesquisa: fenômenos paranormais, UFOs, fusão a frio, energia livre e todo o restante das "pseudociências".**

Chamou Mims ao seu escritório e o confrontou.

"Você acredita na teoria da evolução?", Pile perguntou.

"Não", respondeu Mims. "E Stephen Jay Gould também não."

Sua resposta não afetou a decisão de Piel de tirar Mims da coluna após três artigos.

Tal ato tem o cheiro desagradável de caça às bruxas. O escritor nunca divulgou publicamente suas visões ou crenças pessoais; portanto, parece que a "tropa de choque" agora tem ordens de não deixar que pensamentos "desaprovados" sejam expostos ao público.

TABU OU NÃO TABU?

Enfim, os monitores do "pensamento bom" não são apenas a elite da comunidade científica, como vimos em vários casos; são produtores de televisão e editores de revistas também. Fica claro que são todos impelidos pelo imperativo singular de promover "educação pública da ciência", como definiu tão bem o presidente do Instituto de Estudos Cambrianos.

No entanto, há um segundo item na agenda: proteger o público dos pensamentos "anticientíficos" e ideias que possam infectar a mente das massas. Citamos alguns desses tabus no começo do artigo; acrescentamos agora que também não é "saudável" nem "aceitável" o envolvimento em qualquer um destes campos de pesquisa: fenômenos paranormais, UFOs, fusão a frio, energia livre e todo o restante das "pseudociências". Já ouviu falar disso? Serão os ecos recalcitrantes do fanatismo religioso?

Quem deu à ciência a missão de engendrar e direcionar as buscas inquisitivas dos cidadãos do mundo livre? É impossível que qualquer texto contendo ramificações antidarwinianas seja publicado em periódicos científicos convencionais. Igualmente impossível é fazer com que os temas que são "tabus" recebam uma avaliação literária; e pode esquecer quanto a encontrar

> A ciência moderna é hoje um labirinto desses filtros, montado para promover certas teorias ortodoxas e, ao mesmo tempo, filtrar os dados já prejulgados como inaceitáveis.

seu nome em um artigo da *Nature*, a menos que seja um cientista credenciado, mesmo que seu nome seja Albert Einstein.

Para reafirmar como essa conspiração começa, existem dois filtros: credenciais e revisão paritária. A ciência moderna é hoje um labirinto desses filtros, montado para promover certas teorias ortodoxas e, ao mesmo tempo, filtrar os dados já prejulgados como inaceitáveis.

Evidências e méritos não são os princípios orientadores; a objetividade, o acesso e a abertura foram substituídos por conformidade e posição dentro da comunidade estabelecida.

Os cientistas não hesitam em lançar os mais ultrajantes ataques contra aqueles que consideram seus inimigos. O eminente paleontólogo Louis Leakey escreveu o seguinte comentário a respeito de *Forbidden Archeology*: "Seu livro só tem baboseiras e só pode ser levado a sério por idiotas". Mais uma vez, vemos um golpe de um ataque pessoal; o mérito das evidências apresentadas no livro não é examinado nem debatido. É um pronunciamento autoritário e leviano.

7
FONTES

Nota do Organizador
Preston Peet

Este livro é um coro de muitas vozes que se empenham em teorizar e especular nossa antiga história e pré-história. Esperamos que você, o leitor, se inspire a ler mais, buscar explicações e ideias alternativas quanto ao que somos nós, humanos, e de onde viemos. É importante compreender que quase não existem fatos definidos acerca de nosso passado. São muitas as perguntas sem respostas a respeito de nossa origem e de como nos tornamos os seres sociais, construtores e destruidores de cultura que somos hoje, com algumas culturas prosperando e outras se extinguindo pelo caminho; são tantas as questões quanto as teorias que as explicam.

Isto posto, novas descobertas são feitas todos os dias que parecem conduzir a respostas sólidas, incontrovertíveis de nosso passado; respostas estas que parecem óbvias e confirmadas, hoje em dia, por meio de alguma descoberta extraordinária ou uma revelação arqueológica. A cada dia, novas vozes e novas teorias são acrescentadas à mistura; novos pesquisadores, filósofos, exploradores, arqueólogos, antropólogos, teólogos, *shovel bums*, bem como loucos e doidos, todos propondo suas interpretações das evidências disponíveis. Todos estão ocupados estudando, decifrando, analisando, escavando e, mais importante para esta discussão, quase todos escrevendo também. Escrevem e publicam, seja nos livros grandes de capa dura que enfeitam as mesinhas de centro e tratam das *maiores* descobertas arqueológicas já publicadas pelas corporações convencionais, ou pontos de vista excêntricos quanto a antigas tecnologias avançadas e mundos submersos – incluindo Atlântida, às vezes alvo de zombaria, mas mesmo assim pesquisada por inúmeros homens e mulheres respeitáveis no passado –, publicados pela imprensa alternativa ou editoras pequenas. O paradigma referente ao nosso passado muda constantemente, nunca fica estagnado. Com o passar do tempo, qualquer ideia nova radical e, no princípio, ridicularizada, pode se tornar o padrão da época.

Tendo tudo isso em mente, cito aqui uma seleção de títulos de minha biblioteca pessoal de livros e revistas (além de meus *sites* favoritos na internet, também), sobre civilizações antigas, arqueologia fantástica e história oculta, uma lista curta de referências para os leitores procurarem mais informação após a leitura de *Mistérios da Arqueologia e da História*. Há muitos espaços vazios nos mapas do planeta Terra (conforme me disse o explorador Greg Deyermenjian quando o entrevistei a respeito de suas expedições passadas e futuras no Peru), vastas áreas remotas, desabitadas e inexploradas, regiões onde pode haver cidades perdidas ou fundações de antigas civilizações esperando para ser descobertas e nos dar respostas definitivas às nossas perguntas acerca de quem somos e por que estamos aqui.

Os seguintes escritores e pesquisadores contribuíram na tentativa de preencher algumas lacunas, oferecendo o que consideram ser a verdade, ou pelo menos, a versão mais provável dela. Muitos têm textos publicados nesta antologia. Certos ou errados, eles nos incitam a pensar; e conduzem o leitor em uma aventura após outra no decorrer da história de nossa espécie.

Procure esses autores e títulos em sua livraria favorita (ou entre na internet e visite os *sites* sugeridos aqui). Esta lista não inclui todos os autores e todos os livros ou outras fontes que abordam o passado antigo e nebuloso (tampouco estão todos os livros de cada autor necessariamente representados – a maior desses autores escreveu mais livros do que caberiam em meu espaço aqui), mas é um bom começo para aqueles leitores interessados em mais do que explicações vazias que nos furtam do mistério ou do gosto de aventura de nosso passado distante, nossas origens misteriosas, nossos desenvolvimento e os traços enigmáticos deixados por nossos ancestrais "primitivos".

Livros

Paul G. Bahn, ed., *100 Great Archaeological Discoveries*. New York: Barnes and Noble Books, 1995.

Robert Bauval e Adrian Gilbert, *The Orion Mystery: Unlocking The Secrets Of The Pyramids*. New York: Crown Publishers Inc., 1994.

Trent de Boer, *Shovel Bum: Comix Of Archaeological Field Life*. Walnut Creek: AltaMira, 2004.

Colonel Alexander Braghine, *The Shadow Of Atlantis*. Kempton: Adventures Unlimited Press, 1997.

John G. Burke, *Cosmic Debris: Meteorites In History*. Berkeley: University of California Press, 1986.

David Hatcher Childress, *Lost Cities of China, Central Asia and India*. Kempton: Adventures Unlimited Press, 1985.

_____. *Lost Cities and Ancient Mysteries of South America*. Kempton: Adventures Unlimited Press, 1986.

_____. *Lost Cities of Ancient Lemuria and the Pacific*. Kempton: Adventures Unlimited Press, 1988.

_____. *Lost Cities and Ancient Mysteries of Africa and Arabia*. Kempton: Adventures Unlimited Press, 1989.

_____. *Lost Cities of North and Central America*. Kempton: Adventures Unlimited Press, 1992.

_____. *Lost Cities of Atlantis, Ancient Europe, and the Mediterranean*. Kempton: Adventures Unlimited Press, 1996.

_____. *Far Out Adventures: The Best Of World Explorer Magazine*. Kempton: Adventures Unlimited Press, 1997.

Barbara Hand Clow, *Catastrophobia: The Truth Behind Earth Changes in the Coming Age of Light*. Rochester: Bear and Company, 2001.*

William R. Corliss, *Ancient Man: A Handbook of Puzzling Artifacts*. Glen Arm: The Sourcebook Project, 1978.

_____. *Ancient Infrastructure: Remarkable Roads, Mines, Walls, Mounds, Stone Circles – A Catalog of Archeological Anomalies*. Glen Arm: The Sourcebook Project, 1999.

_____. *Archeological Anomalies: Small Artifacts, Bone, Stone, Metal Artifacts, Footprints, High Technology – A Catalog of Archeological Anomalies*. Glen Arm: The Sourcebook Project, 2003.

Michael A. Cremo e Richard L. Thompson, *Forbidden Archaeology: The Hidden History of the Human Race*. Los Angeles: Bhaktivedanta Book Publishing, Inc., 1993.

_____. *The Hidden History of the Human Race: The Condensed Version of Forbidden Archaeology*. Los Angeles: Bhaktivedanta Book Publishing, Inc., 1996.

Joan d'Arc, *Phenomenal World: Remote Viewing, Astral Travel, Apparitions, Extraterrestrials, Lucid Dreams and Other Forms of Intelligent Contact in the Magical Kingdom of Mind-at-Large*. Escondido: The Book Tree, 2000.

Mike Dash, *Borderlands: The Ultimate Exploration of the Unknown*. Woodstock: Overlook Press, 1999.

---

* N.E.: Obra publicada pela Madras Editora sob o título *Catastrofobia: A Verdade por Trás das Mudanças na Terra com a Chegada da Era da Luz*.

L. Sprague De Camp e Willy Ley, *Lands Beyond: A Fascinating Expedition Into Unknown Lands*. New York: Rinehart & Co, 1952.

Christopher Dunn, *The Giza Power Plant: Technologies of Ancient Egypt*. Rochester: Bear and Company, 1998.

George Erikson e Ivar Zapp, *Atlantis in America: Navigators of the Ancient World*. Kempton: Adventures Unlimited Press, 1998.

Brian Fagan, *New Treasures of the Past: New Findings That Deepen Our Understanding Of The Archaeology Of Man*. New York: Barnes and Noble, Inc., 2004.

Rand e Rose Flem-Ath, *When the Sky Fell: In Search of Atlantis*. New York: St. Martin's Press, 1995.

Charles Fort, *The Complete Books of Charles Fort: The Book of the Damned / Lo! / Wild Talents / New Lands*. New York: Dover, 1974.

Neil Freer, *Breaking The Godspell: The Politics Of Our Evolution*. Phoenix: Falcon Press, 1987.

Adrian G. Gilbert e Maurice M. Cotterell, *The Mayan Prophecies*. Shaftesbury: Element, 1995.

Peter Haining, *Ancient Mysteries*. London: Sidgwick & Jackson, 1977.

Graham Hancock, *Fingerprints of the Gods: The Evidence of Earth's Lost Civilization*. New York: Crown Trade Paperbacks, 1995.

_____. *Underworld: The Mysterious Origins of Civilization*. New York: Crown Publishers, 2002.

Murry Hope, *The Sirius Connection: Unlocking The Secrets of Ancient Egypt*. Shaftesbury: Element, 1996.

Constance Irwin, *Fair Gods and Stone Faces: Ancient Seafarers and the New World's Most Intriguing Riddle*. New York: St. Martin's Press, 1963.

Peter James e Nick Thorpe, *Ancient Inventions*. New York: The Ballantine Publishing Group, 1996.

Peter James e Nick Thorpe, *Ancient Mysteries*. New York: The Ballantine Publishing Group, 1997.

Kenneth Rayner Johnson, *Armageddon 2000: Countdown to Doomsday?* London: Creation Books, 1995.

Frank Joseph, *The Destruction of Atlantis: Compelling Evidence of the Sudden Fall of the Legendary Civilization*. Rochester: Bear and Company, 2002.

_____. *Survivors of Atlantis: Their Impact on World Culture*. Rochester: Bear and Company, 2004.

Christopher Knight e Alan Butler, *Civilization One: The World Is Not as You Thought It Was*. London: Watkins Publishing, 2004.

_____.; Robert Lomas, *Uriel's Machine: Uncovering the Secrets of Stonehenge, Noah's Flood and the Dawn Of Civilization*. New York: Barnes and Noble, 2004.

Donna Kossy, *Strange Creations: Aberrant Ideas of Human Origins From Ancient Astronauts to Aquatic Apes*. Los Angeles: Feral House, 2001.

Alan e Sally Landsburg, *In Search Of Ancient Mysteries*. New York: Bantam Books, Inc., 1974.

_____. *The Outer Space Connection*. New York: Bantam Books, Inc., 1975.

Gregory L. Little, John Van Auken e Lora Little, eds., *Mound Builders: Edgar Cayce's Forgotten Record of Ancient America*. Memphis: Eagle Wing Books, Inc., 2001.

Robert F. Marx com Jennifer G. Marx, *In Search of the Great White Gods: Contact Between the Old and New World From the Dawn Of History*. New York: Crown Publishers Inc., 1992.

Gavin Menzies, *1421: The Year the Chinese Discovered America*. New York: William Morrow, 2003.

Richard W. Noone, *5/5/2000: Ice – The Ultimate Disaster*. New York: Three Rivers Press, 1982.

Stephen Oppenheimer, *Eden in the East*. London: Weidenfeld & Nicolson, 1998.

Dan Russell, *Shamanism and the Drug Propaganda: Patriarchy and the Drug War*. Camden: Kalyx.com, 1998.

Peter Russell, *From Science to God: A Physicist's Journey Into the Mystery of Consciousness*. Novato: New World Library, 2002.

Robert M. Schoch, PhD, com Robert S. McNally, *Voices of the Rocks: A Scientist Looks at Catastrophes and Ancient Civilizations*. New York: Harmony Books, 1999.

_____. *Voyages of the Pyramid Builders: The True Origins of the Pyramids From Lost Egypt to Ancient America*. New York: Jeremy P. Tarcher/Penguin, 2003.

_____. *Pyramid Quest: Secrets of the Great Pyramid and the Dawn of Civilization*. New York: Jeremy P. Tarcher/Penguin, 2005.

Robert B. Stacy-Judd, *Atlantis: Mother of Empires*. Kempton: Adventures Unlimited Press, 1999.

Robert Temple, *The Sirius Mystery: Was Earth Visited by Intelligent Beings From a Planet in the System of the Star of Sirius?** Rochester: Inner Traditions, 1987.

---

* N.E.: Obra publicada pela Madras Editora sob o título *O Mistério de Sírius – Novas Evidências Científicas de Contato*.

_____. *Netherworld: Discovering the Oracle of the Dead and Ancient Techniques of Foretelling the Future.* London: Arrow, 2003.

Peter Tompkins, *Secrets of the Great Pyramid: The Adventures and Discoveries of the Explorers and Scientists Who, For Two Thousand Years, Have Been Probing the Mystery of the Great Pyramid of Cheops.* New York: Harper Colophon, 1971.

_____. *Mysteries of the Mexican Pyramids.* New York Harper & Row, 1976.

_____. *The Magic of Obelisks.* New York: Harper & Row, 1981.

John White, *Pole Shift: Scientific Predictions and Prophecies About the Ultimate Disaster.* Virginia Beach: A.R.E. Press, 1980.

Colin Wilson, *From Atlantis to the Sphinx: Recovering the Lost Wisdom of the Ancient World.* New York: Fromm International Publishing, 1997.

_____. Rand Flem-Ath, *The Atlantis Blueprint: Unlocking the Ancient Mysteries of a Long-Lost Civilization.* New York: Delta Trade Paperbacks, 2002.

Damon Wilson, *Lost Worlds: Unlock the Earth's Hidden Secrets.* London: Robinson Publishing Ltd., 1998.

Assorted Contributors, *The Search for Lost Origins.* Livingston: Atlantis Rising Books, 1996.

Revistas

Ancient American: Archaeology of the Americas Before Columbus

Archaeology Magazine: A Publication of the Archaeological Institute of America

Atlantis Rising

Legendary Times: Timeless Mysteries Of The World

National Geographic

World Explorer

Sites na internet

www.legendarytimes.com

www.iwaynet.net/~wdc/home.htm

www.ancientamerican.com

paranormal.about.com/od/ancientanomalies

www.altarcheologie.nl

www.atlantisrising.com

www.catastrophism.com/intro

www.farshores.org

www.mcremo.com

www.forteantimes.com

www.lostartsmedia.com/mysteryofamerica.html

www.lost-civilizations.net

www.morien-institute.org/histchan.html

www.myrine.at/Malta

www.mysteriousworld.com

www.s8int.com

www.pgorman.com

www.sacredsites.com

www.science-frontiers.com

www.world-mysteries.com

Históricos dos Artigos

1 – "Disvolução Humana", de Michael A. Cremo, é adaptado da introdução de *Human Devolution: A Vedic Alternative to Darwin's Theory*, Torchlight Publishing, Badger, Califórnia, 2003.

2 – "Considere a Kali Yuga", de John Anthony West, foi publicado em italiano na revista italiana *Hera*, em 2004. É publicado em inglês pela primeira vez nesta antologia.

3 – "Origens Oceânicas da Civilização Indiana", de N. S. Rajaram, foi escrito especialmente para esta antologia.

4 – "*Deus Noster, Deus Solis*: Nosso Deus, Deus do Sol", de Acharya S, foi escrito especialmente para esta antologia.

5 – "Origens Misteriosas – Os Humanos são Apenas Produtos de um Acidente Feliz?", de Dave Dentel, foi escrito especialmente para esta antologia, desenvolvido a partir de duas colunas de Dave Dentel no diário para o qual ele trabalha, o *York Daily Record/York Sunday News*. As duas colunas comentavam uma polêmica surgida quando a diretoria de uma escola em Dover, Pensilvânia, resolveu ensinar a teoria do Desígnio Inteligente na aula de biologia, como alternativa ao darwinismo. Tal decisão não só provocou uma ação legal por parte da União Americana pelas Liberdades Civis, mas também ganhou ampla cobertura da mídia internacional.

6 – "Muralhas Antigas", de Richard Nisbet, está incluída (em uma versão expandida) em um CD-ROM que acompanha o livro *Cusco Tales*, também de Richard Nisbet, publicado pela PH Publishing, 1993.

7 – "Ao Longo do Paralelo 33: Um Círculo de Mistério Global", de Gary A. David, é publicado pela primeira vez nesta antologia.

8 – "Os Incas Construíram Machu Picchu?", David Hatcher Childress, foi publicado originalmente na revista *World Explorer*, vol. 3, nº 6, 2004, p. 33-48.

9 – "Um Sumário Acerca de Atlântida e das Civilizações Antigas: Uma Investigação da Era da civilização", de Colin Wilson, é um resumo de seu livro com o mesmo título, publicado pela Bear and Co., Rochester, Vermont, no outono de 2005.

10 – "O Significado das Pirâmides", de Robert M. Schoch, com Robert S. McNally, foi publicado do *site* de Schoch, *robertschoch.homestead.com*, mas uma versão do artigo também apareceu na *History News Network* (ver hnn.us/articles/1230.html).

11 – "A Terra Secreta", de Roy A. Decker, foi escrito especialmente para esta antologia.

12 – "Ecos do Passado: Atenas, Jerusalém", de Robert Merkin, foi escrito especialmente para esta antologia.

13 – "Submundo: Confronto com Yonaguni", de Graham Hancok, é o capítulo 27 de seu livro *Underworld: The Mysterious Origins of Civilization*, publicado pela Crown Publishers, New York, New York, 2002.

14 – "Geografia Sagrada: Cataclismos de Origem Cósmica e Reação Megalítica", de Martin Gray, foi escrito especialmente para esta antologia.

15 – "Atlântida na América: Um Resumo – Aguardando o Novo paradigma", de George Erikson, com Ivar Zapp, é o capítulo 14 de seu livro *Atlantis in America – Navigators of the Ancient World*, publicado pela Adventures Unlimited Press, Kempton, Illinois, 1998.

16 – "Nan Madol: A Civilização Perdida do Pacífico", de Frank Joseph, foi escrito especialmente para esta antologia.

17 – "Submundo: Confronto com Kerama", de Graham Hancock, é o capítulo 29 de seu livro *Underworld: The Mysterious Origins of Civilization*, publicado pela Crown Publishers, New York, 2002.

18 – "A Usina de Força de Gizé", de Christopher Dunn, foi retrabalhado a partir de um artigo preparado para a revista *Atlantis Rising*, depois da publicação de seu livro *The Giza Power Plant: Technologies of Ancient Egypt*, em 1998.

19 – "Aviação na Antiguidade?", de Erich von Däniken, foi publicado originalmente na revista *Legendary Times*, vol. 2, nº 6, 2000.

20 – "A Conspiração de Constantino", de Chrichton E. M. Miller, foi escrito especialmente para esta antologia.

21 – "O Antigo dos Dias: Divindade ou Máquina de Maná?", de George T. Sasson, foi escrito originalmente a pedido de James R. Lews, de Santa Bárbara, Califórnia, que o colocou *on-line* com o único propósito de disseminar essa informação, e foi adotado pela revista *Legendary Times*, vol. 2, nº 5, 2000. Foi adaptado de seu formato original para especialmente para esta antologia.

22 – "As Tartarugas Voadoras Gigantes da Guatemala", de Giorgio A. Tsoukalos, foi publicado originalmente na revista *Legendary Times*, vol. 4, nº 1, 2002.

23 – "Instrumentos Científicos Antigos", de William R. Corliss, foi extraído de seu livro *Anomalies: Small Artifacts – Bone, Stone, Metal Artifacts, Footprints, High Technology. A Catalog of Archeological Anomalies*, publicado e distribuído pela The Sourcebook Project, Glen Arm, Maryland, 2003.

24 – "Criação de um Povo Sábio: O Calendário Maia", de Sharon Secor, foi escrito especialmente para esta antologia.

25 – "Sabedoria Antiga e a Grande Esfinge de Gizé", de Robert M. Schoch, é uma versão ligeiramente modificada de um artigo originalmente escrito e publicado na *Psychic Reader*, vol. 28, nº 10, outubro de 2001, p. 10-11; ver *www.berkeleypsychic.com*.

26 – "Onde Está o Santo Graal", do Reverendo Ron Sala, foi escrito especialmente para esta antologia.

27 – "Jornada a Bubástis", Richard Cusick, foi escrito especialmente para esta antologia.

28 – "Gnose: As Plantas da Verdade", Dan Russell, foi extraído de *Shamanism and the Drug Propaganda: Patriarchy and the Drug War*, publicado por *Kalyx.com*, Camden, New York, 1998.

29 – "Uma Conversa com Greg Deyermenjian: Cidades Perdidas que Foram Procuradas e Encontradas", de Preston Peet, foi escrito especialmente para esta antologia.

30 – "Fonte do Sangue: A Busca da Alemanha Nazista por Suas Raízes Arianas", de Mickey Z., foi escrito especialmente para esta antologia.

31 – "Time Atlântida", de Michael Arbuthnot, é publicado pela primeira vez neste formato completo nesta antologia, tendo partes postadas anteriormente *on-line* no *site* do Time Atlântida (*Team Atlantis*) (*www.teamatlantis.com*)

32 – "*Shovel Bum* – Uma Vida Arqueológica", de Troy Lovata, foi publicado originalmente como uma versão anterior deste ensaio, intitulada "*Shovel Bum* em contexto: por que a opinião dos *shovel bums* é importante", in *Shovel Bum: Comix of Archaeological Field Life*, Trent de Boer, editor, pela AltaMira Press, 2004.

33 – "Acobertamentos Arqueológicos: Uma Trama para Controlar a História?", de Will Hart, foi publicado originalmente em Nexus, vol. 9, nº 3, abril/maio de 2002. Também foi publicado na revista *Ancient American*, em 2003.

BIOGRAFIAS DOS AUTORES

Michael Arbuthnot tem Mestrado em antropologia pela Universidade Estadual da Flórida, onde se especializou em arqueologia submarina e se formou com Magna Cum Laude. Hoje, trabalha como consultor arqueológico profissional na Flórida e leciona periodicamente na qualidade de professor adjunto de arqueologia e civilizações mesoamericanas no Flagler College, St. Augustine. Em 1996, Michael fundou a Team Atlantis Productions. Como diretor criativo do "Time Atlântida", ele viaja a locais exóticos em todo o mundo (Egito, Japão, Iucatã, Bahamas, Golfo do México, etc.) explorando sítios arqueológicos submersos e os enigmas a eles relacionados. Michael é membro de muitas organizações e afiliações profissionais, incluindo: Registro de Arqueólogos Profissionais (RPA); o Conselho Arqueológico da Flórida (FAC); a Conferência Antropológica do Sudeste Americano (FAZ); Academia Americana de Ciências Submarinas (AAUS); Associação Western Drudge (WEDA) e a Associação Arqueológica de St. Augustine. Ele é autor de muitos artigos, relatórios e ensaios publicados, além de uma autoridade no tema dos sítios arqueológicos pré-históricos submersos.

David Hatcher Childress nasceu em 1º de junho de 1957, em Poitiers, França. Estudou arqueologia, jornalismo, filosofia e história na Universidade de Montana; e estudou também em universidades em vários lugares: Taipei, Taiwan; Nepal, Kathmandu; Dharamsala, Himachal Pradesh; Khartoum, Sudão; Nairobi, Quênia; e na Universidade de Pequim. Desde seus tempos de escola, David percorre o mundo em uma expedição ou aventura após outra: explorou o Afeganistão antes da invasão soviética; pilhou a Casa de Idi Amin durante a guerra civil da Uganda; foi preso duas vezes em Zâmbia por ser ou espião de Idi Amin ou da Rodésia. Quando lhe disseram que passaria o restante da vida na prisão, ele usou de sua lábia para sair; pegou carona em iates no Oceano Índico por seis meses e é uma das primeiras pessoas no mundo que chegou à Ilha Fantasma de Aldabra, nos confins daquele oceano; procurou cidades perdidas nas Maldivas e em Sri Lanka; foi um dos primeiros a viajar pelo reino tibetano perdido de Zanskar; viajou de carona pela China por três meses, na condição de um dos primeiros indivíduos a obter permissão de viajar sozinho naquele país; e, com 26 anos de idade, escreveu e publicou seu primeiro livro, *A Hitchhiker's Guide to Africa and Arabia*. David é dono e fundador da Adventures Unlimited Travel, uma empresa exclusiva de turismo e aventura arqueológica, que oferece viagens e expedições por todo o mundo. Ele é autor de vários livros sobre cidades e civilizações perdidas, e também é proprietário da editora Adventures Unlimited Press. Fundou a revista mensal *World Explorer*, que cobre mistérios antigos, criptozoologia, explorações antigas e modernas, arqueologia enigmática e muito mais.

William R. Corliss nasceu em Connecticut, onde se formou na Stamford High School em 1944. Passou os dois anos seguintes no programa de eletrônica da marinha norte-americana, indo parar no batalhão Seabee nas Filipinas, para consertar os estragos deixados pelos japoneses. Sob a Lei GI, ele se formou no Instituto Politécnico Rensselaer, em 1950. Obteve um MS (em física) em 1953, na Universidade do Colorado. Depois de oito anos na indústria aeroespacial, ele passou se dedicar à carreira de escritor em tempo integral em 1963. É autor de 65 livros, incluindo *Propulsion Systemas for Space Flight* (1960); *Man and Atom* (em coautoria com o ganhador do prêmio Nobel, Glenn Seaborg) (1971); e o mais recente, *Science Frontiers II: More Anomalies and Curiosities of Nature* (2004). Corliss é o único proprietário do Sourcebook Project (*www.science-frontiers.com*).

Michael A. Cremo é pesquisador das origens humanas para o Instituto Bhaktivedanta, o ramo de estudos naturais da Sociedade Internacional da Consciência Krishna. O propósito do instituto é examinar questões científicas sob a luz da sabedoria védica da Índia. Ele apresentou suas teses em reuniões do Congresso Arqueológico Mundial, Associação Europeia de Arqueólogos, o Congresso Internacional para a História da Ciência e a União Internacional das Ciências Pré-históricas e Proto-históricas. Deu palestras na Royal Institution em Londres, na Academia Russa de Ciências em Moscou, na Academia Búlgara de Ciências em Sofia, e outras instituições científicas, conferências e universidades no mundo todo. Cremo e Richard Thompson são os autores do livro *Forbidden Archeology*, uma pesquisa minuciosa de evidências arqueológicas condizentes com relatos védicos da antiguidade extrema da humanidade. A edição popular condensada de *Forbidden Archeology*, intitulada *A História Secreta da Raça Humana*, foi traduzida para 20 línguas, inclusive português. O livro mais recente de Cremo é *Human Devolution: A Vedic Alternative to Darwin's Theory*.

Richard Cusick é editor sênior da revista *High Times*. Escreveu mais de cem artigos para as mais variadas publicações, incluindo *High Times Goldmine, Gadfly, Smug, Tattoo, Grow America, Downtown* (NYC) e o *Newark Evening News*. Foi editor associado de Gauntlet de 1995 a 1997. Em 1997-1998, sua coluna "Pot Page" apareceu na *Aquarian Weekly* e *Downtown*. Nos anos 1980, Cusick foi vice-presidente de operações da ICI Mortgage Corporation. Foi o dono e operador da Wooga Central, uma empresa independente de revistas em quadrinhos, onde escreveu e elaborou o título, *Something Different*. Foi diretor publicitário da *Aquarian Weekly, Smug* e mais recentemente, *High Times*, de 1999 a 2003, além da *High Times Grow America* em 2004.

Erich von Däniken nasceu em 14 de abril de 1935, em Zofingen, Suíça, e estudou na Faculdade St-Michel em Fribourg, onde, já como aluno, ocupava o tempo com o estudo dos textos sagrados antigos. Enquanto trabalhava como diretor administrativo de um hotel suíço de cinco estrelas, ele escreveu *Eram os Deuses Astronautas?*, que se tornou imediatamente um *best-seller* nos Estados Unidos, Alemanha e, posteriormente, em 38 outros países. Um de seus livros posteriores foi traduzido para o inglês e publicado como *The Gods Were Astronauts: Evidence of the True Identities of the Old "Gods"*. Os livros de Däniken foram traduzidos para 28 línguas e venderam 60 milhões de exemplares no mundo todo. De seus livros foram feitos dois documentários longa-metragem: *Chariots of the Gods* e *Messages of the Gods*. Däniken é membro da Associação de Escritores Suíços, da Associação de Escritores Alemães e do International PEN-Club. Atualmente, ele vive na pequena vila nas montanhas de Beatenberg, Suíça (a 64,37 quilômetros de Berna, acima da cidade de Interlaken). Junto a dois comitês, ele criou o fantástico parque temático dos Mistérios do Mundo, o Mystery Park. Däniken é o fundador dos comitês e também vice-presidente da empresa conjunta. O Mystery Park abriu os portões em maio de

2003 em Interlaken, Suíça. Em 1998, Erich von Däniken, com Giorgio A. Tsoukalos e Ulrich Dopatka, fundou a AASRA (sigla em inglês para Associação de Pesquisa de Arqueologia, Astronáutica e SETI – *busca por inteligência extraterrestre*), que publica o periódico em inglês *Legendary Times*, relatando as mais recentes pesquisas no campo do estudo de astronautas do passado. Para mais informações ou participação do movimento, visite *legendarytimes.com*. Erich von Däniken é casado com Elisabeth Skaja desde 1960. Tem uma filha, Cornelia (nascida em 1963) e dois netos. Seu *hobby* é culinária e ele é amante de vinhos Bordeaux.

Gary A. David é pesquisador independente e mora na região rural do Arizona. O livro de David, *The Orion Zone: Ancient Star Cities of the American Southwest*, foi publicado no começo de 2005 pela Hayriver Press. A obra descreve a Correlação Órion das antigas aldeias Hopi do Arizona. Recentemente, ele publicou artigos nas revistas *Ancient American* e *Atlantis Rising*. Também já trabalhou como instrutor em faculdade, e tem Mestrado em literatura inglesa pela Universidade de Colorado. Para outros artigos sobre "A zona Órion" ou para encomendar o livro, visite *azorion.tripod.com*. David pode ser contatado por *e-mail*: *islandhills@cybertrails.com*.

Roy A. Decker, 47, nasceu na região nordeste da Pensilvânia e é escritor autônomo. Roy e sua mulher, Beth, fotógrafa, também tem casa no Arizona. Os dois costumam trabalhar juntos em projetos, com dezenas de artigos publicados sobre a antiga Cartago e tesouros perdidos, tanto em revistas como na internet. Atualmente, Roy está trabalhando em seu novo livro, *The Secret of Carthage*. Suas principais áreas de interesse são história, civilizações perdidas, mineração de ouro, criação de cavalos Percheron, arqueologia, viagens e coleções de moedas e armas antigas.

David Dentel, jornalista, ganhou vários prêmios por redação editorial e *design* de jornal. Tem Mestrado em literatura, um campo de interesse que impulsionou suas investigações da mais intrigante de todas as narrativas: a história das origens humanas. Ele e sua mulher, Kate, moram em York, Pensilvânia.

Christopher Dunn tem vasta experiência como artesão, começando sua carreira como aprendiz em sua cidade natal de Manchester, Inglaterra. Contratado por uma empresa aeroespacial americana, ele imigrou para os Estados Unidos, em 1969. Nos últimos 44 anos, Dunn trabalhou em todos os níveis de fabricação *hi-tech*, desde maquinista, ferramentista, programador a operador de *lasers* industriais de alta potência e Engenheiro de Projetos e Gerente de Operações a *Laser*. Nos últimos dez anos, ele exerce um cargo como gerente sênior em uma empresa aeroespacial do Midwest. A odisseia das pirâmides de Dunn começou em 1977, depois de ter lido o livro *Secrets of the Great Piramid*, de Peter Tompkins. Sua reação imediata, quando soube da precisão e das características da construção da Grande Pirâmide, foi a de crer que o monumento tinha algum propósito original que divergia da opinião convencional. Após mais pesquisas e estudos de materiais sobre várias teorias, Dunn concluiu que a Pirâmide devia ter sido construída para fornecer energia a uma sociedade altamente técnica – em suma, ela era uma máquina enorme. A descoberta do propósito dessa máquina e a documentação de suas teorias ocuparam a maior parte dos vinte anos de pesquisa. Ele publicou em 1998 seu livro, *The Giza Power Plant*, mas suas pesquisas continuam. Dunn publicou mais de uma dúzia de artigos em revistas, incluindo o muito citado "Advance Machining in Ancient Egypt", em *Analog*, agosto de 1984; e suas pesquisas são citadas em vários outros livros sobre o Egito. Nos Estados Unidos, ele já apareceu para falar de seu trabalho na PAX Television, no Travel Channel, Discovery Channel, Learning Channel e Lifetime Television.

George Erikson é o coautor de *Atlantis in America: Navigators of the Ancient World* (com o professor Ivar Zapp, da Universidade da Costa Rica). Como antropólogo, ele publicou várias obras importantes em tradição oral dos mesoamericanos pré-colombianos, incluindo a superaclamada *Maria Sabina: Her Life & Chants*, da qual disse o Los Angeles Times: "em questão de autenticidade, essa autobiografia oral da xamã mazateca Maria Sabina, de 80 anos de idade, faz o Don Juan de Castaneda se envergonhar". Erikson e Zapp, em seu *Atlântida na América*, apresentam evidências de estruturas de pedra que representam mitos de destruição e fundação. Colin Wilson, autor do *best-seller* internacional *The Outsider* fez o seguinte comentário: "Sensacional. Notável. Maná dos céus!" Colin e seu coautor Rand Flem-Ath dedicaram a maior parte do capítulo 6 de seu recente *The Atlantis Blueprint* (Delacorte, 2001) a Erikson, Zapp e as esferas da Costa Rica. Andrew Collins, autor de *Gateway to Atlantis* (*Atlantis in Cuba*) e *From the Ashes of Angels*, escreveu: "... (Atlantis in America) é uma cornucópia de novas ideias a respeito das origens da civilização mesoamericana e da tradição atlanteana. Suas pistas sobre navegação antiga podem revelar segredos vitais para entendermos o contato transoceânico antes da Era de Colombo". Na edição italiana de dezembro de 2002, a Edizioni Piemme chamou Le Strade di Atlantide (*Atlantis in America*) de "Un *Best Seller* provocatorio e intrigante".

Martin Gray é antropólogo e fotógrafo especializado no estudo de sítios sagrados e peregrinações tradicionais. Em um período de 25 anos, Martin viajou por 90 países para estudar e fotografar mais de 1.200 locais santos e mágicos de culturas pré-históricas, históricas e contemporâneas. Ele é especialista em geometria sagrada, geomancia, arqueoastronomia, ecopsicologia e mistérios da Terra. Mais de 8 milhões de pessoas já visitaram os *sites* de Martin, *www.sacredsites.com* e *www.magiplanet.org*. Em 2004, a National Geographic publicou *The Geography of Religion* e Martin Gray foi o fotógrafo principal.

Graham Hancock é autor dos *best-sellers* internacionais *The Sign and The Seal, Fingerprints of the God, Keeper of Genesis, The Mars Mystery, Heaven's Mirror* e *Underworld*. Seus livros venderam mais de 5 milhões de exemplares no mundo todo, foram traduzidos para 27 línguas e cinco deles se tornaram *best-sellers* nº 1 no Reino Unido. Suas palestras públicas e participações na televisão, incluindo a série de três horas *Quest for the Lost Civilization* (1998) no Learning Channel e *Flooded Kingdoms of the Ice Age* (2002), expuseram suas ideias para milhões de telespectadores. Graham se tornou reconhecido como pensador não convencional, que faz perguntas legítimas acerca da História e pré-história da humanidade e oferece um desafio cada vez mais popular às visões restritas dos estudiosos ortodoxos.

Will Hart é jornalista, fotógrafo e autor de várias matérias em revistas como *Wild West, Nature Photographer, Nexus* e *New Dawn*, além de ser colaborador regular de *Atlantis Rising*. A Inner Traditions publicou o primeiro livro de Hart, *The Genesis Race*, com excelentes comentários. Will é um conservador fervoroso, historiador independente e gosta de expor suas ideias e seu conhecimento em *talk shows* como *Coast-to-Coast, Dreamland* e muitos outros.

Frank Joseph e editor-chefe de *Ancient American*, uma revista científica popular que descreve visitantes de além-mar nas Américas antes de Colombo. Seu livro *Destruction of Atlantis* foi publicado em dez edições em línguas estrangeiras. Seus outros livros publicados são *Survivors of Atlantis*, *Atlantis and Lemuria* de Edgar Cayce, *The Atlantis Encyclopedia* e *Synchronicity and You*. Ele é "professor honorário de arqueologia" no Instituto Savant do Japão.

Dr. Troy Lovata começou como *shovel bum* e se tornou professor assistente no programa de honras da Universidade do Novo México. Ele tem Mestrado e Doutorado em antropologia, com foco em arqueologia, pela Universidade do Texas, e bacharelado em antropologia pela Universidade Estadual do Colorado. Sua pesquisa examina mudanças culturais e o modo como a cultura material persiste através do tempo. Fez trabalho de campo, principalmente nas Grandes Planícies e nas regiões das Montanhas Rochosas do oeste americano; atualmente está pesquisando *Torreons* – estruturas de pedra com raízes na Ibéria medieval, construídas por colonizadores espanhóis no Novo México. Seu livro *Inauthentic Archaeologies* foi publicado em 2007 pela Left Coastal Press.

Robert Aquinas McNally é escritor e poeta, cuja educação inicial em latim clássico desabrochou em uma fascinação vitalícia por civilizações antigas e mitologia. Alguns de seus livros são *Voyages of the Pyramid Builders*, *Voices of the Rocks* e *Pyramid Quest*, com Robert M. Schoch.

Robert Merkin é romancista e jornalista; seus romances são *The South Florida Book of the Dead*, sobre contrabando de drogas, e *Zombie Jamboree*, a respeito de soldados na Guerra do Vietnã. Seus textos de viagem foram publicados no *Washington Post* e no *New York Times*. Ele e sua mulher Cynthia moram em Massachusetts. Seus interesses incluem política de entorpecentes e reforma das prisões, advocacia pelos sem-teto e pelos veteranos, vulcões ativos, o ártico canadense, trens, viagem marítima, astronomia e ciência. Por vários anos, ele foi composto parcialmente de titânio; por alguns dias, foi menos que o Número 1 na cadeia alimentar. Por duas horas, foi o Menos Desejado da Islândia. Seu blog é vleeptron.blogspot.com.

Chrichton E. M. Miller nasceu na Escócia, em 25 de agosto de 1949. Miller trabalhou na Royal Air Force como controlador de tráfego aéreo, para a Allied Dunbar como gerente de vendas e na Guardian Royal Exchange, como gerente de vendas da região norte. Casado e pai de seis filhos, Miller descobriu um instrumento antigo em 1997 que podia explicar o desenho de construções antigas, culturas estelares, astronomia, astrologia e navegação oceânica. Crichton conseguiu duas patentes britânicas do instrumento, em 2001 e 2002. Seu trabalho é a primeira teoria prática que proporciona o elo essencial entre espiritualidade antiga e investigação científica moderna; e ele espera ardentemente que sua descoberta preste um verdadeiro serviço para a humanidade. A descoberta de Crichton é publicada em muitas revistas, jornais e *sites* da internet no mundo todo, tais como *Practical Boat Owner, Hera, Atlantis Rising, Ancient American* e *The Coventry Evening Telegraph*. O autor já participou em Teide Television, Talk Radio, BBC Radio Scotland e Earth Changes Television. Seu *site*, *www.crichtonmiller.com*, gera mais de 300 novas visitas por dia, de mais de 70 países, com muitas visitas de numerosos institutos educacionais norte-americanos.

Richard Nisbet é diretor de teatro e cinema, dono de um estúdio de áudio, cavaleiro semiprofissional, escritor e professor. Há trinta anos, tem paixão pelos trabalhos em pedra dos Incas. Ele possui um conhecimento profundo do apogeu dessa incrível civilização e da conquista derradeira pelos espanhóis. Suas fotografias dos monumentos incas começam em 1975. Ele também escreveu o livro *Cusco Tales*, que pode ser descrito como uma fatia da vida da atual Cuzco (*www.cuscotales.com*). Richard divide o tempo entre Cuzco e Santa Mônica, Califórnia. Ele continua estudando e escrevendo, e atualmente também realiza excursões a Cuzco, Macchu Pichhu e pontos importantes entre os dois locais. Pode ser contatado em *rnisbet@yahoo.com*.

Preston Peet é um escritor prolífico, ator, DJ, músico, psiconauta e explorador. Editor desta antologia e também de *Under the Influence: The Disinformation Guide to Drugs*, editor da *DrugWar.com*, colaborador antigo da revista *High Times* e editor colaborador do *site* da Disinformation [*disinfo.com*], sem falar dos mais de cem artigos e matérias de sua autoria publicados em periódicos numerosos demais para incluir aqui. Preston é conhecido por seguir o caminho mais aventuroso das novas experiências, sejam elas relacionadas às drogas, ou de natureza sexual ou outras. Nasceu como Tracy Rich em Ft. Meyers, Flórida, em 11 de setembro de 1966, e foi abandonado ainda bebê. Passou por vários lares adotivos, ganhou o nome de Preston com 3 anos de idade e foi adotado pela família Peet com 5. Preston viveu nos piores buracos e nas ruas mais sujas de cidades do mundo todo, incluindo Sarasota, Orlando, Tampa e Tallahassee, Flórida; Atlanta, Geórgia; Paris, França; Las Navas del Marqés, Espanha; Bergen, Noruega; Rotterdam e Amsterdã, Holanda; e Londres, Inglaterra. Quando chegou à cidade de Nova

York, Preston passou do estado de abstinência de tóxicos no *campus* de SUNY Purchase para a vida ao ar livre no Central Park e nas ruas do Lower East Side de Manhattan. Hoje, com sua vida até certo ponto consertada, ele divide um apartamento pequeno em Manhattan com sua linda musa vegana, alma gêmea e amante, Vanessa Cleary e, no momento, nove gatos resgatados da rua. Preston está sempre em busca de mais conhecimento e experiência; e ajuda a trazer de volta paz e aventura no mundo.

Dr. Navaratna S. Rajaram é matemático, linguista e historiador. Após uma carreira de vinte anos como acadêmico e pesquisador industrial nos Estados Unidos, voltou a atenção para a história, na qual teve notáveis conquistas. Ele colaborou com o renomado estudioso védico, dr. Natwar Jha, para decifrar o *script* Indo de 5 mil anos que culminou na obra épica dos dois *The Deciphered Indus Script*. Em maio de 1999, Rajaram decifrou a amostra recém-descoberta do que ficou conhecido como "a escrita mais antiga do mundo", mostrando relação com o *Rigveda*. Mais recentemente, por meio de um estudo detalhado da genética das populações humanas, ele demonstrou que as populações da Índia não são imigrantes recentes, mas, sim, viveram na região por milhares de anos.

Para ele, a história é uma extensão da história natural, e não um campo para teorias políticas ou para a tentativa de estereotipar povos e culturas sob o disfarce da erudição.

Dan Russel, formado em 1970 pela Universidade da Cidade de Nova York, é proprietário de *Kalyx.com*, uma rede de varejo pela internet. É também autor de dois livros muito bem recebidos pela crítica: *Shamanism and the Drug Propaganda* e *Drug War*.

Acharya S. é arqueóloga, classicista, historiadora, mitóloga, linguista e membro da Escola Americana de Estudos Clássicos em Atenas, Grécia. Foi líder de expedição em escavações arqueológicas em Corinto, Grécia; e Connecticut. Acharya viajou pela Europa; fala, lê e/ou escreve em grego, francês, espanhol, italiano, alemão e português, em variados níveis. Também fez referência cruzada entre a Bíblia no original hebraico e o antigo grego. Acharya é autora do polêmico *best-seller The Christ Conspiracy: The Greatest Story Ever Told* e a extraordinária sequência *Suns of God: Krishna, Buddha e Christ Unveiled*. Acharya S. participa de dezenas de programas de rádio há quase uma década. Seu *site* na internet é *truthbeknown.com*, e ela pode ser contatada pelo *e-mail: acharya_s@yahoo.com*.

Reverendo Ron Sala, que tem Mestrado de Divindade pelo Seminário Teológico de Nova York, é ministro da Sociedade Universalista Unitarista em Stamford, Connecticut, onde vive com sua mulher, a também ministra, ReBecca Ames Sala. Ele é ativista de causas como a reforma da política de drogas, igualdade no casamento, paz e direitos dos trabalhadores. Ganhou o Prêmio Albert Schweitzer dos Universalistas Unitaristas Pelo Tratamento Ético dos Animais, e é colaborador frequente do Stamford Advocate. Também é maçom do Rito de York.

George T. Sassoon é linguista e especialista em computador, formado em Ciências Naturais pela Universidade de Cambridge, e trabalha como consultor para indústrias de eletrônica e computadores. Publicou numerosos artigos técnicos e é coautor de dois livros com Rodney Dale, *The Manna-Machne* e *The Kabbalah Decoded*. George T. Sassoon é um dos maiores especialistas mundiais nos estudos da Arca da Aliança e na mitologia do Graal. Sassoon divide o tempo entre suas propriedades em Wiltshire, Inglaterra, e a Ilha de Mull, Escócia. Embora seus dois livros já estejam fora de catálogo, ambos podem ser obtidos em *wwwlib.umi.com/bod*.

Robert M. Schoch, membro docente pleno da Faculdade de Estudos Gerais da Universidade de Boston desde 1984, obteve Ph.D. em geologia e geofísica pela Universidade de Yale. Schoch é citado frequentemente na mídia por seu trabalho pioneiro de determinar novas datações para a Grande Esfinge e é autor, com Robert Aquinas McNally, de *Voices of the Rocks: A Scientist Looks at Catastrophes and Ancient Civilizations*, *Voyage of the Pyramid Builders: The True Origins of the Pyramids from Lost Egypt to Ancient America* and *Pyramid Quest: Secrets of the Great Pyramid and the Dawn of Civilization*. Schoch aperece no documentário ganhador do prêmio Emmy, *The Mystery of the Sphinx*. Seu *site* é *www.roberschoch.net*.

Sharon Secor é escritora autônoma e mora no interior do Estado de Nova York. Sua jornada como autora foi inspirada por Christine de Pisa (1364-1429), uma viúva e autora de comentários sociais que, além de ser uma das primeiras mulheres escritoras da França, foi capaz de sustentar os filhos com seu trabalho. Secor leu seu primeiro livro-texto de psicologia em nível universitário no quarto ano, além da literatura feminista da época, dando início ao que seria uma paixão vitalícia pelas ciências humanas e sociais. Sharon Secor está se formando agora em jornalismo e espanhol – uma preparação para escrever a respeito de questões sociais e econômicas na América Latina, influenciadas por uma maior industrialização e no mercado global. Ela pretende escrever para os mercados de língua inglesa e espanhola. Anarquista e mãe solteira, Sharon também dedica o tempo à prática de resistência e treinamento de revolucionários.

Giorgio A. Tsoukalos é presidente da AASRA (Associação de Pesquisa de Arqueologia, Astronáutica e SETI), editor publicador e editor-chefe do periódico oficial da Associação, *Legendary Times*. A AASRA foi fundada em 17 de junho de 1998 por Giorgio A. Tsoukalos, Ulrich Dopatka e Erich von Däniken. Nascido em Lucerna, Suíça, Giorgio é fluente em cinco línguas: inglês, alemão, francês, italiano e grego. Também é proficiente em espanhol. É descendente de gregos e austríacos e cresceu perto de Zurique, Suíça, passando seus verões em viagens de barco pelas Ilhas Gregas e os invernos e praticando esqui em Innsbruck, Áustria. Estudou no Institut Montana, um colégio interno no coração da Suíça, no topo dos Alpes, e se tornou bacharel em Informação e Comunicação Esportiva na Faculdade Ithaca, Nova York. Conduziu e participou de várias expedições aventurosas, de arrepiar os cabelos, em cantos remotos do mundo. Em sua busca pela verdade, ele viajou milhares de quilômetros atrás de artefatos arqueológicos estranhos e monumentos que fortaleçam a pesquisa da AASRA. Com o passar dos anos, Giorgio teve acesso, em primeira mão, fotografou e mediu artefatos antigos e outras relíquias arqueológicas ainda não acessíveis ao público geral. A maior parte dessas descobertas foi publicada nas páginas de *Legendary Times*. Ele já foi convidado especial em vários programas de televisão, curtas em DVD, programas de rádio, e deu muitas palestras pelo mundo todo sobre astronautas no passado, em seminários, conferências, encontros, e também para corporações.

John Anthony West é escritor e egiptólogo independente; estuda e escreve a respeito do antigo Egito há quase três décadas. É o mais proeminente defensor da escola "simbolista" de egiptologia, que vê (e demonstra) uma ciência sagrada antiga onde os cientistas modernos só enxergam superstição. O trabalho de West de reformulação da data para a construção da Grande Esfinge, por meio da geologia (provando que ela deve ser no mínimo 10 mil anos mais velha) foi o tema de um especial da BBC de 1993: *The Mystery of the Sphinx*, apresentado pelo ator Charlton Heston. Assistido por mais de 30 milhões de pessoas, foi um dos documentários de maior sucesso na

TV, culminando em uma acalorada controvérsia acadêmica internacional. West ganhou um Emmy, em 1993, de Melhor Pesquisa, por sua obra em vídeo; e o programa em si foi um dos quatro indicados para Melhor Documentário. Subsequentemente, a BBC produziu sua versão própria do programa para sua prestigiosa série popular de ciência, *Timewatch*. Sob o novo título de *Age of the Sphinx*, o programa obteve o segundo maior índice de audiência de todos os episódios de *Timewatch* e gerou ainda mais polêmica na imprensa inglesa. Os livros não ficção de West incluem *Serpent in the Sky: The High Wisdom of Ancient Egypt* (um exame detalhado da interpretação simbolista do Egito), *The Traveler's Key to Ancient Egypt* e *The Case for Astrology*. Ele também escreveu um livro de contos, um romance, peças e roteiros cinematográficos. Seus ensaios e críticas apareceram no *New York Times*, no *Traveler* de Conde Nast, e muitas outras publicações de interesse geral ou especializadas na América e em outros países. Atualmente, trabalha (em colaboração com Robert M. Schoch, principal investigador científico) em um livro dedicado a seu trabalho na Grande Esfinge.

Colin Wilson nasceu de uma família da classe trabalhadora em Leicester, Inglaterra, em 1931. Apesar de sua ambição inicial de se tornar cientista, ele decidiu ser escritor quando saiu da escola, aos 16 anos. Nos anos seguintes, trabalhou nos mais variados ofícios, incluindo a escavação de valas e trabalho na lavoura, enquanto escrevia na Sala de Leitura do Museu Britânico seu primeiro romance, *Ritual in the Dark*, sobre um assassino sexual baseado em Jack, o Estripador. Quando o romancista Angus Wilson, na época superintendente assistente da Sala de Leitura, se ofereceu para lê-lo, Wilson resolveu ocupar seu tempo livre escrevendo uma obra de não ficção acerca dos desvios da genialidade. *The Outsider* foi publicado quando ele tinha 24 anos e lhe trouxe fama mundial. Depois que seu segundo livro foi tão atacado quanto o primeiro foi elogiado, ele se mudou para um chalé remoto na Cornualha com sua namorada Joy, continuando a escrever – romances, filosofia, criminologia, livros sobre a paranormalidade – mais de cem livros, até hoje. Nos anos 1990, enquanto escrevia sobre civilizações antigas, ele se convenceu de que as conquistas intelectuais humanas remontam há mais de 100 mil anos.

Mickey Z. – O que dizer de um instrutor de *kickboxing* autodidata que dá palestras sobre política externa no MIT em seu tempo livre, tem cinco livros publicados e às vezes é visto em C-Span? *Newsday* chama Mickey Z de "iconoclasta profissional". *Time Out* diz que ele é um "provocador político". Para Howard Zin, ele é "iconoclasta e corajoso". Natural de Astoria, no distrito de Queens, Nova York, Mickey escreve regularmente para várias publicações *on-line*, incluindo *Press Action*, *ZNet*, *Counterpunch*, *Street News* e *Dissident Voice*, além da mídia impressa, como em *Veg News* e *New York Press*. Mickey pode ser contatado no *site www.mickeyz.net*.

Agradecimentos
Preston Peet

Se não tivesse conhecido e me apaixonado por Vanessa Cleary, eu não seria capaz de publicar este livro, ou aliás, qualquer outro que publiquei todos estes anos. "Por trás de todo homem bom (ou bem-sucedido), há uma boa mulher", diz o ditado; mas no meu caso específico, essa "boa mulher" está bem ao meu lado, encorajando-me, cutucando, empurrando e puxando, agindo como minha musa, minha inspiração, minha força de energia positiva e amor. Agradeço a quaisquer poderes que a tenham colocado em minha vida. Agradeço a ela por ter ficado comigo; e sou grato pela chance de partilhar minha vida e meu coração com uma parceira tão amorosa, tão presente e adorável. Vanessa, obrigado do fundo de meu coração.

Obrigado Gary, Richard, Jason, Ralph, Maya, Jacob, David, Liz e todos na Disinformation Company, por sua reação entusiástica à ideia deste livro, por sua incansável dedicação e devoção em adotar a alternativa de divulgar ao público em geral informações controversas e sempre interessantes, que batem de frente com a visão de mundo estagnada que o *status quo* prefere; e agradeço, por fim, também por sua paciência e compreensão e por terem me dado outra oportunidade de publicar outro tema, que é um dos meus prediletos.

Gostaria de agradecer a meus pais e irmãos por seu amor. Graham Hancock recebe minha profunda gratidão, não só por me inspirar com seu trabalho sobre culturas antigas e explorações, mas mais ainda porque se ele não concordasse em participar desta projeto, ele poderia não ter saído do papel. A mulher de Graham, Santha Faiia, recebe também meu enorme agradecimento pelo gracioso uso de suas belíssimas fotos. Agradeço a Peter Gorman pela ideia para um artigo e por sua amizade e inspiração. A Julian Cope, agradeço por sua inspiração, tanto em música quanto em sua pesquisa e editoração. Agradeço (e peço desculpas) a Wayne May, editor da revista *Ancient American*, pela gentileza de me dar três artigos, nenhum dos quais entrou nesta antologia, mas, se as coisas fossem diferentes, teriam ganhado destaque, e por tentar compreender a apresentar ao público os diversos enigmas e mistérios da América do Norte pré-colombiana e seus povos. Agradeço a Todd Lovata por me apresentar ao mundo dos *shovel bums* – os trabalhadores mais importantes e menos valorizados no campo da arqueologia, que raramente recebem o crédito merecido por seu trabalho exaustivo, suado e doloroso de literalmente desenterrar nosso passado. Arvind Kumar recebe meu sincero agradecimento por me apresentar a N. S. Rajaram, um encontro que trouxe mais um tesouro a esta antologia. O mesmo digo de Jules Siegel e Ulrich Dopatka, que contribuíram com artigos excelentes para os quais, no fim, simplesmente não houve espaço. Dimitri, Kurt, Mark e Chris ganham meus mais sinceros agradecimentos e abraços por sua assistência e apoio em momento de extrema necessidade. Pelo mesmo motivo e por sua inspiração, agradeço a Coffee e Dan V. Muito obrigado, Maria Mônaco, pelos livros de presente no Natal, dos quais obtive duas ou três boas citações para a introdução desta antologia. Além disso, Maria e Brian Cleary também recebem meus mais sinceros agradecimentos pelo presente que me deram na vida. A todos os meus amigos e conhecidos que não mencionei aqui, por favor, aceitem meus agradecimentos e meus pedidos de desculpa por não citar cada um individualmente, pois vocês são muitos para contar, embora cada um mereça meu reconhecimento.

Por último, mas não menos importante, quero agradecer a todos os exploradores, questionadores, arqueológicos excêntricos, *shovel bums*, estudantes de arqueologia, fotógrafos, analistas, especuladores, personalidades "marginais", pesquisadores, escritores e editores, e todos mais que trabalham incessantemente, com muito pouco ganho financeiro ou fama ou crédito, para trazer à luz nosso antigo passado – geralmente arriscando serem ridicularizados e comprometerem suas carreiras por posicionar ideias novas. Eles examinam e relatam os mistérios e as maravilhas de povos há muito desaparecidos, que realizaram tanto, mas que nos deixaram registros enigmáticos, indecifráveis, geralmente compostos ou de meros traços de vestígios, ou de enormes ruínas em pedra de proporções megalíticas, sem textos que expliquem o motivo de sua construção nem a razão de sua existência. Você todos são aventureiros inspiradores na linha de frente de um paradigma em constante mudança que concerne nosso passado remoto. A todos vocês, minha mais profunda gratidão e reconhecimento por examinar perspectivas novas e perguntas sem resposta das anomalias de nosso passado. Por favor, continuem escavando e especulando.

Nota do Editor

A Madras Editora não participa, endossa ou tem qualquer autoridade ou responsabilidade no que diz respeito a transações particulares de negócio entre o autor e o público.

Quaisquer referências de internet contidas neste trabalho são as atuais, no momento de sua publicação, mas o editor não pode garantir que a localização específica será mantida.